ゾロアスター研究

伊藤義教著

岩波書店

本書を
亡き両親に
捧げる

『デーンカルド』．同書最大の写本である K. R. Cama Oriental Institute Bombay 収蔵本——
いわゆる「写本 B (＜Bombay)」で，著者が校定の底本とした DkD の一部 (p. 363——次頁は
これにつづく p. 362)．13行目から第7巻がはじまり，その Ⅶ・1・1 (→12頁註1) は 13-14 行
(∵ まで)．

DkD, p. 362 で, Ⅶ・1・3(後半)—8(大半)を含む. この写本は 1659 年に作成され, 1783 年イランから Surat(インド)に将来されたものであるが, 1020 年バグダードで作成された古写本に溯る.

序にかえて

　著者は昭和47年春,定年で前任大学の講壇を去った.ここに集めたいくつかの論文は,昭和41年から同52年までに諸雑誌に投稿または掲載した論考を主としたものであるが,未発表のものもあれば,増補したり合輯したりしたものもある.それらの事情は,その都度,論題に註しておいたから,就いて参照ねがいたい.そして参照していただけば明らかなように,各論文は,おおむね,あたらしく稿を起こすも同然の労を要したものであり,そのうえ,身辺の事情から集中的に作業をすすめることができず,時をみてはこれにたずさわるという,断続的なすすめ方をとったので,文献のあげ方やその他にも,統一を欠いた面がすくなくない.

　本書第Ⅱ部に収めた論文の選定には,言語研究を通して「ゾロアスターの解明」につながるものを基準においたが,このつながりは「バガダート・フラタラク王朝について——貨幣銘の新解読を通して」のように,時として直接的でないものもある.しかし,どの論文も,従来の諸説を羅列紹介ないし折衷するに甘んぜず,それぞれの骨子が著者独自の見解を問うものであることは,いうまでもない.

　さて,「ゾロアスターの解明」ということであるが,これはきわめて困難な作業である.今日,インドとイランにいるゾロアスター教徒はわずか十数万とみられるから,数のうえでは,マイナー・リリジョンであるが,それに比して,かれらの聖典が研究される度合いの広さや深さは,信徒数からは想像もつかないほどのものがあり,このような点からみても,この宗教は他に類をみないケースといえる.このことは,一面,ゾロアスターの像が把握しにくいことをも意味する.そこで,この把握の一助にでもなろうかと考えて,本書では,ゾロ

アスター教徒のもつ教祖伝として，中世ペルシア語(MP)書から，『デーンカルド』第7巻全部と，同書第5巻の一部(第1-4章)，『パフラヴィー・リヴァーヤト』(155頁註1参照)第47章ならびに『ウィジールガルディー・デーニーグ』(169頁註1参照)の一部とを，原文から訳出して巻頭，第I部に載せた．このほかにも，『ザートスプラムによる，典籍からの撰集』(ザートスプラムの撰集，と略称する)にもゾロアスター伝があって，前掲書デーンカルドとともに，E. W. West によって，*Pahlavi Texts,* Part V (*The Sacred Books of the East,* Volume XLVII), Oxford 1897 に英訳されているが，写本のファクシミリ版の上梓を待つことにして，ここでは割愛した．割愛する理由は，デーンカルドの前掲箇所を訳出すれば，十分に所期の目的を達しうるからでもある．著者がここに訳載した諸テキストは，ウェストのみか，新しくは M. Molé: *La légende de Zoroastre selon les textes pehlevis,* Paris 1967 によっても取り扱われているが，これらの先訳には，すくなからぬ誤読があり，一々註しないが，拙訳がそれらを正したものであることはいうまでもない．

ゾロアスター伝として一書を成そうとすれば，取り上げるべき項目も多く，また，その一々についてすくなからぬ論証をかさねる必要もあって，今はその場合でない．そこで，ここでは，一々のテーマについて出典の引用や論証などはあまり行わないで，著者の立場を書きおろしにし，本書に収めた諸論文を理解していただくための手引きのようなものにしたい．

ところで，これは西欧世界からみての話であるが，古代東方にゾロアスターという聖賢がいて，知慧か救済の源泉のようにみられていた．そのため，かれの言動でないものまでも，かれの責に帰して，かれの言動のようにされることもあった．そのようなかれの実像を明らかにしようとする試みが学問的基盤に乗りはじめたのはオックスフォードの Thomas Hyde (1700) からであるが，ゾロアスター教徒の聖典を研究して真の基盤を提供したのはフランス人 Anquetil-Duperron(アンクティーユ・デュペルロン)(1771)である．しかし，かれは生前，ついに正当な評価を享けることができず，没(1805)後，20年，デンマーク人 Rasmus Kr. Rask の活動によってはじめて，陽の目をみるような状況で

あった(1826). 以後, あいついで諸学者が輩出し, それらの成果を総合して Christian Bartholomae の古代イラン語辞書や同補遺(それぞれ 1904, 1906), ならびにそれらをふまえた原典の翻訳(1910)が出て, その後の斯学発展の基礎をきずいた.

ゾロアスターはシースターンのダーラージャ河畔に, ポルシュ・アスパ(MP ポルシャースプ)を父とし, ドゥグドー・ワー(MP ドゥグダーウ)を母として, 前 630 年ころ生まれ, 同 553 年ころ, 77 歳で没した. かれの生年を前 1000 年ころまたはそれ以前におく説は, 前 5 世紀からみられて, 今もかなりの学者に受けいれられているが, 著者はとらない.

ゾロアスターは故郷で成人して 29 歳となった. 後年の預言者としての萌芽は, すでにかれに芽生えていたらしい. そのような背景によるかれの言動のために, Tūrān(トゥーラーン)の領主たちや, それをとりまく祭司団体から冷遇された. かれは一族郎党をひきいて故郷を去り, その年の大晦日(おおみそか)に, 同じシースターンのウェフ・ダーイテー河畔につき, そこで春の祭典に出会った. ここですこし横道にはいるが, シースターンのことについて, 一, 二説明しておきたい.

シースターンとはアルヤナ・ワエージャフ(MP エーラーン・ウェーズ)とよばれる地域を, 現在名であげたものであるが, アルヤナ・ワエージャフとは, くわしくいえば, アルヤナ・ワエージャフ・ワンフョー・ダートヤョー「ワンフウィー川のアルヤ(イラン)流域」で, ワンフウィー川はハエートゥマント(現ヘルマンド)川の別名. この川が灌漑している地域にして, イラン人の集落のある地方をアルヤナ・ワエージャフうんぬんというのであるが, その川の名がぬけて, アルヤ流域(イラン流域)の謂いのアルヤナ・ワエージャフ(エーラーン・ウェーズ)だけを別出して用いるようになった. イラン流域というだけでは, 何川のイラン流域やらわからないが, 事情はこのようなものである. で, 問題の地はヘルマンドの下流, この川がハームーン湖に流入するために北折する, そのあたりをさしていうものらしい. いずれにせよ, 現在のシースターンをさすのである. ゾロアスターの故郷は, 上述のように, このシースターンの

ダーラージャ河畔という．この川を現在のどの川に同定してよいのか不明なのは残念であるが，シースターンなら，マクラーン地方との間にトゥーラーン地方(これはインダスの河岸地帯にまでおよぶ)を擁するので，上述した状況ともよく調和する．シースターン(エーラーン・ウェーズ)のウェフ・ダーイテー(川)という表現は，原意(原意からすれば「ウェフ・ダーイテーのイラン流域」)とははなれて不合理なものになっているが，ゾロアスターの一行は，シースターンの甲地から乙地に避難したわけである．ゾロアスターのバルフ(バルク)出身説は中世ペルシア語書への誤解にもとづくもので，バルフからシースターンまで来たとすれば，長途の苦難をおおげさに伝えて開祖の受難を特筆したはずであるが，そのことには一言も言及していない．

ゾロアスターは，こうして，シースターンのウェフ・ダーイテー河畔について翌年，30歳のとき，そこで神ウォフ・マナフ(MP ワフマン)と出会い，伴われてアフラマズダー(MP オフルマズド)との対話にはいった．これは，ゾロアスターのうけた最初の啓示で，以後，10年間に計7回の対話を交えたとされている．ゾロアスターは，この10年を，トゥーラーンの反ゾロアスター者の教化誘引にささげたが，このかれの行動は，必ずしも完全に成功したとはいえなかった．それゆえに，後年，トゥーラーン出のフリヤーナ一族がかれに帰依したことは，よほどの喜びであったらしい(ヤスナ第46章第12節)．ゾロアスターは，啓示をくだした神の前に自身を卑くして終生，変わらなかった．かれはあくまで「神のことば(ワクシャ vaxša-)」を述べつたえるものとの立場から，「わたくしは語ろう」というときにも，「神のことばを述べつたえよう(vaxš-yā)」という表現をも用いた(255頁以下参照)．

シースターンでの教化失敗は，シースターンからのエクソドスとなったとみてよい．いずこに布教すべきかを愁訴しているヤスナ第46章第1節以下のかれのことばは，このような状況と関連させて理解することができる．けっきょく，かれはウィーシュタースパ(MP ウィシュタースプ)王の治下に奔って，王の教化誘引に，その後の2年を傾けることになる．おそらく，シースターンから北上してハリー・ルード(ハリー川)の下流タジャンド(テジェンド)の流域に

はいり，モル(MPムルウ，現メルヴ)の方面からこの地域，さらにはホラーサーンのほうにも権勢を張っていたらしい同王との出会いとなった．トゥーランの反ゾロアスター的要素に代わって，こんどは，反ゾロアスター者や反ウィーシュタースパ者として浮かび上がってくるのが，ヒヨン王アルジャス・アスパ(MPアルジャースプ)であるのは，地理的状況からみても注目したい．「ヒヨン」は「フン(匈奴)」に由来する種族名だからである——もっとも，アルジャス・アスパがフン族かどうかは別問題であるが．多くの迫害に耐えてウィーシュタースパ王の教化に成功したかれは，政略結婚(？)によって，その座をさらに強固なものにした．すなわち，みずからは宰相フラシャオシュトラ(MPフラショーシュタル)の娘フウォーウィー(MPフウォーウ)をめとっており，またおのが末女ポルチスター(MPポルチスト)は，ゾロアスターの没後らしいが，フラシャオシュトラの弟で宰相のジャーマースパ(MPジャーマースプ)に嫁している．ゾロアスターは三婚し，第一妻アルワズ(MP)との間に一男(イサスワーストラ，MPイサスワースタル．ガーサーの中でスピターマとよばれているもの)三女(フルーニー，スリティー，ポルチスター)をもうけ，再婚ではチャガル妻(一種の側妻)との間にルワタス・ナルとウルチフル(MP)なる二男子をもうけ，再々婚では前記フウォーウィーとの間に，後期の伝承によると，終末論的三サオシュヤントをもうけることになっている(121頁註109)．ついでに記しておくが，ゾロアスターには，ワースリガー，ハンダニシュ(いずれも異形あり)なる同父の二弟があったが，ゾロアスターと形影相伴う間柄にあったのは，むしろ従兄マドヨーイ・モーンハ(MPメードョーマーフ)で，その父アーラーストャ(MPアーラーステー)とゾロアスターの父(前出)とは兄弟であった．この従兄はゾロアスターよりもはるかに年長らしかったが，ゾロアスターの教化をうけて最初の法弟となった．

　ゾロアスターの根本的立場は，アシャ(天則，理法，法)にもとづくアフラマズダーの恩寵を説き，人をして神意の実現に参加させるにある．その神意とは邪悪を排して，原初の世界に回帰させることを目的とする．ゾロアスターによれば，神はアシャを創成したが，神はそれをもって神自身をも律するものであ

るから，アシャはアシャのために存すともいわれる．このアシャに服するものはアシャワン(天則者，義者)とよばれる．それはゾロアスターの教えに従うものでもあるが，かれは，かかる義者一般を貧者と福者(富者)にわかち，貧者をみちびいて福者たらしめるのを，おのが責務とみなしていた．というのは，福者とは天国の資産たる完璧と不死を確約されたもの，言いかえれば，天国行きを認証されたものだからである．この資産はまた人を救う財でもあるから，それを保有する神(々)もまた福者である．そして，信者にこの認証を与えるものが，ゾロアスターによれば，サオシュヤントの重要な役割であったらしい．サオシュヤントとは，恩寵(サオシュ)という語からつくられた動詞(サオシュヤ)「恩寵を授ける，授福する」の現在分詞であるから，「授福者」と訳してよかろうし，「授記者(保証を与えるもの)」としても通じる．ゾロアスターはみずからサオシュヤントと称していたが，また自身のほかにも同労者としてのサオシュヤントを認めた．後期のサオシュヤントが終末論的に解釈されるのとは異なるが，精神は同じものである．ゾロアスターのいうサオシュヤントは，したがって，利他的要素に富むが，また自利的要素もそなえているから，自利利他の二利双行者ともいえる．貧者，福者，授福者(授記者)などの表現をみると，ガーサー教団とよんでもよい初期教団の制度の存在を垣間見ることができる(204頁以下，249頁以下参照).

ゾロアスターはアシャを強調した．その底意は，祭儀によって恣意を実現しようとする周囲への反発であった．しかし，反ゾロアスター者への闘争というようなアブノーマルな事態に対処してならともかく，平和時において，かれのアシャが具体的に信徒のおこないと，ことばと，こころ(身語意)の営為に，どのような規制をおよぼしていたか，その細部をえがき出すことは至難である．アシャはインドのリタに相当するとか，アシャの反対概念ドゥルグ「虚偽，不義」はインドのドゥルフに相当する，したがって，アシャワンはインドのリタヴァンであり，またその反対ドゥルグワント「虚偽者，不義者」は反ゾロアスター者であると言ってみても，ことばの遊戯にすぎまい．インドの資料(ヴェーダなど)やアヴェスター(とくにガーサー)にたよってゾロアスターの立場を

明らかにしようとしても，具体的な細部をあぶり出すことはむずかしい．後期の伝承といっても，ゾロアスター教徒の伝承でガーサーの精神に沿うものは，このようなあぶり出しには欠くことのできない資料であり，また資料としなければなるまい．そこで，具体的に卑近な事例を引いて，とくに出典を示しながら，この辺の状況を身近かな形でえがき出してみよう．

ゾロアスターは肉食を否定しては生きていけない土地に生まれたが，その活動した地域もまた同じ条件をそなえていた．だから，かれは，牛は人を満足させるものといって，その肉を(おそらくは神にも供えて)頒ち合ってたべることをみとめた．これはイマ王(MPジャム——インドのヤマ)がこのような行動をとったとして，ゾロアスターが引用しているものであるが(313-314, 329頁参照)，じつは，ゾロアスターがイマ王の立場を是認したものである．これは明らかに屠牛供犠をみとめるものである．ところが，ゾロアスターは屠牛供犠を行うカルパン(MPカルブ)やウシグと汎称される祭司集団や，それと密接にむすびついているカウィ(MPカヤク)と汎称される権力者を，はげしく非難する．ゾロアスター者も同じように屠牛する．反ゾロアスター者は，屠牛の仕方が残忍であるとか，特別な儀礼めいたものを用いて屠牛する，などといって非難してみても，屠牛そのものにおいて両者の区別は，非難されるほどに峻烈でない．相違といったとて，五十歩百歩ではないかといえそうだ．ところが，後期のテキストではあるが，中世ペルシア語書によると，牛は成育と発情とから判断して適時とされる時期に屠殺して食用に供されることを満足に思い，屠殺された牛も屠殺した人も，ひとしくメーノーグ者(霊的存在)となって同座する喜びをわかつ，とある(124-125頁参照)．まさに，ヤスナ第29章は，かかる牛をなぐさめる「慰牛の章」と名づくべきもの．祭儀のため随時随所に屠牛してはばからず，したがって，そのためには牛畜の掠奪をも辞さないものと，そうでないものとの相違がここにある．中世ペルシア語書では「過剰」と「過少」を排して「中道，中庸(パイマーン)」の徳を説くから，ここは，その中道の道に相当するとも受けとれるが，ゾロアスターの立場，ガーサー・テキストの立場からすれば，これがまさしく「アシャ」の立場(実践門)とみてよい．善思・善語・善行が人

の救済される契機となることはいうまでもないが，その善行の平和時・日常時におけるものとは何かと問われると，具体的に答えることは，このように，なかなか容易ではない．しかし，ゾロアスターは，具体的に実践門を説いたはずである．

　ゾロアスターの立場を明らかにするには，まだ多くの課題が残されている．著者は，上述したように，かれの信徒が天則者・義者とよばれながらも，その中に貧者と福者(富者)の別があることを創唱した．この別は，ことばのうえでは，中世ペルシア語書では「貧者」のほうはそのまま引きつがれたが，福者のほうは「有資格者」という表現におきかえられて受けつがれている．すなわち，福者のほうはアルドラ (arədra-)「富者，福者」というアヴェスター語形にたいし，アルザーニーグ (arzānīg)「値いするもの，ふさわしいもの，有資格者」という中世語形が用いられている．中世語形はアヴェスター語形を近似音でまねたものではない．ところで，問題は，貧者が具体的にどんなことを行い，言い，あるいは思ったときに，サオシュヤント(授福者，授記者)によって，完璧不死という天国の資産を約束されて福者として認証されるのか，というところにある．ゾロアスターの没後，間もない時期に遺弟たちの編述した詩頌に

　　最勝の資産として聞こえているのはザラスシュトラ(ゾロアスター)・スピターマの(うけた)恩典ですが，これは，まことに，かれに授け給うたのです

　　アシャ(天則)に従ってアフラマズダーが――いつの日までも(ザラスシュトラが)安楽ならんために――，

　　また，(おのが)よきダエーナーに発することばと行いとをもってかれ(主)に服し(かれのために)つとめんものども(に)も(アフラマズダーは授け給うの)です．

というのがある(215頁参照)．よきダエーナーに発することばと行い，とは，善思・善語・善行とよみかえてよい．しかし，具体的にどんな程度のものをさしていうのか，まったく，明らかでない――特別に主の嘉賞にあずかるようなそれを意味しているのであろうが．また，アフラマズダーに陪接する神格アール

マティは語源的には「施与する心，施心」を意味し，その形容詞スプンターを伴うスプンター・アールマティ(Spəntā Ārmaiti:「利益する，恩寵ある施心」の謂い)は完璧心(ボワンダグ・メニシューニーフ)と中世ペルシア語訳されているように，「施与」の徳がいかに重視されているかを知ることができる．したがって，貧者も有資格者も施与する責務のあることを説かれているのは理解できるが(109頁[デーンカルド第7巻第8章第27節]，164頁[ウィジールガルディー・デーニーグ第12節])，貧者と有資格者の別をどこに求めるのか，これだけでは依然として不明である．それのみか，極言すれば，この状況は，後世ゾロアスター教の頽廃するに乗じて，免罪金のごときもの(これも施与，すなわち喜捨)を正当化する余地をはらんでいるとも言いうる．

われわれはゾロアスターが抱いていた天神や魔神の系列を述べることは容易であり，またかれらの演じ，または占める役割や地位もかなりよく知られている．また，いわゆる天国(最勝界)における受福や地獄(悪界)における受苦がどのような性格のものであるかも，それほど捉えがたいものでもない．これらは本書を披見されれば，おおむね明らかとなるはずである．しかし，具体的にどのようなことをどのようにすれば福者として救いが確約されるのか，このもっとも重要な点は明らかにすることがなかなかむずかしい．著者は貧者・福者の別をインド・イラン的背景にまで溯って解明したが(204頁以下)，それと同時に，この新しい課題の前に立たされることになった．ゾロアスターの究極の目標は，みずからはサオシュヤントとして福者たちを引きつれて検別者(チンワント)の橋をわたり，アフラマズダーの天国，ガロー・ドッマーナ(MPガロードマーン)に往詣することにあった．だから，ゾロアスターをさして定着農耕を勧奨した社会改革者であるとするのは，かれの本質を見そこなった謬論である．

ゾロアスターの撰述に成るヤスナ28-34, 43-51, かれの没後まもない時期の成立にかかるヤスナ53の計17章はガーサーとよばれ，特別入念な口頭伝承で伝持されてきた．その言語はガーサー語，またはアヴェスター・ガーサー語とよばれているが，同じ言語で撰述されているものにはヤスナ35-42, 12, 27の諸章その他もあって，初期の教団の思想傾向を知るうえで重要な資料となってい

る．その言語は現在のアフガニスタンを含む東イランで行われていたイラン語であるが，その語域はかなり広く，メルヴやホラーサーンにも及んでいたかと思われる．時期は，さきにあげたゾロアスターの在世年代と相前後するとみなければならない．これにたいし，アヴェスターの爾余の部分は，音韻や形態のみか，時には統語（シンタックス）においても，やや相違する言語で書かれ，とくに区別する場合は，それを新体（後期）アヴェスター語とよぶ．しかし，ガーサー・アヴェスター語との相違には時期の新古のみでなく，他にも種々の要素が競合しているとみられるうえに，テキストの伝える内容においてはガーサー以前の要素をも多く含んでいるので，この問題は簡単にみえて，じつは見かけほど簡単でない．それはともかくとして，アヴェスター語本来の形をもっともよく伝えているものはガーサー・アヴェスター語で，これこそ真のアヴェスター語である．この言語と爾余のそれとの相違について，われわれは，ダーラヤワフ1世の碑文の言語（古代ペルシア語）と以後の碑文の言語との相違を想起することもできる．古代語といっても，ある時期まで来れば，それが崩壊しはじめるまでには，そんなに長大な年所を必要としない——そういうことを，著者はアヴェスター語についても，みとめてよいと考えている．ガーサー語も古代語ではあるが，それほど古い時期のものではないし，古体的要素をみせるガーサー語部はとくに詩文体のものがあり，また詩文体でないにしても，例えばヤスナ第12章のように重みをたたえた信条告白文のようなものがあるので，見かけのうえから古いといっても，じっさいには，その古めかしさほど古いものではない．

　話しがあとさきになったが，ゾロアスター教徒の聖典はアヴェスターといわれている．この聖典名は，順を追うて溯れば，アベスターグ，アパスターク，アパスターカとなるが，アベスターグが汎用されていた中世語形で，アパスターカは推定された最古の形で実際には出て来ない．アベスターグ／アヴェスターとは，「（人智を）退けるもの，（人智を）離れて存するもの」というのが，その語源的意味であるが（276頁以下），そこから「深遠，玄邃なもの」などの謂いとなるので，著者は「玄典」とよんでいる．これにたいし，それを解説したも

のがザンド(ゼンド)で，これは中世ペルシア語を用いており，著者は「解典」とよんでいる．ゾロアスター教徒の伝承には，この「玄典」のみか，「解典」までもゾロアスターに帰しているものもあるが，これは大きな時代錯誤である．

　現在残っているアヴェスターは，かつてのものの 1/3 ないし 1/4 程度と推測されている．その「大アヴェスター」は 21 のナスク(「巻」)から成っていたというが，そのなかで 1 ナスクまるまる残っているものはウィーデーウダードのみである．現存のアヴェスターはこのウィーデーウダードのほかに，ヤスナ，ウィスプラド，ヤシュト，アヴェスター小部，諸逸文などの諸書から成っており，それぞれ適宜，章・節に分かたれている．ガーサーはヤスナの一部である．「大アヴェスター」は中世ペルシア語で訳註されていたが，この訳註をたよりに 21 ナスクの内容を紹介しているのが，中世ペルシア語書デーンカルドである．そのほかにも，この訳註本は 9 世紀までは存していて，諸中世ペルシア語書の重要な典拠となっている．いま残存している聖典についてみると，アヴェスターの一節(甲)を書いてそのつぎにそれのザンド(訳註)を記し，そのつぎに甲につづくつぎの一節(乙)を書いて，そのつぎにそれのザンドを記している．このような形式をとっているので聖典は，しばしば「アベスターグ・ウド・ザンド(玄典と解典)」とよばれる．したがって，写本についていえば，アヴェスターが散佚すればザンドも同時に失われる．もっとも，ヤシュトはザンド抜きのままで，アヴェスター・テキストのみが残っているが，ザンドのあったことは疑う余地がない．

　このようにみてくると，「大アヴェスター」の「玄典と解典」のきわめて大部のものが失われたことが知られる．デーンカルドによって「大アヴェスター」をさぐってみると，もっとも重視されていたのは最後の，第 21 ナスク「ストゥード・ヤシュト」で，ガーサーはこれに含まれていた．また，第 13 ナスク「スパンド(スペンド)・ナスク」はゾロアスター伝で，本書に訳載した伝記の背景をなすものとして注目される．このほか，ゾロアスターと密接な関係にあったウィーシュタースパ(MP ウィシュタースプ)王の入信と教訓を取り扱っていたのは，第 10 ナスク「ウィシュタースプ・サースト・ナスク」．これらの

うちで，アヴェスター・テキストの現存しているのはストゥード・ヤシュトの一部にすぎないから，このわずかな事実からでも，ゾロアスターの研究が，中世ペルシア語文献をまったく参照しないで，アヴェスター（とくにガーサー）とヴェーダ文献のみに頼るだけでは十分でないことが知られよう．もちろん，中世語書が鋭利な批判を通して取り扱わねばならぬことはいうまでもない．

　ゾロアスターという巨大な山容は，いくつもの登攀ルートを擁しているが，いずれもそろって名うての難路ばかり．だいいち，そのルートにとりつくだけでも，容易ならぬ仕事である．ここに収めた諸篇が，あえてそのルートとはいわぬまでも，せめてそれへの近接作業の一助にでもなることができれば，著者望外の幸いである．

　著者は多くの学恩に育てられた．シュメール学における中原与茂九郎，イラン学における足利惇氏両先生の先駆的業績は，人の徧く知るところ．著者は，あるいは先生の学風に承け，あるいは先生の翼下に育った．また，本書所収論文の旧稿には辻直四郎・泉井久之助両先生よりしばしば高評を寄せられ，海外諸氏よりのものにもまして，著者には不断のはげましとなった．諸先生の鴻恩，感荷の至りに耐えない．しかるに，こうした学恩に恵まれながら，イラン学の進展に資したいと願ううちに，馬齢徒らに長じて頽齢すでに六十有九，前途に多くを期することができなくなった．このうえは，出藍の俊秀による，本邦イラン学の更なる発展こそ，著者が余生にかける最大の襄願である．

　なお，末筆ではあるが，本書が陽の目をみるようになったのは，岩波書店の高草茂氏念々不断の扶翼によるといっても過言でない．身辺の諸事に埋没し去ろうとする著者が氏の熱意に支えられたこと，けっして一再ではなかった．ここに特記して，岩波書店主はじめ製作担当の竹内好春氏ならびに校正担当の兼田道治氏のご好意やご労苦とともに，心からの謝意を表したい．

　　昭和53年11月　　京都産業大学国際言語科学研究所にて

　　　　　　　　　　　　　　　　　　　　　　著者しるす

本書使用上の注意

記　号

　〈　〉＝誤脱・欠損の再構・復原・補入を示す．
　〔　〕＝削除すべきを示す．
　《　》＝原註(原文ですでに註とみなすべき部分)を示す．
　(　)＝訳文中に使用するものは著者(訳者)による補筆を示す．
　⁺　＝語頭に付して改読・改訂したことを示す．
　ˈ　＝語頭に付して訓読語詞を訓じたものであることを示す．
　ˈ　＝語末に付したものは衍字(虚字)を示す．字形は w (下記参照) と同一．
　＊　＝語頭に付して想定・推定した語形であることを示す．
　→　＝参照せよの意味をあらわす．
　……＝「A……B」の形式による引用は，……の部分は略して取り上げぬことを示す．
　〜　＝「A〜B」の形式による引用は，〜の部分は煩をさけて略しただけで，事実上は取り上げることを示す．

文　字

中世ペルシア文字の走(草)書体は，同一字形で音を異にするものが，かなりある．そこで，音は取り上げず，ただ字形のみを取り上げる場合は，つぎのようにした．

　ʼ　＝ʼ, h, x 音をあらわしうる文字は ʼ で代表させる．
　w　＝w, n, r, ʻ 音をあらわしうる文字は w で代表させる．
　y　＝y, g, d, ǰ 音をあらわしうる文字は y で代表させる――ただし，この文字の頭に ˆ を付したものは字形としても d, 頭に ‥ を付したものは字形としても g, 下に ‥ を付したものは字形としても y. したがって，y は ‥ の有無にかかわらず y であるが，本書で取り扱う範囲では，‥ をもつものは見あたらなかった．
　ꜱ　＝s 音をあらわす文字は連書の関係で二様になる．そのうち，平仮名の「ひ」に近い字形を ꜱ として示す．もちろん，この字形がつねに s 音をあらわすとは限らず，y＋y に分解されて多様な音をあらわしうることは周知のとおり．

言　語　名

　　Aram ＝アラム語
　　Arm　＝アルメニア語
　　Av 　＝アヴェスター語
　　IE 　＝印欧(祖)語
　　Ir 　 ＝イラン語
　　MI 　＝中世インド(アールヤ)語
　　MP 　＝中世ペルシア語
　　NP 　＝近世ペルシア語
　　OI 　＝古代インド(アールヤ)語
　　OIr 　＝古代イラン語
　　OM 　＝古代メディア語(メディア語)
　　OP 　＝古代ペルシア語
　　Parth＝(中世)パルティア語
　　Sogd ＝ソグド語
　　Syr 　＝シリア語

　　(いずれも組み版の煩をはぶくため省略点をつけない)

書　名

拙著『古代ペルシア』＝伊藤義教『古代ペルシア——碑文と文学——』岩波書店，1974年(昭和49年)1月．

Bd, Bd TD$_1$, Bd TD$_2$＝Bd は『ブンダヒシュン(Bundahišn)』の略であるが，Iranian Bd または Greater Bd と称されるもの．TD$_1$, TD$_2$ はいずれも写本の番号で，詳細は拙著『古代ペルシア』参考文献26頁参照．Bd は省いて TD$_1$, TD$_2$ のみで示すこともある．TD$_1$/TD$_2$ 200: 3 はそれぞれのテキストの p. 200, l. 3 を示す．

Dk, DkD, DkM＝Dk は『デーンカルド(Dēnkard)』の略．著者の使用したのは M. J. Dresden 編著のもの(DkD)と D. M. Madan 監修のもの(DkM)．詳細は拙著『古代ペルシア』参考文献25-26頁参照．Dk の校定は DkD によった．Dk VII・1・1＝デーンカルド第7巻第1章第1節．DkD 363: 13＝DkD, p. 363, l. 13. DkM 591: 1＝DkM, p. 591, l. 1. 訳文では原典の頁が改まるごとに D 364, M 591 などとしてそれを示した．それぞれ DkD p. 364, DkM, p. 591 である．

PR＝『パフラヴィー・リヴァーヤト(Pahlavī Rivāyat)』の略．詳細は155頁註1参照．

PR 47・3 とは同書第47章第3節の謂い．訳文では原典の頁が改まるごとに，Dh 137 などとしてそれを示した．ダバル(Dhabhar)編著，p. 137 である．

WD＝『ウィジールガルディー・デーニーグ(Wizīrgard ī Dēnīg)』の略．詳細は169頁註1参照．WD 15 とは本書に訳載した部分の第15節の謂い．訳文では原典の頁が改まるごとに，26などとしてサンジャーナー編著の頁数を示した．

モレ, Molé＝Marijan Molé: *La légende de Zoroastre selon les textes pehlevis*, Paris 1967.

ザートスプラムの撰集＝『ザートスプラムによる，典籍(聖典)からの撰集(Nibištag-wi-zīdagīhā ī Zātspram)』．本書の刊本については，拙著『古代ペルシア』参考文献25頁参照．

これらの文献にかぎらず，その他のものでも，本書所収の各拙稿ごとに，初出のときは略記せずに盈記することがある．そのため，全体的にみると，同一文献を不必要に重複引用するような感を与えるが，これは本書がそれぞれ独立した論文を集めて成ったためである．

目次

序にかえて……………………………………………………… ix
本書使用上の注意 ……………………………………………… xxi

第Ⅰ部 ゾロアスター伝(中世ペルシア語書から) ……………… 1

1　デーンカルド第7巻第1章 ………………………………… 3
2　デーンカルド第7巻第2章 ………………………………… 20
3　デーンカルド第7巻第3章 ………………………………… 39
4　デーンカルド第7巻第4章 ………………………………… 54
5　デーンカルド第7巻第5章 ………………………………… 81
6　デーンカルド第7巻第6章 ………………………………… 86
7　デーンカルド第7巻第7章 ………………………………… 91
8　デーンカルド第7巻第8章 ………………………………… 105
9　デーンカルド第7巻第9章 ………………………………… 123
10　デーンカルド第7巻第10章 ……………………………… 129
11　デーンカルド第7巻第11章 ……………………………… 134
12　デーンカルド第5巻第1章 ………………………………… 138
13　デーンカルド第5巻第2章 ………………………………… 141
14　デーンカルド第5巻第3章 ………………………………… 146
15　デーンカルド第5巻第4章 ………………………………… 148
16　パフラヴィー・リヴァーヤト第47章 …………………… 152
17　ウィジールガルディー・デーニーグ ……………………… 159

第Ⅱ部　論　文 ……………………………………………………181

1　xšmāvatō——ガーサーにおける敬語法・卑語法について ……183
2　ākå——その語意を明らかにしガーサー・テキストのシンタックス的解明に寄与する …………………………………197
3　Vedic ádhrigu- ならびに Avestan drigu- と arədra-——そのインド・イラン的背景について(ザラスシュトラの信徒に貧者・福者〔富者〕の別あることを指摘し，初期教会制度の解明にも寄与する) ……………………………204
4　古代イラン語における未来時制——ザラスシュトラの教義の一特色とかれの預言者的自覚について ………………248
5　「Avestā」の語義について ………………………………………268
6　第六季節祭, Av. spənta-, および Av. ānuš.haxš Ārmaitiš——ゾロアスターの教えが恩寵の宗教であることを示す ……290
7　古代イラン民族における「罪」と「滅び」——ゾロアスターとダリウス大王の場合 …………………………………325
8　仏光とイラン要素 …………………………………………………361
9　バガダート・フラタラク王朝について——貨幣銘の新解読を通して ……………………………………………………410
10　阿育王のアラム語碑とそのイラン学的価値について——アヴェスター語の故土にも言及して ……………………447

まとめ …………………………………………………………………497

第I部　ゾロアスター伝(中世ペルシア語書から)

(デーンカルド第 7 巻第 1 章)

D363: 13=M 591: 1
(1)[1] 頌讃しまつるべきは創造主オフルマズド——あらゆる啓示で飾られたる，世にあるマーズデースン者の(その)デーン[2]が信憑するに足ること完(まった)きものなるが故にこそ[3].

(2) 第 7 (巻).
(この巻は)マーズデースン者のデーンの最大の使徒スピターマーン・ザルドゥシュト[4]の奇蹟——それはこの神力者がオフルマズドの使徒として(存したこと)と，かれのデーンがオフルマズドのことば[5]とともにあったこととが，ウィシュタースプ王のもろもろの邦民(くにたみ)のあいだに信憑するに足るものとなったこと——について(取り扱うもの).

ウェフ・デーン[6]の示教から.

(3) しかし，それにさきだち，(まず)ウェフ・デーンの種実と創成と流布とがいかなるものか，メーノーグ界とゲーティーグ界[7]におけるその最初の受容者，そしてそののちに，聖フラワフル者[8]ザルドゥシュト(の出現する)までの期間におけるもろもろの預言者・もろもろの使者・もろもろの将来者，ならびに，人(びと)のあいだによってもってかれらが預言者として信憑すべきものとなってきたかれらのことばと神力とのうちの若干[9]，を書くことが有意義である[10].
D362

(4) さて，マーズデースン者のデーンの示教[11]によれば，ウェフ・デーンの種実はオフルマズドの心性にして，それ(ウェフ・デーン)の創成は最初の庶類たるワフマン・アマフラスパンド[12]の協力によったもの，また(その)流布は，まずメーノーグ的に，もろもろのアマフラスパンド，その他のもろもろのヤズド[13]，もろもろのメーノーグ的ヤズドのあいだに(行われ)，ついでゲーティー

グ的に，最初の人間たるガヨーマルトに(行われた)が，それは(ガヨーマルトが，定められた[14])おのが(在世)期間を通じて創造主オフルマズドから(デーンを)あまさず完全に受容し適切に理解することによって，(そしてまたそれを)思念しかつそれによってその期間のドルズ[15]と(ドルズの)侵襲を征服することによって(なされたもの)であって，かれ(ガヨーマルト)は創造主の教えを思念するもの(ども)や，オフルマズドのデーンを述べ(伝え)るすべてのもの(ども)のうちの最初のもの(であった).

(5) ウェフ・デーンから明らかになることは，(イ)万物の創成が造物主にして創造主たる利生的メーノーグ者(オフルマズド)の寄与であることについてであり，(ロ)人間にとって第一にふさわしいのはこのこと，すなわち「よきものはわれらにして，わたしはオフルマズドの衆類である」ということ，そしてそれが最後(にふさわしいも)のでもあるということ，についてであり，(ハ)また，人間の救済される最良の手段はこのこと，すなわち「生命のための行為は最勝なるもの[16]．人間の世界がかれ(アフレマン)によって病ましめられている今，対敵がもろもろの庶類に来ている今， (6)ガヨーマルトの後裔たる人類にとってよきものは，かれらが責務と功徳を実践することこれである．そして，かれ(ガヨーマルト)の行為《それは(かれが)おのが敵手たるドルズを征服すること》は，(かれの)後昆に『なんじら各自に不可欠なのは各自の敵手たるドルズを征服することだ』といって指針を与えるもの．それによって生じることは庶類が対敵から侵襲をまぬかれて清浄となることであって，それこそ創造主がそのために衆類を創造した責務なのだ」ということ，についてである．

(7) また，このこともウェフ・デーンから明らかである．曰く，そのただしく言ったことば[17]によって，ガヨーマルトはもろもろのアマフラスパンドの安楽境に達した《即ち，ガロードマーン行き[18](となった)》，と．

(8) また，ガヨーマルト以後，聖フラワフル者スピターマーン・ザルドゥシュトまでの中間時代のときに，(さらには)かれ以後にもつねに[19]，示しが来たり準拠すべきものができたりするよすがとなったいくつかの知識の開示があって(それぞれの)時世の人間の救済が行われた，それというのも，(知識の開示

（デーンカルド第7巻第1章） 5

があって人間の救済が行われたのは，それが）創造主との対話によったがためであり，また，それというのも，D361 崇きもの・言霊[20]が創造主の命によって（それを）もろもろのヤズドのもとから，もたらし来たがためである．

ウェフ・デーンには名まで含め[21]，預言者と受容者，組織者を列挙[21]して（こう）明かしてある．

(9) ガヨーマルトが逝世すると，もろもろのゲーティーグ者のうちで二番目に，ガヨーマルトの最初の子たるマシュヤグとマシュヤーナグ[22]（なる兄妹）にオフルマズドのことばとして，（こう）明かされた《即ち，かれらがかれによって創成されたとき，かれらに仰せられた》，曰く「なんじらは人間である．M593 なんじらは，わたし（オフルマズド）によって，全有象(ゆうしょう)世界の大御祖(おおおや)として創成された[23]．だから，そのようなものとしてなんじら人間は，もろもろのデウを崇めてはならぬ，というのは，完璧（な）心[24]の保持をなんじらに最勝のこととして，わたしは課したからである《即ち，責務と判決を完璧心をもって見（守れ）よ》」．(10) そこで，かれら（ふたり）はオフルマズドの創造主としての徳[25]を礼讃し，義務として性交した．そして，かれらは（これを）実行して創造主の御意をはじめて成就し，世を利する多くの責務を実践した《クウェードーダフ[26]は人間が世のもろもろの衆類に伍して生まれ，つづき，そして繁殖してゆくために，もろもろの功徳のなかの最勝のもの》．(11) 創造主がかれら（ふたり）に穀物の播種を教示したこと，オフルマズドのことばとして[27]，（こう）明かされているがごとくである，曰く「これは，マシュヤグよ，なんじの牛，またこれはなんじの穀物，またこれらはなんじのその他の道具．だから，今からのち，なんじは（それらを）よく知っておきなさい」．(12) このこともウェフ・デーンから明らかである，曰く，かれオフルマズドは，天則者としてすぐれて有資格者たるハディシュ[28]《もろもろのヤズドの中の一》に仰せられた，曰く「天則者としてすぐれて有資格者たるハディシュよ，マシュヤグとマシュヤーナグのもとに赴けよ[29]，そして穀物のパンをマシュヤグとマシュヤーナグに所望せよ[30]．そのかれらを祝福し（て言い）なさい[31]，曰く『そなたたちから，この穀物がひろがるように[32]．オフルマズドともろもろのアマフラスパンドからそなたたち

に来たように，そなたたちからそなたたちのもろもろの子孫に穀物が，もろもろのデーウからの侵襲をうけずに，とどくように』とな．デーウとドルズを攘(はら)うために，アフナワル[33]を二度となえよ」．(13)そこで，天則者としてすぐれて有資格者たるハディシュは，マシュヤグとマシュヤーナグのもとに赴いた．そしてかれはその穀物のパンをマシュヤグとマシュヤーナグに所望したので，かれらは(それをハディシュに)与えた．そこでかれはかれらを祝福し(て言っ)た，曰く「M594 そなたたちから，この穀物がひろがるように．オフルマズドともろもろのアマフラスパンドからそなたたちに来たように[34]，そなたたちからそなたたちのもろもろの子孫に(この穀物が)，もろもろのデーウからの侵襲をうけずに，とどくように」そしてかれ(ハディシュ)は，デーウとドルズ[35]を攘うために，アフナワルを二(度)となえた．(14)D360 もろもろのヤズドの示教に従ってマシュヤグとマシュヤーナグは衣服の作製と牧畜と冶金と工作にたずさわったが，これらは(かれらのはじめた)農・耕とともに(その種のものの)先蹤となった．そして，かれらの技術は嚆矢となってかれらから連綿として伝わり，指針を与えつつ世にひろまりながら，(今日)もろもろの職業となり，もろもろの職業のなかにみちあふれることとなった．

(15) また，そののち言霊は(命令を)もたらしてかれら(マシュヤグとマシュヤーナグ)の子スャーマグ[36]とその同じもろもろの子孫[37]のもとに来たが，それは，世界の洲洲[38]や地域地域に，創造主がその洲や地域にと選んでおいた(かれらの，それぞれの)一団[39]が移住することについてであって，それぞれの(一団の)移行と分散により，洲洲地域地域に人間がみちあふれることになった．

(16)[40] また他の時に(言霊は)ウェーガルドとホーシュヤンギー・ペーシュダードのもとに来たが，それは(かれらがそれぞれ)農業の法《世を開拓すること》と王権《世を保護すること》を世界に樹立することについてであった．(17)[41] そこで，かれら(ふたり)はオフルマズドのデーンと法の協同者《協力者》として，オフルマズドのもろもろの庶類の子々孫々にオフルマズドのデーンがひろまり，かつ，オフルマズドの法が(かれらを)治めるために，王権と世の開拓を樹立した．(18) また，かれホーシュヤングはかの光輪[42]によってマーザン・デーウの

(デーンカルド第7巻第1章)

3分の2とケーシュムの7同輩[43]を討った.

(19) そののち,(言霊は)頴敏なタクモーラブに来たので,かれはかの光輪によってデーウ[44]と悪人, 呪師とパリーグ女[45]を征服した. またかれは偶像崇拝施設を破壊して,もろもろの庶類のあいだに創造主への称讃と奉仕をひろめた[46]. さらにかれは,ガナーグ・メーノーグを馬体に変えて,30年間乗用した[47].

(20) また他の時に(言霊は)ジャムシェーディー・ウィーワンハーナーン[48]のもとに来たが,(ジャムシェードが)オフルマズドと対話するためであった. そしてかれはデーンの4職業(すなわち, 祭司職と戦士職と農耕職と工産職)のうちから4職業(それは祭司職と戦士職と農耕職と工産職[49]である)(全部)を受け入れてそれらをもって世を繁栄させ成育させ生長させ, また中庸の力によって庶類を不死にして不老, 不飢・不渇にして殷盛かつ満福たらしめた. (21)また, ウェフ・デーンに, ジャムへの創造主オフルマズドのことばとして,(こう)明かされている, 曰く「では, わが世界を増進させよ(即ち, 数をふやせよ). また, では, わが世界を成育させよ(即ち, さらに肥育せよ). また, では, われより受け入れよ, 世界の庇護と育成と領導と見張りを(だれも, 互いに他に, 傷害と危害を与えることができぬようにせよ)」と. (22)そこで, かれは受け入れた. そして, ジャムは, かれオフルマズドが命じたとおりに[50], なした. またかれは同じ光輪によって大地を, それ以前にあったその大きさより, 3分の3倍, 拡張した. (23)またかれは, その治世に[51], 家畜と人とを死することなく, また水と草木[52]とを枯れることなく, また食物を食うに尽きることのないようにした. (24)また, このこともウェフ・デーンから明かされている, 曰く, かれは世界をガロードマーンのように楽しいものにした. また, かれは, マルコースの冬[53]による滅亡から庶類を守ることについての[54], オフルマズドのあらゆる命令に従って,(いわゆる)ジャム所造のワル[55]をつくった. また, ほかにも多くの奇蹟がウェフ・デーンから明かされている.

(25) また他の時に(言霊は)創造主の命に従いフレードーニー・アースウィヤーナーン[56]のもとに,(しかもまだ)かれが母者の胎内にあったときに, 来た

――ジャムの光輪に由来する，デーンの職業のうちの農耕職の部分を(フレードーンに)頒与し，そしてそれによってかれが勝利者となるために[57]．(26) そしてフレードーンはこれによって母者の胎(内)から(すでに)勝利者となった[58]《ダハーグへの返報者となった[59]》．そしてかれは，この強大なドルズを痛めつけて失神させた．9歳になってかれは，かれ(ダハーグ)の討伐に赴いた．そしてかれはかの勝利(の武器)でダハーグを征服し，かれからもろもろの庶類を救って平安にした．かれはマーザンダラーン[60]のもろもろの州を征服してかれら(マーザンダラーン人)の(及ぼす)災害と危害をクワニラフ[61]洲から排除し，クワニラフ洲を3子に分与した[62]．(27) また，かれ(フレードーン)は，デーンの第三職業たる農耕職によって，危険をみつけて病気を攘う身療術を人類に教示し[63]，ほかにも奇蹟や世を利する業を数多く成じた．

(28) また，フレードーンの存命中に[64]同じ言霊は，創造主から(命令を)もたらして[65]，エーリジー・フレードーナーン[66]のもとに来た．そこでかれ(エーリジュ)はそれによってエーラーン法[67]を制定して施行した．この最勝の賜(たま)物(もの)は父フレードーンが所望して愛好したものであって，この賜物はフレードーンの祝福をえて創造主からかれ(エーリジュ)のもとに来たもの．

(29) また同じ(時期)に(言霊は)フレードーンの一門[68]に来，エーリジュの一門[69]はネーローサング・ヤズドとともに[70]マーヌシェールにつらなり，かれ(マーヌシェール)からエーリジュ一門の系譜の永続となった．

(30) また(言霊は)エーラーンの国王マーヌシュチフルのもとに来たのでかれはそれによって，奇蹟をもってなされた多くの業を成じた．そしてかれはエーリジュの仇として，(エーリジュの2兄)サルムとトーズを征服し，非エーラーン国からのもろもろの(難)問への返答者[71]となってエーラーンの王権を樹立し，エーラーン国を富強かつ繁栄させ，エーラーンの国を非エーラーンにたいする勝利者たらしめた．

(31) 他の時に(言霊は)エーラーンの国王マーヌシュチフルの一門のウザウィー・トマースパーン[72]のもとに来た．かれ(ウザウ)は(その)言霊と光輪によって，生まれると同時に，成人の所作と男子壮年の相[73]に達した．かれは神力

行によって，エーラーンのもろもろの州のために，雨の源を開いた[74]．かれは非エーラーンの討伐[75]，エーラーン国からの排除・排撃に赴いて，エーラーン国を攪乱するダーハ的呪師とかれの同じ（ダーハ的な）伴2人を討ち[76]，フランラスヤーギー・トゥール[77]を畏怖させてエーラーン国を強大にし繁栄させたので，エーラーン国内にはもろもろの河川，もろもろの集落が数多く増加した[78]．

(32) 他の時に（言霊は）サーマーン・クリシャースプのもとに来た――ジャムの光輪に由来する，第二のデーンの職業たる戦士職の部分を頒与するために．そこでかれ（クリシャースプ）はこれによって，馬を呑み人を呑む有角竜(ゆうかくりゅう)と，金色の踵をもつデーウたるガンダルウ，その他多くのデーウ所造[79]の仇敵や庶類を毀損するドルズを討伐した．

(33) 他の時に（言霊は）カイ王家の祖カイ・カワードのもとに来た．かれはそれによってエーラーンの王権を樹立し王権をおのがうえにカイ王家とむすびつけ，それによってもろもろの庶類を利する神力の業を数多く成じた．

(34) また（言霊は）アラビア王パーダスラウィー・エレフシュワイー・ターズのもとに，アシャワヒシュト・アマフラスパンドの使者として来た．そこでかれはそれによって，かれの部族を毀損するためにその部族にとりついていたアーズ・デーウを，その同族ともども，おのが部族から駆逐したが，これはアシャワヒシュト・アマフラスパンドの指示に従って分け前が崇きラド[80]のもとに上がっていくためであって，（そのことは）その分け前が魚体になって川に落ちてザルドゥシュトの食物となった，と明(あ)かされているがごとくである[81]．

(35) 他の時に（言霊は）カイ・カワードの一門だったカイ・アルシュとそのもろもろの兄弟のもとに来たので，かれらはそれによって，みな勇敢にして勇猛，防衛に長じて行動非凡な王者であった[82]．そして，かれらのうち，長兄のカーヨース[83]は7洲[84]の支配権を掌握し，多くの神力をそなえ光輪にみちていた．

(36) また同じ時に（言霊は），ジャムの光輪のおかげで聡明多智だったオーシュナル[85]のもとに，（しかもまだ）かれが母の胎内にあったときに，来たので，かれは母胎（内）からの発言で多くの奇蹟を母に教えた．また，かれは生まれる

と，デーウを崇める奸物フラーチュヤーのもろもろの（難）問に返答してガナーグ・メーノーグを打倒した[86]．(37) また，かれ（オーシュナル）はカーヨースの宰相となり，かれの治世に7洲を治めた．また，かれはニルムードのことば[87]，その他，人を利する多くの学問をも開いた《教えた》．そして，非エーラーンの（もろもろの州）は（オーシュナルの）返答によって苦しめられ，エーラーンの（もろもろの）州はかれのきわめて教養ある助言によって助言された．

(38) また（言霊は）カイ・スヤーワクシー・バーミーグ[88]のもとに来た．かれ（カイ・スヤーワクシュ）はそれによって，奇蹟でできたカング城を築いたが，それは，(イ)神力，(ロ)光輪，(ハ)および，時代（時代）を治めてエーラーン王朝を復興させオフルマズドのデーンに勝力勝利を再結集すること（方策）を明かしている，デーンの秘密（すなわち神力・光輪・デーンの秘密）といった多くのものを（城）内に納め守るためであった[89]．

(39) （言霊は）カイ・フスラウィー・スヤーワクシャーン[90]に来た．かれ（カイ・フスラウ）はそれによって，呪師なるフランラスヤーグ・トゥールとその同輩ワケーラガーン・ケルサワズド[91]，^{M599}およびその他，世界を毀損する多くの悪人を征服して討伐した．また，かれはチェーチェスト湖岸上の偶像殿におそいかかり，その異形のドルズ像を討った《破壊した》[92]．(40) 建て直しの用具に必要なため，かの言霊からの指令でかれ（カイ・フスラウ）は密所に移ったが，これは，このようにして建て直しまで創造主の御意によって（かれの）身体を不死に保つためである．

(41) そして，そののちに[93]，スピターマーン・ザルドゥシュトが創造主オフルマズド[94]との対話にはいったのである．そしてかれは，全知の創造主オフルマズドから，そこに遺漏のないように包括的でしかも逐一的な，祭司職と戦士職と農耕職と工産職の知識と営為にかんする啓示[95]を受け入れた．かれはマーズデースン者のデーンのすべての部分[96]を創造主の命によってカイ・ウィシュタースプ王にもたらし，^{D356}その大光明をもって，この最上の世界王の洲[97]においてもろもろの博士を照らし，7洲に（デーンを）ひろめたが，それは庶類が建て直しにつながることから離脱せぬ（ようにする）ためであり，(42) また，これ

によって，かれ(ザルドゥシュト)の(3)子ウシェーダル，ウシェーダルマーフおよびソーシュヤンスがオフルマズドのもろもろの庶類の世界に不死で災厲少起最第一[98]なる建て直しをつくり出すためである．

また，かれ(ら)の神力・光輪・奇蹟のうちの若干は下記を見られたい[99]．

(43) また，ほかにも，マーズデースン者のデーンに名を述べられていない預言者がザルドゥシュト以前にあった，というのは，もろもろの時代に，もろもろのメーノーグ者(神がみ)中のいく柱かがすぐれたペーショーバーイ[100]のもとにこのように(降臨して)来たことが，明かされているからである．

人(びと)は，今日デーンを求め問うことによって(それの把握者となっている)と同じように，その物(デーン)を求め問うことによって(それの)把握者となっていたのである．かの時代(時代)にとってこういう(こと)が必要だったし，また今日にとっても(こういうことが)必要なのである，というのは，どんな人でも(このようにして)デーンに通じたものにされてきたからである[101]．

M600
また，称讃すべきは義フラワフル者[102]ザルドゥシュティー・スピターマーン．

(44) マーズデースン者のデーンの預言者・もろもろの衆類の中の最勝者・聖フラワフル者スピターマーン・ザルドゥシュトの神力と光輪と奇蹟について，世の中に明かされていることを，いま書くことにしよう．

そして，オフルマズドの信憑すべきデーンたるアベスターグからの所詮に従って，ここに10章をあらわす(設ける)ことにした[103]．

(45) (Ⅱ)[104]して，かの光輪者(ザルドゥシュト)が母からここに誕生するよりも前(に起こったところ)のこと．

(46) (Ⅲ)また，その神力者(ザルドゥシュト)の誕生から，かれがオフルマズドとの対話に赴くまで[105]のこと．

(47) (Ⅳ)また，かれ(ザルドゥシュト)の対話から，預言者たるの資格についてかれが世の中で信憑されるに足るものとなり[106]栄光者カイ・ウィシュタースプがデーンを受容するまでのこと．

(48) (Ⅴ)また，それ以降，その浄霊者[107](ザルドゥシュト)が最勝界に移

(49)¹⁰⁸⁾(Ⅵ)また，それ以後，平安王カイ・ウィシュタースプの治世におけること．

(50) (Ⅶ)また，それ以後，エーラーン王朝が終焉を告げるまでのこと．

(51) (Ⅷ)かつまた，それ以後，ザルドゥシュトの千年紀の終わり・ウシェーダルの到来までのこと． ᴰ³⁵⁵

(52) (Ⅸ)また，それ以後，ウシェーダルの千年紀の終わり¹⁰⁹⁾・ウシェーダルマーフの到来までのこと．

(53) (Ⅹ)また，それ以後，ウシェーダルマーフの千年紀の終わりとソーシュヤンスの到来¹¹⁰⁾までのこと．

(54) (Ⅺ)また，利益者・勝利者(ソーシュヤンス)の到来から，(かれによる)奇蹟的なる建て直し・後得身¹¹¹⁾のこと．

これ(ら)のうちの若干をそれぞれ(1章あて設けて取り扱うことにする)¹¹²⁾．

註

1) §1 は šnāyišn dādār Ohrmazd ⎟pad-iz spurr ⟨w⟩ābarīgānīh ⟨ī⟩ wisp āgāhīh pēsīd dēn māzdēsn ⎟andar gēhān.

2) 「マーズデースン者のデーン」dēn māzdēsn は dēn ī māzdēsn ともいい，また māzdēsn の代わりに māzdēsnān「マーズデースン者ら」も用いられる．māzdēsn は Av māzdayasna-「(アフラ)マズダーに祭儀をささげるもの」の転化でアフラマズダーを崇めるもの，ザルドゥシュト(ゾロアスター)教徒の謂い．「デーン」dēn は Av daēnā- の転化で語根は dāy-/dī-「見る」であるから，daēnā- は「感見すること，感見，観」の謂いから「感見されたもの，教え，教法」を意味する．したがって「マーズデースン者(ら)のデーン」dēn (ī) māzdēsn(ān)とはザルドゥシュト教徒の奉ずる教え，ザルドゥシュト教のこと．もっとも māzdēsn は「マーズデースン者のデーン」の謂いで用いられることもある．→157頁註37．

3) 「信憑するに足ること完きものなるが故にこそ」は，⎟pad-iz spurr ⟨w⟩ābarīgānīh「信憑するに足る性質が完全にそなわっているためにこそ」の意訳．

4) 「スピターマーン・ザルドゥシュト」Spitāmān Zarduxšt——Zarduxšt は Av Zaraθuštra- の転化であるが，-x- は無視して「ザルドゥシュト」と仮名書きで統一した．かれは祖親名スピターマ Av Spitāma- にちなんで，Spitāmān「スピターマ家の，スピターマの後裔たる」を前置されたり後置されたりする．後置の場合は Zarušt ī Spitāmān「ザルドゥシュティー・スピターマーン」といったり，Zarušt Spitāmān「ザルドゥシュト・スピターマーン」といったりする．

(デーンカルド第7巻第1章)　　　　　　　　　　　13

5)　「オフルマズドのことば」は gōwišn ⟨ī⟩ Ohrmazd.
6)　「ウェフ・デーン」weh dēn, ¹weh dēn――連書されることもあれば，されないこともある．二義があり，(a)「ウェフ・デーン」とするときは「よきデーン」――この場合にはウェフを後置して「デーニー・ウェフ」dēn ī weh ともいう――すなわち「マーズデースン者のデーン」，(b)「ウェフ・デーン者」とするときは「マーズデースン者，ザルドゥシュト教徒」．weh の代わりに同義の hu- を接頭した hudēn も，教えの場合は「フデーン」，教徒の場合は「フデーン者」とする．
7)　メーノーグ界とゲーティーグ界――ザルドゥシュト教では万物は物質から成るものと考えるが，物質を精妙不可見なものと粗大可見なものとに分かち，前者を「メーノーグ」mēnōg, 後者を「ゲーティーグ」gētīg という．したがってメーノーグ界は不可見界，ゲーティーグ界は可見界を意味する．
8)　「聖フラワフル者」yašt-frawahr は「聖なるフラワフルをもつ者」の謂い. frawahr は OIr *fravarti- に溯り，その一方言形が Av fravaši-「守護霊，精霊」で，frawaš はその写音．拙稿「盂蘭盆・修二会(一)」(『アジア文化』第12巻第1号，1975年6月所収), 118-119頁. ahlaw-frawahr「義しきフラワフルをもつ者，義フラワフル者」，rāst-frawahr「正フラワフル者」なども類義語で，故人への敬称として用いられる．→ 296頁．
9)　「ならびに……かれらのことばと神力とのうちの若干」は ¹u-šān ⟨ni⟩hang-1 ¹az gōwišn ud warz.
10)　「書くことが有意義である」は nibišt⟨an⟩ čimīg.
11)　「示教」は nigēz[y].
12)　「ワフマン・アマフラスバンド」Wahman amahraspand はそれぞれ Av Vohu-Manah-, aməša- spənta- の転化．主神アフラマズダーには6柱の神が陪接するとされ，この陪神は「不死なる(aməša-)利益者(spənta-)」または「利益する(spənta-)不死者(aməša-)」と総称される．これらは大天使とよぶこともある．その下にある諸神は Av yazata-, MP yazd と総称される．6柱のアマフラスバンドは Av Vohu- Manah-, MP Wahman; Av Aša- Vahišta-, MP Ašawahišt, Ardwahišt; Av Xšaθra- Vairya-, MP Šahrewar; Av Spəntā- Ārmaiti-, MP Spandarmad; Av Haurvatāt-, MP Hordād; Av Amərətatāt-, Amərətāt-, MP Amurdād とするのがもっともふつうの行き方であるが，その他の神格もこれに加えられることがある．アマフラスバンドはアマーラスバンド amāraspand ともいう．
13)　ヤズド→註12.
14)　ガヨーマルト Gayōmart の在世期間，つまり可見界での寿命は 30 年．かれは 3000 年間はメーノーグ的状態にあって侵襲をうけなかったが，ゲーティーグ的につくり出されてからは，アフレマンによる侵襲のため，30 歳で死んだ (Bd TD₁ 37: 17–38: 1 =TD₂ 45: 1). 30 年の数字はタクモーラブにも割り当てられ(§ 19)，その他→Dk VII・7・9 とその註17.
15)　「ドルズ」druz(Av druj-)は悪魔として「デーウ」dēw (Av daēva-)とほぼ同義で用いられる．ここは大魔アフレマン Ahreman (Av Angra- Mainyu-, Aŋra- Mainyu-

「アンラ・マンユ」)をさすものとみられる.
16) 「生命のための行為は最勝なるもの」は GAYĄN kunišn pahlom.
17) 「ただしく言ったことば」は gōwišnīh ⁺arš-uxt.
18) 「ガロードマーン行き」garōdmānīg——ガロードマーン Garōdmān (Av garō dəmāna-)とは「宝庫」の謂いで最勝界(wahišt)のこと.「安楽境」hu-axwīh ともいう.
19) 「かれ以後にもつねに」は hamē ⁺|pas (⁺B,TR=bātar) aziš.
20) 「言霊」⟨wa⟩xš——以下頻出. 心霊・精霊(せいれい)を意味するこの語を言霊と訳したのは, その役割に基づくもの.
21) 「含め」parwastag や下に出る「列挙して」 |ōšmurdag は分詞構文の一部を構成する. →51頁註20.
22) この兄妹の名は綴り方がテキストによってひじょうに異なる. ここではそれぞれ mşş, mşşywy とある. 著者はこれまで, それぞれ, マシュヤグ Mašyag, マシュヤーナグ Mašyānag としてきたので,本書でもこれを踏襲した.
23) 「なんじらは～創成された」は |dā⟨d⟩-am |hēd |pid ī |pid ī harwisp[y] axw ī astōmand.
24) 「完璧な心, 完璧心」bowandag menišnīh は Av Spəntā- Ārmaiti-(→註12)の訳語. 著者によれば spəntā- ārmaiti- は「利益(りやく)する施与心」の謂いであるから,「完璧心」も同義に解したい.
25) 「オフルマズドの創造主としての徳」dādārīh ⟨ī⟩ Ohrmazd は「オフルマズドの創造ぶり」でもよい.
26) 「クウェードーダフ」xwēdōdah(Av xᵛaētvadaθa-)は父娘・母子・兄弟姉妹間の通婚のごとき最近親婚のこととされている. →Dk VII・4・5, 11 とその註14.
27) 「オフルマズドのことばとして」は |pad gōwišnīh ⟨ī⟩ Ohrmazd.
28) 「天則者としてすぐれて有資格者たるハディシュ」Hadiš |pad ahlāyīh |abararzānīg には Hadiš のつぎに ī を介在させる言い方もある.「有資格者たる」arzānīg とはガロードマーン行き(→註18)を保証されている「福者」ということだが,最勝界にある諸神もまた「福者」である. Hadiš「土産神」が有資格者として登場しているのもそのため.
29) 「赴けよ」は |abar ⁺|rawāh.
30) 「所望せよ」は ⁺zāyāh.
31) 「祝福しなさい」は ⁺āfrīnēnāh.
32) 「ひろがるように」は |ul…⁺|rasād.
33) 「アフナワル」ahunawar は yaθā ahū vairyō「教え人として望ましいように」ではじまる, ザルドゥシュト教徒の信条告白文で, 古来その神秘力がしばしば強調されてきた. アヴェスターのヤスナ27:13で, アフラマズダーその他の神がみが, ザルドゥシュトを教徒を導いて最勝界に到らしめる者として教徒の牧者に定めたことを謳ったもの.
34) 「オフルマズドともろもろのアマフラスパンドからそなたたちに来たように」は čiyōn |az [amahraspandān čiyōn] Ohrmazd ⟨ud⟩ amahraspandān |bē |ō |šmāh mad.

35) 「デーウとドルズ」は ˈdēw ⟨ud⟩ druz.
36) 「スヤーマグ」S⟨y⟩āmag→Bd TD₁ 87: 14=TD₂ 106: 2. ただしサーマグ Sāmag でも誤りではない.
37) 「その同じもろもろの子孫」は ham-paywa⟨n⟩dān.
38) 「洲」kišwar (Av karšvar-)——世界を構成する七つの洲については→拙稿「正倉院の屛風」(『アジア文化』第11巻第4号, 1975年3月所収), 68頁; 同「盂蘭盆・修二会(一)」(→註8), 124頁註8. Bd TD₁ 87: 14=TD₂ 106: 2 以下によると, 人類は霊牛サルソーグ Sarsōg に乗って, クワニラフ Xwanirah (Av X^{v}aniraθa-) 洲(中央洲で第7洲ともいう)からフラークカルド Frāxkard (Av Vouru.kaša-) 海をわたって他の6洲に移住した, とある.
39) 「一団」は $^+$grōh-1.
40) §16 は ud ˈpad ˈany āwām mad ˈō $^+$Wēgard $^+$ud $^+$Hōšyang ī Pēšdād ˈabar winnārdan ī ˈandar gēhān dād ī dahigānīh gēhān warzīdārīh ud dahibedīh gēhān pānagīh. ホーシュヤングなる呼び方は綴り方の異なるのに応じてそのつど異なるはずであるが, 本書ではホーシュヤング Hōšyang で統一した. 「ホーシュヤンギー・ペーシュダード」すなわちペーシュダード朝のホーシュヤングというのは Av Haošyaηha-Paraδāta- の中世ペルシア的解釈である.
41) §17 は ˈu-šān ˈpad hamāxagīh $^+$ī dēn ⟨ud⟩ $^+$dād $^+$ī ⟨Ohrmazd⟩ [w]ham-nērōgīh winnārd dahibedīh ⟨ud⟩ warzīdārīh ⟨ī⟩ gēhān ˈpad rawāgīh ud winnārišn paywandišnīh ⟨ī⟩ Ohrmazd dāmān ⟨ī⟩ dēn ⟨ud⟩ dād ī Ohrmazd. 「オフルマズドのデーンがひろまり, かつ, オフルマズドの法が治めるために」は ˈpad rawāgīh ud winnārišn…⟨ī⟩ dēn ⟨ud⟩ dād ī Ohrmazd の訳. 原文を機械的に逐語訳しては意味をなさない.
42) 「光輪」ˈxwarrah (Av x^{v}arənah-)については→拙稿「仏像光背の背景を示すイラン語詞について」(『印度学仏教学研究』第23巻第1号, 1974年所収); 同 "Gathica XIII. Av. ax^{v}arəta- x^{v}arənah-", Orient, Vol. XI (1975), pp. 35–44; 本書377–379頁.
43) 「マーザン・デーウの3分の2とケーシュムの7同輩」は 2 srišwadag ⟨ī⟩ ˈān ī Māzan ˈdēw ⟨ud⟩ 7 $^+$ham-wišūdag ī Xēšm. マーザンは, 古来蛮域とされたマーザンダラーン Māzandarān (カスピ海の南岸地帯) に同定されるが, これは疑わしい. ケーシュム (ケシュム Xešm の形もある) は Av Aēšma- の転化で大魔「忿怒」.「同輩」$^+$ham-wišūdag はテキストには hammōxt-šūdag とよみうる形で出ているが, このままでは語義不明なためによみかえたもの.
44) 「デーウ」は [w]ˈdēw.
45) 「パリーグ女」parīg は反ザルドゥシュト的「巫女」.
46) 「ひろめた」は rawāgēnīd [an].
47) 「さらにかれは〜乗用した」は ˈu-š ˈburd Ganāg Mēnōg ⟨ī⟩ frāz wašt ˈō asp kirb 30 zamestān 「またかれは, 馬体に変わったガナーグ・メーノーグに30年間騎乗した」の意訳.
48) 「ジャムシェーディー・ウィーワンハーナーン」J̌amšēd ī Wīwanghānān すな

わち「ウィーワングの子ジャムシェード」はアヴェスターのウィーワフワントの子イマ・クシャエータ Yima- xšaēta-, ヴェーダのヴィヴァスヴァントの子ヤマ Yama- にあたる。系譜を示す Wīwanghānān は接尾辞 -ān を二つかさねている (Wīwangh-ān-ān) ので, 著者はとくに「ウィーワングの子」と訳した。ここの句意は「言霊がジャムシェードのもとに来たので, ジャムシェードはオフルマズドと対話した」との謂い。

49)「農耕職と工産職」は wāstaryōšīh ⟨ud⟩ hutuxšīh.
50)「かれオフルマズドが命じたとおりに」は čiyōn-⁺iš framūd Ohrmazd.
51)「その治世に」ᶦpad ᶦān ī ᶦōy xwadāyīh [xwadāyīh] は「かれの王権によって」とも訳せる。
52)「水と草木」は ᶦāb ⟨ud⟩ urwar.
53)「マルコースの冬」Malkōsān zamestān とは魔マルコース Malkōs の引き起こす冬のことで, ノアの洪水のイラン版。イランでは洪水でなく, 気象の激変による人畜全滅の危機が問題とされている。
54)「庶類を守ることについての」は ᶦabar ᶦpād⟨an⟩ ī dām.
55)「ジャム所造のワル」Jam-kard war とはジャムによってつくられたワル。ワル (Av vara-) は「かこい, 城郭」。→Dk VII・9・4 とその註 11, ならびにウィーデーウダード 2: 1-43.
56)「フレードーニー・アースウィヤーナーン」Frēdōn ī Āswiyānān はアースウィヤの裔フレードーン。
57)「勝利者となるために」は ᶦpad…pērōzgarīhēd. この場合, 動詞は活用形よりも不定詞 (pērōzgarīhistan) をとるべきであるが, じっさいにはしばしば活用形が用いられているので, 一々註しない。
58)「勝利者となった」は ⁺pērōzgarīhist.
59)「返報者となった」passox guftār ᶦbūd は「返事を言う人となった」の意味から, 懲罰者・報復者となった, の意味で用いられている。
60) マーザンダラーン→註 43.
61) クワニラフ→註 38.
62)「分与し」は ⁺baxt.
63)「危険をみつけて病気を攘う身療術を人類に教示した」は āhuft-sēj ud xīndagīh-⁺spōz ⁺tan-bizeškīh [w]nimūd ᶦō ᶦmardōmān.
64)「存命中に」は ᶦandar zīndagīh[y].
65)「もたらして」は abar-⁺barišnīg.
66)「エーリジー・フレードーナーン」Ēriz (Ērij, Ēraj) ī Frēdōnān はフレードーンの (第3) 子エーリジュ。
67)「エーラーン法」は Ērīh dād.
68)「フレードーンの一門」は ⁺nāf ī Frēdōn.
69)「一門」は ⟨n⟩āf.
70) ネーローサング・ヤズド Nērōsang yazd—ヤズドについては→註 12. ネーローサング (Av Nairyō.saŋha- ナルヨーサンハ) 神は使者として登場するから,「ネーローサ

(デーンカルド第7巻第1章)　　　　　　　　17

ング・ヤズドとともに」とはエーリジュの一門にこの神が神がみの命令を伝達しに来たことを示唆する.
71)「返答者」passox guftār→註 59.
72)「ウザウィー・トマースパーン」Uzaw ī Tomāspān は「トマースプの子ウザウ」.
73)「成人の所作と男子壮年の相」は p⟨u⟩rnāy-gārīh ud mard-paymānīgīh.
74)「雨の源を開いた」は wišād…wārān-mād. →84 頁註 20.
75)「非エーラーンの討伐」は ᶦzad⟨an⟩ ī Anērān.
76)「ダーハ的呪師とかれの,同じ(ダーハ的な)仲2人を討ち」は ᶦzad…dahīg jādūg ⟨ud⟩ ᶦkē 2 ī ᶦōy ham-hunušakān.「ダーハ的」dahīg は蛮族ダーハ(ダハエ)と関係があるらしいとされるが,語義不確実.
77)「フランラスヤーギー・トゥール」Frangrasyāg ī Tūr はトゥーラーン人フランラスヤーグ. ī を介在させぬ形, Tūr を前置した形, フランラスヤーグ(Av Fraŋrasyan-)の代わりに, フラースヤーブ Frāsyāb, フラースヤーグ Frāsyāg などもみえる. トゥーラーン Tūrān はシースターンとマクラーンの中間に位置し, インダス河口地帯にもまたがる地域.
78)「増加した」は abzūd[an].
79)「その他多くのデーウ所造の仇敵」は ᶦany-iz ᶦwas ᶦdēw-dahišn pet⟨y⟩ār.
80)「ラド」rad(Av ratu-)は主として精神面での指導者をさす.「崇きラド」云々は出典も不明であるが, ラドの受けるべき分が神の力によってそのラドのもとに上がっていったことを述べている.
81)「そこで〜食物となった, と明かされているがごとくである」は ᶦu-š pazdēnīd [w]padiš ᶦaz ᶦxwēš [w]ram Āz ᶦdēw ᶦabāg ham-āwādag ⟨ī⟩ ᶦpad murnjēnīdan ī ᶦān ī ⁺ᶦōy [w]ram ᶦō ᶦān ram dwārist ᶦēstād ᶦpad ᶦulīh franamišnīh ī bahr ᶦō rad ī buland ᶦaz Ašawahišt amahraspand nimāyišn čiyōn bahr māhīg-kirb ᶦpad rōd ⁺ᶦōbast ud ᶦō pih ī Zarduxšt mad paydāg.
82)「カイ・カワードの一門だったカイ・アルシュとそのもろもろの兄弟のもとに来たので, かれらは……行動非凡な王者であった」は mad ᶦō Kay-⁺Arš ⟨ud⟩ brādarān ⟨ī Kay⟩ Kawād ⟨n⟩āf ⁺ud ᶦbūd ᶦhēnd……škeft-kardār kay.
83)「カヨース」Kāyōs はカイ・ウス Kay Us(Av Kavi- Usan-)の別形.
84)「7 洲」→註 38.
85)「聡明多智だったオーシュナル」は Ōšnar ī purr-zīr ᶦbūd[y].
86)「デーウを崇める〜打倒した」は zad Ganāg Mēnōg ᶦpad passox guftārīh ⟨ī⟩ frašnān ⟨ī⟩ mar ī Frāčyā ī dēw-jast.「奸物」と訳した mar は「悪玉, 悪党, 悪(わる)」ほどの謂い.
87)「ニルムードのことば」は نمرود gōwišnīh を Nirmūd gōwišnīh と解したもの. نمرود は nlmwd で, nmlwd=Nimrūd の誤記か, なまりの形とみられる. wimand gōwišnīh とよんでは意味をなさない. キターブ・ル・フィフリストにもアラブ語訳で「バービル(バビロン)の王ニームルードにかんする書」といわれる中世ペルシア語書(現存していない)が載せられている. この王にかんするタルムードの諸説話が典拠とな

ったものであろう．→創世記 10：6-12 ならびに Encyclopedia of Islam の Namrūd の項．

88) 「カイ・スヤーワクシー・バーミーグ」Kay Syāwaxš ī bāmīg は「かがやくカイ・スヤーワクシュ(カイ王家のスヤーワクシュ)」の謂い．

89) 「かれはそれによって～(城)内に納め守るためであった」は padiš dēsīd Kangdiz ī abd-gard ᛁpad andar-dārišnīh pānagīh ⟨ī⟩ ᛁwas warz ᛁxwarrah ud rāz ī dēn ī aziš wirāyišn ī āwām ud ᛁabāz ār⟨ā⟩stārīh ⟨ī⟩ Ērān xwadāyīh ᛁabāz paywandišnīh ī amāwandīh pērōzgarīh ᛁō ᛁān ī Ohrmazd dēn paydāg.

90) 「カイ・フスラウィー・スヤーワクシャーン」Kay Husraw ī Syāwaxšān は「スヤーワクシュの子カイ・フスラウ」の謂い．

91) 「呪師なるフランラスヤーグ・トゥールとその同輩ワケーラガーン・ケルサワズド」は Franrasyāg Tūr ī jādūg ᛁu-š ham-šudag +Wakēragān Kersawazd. →註 77.

92) 「また，かれは～破壊した」は ud āyōxt ᛁō ᛁān +uzdēszār ī ᛁabar bār ī +war +Čēčest ᛁzad škast ᛁān ī škeft druzīh.

93) 「そして，そののちに」は ud [mad] ᛁaz ᛁān ᛁpas.

94) 「創造主オフルマズド」は +dādār Ohrmazd.

95) 「知識と営為にかんする啓示」は dānišn ⟨ud⟩ kunišn āgāhīh.

96) 「マーズデースン者のデーンのすべての部分」hām bahr ī dēn māzdēsn とは「デーンの 4 職業」のことであろう．

97) 「この最上の世界王の洲において」は ᛁandar ᛁōy abartom g⟨ē⟩hān dahibed kišwar.

98) 「災厲少起最第一なる」は wōiγnkahišttar,「わざわい(wōiγn)の少ない(kah-)こと最第一なる，わざわいのない」．

99) 「また，かれ(ら)の神力・光輪・奇蹟のうちの若干は下記を見られたい」は ᛁu-š [w]warz ᛁxwarrah abdīh nihang-ī azēr nibištan windīd ēstēd「また，かれ(ら)の神力・光輪・奇蹟のうちの若干は下に書くのが見いだされるであろう」の意訳．

100) 「すぐれたペーショーバーイ」は pēšōbāytar. pēšōbāy は「先頭にあって守る者」の謂いでザルドゥシュト教徒のリーダーをさすことも多い．pēšōbāyīh は「ペーショーバーイたること，指導権，リーダーシップ」．ペーショーバーイにたいしてパソーバーイ pasōbāy は「殿りにあって守る者」の謂い．pasōbāyīh は「パソーバーイたること」．それぞれ「前衛」「後衛」の訳も可能．

101) 「かの時代(時代)にとって～デーンに通じたものにされてきたからである」は ᛁān zamānag ᛁōh +abāyist ᛁud ᛁnūn rāy abāyēd ᛁčē ᛁhar mardōm ᛁpad dēn āgāh kard ᛁēstēnd.

102) 「義フラワフル者」→註 8．

103) 「ここに 10 章をあらわす(設ける)ことにした」は paydāgīhist ᛁēdar ᛁdar 10「10 章がここにあらわれた」の意訳．この句によるとデーンカルド第 7 巻のうち，これまでに訳出した部分は「まえがき」ともいうべきものとなるが，E. W. West がそれを「第 1 章」としたために，ここに「10 章」といわれていても，その「10 章」は一般に「第 2 章～第 11 章」とされた．著者がつづく §§45-54 のそれぞれの冒頭に(Ⅱ)～(ⅩⅠ)

((Ⅰ)-(Ⅹ)でなしに)と標記したのもそのためである。
104) (Ⅱ)(Ⅲ)などについては→註103.
105) 「赴くまで」は〈ˈtā〉madan.
106) 「信憑されるに足るものとなり(……となること)」は〈w〉ābarīgānīh.
107) 「浄霊者」は abēzag-ruwān「清浄な霊をもつ者」.
108) §49は ˈu-š ˈān ī [ˈpas] ˈpas-iz ˈaz ˈān ˈandar xwadāyīh ī rām-šāh Kay Wištāsp.
109) 「ウシェーダルの千年紀の終わり」は hazangrōzam ī Ušēdarān 〈ˈsar〉.
110) 「ソーシュヤンスの到来」は [ˈrasišn ī] ˈrasišn ī Sōšyans.
111) 「後得身(ごとくしん)」は tan ī pasēn「のちの身体」. 建て直されて最終的に顕現する世界の形態.
112) 「これ(ら)のうちの若干をそれぞれ(1章あて設けて取り扱うことにする)」は ǰud ǰud nihang-1 aziš.

(デーンカルド第7巻第2章)

D355: 6=M600: 20
(1) かの, もろもろの已生者(いしょうしゃ)の中でもっとも幸いなるもの(ザルドゥシュト)が母から誕生するよりも前にあらわれた奇蹟[1]について.

(2) 一つはこう明かされていること. 曰く, 創造主はザルドゥシュトの光輪を母胎(がわM601)の方をへてザルドゥシュトに移した. その光輪がメーノーグ相からゲーティーグ相となってザルドゥシュトの母胎に来るようにと, オフルマズドから命令があったとき, (3) 大奇蹟が多く(の人びと)にあらわれたこと, デーンが(こう)言っているがごとくである.

ついでオフルマズドがかのザルドゥシュトの衆類(光輪)をつくり出すと, そのときオフルマズドの前を, そのザルドゥシュトの衆類(光輪)は極星に[2]降下した. そしてその極星から無始の光明に降下した[3]. 無始の光明から太陽に降下した. 太陽から月に降下した. 月から星辰に降下した. 星辰からゾーイシュ[4]の家にある火に降下した. その火からフラーヒーム・ルワンナーン・ゾーイシュ[5]の女(むすめ)に行った. (のちに)ザルドゥシュトの母者(はは)となったこのむすめが生まれたとき, かの女から光明が地いっぱい, 天いっぱいに射した. (4) カルデア人[6]は不審を(こう)表白した, 曰く「ひとびとの言うには, フラーヒーン・ルワーナーン・ゾーイシュ[7]の村では, 自分(の力)で燃えつつ火が燃えている(即ち, それは薪材の用を必要としない)とのことだが」. (5) そこでかれらは法師[8]のもとに赴いた. かれらはかれに(こう)説明した[9], 曰く「ひとびとの申すには, 有象世界が光輪(D354)でみちていること――それが(じつは)身体から(出ているところ)の光輪(即ち, 責務[10]はみな, これから(世に)ひろまっていく), との由です」.

(6) また, (こういうことが)明かされている, 曰く, もろもろのデーウは,

その光輪から受けたかれらの打撃のゆえに，そのむすめに侵襲を加えようとて，その村に，冬と危険と暴敵[11]という3敵軍勢をもち込んだ．そしてかれら（デーウ）はその村人たちに(こういう)考えを投げつけた，曰く「この災害はこのむ
M602
すめの呪法[12]のために（この）村に来たもので，それは，村人たちがむすめを呪法のかどで敵視してこの村から追放するよう（かの女の）両親に強硬に抗議するためである」．　(7) しかし，むすめの父は，そのむすめについて不法に言いふらされている多くの言いがかり[13]（すなわち，呪法）のなかにあって，かの村人たちにこうも言った，曰く「このむすめがわたしのもとで生まれたとき，あらゆる光焔（それは火の明るい光）は後退させられた（即ち，どんな（火）よりもかの女の光がぬきんでていた）．暗夜に，(8) 火のない一番奥まった部屋にこのむすめがすわると，（その）家では火がこうこうと燃やされた．（ところが）このむすめのすわっているところは，この（むすめの）身体から照らし出る光のために，火がこうこうと燃やされているところよりも，明るかった．こんな光輪をもつ呪師(など，まだ)いたためしがない」．　(9) しかし，それでも，もろもろのデーウのそそのかしをうけて，村のカヤクもカルブも[14]満足しなかった．父はむすめに，アラグ区にあるスピターマーン村にある父パディリダラースプの家に行くように[15]命じたので，むすめは父の命令を受けいれた．　(10) そのむすめを村外追放にするために，もろもろのデーウが無益にも引き起こしたその混乱を，もろもろのヤズドは神力をもって，そのむすめがザルドゥシュトの父ポルシャースプの妻になる――父がむすめをポルシャースプの父パディリダラースプの家に送りこむことによって[16]――きっかけにしてしまった，と．

　(11) 一つは，こう明かされていること．曰く，そのむすめがかの家に行く
ために[17]スピターマーン村の一番高いところに立って見わたしたとき，大奇蹟
M603
がそのむすめにあらわれた[18]こと，デーンが（こう）言っているがごとくである．
D353

　さて，人びとはかの女に叫び声[19]をおくった．「かれらのもとから，かの村に行きなさい――もろもろの（村の）なかで，じつに，高さではもっとも高く[20]，また広さではもっとも広い（かの村に）．そこでは生きているものや益畜が，もっとも多くのものをあなたの援助に赴かせるでしょう．その

村はめぐみぶかい神がつくられたのです[21]」.(12)そこで,そのおとめは立ちどまって考えた,曰く「わたしの銘記すべきは,このことばを受持することのように思われる[22]((即ち,わたしがこのように行動することを,わたしに父も命じたのです))」.(13)そこで,そのおとめは手を洗って,かれらのもとからパディリダラースプのいた村に行った[23].かの光輪はパディリダラースプの子[24]ポルシャースプのもとに来ていた.

(14) 一つは,こう明かされていること.曰く,創造主オフルマズドはザルドゥシュトのフラワフル[25]を,奇蹟的なくすしきわざによって,ホームを介してザルドゥシュトの両親に移した.

(15) また,ほかにも,デーンは(こう)言っている,曰く

対敵なきメーノーグ的存在の3000年の終わりにあたり,庶類がメーノーグ的存在にあったのちドルズがやって来るよりも前に,第三・千年紀の切れ目[26]となったとき,そのときもろもろのアマフラスパンドはザルドゥシュト[27]をつくり出し,フラワフルはかれらによって(ザルドゥシュトの)中にはいり,かれは口をそなえ,舌をそなえてものを言い,そして完成されたもの[28]であった.(16)それからザルドゥシュトは三・千年紀の間,目にみえる姿をもって[29]かれらもろもろのアマフラスパンドには,(自分たちと)同じ形体をもってあらわれているように思われた[30]((即ち,かれはさながら一アマフラスパンドであった)).

M604
(17)そして,ザルドゥシュトが形づくられてのち,しかも対敵をもった[31],3000年間のゲーティーグ的存在[32]の終わりにザルドゥシュトをゲーティーグ界に降下させるよりも前にその第三・千年紀の切れ目となったとき,そのときオフルマズドはワフマンとアシャワヒシュトに抗弁した[33],曰く「そなたたち,かの母を見たるや,われら,ザルドゥシュトを(かの女に)托せんために」.(18)すると,アシャワヒシュトは答えて言った,曰く「あなたはそれもわかっておられます,恩寵者よ,ザルドゥシュトをわれ
D352
らは托しましょう.あなたによって,われらもまた創造されたのです[34].オフルマズドよ,あなたも知ってのとおり,われら別のアマフラスパン

ドです．あなたは(その)場所を知らせてください．というのは，それの情報を，恩寵あるメーノーグ者オフルマズドよ，あなたは知っておられるからです」．(19)すると，そこでオフルマズドはワフマンとアルドワヒシュト[35]とシャフレワル，スパンダルマド，ホルダード，アムルダードに抗弁した「もろもろの有象者の世界に[36]，口をそなえ舌をそなえてものを言うものとしてというふうにしてザルドゥシュトを降下させることは，わたしにはよしとは思われぬ．(20)もしザルドゥシュトをもろもろの有象者の世界に，口をそなえ舌をそなえものを言い，そして完成されたもの[37]としてわれらが降下させるなら，わたしの義(ただ)しき人(たるかれ)の系譜について『それ(系譜)をわれらは水の中で，土の中で，益畜の中で，かれにつくり成そう』[38]と人びとの言うだろうことは明らか．(21)そこでわれらはかれをかしこ，ポルシャースブの村に送ろう．(そうすれば)村人たちは，かれザルドゥシュトは，一つにはもろもろのアマフラスパンドの中ではネーローサング，また一つにはもろもろの人の中ではジャム，と，こういう二様のよき系譜を兼ねていると言うであろう」．(22)そこで，二柱のアマフラスパンドは，人の高さで((かなり高い))，黒い色の((即ち，湿潤な))ホーム[39]の柱をつくって，その柱にザルドゥシュトのフラワフルを無始の光明からもってきた((それをそこに二柱のアマフラスパンドは移した))．そしてそれをかしこ──アスンワンド山[40]においた．なんとなれば，(23)かれらはまわりが見えるようにもってきて，接近防止の壁をめぐらしたからである[41]．つねにホーム[42]は口をそなえていた((即ち，好ましいものであった[43]))，つねにホームからは水が流出した((即ち，湿潤であった))．

(24) そして対敵をもった[44]3000年のゲーティーグ的存在がのこすところ330年となったとき，かれらは前進しようとかまえた((ワフマンとアシャワヒシュトは有象世界に向かった))．かれらは，鳥が2羽，仔[45]を所望してすわっているところに，すすんでやってきた．7年前に，もろもろの蛇がかれらの仔(ヒナ)を呑んだ[46]ことが，(25)かれら，ワフマンとアシャワヒシュトの念頭に浮かんだのでその鳥に談合し(て言っ)た，曰く「われらは行かねばならぬ，そ

してわれらはあのホームを求めなくてはならぬ」. (26)そこでかれらはこうし
て(さらに)前進することにふみきった, そしてかれらは長さ2肘のホームを求
めた⁴⁷⁾. かれらのうちのひとりは⁴⁸⁾両脚の一方をつかみ⁴⁹⁾, ひとりはもう一方
を⁵⁰⁾(つかんだ). そしてかれらはそのホームをもってきて, そこ——その木の
中にある堵(おぐら)の上方に⁵¹⁾, それをおいた. (27)すると, (もろもろの)蛇が這い
上がった《即ち, 鳥の仔(ヒナ)の方へ上がっていった》. そのときザルドゥシュ
トのフラワシュ⁵²⁾がすすんでいった. して, かれら(もろもろの)蛇は⁵³⁾その木
の上をかれら(ヒナ)のほうに走ったが, ザルドゥシュトのフラワフル——それ
が(蛇の)口を打ったので蛇(ども)はおちて死んだ⁵⁴⁾. かれら(蛇族)が今日まで
その精液とその各種類において生きのびてきたということは, (28)ホームが
木の中でも木の頂きにむすびつく必要があるということ⁵⁵⁾で, (——頂き)そこ
はもろもろの鳥の堵となり⁵⁶⁾, (木が)つねにみずみずしく金色に成長していく
ところである.

(29) ザルドゥシュトの母者が婦(妻)としてポルシャースプのもとに来ての
ちのこと, かれらはこのように前進しようとかまえた《ワフマンとアルドワヒ
シュト⁵⁷⁾はすすんでかしこ, スピターマーンの邑(むら)のポルシャースプのもとに行
った》. そして(これら二柱の神は)ホームをもってくることに⁵⁸⁾, かれら(母者
とポルシャースプ)の心を結びつけた. (30)そこでポルシャースプはメーノー
グ者の御意により《(二)メーノーグ者が必要とし給うごとくに》, かつまた⁵⁹⁾メ
ーノーグ者の恩恵⁶⁰⁾《即ち, (二)メーノーグ者の不断の利益(りやく)》により, ダーイテ
ー川⁶¹⁾にすすんでいった. して, それというのも, その木の中にある堵の上方
で⁶²⁾成長していたところのそのホームを, かれは見たからである. (31)そこ
でポルシャースプはこう考えた, 曰く「ホームに登らねばならぬ⁶³⁾. しかし,
あのように上方では, あのホームへわたしを寄せつけぬ. あの木は伐らねばな
らぬ. というのは, オフルマズドのみずみずしいホーム以外に, あなた(オフル
マズド)からよいものを取得するなどと思われるでしょうか⁶⁴⁾」. (32)そこで
ポルシャースプはすすんでいって, もろもろの敷布を, つぎつぎに⁶⁵⁾洗った.
すると, ここで大奇蹟がポルシャースプにあらわれた. (33)(これに)ついて

(デーンは)こう言っている，曰く

ポルシャースプが敷布を洗っていると，そのあいだ，ホーム[66]は終始，最
上3分の1のところから木の中央のところにすすんできていたので，ポル
シャースプは(それを)取りたいと思った．(34)それで，敷布を洗ってか
ら[67]ポルシャースプは，それ(ホーム)に登っていった．そして，そこでか
れはそれ(ホーム)を全部むしり取った．またそこでかれは，それを全部，
同伴し同伴した[68]——2歳・3歳の愛児を，静かにさせるためにつれてい
く人のように[69]．かれ(ポルシャースプ)にはそのことで喜びがみえた．

(35)そこでかれポルシャースプはそれらのホーム(の枝)を，その身分の高
い女性のもとにもっていってこう言った，曰く「そなた，ドゥグダーウ[70]
よ，これらのホームをこう見守っていてください[71]，これらのホームの役
割と機会がくるまでずっと」．

(36) 一つは，こう明かされていること．曰く，創造主はザルドゥシュトの
身体の実質を水と草木を通して両親の身体に(移した．ザルドゥシュトの身体
の実質が両親の身体に)来るように(との命令が出たとき)大奇蹟が多くのもの
にあらわれたこと[72]， (37)デーンが(こう)言っているがごとくである，曰く

ついでオフルマズドがかのザルドゥシュトの衆類(身体の実質)をつくり出
すと，そのときオフルマズドの前を，そのザルドゥシュトの衆類(実質)は
風に降下した．そして風から雲に降下した．(38)ついで雲は，なんども
事新しく，一滴一滴，完全で温暖な水を降らせた．ここに，もろもろの益
畜・もろもろの人のよろこぶことに[73]，それは2頭の耕牛(のもつの)と同
量の精液と化した．それにより，あらゆる種類の，あらゆる(有用)植物が
生い出たのであり，他の植物が投げ出され[74]枯れもしたそのときに，ザル
ドゥシュトの実質がその水からその植物に来たのである．

(39) 一つは，こう明かされていること．曰く，ザルドゥシュトの実質が両
親にとどくようにと，そのときもろもろのアマフラスパンドの慾慂によって，
ポルシャースプは黄耳の白牛6頭をそれらの草に行かせた．(40)すると，こ
こに大奇蹟があらわれたこと，デーンが(こう)言っているがごとくである，曰

く

仔を生んでいないのによい乳を出す牛が2頭来て[75]ザルドゥシュトの実質は草からその牛に入り，牛の乳に混じた．さて，(41)かれ(自身)のもとからポルシャースプはその牛をもどらせた．そして，かれポルシャースプはドゥグダーウに言った．[D349] 曰く「ドゥグダーウよ，仔を生んでいないのによい乳を出す牛が2頭来た[76]．その牛(の乳)を搾りなさい，そ(の牛)はどんな有象世界(のもの)にとっても財富と光輪[77]なのです」．(42)そこで，かの女ドゥグダーウは立ち上がった．そしてかの女は4半量の大釜をとって[M608] それら(2頭)からそれらの霊乳を搾った[78]ところ，それらは，その乳の中にあったザルドゥシュトの実質をたくさん混じて，それを提供した[79]．

(43) 一つは，その乳を消失させかつ無力にしようとして侵襲者(アフレマン)がもがく中に，こういうことがあらわれたこと[80]，デーンが(こう)言っているがごとくである，曰く

すると，そのときに，もろもろのデーウは集会を催した．そしてかれ，もろもろのデーウのデーウはほざい(て言っ)た，曰く「そなたたちは亡せようとしている．(もろもろの)デーウよ，まったく．あの食物はもうできて(即ち，つくられて)すえられている[81]．だれあろう，義者ザルドゥシュトという，あの漢(おとこ)の(腹)中にはいろうために，だ．だれか(よく)，そなたたちのうち，かれを毀損することを，あの不遜きわまる(即ち，卑劣きわまる)やつのいるかぎり，やつを無力にすることを，引きうけるものぞ」．

(44)かれ，愚かもののチシュマグはほざいた[82]，曰く「わたしが，やつを毀損することを引きうけよう」．(45)その愚かもの(チシュマグ)はチシュマグのもろもろのカルブたるもろもろのデーウ150人とともに[83]行きおった．そしてかれによってその村は毀たれもし変貌もし，また梁(はり)も破損し外壁もだが，その中にあったところのかの大柱(おおばしら)は触れず，破損をまぬかれた(即ち，(村は)それ(大柱)をもって再構されてたった)[84]．

(46) (こういうことも)明かされている，曰く，のちに，ポルシャースプはかのホームをドゥグダーウに，返してくれるように求めた．そしてかれはそれ

を搗いて，ザルドゥシュトの身体の実質がはいっていたあの牛乳にまぜた．すると，ここでザルドゥシュトのフラワフルとかれの身体の実質とが合体した．

(47) 一つは，こう明かされていること．曰く，かのホームと乳とがまぜ合わされてオフルマズドに供えられてから，ポルシャースプとドッグダーウは(それを)飲んだ．すると，ここでザルドゥシュトの光輪，フラワフルおよび身体の実質の合揉が両親の中で起こり，(48)デーンが(つぎのように)言っていることによれば，大奇蹟がかれら両者にあらわれた，曰く

　　ついでふたりは子を所望して[85]，はじめて同衾した．かれらにもろもろのデーウは奸語をもって，造罪だとわめいた[86]，曰く「これ，ポルシャースプよ，このようなことをなぜ，なんじはしたのか」．かれら(ふたり)は恥じらう人のように，そのことをざんげした．(49) また二度目にかれらは同衾した．かれらにもろもろのデーウは奸語をもって，わめいた[87]．かれらは恥じらう人のように，そのことをざんげした．(50) また三度目に，子を所望して同じようにかれらは同衾した．かれらにもろもろのデーウは奸語をもって，わめいた[88]．かれらは恥じらう人のように，そのことをざんげした．(51) しかしかれら(ふたり)は言い，たがいにこの行為のために身を重ねて交合した(即ち，かれらは抱合した)，曰く[89]「われらはこのようなことを行うのをやめはしない，たとえラーイとノーダルが双方，ここで相会しようとも[90]，(やめは)しない」．(52) こうして，かの人，義者ザルドゥシュトは合聚された．

そして，ここにザルドゥシュトの身体の実質，フラワフルおよび光輪が母者《母》の中で合一した[91]のである．

(53) 一つは，こう明かされていること．曰く，ザルドゥシュトが母者《母》の中で合聚されてのち，もろもろのデーウは母の胎内でザルドゥシュトを死なせようと，あらたにはげしくもがいた．そしてかれらは，かれ(ザルドゥシュト)の母者を，ひじょうにはげしい，そして刺しこみ，かつ苦しめる疼痛にかからせた[92]ので，かの女は治してもらうために，呪医たちに診てもらおうとおもった．(54) すると，ここに大奇蹟があらわれたこと，デーンが(こう)言っ

ているがごとくである.

　さて,すると,かれらはかの女に,かしこのいと高い方処から――オフルマズドのもとから,またもろもろのアマフラスパンドのもとから,声をもたらした[93],曰く「(道)行くおとめよ,かしこに行くな.一物もかれらにはなし[94].呪法の療治(医治)[D347]には危険あり.手をば洗えよ.その手に薪材をとれ.そしてかの嬰児のために,肉をもち来れ,牛のバターをも.またかれのために,火をもち来れ.そしてそれをかれのために,火にて焙れ.そしてかれのために,その場にて,摂取せよ[95].さらばなんじは全快すべし」.(55)そこで,そのおとめは手を洗って,聞いたとおりにしたら全快した[96].

(56)一つは,かれ(ザルドゥシュト)の誕生にあますところ3日となっていたとき,その最初の黎明がひろがり,ついで(太陽の)姿があらわれてくる,(あの)日の出の近づいたときの太陽さながらに,多く(の人びと)にみえたこと.(それは)デーンが(こう)言っているがごとくである[97]

　さて,すると,ザルドゥシュトが母者の(胎)内にいた最後の3夜に((即ち,かれがのちに生まれるまでにのこるところ3日となって))ポルシャースプの村[98]全体が明るくなったとき,(57)そのとき馬をもちまた羊をもっていたスピターマ家の人びと[99]は走って逃げながら(こう)言った,曰く「それ(村)が穴という穴に火を仕掛けに仕掛けたとあっては,ポルシャースプの村も滅びざるをえない[100]」.(58)が,そのとき,かれらは馳せもどり集まってこう言った「ポルシャースプの村が滅びぬために[101]だ,それ(村)は穴という穴に火[102]を仕掛けに仕掛けたのだ.あれに生まれたぞ,あの家に,福ある人[103]が」.

(59)[104]これも奇蹟――大光輪者たるかの人の誕生にまつわる奇蹟[M611]の風聞がジャムやその他の神力者のことばから,(かれがまだ誕生もせぬうちに)伝わっていたときのもの――の中の一つで,(ジャムらのことばとなったのは)言霊がそれらをもろもろのヤズドのもとから,もたらすことによったもの.(60)曰く

ジャムはもろもろのデーウに言った，曰く「ここに清浄な義者ザルドゥシュトが生まれ出るであろうが，そのときに，そ(のかれ)はデーウなるなんじら——そのなんじらに成すことを求めえない状態[105]を与えるであろう《即ち，策なきに到らしめるだろう，即ちなすなき状態をなんじらに与えるであろう．——求めえない状態とはなんじらが自身のために求めることができず，他人(ひと)がなんじらのために求めることがないということ》」．

(61) また(こういうことが)明かされている，曰く，ザルドゥシュトの誕生とかれの預言者たることについての風聞は，ただにジャムやフレードーンのようなもろもろの神力者や多くの博識な人(びと)からひろまったばかりでなく，もろもろのヤズドによって，もろもろの益畜のことばでも謳われて世にひろまった[106]．けだし，かれが預言者たることについてかれらも証人たらんがためで，(62)(それはこう)明かされているがごとくである，曰く，カーヨースの治世に1頭の牛がいた．そしてその(牛の)身体にはもろもろのヤズドのもとから一つの神力が来ていた．そしてエーラーンとトゥーラーンが互いに境界のことで争うときはいつも[107]，その牛がつれてこられて，エーラーン・トゥーラーン間の境界がそれによってただしく指示された．(63)[108]また，反論に虚偽のあるトゥーラーンにたいしエーラーン側の告訴が行われ，つねに牛の境界指示によってトゥーラーンが敗訴してエーラーンからかれらへの懲罰が来たので，そのことから，かれら(トゥーラーン側)の嫉妬はほかならぬ持ちもの(牛)のことでカーヨースに(向けられた)．そして，かれ(カーヨース)のその奇蹟的なも

のゆえに，その牛を打って斃そうと(狂)奔して，かれらは呪術と妖術で，その牛についてカーヨースの心をみだした．そこでかれはスリトという一戦士に，その牛を殺すように命じた．その人はその牛を殺しに来た．(64)すると，ここでその牛から大奇蹟[109]があらわれたこと，デーンが(こう)言っているがごとくである，曰く

かれ(スリト)に牛は大声で言った，曰く「わたしを殺すな，クワールム家の七郎スリトよ．天則をもっとも愛するものとして世に出てそなたの悪行をデーンの中で述べるかれザルドゥシュトが仇をうつでしょう．そしてそ

なたの霊に苦しみの起こること、かの句に(こう)明らかなごとくです、曰く『ワダグと同じこと(死)が起こるとあるとおりにかれはなるだろう』と[110]」。

(65) (こういうことも)明かされている、曰く、その人(スリト)は牛から出たこのような奇蹟をみると、殺さずにカーヨースのもとにもどり、かれが見たままを話した。(66) カーヨースはそれにもかかわらず、もろもろのデーウ、もろもろの呪師にひどく迷わされたために[111]、その人(スリト)に、かの牛を殺すように(かさねて)命じた。そこで、その人はまたもその牛のもとにやってきた。(牛は)ことばをたくさん発したが、(それには)耳をかさずに殺してしまった。

(67) 独一所造の牛についても[112] (こういうことが)明かされている、曰く、
D345
かれはガナーグ・メーノーグからの打撃に対抗して叫んだ、曰く「愚かもののガナーグ・メーノーグよ、『わしは一切を破壊するために来るものだ』と、こうわれらにたいしてそなたが考えているとしても[113]、われらにたいしては、しかしだ、そなたは一切を破壊しに来るものではないぞ(即ち、われらの復活することがないように滅ぼすことは、そなたにはできないのだ)。今こそ、わたしは宣言しよう、曰く『もろもろのデーウ、デーウのもろもろの友ならびにもろもろの両足の不義者に困窮をもたらすところのかの人ザルドゥシュティー・スピターマーンが、最後の転機に出現するだろう』とな」。

(68)[114] また、ザルドゥシュトがかの光輪をもってするもろもろのデーウ打倒の奇蹟と、かれの誕生よりも前に——[115]
M613
そこで、多くの神力をもつフラースヤー・トゥールは、スピターマーン・ザルドゥシュトよ、フラークカルド海に跳びこんだ、はじめに、二度目にそして三度目に。そしてかれはアルヤ諸邦のもの、もろもろの已生者のもの、もろもろの未生者のもの、それに義者ザルドゥシュトのものでもあるその光輪をとろうとした(が)、その光輪はとれなかった

とデーンが言っているがごとく、(69)(また)

七洲くまなく奸物フランラスヤーグは入りこんだ。そしてかれはザルドゥシュトの光輪を求めた

とこうも（言っているがごとく）呪師フラースヤーブがかの光輪を求めるために魔欲をもって異常な努力をしたときのこと[116]——はや，世に出ていた，かれにかんする情報とのゆえに[117]，　(70)[118] ここにザルドゥシュトの系譜をあげることが時宜にかなっている．

ザルドゥシュトはポルシャースプの子，ポルシャースプはパディリダラースプの子，パディリダラースプはウルガザスピの子，ウルガザスピはハエーチャス・アスプの子，ハエーチャス・アスプはチクシュヌシュの子，チクシュヌシュはパエートリプの子，パエートリプはアルジャザルシュンの子，アルジャザルシュンはハルザルの子[119]，ハルザルはスピタームの子，スピタームはワエーディシュトの子，ワエーディシュトはナヤーズムの子，ナヤーズムはエーリジュの子，エーリジュはドゥラースラウの子，ドゥラースラウはエーラーン国王マーヌシュチフルの子，マーヌシュチフルはマーヌシュクワルナルの子，マーヌシュクワルナルはマーヌシュクワルナーグの子，マーヌシュクワルナーグはネーローサングがウィーザクに儲けたもの，ウィーザクはアイルヤクの娘，アイルヤクはスリタクの娘，スリタクはビタクの娘，ビタクはフラジーシャクの娘，フラジーシャクはジーシャクの娘，ジーシャクはフラギーザク[120]の娘，フラギーザクはギーザク[121]の娘，ギーザクはエーリジュの娘，エーリジュはクワニラフの王フレードーンの子．

フレードーンはプルガーウ・アースウィヤーンの子，プルガーウはネーワク（またはネーク）ガーウィー・アースウィヤーンの子，ネーワクガーウィーはスーイガーウ・アースウィヤーンの子，スーイガーウはボールガーウ・アースウィヤーンの子，ボールガーウはカルダールガーウ・アースウィヤーンの子，カルダールガーウはスヤーガーウ・アースウィヤーンの子，スヤーガーウはスペードガーウ・アースウィヤーンの子，スペードガーウはガフルガーウ・アースウィヤーン[122]の子，ガフルガーウはラマグガーウ・アースウィヤーンの子，ラマグガーウはワンフローシュン・アースウィヤーンの子，ワンフローシュンは七洲の王ジャムの子，ジャムはウィーワングの子[123]，ウィーワングはアヤンハスの子，アヤンハスはアナンハスの子，アナンハスは七洲の王ホーシュヤンギ

一・ペーシュダードの子，ホーシュヤングはフラワーグの子，フラワーグはスヤーマグの子，スヤーマグはマシュヤグ[124]の子，マシュヤグは最初のヒトたるガヨーマルトの子．

註

1) 「誕生するよりも前にあらわれた奇蹟」は abdīh ī paydāgīhist[an] ⁺pēš ᑊaz ᑊzā-yišn.
2) 「極星に」は ᑊabar ō ᑊān ⁺mēx.
3) 「その極星から無始の光明に降下した」は ᑊaz ᑊān ⁺mēx ᑊabar grād ᑊabar 〈ō ᑊān ī anagr rōšnīh〉.
4) 「ゾーイシュ」Zōiš——ウィーデーウダード 19:6 に，大魔アンラマンユ（アフレマン）はザラスシュトラ（ザルドゥシュト）に向かって，こう言っている：
なんじはポルシャスパ（ポルシャースプ）の子．なんじの母者（ドゥグゾーワー Duy-δō.vā-, ドゥグダーウ Dugdāw）によってわたしは所望されたのだ（barəθryaṯ hača zaviši[付点の部分]）．
ところが，付点の部分がザンドでは
ᑊu-t burdār《ī ᑊmād》 ᑊaz zō〈i〉šān 《ē šnāsēnam-it》 《ᑊast ᑊkē ēdōn ᑊgōwēd ē niyāgān-iz ᑊtō yašt ᑊham ᑊu-m ᑊtō ᑊyaz》
そしてなんじの母者《すなわち母》はゾーイシュ家の出《このことは，われはなんじを知っているぞ（ということ）》．《ある人はこう言っている，なんじの祖先によってもわれは奉祀されたのだ．だから，われをなんじは奉祀せよ．》
と訳されている．Av zaviši「わたしは所望されたのだ」が人名「ゾーイシュ」Zōiš とされ，それに -ān が接尾されて Zōišān「ゾーイシュ家の」ができた．このようにしてデッチ上げられたゾーイシュなるものが，ザルドゥシュトの母ドゥグダーウの母親となっている．
5) 「フラーヒーム・ルワンナーン・ゾーイシュ」は FRĀHĪM R〈U〉VANNĄ ZŌIŠ（パーザンド形）．
6) 「カルデア人」は asūrāyīg「アッシリア人」の訳．
7) 「フラーヒーン・ルワーナーン・ゾーイシュ」は ⁺Frāhīn ⁺Ruwānān ⁺Zōiš.
8) 「法師」は kēd.
9) 「説明した」は 〈wi〉zīhēnīd.
10) 責務（xwēškārīh）と光輪との関係については→150頁註 5.
11) 「冬と危険と暴敵」は zamestān [wisp] ud ⁺sēǰ ud dušm〈en〉ān ī stahmag.
12) 「呪法」は ǰādūgīh[y].
13) 「不法に言いふらされている多くの言いがかり」は ᑊwas čim ī ᑊabar abē-dād guft[an].
14) 「カヤクもカルブも」は ud ⁺kayak ud karb. カヤクは反ザルドゥシュト的王侯の総称，カルブは同じ傾向の祭司の総称（karb, Av karapan-）．

15)「父パディリダラースプの家に行くように」は ⁺ˈraftan ˈō Padiridarāsp ˈpid dūdag.
16)「送りこむことによって」は ˈpad ⁺ˈfrēstīdan.
17)「かの家に行くために」は ˈpad ⁺ˈraftan ˈō ˈān dūdag.
18)「あらわれた」は〔w〕paydāgīhist.
19)「叫び声」は ⁺wāng.
20)「もっとも高く」は borztar.
21)「その村はめぐみぶかい神がつくられたのです」は ˈān wis bay ⁺tāšīd ⁺ī xwābar.
22)「わたしの銘記すべきは，このことばを受持することのように思われる」は ōšmarišn〔w〕ˈman ˈēd gōwišn barišnīh ˈsahēd.
23)「パディリダラースプのいた村に行った」は ˈō ˈān wis ˈabar ˈraft ˈkē ⟨ˈandar⟩ ˈbūd Padiridarāsp または「kē ⟨ˈandar⟩ の代わりに ⁺ˈkū.
24)「子」は ⁺ˈpus(B⟨R⟩H).
25)「フラワフル」→13頁註8.
26)「切れ目」は brīn「折れ目，終わり，境い」.
27) ⁺Zarduxšt.
28)「完成されたもの」は gird-⁺kardagān. 接尾辞 -agān をもたない形については→註37.
29)「目にみえる姿をもって」は ˈpad ˈān ī čašm ⁺nigerišn mar.
30)「同じ形体をもってあらわれているように思われた」は paydāg ˈsahist ˈpad ⁺hamkirbīh.
31)「対敵をもった」は ⁺ī ⁺ēbgatīg.
32)「ゲーティーグ的存在」は gētīg〔w〕ēstišnīh.
33)「ワフマンとアシャワヒシュトに抗弁した」は ˈō Wahman pahikārīd ⟨ud⟩ Ašawahišt. →13頁註12.
34)「われらもまた創造されたのです」は ˈamāh-iz ˈdād ˈh⟨ē⟩m.
35)「ワフマンとアルドワヒシュト」は Wahman ⟨ud⟩ 〔wahišty〕 Ardwahišt. →13頁註12.
36)「もろもろの有象者の世界に」は ⁺ˈabar ō astōmandān gēhān.
37)「完成されたもの」は gird-kard. →註28.
38)「それをわれらは水の中で，土の中で，益畜の中で，かれにつくり成そう」とは「ザルドゥシュトが水から出たとか，土から出た，家畜から出たとか，かれの系譜をわれら(世人)はデッチあげよう」の謂い.
39)「ホーム」hōm(Av haoma-)は植物の名であり，その液も同じようによばれ，神格化されることもある．死を遠ざけるものとの解釈が古くから伝承されている.
40)「アスンワンド山」は Asnwan⟨d⟩ gar.
41)「なんとなれば～壁をめぐらしたからである」は ˈčē (23) ˈu-šān pērāmōn paydāg ˈbē ˈburd ˈu-šān pērāmōn dēwār ˈbē ˈēstēnīd ˈbē-āxrām. このようにするには

アスンワンド山が適地だった，ということ．｜bē-āxrām「接近防止の」の āxrām「接近，近接」は OIr *ā-xram- (OI ā-kram-)「歩み寄る，近づく」に由来する．
42) 「ホーム」は hōm[w]．
43) 「好ましいものであった」は abāyišnīg ｜būd．
44) 「対敵をもった」は[an]ēbgatīg．
45) 「仔」は ｜pus[w]．
46) 「もろもろの蛇がかれらの仔を呑んだ」は ｜ān gazān ā-š⟨ā⟩n ｜pus ǰūd．
47) 「長さ 2 肘のホームを求めた」は ｜ān hōm ｜xwāst 2 ārešn-kaft．1 肘 (ārešn, OP ārašni-) はほぼ 6.8 cm．
48) 「かれらのうちのひとり」は ⁺｜ēn ｜az ｜awēšān．
49) 「両脚の一方をつかみ」は ｜ān ī ｜any ｜pad ｜har 2 paid[']ištān ｜grift．
50) 「ひとりはもう一方を」は ēk ｜ōy ī ｜any．
51) 「その木の中にある塒の上方に」は ｜pad ｜ān wan ｜abar ｜andar āsnānag．ただし āsnānag のよみ方は不確実．→註 62．
52) 「フラワシュ」→13 頁註 8．
53) 「して，かれら(もろもろの)蛇は」は ud ⁺｜kē-iz ｜awēšān gaz．
54) 「それが(蛇の)口を打ったので蛇はおちて死んだ」は ā-š zafar frāz ｜zad ｜bē gaz ｜ōbast ｜hēnd ｜bē ⁺｜murd ｜hēnd．
55) 「ホームが木の中でも木の頂きにむすびつく必要があるということ」は ｜bē abāyistan (28) ｜ān hōm ｜andar ｜ān draxt ｜bē paywastan ｜pad bālist ī ｜ān draxt であるが，「必要があるということ」(｜bē abāyistan)は §27 にはいるように見做されている．しかしこれは誤りで，この ｜bē abāyistan から §28 が始まるべきもの．
56) 「もろもろの鳥の塒となり」は murwān āsnān ⁺｜bawēd．āsnān は āsnānag (→註 51) の短縮形．よみ方は不確実．
57) 「ワフマンとアルドワヒシュト」は ⁺Wahman ⁺ud Ardwahišt．
58) 「ホームをもってくることに」は ｜ō hōm ｜āwurd⟨an⟩．
59) 「(二)メーノーグ者が必要とし給うごとくに，かつまた」は čiyōn mēnōgān ⁺abāyist ⁺ud．
60) 「恩恵」は saw[w]išnīh．
61) 「ダーイテー川」は ｜āb ī Dāit⟨ē⟩．Dāitē は Av Dāityā- の転化．以下「ダーイテー」とする．
62) 「その木の中にある塒の上方で」→註 51．
63) 「ホームに登らねばならぬ」は ｜abar ⁺hōm rawišn．
64) 「というのは，〜取得するなどと思われるでしょうか」は ｜čē ǰuttar ｜az ｜ān Ohrmazdān hom tarr ⁺｜sahāi ｜kū nēkīh ī ｜tis ｜az ｜tō windā⟨i⟩．
65) 「つぎつぎに」は pt'ṣyk を pattāhīk と解した H. S. Nyberg: *A Manual of Pahlavi*, II, Wiesbaden 1974, p. 158 に従ったもの．
66) 「ホーム」は hōm[w]．
67) 「敷布を洗ってから」は šust⟨ag⟩ wistarag．

68) 「同伴し同伴した」は ˈpad abāgīh [ˈpad] abāgēnīd 「同伴することによって同伴した」の訳.
69) 「人のように」は mānāg[āg] ī ˈōy.
70) 「ドゥグダーウ」 ⁺Dugdāw→註 4.
71) 「見守っていてください」は ˈabar nigāh ⁺ˈdārē.
72) 「創造主は〜大奇蹟が多くのものにあらわれたこと」(§36の終わり)は dādār ˈān ī Zarduxšt tan-gōhr ˈtar ˈāb ⟨ud⟩ urwar ˈō ˈpidarān tan ⟨widārd ˈka framān ˈbūd ˈān ī Zarduxšt tan gōhr ˈō ˈpidarān tan⟩ madan ˈwuzurg abdīh paydāgīhist ˈō ˈwasān.
73) 「ここに，もろもろの益畜・もろもろの人のよろこぶことに」は ˈpad ˈēd šādīh ī ⁺ˈgōspandān wīrān.
74) 「投げ出された」は ⁺ˈwist (ŠDYTN⟨t⟩ˈ).
75) 「来て」は ˈbē ⁺mad ⁺ud.
76) 「仔を生んでいないのによい乳を出す牛が2頭来た」は ˈawēšān ˈgāwān 2 a-ˈzādag[ān] [⁺azādag] ⁺hupēm ˈbē mad[an].
77) 「財富と光輪」は rāy ⟨ud⟩ ˈxwarrah.
78) 「4半量の大釜をとってそれらからそれらの霊乳を搾った」は ˈān dēg ˈstad ī čahrušwadag [w]wizīhīd ˈu-š ˈaz ˈawēšān ⁺dōsīd ˈān ˈī-šān ˈabar-pēm. čahrušwadag wizīhīd は「4分の1の印しのある」の謂い.
79) 「それらは〜それを提供した」は ˈu-š ˈawēšān ˈbē ˈdād meh ˈbē ⁺abiyōxtag gōhr ī Zarduxšt ⟨ī⟩ ˈandar ˈān pēm ˈbūd. ⁺abiyōxtag はテキストの 'pywwxtnˈ をよみかえたもの.
80) ēk ˈēd ī⋯paydāgīhist 「一つは……こういうことがあらわれたこと」を ēk ˈēd ī ⟨paydāg ˈkū⟩⋯paydāgīhist と補ってよんでは paydāgīhist 「あらわれた」の主語がなくなってしまう.
81) 「あの食物はもうできて《即ち，つくられて》すえられている」は ˈān xwarišn ˈdād ˈkū ⁺sāxt ⁺ud ˈbē ˈnihād.
82) 「かれ，愚かもののチシュマグはほざいた」は dawīd-⁺iš Čišmag ī duždānāg.
83) 「チシュマグのもろもろのカルブたるもろもろのデーウ150人とともに」は ˈabāg 150 ˈdēwān ī Čiš[ā]mag karbān. 「150」は一見 3, 50(3 sk)のように書かれているがこれは 3×50=150 である. →120頁註 97.
84) 「そしてかれによって〜再構されてたった」(§45の終わり)は ˈu-š ˈān wis ham-[w]-iz ˈkand ham[w]-iz ⁺wašt ⁺ud ham-dār škast ham-padāwar ud ˈān meh stūn a-māl a-frāz-škast ˈkē ˈandar ˈān ˈbūd ˈkū-š padiš ˈabāz kard ˈēstād. ただし padāwar「外壁」は不確実. a-māl「触れず」<OP *a-marda- (Av *a-marəza-). なお NP mālīdan 「摩擦する」参照.
85) 「子を所望して」は ˈpad ˈpus[w] ⁺xwāhišn⟨īh⟩.
86) 「奸語をもって，造罪だとわめいた」は ˈpad mar gōwišnīh wināh-gārīh ˈabar ˈbē ⁺xrōst. 「奸物」mar→17 頁註 86. ⁺xrōst は ⁺xrōsīd でもよい. xrōsīd については

→註88.
87)「わめいた」⁺xrōst または ⁺xrōsīd→註86.
88)「わめいた」は xrōsīd.
89)「しかしかれらは言い，たがいにこの行為のために身を重ねて交合した《即ち，かれらは抱合した》，曰く……」は ud ˈawēšān guft ēk ˈabar ˈabāg ˈdid ˈabar ˈēs-tād ˈhēnd ˈō ˈēn kār ˈu-šān ˈabar ⁺hārēft ˈkū-šān ˈpad ⁺āgōš frāz ˈkard ˈkū…. しかし文脈上からは ud ˈawēšān guft「しかしかれらは言い(言った)」の guft「言った」は最後の ˈkū の前に来て ⟨ud⟩ guft ˈkū…のようになるのがただしい．そうすれば，ここは「しかしかれらは，たがいにこの行為のために身を重ねて交合した《即ち，かれらは抱合した》，そして言った，曰く……」となる．

90)「たとえラーイとノーダルが双方，ここで相会しようとも」は ˈka ˈēdar ˈhar 2 ˈō ham ˈrasēnd Rāy ud Nōdar. Rāy (OP Ragā-) はテヘランの南郊にその遺跡があるメディアの古代都市であり，またそれを中心とする地域の名称でもある．Nōdar はカイ・ウィシュタースプ王の一祖親ナオタラ (Av Naotara-) の転化であるが，またかれの領地をも示す．この領地は Dk VII・6・11 (その註21) のノーダラーン村と同じである．ここの句意は「西と東が一つになろうとも」ということ．また，この句はウィシュタースプ王の領地，したがってザルドゥシュトの活動した地域が東イランであることを示唆する重要なもの．→485-486頁.

91)「合一した」は ˈō ham mad[an].
92)「(病気に)かからせた」は wēmārēnīd[an].
93)「さて，すると，かれらは……声をもたらした」は ˈhād ˈēg-išān…ˈwāng[y] ˈbē burd. -išān を ⁺yazdān とよんで「さて，すると，もろもろのヤズドは……声をもたらした」と訳するのはとらない．
94)「一物もかれらにはなし」は ⁺ˈnē ˈtis ˈawēšān.
95)「摂取せよ」は [w]pāyamēš[y].
96)「聞いたとおりにしたら全快した」は ˈu-š ēdōn kard čiyōn ⁺ˈašnūd drust ˈbūd.
97)「一つは～(それは)デーンが(こう)言っているがごとくである」は ēk ˈēd ī paydāgīhist ˈō ˈwasān ˈka ˈmānd ˈēstād ˈō-š ˈzāyišn 3 ˈrōz ˈpad ēwēnag ī xwaršēd ˈpad ˈul waxšišnīh nazdīh ˈka-š fratom frāšn wistarīhēd ˈpas tan paydāgīhēd čiyōn dēn ˈgōwēd. 前註96にあげた原文中の ⁺ašnūd drust ˈbūd からここにあげた文中の ˈō-š までは DkD 347 では左方の余白に書かれている．
またこの §56 から §58 までについてはザートスプラムの撰集 VIII・8 以下参照．WD や Zardušt Nāme にはこれと異なる所伝がみえる．
98)「村」wis にたいし，WD 5 では「家」mān とある.
99)「馬をもちまた羊をもっていたスピターマ家の人びと」は Spitāmān asp-sālārān ud pah-sālārān.
100)「穴という穴に～村をも滅びざるをえない」は ˈbē abāyēd ⁺abesihīdan wis ī Porušāsp ˈkē ˈōy ˈpad harwisp sūrāg ˈabar ⁺ˈādur ˈpad ās⟨ē⟩bišn ⁺āsift ˈēstēd. ˈkē は ˈka または ˈkū の意味. ˈōy は wis ī Porušāsp「ポルシャースプの村」を承先したも

の．したがって直訳すれば「それ(ポルシャースプの村)によってすべての穴に火が仕掛けて仕掛けられたとあっては，ポルシャースプの村は滅びざるをえまい」．
101) 「ポルシャースプの村が滅びぬために」は ǀnē ǀbē ⁺abesihīdan ⟨ī⟩ wis ī Porušāsp rāy.
102) 「火」は ⁺ǀādur.
103) 「福ある人」は ǀmard ī rāyōmand.
104) §59 は ǀēd-iz ēk ǀaz abdīh ǀka sraw ī ǀzāyišn abdīh ⟨ī⟩ ǀōy ǀmard ǀwuzurg-ǀxwarrah ǀaz gōwišn ī Ĵam ud ǀany-iz warzāwand ǀpad waxš ǀabar-burdārīh ǀī-šān ǀaz yazdān ǀandar ǀraft ǀēstād.
105) 「成すことを求めえない状態」は ǀān ī kard⟨an⟩-axwāhišnīh. 要するに，何もすることができない状態，ということであるが，註では「求めえない状態」axwāhišnīh をもとくべつに取り出して，それにも註を付している．
106) 「ひろまった」は ⟨wi⟩ stard.
107) 「そしてエーラーンとトゥーラーンが互いに境界のことで争うときはいつも」は ud hamē ǀka Ērān ⟨ud⟩ ⁺Tūrān ⁺āgenēn ǀpad wimand pahikār ǀbūd.
108) §63 は ud ǀaz ǀān čiyōn Ēr dādestān ǀxwāstan ǀpad Tūr ǀpad pahikār ⁺drōzan ǀbūd ǀhēnd bāstān ǀpad ǀān wimand nimūdārīh ⟨ī⟩ ǀgāw Tūr [w]ēraxt ǀhēnd ǀu-šān ǀaz Ērān zanišn mad ǀhēnd ǀaz ǀān ǀbē arešk-iz ǀī-šān ǀabar Kāyōs ǀpad-iz xwēšīh ǀu-š ǀān abd ǀxīr rāy Tūrān ǀabar zanišn ud tabāhīh ī ǀān ǀgāw raft ǀhēnd ǀu-šān ǀpad jādūgīh ud parīgīh menišn ī Kāyōs ǀabar ǀān ǀgāw wišk⟨ō⟩ft ǀu-š ǀō artēštārīh-1 ⟨ī⟩ Srit ǀnām [⁺ǀbūd] ǀbūd framūd kū ǀān ǀgāw ǀōzadan ǀōy ǀmard ǀpad zanišn ⟨ī⟩ ǀān ǀgāw ⁺mad.
109) 「大奇蹟」は ǀwuzurg[īh] abdīh.
110) 「そして……『そなたの霊に～起こるとあるとおりにかれはなるだろう』と」(§64 の終わり)は ǀu-š ǀpad ruwān dušxwārīh ēdōn ǀbawēd čiyōn ǀaz ǀān gyāg paydāg ǀkū čiyōn-iš ǀbawēd ǀān ī Wadag [w]hāwandīh ǀbawēd margīh. Wadag は wtkw とあり，[w]hāwandīh の[w]を wtkw に引きよせると wtkww hāwandīh となり，その wtkww を wtkwǀ とみれば Wadagan hāwandīh「ワダガンと同じこと」の謂いとなる．H. S. Nyberg: *A Manual of Pahlavi*, II, p.200 はそう読んでいる．もっとも氏は margīh につづけてここを「ワダガン罪の等償は死なるべし」と訳している．しかし，著者はここに，暴君ダハーグの属している家門(Wadagān)の名祖 Wadag をみとめたい．したがって čiyōn-iš ǀbawēd ǀān ī Wadag hāwandīh ǀbawēd margīh は「ワダグの受けたのと同じ罰すなわち死が起こるとあるとおりにかれはなるだろう」または「～とあるとおり(のこと)がかれに起こるだろう」の謂いだが，この句が čiyōn ǀaz ǀān gyāg paydāg「かの句に明らかなごとくです」(「かの箇所から明らかなごとくです」)とあっても，いかなる典拠にもとづくかは依然として不明．
111) 「ひどく迷わされたために」は škeftag ⁺frēftagīh rāy.
112) 「独一所造の牛についても」は ǀgāw-iz ī ēk-dād rāy. 独一所造の牛すなわちただ1頭だけ創出された牛とは原牛のことで，アフレマンの侵襲によって斃れたが，その

死によって多くの動植物が生じた.

113)「こうわれらにたいしてそなたが考えているとしても」は ˈka-š-⁺iz ˈamāh menē.

114) §§68-69 と §70 の冒頭(「時宜にかなっている」)までは，ud abdīh ī Zarduxšt zanišn ī ˈdēwān ˈaz ˈān ī ˈōy ˈxwarrah ud āgāhīh ˈī-š pēš-iz ˈaz ˈzāyišn ˈō gēhān mad ˈēstād rāy ˈka Frāsyāb ī ǰādūg ˈdēw-kāmīhā ˈpad ˈxwāst⟨an⟩ ī ˈān ī ˈōy ˈxwarrah škeft ranǰīhist čiyōn dēn ˈgōwēd ˈkū ˈēg ˈbē padīd FRĀSYĀ Tūr ˈwas-warzān Spi⟨t⟩āmān Zarduxšt ˈō zrēh ī Frāxkard fratom didīgar ud sidīgar ǰār ˈu-š ˈān ˈxwarrah ˈbē ayāftan ˈxwāst ˈkē-šān Ērān [mādayān] ˈdehān zādān azādān-iz ˈkē-iz ahlaw⟨Zarduxšt⟩ ˈnē ˈō ˈān ˈxwarrah ˈbē ayāft[an]　(69) ˈēn-iz ˈkū ˈbē ˈō harwisp haft kišwar mar padīd Franrasyāg ˈu-š ˈxwāst ˈxwarrah i Zarduxšt　(70) ˈēdar ōšmurdan sazāg tōhmag ī Zarduxšt. →註116.

115) ここから註116を付した部分までは挿入句のようにみると文脈が把握しやすい.

116) →註115.

117)「(かれの誕生よりも前に——)呪師フラースヤーブがかの光輪を求めるために魔欲をもって異常な努力をしたときのこと——はや，世に出ていた，かれにかんする情報とのゆえに」は，原文では，註114にあげた§68の中の āgāhīh ˈī-š ～ škeft ranǰīhist にあたる.

118) 註114で原文をあげた部分は要するに「ザルドゥシュトが光輪でデーウを打った奇蹟と，かれが生まれぬうちにすでに世に喧伝されていた情報とのゆえに，ここでかれの系譜を示すことが時宜に叶っており，系譜をみたらなるほどと思うだろう」というのであるが，この文脈がただしく把握されていないのは遺憾の至り．なお§70については→WD 4.

119)「ハルザルの子」は UHARΔAR とあるが y HARΔAR=ī Harδar の誤り．

120)「フラギーザク」FRAGĪZAK は FRASĪZAK と誤記されている．

121)「ギーザク」GĪZAK は ĪZAK と誤記されている．ギーザク／ギーザグはウェーザグ(Wēzag)ともいわれる．

122)「ガフルガーウ」Gafrgāw は sčlTWR' と誤記されている．

123)「ジャムはウィーワングの子」J̌am ī Wīwanghānān→15頁註48．

124)「マシュヤグ」はここでは mṣyh と書かれている．→14頁註22．

(デーンカルド第7巻第3章)

D344: 3=M614: 1
(1) もろもろの已生者の中でもっとも幸いなるかれ(ザルドゥシュト)が母から生まれてのち,かれがオフルマズドとの対話に入るまでにあらわれた奇蹟について.

(2) 一つはこう明かされていること.曰く,かれ(ザルドゥシュト)は誕生にさいして笑った.かれにおそれをなしたのは,かれのまわりに坐していた7人の乳人.そして,かの女らは言った「おそるべきものよ.これはいったい何事か.偉大さのためか侮蔑のためか.責務に安んじている立派な人のように,年端もいかぬこんな人——かれが誕生にさいして笑うとは」.

(3) するとポルシャースプは言った,曰く「このものに柔かい羊毛の衣裳をもってきなさい.わたしはそなたにとって《それはドッグダーウであるそなたにとって(ということ)》よいことだと考えている《即ち,このものが誕生にさいして笑ったということは,かれが光輪の到来と至福の到来を予見したということだ》」.

(4) 一つはこう明かされていること.曰く,のちにポルシャースプは,その国で呪法においてもっとも名高かったドゥーラースラウという一カルブのもとに行った.そしてかれはザルドゥシュトの誕生から(はじめ)それにさいしてあらわれた奇蹟について話した.ザルドゥシュトを見るために[1]かれ(ドゥーラースラウ)は家につれて来られた. (5)その呪師は,かの光輪の中にいるそのザルドゥシュトのために苦痛が起こった[2].かれは不祥を見てとった[3].かれは無益にも,その光輪にみちた童児のいたいけな頭を手でおしつぶし死なせようとおもった. (6)すると,ここで大奇蹟が多く(の人びと)にあらわれたこと,デーンが(こう)言っているがごとくである,曰く

すると，その奸物——かれの手はうしろに向いた（即ち，うしろに曲がった）．それからのち，その奸物はその手を使って肉を口でたべる（ことのできる）ものとはならなかった．

(7) そのカルブ（ドゥーラースラウ）はそのことのためにザルドゥシュトの上に不祥の兆((徴))(しるし)（ありと）ほざいた[4]．かれはポルシャースプをして，そのかれ（ザルドゥシュト）から破滅のやってくることでザルドゥシュトをひじょうに恐れさせ，そして[5]ザルドゥシュトを亡きものにするようにそそのかした．

(8) 一つはこう明かされていること．曰く，カルブ・ドゥーラースラウは呪術をもってポルシャースプの心に[6]ザルドゥシュトへの恐怖をかくも投げつけポルシャースプの心をかくも破滅させたので，かれはその恐れから[7]（こともあろうに）カルブ自身にザルドゥシュトの死を要求した．(9) かれ（ザルドゥシュト）から起こる破滅をポルシャースプがまぬかれるために，どんな方法で死なす[8]かについて，かれ（ポルシャースプ）はドゥーラースラウにたずねた．そこで，そのカルブは多くの薪材を集めてザルドゥシュトをその薪材の中におき，火をつけ，そして薪材といっしょに焼くことが良策になるとほざいた[9]．ポルシャースプはそのようにした．(10) すると，ここで大奇蹟が多く（の人びと）にあらわれたこと，デーンが（こう）言っているがごとくである，曰く

火は木に降らなかった（即ち，やって来なかった[10]）し，また木は火をうけつけなかった．子を愛するかの母は必死になって走った．そしてかの女は必死で[11]かれのところにやってきて（かれを）取り上げ，そしてかれの臀部を右手にのせた．

(11) 一つはこう明かされていること．曰く，のちにポルシャースプはカルブ・ドゥーラースラウに火が（ザルドゥシュトを）焼かなかったことについて話し，あらためて，ザルドゥシュトを死なすことについてたずねた．かのカルブは（ザルドゥシュトを）隘路におき，牛たちの足[12]でかれが踏みにじられるために，多くの牛をその路に走らせること[13]がポルシャースプには良策になる[14]とほざいた．そこでポルシャースプはそのようにした．(12) ここでも大奇蹟[15]が多く（の人びと）にあらわれたこと，デーンが（こう）言っているがごとくであ

(デーンカルド第7巻第3章)

る，
　巨角で《即ち，その角は他の牛よりも大きかった》また象のようだった牛が歩いてきた．そしてそれは先頭になって歩いた《牛の先達すなわちペーショーバーイ[16]》．それが先頭になって走った——ザルドゥシュトの前でたちはだかるために——．それはかれ(ザルドゥシュト)に終日，あわれみをかけた《即ち，それは(他の)もろもろの牛をかれから遮断した》．それは一番さきにそこに来，一番あとに(そこを)去った．子を愛するかの母は必死になって走った．かの女は必死で[11](かれのところ)にやってきてかれを取り上げ，そしてかれの臀部を右手にのせた．

(13) 一つはこう明かされていること．曰く，またも[17]ポルシャースプはかのカルブのもとに来た．もろもろの牛がザルドゥシュトを踏みにじらなかったことについて〈話し〉，あらためて，ザルドゥシュトを死なす方法についてたずねた．そのカルブはザルドゥシュトを地にある一つのくぼみに[18]入れること，そして，馬匹の蹄でかれが踏みにじられるために，多くの馬匹をそのくぼみに向けて走らせることが得策・良策になる[14]とほざいた．ポルシャースプはそのようにした．(14)するとここで大奇蹟が多く(の人びと)にあらわれたこと，デーンが(こう)言っているがごとくである，曰く
　強蹄で《即ち，それの蹄はきわめて強大だった》黄色の耳の馬が歩いてきた．そしてそれは先頭になって歩いた《馬の先達すなわちペーショーバーイ》．そしてそれが先頭になって走った——ザルドゥシュトの前でたちはだかる[19]ために——．そしてそれは一番さきにそこにやって来，一番あとに(そこを)去った．子を愛するかの母は必死になって走った．そしてかの女は必死で[11]かれのところへやってきてかれを取り上げ，そしてかれの臀部を右手にのせた．

(15) 一つはこう明かされていること．曰く，ふたたびポルシャースプは馬匹もザルドゥシュトを踏みにじらなかったことについて，かのカルブに話した．そしてかれは，あらためて，どんな方法でザルドゥシュトを死なせるかについてたずねた．そこでかのカルブは，狼の仔どもを殺して[20](その仔らの)穴にザ

ルドゥシュトを移し入れること[21]——狼がきたとき仔どもの殺されているのを見,その仔らの復讐のために怒って[22]ザルドゥシュトをひき裂き食うために——が良策になる[14]とほざいた.そこでポルシャースプはそのようにした.
(16) ここで大奇蹟が多く(の人びと)にあらわれたこと,デーンが(こう)言っているがごとくである,

さて,その狼が数ユジュャスト[23]来たとき,かれザルドゥシュトは,もろもろのヤズドの助けによって,その狼の顎を打った(即ち,かれ(狼)の口は上が下にくっついた).

(17) 一つはこう明かされていること.曰く,かれのもとに義神スローシュとワフマン[24]がやってきて,かれらが(ザルドゥシュトを)牝羊のもとにつれていった[25]ところ,それは(かれを)そのおそろしい[26]夜を夜通し哺育した. (18) して,子を愛するかの母は必死になって走った.だれよりも[27]その牝羊はさきに歩いた.そしてかの女ゾーイシュの女(むすめ)[28]は言った,曰く「(この子を呑まず)にわるものを呑んで[29]満足して去っておくれ」.というのは,かの女は「狼よ,お前がわたしによいものであるのと同じように,その子(ザルドゥシュト)にもお前はよいもの,(世の人びとは)お前を骨か血だと目で見ているけれど」と,こう考えたからである. (19) 必死で[11]かの女はかれ(ザルドゥシュト)のもとにきて[30]かれを取り上げ,そしてかれの臀部を右手[31]にのせた.そしてかの女ゾーイシュの女(むすめ)は言った「子よ,以後わたしはお前を手放しはしない,たとえラーイとノーダルが双方,ここで相会しようとも[32](手放しは)しない」.

(20) また(こういうことが)明かされている,曰く,のちにカルブ・ドゥーラースラウは他のもろもろの呪師[33]とともに同地方にきて[34]ザルドゥシュトを片づけることについて検討した.しかしかれらには破滅させ死なすことについての方策はなくて,かくも力にみちた不思議なことを見たこと,こう明かされているがごとくである,曰く,カルブのブラーダローレーシュはほざいた,

(21) 曰く「わたしは,それから,われらの地では人びとの中で呪術をもってもっとも遠目のきくものです.わたしはかれら(人びと)の国に(つぎのことを)予見するのです. (イ)よき命令の出ること(即ち,命令をただしく与えること[35]

(デーンカルド第7巻第3章)   43

をかれ(ザルドゥシュト)が知っているということ)，(ロ)恩寵者たること《即ち，恩寵がそのものからもっとも多く生じていること，そのものから来たこと，そしてそのものから到来するだろう，ということ[36])》，(ハ)よき家畜をもつこと《即ち，かれ(ザルドゥシュト)が益畜をよく保育することを知っているということ》，(ニ)よき畜群をもつこと《即ち，その他の(畜)群をよく保育することを知っているということ》，(ホ)また，よく努力すること《即ち，その他の仕事をよくなすことを知っているということ》，(ヘ)また，よき戦士たること《即ち，戦いをよくなすことを知っているということ》，(ト)また，よき施与者たること《即ち，施与をよくなすことを知っているということ》，(チ)かのポルシャースプのあの倅（せがれ）——両親から生まれ出るより3夜前に，(22)有象世界のかれのもとにワフマンが到来するであろう《即ち，ワフマンがザルドゥシュトのもとに到来し[37]てかれを対話に引き入れるだろう》こと，(リ)かのウェフ・デーンが七洲の地(界)に到来すること．また，どのようにしてかれ(ザルドゥシュト)をわたしは毀損しようかと，そのようなことはわたしの意中には抱いていない《即ち，かれ(ブラーダローレーシュ)は(あずかり)知らない》．して，このことの徴（しるし）《即ち，かれ(ブラーダローレーシュ)はただしく語る》は，わたしが(そなたたちの)前に言おうとしているところのこのことです．このことを(わたしが)言うのを聞いたのちは《そなたたちがこのことばを聞いたときは》ただちにあらわれるだろう，(23)ポルシャースプが，あの四輪車でくるであろう」．ついで，そのことばを聞くと《かれら(人びと)がそのことばを聞いたとき》，ポルシャースプがあらわれた，あの四輪車で来た．(24)そして，かれポルシャースプはカルブ・ブラーダローレーシュに言った，曰く「カルブのブラーダローレーシュよ，人(間)が誕生にさいして泣くのは何を予見してですか」．「かれらが誕生にさいして泣くのは身体のひ弱なつくり[38]を予見してである《死[39]》」．「では，わたしの子(ザルドゥシュト)は誕生にさいし笑ったのですが，その誕生にかれは何を予見したのですか」．(25)「そなたの子[40]が誕生にさいして笑ったのは，かれが予見したのだ，(26)有象世界のかれのもとにワフマンが到来するであろうことを」．そこでかれポルシャースプは(こう)言って引きかえ

した，曰く「そなたは，カルブよ，わたしの子についてこんなにも完全に予見してくれた（即ち，そなたはかしこく見てくれた）」．(27)[41]そしてトゥーラーン人，カルブのブラーダローレーシュは，ポルシャースプがかれに「あれはいったい，そなたにとって，何だったのですか，そなたがわたしの子（ザルドゥシュト）に目[42]を高くあげて向け，そしてそなたがかれから離して遠く上方を見上げ，そしてそなたがかれから離して遠く下方を見下ろし，そしてかれから離して遠く方ぼうを見たのは」と問うたとき，(28)答えて言った「わたしが（そなたの）子に目を高くあげて向け，そしてわたしがかれから離して遠く上方を見上げたら，そのときかれから出て財富・光輪が太陽にまで達していた．かれ（ザルドゥシュト）ゆえにわたしは財富・光輪の境までたどりついた[43]ので，人間は霊魂への語りかけによって太陽の圏に達する[44]と，こういうことをわたしは見たのです．（しかし）ガロードマーンの中における様子がどんなか——このことはわたしは見なかった．(29)わたしがそなたの子に目を高くあげて向け，そしてかれから離して遠く下方を見下ろしたら，そのとき，かれから出て財富と光輪がこの地界の下の天にまで達していた．そしてかれゆえに，わたしは財富と光輪の境まで〈たどりついた……．しかし[45]〉天の中におけるかれの[46]様子がどんなだったか[47]——このことはわたしは見なかった．(30)また，わたしがそなたの子に目を高くあげて向け，そしてかれから離して遠く方ぼうを見ると，そのとき，かれから出て財富・光輪がこの全地に[48]達していた，かれゆえに，わたしは財富・光輪の境までたどりついたので，このもの（ザルドゥシュト）の活動によって後得身が起こるとこういうことをわたしは見た．しかし，わたしは後得身の様子は見なかった．(31)そなたのこの子は（こう）考えるだろう，曰く『わたしは，他の有象世界のどんなものよりも，より大なることをなそう』とな．かれはそのようになすでしょう．そなた，（手元から）かれが出て行くものと思いなさい．あなたのこの子は，かの大庇護者ウィシュタースプのもとにとどまるでしょう——そなたのもとでなしに」．

(32) 一つはこう明かされていること．曰く，ザルドゥシュトが7歳になったとき，かのドゥーラースラウはカルブのブラーダローレーシュといっしょ

(デーンカルド第7巻第3章)

に[49]，ザルドゥシュトを見るために[50]，ポルシャースプの村に車を駆った．そしてかれらは，ザルドゥシュトがもろもろの幼童と遊戯をしているとき，かれを近くで見た．そしてかれらは無益にも呪術をもってザルドゥシュトの心を破滅させようと欲した．そこでかれらはそのために，もろもろの幼童の上に畏怖と恐怖を投げつけた[51]．(33)ここでザルドゥシュトの強い判断力と防禦力と神力とからかれらに大奇蹟があらわれたこと，デーンが(こう)言っているがごとくである．曰く

M621
(かれらふたりが)前進すると，他の(もろもろの)幼童はザルドゥシュト自身の右側におそれ(てよけ)たがかれら(ふたり)を意識する，かれ(ザルドゥシュト)の目は閉じもしなかった．

(34) 一つはこう明かされていること．曰く，この2カルプ(ドゥーラースラウとブラーダローレーシュ)がポルシャースプの家にきたとき，ポルシャースプはかれらがたべるために食物をこしらえるように命じた．そして，かれの[52]食物がこしらえられ碗一杯の馬乳が注がれた．(35)そしてかれ(ポルシャースプ)はドゥーラースラウに言った，曰く「そなたはわたしどもの村では人中第一のデーウ奉祀者です．わたしの(デーウ)を祀ってください」．(36)大奇蹟が，
D338
(まだ)あの幼(童の)年(齢)だったにもかかわらず，ザルドゥシュトの知脳から(あらわれ出た)こと，デーンが(こう)言っているがごとくである．曰く

かれザルドゥシュトは言った「おとうさん，このわたしが祀ります．わたしが祀るべきところのものを，このものは祀らぬのです」．(37)そこでかれポルシャースプは言った，曰く「わしの(デーウ)をお前は祀らんのだ．かれがわしの(デーウ)を祀ってくれよ」．(38)3度までかの人たち(ドゥーラースラウとブラーダローレーシュ)はその(ザルドゥシュトの)ことばに反発した．ザルドゥシュトは立ち上がってかれらに言った．そしてかれは右足で(碗を)割(って言)った，曰く「義者たるもろもろの男子・もろもろの女子をわたしは崇める——貧者たるもろもろの男子・もろもろの女子をわたしは崇める，有資格者たる[53]もろもろの男子・もろもろの女子を(わたしは崇める)[54]．だれでもよい，ポルシャースプよ，祭儀がとり行わ

れるように努むべきときは，祭儀はもろもろの奉祀者にとりつくべきです《即ち，奉祀する資格あるものが奉祀すべきである》[55]」．

(39) 一つはこう明かされていること．曰く，そののち，カルブ・ドゥーラースラウはザルドゥシュトにほざいた[56]，曰く「お前さんは不祥なことになったぞ，小奸物よ，（というのは）わしは，ラーイとノーダル[57]の間にわたるこの有象世界の中の長嫡[58]としてだ，お前さんが分け前として取得すべき分――それをわしは取得するぞ，（他を）さしおいてわしはその資格があるのだよ《即ち，お前の分け前はわしによって奪われたのだ》．わしが目をあげて向けるのは，今やお前にだ[59]．そしてこれは，わしが悪い目でお前の家に見入り，それ（家）がお前にはなくなるためであるぞ」．(40)するとここで大奇蹟がザルドゥシュトの上にあらわれた――（まだ）あの幼（童の）年（齢）にもかかわらず，かの奸物にたいするかれの賢明な返答によって――こと，デーンがこう言っているがごとくである，曰く

かれザルドゥシュトは（こう）言った，曰く「わたしの見入るのも，奸物よ，そなただ[60]が，恩寵と完璧心をもってだ，それはわたしがそなたの家に見入り，それが（いつまでも）そなたのものであらんがためです」．

(41) 一つはザルドゥシュトが（カルブの）ドゥーラースラウにこう返事したのちに（その）カルブの上にあらわれたところのこと（奇蹟）で，デーンが（こう）言っているがごとくである，曰く

（その）奸物は無力となって失神した，搾乳者が一人いて乳にみちている 10 馬をしぼる間ほど[61]．

(42) 一つはこう明かされていること．曰く，失神からその呪師（ドゥーラースラウ）がさめると，そのときかれはあらためてザルドゥシュトに同じことをほざいた．ザルドゥシュトはあれと同じ返事を述べた．あらたに奸物は無力となって失神した，搾乳者が一人いて乳にみちている 20 馬をしぼる間ほど[62]．

(43) 一つはこう明かされていること．曰く，ふたたび，失神からその呪師がさめると，そのときかれはザルドゥシュトに同じことをほざいた．ザルドゥシュトはあれと同じ返事を述べた．あらたに奸物は無力となって失神した，搾乳者

(デーンカルド第7巻第3章)

が一人いて乳にみちている 30 馬をしぼる間ほど[63].

(44) 一つはこう明かされていること. 曰く, その失神からかれ呪師がさめると, そのときかれはほさいた, 曰く「あの馬をわれらのもとにつれてきて車につけよ[64]《即ち, つなげよ》, というのは[65], さもないと, わしをこの悪者(ザルドゥシュト)はマンスラをとなえて[66]《合法的に》毀損するだろうから」. そこでかれら(人びと)はその馬をつれてきて車につないだ. (45)すると, ここで大奇蹟が多く(の人びと)にあらわれたこと, デーン[M623]が(こう)言っているがごとくである, 曰く

かれらのもとから数ユジュヤストのところに来たとき, 痛みがかれの(体)内に発した. ダシュムヤスト[67]のところで, わたしが(そなたたちの)前に言おうとしているところのこのことが起こったのだ. かれの精液はかれから剥離した《即ち, かれの精液は皮膚の上に出てきた》, そしてかれの肋骨[68]は折れてかれの脇腹からはずれた. やがてかれは斃死し, またついでかれの子(ら)が, またついでかれの子らの子(ら)が(斃死した).

(46) 一つはこう明かされていること. 曰く, かれ(ザルドゥシュト)が(オフルマズドとの)対話に入る前にはや, かれの上にあらわれていたのは, (イ)全世界よりも広いかれの心, (ロ)すべてを判別する力のある判断力[69]をそなえて, すべてのゲーティーグ的存在の中で最高者たること[70], (ハ)すべてを把握する力のある心力, (ニ)およびすべてを弁別するにたえる知慧, (ホ)また多くのもので守られた寿命[71], (ヘ)カイ王朝の光輪とヘールベドの光輪, (ト)天則への満々たる欲求 (47)とそのために努力することのできること[72], (チ)また勇気と勇猛とにおいてもっともすぐれていること, (リ)また身体の美しいこと, (ヌ)この4階級《すなわち, 祭司階級と戦士階級・農耕階級・工産階級である》の特質[73]を具有してかれ(ザルドゥシュト)の力が完璧なものであること, (ル)もろもろのヤズド・もろもろのよきものへの最高の友愛, もろもろのデーウ・もろもろの悪しきものへの峻烈な敵愾. (48)[74]両足族たるもろもろの人の中で, もろもろのヤズドの(もつ)最勝性と完全性をオフルマズドの指示によって(かれが)与えられているというそういう特質と, かれ(オフルマズド)の使徒た

るの使命とがかれ(ザルドゥシュト)にととのえられていたので，(49)ついにもろもろのヤズドによって，かれ(ザルドゥシュト)がもろもろの現生者・もろもろの已生者・もろもろの当生者すべての中のだれよりもすぐれているのゆえをもって，かれがオフルマズドの使徒たる地位につくだろう，また世の教え人にして裁き人たる(地位につくだろう)，もろもろの衆類を危害のないように対敵から解放する地位(につくだろう)と[75]，時代(時代)の賢明でよきものにみちている多種のことばをもって弘報がもたらされていたのである.

(50) また，もろもろのデーウはこのことのために《即ち，ここの多くのカヤク・カルブがかれ(ザルドゥシュト)を敗北させ破滅させるように》そそのかした[76]が，もろもろのよきものはそれでも(かれに)愛情をいだき，そして友情をさしのべ給うた.

(51) そしてかれ(ザルドゥシュト)が生まれてから満30年のとき，ワフマン・アマフラスパンドがオフルマズドの使者としてやってきたが，それはかれ(ザルドゥシュト)がエーウ・ターグ川[77]からホームを含んだ水をもってきたときで，デーンがこう言っているがごとくである，曰く

かのウェフ・ダーイテーの三番目の分流に来た《そこへ行った》ときザルドゥシュトがその(川)から上がったら，かれは南方から人物の来るのを見た[78]．(52)それはワフマンであった．そしてそのかれワフマンは(ザルドゥシュトには)秀軀者《即ち，身体においてかれはひときわ目立っていた[79]》）にして秀福者《即ち，すべての(持ち)ものにおいてかれは秀いでていた》にみえた．そのかれワフマンは槍の高さの人，3人分ほどあるようにみえた．また，そのかれワフマンはみえたところでは，白い枝を手に携えていたが，その枝はかれが木からもぎ取ったものの，その木をきずつけることのなかったもの．その不思議な枝はデーンであった[80]．《またそれは，デーンに従って，きずつけることのないように進退しなければならぬ[81]，ということを示している》．(53)《ある人はこのように言っている，曰く，(それは)天上の平安[82]であって，それは(現)世では，万人とともに平安があるように，そのようにきずつけることのないように進退しなければなら

ぬと，こういうことを示している，と）．(54)かれがかのウェフ・ダーイテー——オーシャーン川[83]というのが（その）名であった——の四番目の分流に来て，その中でザルドゥシュト——かれが（川の）中央からホームを含んだ水をもってき，そしてザルドゥシュト——かれが右足をオーシャーン川[83]から上に上げて着物を着たとき，かれの真正面にワフマンが車を向けてやってきた[84]．(55)そしてその人物はかれ（ザルドゥシュト）に問うた，曰く「そなたは誰れですか．そなたは誰れのものですか」．（ザルドゥシュトは答えた）「わたしはザルドゥシュトです[85]，スピターマーン（です）」．

(56) ワフマンのことば

「ザルドゥシュティー・スピターマーンよ．何のためにそなたは苦労しているのか（即ち，そなたは苦労しているが，何のためにそなたはしなければならぬのか）．何のためにそなたは努力しているのか．また，そなたは何に欲求を志向しているのか」．

(57) ザルドゥシュトの答え，曰く

「天則のために苦労しているのです，そして天則のために努力しているのです，そして天則にわたしは欲求を志向しているのです（即ち，そのもののためにわたしはしなければならぬのです）．そしてわたくしが求める者であるかぎり，わたくしは天則を思念いたします[86]」．

(58) またワフマン[87]のことば

「ザルドゥシュティー・スピターマーンよ．実在するもの——それはいかなるものか[88]．天則はどこにあるのか．実在する事物はどのように（存在するの）か．誰れの天則が誰れにまで（及ぶの）か．誰れの天則がどこに（あるの）か．（それは）誰れのものか」．

(59) かれザルドゥシュトは言った，曰く

「天則なるものが実在するのです．そしてそれについていえば，それはかがやき，完璧なものです．そしてそれがどのような（有様である）か，また（実在）しないところのものも，わたくしはわかっています．それがいかなるものかは，ワフマンを通して見いだすことができるのです」．

(60) すると，かれワフマンはかれ（ザルドゥシュト）に言った，曰く
「ザルドゥシュティー・スピターマーンよ，そなたの携えている容器[89]を
おけよ，というのは，かの方とわれらは対話しようではないか――その方
によってそなたは創成され，その方によってわたしも創成され，その方は
もろもろのメーノーグ者中もっとも恩寵あり，その方はもろもろの現生者
中[90]もっともめぐみぶかく，その方の代弁者でワフマンたるわたしはある
のです《即ち，かれの使者でわたしはあるのです》」。
(61) そのときかれザルドゥシュトはこう考えた，曰く
「このよき使者を送り出された，創造主たるかの方はよい方だな」。
(62) そこでかれら，ワフマンにザルドゥシュトもつれだって，ワフマンが
さきに立ち，ザルドゥシュトはあとについて[91]，（オフルマズドのもとへ）すす
んでいった。

註

1) 「ザルドゥシュトを見るために」は ˈdīd⟨an⟩ ī Zarduxšt rāy.
2) 「起こった」は mad[an].
3) 「不祥を見てとった」は anāg⟨īh⟩ ⟨wi⟩zīhīd.
4) 「不祥の兆《徴》（ありと）ほざいた」は nišān daxšag ī anāg drāyīd[an].
5) 「恐れさせ，そして」は ⁺tarsēnīd ˈud.
6) 「ポルシャースプの心に」は ˈpad menišn ⟨ī⟩ Porušāsp.
7) 「かれはその恐れから」は ˈī-š ˈaz ˈān ˈbē tars-iz[y].
8) 「死なす」は margēnīd⟨an⟩.
9) 「良策になるとほざいた」は darmān ˈbūd⟨an⟩ [w]drāyīd（または d. ⁺ˈbūdan ⁺drāyīd).
10) 「やって来なかった」は ˈbē ˈnē ⁺ˈāmad.
11) 「必死で」は ⁺ōšōmand. ただし読み方・語釈いずれも不確実.
12) 「足」は [ˈšab] ˈpāy.
13) 「走らせること」は ˈrawēnīd⟨an⟩.
14) 「なる」は ˈbūd⟨an⟩.
15) 「大奇蹟」は ˈwuzurg[īh] abdīh.
16) 「牛の先達すなわちペーショーバーイ」は ˈpēš ˈaz ˈgāw ī pēšōbāy. ペーショーバーイについては→18頁註100.
17) 「または」は ⁺and ˈdid.
18) 「一つのくぼみに」は ⟨ō⟩ abāwar-1. abāwar ('p̄'wl) <*apa-avara-<*upa-ava-

ra-. Av aora-(OIr *avara-)「下方へ」参照. →177頁註28.
  19)　「たちはだかる」は 〈a〉bar ˈēstād.
  20)　「仔どもを殺して」は hunušakān ˈōzadag で，分詞構文とみたい. →177頁註31, 14頁註21.
  21)　「移し入れること」は 〈w〉āzēnīd〈an〉.
  22)　「怒って」は ⁺xešmīhā.
  23)　「ユジュヤスト」yujyast(ywčyˈstˈ) は長さの単位で，その半分は「ダシュムヤスト」dašmyast→註67.
  24)　「義神スローシュとワフマン」は[w]Srōš-a〈h〉l〈ā〉y 〈ud〉 Wahman.
  25)　「つれていった」は ⁺ˈānīd.
  26)　「おそろしい」は ⁺tarsīd.
  27)　「だれよりも」は ˈaz ⁺ˈkas.
  28)　「ゾーイシュの女」Zōišān については→32頁註4.
  29)　「(この子を呑まず)にわるものを呑んで」は ˈbē ⁺wad ⁺jūd〈ag〉 とよんだもので分詞構文. →14頁註21.
  30)　「きて」は mad [ˈhēnd].
  31)　「手」は ⁺ˈdast.
  32)　「たとえラーイ～相会しようとも」→36頁註90.
  33)　「他のもろもろの呪師」は ˈany ⁺jādūgān.
  34)　「きて」は ⁺mad ⁺ud.
  35)　「与えること」は ˈdād〈an〉.
  36)　「即ち，恩寵が～到来するだろう，ということ」は ˈkū abzōn ⁺ˈaz ˈkē wēš ˈbawēd 〈ˈaz〉 ˈkē ⁺mad ⁺ud 〈ˈaz〉 ˈkē-iz ˈrasēd.
  37)　「到来し」は[w]rasēd.
  38)　「身体のひ弱なつくり」は ˈān-⁺iz ⁺tan armēšt dahišnīh.
  39)　「死」margīh——この註は「身体のひ弱なつくり」のつぎに置かれるべきもの.
  40)　「そなたの子」は ˈān-⁺iz ī ˈtō ˈpusar.
  41)　§§27-31 については→ザートスプラムの撰集 X・17-20.
  42)　「目」は ⁺aš.
  43)　「かれゆえに～たどりついた」は ˈōy rāy kanārag 〈ī〉 rāy ˈxwarrah ˈabar hambūd ˈham.「かれゆえに」とは「かれにひかれて」の謂い.
  44)　「達する」は[w]ˈrasēd. もっとただしくは[w]⁺ˈrasēnd.
  45)　「たどりついた…….しかし」——この部分再構不能.
  46)　「かれの」ˈkū-š が「ザルドゥシュトの」の謂いか「その(即ち天の)」の謂いか不確実.
  47)　「どんなだったか」は čiyōn ⁺ˈbūd.
  48)　「この全地に」は ˈpad ⁺harwisp ˈēn zamīg.
  49)　「カルブのブラーダローレーシュといっしょに」は ˈaz Brādarōrēš ī karb [kym] ˈhammis.

50)「ザルドゥシュトを見るために」は ˈdīd⟨an⟩ ī Zarduxšt rāy.
51)「投げつけた」は ⁺ˈabgand.
52)「かれの」——文脈からすれば「かれらの」とあるべきも，以下にはドゥーラースラウひとりが取り上げられているので単数となったのであろう.
53)「有資格者たる」⁺arzānīgān はテキストの druwandān「不義者ら，不義者たる」をよみかえたもの. druwandān を存置して ˈnē「(わたしは崇め)ない」を補うのはとらない.
54)「義者たるもろもろの男子～もろもろの女子を(わたしは崇める)」については→拙稿 "From the Dēnkard", *Acta Iranica*, Vol. IV(1975), pp. 423–433; 本書 238 頁.
55)「だれでもよい～奉祀すべきである」(§ 38 の終わり)は ˈka āyōzād čegām-iz-ē, Porušāsp, ˈkū yazišn ˈkunīhād, yazišn ˈō yaštārān ⁺hārēbād⟨(ˈkū ˈō yazād ˈkē abāyēd yašt⟨an⟩)⟩.
56)「ほざいた」は [w]drāyīd.
57)「ラーイとノーダル」→36 頁註 90.
58)「長嫡」は fratom. 以下を資産の分け前のような文意に解してこのように訳した.
59)「わたしが目をあげて向けるのは，今やお前にだ」は ˈnūn-⁺iz ˈtō ō ˈkē ˈpad abar-barišnīh aš ˈbaram.
60)「わたしの見入るのも，奸物よ，そなただ」は ˈbē-⁺iz ˈtō ō ⁺ˈkē mar ˈabar nigeram.
61)「搾乳者が一人いて乳にみちている 10 馬をしぼる間ほど」は čand drang ⟨ī⟩ 10 asp ⟨ī purr-⟩pēm dōsišn ˈkē⟨-š⟩ dōsīdār ēk ˈbawēd.
62)「搾乳者が一人いて乳にみちている 20 馬をしぼる間ほど」は čand ⁺drang ī 20 asp ī purr-pēm ⁺dōsišn ˈkē⟨-š⟩ ⁺dosīdār ⟨ēk ˈbawēd⟩.
63)「あらたに～30 馬をしぼる間ほど」は nōg akār ⁺ˈbūd mar ud stard čand ⟨drang ī⟩ 30 asp ī purr-pēm dōsišn [⁺drang] ⁺ˈī⟨-š⟩ dōsīdār ēk ˈbawēd.
64)「つれてきて車につけよ」は ⁺wāzēnēd ⁺ud ˈabar rah wardēd.
65)「というのは」は ⁺ˈčē(ˈabar 改め).
66)「マンスラをとなえて」は ˈpad mans(a)r ˈrasišnīh.
67)「ダシュムヤスト」→註 23.
68)「肋骨」は [w]pahlūg.
69)「すべてを判別する力のある判断力」は wisp-wizīhīd ōz ⁺ōš.
70)「最高者たること」は abartar⟨īh⟩.
71)「多くのもので守られた寿命」は ˈān-iz ī ˈwas-pahrēz ǰān.
72)「天則への満々たる欲求(47)とそのために努力することのできること」は purr-kāmagīh ī ˈō ahlāyīh (47) ud tuwān tuxšāgīhā [ud] padiš.
73)「この 4 階級……の特質」は čihr ⟨ī⟩ ˈēn 4 pēšag.
74) § 48 は ˈān čiyō⟨n⟩īh ī ⁺ˈaz ˈmardōmān 2-padištān dādīh ⟨ī⟩ yazdān pahlomīh ud spurrīgīh ˈpad Ohrmazd dēsagīh ˈu-š aštagīh padiš ⁺winārīhist.

(デーンカルド第7巻第3章)　　　　　53

75)「かれがオフルマズドの使徒～解放する地位(につくだろう)と」は ˈrasišn ˈī-š ˈō aštagīh ⟨ī⟩ Ohrmazd ud axw- ud radīh ī gēhān bōzāgīh ī as⟨ē⟩ǰ dahišnān ˈaz ēbgatīh.

76)「そそのかした」は sārēnīd[an].

77)「エーウ・ターグ川」rōd ī Ēw-tāg――ダーイテー川がこうよばれるとされているが詳細は不明. むしろ「分流の川」の謂いとみたい.

78)「かのウェフ・ダーイテーの～人物の来るのを見た」は ˈka ō [ˈō] ˈān ī sidīgar ˈbē-tazišnīh frāz mad ī ˈān ī [ˈān] ˈWeh Dāitē ⟨⟨frāz ˈpad ˈān franaft[an]⟩⟩ ˈka ˈaz ˈān ˈul ˈraft Zarduxšt ā-š ˈmard ˈdīd ˈka ˈraft[an] ˈaz ⁺rapihwintar nēmag. 文中, ˈbē-tazišnīh を「外出」とした旧解は訂正したい. Dk VII•3•54 も同様. →178頁註 57.

79)「ひときわ目立っていた」は čašmtar ⁺ˈbūd.

80)「その不思議な枝はデーンであった」は ˈān mēnōg tāg ī dēn ˈbūd.

81)「進退しなければならぬ」は abāyēd raft⟨an⟩.

82)「天上の平安」は mēnōg ⁺āštīh.

83)「オーシャーン川」Ōšān rōd[y] は ʾwšʾn rwty であるが, よみ方も不確実でありオクソス川との同定も根拠がない.

84)「かれの真正面にワフマンが車を向けてやってきた」は ud ˈandar ˈān ˈōy pēš nēmag Wahman padīrag āyōxt.

85)「わたしはザルドゥシュトです」Zarduxšt ˈham――ここが DkD 336 の最終行. 以下 Dk VII•4 の終わりまでは写本 B には欠けているので DkD ではこれを他の写本 (K. R. Cama Oriental Institute 所蔵. DkD p. 15 参照)から補っている. この写本では š が yʾ と書かれるのがふつうであり, また一語が不当に分割して書かれることも少なくないが, これらは一々註記することをさしひかえることにした. →80頁註 205.

86)「そしてわたくしが求める者であるかぎり, わたくしは天則を思念いたします」は ud ahlāyīh ⁺ˈman ⁺čand xwāstār ˈham menam.

87)「ワフマン」は ⁺Wahman (ˈēn 改め).

88)「実在するもの――それはいかなるものか」は ˈastīg [w] ˈān ˈkē.

89)「容器」は jāmag[y]. →75頁註 101.

90)「もろもろの現生者中」は ⟨ˈaz⟩ ˈastān.

91)「ワフマンがさきに立ち, ザルドゥシュトはあとについて」は Wahman ⟨pēš⟩ Zarduxšt ˈpas.

(デーンカルド第7巻第4章)

D132左10=M626
(1) 最初の対話から第七対話の終わりまでの10年の期間内にあらわれた奇蹟，かれ(ザルドゥシュト)が世に預言者として信憑されるに足るものであること，(ならびに)対話の中に(経過した)10年ののちにおける，神力者カイ・ウィシュタースプによるデーンの受容について．

(2) (これら¹⁾，総じて10と)2年間(のこと)．一つはこう明かされていること．曰く，最初の対話からもどると，そのとき，主に(して)創造主たるオフルマズドの最初の命令によって，もろもろのカヤク・もろもろのカルブの群の中で当時ただひとり，かれ(ザルドゥシュト)にマーズデースン者のデーンの預言者にしてオフルマズドの使徒たるの資格ありと，宣言された．いかに高声でかれ(ザルドゥシュト)が謳い，人(びと)をオフルマズド(の)デーンに呼びかけたかは，(3)デーンが(こう)言っていることのごとくである，曰く

そのとき，かれザルドゥシュトはこの家宅あり益畜あるもの(世界)のために身がまえていた《それは，有象(ゆうしょう)世界の回心を見守るためである》．(4)そして，かれら村人たちが吉兆あれと言いに来る²⁾と，そのときザルドゥシュトは高声で天則の有象世界に呼びかけた D131左「天則を礼讃すること，もろもろのデーウを呪うこと³⁾，(5)および，ザルドゥシュトのマーズデースン教に帰依すること⁴⁾，もろもろのアマフラスパンドを奉祀して称讃することを，そなたたちに最勝なりとわたしは言う，さらにもろもろのヤズド⁵⁾を奉祀すること，クウェードーダフをも．これ(クウェードーダフ)こそ最勝(のものだ)との証明の提示がある《即ち，提示されている証明から，父(と)娘，息子(と)母者，および兄弟(と)姉妹というものたちのあいだの(通婚)がとくに，大功徳だと信奉すべきである》」．

(デーンカルド第7巻第4章) 55

(6) (こういうことが)明かされている，曰く，そのことばで，デーウ奉祀の無数のカヤクとカルブはザルドゥシュトに激昂して[6]，かれの死にこれつとめたこと，デーンがこう言っているがごとくである，曰く
M627

　さて，そのとき，近くに坐していた(もろもろの)奸物——トゥーラーン人(びと)の倅(せがれ)(ども)と親，ならびにトゥーラーン人の兄弟——は羞恥する人のようにぎくりとした(即ち，「そのようにせよ」とかれ(ザルドゥシュト)が言ったクウェードーダフのゆえに，かれらは羞恥に陥った)．

(7) このトゥーラーン人はトゥーラーン人ウルワイタデンギー・ウシクシャンで，かれはその地方の大領主にして多くのそして強い軍兵を有していた．
D130右
ウルワイタデンギー・ウシクシャン[7]の倅できわめて卑劣な[8]トゥーラーン人奸物は(こう)言って酒をとった，(8)曰く「かれ(ザルドゥシュト)をこの酒でわしは倒してやる，やつは恩寵のことば(とやら)をわれらに混入した(即ち，クウェードーダフのごとき，行う必要なしとこうわれらが疑っていない事柄にだ，そのとおりに行う必要があるのではないかと，われらに疑いをもたせた)」．

(9) ところが，トゥーラーン人ウルワイタデンギー・ウシクシャンはこう言った，曰く「そのおとこを倒してはならぬ，そのかれを，そのとき，全有象世界の中で[9]わしはもっとも欲求的な眼をもつものと見た．(こういうことが)やってくるだろう——というのは，わしはそういうこと(倒すこと)のためにあるのではないからだ——，もしお前がかれを倒せば，知識が出て来るのにながい時がかかる[10]と思われる(即ち，けがれたこの地界には，このもの(ザルドゥシュ
D130左
ト)のようにかくも集会的な[11]知識は出て来ないだろう，即ち集会的な[11]人が倒されたら，ながいあいだ知識は出て来ないだろう)」．(10)トゥーラーン人ウルワイタデンギー・ウシクシャンの倅[12]は言った，曰く「わしにとって，清浄なのは集会的な[11]者(だけだ)」．(11)そこで，かれザルドゥシュトは(こう)言った，曰く「かのもっとも恩寵ある方(かた)がわたしに[13]仰せられたこと——教化と拒否と随心具備と，クウェードーダフおよびダストワル(に従って)行動すること，(ならびに)祭儀を行うこと[14]——を宣(の)べ伝えぬものとは決してなるまい」．

(12) そしてここにザルドゥシュトのよき教え人たるの資格と光輪(者たる

こと)，勝力者たること——それは最高の主にして創造主たるオフルマズド(の)使徒たる資格にふさわしいもの——が大奇蹟(として)多く(の人びと)にあらわれ，もろもろの庶類(のもろもろの)預言者にまさる，かれ(ザルドゥシュト)の偉大な優秀さが見えたが，そのかれはあらたに(こうも言った)，人は作法を守って15)ひそやかに進退せよ，またいつわり人はさまざまの隠れたよき性質を育てよ，(13)ついで責務を果たしていないかのような恐れを振起せよ，また破義者は慣習を一つ一つ無数に改めるものと(なれよ)，と．かれらが，すこしずつではあるが，多人数の集団16)になったとき，指示者にして努力者，より大いなるものの追求者となった．(こういうことが)明かされている，曰く，かれ(ザルドゥシュト)はその勇敢な心と高邁な考えをもって，光輪によって，かの強大で財を積み多くの (14)土地を領有する17)支配者トゥーラーン人ウルワイタデングに，もろもろのカヤク・もろもろのカルブの激昂した集団が殺してしまえと叫ぶなかで18)，オフルマズドのデーンに(はいれと)呼びかけたこと，デーンが(こう)言っていることのごとくである，曰く

　　そしてかれザルドゥシュトは言った，曰く「天則を礼讃せよ，トゥーラーン人ウルワイタデンギー・ウシクシャン(と)すべてのデーウらよ，そしてザルドゥシュト(の)マーズデースン教に帰依せよ」．(15)すると，かれトゥーラーン人ウルワイタデンギー・ウシクシャンは言った，曰く「ザルドゥシュティー・スピターマーンよ，わたしを，そなたがいっているこの邪義に教化するな」．(16)そこで，かれザルドゥシュトは言った，曰く「オフルマズドはわたしに尋ねられた，曰く『ザルドゥシュトよ，そなたは(この神がみの)世界のわれらのもとに来たが，そのときそなたはこの有象世界の中でだれを，家畜に富んだもろもろの人(や)戦士なるもろもろの人のうちで，利益を求めること第一にして益畜を求めること第一19)，また遠く名声の聞こえること第一20)にして多くの食物を有すること第一(即ち，かれは物をもっともたくさん施与する)，(また)多門第一((入出の門))21)と見たのか』と．わたしはかれ(オフルマズド)に答えて言ったのです，曰く『(それは)トゥーラーン人ウルワイタデンギー・ウシクシャン22)です』．

(17)すると，かれはわたしに答えて仰せられた，曰く『あれを，なんじザルドゥシュトよ，戦士なるもろもろの人のうちで第一に教化せよ，心において言語(ことば)において，そして行為[23]において，オフルマズドとザルドゥシュトのこのデーンに．(18)もしかれが，ザルドゥシュトよ，回心してかれが信じ，そして参進をこれなるなんじに許し，弟子として(そなたと)対坐し《D128右 これは，かれがそなたの弟子たることを名乗り実行するということ》，そしてデーンに聴き(それを)弘通するならば，かれこそは，以後はつねに，ザルドゥシュトよ，戦士なるもろもろの人のうちで，第一に，利益(りやく)を求めること第一，益畜を求めること第一[19]，また遠く名声の聞こえること第一[20]，またいま生まれているものども(や)今後生まれるであろうものどものうちで多門第一のものとなる．(19)しかし，もしかれが，ザルドゥシュトよ，回心せず，また信ぜず，これなるなんじの参進を許さず，聴かず，そなたと対坐しない《というのはかれがそなたと対坐しないからで，これはかれが回心していない[24]ことがわたしにはわかるということ》ならば，かれに言ってやりなさい[25]，ザルドゥシュトよ，曰く，そなた(ウルワイタデング)は天則の打倒されるを求めるものだ，またタナープフラガーン罪者[26]《(即ち)マルグアルザーン罪者[27]》，魂に立腹を与えるもの[28]だ，とな．というのは，かれ(ウルワイタデング)はまことにかくのごときものであり[29]，また，かれはデーンの存在していることを知っているがゆえに，かれはマルグアルザーン罪者となるからだ』．(20)そなたにわたし(ザルドゥシュト)は告げる，トゥーラーン人ウルワイタデンギー・ウシクシャン[30] D128左 よ，曰く『そなたは天則の打倒されるを求めるものだ，タナープフラガーン罪者(マルグアルザーン罪者)，魂に立腹を与えるものだ』と」．

(21) 一つは驚くべき印しがあらわれたこと．曰く[31]，もろもろのヤズドのどれにも敵対する一カルブでワエードウォーイシュトという[32]のがオフルマズドを僭称していた．(22)するとかれオフルマズドは仰せられた，曰く「ザルドゥシュトよ，わしが庶類の上においたあのおとこが，かくも厚顔，(こう)号 M630 しようとは，曰く『わしはオフルマズドだ，というのは[33]，わしは天則によっ

て抜苦者だ《即ち，正道によって苦しみをもろもろの庶類からわしは遠ざけており，(もろもろの)アマフラスパンドも苦しみがなくなっている》からだ』．(23)だから，(かれのもとに)行きなさい，ザルドゥシュトよ，わたしのためにかれに要求しなさい《即ち，わたしの所有と思うてください》，100人の青年男子[34]と女子と馬4頭立ての車を．このようにかれに言いなさい，曰く『ウィドウェーシュトよ，そなたにオフルマズドは100人の青年男子[34]と女子(と)馬4頭立ての車を要求しておられる．もしかれ(オフルマズド)に[35]そなたが与えるなら，そなたに，その贈与にたいして財富と光輪が(あるだろう)．しかし，もし[36]かれにそなたが与えないなら，そなたには，それを与えないことのゆえに，悪しき光輪が(あるだろう)』とな」．(24)そこでかれザルドゥシュトは僭称者のウィドウェーシュトのもとに行って，かれにこう言った，曰く「僭称者のウィドウェーシュトよ，かれオフルマズドは，そなたに100人の青年男子と女子(と)馬4頭立ての車を要求しておられる．して，もしかれにそなたが与えるなら[37]，その贈与にたいしてそなたに財富(と)光輪が(あるだろう)．しかし，もしかれに[38]そなたが与えないなら，そなたには，それを与えないことのゆえに，悪しき光輪が(あるだろう)」．(25)すると，そのカルブ(ウィドウェーシュト)は答えてザルドゥシュトに[39]ほざいた，曰く「お前さんのおかげでわたしにより多く(の富)[40]があるのではなく《即ち，お前さんの行為によってわたしに富があるのではなく》，またオフルマズドのおかげで[41]もない．わたしはずば抜けたものだ[42]．富においてわたしはオフルマズドにすらまさっている[43]し，またわたしは1000頭の豚の群を，しかも多数獲得したのだ[44]」．(26)ザルドゥシュトはオフルマズドのもとに，もろもろのアマフラスパンドのもとに行った．そしてかれザルドゥシュトは言った，曰く「恩寵あるメーノーグ者・義しきもろもろの有象者の世界の創造主・オフルマズドよ，このようにかれはわたくしに[45]答えて申しました，曰く『お前さんのおかげでわたしにより多く(の富)[40]があるのではなく，またオフルマズドのおかげでもない．わたしはずば抜けたものだ[46]，お前さんやオフルマズドにすら．またわたしは1000頭の豚の群[47]を，しかも多数獲得したのだ』」．(27)すると，かれオフルマズドは仰せられた，曰

く「われらの財富と光輪から、ザルドゥシュトよ、あのおとこは慢心を獲得してしまった《即ち，益畜はわれらが創成した(もの)．(しかも)かれの慢心は多くの益畜ありということだ》」．(28)そのときだ，かれ(ウィドウェーシュト)にはこのことがその報いとして(起こった)．して，第三夜がすぎないとき，(かれの)生命は終末に達した，第三夜にかれの寿命(のことだが)――(その)傍らからかれら(もろもろのアマフラスパンド)は退去した《即ち，かれを助けることからかれら七柱の，かの輝き，白光放つ目をもつ(もろもろのアマフラスパンド)は身を引いた》．かれらによってかれは上方高く飛翔させられ，かしこの上方高いところで翼がすすまぬようになって[48]食われた[49]．

(29) 一つは，ワフマンによって(オフルマズドとの)対話につれて来られたときに，ザルドゥシュト――かれがダーイテー川から(汲み)とった，ホームを含んだ水から，偉大な治癒力があらわれた[50]ことで，(30)ザルドゥシュトへのオフルマズドのことばに明らかなごとくである，曰く「ザルドゥシュトよ，そなたの携えているホームを含んだ水(のことだが)――かれらのもとに(すなわち)デーウ奉祀者としてもろもろのデーウを祀る人(びと)のもとに，あるいは祭りの場所[51]に，それを(人びとは)もっていってはならぬ．かの牛――4歳の，性器が破れた[52]，黒毛で角のある[53]牛に，そなたはもっていけよ．そうすれば，その水をのんで[54]牛はその病気から健康になるだろう」．(31)しかるに，その後，ザルドゥシュトは有象世界の中で，まず，パルシェード・ガーウといってシースターン[55]に首領として君臨していたもののもとに赴いた．(32)すると，かれパルシェード・ガーウはかれ(ザルドゥシュト)に言った，曰く「ザルドゥシュティー・スピターマーンよ，そなたの携えているこのホームを含んだ水を，わたしにくれよ」．(33)そこでかれザルドゥシュトは言った，曰く「そなたは礼讃せよ，天則を，パルシェード・ガーウ[56]よ，そして呪えよ，もろもろのデーウを．帰依せよ，ザルドゥシュトのマーズデースン教に，(そして)拒否せよ，もろもろの邪悪なるものを」．(34)かれパルシェード・ガーウ[56]は(天則を)礼讃した，そしてかれはもろもろのデーウを呪った．しかしかれは，かれ(ザルドゥシュト)からザルドゥシュトのマーズデースン教は受けいれずに，もろもろ

の邪悪なるものは拒否した．（35）かれが天則を礼讃するのに応じてザルドゥシュトがかれのもとにすすみ（寄る）と，ザルドゥシュトは携えていたかのホームを含んだ水を，デーウ奉祀者としてもろもろのデーウを祀ったかの人（びと）にでなく，かれザルドゥシュトはかの牛——4歳の，性器が破れた[52]，黒毛で角のある[57]）のにそれをもっていった．その水をもっていったので，その牛はその病気から健康になった．

（36）[58]一つは，ガナーグ・メーノーグがザルドゥシュトとの戦いに行きおったことから明らかになったことで，デーンが（こう）言っているがごとくで[59]ある，曰く

　　北の方処から満死のガナーグ・メーノーグがすすんで来て，その愚かもの・満死のガナーグ・メーノーグはこうほざいた，曰く「（もろもろの）ドルズよ，おそいかかれよ，毀損せよ[60]，義者ザルドゥシュトを」．（37）（もろもろの）ドルズはかれ（ザルドゥシュト）におそいかかった——デーウ・ブトと潜行のセージュとフレーフタールが[61]．（38）しかし，ザルドゥシュトはアフナワルを誦出した．（もろもろの）ドルズはそのために失神して引き返した——デーウ・ブトと潜行のセージュとフレーフタールが[61]．（39）そして（もろもろの）ドルズは（ガナーグ・メーノーグに）ほざいた，曰く「あんたは目先のきかぬ御仁だ，ガナーグ・メーノーグよ（即ち，あんたは事物を合理的に見（ることができ）ない．そしてあんたは実行できないことを命じる[62]））．われらはスピターマーン・ザルドゥシュトなるかれの死を見（ることができ）なかった，（40）義者ザルドゥシュトが光輪にみちているために」．かれ（ザルドゥシュト）は心に（こう）見た，曰く「不義にして愚かものの（もろもろの）デーウは，わたしの死を談合しているのだな」．
そこでザルドゥシュトは立ち上がった，ザルドゥシュトは前進した．

（41）ここで，（デーンがこう）言っているところによれば，大奇蹟が多く（の人びと）にあらわれた，曰く

　　かれ義者ザルドゥシュトは室の大きさほどあった石をとり手に[63]もったが，それはかれが創造主オフルマズドから獲得していたもの（メーノーグ的ヤ

(デーンカルド第7巻第4章)

サー・アフー・ワルヨー[64])》.

(42) また一つはこういうこと——ザルドゥシュトによるアフナワルの誦出 D124右 がもろもろのデーウの躰を裂いたこと——が，エーラーン国においてエーラーン人にだけでなく，全地においてしかもあらゆる側(がわ)にあらわれた[65]ことで，(43)(デーンがこう)言っていることのごとくである，曰く

カイ王朝の光輪の勢威[66]をわたしは崇めます——そは(ザルドゥシュトが)デーンに則(のっと)って思念し，則って言語し，則って行動するようにと義者ザルドゥシュトに同伴していたもので，そのかれは全有象世界のうちで義(天則)をもって第一の義者，支配権をもって第一の支配者，そして財富をもって第一の財富者，また光輪をもって第一の光輪者であった．(44)また，かれより前はもろもろのデーウが(人びとの)眼の前で[67]跳梁していた，またかれらは眼の前で[67]性交を行い，またかれらは眼の前で[67]婦女[68]を人びとのもとから拉し去った．それをなげいて[69]愁訴すると，かれらもろもろのデーウはいっそう乱暴に(人びとを)締めつけた．(45)義者ザルドゥシュトが誦出したかのアフナワルによって，かれらすべてのデーウは地中に葬り去られた[70]《即ち，かれらの躰は裂けた》．

(46) また(こういうことが)明かされている，曰く[71]，かれらの躰が裂けて D124左 のちは，かれらはデーウの姿をして世界にあらわれること[72]も破壊を及ぼすこともできなくなった．(いまや，かれらの)潜行する性質が人びとにわかってきた．人びとはかれらがヤズドでなくデーウであることを知った．(47)ザルドゥシュトは，このデーンの中で(オフルマズドが)ザルドゥシュトへのことばに M634 述べているがごとくに，オフルマズドのことばから[73]人びとに(こう)開示した，曰く

「どのようにしてこの有象世界で人びとはデーウを教師と《ダストワルと》みなすのですか，どのようにして(人びとは)『(デーウを)ダストワルとみなすべし』と言うものどもになるのですか」．(48)すると，かれオフルマズドはザルドゥシュトに[74]仰せられた，曰く「どのようにして，ザルドゥシュトよ[75]，人(びと)[76]はデーウを教師とみなすのか．また，『われらは

お前さんたちに(こう)しようと(もろもろの)デーウが言うから』とか，(あるいはまた)『(われらは)お前さんたちのもとに来たのだ，と(もろもろの)デーウが言うから』など(と言うものども)に，どのようにして(人びとは)なるのか」． (49) そこでかれザルドゥシュトは言った，曰く「かしこに，オフルマズドよ，人(びと)は行くのです，かの家なきところと沙漠《即ち，だれも止住していない》にです．かの天明の接近から日の出に達するまで《(即ち)，夜の2ハースル[77]が残っている[78]とき》，あるいは日没から同じ刻限経過[79]まで《(即ち)，夜の2ハースルが過ぎたとき》ですが——(かしこ)そこでは[80]人間[81]やもろもろの犬の動きも叫び声も聞こえない(——そういうところな)のです． (50) それからかれらはもどって来て言うのです，曰く『あそこでは[82]わたしどもはもろもろのデーウと対話した．領導権《指導権》[83]をかれらにわたしどもが要求すれば，それをわたしどもにかれらはくれます．家畜を有することと富裕たることとをかれらにわたしどもが要求すれば，それをわたしどもにかれらはくれます』と」． (51)「(では)どのようにしてこのようなものをかれらはかれら自身に，ザルドゥシュトよ，つくり出した《即ち，かれらはつくって(それを人びとに)くれた》のか．『わたしどものもとに(家畜や富裕が)来た』とかれら(人びと)が言うためには，それらは(人びとのもとに)どのようにして到来したのか」． (52) そこでかれザルドゥシュトは言った，曰く「その繁栄については，(人びとは)それぞれに言っています，オフルマズドよ．ある人は『いつも以後は，わたしがもろもろのデーウと対話している[84]あいだは，わたしはいっそう(畜)群をもつもの[85]になった』と言っていますが，しかし他の人は『いつも以後は，わたしがもろもろのデーウと対話している[86]あいだは，わたしはいっそう不運でいっそう不幸になった』と言っています」．「(では)かれらは，どうすることをもろもろのデーウから離れることとみなしているのか《即ち，かれらがもろもろのデーウから離れるとき，かれらは何と言うのか》」． (53) そこでかれザルドゥシュトは言った，曰く「その(目的の)ために，オフルマズドよ，このように(もろもろのデーウは)言う

のです，曰く『傍(わき)を見よ《即ち，われらのうちのだれかがそっぽを向く》，あるいは，（からだを）まるめよ《即ち，頭を下方の端(はし)につける》，あるいは，ねじれよ《即ち，片側だけを見る》，あるいは，よく伏せよ』と．（人びとが）その（ようにしている）あいだに，人びととの同伴から（もろもろの）デーウは離脱しているのです[87]」．(54) そこでかれオフルマズドは仰せられた，曰く「なんじザルドゥシュトよ，なんじの欲するように，そのように[88] なんじは見なさい，頭から上を，また足[89]から下を，また横を方ぼう，（また）近くを，前方と後方を，あらゆる方角をも[90]——というのは，われらはなんじから，あたかも（もろもろの）デーウが人間から（ひそかに離れる）ように，ひそかに離脱する[91] ことはないが，（もろもろの）デーウはきずなをといて[92]退去するときは，ひそかに離脱する[93]からだ．(55) なんじに，ザルドゥシュトよ，女体で黄金の背当(うしろ)てをつけた《即ち，背かくしをつけている》ドルズがやってきて同僚となることをなんじに要求するだろう，また女体で黄金の背(うしろ)当てをつけた[94]かの女がやってき対話をなんじに要求し，また共同動作をなんじに要求するだろう[95]．(56) しかしかの女に同僚となることをゆるしてはならぬ，対話もならぬ，共同動作[96]もならぬ．かの女にうしろ向きにかがむように命じよ[97]．かの勝利のことばを誦出せよ《ヤサー・アフー・ワルヨー[98]を》」．(57) ザルドゥシュトは，有象世界の回心を見守るために，家宅あり益畜ある[99]世界に赴いた．そのときかれはドルズに出会ったが，それはかの女（ドルズ）が容器のそばに坐していた[100]ときのこと《その容器というのはワフマンがかれ（ザルドゥシュト）を対話につれていったとき，かれ（ザルドゥシュト）がおいたもの[101]》．（ドルズは）女体で黄金の背(うしろ)当てをつけて[102]いた．して，かの女は同僚になることと対話と共同動作をかれ（ザルドゥシュト）に要求して[103]ほざいた，曰く「わたくしはスパンダルマドです」．(58) かれザルドゥシュトは言った，曰く「ところが，わたしはスパンダルマドを雲のない晴れた日に見たものだ．そしてわたしには，そのスパンダルマドは前姿が美しく，また横姿が美しく[104]，また後姿が美しい《即ち，どこも美しかった》ようにみえた．

うしろ向きにかがみなさい[105]．もしそなたがスパンダルマドなら，わたしは（そなたを）ほめよう」．(59)すると，かの女ドルズはかれに言った，
D121右
曰く「ザルドゥシュティー・スピターマーンよ，わたしたちは前の方からは美しい[106]女で後からは醜悪な，そういうものですから，わたしに後向きに（なれ）とは命じてくださるな」．(60)三度目の抗議ののちに，ドルズはうしろ向きにかがんだ．すると，かれザルドゥシュトは股間のうしろを見たところ，腹で這う蛇[107]と蝎蛛と悪虫と蛙[108]がいっぱいとりついていた．(61)そこで，かれザルドゥシュトは，かの勝利の語を誦出した《ヤサー・アフー・ワルヨーを》．すると，そのドルズは消え失せて[109]チシュマグ・カルブのもとに行きおった．(62)そして消え失せるにあたって[110]，こうほざいた，曰く「わたしが見いだしたここのこのような者に不祥（あれ）[111]，というのは，そなたよりも，そなたのもろもろの勇士よりも，（わたしのほうが）もっと貪婪と[112]（こう）考えていたからで，それというのも，加害の目的で悪界に赴くものどものうちで[113]，わたしは身・命をねらってもっとも貪婪に[114]進退するからです《即ち，わたしは身・命をねらってそなたをあざむこうとしており[115]，また（うまくいけば）わたしはそなたをあざむい
D121左
たでしょう[116]》」．

(63)　またザルドゥシュトはこの秘密を（もろもろの）人に開示した．そしてかれらは試してデーウをそれによって知った．この方面からも大奇蹟がもろもろの人にあらわれた．（大奇蹟とは）
M637
もろもろのデーウがザルドゥシュト以前には世界の中をあらわに徘徊していたこと，のちになって，アベスターグから明らかなデーン[117]をザルドゥシュトが宣説することによって，（かつまた）王ウィシュタースプとかれと同時代の（もろもろの）人がそれを正しいものとして受けいれることによって，かれら（デーウ）の躰が裂けたこと．そして，もしこのことがこのように起こらなかったら，ウィシュタースプ（や）かれら当代のものたちはアベスターグ——これからこのことのこうなることが明らかとなる——をいつわりとみなして受けいれず[118]，（アベスターグは）われらのもとに伝えられなかったであろう．

(デーンカルド第7巻第4章)

(64) 一つはこのこと[119]．ザルドゥシュトがデーンから，(イ)ウィシュタースプの満死のカルブ[120]たるザハグやその他の多くのカヤクやカルブ[121]の，ウィシュタースプの宮廷にたいする邪教の悪事[122]，(ロ)ザルドゥシュトの死についてかれらが一致していること，(ハ)かれ(ザルドゥシュト)について[123]ひどい無実をウィシュタースプに向けてつくり上げること，(ニ)またかれ(ザルドゥシュト)の死へウィシュタースプをそそのかすこと，(ホ)ウィシュタースプの命令によっておそるべき縄目と罰に会うこと[124]，(この(イ)(ロ)(ハ)(ニ)(ホ))について知っていたにもかかわらず，(65)なおかつ[125]，(イ)かれ(ザルドゥシュト)がそれから救われることについての情報，(ロ)かれの奇蹟の出現，および(ハ)(かれの)預言者たるの資格についての証明，(この(イ)(ロ)(ハ))が来ていたがゆえに，最後の質問と対話10年の経過とののちに，オフルマズドの助言と命令によって単身ウィシュタースプの宮廷とあの畏怖させる戦いのワルとに赴き，(66)ウィシュタースプの(王)墓の上に[126](彫りつけて)オフルマズドの使徒たるの資格[127]を力強くかつ意気揚々と[128]おのが上に(ありと)宣言し，ウィシュタースプをオフルマズドのデーンに呼びいれること[129]．ウィシュタースプ[130]はおのが偉大な知慧・完璧な心ならびにメーノーグ者への信仰のゆえに，ザルドゥシュトのことばを聞き(かれを)預言者たるの資格ありとみなすように要求されただろうにもかかわらず[131]，(67)なおかつ[132]，かれ(ウィシュタースプ)がザルドゥシュトのことばを，かれがザルドゥシュトを満足させただろう[133]ごとくに聞くまえは，満死のザハグやその他かれらもろもろのカヤク・もろもろのカルブが中傷妨害してウィシュタースプをザルドゥシュトに従わせるどころか，ザルドゥシュトをかの縄目と罰に付した[134]こと，ザルドゥシュトのことばに(こう)言っているがごとくである，曰く

　　かれらは3と30の無実をわたしについて述べた，そしてわたしは，かれら，不義者でありデーウに仕えるものどもであるもろもろの奸物によって33の縄をもってしばられた．(68)わたしから悪意の飢，それが足から力を奪った．わたしから悪意の飢，それが腕から力を奪った．わたしから悪意の飢，それが耳から聴覚を奪った[135]．わたしから悪意の飢，それが眼か

ら視覚[136]を奪った[135]．そしてわたしの胸[137]は背中にくっついた（即ち，わたしは背中が曲がった），瀕死の，悪意の飢を（わたしが）蒙ったために．

(69) そして，(イ)(ザルドゥシュトが)単身，人を畏怖させる戦い[138]に赴いたこと，(ロ)(そして)そこで，(上に)書いて明らかとなったあのような具合に，かれの生命が，人間の力や本性の中には耐えることが付与されていない飢と渇[139]と重い縄目(や)その他の厄難から来る，あのような罰の中に耐えぬいたこと，(この(イ)(ロ)2点)におけるザルドゥシュトの勇敢さからここに，ウィシュタースプ王とかれのもろもろの廷臣に(このような)大奇蹟があらわれた[140]のである，(すなわち)それはかれらが，艱難と縄目とまたもかれ(ザルドゥシュト)が苦しんだ長期絶食との中にありながら，光輪にみちた身体が(なお)生きているのを見いだしたとき(のこと)である[141]．

(70) 一つは，もろもろのヤズドがかれ(ザルドゥシュト)がかの艱難から救われる目的に向かって処置を講じたこと．気息(いき)のある(かれの)身形(ぎょう)がかれから生命(いのち)をなくして見えなくなった．のちに，ウィシュタースプの偉大な座所[142]や世上の集会[143]に，ザルドゥシュトがかの正語[144]の力と(正語の)信憑されるに足るものであることとのおかげでその身体をあらたに取りもどしたこと，物語におけるウィシュタースプの鹿毛馬[145]についてのあの奇蹟のごとくである．

(71) 一つは，ウィシュタースプや(その)邦民(くにたみ)の心想，その他多くのかくれた事柄をも，天眼[146]をもって言いあててあらわにすること[147]．

(72) 一つは，ダハーグが呪術をもってバービルにつくっていた不思議な，いくつかの事物——人(びと)はそのまよわしによって偶像崇拝に奔っていたし，また世の生命を毀損することが起こった——が，かれザルドゥシュトがその呪術に対抗して誦出したかの勝利的な，デーンの語[148]によってみな破壊されて無力となったこと．

(73) 一つは，洲の高名なもろもろの博士——その中には[149]その博識においてその論が世に知られているバビロニア人[150]がおり，そのかれらの中でも最急進反対論者は12星からその名[151]の由来せる，かの十二星派[152]——とのデーンについての論争にさいして，ザルドゥシュトからあらわれた奇蹟をもって，

(デーンカルド第7巻第4章)

(イ)デーンを救うこと，(ロ)またそれ(デーン)の正しさが知るべきものであることを論証すること[153]，(74)(ハ)そしてウィシュタースプ王をして，かれらもろもろの博士ともども，デーンの正しいことに無疑ならしめること．

創造主オフルマズドは幾柱かを——ワフマン，アシャワヒシュトと恩寵火[154]を——使節として，ザルドゥシュトの正しい預言者たることについて，ウィシュタースプのもとに[155]派遣した．オフルマズドの御意はウィシュタースプがマーズデースン者のデーンを受けいれ世に弘めるに(あった)．(75)かれらもろもろのアマフラスパンドが天から地界に天降(あまくだ)ってウィシュタースプの邸に乗りいれるにあたってウィシュタースプと邦民(くにたみ)[156]にあらわれたところの奇蹟は，デーンが(こう)言っていることのごとくである，曰く

M 640

そのとき，かれ，創造主オフルマズドはかれら，ワフマン，アシャワヒシュトおよびオフルマズドの恩寵火にも仰せられた，曰く「行けよ，そなたたちアマフラスパンドよ，益畜に富み遠く名声の聞こえる，ウィシュタースプの邸に——このデーンを(かれが)奉戴するために((即ち，かれがこのデーンに止住せんがために))，かつまた，かれら(アマフラスパンド)のかのことばを(ウィシュタースプ王が)受けいれるとのことを(わたしに)スピターマ家の義者ザルドゥシュトが返答してくれるために[157]」．(76)(もろもろの)アマフラスパンドは益畜に富み遠く名声の聞こえる，ウィシュタースプの邸に赴いた．かれらの車[158]は高いところにある邸にいた[159]かれウィシュタースプには，全体が光明にみえた．かれらの偉大な勝力と勝利とのゆえに[160]，こういうこと(が起こった)，曰く，かれ(ウィシュタースプ)がこのようなことを見たとき，栄光者カイ・ウィシュタースプはその全肢がふるえた((その全身がふるえた))．それ(火)は高い方処から，車の馬を駆りながら，滑降し[161]　(77)て，かれ，オフルマズドの火は人語で言った，曰く「おそれることはない，というのは，そなたにとっておそれるべきものはないからだ．栄光者カイ・ウィシュタースプよ．そなたの邸に越して来たは覇王の使い・アルジャースプの使者[162]ではない．また，そなたの邸に越して来たは税と貢を取りたてるアルジャースプの2代官[163]ではな

い．また，そなたの邸[164]に越して来たは一切を征服するもの[165]でもなく，(財を)求める盗賊[166]でもなく，追剥ぎをする強盗でもない．(78)そなたの邸に越して来たわれら3人[167]はワフマンとアシャワヒシュトと，それに主の恩寵火[154]だ．これは，そなたへのもっとも確実な，もっとも賢明なしらせだ．(79)もしそなたが見る目[168]を具えたい(即ち，そなたに知識が具わる[169])なら，スピターマーン・ザルドゥシュトが銘記して清浄に伝えているところの，マーズデースン者らのウェフ・デーンを，そなたは礼讃しなければならぬ．(80)アフナワルを唱えよ．最勝の天則を礼讃せよ．そしてもろもろのデーウに，奉祀せぬことを宣言せよ，何となれば，かれ[170]オフルマズドのそなたへの御所望は，(そなたが)このデーンを奉戴することであり，また，かれらもろもろのアマフラスパンドの御所望，またかれら[171]，善良でめぐみぶかく義者におわす他のもろもろのヤズドの，そなたへの御所望だからです．(81)そして，もしあなたがスピターマ家の義者ザルドゥシュトの清浄なウェフ・デーンを礼讃されるなら，その賜（たまもの）として，そのお返しとして，われらはそなたに授けよう，長い支配権と王権と150年という寿命の長生とを．われらはそなたに授けよう，アフリシュワング[172]と財富との(そなたのもとにおける)長い止住を――(しかも)それが不断の伴侶として意のままになり，また不断の伴侶としてかつ去りゆくことなきものとしてよき伴侶となることを．また，われらはそなたに授けよう，不死にして不老[173]，不飢にして不渇，(現当)両界にともに生きて，もろもろの有象者にも[174]もろもろのメーノーグ者にも支配者となる，ピショータンという息子[175]を．(82)もしあなたがスピターマ家の義者ザルドゥシュトの清浄なウェフ・デーンを礼讃されない[176]なら，その賜（たまもの）として，そのお返しとして，そのさいは[177]そなたをわれらは上方高く飛ばして，ザルマーンの心をもつ(もろもろの)禿鷹[178]にそなたのうしろを追わせよう．かれらはそなたの骨を食い，ついにそなたの血は地にとどくも水はそなたの身体にはとどかないだろう[179]」．

(83) 一つはあのこと，(曰く)もろもろのアマフラスパンドのことばがあの

ようにとどいたために，ウィシュタースプの（心）内にデーンが信憑すべきものとなったにもかかわらず，なおかつ[180]，デーンが受容されたために起こる軋轢によってヒョンのアルジャースプから来る流血（かれの攻撃）に伴なう惨状のゆえにかれ（ウィシュタースプ）が思案したので[181]，(84)あらわで眼に見えるものでもある，かの明るいもの（（即ち）アルジャースプとヒョン人とにたいする勝利，自身とともにある最高の場所と不易の王国（すなわち最勝界），ならびに財富と光輪）をウィシュタースプに示すために[182]，創造主オフルマズドはただちにネーローサング・ヤズドをウィシュタースプの邸に使節として派遣した[183]──もろもろのメーノーグ者の世界を見るためのかの心眼を明るくする食物を，アシャワヒシュト・アマフラスパンドがウィシュタースプに食べさせるために[184]──こと．（して）その（食物の）ためにかれウィシュタースプが偉大な光輪と秘密を見た[185]こと，(85)デーンが（こう）言っていることのごとくである，曰く

　して，創造主オフルマズドなるかれはネーローサング・ヤズドに仰せられた，曰く「行けよ，赴けよ，集会的な[186]ネーローサングよ，益畜に富み遠く名声の聞こえる，ウィシュタースプの邸に．そして，こうアシャワヒシュトに言えよ，曰く『王者アシャワヒシュトよ，つくられた，もろもろのよい器[187]のなかで極美の美しい器をとりなさい（（即ち，こんな美しい杯は帝王[188]のためにつくるべきもの））．ホームとマングを，われらのために，ウィシュタースプに持参して，かれ国王ウィシュタースプにそれ（器）をもって飲ませなさい』と，な」．そのかれ（ネーローサング）の[189]ことばを受けいれて，(86)王者アシャワヒシュトはかれ（ネーローサング）から美しい器をとってそれをもってかれは国王の栄光者カイ・ウィシュタースプに飲ませると，（王は）眠った．国王の栄光者カイ・ウィシュタースプは失神からさめると，かれは（おのが妹にして妃なる）フトースに言った，曰く「フトース[190]よ．（こういうように）あってほしい，すなわち，スピターマーン・ザルドゥシュトがはやくわたしのもとにやって来るように，（そして）熱心にスピターマーン・ザルドゥシュトがはやくわたしに，オフル

マズドとザルドゥシュトのデーンを啓示するように[191]」．

(87) 一つはこう明かされていること．曰く，ウィシュタースプがデーンを
D115左
受けいれ天則を礼讃したとき，もろもろのデーウは悪界で激昂した．そしてケ
シュム・デーウはヒヨン人の国ぐにの奸物なるヒヨン人アルジャースプ——そ
はその当時，もろもろの蛮王のなかの大悪党だった——のもとに行きおって，
ヒヨン人の国ぐににおいてきわめて忌わしい声を出して[192]かれらを戦争にか
りたてた．(88) ところが，ここでも大奇蹟が，かしこに，ヒヨン人アルジャー
スプの宮廷にいつものように来ていた一団のエーラーン人[193]にあらわれたこ
と，デーンが(こう)言っていることのごとくである，曰く

そこで時を移さずかれ，敗亡者・タナープフラガーン罪者ケシュムは会議
しそれ(会議)に訴えた[194]「ヒヨン人であるそなたたちは，なんとなさけな
い(わるい)ことになったものよ[195]．勝ち目もないまま，のちにそなたたち
は兵車を駆ることになるぞ．(89) いまからのちは(これまでのように，こ
のようなことは)もうないぞ——勝った．エーラーン人は非エーラーン人
D114右
(ヒヨン人)を恐れている[196]．(もろもろの)已生者中の最強者スピターマー
ン・ザルドゥシュトが味方としてわれらのもとに来た．(など)ということ
は，な」．それを忌わしい支配権ほしさに[197]かれ奸物ヒヨン人アルジャー
スプが聞いたとき，奸物は手を叩き合わせた[198](即ち，かれは[199]一方(の
掌)を他方に打ちつけた)．そして酒[200]をのみにのんだ．(90) そしてかれ
ヒヨン人(アルジャースプ)は苦いものをつくりあげた[201](即ち，かれの胆
汁[202]がわきたった)．その奸物は右手を脚に叩きつけた．そしてかれは[203]，
忌わしい支配権ほしさに，こうほざいた，曰く「即刻わがもとに集まれ，
ヒヨン国よ[204]．つぎには即刻わがもとに集まれ，エーラーン国よ[205]」．

註

1) PR 47・2-9 によってもザルドゥシュトが10年間に7回対話を交じえ，そののち
ウィシュタースプ王のもとに来て2年間，王の教化に当ったことが分かる．原文には
¹pad 2 ¹sāl「2年間(のこと)」とのみあるも，上記10年ののちの「2年」を加えた「12
年間」の誤記であることが分かる．よって「(これら，総じて10と)2年間(のこと)」と
訳した．→155頁註5，156頁註18．

2) 「吉兆あれと言いに来た」は ˈō nēk-dahišn ˈbē mad.
3) 「呪うこと」は ⁺nikōhīd⟨an⟩.
4) 「マーズデースン教に帰依すること」は franāmišn ⟨ī⟩ māzdēsnīh.
5) 「もろもろのヤズド」は ⁺yazdān(ˈdēwān 改め).
6) 「ザルドゥシュトに激昂して」は [w]ˈabar Zarduxšt ⁺sārīhīd(または ⁺sārīhist).
7) 「ウシクシャン」は ⁺Usixšan.
8) 「きわめて卑劣な」は ⁺kahist(ksšstˈ とある).
9) 「そのとき,全有象世界の中で」は ⁺ˈēg ⁺ˈaz harwisp axw ī ⁺astōmand.
10) 「かかる」は ⁺ˈbūdan.
11) 「集会的な」hanjamanīg とは「集会(hanjaman)で邪法邪義を弁駁できるような,能弁な」ほどの謂い.
12) 「トゥーラーン人ウルワイタデンギー・ウシクシャンの伜」は Tūr ī Urwaitadeng ī ⁺Usixšan ⁺hunušak.
13) 「わたしに」は ⁺ˈō ˈman(ˈōy ˈman 改め).
14) 「教化と拒否と随心具備と,クウェードーダフおよびダストワル(に従って)行動すること,(ならびに)祭儀を行うこと」hāzišn ud andarag-gōwišnīh ud xēm-wirāstan xwēdōdah ud dastwar-ˈkard⟨an⟩ yazišn-kardan はヤスナ 45：2-6 のパフラヴィー語訳によっている.
15) 「作法を守って」は ⁺ristagōmand.
16) 「多人数の集団」は ˈwas grōhīh であるが,「多数の集団」と訳すも可能.
17) 「多くの土地を領有する」は ˈwas-būm[w].
18) 「殺してしまえと叫ぶなかで」は mayān ˈxrōh [w]ˈō oš. ˈxrōh は 'šmwww を ʲŠMⁱNˈ=ˈašmᵉˈānā(<šumˈānā) 'Ruf' を訓じたものであるが,訓じ方には疑問もある. Molé は xešm「怒り」と改めているが,語末の 3 個の w を全部切り捨ててよいかは考察の余地がある.
19) 「益畜を求めること第一(なるもの)」は ⁺gōspand-⁺xwāstārtom.
20) 「遠く名声の聞こえること第一(なるもの)」は dūr-⟨n⟩āmīgtom.
21) 「多門第一(なるもの)《入出の門》」は ˈwas-ˈdartom ˈdar ī adēn uzēnag. この註は完全ではないが,全体の謂いは人の出たり入ったりする門をもっとも多く有しているということ,つまり,来る人を歓待してやること衆にすぐれていることを示す.
22) 「ウルワイタデンギー・ウシクシャン」は Urwait⟨aden⟩g ī Usixšan.
23) 「行為」は [abar]warzišnīh.
24) 「回心していない」は ˈnē ⁺hāzīd.
25) 「言ってやりなさい」は ⁺ˈgōwē.
26) 「タナープフラガーン罪者」は tanāpuhlagān. この語は「tanāpuhl(Av tanu.-pərəθa-「身体に罰をうけたもの」)という罪科に値いするもの」の謂いであるから「タナーブフル罪者」と訳すほうがいっそう近いが,いまは原形のそのままとることにした. 次註の語も同様のゆき方.
27) 「マルグアルザーン罪者」は margarzān. この語は「死(marg)に値いする(arz)

もの」の謂いで，罪科の名．→註26
28)「魂に立腹(xrōsišn)を与えるもの」については→ヤスナ46:11; 51:13.
29)「まことにかくのごときものであり」は ēdōn-iz [w]ˈast.
30)「ウシクシャン」は Usixš[š]an.
31)「一つは驚くべき印しがあらわれたこと．曰く」は ēk škaft nišān paydāg ⁺ˈkū.
32)「という」は ⁺ŠM=⁺ˈnām.
33)「というのは」は ⁺ˈčē(ˈabar 改め).
34)「青年男子」は ⁺tōštar.
35)「もしかれに」は ⁺ˈagar ō ˈōy.
36)「しかし，もし」は [w]ud ˈagar.
37)「して，もしかれにそなたが与えるなら」は ud ˈagar ō [ō] ˈōy ˈdahē.
38)「しかし，もしかれに」は ud ⁺ˈagar ⁺ō ˈōy.
39)「ザルドゥシュトに」は ⟨ō⟩ Zarduxšt.
40)「より多く(の富)」は ⁺wēš (byš 改め). byš は NP bīš に誤られたもの．
41)「オフルマズドのおかげで」は ⟨ˈaz⟩ Ohrmazd.
42)「わたしはずば抜けたものだ」は bētar ˈaz ⁺ˈham.
43)「いる」は ⁺ˈham.
44)「またわたしは1000頭の豚の群を，しかも多数獲得したのだ」は ˈu-m ˈwas ˈān ī 1000 xūg ramag windīd ˈēstēd. このうち ˈwas ˈān ī はほとんど写らず，数字1000 は上部のみ写っている．しかし，この部分は§26から容易に復原できる．
45)「このようにかれはわたくしに」は ēdōn-⁺iš ⁺ō ⁺ˈman.
46)「わたしはずば抜けたものだ」は bētar ⁺ˈaz ⁺ˈham.
47)「群」は ⁺ramag(lmytˈ 改め).
48)「翼がすすまぬようになって」は ⁺parnān-⁺afrāz.
49)この句は§82と合わせてジャイハーニー(Jaihānī)や近世ペルシア語書ダベスターン(Dabestān)に見いだされる(A. V. W. Jackson: *Zoroaster. The Prophet of Ancient Iran*, New York 1899[1965²], p. 58以下; Jean de Menasce: "Le témoignage de Jayhānī sur le mazdéisme", *Donum Natalicium H. S. Nyberg Oblatum*, Uppsala, 1954, p. 54 とその註5. ただし Molé はこのはなしが場面のミドラシュ的解釈によるとは思わないという). Jayhānī (Badran編607:5-608:2)を上記ムナス訳によって伝えるとつぎのようである:

神は，神とその名とについて話しをするために，グシュタースプ王のもとに行くようにかれに命じた．かれは神の命を実行して，……という名の，この国の二王を(ディーンに)呼びいれて神に帰依してもろもろのディーウをすて，善を実践し悪をすてるように勧めた．二王は頑強に拒んだ．(すると)風が突発してかれらを大地から持ち上げ，かれらを空中につるした．人びとは集まって見ていたが鳥がかれらの肉を喰うために四方八方からかれらに飛びついた，そしてかれらの骨は地におちた．ダベスターンも，二王の名をあげず，またザルドゥシュトが二王に会うのをグシュタースプのもとに赴く途中としている点は異なるが，他はほとんどジャイハーニーと一致し

ている.
　ではジャイハーニーにみえる二王の名(……の部分)はどうよむのか. はじめのほうは諸写本を綜合してみると, Urvaitadehy または Urvaidadehy とよめるのでウルワイタデングと同定できる. あとのほうは諸写本からみて Vaēdvōišt, Widwēšt などに見合う近代ペルシア語形に近いもののようである. とすると, この二王は, ウィシュタースプ王の教化に先立ってザルドゥシュトが教化に失敗したとデーンカルドが伝えている二人物に同定することができる. デーンカルドではウィドウェーシュトのみが難に遭っているが, この難は §82 でウィシュタースプがおどされているものと同じものである.

50) 「あらわれた」は paydāgīhist.
51) 「祭りの場所」は ǰašn-čār(Moléによる)なるも疑問がある.
52) 「性器が破れた」は ⁺škast-⁺dašn なるも ⁺dašn(s'n 改め)はよみ方・語義ともに疑わしい.
53) 「角のある」は sū⟨g⟩ōmand.
54) 「そうすれば, その水をのんで」は ⁺ud ⟨ⁱaz⟩ [w]ⁱāb frāz xwarišnīh.
55) 「シースターン」は sy'st'n¹ を Sīstān(Sagastān) とよんだもの. Molé は異なる. Gh. Gnoli: "Zur Sīstān-Hypothese", *Acta Iranica*, Vol. IV(1975), pp. 288-289 参照.
56) 「パルシェード・ガーウ」は Parš⟨ē⟩d-gāw.
57) 「角のある」は ⁺sūgōmand.
58) §§ 36-41 については→ウィーデーウダード 19:1-4 の中世ペルシア語訳.
59) 「ごとくで」は čiyōn[čiyōn].
60) 「おそいかかれよ, 毀損せよ」は ⁱabar dwārēd[w] murnǰēnēd[w].
61) 「デーウ・ブトと潜行のセージュとフレーフタールが」は But ⁱdēw ud Sēǰ ī nihān rawišn[y]⟨ud⟩ Frēftār. アヴェスター・テキストと対照してみるとブトは「ブーティ」Būiti- にあたり, セージュは「スィェジャフ」Iθyeǰah- にあたる. Av iθyeǰah- は「(神による)追放, 棄捨」であるが「危険」の意味も通じる. Frēftār は「欺く者」を意味するデーウとなっているが, アヴェスターにみえる maršaonəm davažå の davažå を dab-「欺く」にむすびつけて Frēftār としたもの.
62) 「あんたは実行できないことを命じる」は ⁱān ⁺framāyē ⟨ī⟩ kardan ⁱnē šāyēd.
63) 「手に」は ⟨ⁱpad⟩ ⁱdast.
64) 「メーノーグ的ヤサー・アフー・ワルョー」mēnōg yaθā ⁺ahū vairyō に石がなぞらえられている. →14頁註33.
65) 「あらわれた」は ⁺paydāgīhist.
66) 「勢威」は ⁺čēr(č'l 改め).
67) 「眼の前で」は ⁱpad ⟨w⟩ēnābdāgīh.
68) 「婦女」は ⁺ǰeh(ky' 改め).
69) 「それをなげいて」は ⁱpad ⁱān ⁺snōhišn.
70) 「地中に葬り去られた」は ⁱandar zamīg nigān ⟨w⟩āzīd ⁱhēnd.
71) 「裂けた」). (46)また(こういうことが)明かされている, 曰く」は ⁺škast ⁺ud (46)paydāg ⁱkū の ⁺ud 「また」を(46)のつぎに移して訳したもの.

72) 「あらわれること」は paydāg ˈbūd⟨an⟩.
73) 「オフルマズドのことばから」は ˈaz gōwišnīh ⟨ī⟩ Ohrmazd.
74) 「ザルドゥシュトに」は⟨ˈō⟩ Zarduxšt.
75) 「ザルドゥシュトよ」は Zarduxšt[y].
76) 「人(びと)」は[ˈw]ˈmardōm.
77) 「ハースル」hāsr (Av hāθra-)──AirWb 1802 によると最短1ハースルは 3/4 秒.
78) 「残っている」は[w]ˈabāz.
79) 「同じ刻限経過」は ham-wardišnīh.
80) 「(かしこ)そこでは」は ⁺ˈkū ⁺ˈānōh (ˈkū-t ˈčē 改め).
81) 「人間」は ⁺mardōmān.
82) 「曰く『あそこでは」は ⁺ˈkū ⁺ˈānōh (ˈkū-t ˈčē 改め).
83) 「領導権指導権」は sāstarīh pēšōbāyīh. pēšōbāyīh については→18 頁註 100.
84) 「わたしが……対話している」は ⁺hampursīd ˈham.
85) 「いっそう(畜)群をもつもの」は ⁺ramagōmandtar.
86) 「わたしがもろもろのデーウと対話している」は ˈō [yazdān] ˈdēwān hampursīd ⁺ˈham.
87) 「その(目的の)ために〜デーウは離脱しているのです」(§53 の終わり)は ēdōn ˈpad ˈān Ohrmazd ˈgōwēnd ˈkū parrōn ˈbē nigerēd⟪ˈkū ˈkas ˈaz ˈamāh ˈabāz wardēd⟫) ayāb ˈō ham mōšēd⟪ˈkū ˈsar frōd ˈō kanār ˈdārēd⟫) ayāb ˈbē ⁺mōšēd⟪ˈkū kustag-1 ˈbē nigerēd⟫) ayāb ˈbē ˈxwaš ōftēd[w] ˈandar ˈān ˈaz abāgīh ⁺ˈabāg (ˈbē y 改め) ˈmardōmān ˈdēw ˈbē ˈwēzēnd. 文中, abāgīh のつぎにある ˈbē y のごとくみえるものは abāg の新音 bāg をあらわしたもの. よって ⁺ˈabāg とした.
88) 「なんじザルドゥシュトよ, なんじの欲するように, そのように」は ⁺čiyōn-⁺at ⁺kāmag ˈtō Zarduxšt[w] ⁺ēdōn.
89) 「足」は[ˈšab] ˈpāy.
90) 「あらゆる方角をも」は [ʼ]harwisp-iz nēmag.
91) 「離脱する」は ˈbē ⁺wēzīhēm.
92) 「きずなをといて」は ˈpad frāz ⁺bandišnīh.
93) 「ひそかに離脱する」 ˈpad awēn⟨āb⟩dāgīh ˈbē ⁺ˈwēzēnd.
94) 「黄金の背当てをつけた」zarrēn-pasēn (PW⟨N⟩syn)→註 95.
95) 「女体で黄金の背当て〜共同動作をなんじに要求するだろう」(§55 の終わり)は druz ˈbē dwārēd ˈmādag-kirb zarrēn-pasēn ˈkū pasēn-ōbān ˈdārēd ud hamāxagīh[y] ˈaz ˈtō ⁺zāyēd ⁺ud dwārēd ˈmādag-kirb zarrēn-pasēn hampursagīh ˈaz ˈtō ⁺zāyēd ⁺ud ham-kardārīh ˈaz ˈtō zāyēd. 文中, 2個みえる zarrēn-pasēn「黄金の背当てをつけた」のうち, 最初のほうの pasēn は PWNsynˈ と書かれている. その PWN- は pa< ˈpad という音を借用するもの. のちのほうの pasēn もこれに従って PW⟨N⟩synˈ とすべきもの. →註 102.
96) 「共同動作」は ⟨ham-⟩ kardārīh.

97 「かの女にうしろ向きにかがむように命じよ」は ⁺framāyē ˈōy ⁺ˈō ˈpasīh frōd waštan. →註105.
98) 「ャサー・アフー・ワルョー」は ya.θā ahū ⟨va⟩iryō. →14頁註33.
99) 「益畜ある」は ⁺gōspandōmand.
100) 「坐していた」は ⁺ˈnišast.
101) この部分については→Dk. VII・3・60 とその註89.
102) 「女体で黄金の背当てをつけて」は ⁺ˈmādag-kirb ˈzarrēn-pasēn (PWNsyn). →註95.
103) 「要求した」は za⟨y⟩īd または ⁺zast (zytˈ 改め).
104) 「横姿が美しく」は hu-⁺parrōn.
105) 「うしろ向きにかがみなさい」は ⟨ō⟩ ˈpasīh frōd ward. →註97.
106) 「美しい」は ⟨n⟩ēkōg.
107) 「腹で這う蛇」gaz ⁺udarasag (w'wyl'y 改め) は Molé に従ったもの.
108) 「悪虫と蛙」は pazdūg ⟨ud⟩ wazaγ.
109) 「消え失せて」は ⁺nahīd (nkstˈ 改め).
110) 「消え失せるにあたって」は ˈpad ˈbē ⁺nahišnīh (nsy'nyh 改め).
111) 「わたしが見いだしたここのこのような者に不祥(あれ)」は anāgīh ˈkē ˈēdar ēdōn čiyōn ˈman windīd. →註113.
112) 「もっと貪婪な」は y''w w y''tl を dh'n ⁺wš'tr=dahān-⁺wišāttar と解したもの. dahān-wišād「口をあけている, 貪欲な」の比較級. 最上級に解してもよい.
113) 「加害の目的で悪界に赴くものどものうちで」は ˈkē ˈpad ⁺zanišn ˈō ⁺dušox ˈšawēnd. 註111にあげた句も, ここのの句も先行詞がないのはアヴェスター語句の訳文であることを示唆する.
114) 「もっとも貪婪に」は y''w y''tl とあるのを dahān-⁺⟨wi⟩šāttar と解したもの. →註112.
115) 「あざむこうとしており」は frēbam[w].
116) 「またわたしはそなたをあざむいたでしょう」——原文には ˈu-m ˈtō rāy ˈbē frēft ˈhē (HWH[w]yy) とある. 動詞 frēft ˈhē からみると「またわたしによってそなたはあざむかれたでしょう」が期待されるが, そうすれば対格を示す rāy をかかり合いを示す小辞とみなければならなくなる. あるいは, この句は「わたしはそなたをあざむいたでしょう」と「わたしによってそなたはあざむかれたでしょう」との混淆かもしれない.
117) 「アベスタークから明らかなデーン」は dēn ˈaz abestāg paydāg[y].
118) 「いつわりとみなして受けいれず」は ˈpad ˈdrō ⁺dāšt ⁺ud ˈnē ˈpadīrift.
119) 「一つはこのこと」は ēk ˈēd ī を便宜的に訳したものであるが, 原文はこれにつづけて ˈabāg-iz ˈān ī Zarduxšt ˈaz dēn ˈabar……āgāh ˈbūd「ザルドゥシュトがデーンから……について知っていたにもかかわらず」(→註125)とあり, ……の部分には訳文で(イ)—(ホ)とした部分がはいる. ついで§65にうつり,「なおかつ……最後の質問と対話10年の経過とののちに, オフルマズドの助言と命令によって単身ウィシュタ

ースプの宮廷とあの畏怖させる戦いのワルとに赴き」 ｜pas-iz (→註125)… ｜pas ｜az ｜ān ī abdom frašn ud 10 ｜sāl ī hampursagīh sazišn ｜pad ｜ān ī Ohrmazd andarz ⟨ud⟩ framān ēw-tāg ｜ō ｜dar ī Wištāsp ud war ī ｜ān ⁺sahmagan [w]razm franaftan となり，§66 へとつづき「ウィシュタースプの墓の上にオフルマズドの使徒たるの資格を力強く～デーンに呼びいれること」 ｜abar aspānūr ī Wištāsp ⁺ašt⟨ag⟩īh ī Ohrmazd amāwandīh⟨ā⟩ ud pērōzgarīhā ｜abar ｜xwēš guftan Wištāsp ｜ō dēn ī Ohrmazd ｜xwand⟨an⟩ となる．そうすると，ēk ｜ēd ī ｜abāg-iz… ｜pas-iz…franaftan…guftan… ｜xwand⟨an⟩ 「一つは……にもかかわらず，なおかつ……赴き……宣言し……呼びいれること」という文脈になる．ēk ｜ēd ī の ｜ēd ī は一種の定冠詞的機能をもつもので，この点，しばしば出る ēk ｜ēd ī paydāg ｜kū 「一つはこう明かされていること．曰く」がじっさいは 'One (is) what has been evident:' であるのと同様である．文中，最後の質問と対話 10 年うんぬんとは 10 年間に 7 回対話をもったことを言っているもの．→§§1-2.「ワル」war とは水火刀その他を用いて，かけられた嫌疑の有無を明らかにする審判法で，試罪法，判別法．→83 頁註 9．ウィシュタースプの墓の上にうんぬんとは後代の風をこの王の時代に溯って適用したものだが，王墓は王の存命中につくっておくならわしもあった．

120)「満死のカルブ」は purr-marg karb[ān].
121)「多くのカヤクやカルブ」は ｜was kay⟨ak⟩ ⁺ud ⁺karb. kay⟨ak⟩ としたことについては→§67.
122)「邪教の悪事」 ｜wattarīh ⟨ī⟩ waštag-dēnīh.
123)「かれについて」は ｜abar-⁺iš(y' 改め).
124)「会うこと」は ｜rasīd⟨an⟩.
125)「なおかつ」 ｜pas-iz は §64 の「にもかかわらず」 ｜abāg-iz と関係する．→註 119.
126)「ウィシュタースプの墓の上に」うんぬんについては→註 119.
127)「使徒たるの資格」 ⁺ašt⟨ag⟩īh→註 119.
128)「力強くかつ意気揚々と」は amāwandīh⟨ā⟩ ud pērōzgarīhā. →註 119.
129)「呼びいれること」は ｜xwand⟨an⟩. →註 119.
130)「ウィシュタースプ」から §67 の「ザルドゥシュトのことばに(こう)言っているがごとくである，曰く」までは §64 の冒頭から述べてきたことを，具体的に改めて詳述したものとみるべきである．原文では ud ｜abāg⟨-iz⟩ ｜ān ī Wištāsp ｜wuzurg xrad bowandag-menišnīh ud mēnōg wirrōyišnīh ī ｜xwēš rāy Zarduxšt ｜saxwan ｜ašnūd⟨an⟩ ｜pad waxšwarīh handāxtan rāy ｜xwāst ｜hē (67) ud ｜pas-iz pēš ｜kū-š ｜saxwan ī Zarduxšt ｜ašnūd čiyōn-⁺iš Zarduxšt ⁺šnāyīd ｜hē ｜az ⁺sazēnīdan ī Zahag ī purr-marg ud abārīg ｜awēšān kayakān karbān spazgišnīhā waštag-kārīhā Wištāsp ｜abar Zarduxšt ｜bē ⁺enyā Zarduxšt ｜ō ｜ān band ⟨ud⟩ pādifrāh abespārd ī čiyōn ｜pad gōwišn ī Zarduxšt ｜gōwēd ｜kū とある．§67 冒頭の ｜pas-iz に見合うものとして著者はここに引用した部分の冒頭に ｜abāg⟨-iz⟩ をおいた． ｜abāg-iz A ｜pas-iz B は「A であるにかかわらず，なおかつ B」である．この ｜abāg⟨-iz⟩ と ｜pas-iz の前にそれぞれ ud のあるのはおそらくただしいであろうし，相関を示しているとみたい．したがって，ud を二つ

とも削除するならともかく，あとのほうの ud のみを削除するのはとらない．引用したこの句の前半は「ウィシュタースプは自身に偉大な知慧，完璧な心ならびにメーノーグ者(神)への信仰をそなえておられるから，どうかザルドゥシュトを認めてやってくださいと訴願されたのに」というほどの意味.
  131) 「にかかわらず，(67)なおかつ」は ud ᶦabāg⟨-iz⟩…(67)ud ᶦpas-iz. →註 130.
  132) 「なおかつ」ud ᶦpas-iz. →註 130, 131.
  133) 「満足させただろう」はテキストの ⁺šnāxt ᶦhē(HWH[w]yy)「理解しただろう」をよみかえたものだが，テキストのままでも通じる.
  134) 「ウィシュタースプをザルドゥシュトに従わせるどころか，ザルドゥシュトをかの縄目と罰に付した」は ᶦaz ⁺sazēnīdan…Wištāsp ᶦabar Zarduxšt ᶦbē ⁺enyā Zarduxšt ᶦō ᶦān band ⟨ud⟩ pādifrāh abespārd. →註 130.
  135) 「奪った」は ōgārd[an].
  136) 「視覚」は ⟨w⟩ēnišn.
  137) 「胸」は ⁺sēnag(ksnwkᶦ 改め).
  138) 「人を畏怖させる戦い」は ᶦkas ⁺sahmagan ⁺razm. →註 119.
  139) 「飢と渇」は suy ⁺ud ⁺tišn.
  140) 「あらわれた」は ⁺paydāgīhist.
  141) 「それはかれらが～見いだしたとき(のこと)である」(§69 の終わり)は ᶦka-⁺šān ⁺windād purr-ᶦxwarrah tan ᶦandar škaftīh ⁺ud ⁺bandīh ⁺ud ⁺ᶦdid ᶦōy ⁺pahištagīh dagr axwardārīh zīndag.
  142) 「偉大な座所」は ᶦwuzurg nišast. nišast「座所」の的確な概念規定は著者には不明．王の座所にザルドゥシュトが姿をみせること.
  143) 「世上の集会」は hanǰaman ī gēhān.
  144) 「正語」は rāst ᶦsaxwan「ただしいことば」であるがアフナワルのこと．→14頁註 33.
  145) 「鹿毛馬」は asp ī šēd「褐色の馬」．Pagliaro は aspē šīd⟨an⟩「馬の嘶くこと」．Molé の註をみよ．この馬にかんする奇蹟は WD 18 に詳しい.
  146) 「天眼」は mēnōg wēnišnīh.
  147) 「あらわにすること」は āškār⟨ag⟩ēnīdan.
  148) 「デーンの語」dēn gōwišn はアフナワル．→註 144.
  149) 「その中には」は ᶦkē-⁺š ᶦandar.
  150) 「バビロニア人」は Bābilāyī⟨g⟩ān.
  151) 「名」は ⁺ᶦnām(⁺ŠM).
  152) 「十二星派」は 12-star gōwišn.
  153) 「またそれの正しさが知るべきものであることを論証すること」は ᶦu-š rāstīh dānišnīg paydāgēnīdan「またそれの正しいものと知るべき旨論証すること」.
  154) 「恩寵火」ātaxš ī abzōnīg はむしろ「アブゾーニグ火」ātaxš ī Abzōnīg. abzōnīg は Av spəništa-「もっとも利益する」の訳語．Molé p. 186 の註をもみよ.
  155) 「ウィシュタースプのもとに」は [w]ᶦō Wištāsp.

156)「ウィシュタースプと邦民に」は ˈō Wištāsp ⟨ud⟩ kišwarīgān.

157)「このデーンを奉戴するために〜返答してくれるために」(§75 の終わり)は abarestišnīh ī ˈēn dēn rāy ⟪ˈkū ˈtā ⁺pad ˈēn dēn ˈbē ˈēstād⟫ ⁺ud ⁺passox ⁺gōwišnīh ī Spitāmān ī ahlaw Zarduxšt rāy ˈī-⁺šān[y] ˈān ⁺gōwišn padīriftan.

158)「かれらの車」は ˈawēšān[īh] ⁺rah.

159)「高いところにある邸にいた」は ˈandar ˈān buland ⁺mānišn ⁺mān.

160)「かれらの偉大な勝力と勝利とのゆえに」は ˈaz ˈān ī meh amāwandīh ud pērōzgarīh ⟨ī⟩ ˈawēšān.

161)「その全身がふるえた．それは高い方処から，車の馬を駆りながら，滑降し」は larzīd ˈōy harwisp [p]⁺tan ⁺grāyīd ˈōy ˈaz abardar nēmag čiyōn asp ī rah wāzēnīdār.「車の馬を駆りながら」の原文は「車の馬を走らせる者として」．

162)「覇王の使い・アルジャースプの使者」は aštag ī abargār paygāmbar ⟨ī⟩ Arǰāsp.

163)「アルジャースプの2代官」は 2 ⁺hāwand Arǰāsp. 直訳すれば 'Two Arǰāsplikes'.

164)「邸」は mān[-at].

165)「一切を征服するもの」は harwisp-tar⟨w⟩ēnīdār.

166)「(財を)求める盗賊」は duz ī xw⟨ā⟩stār.

167)「そなたの邸に越して来たわれら3人」は 3… ˈkē-⁺t ⁺ō mān tarist mad ˈhēm.

168)「見る目」は wēnāgīh で，天眼・霊眼のこと．

169)「即ち，そなたに知識が具わる」は ˈkū-t dānāgīh ˈbawēd.

170)「何となれば，かれ」は ˈčē-⁺š.

171)「またかれら」は ˈu-⁺š⟨ān⟩.

172)「アフリシュワング」⁺Ahrišwang は Av Aši Vaŋuhī「よきアシ」．財福授与の女神．→157 頁註 42.

173)「不死にして不老」は amarg ˈast[ww] azarmān.

174)「もろもろの有象者にも」は ⁺ˈkē⟨-iz⟩ astōmandān.

175)「ピシショータンという息子」は ˈpus…⟨ī⟩ ⁺Pišišōtan ˈast ⁺ˈnām. Pišišōtan (Av Piši.šyaoθna-) のさらに新しい形は Pašōtan. →157 頁註 43.

176)「礼讃されない」は ⁺ˈnē ⁺stāyēd.

177)「そのさいは」以下については→§28 および註 49.

178)「ザルマーンの心をもつ(もろもろの)禿鷹」は kargās ī Zarmān-menišn. ザルマーンは「老齢」を擬人化した悪魔．→PR 47・25. Molé は Vayu 神の修飾詞 zaranyō.-minu-「黄金の首飾りをつけた」を引き当てるが著者はとらない．

179)「かれらはそなたの骨を食い，ついにそなたの血は地にとどくも水はそなたの身体にはとどかないだろう」は ˈawēšān ˈēd ī ˈtō frāz ˈxwarēnd ⁺ast ⁺ˈtā ˈtō[w]xōn ˈō zamīg ˈbē ˈrasēd ud ⁺āb ⁺ō tan ⟨ī⟩ ˈtō ˈnē ˈrasēd.

180)「にもかかわらず，なおかつ」ˈabāg⟨-iz⟩…ˈpas-iz については→註 131.

181)「なおかつ〜かれ(ウィシュタースプ)が思案したので」(§83 の終わり)は ˈpas-iz

padisāy handēsišn ˈī-š ˈaz driyōhišn ˈpad xōn rēzišn ī ˈaz ⁺Arǰāsp ī Xiyōn《fsīrišn ˈī-š》 ˈtar amayān ˈaz dēn padīriftkārīh. 文中, driyōhišn(yl'w'šnˈ)「惨状」は driyōš「貧しい」と関連させ, fsīrišn(psylšnˈ)「攻撃」はOI śr̥-「砕く, 破る」と関係させたが不確実. amayān ('m''nˈ)「軋轢」は mayān「間, 中央」に否定辞 a- を接頭したものとみたが疑問の余地がある.

182)「ウィシュタースプに示すために」は ⁺⟨ni⟩mūdan ⁺ī ˈō Wištāsp…rāy.
183)「派遣した」は ˈfrēstīd[y].
184)「かの心眼を明るくする食物を……食べさせるために」は ˈō…xwārēnīdan ī…ˈān gyān ˈčašm…rōšngar xwarišn. じっさいには下記のような飲み物であるから訳文の一部を「飲み物を……飲ませるため」としてもよい. 食も飲も同じ語であらわされもするからである. PR 47・27では「マングと酒」, WD 19では「酒」となっている.
185)「そのためにかれウィシュタースプが偉大な光輪と秘密を見た」は ˈkē rāy-⁺iš ˈdīd Wištāsp ˈwuzurg ˈxwarrah ud rāz.
186)「集会的な」→註11.
187)「つくられた, もろもろのよい器」は hutaštagān ⁺ī kard.
188)「帝王」は xwadāyīh「王権, 王位」.
189)「そのかれ(ネーローサング)の」は ˈī-⁺š ⁺ī ˈōy. たんに ˈī-š のみなら直前の Wištāsp にかかるとみられるから, 誤解を避けるために ī ˈōy「かれ, あれ, の」を補って, かなりはなれて位置しているネーローサングをさしていることを明らかにしている.
190) ここからはじまるウィシュタースプのことばは註191にあげる原文のうち, ˈbawēd Hutōs ⁺ˈkū 以下であるが, その ⁺ˈkū は原文に ˈkē とあるのをよみかえたもので, この ⁺ˈkū 以下の名詞文が ˈbawēd「起これよ, (こういうように)あってほしい」の主語となるもの. また ˈrasēd に先行する ˈē は原文の ḤNˀ = ˈēd の新音 ē を借音したもので nigēzēd の前の ē ('y) と同じ機能をもつもの.
191)「ホームとマングを, われらのために〜オフルマズドとザルドゥシュトのデーンを啓示するように」(§86の終わり)は ˈabar hōm ud mang ˈamāh rāy ˈbarēh ˈō Wištāsp ˈu-š ˈpad ˈān ˈabar frāz xwārēn dahibed Wištāsp ˈī-⁺š ⁺ī ˈōy gōwišn padīriftag (86) Ašawahišt pādixšāy aziš ˈstad tašt ī nēk ˈu-š ˈpad ˈān frāz xwārēnīd [ud dahibed ˈī-⁺š ī ˈōy gōwišn padīrift Ašawahišt pādixšāy aziš ˈstad ⁺tašt ⁺ī aziš ˈpad ˈān ˈabar frāz xwārēnīd] dahibed burzāwand Kay-Wištāsp ud ˈnibast[sˀ] dahibed burzāwand Kay-Wištāsp ˈka⟨-š⟩ ˈaz[w] star⟨dīh⟩ frāz ˈbūd ˈu-⁺š ˈō Hutōs[y] guft ˈkū ˈbawēd Hutōs ⁺ˈkū Spitāmān Zarduxšt tēz ⁺ō ⁺ˈman ˈbē ˈē ˈrasēd ˈpad tuxšāgīh [ī] Spitāmān Zarduxšt tēz [w]⁺ō ⁺ˈman ē nigēzēd ⁺dēn ⁺ī Ohrmazd ud Zarduxšt. 文中, 〔 〕でかこんだ長文は誤って重複したもので訳文からも省いた. →註190.「マング」mang はインド産大麻で麻酔剤. →158頁註47.
192)「きわめて忌わしい声を出して」は ⁺zišttom wāng ⁺xrōst.
193)「かしこ, ヒヨン人アルジャースプの宮廷にいつものように来ていた一団のエーラーン人」は Ērān ⁺ram ⁺ī ˈānōh ˈabar ˈdar ī Xiyōn Arǰāsp madār ˈbūd ˈhēnd.

194)「かれ，敗亡者～に訴えた」は ā-⁺š ⁺hanǰamanēnīd mūdag ⁺Xešm ⁺ī tanāpuhragān 〈ō〉 ˈōy girzīd.

195)「ヒョン人であるそなたたちは，なんとさけない《わるい》ことになったものよ」は čiyōn ˈanāg [ˈu-š ˈbē gi[č]rzīd čiyōn]《anāg》 ˈšmāh ˈbūd ˈkē Xiyōn ˈhēd. 〔　〕内は註194にあげた原文と一部重複したもの．ˈanāg は 'ylw' を HBLNʲ (hablānā) 'fatal, ruinous' なるアラム語とみてその訓音に要請したもので Nyberg に従った．しかし čiyōn ˈanāg～ gi[č]rzīd を〔　〕に入れるか，あるいは ˈu-š～čiyōn anāg を〔　〕に入れることも可能で，そうすれば，いずれの場合でも，「ヒョン人であるそなたたちは，なんとわるいことになったものよ」となる．

196)「勝った．エーラーン人は非エーラーン人《ヒョン人》を恐れている」は pērōzīh Ērān ˈaz ⁺Anērān《Xiyōnān》 tars(ī)d. pērōzīh「勝利」は「勝利あったぞ，勝った」の謂いで用いられているもの．「恐れている」は「恐れた」でもよい．

197)「忌わしい支配権ほしさに」は〈ˈpad〉zišt xwadāyīh．§90では同じ表現に ˈpad が用いられている．

198)「奸物は手を叩き合わせた」は ˈō mar gaw āsuft. ˈō は mar「奸物」を支配する前置詞でなく āsuft (<*ā-sub-. *sub- については OI śubh- 'make fit or ready' 参照) と関連する動詞前接辞 ō-ā-suft となるべきもの．

199)「即ち，かれは」は ˈkū-⁺š.

200)「酒」は 'ml'w とあるものを 'ml'[w] すなわち ḤMRʲ (ḥamrā) とみて ˈmay「酒」と訓じる Nyberg に従った．ちなみに 'š と書いて ˈmay と訓じるものがあるが，この 'š は HS でなく ḥamrā の略記 Ḥ° (Ḥ.) では ˈgandum「麦」の訓読語詞 'g すなわち Ḥ° (Ḥ.) (=ḤNṮH) とまぎらわしいので，もう一つ略符号をつけたものである．したがって 'š は Ḥ°° (Ḥ..) なのである．→421頁．

201)「苦いものをつくりあげた」は ˈān ī taxl ⁺ōbišt. ōbišt は 'wp yštˈ と書かれている．もっとも，š はまぎらわしいので yštˈ は sˈtˈ ともみることができる．'wp はややはなれているが，この yštˈ と合して一語をなすもので著者は ⁺ōbišt とよんだ．ōbišt < ōpišt は *abi-pais-(*pais-=Av paēs-, OP paiθ-, OI piś-「彩色する，形成する」).

202)「胆汁」は ⁺wiš(wy' 改め).

203)「その奸物は右手を脚に叩きつけた．そしてかれは」は ˈōy mar[y] ˈān ī ⁺dašn ⁺gaw ⁺ō ⁺rān ˈabar āsuft ˈu-⁺š．āsuft については→註198.

204)「わがもとに集まれ，ヒョン国よ」は ⁺ō ⁺ˈman ⁺ō ⁺ham ˈrasēd Xiyōn ⁺ˈdeh.

205)「わがもとに集まれ，エーラーン国よ」は ⁺ō ⁺ˈman ˈō ham ˈrasēd Ēr ˈdeh-[ytˈ]．ただし，最後の二語を Ēr-ˈdehēd とよみ，全文を「わがもとに集まれ，なんじらエーラーン国人よ」とすることも可能．→53頁註85.

(デーンカルド第7巻第5章)

D334=M644
(1) ウィシュタースプがデーンを受けいれてから聖フラワフル者ザルドゥシュトが最勝界に移るまでに[1]あらわれた奇蹟について．かれが逝去したとき，誕生から77年[2]，また(オフルマズドとの)対話からは47年，ウィシュタースプがデーンを受けいれてからは35年(であった)．

(2) 一つはこう明かされていること．曰く[3]，ザルドゥシュトがウィシュタースプの邸(住居)内でデーンを誦していたとき(その)目にみえたことだが，もろもろの小畜・もろもろの大畜・もろもろの火・家の(もろもろの)メーノーグ者にも歓喜があらわれたり，(3)また大奇蹟があらわれたりしたこと，デーンが(こう)言っていることのごとくである[4]，曰く

スピターマ家の義者ザルドゥシュトが唱えたそのことばを聞いたとき，すべての小畜と大畜ならびに燃える火[5]——そのときかれらに[6]歓喜がみえ，すべての大切に奉安された，家のメーノーグ者——そのときかれらに[7]力強さがみえた(即ち，家をいまからのちはデーンをもってかれら(メーノーグ者)は力強くし給うのである)．

(4) また一つは，(罪状有無の)判定と法官の職務[8]の中にザルドゥシュトが，判断上確証のないものについて無罪か有罪かを指示する判別法(検別法)[9]——それは33種ありとデーンに言われている——を制定した[10]こと．(5)これは，それからのちも，エーラーンの王朝が終焉を告げるまで，ザルドゥシュトのもろもろの弟子が施行していた．そしてその一種[11]は熔銅を胸に注ぐことで，例えば故アードゥルバーディー・マフラスパンダーンがデーンにもとづく検別法によって「それによって免出した」との証明が世にひろまって[12]，その大奇蹟をもって(世に)明らかとなった[13]ごとくである．ウェフ・デーンには同じ問題

にかんし，こうも言っている，曰く
　それを多くのものが見たら，そのときかれら，もろもろの不義者は判別法のネーラング^(M645)を信じるであろう14)．

(6)　一つは，ザルドゥシュトがウィシュタースプと(その)邦民にデーンが真実を告げるものであること15)を予告したのちにその都度16)あらわれたところのこと，すなわち，ウィシュタースプがデーンを受けいれること^(D333)，ザルドゥシュトが(王の)足下(あしもと)にやってくること，国王なるかれにデーンの啓示を言(上してこう言)うこと，曰く

　御身は迫害され蹂躙されているこの随心《このデーン》を顛倒せぬようになし給え，カイ・ウィシュタースプよ《即ち，受けいれ給え》．御身はもろもろの教養中の教養(である)とあるこの随心《このデーン》を護持し給え，国王よ《即ち，(それの)弘通をなし給え》．御身はこの随心をもち上げ給え，新しい柱が水車をもち上げもち上げているように《柱のように，このデーンのもち上げ者となり給え》17)．

(7)18) また，ザルドゥシュトがデーンに従ってウィシュタースプに教えた，あの激戦によってヒヨン人アルジャースプやその他の非エーラーン人にたいして(博した)ウィシュタースプの勝利(やその他の)多くのことで，デーンから明らかなもの．

(8)　一つは，ザルドゥシュトが倫理と医術と自然科学ならびにその他の種類の技術の中にもろもろの秘儀を完全に開示すること——このことは神智と天眼19)によってできることである——，さらには(魔)セージュの追放と，デーウやパリーグ女の征服と，呪術や妖術の無力化についてのもろもろのネーラングをデーンによって教示すること，(9)また病気を治すことと，もろもろの狼，もろもろの害獣に対抗すること，雨を降らすこと20)，雹とおそろしい蝗の集団21)，その他，もろもろの穀物・もろもろの草木・もろもろの益畜の害敵を逼塞させること，ホルダードとアムルダードにもとづく奇蹟のネーラングの適中すること22)，その他多くのネーラングがエーラーン王朝の終末まで使用されること《一部は，もろもろの火とともにあらわれたもろもろの奇蹟の中の若干と^(M646)

ともに[23]，今も残存している）），(10)[24] また，多くの香水[25]，不思議なもろもろの印，また医者の診察をうけなくてすむ病気の薬，多くのメーノーグ的とスピフル的とワーイ的とザミーグ的と，その他，世を益する秘儀[26]——それはもろもろのヤズドの知慧をそなえることによって，かれ（ザルドゥシュト）に到来しえたもの[27]——を人びとに啓示すること．

(11) 一つはアベスターグそれ自体の奇蹟で，それは，それ（アベスターグ）がどこまでももろもろのヤズドの最勝のことばであり，すべての知識を述べる最上のことばの集録であることに存する[28]．

(12) 一つは，（ウィシュタースプが）デーンを受けいれるお返しとして，もろもろのアマフラスパンドが告げていたところのこのことがウィシュタースプに到来すること——すなわち，幸福な国王（ウィシュタースプ）が，あの不死にして不老，食を必要とせず，巨軀者にして完全な力をそなえ，光輪にみち，勝力者にして勝利者，かつ，もろもろのヤズドと同等なる息子ピシショータン[29]を見ること[30]，ピシショータン[29]のカング城への遷移，そこでの（かれの）支配権——それは創造主オフルマズドがかれに頒ち与えたもの——，それによって[31]大奇蹟が多く（の人びと）にあらわれること．

註

1) 「聖フラワフル者ザルドゥシュトが最勝界に移るまでに」は ᵎtā wihēz ⟨ī⟩ yašt-frawahr Zarduxšt ᵎō ᵎān pahlom axwān．「聖フラワフル者」については→13頁註8．

2) 「誕生から77年」は ᵎaz ᵎzāyišnīh frāz ⁺77 ᵎsāl．77 は 57 と書かれているが誤り．57 の数字は Dk VII・6・12 にみえる．

3) 「一つはこう明かされていること．曰く」は ēk ᵎēd ⟨ī⟩ paydāg ᵎkū．

4) 「また大奇蹟があらわれたりしたこと，デーンが（こう）言っていることのごとくである」は ⁺ᵎkē-iz ᵎbē paydāgīhist ᵎwuzurg abdīh čiyōn ᵎēd ⟨ī⟩ dēn ᵎgōwēd．

5) 「燃える火」は ātaxš ī sō⟨z⟩āg．

6) 「そのときかれらに」は ā-š⟨ā⟩n．

7) 「すべての大切に奉安された，家のメーノーグ者——そのときかれらに」は har-wisp[wy] xūb-winārd mēnōg ⁺ī ⁺mān ⁺ā-šān．「家のメーノーグ者」とは各戸にまつられている神．

8) 「判定と法官の職務」は wizīr ud dādwar⟨īh⟩．

9) 「判別法《検別法》」は war《passāxt》．war も passāxt も同じ意味で用いられる．→76頁註119，99頁註4．

10) 「制定した」は kard[an].
11) 「そしてその一種」は ¹u-š ⁺ēk ēw⟨ēna⟩g.
12) 「『それによって免出した』との証明が世にひろまって」は pad-iš ⁺bōxt ī āgāhīh ¹andar gēhān ⟨wi⟩stardag.「免出した」bōxt とは判別法に服してシロと出た場合のことで、反対にクロと出たときは「罪に坐った、有罪となった」ēraxt といわれる。→75頁註 119.
13) 「その大奇蹟をもって(世に)明らかとなった」は [w]paydāgīhistan ī ¹pad-iz ¹ān ¹wuzurg abdīh「その大奇蹟をもって(世に)知られること」の意訳.
14) 「判別法のネーラングを信じるであろう」——原文は HYMNNyt ¹ān ī nērang ī war とある。著者の訳文なら HYMNNyt は HYMNNd=¹wirrōyēnd とあるべきであり、「もろもろの不義者によって判別法のネーラングが信じられるであろう」なら HYMNNyhyt¹=¹wirrōyīhēd とあるべきであろう。「ネーラング」はここでは魔力ほどの謂い.
15) 「真実を告げるものであること」は ⟨w⟩ābar-gōwišnīh.
16) 「予告したのちにその都度」は ¹pas ¹pas ¹az pēš-kēdīgīh.
17) 「すなわち、ウィシュタースプが〜このデーンのもち上げ者となり給え」(§6 の終わり)は čiyōn padīriftan ī Wištās pdēn ¹ān ī Zarduxšt ¹pad bun rasišn awiš guft⟨an⟩ ⁺¹kē (¹az 改め) dahibed dēn paydāgīh ¹kū ¹tō ¹ēn xēm ¹ēn dēn ¹kē xrōsag ¹ast ⁺xwastag a-nigūn ¹ō ¹kunē Kay-Wištāsp ¹kū ¹bē padīrē ¹tō ¹ēn xēm ¹ēn dēn ¹kē ¹ast ¹kū frahangān frahang ¹bē ¹dārē dahibed ¹kū rawāgīh ¹kunē ¹tō ¹ēn xēm ¹abar ¹dārē čiyōn stūnag nōg asyā⟨b⟩ ¹pad ¹abar ¹dārišnīh ¹abar ¹dārēd čiyōn stūnag ⟨¹abar⟩ dāštār ī ¹ēn dēn ¹hē. 文中、a-nigūn は「さかさま(nigūn)にならぬ」ということ。要するに、正位に復せよということ。また、オフルマズドの xēm「随心、心性」とデーンを同一視していることはデーンの本質を究めるのに重要な指標となるもの.
18) §7 は註 17 にあげた文首の「すなわち」にかかるもの.
19) 「倫理、自然科学、技術、神智、天眼」はそれぞれ purr-nēkīh, čihr-šnāsīh, kirrōgīh, yazdīg dānišuīh, mēnōg-wēnišnīh.
20) 「雨を降らすこと」は ¹wišād⟨an⟩ ī wārān. ここは ¹wišād⟨an⟩ ī wārān ⟨-mād⟩「雨の源を開くこと」とするほうがよいかもしれない。→17頁註 74.
21) 「おそろしい蝗の集団」は tan ⟨ī⟩ mayg ⟨ī⟩ [w]sahm.
22) 「ホルダードとアムルダードにもとづく奇蹟のネーラングの適中すること」は abd nērang ī ¹abar-iz Hordād ⟨ud⟩ Amurdād jastan.「奇蹟のネーラング」とするよりも、その意味をもった特別のネーラングとみてアブド・ネーラングとするほうがよいかもしれない。ネーラングは「呪文」の謂い.
23) 「もろもろの火とともにあらわれたもろもろの奇蹟の中の若干とともに」は ¹abāg andak ī ¹az abdīhā ī ¹pad ātaxšān [w] ¹ul paydāgīhist. 一般には [w] ¹ul paydāgīhist を ud ¹ul paydāgīhist「そしてあらわれた」とよみ、§10 をこの語から始まるものとするが、著者は首肯しがたい.
24) §10 をここから始めないのが一般のやり方であるが、それを不可とする著者の

立場については→註23.
25)「香水」は ˈnēw ˈābīhā「よい水，霊験ある水，強い水」.
26)「メーノーグ的と〜世を益する秘儀」は mēnōgīg ud spihrīg ud wāyīg ud zamīgīg ud ˈany-iz gēhān-sūd rāz. 各種の秘密をならべたもので，それぞれ，メーノーグ(神)，スピフル(蓋天)，ワーイ(虚空)，ザミーグ(地界)に関連のある秘密や，その他，世を利する秘密.
27)「それは〜到来しえたもの」は ī ˈpad yazdān-xradīh awiš šāyīd mad⟨an⟩.「もろもろのヤズドの知慧」とは諸神の知慧ということ.
28)「それがどこまでももろもろのヤズドの最勝のことばであり，すべての知識を述べる最上のことばの集録であることに存する」は ī ˈpad hamāg pahlom ēwāzīh ⁺ī ⁺yazdān hamgirdīgīh ī wisp dānāgīh gōwišnān abardom.
29)「ピシショータン」は ⁺Pišišōtan. →78頁註175.
30)「見ること」は ⁺ˈdīdan.
31)「それによって」とは，ピシショータンが，終末の日に建て直しの業に参加すべき「不死者」として，カング城に移ってそこに君臨することによって，ということ.

(デーンカルド第7巻第6章)

(1) ウィシュタースプの存命中に聖フラワフル者ザルドゥシュトが最勝界に移ってのちにあらわれた奇蹟について. [D332:7=M646:15]

(2) 一つは, スリティー・ウィスラバーン[1)]による車の建造についてデーンから(こう)明かされていること. ——(すなわち)これが名高い奇蹟によること, またその車の奇蹟についての風聞がウィシュタースプのもとに来ること, またウィシュタースプがその車をスリトに所望すること[2)], またスリトがウィシュタースプへの返事に[3)](こう言うこと, 曰く)「その車はだれか, (一)義者へのものですが, そのものは, スリトの肉体の存命中にスリトの魂とその(一義)者の肉体の存命中にそのもののそれ(魂)とが地上で眼にありありと相会するところのものです」. (3)[4)]すると, 「その義者にそのスリトがかの車を施与するために, 眼にみえる形でそれ(車)とともに現われよ」と呼び出されていたスリトの魂がそのとおりにせよと言った. [M647] (4)かのときにこの奇蹟があらわれるであろうことについてデーンから知っていた[5)]栄光者カイ・ウィシュタースプは, この奇蹟が世の人びとにいっそうよくわかり, マーズデースン者のデーンが真実であることをよりよく呼びかけるものとなるために[6)], 邦民から見えるようになってほしいとおもった[7)]. (5)すこしもたがわず[8)], 大奇蹟がウィシュタースプと世の人びとにあらわれたこと, デーンが(こう)言っているがごとくである, 曰く

そのとき彼の魂を／[9)]もろもろのアマフラスパンドは送り出した／かがやくガロードマーンから／オフルマズド所造の地界に. ／光明からそれ(ウィシュタースプの魂[10)]))は出てきた. ／そしてかれ(ウィシュタースプ)(の魂)は光明の中を向かって行った, ／恩寵あるラピフウィン[11)]のほうへ. [D331]

／　(6)それ(ウィシュタースプの魂)はもろもろの取得者のなかの第一の取得者／また，それはもろもろの答責者のなかの[12]第一の答責者／その見たことをすべてかれら(人びと)に告げた者／また，その言ったとおりに[13]かれら(人びと)が聴従した者．／ウィシュタースプの魂(と)体を／かれら(人びと)が一様なまなざしで見た《かれらは立ちどまった》とき／かれらは称讚をささげた．／　(7)それとともに時を移さずに起こったことだが，／スリティー・ウィスラバーンの魂[14]が／北の方処から／奔ってやってきた．／それは咎めに咎めらるべき破壞者《即ち，自体黒かったし，またその活動も黒くも黒かった》，／もろもろのデーウのうちでもっとも咎めらるべきもの．／　(8)して，それはこのように命じた，／またそれはこのようにほざいた──(それとは)スリトの魂[15]，曰く／「与えよ，この無馭者の車[16]，／なんじのものたるそれをウィシュタースプに[17]，／(なんじはかれの)よき伴侶・すぐれた朋友[18]として／かつ，ふさわしき天則・すぐれて清浄なる(天則)に従ってだ，／きらびやかな物のためであってはならず《即ち，ゲーティーグ界の利益のためであってはならず》／もろもろの存在のなかで最勝なるものたる／天則への愛情のためにこそ(与えるべき)だ」．／(9)かれスリティー・ウィスラバーンは／このことばを聞いたとき／車の前に立ちどまった．／そしてかれはこう言いに言った，曰く／「天則に従ってあなたにわたしは与えます，／ああ，強きカイ・ウィシュタースプよ，／この無馭者の車を，／もろもろの存在のうちで最勝なるものたる／天則への愛情のみのために．　(10)また，天則に従ってこのように／すなわち最勝の天則に従って(このように)／また，魂のためにこのように／すなわち最勝の魂のために(このように，わたしはいたします)[19]」．かれ(ウィシュタースプ)が与えよ(くれよ)と表明した《即ち，かれが受け入れを表示した》こと／三度におよぶと[20]，／　(11)そのとき，その車は二つの車になった／──一はメーノーグ的なものと一はゲーティーグ的なものとの──．／そして，そのゲーティーグ的なほうに乗って行ったは／栄光者カイ・ウィシュタースプで，／ノーダラーンの村[21]に／歓喜・快心[22]とともに．／

M648

して，メーノーグ的なほうに乗って行ったは／スリティー・ウィスラバーンの魂で／最勝界へ，と．D330

(12) 一つはこう明かされていること．(それは)ザルドゥシュトのデーンを受け入れてから57年[23]，ウィシュタースプの存命中にあらわれる，七洲へのデーンの到来で——このようなことが，デーンを求めるために(他)洲からフラショーシュタリー・フウォーワーン[24]のもとに(人が)来ることによって，証明されたことは，デーンが(こう)言っているがごとくである，曰く

智慧を求めるために[25]フラショーシュタリー・フウォーワーンのもとに馳せ参じたものでその名をスピトーイシュおよびアルズラースプという二人．

(13) そして，ウィシュタースプや邦民の(経験した)，ザルドゥシュトにかんするこれだけの神力と奇蹟[26](のことであるが)——して，これは，ザルドゥシュトが正しい預言者であることについての証人として[27]，もろもろのアマフラスパンドが天から地に(くだり)ウィシュタースプの前に来ることから(証明される)ことであり，また，ピシショータン，スリトの車ならびにその他の問題で上記した(上で見た)[28]ものについて，アベスターグ——これはそのかれら(王と邦民)がオフルマズドの信憑するに足るものであること[29]を説いているものとしてザルドゥシュトから受け入れたもの——から証明されることでもある．M649

(14)[30] そして，もし，かれら洲のもろもろの博士にとってアベスターグからの啓示として証明されている，上記した(上で見た)この神力と光輪の奇蹟とがなかったなら，ウィシュタースプ王と洲のもろもろの博士とは，かれらのこのアベスターグ——そこからこれだけの神力・奇蹟がかれらにあらわれたことが証明されている——を，見なかったであろうし，また，真実なきものとなして見棄て，われらには伝えられなかったであろう[31]．

註

1) 「スリティー・ウィスラバーン」は ⁺Srit ī Wisrabān．
2) 「所望すること」は ˈxwāst⟨an⟩．
3) 「ウィシュタースプへの返事に」は ˈpad passox ī ⟨ō⟩ Wištāsp．
4) §3 は ud ruwān ī Srit ⟨ī⟩ ˈpad rādēnīdan ī ˈān Srit ˈān rah ˈō ˈōy ˈmard ī ahlaw[īh] čašmdīd padiš paydāg ˈbawēd ˈxwand ˈēstād [w] ˈany ēwēnag ˈnē kardan

(デーンカルド第7巻第6章)

guft. 文中, ˈany ēwēnag ˈnē kardan「別様に行動せぬように」が「そのとおりにせよ」の原文.
5) 「知っていた」は āgāh ˈbūd[an].
6) 「マーズデースン者のデーンが〜呼びかけるものとなるために」は wābarīh⟨ī⟩ dēn mãzdēsn ˈxwānāgtur ˈbūd⟨an⟩ rāy.
7) 「見えるようになってほしいと思った」は dīdārīg ˈbūd⟨an⟩ ˈxwāst.
8) 「すこしもたがわず」は 'mbtstˈ を ham-badist とよんで Av bāiδištəm 'am sichersten' にむすびつけたもの.
9) 以下, ／で句切ったのは Molé を参照したもの.
10) 「ウィシュタースプの魂」は原文では「出てきた」のつぎに位置している.
11) 「ラピフウィン」Rapihwin はラピフウィン刻を宰領する神の名であるが「南」をも意味する. ここは「南」.
12) 「もろもろの答責者のなかの」は +ˈaz pursišnīgān.
13) 「その言ったとおりに」は ēdōn ˈkē guft「言ったところの(かれの)ように」であるが, 事実上は ēdōn ˈkū guft=ēdōn čiyōn guft の謂いであるから, このように訳した.
14) 「スリティー・ウィスラバーンの魂」は [w]ruwān ī Srit ī ⟨W⟩israbān.
15) 「スリトの魂」は ruwān ī Srit[y].
16) 「この無馭者の車」は ˈēd rah ī⟨ˈbē-⟩wāzēnīdār. ˈbē を補うのは§9 に見いだされるからで, ˈbē- は abē- の謂い.
17) 「なんじのものたるそれをウィシュタースプに」は ˈī-t⟨ō⟩ Wištāsp.
18) 「すぐれた朋友」は ˈabar-[w]wālanīh.
19) 「また, 天則に従ってこのように／すなわち最勝の天則に従って(このように)／また, 魂のためにこのように／すなわち最勝の魂のために(このように, わたしはいたします)」は ud ēdōn ˈpad ahlāyīh čiyōn ˈpad ahlāyīh pahlom ud ēdōn ˈpad ruwān čiyōn ˈō ruwān pahlom であるが ˈpad ruwān はむしろ ˈō ruwān とあるべきであろう.
20) 「かれが与えよと表明した……こと／三度におよぶと」は +ˈka-š dahišn windēnīd… ˈtā ˈō 3 bār「かれが与えよと三度までも表明したとき」.
21) 「ノーダラーンの村」wis ī Nōdarān は「ノーダラーン村」とするほうがよいかもしれない. →36頁註90.
22) 「快心」は humenišnīh.
23) 「57年」の数字については→83頁註2.
24) 「フラショーシュタリー・フウォーワーン」Frašōštar ī Hw⟨ō⟩wān とはフウォーウ (Hwōw, Av Hvō.gva-)家のフラショーシュタル(Av Frašaoštra-)ということ.
25) 「智慧を求めるために」は ˈpad xrad xwāhišnīh[y].
26) 「ウィシュタースプや邦民の(経験した), ザルドゥシュトにかんするこれだけの神力と奇蹟」は ˈēd and warz ud abdīh ⟨ī⟩ Wištāsp ⟨ud⟩ kišwarīgān ˈabar Zarduxšt.
27) 「ザルドゥシュトが〜証人として」は ˈpad gugāyīh ī ˈabar rāst waxšwarīh ⟨ī⟩ Zarduxšt.

28)「上記した((上で見た))」は azabar-nibišt ⟨ˈabar-⟩ˈdīd. §14 によって ˈabar を補った. 一註 30.

29)「信憑するに足るものであること」は ⟨w⟩ābarīgānīh.

30) §14 は ud ˈagar ˈēd warz ud ˈxwarrah abdīh ī azabar-nibišt ˈabar-ˈdīd ī ˈawēšān kišwar frazānagān ī ˈpad paydāgīh ī ˈaz abestāg paydāg ˈnē ˈbūd Wištāsp ˈšāh ⟨ud⟩ ˈawēšān kišwar frazānagān ˈnē ˈdīd ˈhāi ˈī-šān ˈēn abestāg ˈkē paydāg ˈbūd ī ˈēd and warz ud abdīh ˈō ˈawēšān aziš paydāg ud abē-⟨w⟩ābar ⁺dāšt ⁺ud (またはこの2語の代わりに ⁺dāštag) ˈhišt ˈō ˈamāh ˈnē paywast ˈhāi.

31)「また, 真実なきものとなして見棄て, われらには伝えられなかったであろう」は「アベスターグが真実なきものとされて見棄てられ, われらに伝えられなかったであろう」ということ.

(デーンカルド第7巻第7章)

D330:17=M649:12
(1) ウィシュタースプののちエーラーン王朝の終末¹⁾までにあらわれた奇蹟について.

(2) さて，ウィシュタースプののちエーラーン王朝の終末までにあらわれた奇蹟²⁾(であるが，ただし），判別法と検別法，およびその他アベスターグのネーラングの信憑するに足ること，また，もろもろのワフラーム火の上にある偉大な力，その他，デーンにもとづく多くの神力行³⁾にしてザルドゥシュトのもろもろの弟子とともに常在していたもの，は除く⁴⁾. (3)アレクサンダルによる破壊ののち，もろもろの帝王が数多く興起して，そのかれらが(聖典を)そののちに散乱状態から合一状態に戻し，（そして）一部⁵⁾をサトラプらの宝庫⁶⁾に保管するように命じること． (4)のちにその都度，もろもろの時代・もろもろの時世にデーンと世界を整復する人びとの中に加わったところのもろもろの帝王・もろもろのダストワルの名にかんすること⁷⁾や，時世時世にデーン，王朝ならびに世界に破壊を加えるために出現し襲ってきた⁸⁾(もろもろの)暴君・(もろもろの)破義者(の名にかんすること)の信憑すべきものであること⁹⁾, (5)例えば，もろもろの帝王のうちでは，「もろもろのマーズデースン者のうちにて集会をもっともよく召集する，正しきものワフマン」とアベスターグの中でこうも言及されている¹⁰⁾ワフマン・スパンドヤーダーン¹¹⁾のごとく， (6)また，もろもろのダストワルのうちでは，「スィェーナンが生まれるときデーンは百歳になり，また，かれの逝世せんとき(デーンは)二百歳．そのかれはまた最初のマーズデースン者的百弟子者となった《かれは百人の弟子をつれて来往するだろう》，この地上にて¹²⁾」とこうも言及されているスィェーナンのごとく， (7)もろもろの破壊者のうちでは，「これは冬を持ち込むもの¹³⁾. かれをケシュ

ムはアーズのもろもろの庶類の上に(君臨させて)ひそかに[14]奸物とするだろう，これすなわち悪光輪者アレクサンダル」とこうもデーンの中で言及されているアレクサンダルのごとく，(8)また，もろもろのダストワルのうちでは，その名の意味は「清浄なことばをもつもの」であるアルズワーグ，また，その名の意味は「歌を助けるもの」であるスロード・スパーダーグ，その名の意味は「海の宰領者」であるズラヤンホー，ならびに，その名の意味は「恩寵ある知慧の持ち主」であるスプントー・クラトウォーのごとくで[15]，(9)(それは)かれらについてこうも言っているがごとくである，曰く

かの現われ《徴(しるし)のみえること》を，なんじにわたしは説こう．なんじの，マーズデースン者らのデーンが400歳となるとき，日中にそのとき夜の状態が起こり，有象世界は遊星も恒星も数多く現われるのを見るだろう．そして，わたしには百年紀[16]の中ごろにと思われるが，(その時期に)男盛(さか)りで D328 30年在世するものこそ[17]，義者アルズワーグと，かの，ほかの3人．かれらはもろもろの存在のなかで，その時代における第一の義者，かれらは第一の最上のラド《第一のダストワル》[18]．

(10) また，こうも(言っているがごとくである)，曰く

(ザルドゥシュトの千年紀の中の)第五と第六の百年紀にマーズデースン者らのデーンを礼讃するであろうものたち——かれらはだれも，4人の到来 M651 によるのでなければ[19]，(おのが)魂を救うことはないであろう《謂いは，アルズワーグ，スルートー・スパーゾー[20]，ズラヤンホー，スプントー・クラトウォー[21]なるこの4人——そのかれらは4人ともマンスラに従って(人に)思念・言語・行為を要求するもの——の指導[22]に人(びと)は服しているということ》．

(11) また，かの時代の破義者ラシュン・レーシュで，ラシュノーシュ[23]の中でかれら(破義者)について多くのこと[24]を，そして(とくに)こう，言っているがごとくである，曰く

利生的メーノーグ者(オフルマズド)の庶類たるすべてのものが，かれらの迫害によって迫害されるであろう．その人びとの上に希望となるであろう，

アルズワーグと，かの，ほかの3人は．

(12)[25)]また，時世のもろもろの整復者のなかではアルダクシーリー・バーバガーンで，かれについてこうも言っているがごとくである，曰く

だれなのか，かの強い王者[アルダクシール][26)]，／勇健にして聖語の権化[27)]であり／非凡な武器を携える帝王にして／かれの家によきアフリシュワングが／美しい少女の姿をして[28)]／強力にして美しく成長し／胸高に帯をしめ[29)](背すじは)すらりとし／富家の出で高貴なものとして／かがやきながら入ってくるものは．(13)戦いが起こると／おのが腕で／おのれに広き場[30)]を求める，とあるところの(その王者)，／戦いが起こると[31)]／おのが腕で／もろもろの相手に打ち勝つ，とあるところの(その王者は，だれなのか)．

(14)[32)]およびかれ(アルダクシーリー・バーバガーン)に協力したトーサルで，かれら(アルダクシールとトーサル)につき，こうも言っているがごとくである，かさねて，かれザルドゥシュトはかれ(オフルマズド)にたずねた，曰く「もろもろのデーウがそこから道にかなえる物を奪い，そこの指導権を奪取したのみか，さらに不義者や虚偽を教えるものも(そのようなものを奪い去った，そういう)国の第一の癒やし人はだれですか」．(15)かれオフルマズドは仰せられた，曰く「しかけない(即ち，もろもろのよき者を苦しめない)よい命令者(即ち，道にかなった命令を発する)で，高貴の家門に属するところの王侯は国を癒やすべきである[33)]．また，論争に長じ国に名の聞こえた義者たる祭司——かれ(ら)こそ，国の第一の癒やし人である．

(16)また，このことをなんじにわたしは告げよう，曰く『打倒すべきは四足の狼のごとき破義者——そはこの世界を捕囚の運命に陥しいれるもの(即ち，かれの行為によって(世を)捕囚に導くもの)，そは貧しいものまでいためつけ(即ち，かれは無所得(者)の手[34)]から物を奪った)，そしてそのけがらわしい専横[35)]が世を捕囚の状態に導く，とあるもの．(17)その国には道ならぬ不和がおそってくるであろう，(その国)には道ならぬ悲嘆が，(その国)には道ならぬ讒謗が(おそってくるであろう)，しかも，その国か

らはその道ならぬ不和は消滅しないだろう，その道ならぬ悲嘆も(消滅)しないだろう，その道ならぬ讒謗も(消滅)しないだろう——かれ(すなわち)精神界の主であり雄弁家であり正語者であり義者である祭司[36)]トーサル[37)]に受け入れが許与されるまでは．(18)そして，精神界の主であり雄弁家であり正語者であり義者であるトーサル[38)]に(国ぐにが)受け入れを許与するときは，こういうことが起こる，すなわち，それら(もろもろ)の国は求めれば癒やしを得るが，それよりほかにはどんな方法もない，ザルドゥシュトよ[39)]』」．

(19)[40)]また，光輪がその家門にむすびついているフリヤーナ一門[41)]の出にしてデーンの整復者たるアードゥルバーディー・マフラスパンダーンについて，(デーンは)こうも言っている，曰く

トゥーラーンのもろもろの家門やもろもろの縁族から天則が興こるとき，それ(天則)がフリヤーナ家のものどものもとで出現したといわれる《即ち，そこにてそれ(天則)の受け入れが起こる》[D326]とき，かれらは完璧心をもって天則の有象世界を栄えさせる《そしてかれらは窮迫をドルズに与える[42)]》．[M653]

また，同じかれらはワフマンのもとにとどまる，ザルドゥシュトよ．かれらは(このように)言って(もろもろのアマフラスパンドを)よろこばす，(20)「願え，われらに，ザルドゥシュトよ，われらはアマフラスパンドなり[43)]．われらへのものぞ，なんじへの寄進は，われらはアマフラスパンドなり」．

アードゥルバードはフラシャワクシュ家の裔であった．そして，かれについて(デーンは)こうも言っている[44)]，曰く

かの人，アワルスラボー・恩寵の整復者・天則の整復者・集会的な[45)]アードゥルバーディー・マフラスパンダーンの生まれる鋼の時世．

(21) こういうことも(言っている，曰く)

整復者アワルスラボー[46)]——この義者のフラワフルをわたしは崇める．

マーヌシュチフルの裔にしてアードゥルバードの祖なるワキドローダフ[47)](についてこう)言っている，曰く

かれからアワルスラボーが(出ている).

(22)[48]また，こういうこと(も言っている，曰く)，もろもろのデーン侵襲者・もろもろの破義者のうちでは，マズダク者[49]とも呼ばれている破義者(ども)で，かれらについてこう言っているがごとくである，曰く，このわがデーン[50]を熱意をもって見守れよ，多く[51]見守れよ，ザルドゥシュトよ，多くの破義者が天則の実行と祭司職務とに通じているとも言いながら《罪過なし(と言いながら)》しかも(そのことを)行為にあらわす者[52]の少ない時(だから)だ，と．

(23)マーズデースン者らのデーンにこう(言っている)，曰く

デーンを見守れよ，そしてかれらにたいする対策を講じよ．して，かれらというのはその中のだれでも有象世界において(デーンへの)侵襲者であったし，また，ついで，もろもろの存在の中で最勝のものたる天則を受け入れぬものである，

と．さらに，マーズデースン者らのデーンは，このように(も言っている，曰く)

かれらは一族を救うために頒ち，自族のための行動を謳い，そして自族に(のみ)分け前を与える．(24)かれらは飲食をたべもの[53]とみる《即ち，かれらは飲食を飢の対応策と言う[54]》し，また鬼子づくりを言う《即ち，子孫はどんな母とでも(つくれ)と言う》[55]し，また狼性[56]を生み出す《即ち，狼のごとき物をつくり出す》し，またかれらは欲望のおもむくままに処理する[57]．狼の仔が母によるように，(25)かれらもまた子孫をどんな母とでもつくる[58]．かれらは婦女を益畜として買い[59]，その(生む)子(むすこ)をも代価に委ねる，「お前たちをわれらは共有にした．お前たちは権利を失って共有になった」とかれらに言って[60]．かれらは，(判別法が)かれの免出したことについて明白な(証し)を提供しているときでも，判別法を信じない[61]．かれらは児孫について欺罔を犯す《即ち，かれら(児孫)について契約破棄者が出てくる》[62]が，またかれら自身についても(同様である)[63]．

(26) ここに，永霊者フスラウィー・カワーダーンによるデーンの整復について(こう)言っている，曰く

かれらの反抗にたいして，義者・永霊者・不両舌者[64]・知者・ことばに集会を聴従させるもの《即ち，かれが言うところのことを，かれはダストワルとして言う》として創成された人が服従を科す《即ち，もろもろの造罪者を罰する》ときは，(27)[65]じつに，もろもろの毀法者をその人は恥じしめる．かれが近くから投げて投げとばす《即ち，すぐさま沈黙させてしまう》とき，(その)かれに集会はおそれ(をなす)．かれには現下の(もろもろの)義者でさえ恐れをなすこと，主よ，あたかもいま，恐れるもの《それは知慧の顛倒しているもの》が，スピターマーンよ，そなたに恐れをなしているがごとくである．

(28)[66]破義の頭目を征服するにさいしての永霊者(フスラウ1世)について，こうも言っている，曰く

(かれら)すべて(のこと)について，余(オフルマズド)はなんじに言おう，スピターマーン・ザルドゥシュトよ，曰く「もろもろの不義者にももろもろの義者にもめぐみぶかくありまた第一の欺き手でもある現身ミフルたる永霊王なるかれによって，もろもろの庶類——そは(いまや)義者となっている——がもはや結党することがなくなった《即ち，永霊王の処置によってかれ(ら義者)がふたたび行動につく(ということ)》，そういう時がかれら(不義者)にはあるぞ．党を結ぶ活動家どもの正しい懲罰者——それは永霊王(である)」と．

(29) またエーラーン国の主権にたいするもろもろの破壊者がやってくることや，デーンがよきデーンとの名を失うようになることの徴[67]について，こうも言っている，曰く

それから，義者ザルドゥシュトよ，邦国損傷の最初の徴がやってくると，そのとき王侯(ら)は国にたいしさらに報復的かつさらに無慈悲となろう，そしてそれによってかれらは損傷するであろう，家を，またそれによって村を，またそれによって郷を，またそれによって国を，(また)それによって国全体をも(損傷するであろう)．このあらわれはどれも，邦国損傷がやってくること[68]を教えるものであって，明あり知ある人はその心に明白と

なるところに従って，そのとおりに国を見守るべきである．(30)[69] (31)ついで，邦国損傷の第三の徴（しるし）がやってくると，（もろもろの）祭司者は無分別な言詮者になる（即ち，かれらは賢明なことを言わない）．じつは，かれら（人びと）が受け入れないからであって，正しいことを言ってもかれらはそれを信じないのである．これが邦国損傷である．そしてそれによってかれらは損傷するであろう，家を，それによって村を，〈またそれによって郷を，〉[70]またそれによって国を，またそれによって国全体をも（損傷するであろう）．このあらわれはどれも[71]，邦国損傷がやってくること[72]を教えるものであって，明あり知ある人はその心に明白となるところに従って，そのとおりに国を見守るべきである．(32)ついで，邦国損傷の第四の徴がやってくると，火への好遇はなくなり，またもろもろの義者たる人びとへのそれもなく（なる）であろう（即ち，かれらはゾーフル[73]を護持することさえなく，またラドたちの分け前[74]をお取りくださいと，このように言ってラドにささげることをせず，寄進することをしない）．これが邦国損傷である．それによって[75]かれらは損傷するであろう，家を，それによって村を，またそれによって郷を，〈またそれによって国を，〉[76]またそれによって国全体をも（損傷するであろう）．このあらわれはどれも，邦国損傷のやってくること[77]を教えるもので，明あり知ある人はその心に明白となるところに従って，そのとおりに国を見守るべきである．

(33) エーラーン王朝の終焉についてこうも言っている，曰く

かの奸物は，ザルドゥシュトよ，そのとき（合して）強大な王国を成しているかのもろもろの邦を捕囚の運命に逢着させ（即ち，かれはそれらを傷つけて捉え[78]），またついでかれはもろもろの義者を存分に倒すであろう（ついでかれはもろもろの義者を思いのままに倒すであろう）．(34)（しかし）その奸物は，ザルドゥシュトよ，そののちながくは生きのびず[79]して（その）子孫は消滅し（即ち，滅亡し），かれの魂は責苦の悪界たる暗黒界の底におちるであろう．そしてかれらの身にはあらゆるものが，（かれら）自身のゆえに，やって来るであろう（精神界の主であり雄弁者であり正語者であ

り義者たる祭司にその受け入れをかれらが許与しない[80]という(かれら)自身の行為のゆえに，苦しみ[81]が(やって来るであろう)). (35)その奸物は，ザルドゥシュトよ，「われは判定を下すこと((判決をすること))を正しく行うことができる」といって，全有象世界のアクたりラドたる地位[82]をめざしてわるあがきする．(しかし)かれは相対抗するものたち——不義者・義者双方に(公正どころか)不正な(判定)を下すので，そのかれは遠くにある村や家を(も)完膚なきまでに迷わせ，(36)またかれの行き会う地までも(迷わすのである)[83]．ガナーグ・メーノーグはそれらの地をセージュ[84]その他の不祥をもって毀損するであろう．そしてその国には道ならぬ[85]不和がおそってくるであろう，(その国)には道ならぬ悲嘆が，(その国)には道ならぬ讒謗が(おそってくるであろう)．(37)(しかも，)その国からはその道ならぬ不和は消滅しないだろう，その道ならぬ悲嘆も(消滅)しないだろう，その道ならぬ讒謗も(消滅)しないだろう——かれ(即ち)精神界の主であり雄弁者であり正語者であり義者である祭司に受け入れをかれらが許与する前は．そしてかれにかれらが受け入れを許与するときは，こういうことが起こる，すなわち，それら(もろもろ)の国は求めれば癒やしを得るが，それよりほかにはどんな方法もない[86]，ザルドゥシュトよ．

(38) そして(上に)挙げたこ(れら)のことは，ウィシュタースプからのちエーラーン王朝がエーラーン国から終焉を告げるまでに到来するであろうとしてアベスターグから明らかなる多くの，かつおびただしい[87]事柄の中の若干[88]であり((即ち，書かれたこ(れら)のことが来たことは世の人びとの知っているところであり))，(39)このことは証人にもとづいて真実である[89]．そしてもし，カイ・ウィシュタースプののちにエーラーン王朝[90]の終末までに到来するだろうとしてアベスターグから明らかなこ(れら)のことが来なかったであろう[91]ならば，現在おこっているこのことをかれ(ウィシュタースプ)からのかの年所のあいだに((即ち，)ウィシュタースプから(エーラーン王朝の)崩壊するまでのかれらもろもろの帝王・もろもろのダストワルのもとで)そのとおりに起こるだろうとして明かしているアベスターグの信憑性は失われ，われらには伝えられ

なかったであろう[92]．

註

1) 「エーラーン王朝の終末」は hanǰaftan ⟨ī⟩ Ērān xwadāyīh．
2) 「あらわれた奇蹟」は abdīh ⟨ī⟩ paydāgīhist．
3) 「神力行」warz-gārīh は神力の実行・実践．
4) 「判別法と検別法，およびその他アベスターグのネーラングの信憑するに足ること……は除く」は ǰud ⎟az wābarīgānīh ī war ud ⁺passāxt ⁺ud abārīg abestāgīg nērang．→83頁註9．ネーラングは祈呪・呪文．
5) 「一部」⎟ast ī とは一コピーということでなく，字義どおりのもの(「一部分」)か明確でない．
6) 「サトラプらの宝庫」は ganǰ ī ša⟨sa⟩bān．šasab はサトラプのペルシア語形．
7) 「名にかんすること」とは言い伝えや伝記のこと．
8) 「出現し襲ってきた」は [padīd] paydāg ⁺mad ⁺ud padīd ⎟hēnd．
9) 「信憑すべきものであること」は ⟨w⟩ābarīhistan．
10) 「こうも言及されている」は ⎟ēn-iz ⎟abar [⎟abar] ⎟gōwēd 「こういうことも(かれに)ついて言っている」の意訳．以下同様．
11) 「ワフマン・スパンドヤーダーン(スパンドヤードの子ワフマン)」は Wahman Spandyā[y]dān．スパンドヤード (Av Spəntō.dāta-)はウィシュタースプ王の子．
12) 「スィェーナンが生まれるとき～この地上にて」——原文は 100 sālag ⎟bawēd dēn ⎟ka Syēnan ⎟zāyēd ud 200 sālag ⎟ka ⎟bē widerēd ⎟ān-iz fradom māzdēsn 100 'y' ⎟būd ⎟kē ⎟pad 100 hāwištīh frāz ⎟rawēd ⎟abar ⎟ēn zamīg．ヤシュト 13:97 に Saēnahe Ahūmstūtō ašaonō fravašim yazamaide yō paoiryō satō.aēθryō fraxštata paiti āya zəmā「アフームストゥートの子なる義者サエーナのフラワシをわれらは崇める——かれははじめに100人の弟子をつれてこの地上をこちらにやって来たもの」とあるのを参照すると，yō～zəmā の時制(過去)を未来に変えたものが ⎟ān-iz～zamīg であることが分かる．'y' は一見 ⎟gyān「生命」と同じ字面であるが ⎟gyān ではなく，また ⁺ā-š「そのとき，かれ」によみかえるべきものでもない．'y' は -aēθryō の頭音を写字しようとしたもので，100 'y' ⎟būd で satō.aēθryō fraxštata を訳し，あとで frāz ⎟rawēd で fraxštata の過去形を未来形に改めて，もう一度訳出したものである．⎟būd を ⁺⎟bawēd とすれば問題は一挙に片づくようであるが，著者はとらない．
13) 「これは冬を持ち込むもの」は ⁺ē ⎟ānī hamāyābag (hm'y'p̌k⎟) zamestān．⁺ē は数字「3」のごとく書かれている．hamāyābag<*ham-ā-āp-．ただし，この箇所は全体として不確実．
14) 「アーズのもろもろの庶類の上にひそかに」は ⎟abar ⎟pad ⎟Āz-⁺dāmān ⁺nihānīhā．
15) 「その名の意味は～スプントー・クラトウォーのごとくで」(§8の終わり)は Arzwāg ⎟ī-š wizārišn ⟨ī⟩ ⎟nām [ī] abēzag-gōwišn ud Srōd-[w]⁺spādāg ⎟ī-š wizārišn ī ⎟nām srōd-abzōnīg ZRAYAṄHÅ ⎟ī-š wizārišn ī ⎟nām zrēh-axw[w] ud SPƎNTŌ.-

XRATVÅ ⌐ī-š wizārišn ī ⌐nām abzōnīg-xrad.
16)「百年紀」とは第五または第六・百年紀であろう。
17)「男盛りで 30 年在世するものこそ」は ⌐kē-iz…30 zamestān ī mayān ī ⌐mard ⌐hēnd「男子の(生涯の)なかばの(年齢での)30 年間(生きて)いるものこそ」の簡訳。年齢でいうと 40 歳の年齢で 30 年生きつづけること。40 歳のことは Bd TD₁ 194: 16=TD₂ 226: 7 に, 建て直しのとき, 中齢なら 40 歳につくりかえるとある。また, 30 年の宿命はガヨーマルトやタクモーラブにもみられる。→13 頁註 14.
18)「かの現われ～第一のダストワル」(§9 の終わり)は paydāgīh ⌐tō ⌐ōy āškāragīh daxšag-iz ⌐gōwam ⌐ka ⌐ēd ⟨ī⟩ ⌐tō dēn ī māzdēsnān 400 sālag ⌐bawēd ⌐andar ⌐rōz[w] ⌐ēg ⌐šabīh ⌐bawēd axw ī astōmand ⌐pad mar paydāgīh ⌐wenēnd abāxtar ud star-iz ud ⌐kē-iz ⌐man ⌐ō sad-zam ⌐pad mayān menišnīh 30 zamestān ī mayān ī ⌐mard ⌐hēnd ahlaw Arz-wāg ud ⌐ān 3 ī ⌐did ⌐awēšān ⌐hēnd ⌐az ⌐astān ahlawtom ī ⌐andar ⌐ān zamānag ⌐awēšān ⌐abar-rad-tom dastwartom.
19)「4 人の到来によるのでなければ」は ⌐bē ⌐az[w] ⌐pad ⌐rasišn ī ⁺4.
20)「スルート・スパーゾー」SRŪTŌ.SPĀḎÅ は註 15 所掲の Srōd-spādāg のパーザンド形.
21)「スプントー・クラトウォー」SPƎṈTŌ.XRATVŌ は註 15 所掲のものとは末音が異なるだけ(Ō:Å).
22)「この 4 人……の指導」は dastwarīh ⟨ī⟩ ⌐ēn 4.
23)「ラシュノーシュ」RAŠNŌŠ は Av Rašnu- の単数属格 Rašnaoš「ラシュヌ(神)の」。ラシュヌ神の散逸したアヴェスター書か, 現存のラシュヌ・ヤシュトかは不明.
24)「多くのこと」は [w] ⌐was.
25) 文脈としては, §5 から始まる一連の人名とその所業のなかにはいる。
26)「だれなのか, かの強い王者[アルダクシール]」は kadār ⌐ān ī zōrīg kay-Ardaxšīr であるが, カルスナ Karsna- と財福授与の女神アシ・ワンフウィー Aši- Vaŋuhī-「よきアシ」とにかんする句(ヤシュト 13:106-107)をアルダクシールにむすびつけたもので, アルダクシールは後期の挿入として削除したい。削除せずしては文を成すまい。全体の文意は次節§13 をも含めて, 女神アシが助けをさしのべるために入ってくる家の持ち主はどんな王侯なのかと問うもの。→78 頁註 172.
27)「聖語の権化」は tan-framān[īh]. framān はここでは mānsar(Av mąθra-)「マンスラ」の謂い.
28)「美しい少女の姿をして」は ⌐pad kanīg [w]kirb ī nēk.
29)「帯をしめ」は ⁺ēwyāst.
30)「広き場」は frāxīh で, 勝利のこと.
31)「戦いが起こると」は ⌐pad rasišn ī ardīg [⌐kū].
32) 文脈としては, §12 の冒頭の「また, 時世のもろもろの整復者のなかではアルダクシーリー・バーバガーン」につづいて「およびかれに協力したトーサルで」となる。トーサルは twwsl とあるのを, シャープフル 1 世のカアバイェ・ザルドシュト碑文パルティア語版 24 行の twsrkn=同ペルシア語版 30 行の twslk'n「トーサルの子」に従って

⁺Tōsar とよんだもの. 一般には ⁺Tansar とよまれている.
33)「しかけない～国を癒やすべきである」は sāstār ｜deh ē bēšāzēnēd[n] ī araftag ｜kū ｜wehān ｜nē bēšēd[n] huframān ｜kū framān ī frārōn ｜dahēd ｜kē ｜ast āzād-tōhmag. araftag は raftan「走る, 行く」の過去分詞に否定辞 a- を前接したもので「行かない, つっかけない, しかけない」の謂いとみられる.
34)「無所得(者)の手」は awin⟨d⟩išn dast.
35)「けがらわしい専横」は ｜abar-｜mānišnīg ⟨ī⟩ āhōg.
36)「精神界の主であり雄弁家であり正語者であり義者である祭司」は ⁺āsrōn ⁺ī mēnōg sālār ī purr-guftār rāst-guftār ī ahlaw.
37)「トーサル」⁺Tōsar は後期の挿入. →註 26, 32.
38)「トーサル」⁺Tōsar→註 26, 32.
39)「それよりほかにはどんな方法もない, ザルドゥシュトよ」は ｜nē ⁺｜any ⁺ēwēnag-ē ⟨ī⟩ ｜az ｜ān [ī] Zarduxšt [dēn]. 写本に anēwēnag とあるものを ⁺｜any ⁺ēwēnag によみかえた.
40) §19 は書き出しの表現が §12 や §14 のそれとは異なるが, これらにつづく文で, §5 からはじまる一連の人名とその所業のなかにはいるもの. つまり, 時代時代にあらわれてその時代の紊れをただしデーンを整復した一連の人びとのひとりである.
41)「光輪がその家門にむすびついているフリヤーナ一門」は Fryān-nāf čiyōn-⁺iš [ī] ｜abar paywandišn ī ｜xwarrah ｜ō tōhmag.
42)「トゥーラーンのもろもろの家門～窮迫をドルズに与える」はヤスナ 46:12 によったものとみ, その観点から註とみなすべき部分を《　》でかこんだ. ワルシュトマーンサル・ナスクによったものとすれば, 註とみるべき部分はやや異なってくる. Molé の註参照. ワルシュトマーンサル・ナスクの該当箇所は DkM 858:18-859:3 であるが DkD には欠.
43)「願え～われらはアマフラスパンドなり」は ⁺zayēh Zarduxšt ｜az ｜amāh ｜kē amahraspand ｜hēm ｜amāh ｜ēd ｜ō ｜tō rādīh ｜ast ｜kē amahraspand ｜hēm「ザルドゥシュトよ, アマフラスパンドなるわれらに願え, なんじへの寄進はアマフラスパンドなるわれら(へのもの)である」の訳. この句はヤスナ 46:13a の中世ペルシア語訳に近いが, DkM 859:3-5 はより完全でこの句に近い.
44)「言っている」は ｜gōw⟨ēd⟩.
45)「集会的な」→71 頁註 11.
46)「整復者アワルスラボー」AVARƎΘRABÃ ārāstār—ここの句についてはヤシュト 13:106 に「ラーシュタル・ワグンティ- Rāstarə.vaγntī の子なる義者アワルスラバフ Avarəθrabah のフラワシをわれらは崇める」とあるのを想起したい. アワルスラボーは Av Avarəθrabah- の単数主格形.
47)「ワキドローダフ」Wakidrōdah(wkytlwkdh) は Bd TD₁ 204:3 に VAHIΔRŌS, TD₂ 237:5 に VIHIΔRŌV とあるもの.
48) 文脈としては §22 は §4 につづいて §5 と同列にならぶものであるが, §§22-25 は §26 以下においてデーンの整復者としてのフスラウ 1 世を取り扱うようになるための

序をなすもの.
49)「マズダク者」は Mazdakīg.
50)「このわがデーン」は |ēn ī +|man +dēn.
51)「多く」|was は「よく」の謂いか, やや不明.
52)「行為にあらわす者」は āškār-[w]warzīdār「目にあらわなものにする人」の訳.
53)「たべもの」は +pih (pšw| 改め).
54)「かれらは飲食を飢の対応策と言う」——この考え方は敬虔なザルドゥシュト教徒が食事を神聖な宗教儀礼とみていることとは正反対. ザルドゥシュト教徒の場合はアルダクシールの行伝§102参照→拙著『古代ペルシア』313頁と 314頁の注.
55)「また鬼子づくりを言う《即ち, 子孫はどんな母とでも(つくれ)と言う》」は ud zahagīh |gōwēnd [|gōwēnd] |kū paywand |pad |mādarān |gōwēnd. zahag は「子, 子孫」をあらわすダエーワ語であるから, その抽象形 zahagīh を「鬼子づくり」と訳した. 訳文中, 《 》でかこんだ, 註とみるべき部分の主旨については「母」|mādar が |mādarān と複数形で出ていることに注目したい. 子を儲けるに女をえらばず, 女は共有であるから母となるべき女はだれでもよい, 複数であってもよい. だから, 自分の妻だけでなく,「どんな母とでもよいとかれらは主張する」——こういうのが註の主旨である.
56)「狼性(しょう)」は gurgīh.
57)「かれらは欲望のおもむくままに処理する」|awēšān sāxtan ī |pad kāmag-rawišnīh とは§25で述べているように, 婦女を買い子を売ることをさす.
58)「かれらもまた子孫をどんな母とでもつくる」については→註55.
59)「かれらは婦女を益畜として買い」は |awēšān nārīg ī gōspand xrīnēnd「かれらは(かれらにとって)益畜である婦女を買う」の訳.
60)「その(生む)子(むすこ)をも代価に委ねる, ~とかれらに言って」は |ān-iz ī zahag |pus +ā-š |bē |barēnd |ō bar |kū-šān 〈|kū〉 |šmāh |ō hamīh |dād |hēm |nē |pādixšāy |hēd |bē |pad hamīh |ēstād.「代価に委ねる」とは「売る」こと.
61)「かれらは……判別法を信じない」は |awēšān |nē-iz +|wirrōyēnd war.
62)「児孫について欺罔を犯す《即ち, かれら(児孫)について契約破棄者が出てくる》」とは妻以外の女とのあいだに儲けた子のことを指す. 子の身の上にいつわりを仕出かすということ.
63)「かれら自身についても(同様である)」とは夫以外の男性の子を生み妻以外の女性に子をつくり, 夫婦ともに相手をあざむくこと.
64)「不両舌者」は uzwān-adawīdār「舌であざむかぬ人, 二枚舌でない人」. Molé は uzvān-ayōyītār「舌でもって外れないもの」とするが, 後肢 'ywyt'l が ayōyītār となるためには 'yw〈y〉yt'l または +'ywst'l が要求されよう.
65) §27 は bāstān pafšārēd kastarān |ōy wīr bīm |az |ān hanǰaman |ka |az nazdīk |pad |abganišn |abganēd |kū zūd zūd |nišāst |kunēd |az |ōy sišag |bawēnd dādar |ān-iz ī ahlaw |nūn mardōm čiyōn |nūn |ka |ān ī sišag ī xrad-stard |az |šmāh sišag Spitāmān. 文中, |nišāst |kunēd「かれは沈黙させてしまう」は |nišānēd「かれ

は鎮静させる」とは異なるし，また ˈnišāst を ˈnišast とよむのはとらない.「かれには現下の(もろもろの)義者でさえ恐れをなすこと，主よ」ˈaz ˈōy sišag ˈbawēnd dādār ˈān-iz ī ahlaw ˈnūn mardōm はあとからの挿入としてむしろ削除したい. そうすると文脈は「(その)かれに集会がおそれ(をなすこと)，あたかもいま，恐れるもの～」となる. sišag(syškˈ または ysškˈ. 語末のˈは有無不定)は OI śaṅk-/śyañc-「おそれる」と関係がある. Dk VII・9・7 にも sišag がみえ，同 VII・8・46 には sišag-dēwīh もある. → 120 頁註 96; 127 頁註 18.「そなた」ˈšmāh は敬意の複数表示とみたい.

66) §28 の原文は 430 頁に引用. 430-431 頁に解説あり. ミスラ神と帝王とのむすびつきについては→拙稿「盂蘭盆・修二会(三)」(『アジア文化』第 12 巻第 3 号，1975 年 12 月所収)，122 頁註 6.「結党する」とか「党を結ぶ」とあるのはマズダク者の一味になること.「懲罰者」passox guftār→16 頁註 59.

67).「エーラーン国の主権～失うようになることの徴」は daxšag ⟨ī⟩ ˈrasišn ī wišuftārān ī xwadāyīh ⟨ī⟩ Ērān-šahr ⟨ud⟩ dēn abē-ˈnām ˈbūd⟨an⟩ hudēn.

68)「やってくること」は ˈrasīd⟨an⟩.

69) §29 では「最初の徴」を述べ §31 では「第三の徴」を述べているから，「第二の徴」を述べるべき §30 の脱落していることが分かる. その部位は DkD 324:9 の行首∵ のつぎに当たる.

70) ⟨またそれによって郷を，⟩は当然補われるべきもの.

71)「どれも」は[w]čegām-iz.

72)「やってくること」は ˈrasīd⟨an⟩.

73)「ゾーフル」zōhr とは液状の供物で Av zaoθrā- の転化.

74)「ラドたちの分け前」は bahr ⟨i⟩ radān. →17 頁註 80.

75)「それによって」は ⁺ˈpad-iz (panǰom 改め) ˈān.

76) ⟨またそれによって国を，⟩は当然補われるべきもの.

77)「邦国損傷のやってくること」は ˈrasīd⟨an ī⟩ ⁺rēšīdār-ˈdeh.

78)「即ち，かれはそれらを傷つけて捉え」は ˈkū-šān ōškāftag ˈbē ˈgīrēd. ōškāftag は過去分詞であるが分詞構文をなすものとみた. それを単なる過去分詞「傷つけられた」とみなし，ˈgīrēd を ˈkunēd とよんで「即ち，かれらはそれらを傷つけてしまうだろう」と解することもできるが，そのさいはむしろ ōškāft[ag] ˈkunēd とあるほうがのぞましい.

79)「そののちながくは生きのびず」は ˈnē dagr ˈpas [dagr] zīwēd.

80)「許与しない」は⟨ˈnē⟩ ˈdahēnd.

81)「苦しみ」は[ašad] ašādīh「歓喜のないこと」.

82)「アクたりラドたる地位」axwīh radīh はアフー(Av ahū-)，ラトゥ(Av ratu-)たる地位ということ. →14 頁註 33; 17 頁註 80.

83)「その奸物は～(36)またかれの行き会う地までも(迷わすのである)」は frāz ˈān mar pahikārēd Zarduxšt ˈpad harwisp axw ī [ˈ]astōmand axwīh radīh ˈkū ˈman ˈweh šāyēm [w]frāz ˈdādestān tāšišnīh wizīr kardan wad frāz ˈbē dahišnīh pahikārdārān druwandān-iz ahlawān-iz ˈkē ˈān ī dūr-estišn wis ⟨ud⟩ dūdag[y] bowandag ō wiyābān-iz ˈkunēd (36) ud zamīg-iz ˈkē ˈō tarist ⁺wardēd.

84)　「セージュ」→73頁註61.
85)　「道ならぬ」はyw'lwwˈとあるが'p̄'lwwˈ=abārōnとあるべきもの.
86)　「それよりほかにはどんな方法もない」ˈnē⁺ˈany⁺ēwēnag〈-ē〉ī ˈaz ˈān→註39.
87)　「おびただしい」は⁺frahist.
88)　「若干」は〈ni〉hang-1.
89)　「このことは証人にもとづいて真実である」はˈēn-iz ˈabar gugāy ˈast〈w〉ābar.→121頁註119.
90)　「エーラーン王朝」はĒrān xwadāy〈īh〉[ī].
91)　「来なかったであろう」はˈnē mad⁺ˈbūd ˈhē.
92)　「現在おこっているこのことを～われらには伝えられなかったであろう」(§39の終わり)はwābarīgānīh ī Abestāg ˈkē-iz ˈēn ˈxīr ī ˈnūn ˈbūd ˈpad ˈōh ˈbawēd ī ˈandar ˈān aziš gāh aziš paydāg ˈandar ˈawēšān xwadāyān dastwarān ˈaz Wištāsp frāz wišuftan nahīd ˈō ˈamāh ˈnē paywast ˈhē. 文中, ˈandar ˈān aziš gāh「かれ(ウィシュタースブ)からのかの年所のあいだに」にたいする註とみるべきはˈandar ˈawēšān ～wišuftan「ウィシュタースブから(エーラーン王朝の)崩壊するまでのかれらもろもろの帝王・もろもろのダストワルのもとで」である.「このことを……そのとおりに起こるだろうとして明かしているアベスターグ」はAbestāg ˈkē-iz ˈēn ˈxīr……ˈpad ˈōh ˈbawēd……aziš paydāg「(アベスターグ——)そこからこのことがそのとおりに起こるだろうとして明らかになる,そのアベスターグ」の意訳.

(デーンカルド第7巻第8章)

D322: 13=M657: 19
(1)[1] エーラーン国のエーラーン王朝が終末を告げてからのち，ザルドゥシュトの千年紀の終わりとウシェーダリー・ザルドゥシュターンの到来時とにあらわれると明かされ(ていて，いま)あらわれているところの奇蹟について．

(2) さて，この奇蹟はアベスターグから明らかな(ザルドゥシュトの千年紀の中の)第九および第十・百年紀にかんし，いま眼前にしていることがこういうことを指示しているということの信憑するに足ることを，予告的に啓示するM658
ものである——(こういうこととは，すなわち)エーラーン国からエーラーン王朝が終末を告げること，律法・作法・儀礼の崩壊すること，披髪騎乗のキリスト教徒[2]が支配すること，(3)そして(これらのことが)ともに混合しかつ連なり合うこと《即ち，これら四つのことが，みな信憑するに足るものということ》．これら(のこと)とともに，D321 その時世のもろもろの卑賤者[3]・もろもろの徴賤者・もろもろの遷移者[4]・もろもろの無顕者が高い地位につくことと，それら(もろもろ)の時代には完全で丕顕の人(ひと)が崩壊して卑賤なものになること．(4)また知慧と随心[5]がエーラーンのもろもろの邦から没落していくこと[6]，正教と羞恥と愛情と感謝と平和と施与その他の美徳——これらは知慧と随心に影響しその上に止住するもの——が非エーラーンのものとなること[7]．(5)また破義と虚偽と欺瞞と讒謗と暴虐と詐欺と忘恩と不和と客嗇およびその他の悪徳——これら(悪徳)の羈絆は知慧と随心におよぶもの[8]——が多くなって強盛となること．また，火・水・(もろもろの)ゲーティーグ的アマフラスパンドを護持することを放棄すること．(6)また邪教・偶像崇拝の強大になること．また名門の少なくなること[9]．人びとの肉体の上にアーズがいっそう勢力をふるうこと．異端の充満すること．呪術に多く依存すること《それはもろもろのヤズ

ドのデーンに多く困苦のおよぶこと)[10]．(7)人(びと)が互いに自主権を減ぼし合うこと．非エーラーンのもろもろの悪支配者が互いにはなはだしい暴虐を加えるために，もろもろの在所・もろもろの地方の荒廃すること[11]．また，もろもろの益畜にたいする，はなはだしい傷害と打撃．エーラーンのもろもろの邦からの，精神的歓喜の逃亡[12]．号泣と悲泣と悲嘆，愁訴が国内に居すわること．人(びと)が労働するも所得がなく[13]，力を失い，幸いは敗れて短命であること．(8)また，各種の敵軍が多いこと．もろもろの王侯のあいだに破義者が受け入れられ，心性よきものや賢者が受け入れられぬこと．また窮乏と危難，その他の災禍が矢つぎばやにやってくること．エーラーンのもろもろの邦の(もろもろの)征服者[14]による，もろもろの邦や(もろもろの)在所の中における毀傷と捕囚の運命．(9)もろもろのヤズドのデーンが教訓なきもの[15]とされること．もろもろのフデーン者の[16]無力と痛苦と逆境，もろもろのデーン奉戴者の迫害されかつ蹂躙されること．エーラーンのもろもろの邦の大部分が不義者となり善行毀損者となること[17]．(10)その他，この両百年紀における多くの不祥事にしてアベスターグに記されていて[18]一部はすでに経過し，一部はいまこのように目のあたりにされ[19]，一部は到来するであろうと明かされているもの．

(11) また，その中の若干のものだが，デーンはこうも言っている，曰く兇暴な追求者で破義者たるもの——かれ(ら)《さて，かれらが兇暴であるとはかれらが双方をともによしとは見ない[20]，とこういうこと．また，かれらが追求者だとはこういうことだ，すなわち，かれらができるときはいつでも，不祥事を他の人びとに加える，とこういうこと[21]》が生まれるであろう鉄の混じているかの時世[22]《即ち，どこにも鉄分がみえる》，(12)[23]——そのときは，もろもろの若者は憔悴して老人のようにみえるであろう，けだし，博士を愛しない《即ち，ヘールベデスターンのもろもろのダストワル[24]を愛しない》人(びと)が生まれる悪時のゆえである．(13)また，かれらははげしくないことばづかいである《即ち，ことばをやさしくはなす》が，不義者である．また，かれらは攻撃一途のことばづかいである《即ち，

かれらはもろもろのヘールベド・もろもろのダストワルのことばを役に立たぬようにして破砕する[25]）．かれらはアクの地位[26]・ラドの地位ならびにクワダーイの地位・ダストワルの地位を悪占めにして占め《かれらは道ならぬ方法で独り占めにする》，（14）どこまでも邪悪な[27]ことを言い，そ
M660
して法官をもつ（もろもろの）村──それらをかれらは破壊坑に《悪界に》投じる[28]《すなわち，かれらはそ（の村むら）に不祥事を及ぼし，ついにそれら（村むら）は不義の状態となる》．（こうして，人びとの）記憶にのぼるであろう──かの，生まれが邪悪で悪しき男色をなす破義者，かの満災・満邪の邪悪な狼[29]（たるかれら）は．（15）ここでは友はその友を打って[30]，かれからその働き分を奪取し[31]《即ち，かれらは，できるときはいつも，財を取り上げる》，そして，それでまた（自分を）繁栄させてくれるもの（たち）に（それを）与える．（繁栄させてくれ）ないときは多くの金を要求するし，貧乏人（の場合では）かれの財とは別のものを奪取し《取り上げる》，そして（16）「引き返してください[32]，わたしはお前さんにはやらない」と訴えれば，だますのである．ここでは友はその友に（忠告）せず，兄弟もその兄弟に[33]せず，子もその父にせず，父もその子に[34]忠告しないで（相手
D319
に）われを信じさせるのである[35]．かれらは欲するところ，どこにでも止住する《即ち，かれらが必要とするところは，どこにでも止住し，かれらが必要とする服装は，どんなものでも着て暮らす》．また，かれらは，「わたしは（何でも）知っている」からとて，大利ある教養という信憑するに足るものの道で道を乗り外し[36]て（こう）言う．（17）「この三つはわれらが知っているところのことから出てくる，大利ある教条だ[37]──小物を高い身分に（すること），大物を低い身分に（すること），大物がその小物から教えをうけること《即ち，どんなことにでも，その命令者のあとに従う（ということ）》[38]」．（18）[39]マーニーに似たモウベドがあらわれ，命令者に似た少女があらわれ，また魔女の心性をもつ某々魔女があらわれ，少女の心性がおのずと男性にとりつくようになる．（19）そのときには，随心と知慧はエーラーンのもろもろの邦から没落するであろう《即ち，去りゆくであろう》．

M661

このように(すなわち)エーラーンのもろもろの邦には(魔)ウォーイグン[40]のもとから馳せ集うだろう、ネースト・ティシーフ[41]と、もろもろのデーウが創造し悲嘆にみちた[42]冬(即ち、雨が乏しくなる)と、潜行しあざむく[43]セージュ(即ち、死がふえる)が。このように(すなわち)、ラドなき不義なる呪師[44]と、義者ならぬ破義者が味方として馳せ集うであろう。

(20)友人のようにかれらはほざくであろう「食い給え、そして打ち給え、国王よ、あなたは食い給うべく、またあなたは打ち給うべきだからです。火を打ち給え。スローシュ・ワルズ祭官にしてそれ(火)を庇護するやから[45]を食いつくし給え」と。そして、かれらは義しい教えに従う貧者を引きずって引きずりおろし[46] (21)(即ち、かれ(貧者)を傷つけて捉える)、またかれを打ってかれの財を無法に占取する(すなわち、かれらが財を占取するときは、かれらは無法に占取するだろう)。(22)また、その時世では、なんじのために余(オフルマズド)の好まぬ(事態)は、清浄な義者スピターマーンよ、言霊が来なくて(言霊のもたらす)信仰の失せること(即ち、愛情ある持来将来は要なし(とすること))だ[47]。行為において破義なるかれらは、なんじのことば(アベスターグとザンド[48])を破壊するであろう(即ち、無力にするであろう)。行為において破義なるかれらは、かれら自身の魂を傷つけるであろう、かれらの成した財への愛着のゆえに。

D318

(23) また(ザルドゥシュトの千年紀の中の)第九および第十・百年紀について(デーンは)こうも言っている、曰く

その時世が動き、このこと、すなわち、スピターマーン・ザルドゥシュトよ、多く(の人びと)が破義者がラドたる地位(即ち、ダストワルたるの地位)にあることを義しいことだと言い、そして(それを)不義なることだ(とするもの)は少なく、またかれらが水をいためつけ、また草木を枯らし[49]、また天則からあらわれるところのすべての栄えを破滅させる[50]ときが到来するということだ[51]。(24)かさねて、かれ(オフルマズド)にかれザルドゥシュトは問うた、曰く「何をかれら(そのときの人びと)は、オフルマズドよ、かのような(ものども)に寄進するのですか——そのものどもが水を

M662

いためつけ，また草木を枯らし，また天則からあらわれるところのすべての栄えを破滅させる[52]とき，にです」． (25)[53]すると，かれオフルマズドは仰せられた，曰く「かれら(世人)は，このようなものどもに寄進するのだ，ザルドゥシュトよ．かれら(世人)が，かのものすなわち自身の魂の(ために弁護する)よりも，(おのが)伴どもや身内のものどものために，より大きく弁(護)する《即ち，自身の(魂の)ためよりも，かれら(世人)自身の利益のために，より多く弁(護)する》ときは， (26)[53]かのものどもに[54]，(すなわち)もろもろのカヤク・もろもろのカルブに，家畜の人《即ち牧人》に，また駿馬の人《戦士》にのみ，かれら(世人)は寄進するであろう．それはあたかも，われら[55]に権威を与えんがために，ここでわれら[55]のために(世人が)肉をもって最上の分け前をつくってくれるがごとくである《(それは今日)ここで肉をもってわれらが寄進をするとき，われらが(肉を)もっとも大切なものとしているがごとくである[56]》． (27)[53][57]……不義者でもここでは，ザルドゥシュトよ，中枢の地位に立つ――ふさわしくないものどもが高い支配権をにぎることによってだ《即ち，例えば，義者たる貧者[58]を，義者たる有資格者[59]――かれの天則者たることを明らかにするものは，かれが責務と功徳行[60]におもむくことである――の上にあると判断するがごとくに乱暴な判断を，われらがきわめて受容すべきことばなりとする(がごときことによって，だ)》」． (28)かさねて，かれ(ザルドゥシュト)はかれ(オフルマズド)に問うた，曰く「こういうことがありますか――ここにこの時世(ザルドゥシュトの千年紀の中の第九および第十・百年紀)にマーズデースン者らのデーンがゲーティーグ界にあらわれること最勝であるということ《即ち，マーズデースン者らのデーンがだれかのもとに(もっともよく)とどまるということ》が」． (29)すると，かれオフルマズドは仰せられた，曰く「こういうことはあるのだ――かの人びとのあいだには(だれかの)上に，だ，ザルドゥシュトよ．というのは，ここには弁舌ある祭司(たち)がいるからだ．もっとも，その人びとも有象世界のなかにあって迫害され蹂躙されて[61]いるのだ．かれらに危害を及ぼすものや毀損を及

ぼすもの，災禍を及ぼすものを[62]，(人びとは)不義で暴君たる人間と言うであろう．その人びとは，ザルドゥシュトよ，なんじよりもというのではないが，(だれよりも)より大きく，より強く，より堅固に天則を天則たらしめるものだ[63]．　(30)[64]ドルズよ，なんじと対話するものどもは盲いたるものであり，明なきものである，悪命令者よ．また，かれらと対話するものども，ドルズよ，(自分では)目があり明があるものと思っている．しかし，近くでかれらに敵対している(もろもろの)破義者がかれらにはわかっていない《(敵対しているとは)即ち，かれら(破義者)が『お前さんの言っていることが，お前さんの言っているとおりでないことは，われわれにはわかっているのだ』と(反駁して)こう言うこと》．(お前さんといわれている)ものたちは(こう)言っているのだ，曰く『わしにはお前(破義者)(に所属)の人(として)の用はない[65]《即ち，わしはする必要がない》，君にも(破義者に所属の人としての用は)ない[66]《即ち，君もする必要がない》，というのは，これは天則でない《即ち，善行でない》から』と．　(31)なぜ(互いにこう言って堅信している)かといえば，ここでのどんな論争にも打ち勝とうと考えているもの[67]であることをそなた(ザルドゥシュト)が知っているこのものは，そなたのことばに心をささげたものだからで，スピターマーン・ザルドゥシュトよ，それというのも，かれは混合の中にあって，誰がすなわち誰の魂が義しかったか，あるいはそうでなかったかを，あらわにするだろうからである」．

(32)　また(デーンは)こうも言っている，曰く

(なんじザルドゥシュトの千年紀の中の)第九および第十・百年紀に到来するであろうものども(のこと)を，なんじにわれ(オフルマズド)は言おう，スピターマーン・ザルドゥシュトよ，曰く「先頭になることによって《(即ち)ペーショーバーイたること[68]によって》，あるいは殿位になることによって《即ち，パソーバーイたること[69]によって》，もろもろの道ならぬものを助けるかれらは，胎の中で(すでに)ドルズの枝葉[70]になっているのだ《かれらはいやしい生まれであるということだ》」．

(33) また，かれらについて(デーンは)こうも言っている，かれらはもっとも打たれるに値いする人間である．(それは)かれオフルマズドがこのように仰せられた(ごとくである)，曰く「義者(ザルドゥシュト)よ，この世界で小畜[71]や大畜をもって死屍を曳くもの――かれらは火を苦しめ，また川を流れる水をも(苦しめる)．かれらは蝗の集団[72]と，旗印しをもつ[73]，おそろしい，千人隊の敵軍とに，援助を与えること第一のものである――死屍を曳く(もろもろの)不義者たるかれらは，だ．(34) かれらについて，なんじにわたしは言おう，スピターマーン・ザルドゥシュトよ，曰く，『かの(なんじザルドゥシュトの千年紀の中の)第九および第十・百年紀に，ドルズの裔[74]にしてガナーグ・メーノーグの軍勢[75]たるものどもが到来するであろう．かれらのうちのどれ一人でもデーウ奉仕者10人に匹敵してもっとも打たれるに値いするもの．そして，生きてゆくことができると言い[76]《即ち，(人が)生きることのできるのはわれらの道による(と言い)》ながら，(自身)不義者であるかれらは，余(オフルマズド)のもの，余のデーンに毀損を加えるであろう．かしらになることによっても損壊し，(35)逆になること(によって)も(損壊するであろう)[77]《即ち，先頭で守ることによっても，うしろで守ることによっても罪をつくるであろう》――なんじを欺者《愚者》と言い，清浄なるスピターマーンよ，また，なんじの，マーズデースン者らのデーンを銘記している[78]ものたちをも欺者と言うかれらは，だ．(36)かれらは，ザルドゥシュトよ，なんじから(人びとがなんじの)遺産[79]を獲得することを奪い去るであろう，そして，なんじの祭儀[80]を侮蔑するだろうし，また(なんじの)祈禱を侮(蔑し)，ザルドゥシュトよ，(さらには)もろもろのメーノーグ者の中でもっとも恩寵的である余(オフルマズド)がなんじに説いたところの，かの信憑するに足るものを二つとも《アベスターグとザンド》侮蔑するであろう[81]．(37)極悪の行為から歓喜が(あらわれる)と言うかれらは，極悪の傷害[82]を人間にとって最勝の行為(である)と謳う《(極悪の傷害とは)中庸を得ない闘争》．かれ(ら)はまた，もろもろのメーノーグ者の世界を毀損し，(かれら)自身

の魂を毀損し，もろもろの有象者の世界を毀損し，かれらは(かれら自身の)魂に立腹を与えるであろう』と，な」．

デーンはまた，同じ時世(ザルドゥシュトの千年紀の中の第九および第十・百年紀)のもろもろの悪人に，フデーンの人(びと)がどのような具合に対処する(べき)かについて，(38)こうも言っている[83]，曰く

ザルドゥシュトはオフルマズドに問うた，曰く「刀剣をもってすることのできないこのようなかれら(即ち，かれらには武器がなく，またかれらには軍勢がなく，また上に立って庇護するものがなく，しかもかれらには苦しめるものが多い)に，わたくしは何を命じましょうか」．(39)かれオフルマズドは仰せられた，曰く「このような[84]，軍勢をもってすることができず，しかも苦しめるものの多い，(そういう)かれら黙思の人(びと)[85]は知性の中にある特質を成長させるべきだ[86]」．
M665

(40) また，同じ時世(ザルドゥシュトの千年紀の中の第九および第十・百年紀)のもろもろの悪人から支配権の移りゆくことについて，(デーンは)こうも言っている，曰く

ザルドゥシュトは(オフルマズドに)問うた，曰く「カヤク・カルブといったああいうもの[87]，オフルマズドよ，ああいう極悪の支配者どもが支配権をにぎって，もろもろのよき人とまたも混じるでしょうか」．〔かれオフルマズドは仰せられた，曰く「ああいうものがもろもろのよき人と混じるであろう——カイサルや可汗のような，こういうものが，だ」〕[88]．(41)すると，かれオフルマズドは仰せられた，曰く「そういうものもだ，ザルドゥシュトよ」．(42)かれザルドゥシュトは(オフルマズドに)問うた，曰く「ああいうもの，すなわち，ああいう悪支配をするものども[89]が，もろもろのよき人とまたも混じるでしょうか——カイサルや可汗のような，こういうものが，です」．(43)そこでかれオフルマズドは仰せられた，曰く「そういうものもだ，ザルドゥシュトよ」．
D315

(44) 同じもろもろの悪人について(デーンは)こうも言っている，曰く
かれらはわかっていて知りぬいていても[90]，財宝を天則よりも愛好する

《即ち，かれらには分け前のほうが責務や功徳行よりもよいものにみえる》．かれらはかの暗黒を光明よりも愛好し，またかの極悪界[91]を最勝界よりも愛好する．かれらは苦難を同伴する．(45)かれらについて，なんじ(ザルドゥシュト)に余は言おう，曰く「かれらは這う蛇よりももっと打たれるに値いするもので，狼・獅子のごときもの．そしてかれらは，憎悪と敵意をもって，それからも引きつづき進んでいくだろう[92]——かの人すなわち義者チフローメーハン[93]が勝利の雷箭[94]をたずさえて到来し，(46)勝力・長軀・広く見守り《責務と裁判を》・広肩・強長腕[95]《即ち，かれらの軀幹が強靱である》・デーウの恐れる《即ち，デーウと極悪のものがかれらを恐れる》[96]弟子たちたる150人とともに来往するまでは[97]．(47)そしてかれ(チフローメーハン)はガナーグ・メーノーグをその三枝葉[98]たる庶類もろとも打つであろう——(かれらについては)かれらが合同祭でドルズをまつる[99]こと，(それと)このこと，すなわち，かれらが騎乗で《(すなわち)馬に(乗っ)て》来往するということ，とが知られている——，(して，ガナーグ・メーノーグの三枝葉とは)デーウをまつるトルコと披髪のアラブと[100]フローム人[101]キリスト者シェータースプ[102]．(48)[103]また，主として剣(のおどし)による人びとの改宗が，そのときは，かれに満足せぬものが満足しかつ大満足しての改宗となろう《即ち，かれ(チフローメーハン)の言うことに同意しないもの——(そういう)ものが満足して帰依するであろう》，ザルドゥシュトよ《即ち，かれをかれ(チフローメーハン)はデーンに引き入れるであろう》．(49)[104]同じく，かれ(チフローメーハン)はよく投げる雷箭大のものをもって《即ち，自在になる手を自在にすることによって》，勇壮な腕をもって，また若者の力をもって (50)勝力と勝利をオフルマズドのデーンに結びつける．そしてこの勝力と勝利とともに(デーンは)，それからも引きつづき進んでいくだろう[105]——かれ，ザルドゥシュトの子にして長くいついつまでも不老にして不死，また不飢にして不渇なる建て直しを世につくり出すものたちが到来するときまでは[106]」．

(51) また，ザルドゥシュトの一千年紀の中の10個の百年紀の(それぞれ

の)切れ目とザルドゥシュトの子ウシェーダルにかんする情報とについて，(デーンは)こうも言っている，曰く

「ザルドゥシュトが(オフルマズドとの)対話に赴いてから第一の百年紀がマーズデースン者らのデーンに経過するとき，第一・百年紀の切れ目はどのようですか」．(52)すると，かれオフルマズドは仰せられた，曰く「太陽が隠れゆくであろう」．(53)「そののちの第二と第三と第四⟨と第五⟩[107]と第六と第七と第八，第九，第十・百年紀の切れ目はどのようですか」．(54)すると，かれオフルマズドは仰せられた，曰く「太陽が隠れ去るであろう」．

(55)ついで第十・百年紀のうち30年がすぎない(即ち，30年が残っている)とき，少女が(湖)水にゆくだろう，かの女はナーミーグ・ビド[108]M667(即ち，高名なウシェーダルの母)．して，かの女は，ザルドゥシュトの子として(ザルドゥシュトの第一妻)アルワズから生まれたイサドワースタルの一門に属するウォフロージー・フラフヌヤーンからの垂統．(56)ついでかの女はその(湖)水に腰をおろし(その水を)のむだろう．すると，義者ザルドゥシュトが三度目最後に(第三妻)フウォーウに[109]射出したということだった，あの精液[110]がかの女のところに浮上してワクシェーニーダール・アフラーイーフ[111]という名の息子をみごもるであろう，(57)時に少女は15歳である．かの女は，それよりも前には[112]，男たちと同衾することはないが，のちも，みごもっているあいだは《かれが生まれるよりも前は》(同衾することは)ないであろう．(58)その人(ワクシェーニーダール・アフラーイーフすなわちウシェーダル)が30歳になるとき，太陽は天頂に[113]10日10夜があいだ静止する．そしてそれは，それが最初に創出して創出されたあの位置のほうに回帰し《即ち，4指の(距離の)うち1指(の距離)を蔽い[114]》，七つの洲を全部照らすであろう．(59)[115]このデーンを聴聞に聴聞したものたち自身には，ザルドゥシュトよ，(これがなんじの)千年紀の切れ目(である)と，このように明かしがある《即ち，かれらは知るであろう》．(しかし聴聞に聴聞することを)しないものどもは，そのときは，(そ

（デーンカルド第7巻第8章）　　　　　　　　　　115

れを）何か他の事であると，このように思うだろう．(60)ついで，その人（ウシェーダル）が30歳になるとき，かれはよき支配者にしてよく施し給うなるもろもろのアマフラスパンドとの対話にはいるであろう．翌日が白む《朝が明ける》とそのとき，有象世界は暴行もなくカヤクもおらずカルブもおらず116）《即ち，もろもろのヤズドの事柄に（有象世界は）聾や盲であったりせず》，離れてもおらず《即ち，もろもろのヤズドの事柄を自分の身から離しておらず》，また十分に潤おうていて117）《即ち，雨があって》，ウェフ・ダーイテーのあるエーラーン・ウェーズのいたるところに水118）がもどっているだろう．
^{M668}

(61)119）これらが二つの百年紀すなわち（ザルドゥシュトの千年紀の中の）第九および第十（百年紀）にかんするもろもろの徴である．それ（二つの百年紀）が来るべきものであるということの正しさを立証するものこそ，これ（らの徴）が（すでに）起こっているということである．そして，到来するだろうと上に述べたことの正しさが立証されているので，（これら）二つ（の百年紀）がともに真実の証人を有していることは明らかである．

註

1) §1は ⌈abar abdīh ī paydāgīhistan paydāg paydāgīhēd ⌈pas ⌈az hanǰābīhistan ī Ērān xwadāyīh ⟨ī⟩ Ērān šahr hazangrōzam [⌈sar] Zarduštān ⌈sar ud ⌈rasišn ī Ušēdar ī Zarduštān.「ウシェーダリー・ザルドゥシュターン」は「ザルドゥシュトの子ウシェーダル」．
2)「披髪騎乗のキリスト教徒」は wizārd-wars buland-pēšag Krisyānīg.
3)「もろもろの卑賤者」は ⟨ni⟩gōnān.
4)「もろもろの遷移者」は wideragān(wtylk'n⌈)「旅人たち」で，古来，通りすがりの一現客のようにみられて軽薄な者の代名詞のようにされることがある．
5)「知慧と随心」は xrad ⟨ud⟩ xēm.
6)「没落していくこと」は frōd waštan. →§19.
7)「正教と羞恥～が非エーラーンのものとなること」(§4の終わり）は Anērān ī dēn-rāstīh ud šarm ud mihr ud spāh ud āstīh ud rādīh abārīg wehīh ⌈kē-šān winnārišn mehmānīh ⌈abar xrad ⟨ud⟩ xēm.「正教」dēn-rāstīh とは「その信奉するデーンが正しいものであること」．
8)「これら（悪徳）の羈絆は知慧と随心におよぶもの」は ⌈kē-šān band-iz ⁺ō ⁺xrad ud xēm.

9)「名門の少なくなること」は kamīh ⟨ī⟩ āzādagīh.
10)「呪術に多く依存すること《それはもろもろのヤズドのデーンに多く困苦のおよぶこと》」は ¹abar ǰādūgīh ¹was ⁺srāyišnīh ī ¹was ¹abar yazdān dēn stōwīh.
11)「非エーラーンのもろもろの〜もろもろの地方の荒廃すること」は a[y]werānīh ī gyāgān rōdestāgān ¹az must-iz garān ⟨ī⟩ dušpādixšāyān ⟨ī⟩ A[y]nēr ī ēk ¹abar ¹did.
12)「精神的歓喜の逃亡」は pazagīh ⟨ī⟩ mēnōg rāmišn.
13)「人が労働するも所得がないこと」は awindišn-⁺kardīh…⟨ī⟩ mardōm.
14)「征服者」は ⁺tarwēnīdār.
15)「教訓なきもの」は ⁺apandīh.
16)「もろもろのフデーン者の」は ⟨ī⟩ hudēnān. →13頁註6.
17)「善行毀損者となること」は murnǰēnīd[an]-kirbagīh.
18)「記されていて」は ⁺¹ōšmurd ¹ēstēd.
19)「目のあたりにされ」は ⟨w⟩ēnābdāg.
20)「双方をともによしとは見ない」は直訳すれば「二つの在り方をいずれもよしとは見ない」ということで, どんなものをも是認しないということ.
21)「《さて, 〜不祥事を他の人びとに加える, とこういうこと》」 ¹hād sturgīh-išān ¹ēd ¹kū-šān passand awēnišn ¹har 2 ēw⟨ēn⟩ag ¹u-šān xwāstārīh ¹ēd ¹kū hamē ¹ka-šān tuwān anāgīh ¹pad ¹kasān ¹kunēnd は原文では §12 の冒頭を成す文.
22)「鉄の混じているかの時世」は ¹ān ¹āwām ⟨ī⟩ āhen ¹abar gumēxt.
23) 原文では §12 の冒頭の部分が註21であげた句であることは前述のとおり.
24)「ヘールベデスターンのもろもろのダストワル」 hērbedestān dastwarān とは, 宗門学校の教師たち.
25)「破砕する」は ⁺¹darrēnd.
26)「アクの地位」以下三つの地位はそれぞれ axwōmandīh「アフー(Av ahū-「教え人」)たる地位」, radōmandīh「ラトゥ(Av ratu-「裁き人」)たる地位」, xwadāy⟨īh⟩「主長たる地位」, dastwarīh「ダストワルの地位」.
27)「どこまでも邪悪な」は hagriz ⁺agīh.
28)「それらをかれらは破壊坑に《悪界に》》投じる」は ā-šān ¹ō ¹ān ī ganāg war ¹abganēnd ¹ō dušox.
29)「満災・満邪の邪悪な狼」は ¹ān ī ¹wattar gurg ī purr-VÕIΓƎN purr-¹wattarīh「災厲にみち極悪にみちている極悪な狼」.
30)「ここでは友はその友を打って」は ¹zanēnd ¹ēdar dōst ¹ō ¹ōy ī dōst. ¹ō は ¹zanēnd と関連する動詞前接辞とみたい.
31)「奪取する」は zīnēn⟨ēn⟩d.
32)「引き返してください」は ¹abāz ⁺¹āy(⁺YːTWN-ːYT¹ 改め).
33)「その兄弟に」は [w]¹ō ¹ōy ī ¹brād.
34)「その子に」は⟨¹ō⟩ ¹ōy ī ¹pusar.
35)「われを信じさせるのである」は ¹man ¹wirrōyēnēd. Molé は ¹man (L) を ¹nē (Lː)に改めるが不可.

36)「大利ある教養という信憑するに足るものの道で道を乗り外し」は ¹abar rāh skārēnēnd ¹pad rāh ī wābarīgānīh ⁺ī abzōn frahang であるが,原文では rāh「道」が2度用いられて語呂のおもしろさを出している.「道を乗り外す」¹abar rāh skārēnēnd の ¹abar は Av apa-「それて,外れて」の訳語.したがって ¹abar rāh は「道を外れて,道路外へ」の謂い.skārēnēnd は Av skārayaṯ-raθa-「人名(「兵車を回転させる〔道をまわるとき〕」)」や skarəna-「まるい(大地)」にみえるもの.ゆえに ¹abar rāh skārēnēnd とは「かれらは車をまわしそこねて道ならぬところへ導く」ということ.要するに,教養はよく人を利するもの.これは信憑するに足るものの一つ.この道をただしく歩めばよいが踏みはずして,かれらは邪義に陥る.それというのもかれらは「おれは知っているぞ」との慢心があるからだ,というのである.

37)「この三つはわれらが知っているところのことから出てくる,大利ある教条だ」は ¹ēd 3 abzōn [w]frahang ī ¹az ¹ān ī ¹amāh ¹bē ¹dānēm であるが,¹ān ī を一種の定冠詞とみて「この三つは,われらは(なんでも)知っている,ということから由来する,大利ある教条だ」とするも可.

38)「また,かれらは〜その命令者のあとに従う(ということ))」(§17 の終わり)は ud ¹abar rāh skārēnēnd ¹pad rāh ī wābarīgānīh ⁺ī(ud 改め) abzōn frahang ¹az ¹man dānišnīh 〈ud〉 ¹gōwēnd(17) ¹ēd 3 abzōn [w]frahang ¹az ¹ān ī ¹amāh ¹dānēm ¹pad ¹ulīh ¹ān ī keh ¹pad nigōnīh ¹ān ī meh meh ¹az ¹ōy ī keh ¹bē hammōxtišnīh ¹kū ¹pad ¹har ¹tis-1 ¹pad pāy 〈ī〉 ¹ōy sāstār ¹bawēd.

39)§18 は Mēnī ⁺mānāg ⁺magūg ¹bawēd sāstār mānāg kanīg ¹bawēd ⁺ud ⁺dēwag-xēm ⁺¹wahmān ⁺dēwag ¹bawēd kanīg xēm ¹xwad ¹ō gušn hixtēd とよんだもの.冒頭の三語は一語として連書されている mywymyw'kmywwy を読みかえたもの.第二語は写本のままに menāg 'thinking' とよんで「マーニーの思想をもつモウペドがあらわれ」とするほうがよいかもしれぬ.「命令者に似た少女」は sāstār mānāg ⁺kayak「暴君に似たカヤク」ではない.⁺ud ⁺dēwag-xēm は wṣwk'ym と書かれているもの.⁺¹wahmān ⁺dēwag「某々魔女」は wwṣwk¹ とあるもので,その ww は ww〈w〉= ¹wahmān 'a certain' である.dēwag は dēw「デーウ,魔」の女性形.

40)「ウォーイグン」VŌIΓN は wōiγn「災厲」を擬人化した魔.→註29, 18頁註98.

41)「ネースト・ティシーフ」¹Nēst-¹tisīh は「物(¹tis)がない(¹nēst)という状態」を擬人化したもの.

42)「悲嘆にみちた」は snōhišnōmand. Molé は「雪のある」.

43)「あざむく」は ⁺frēftār. ここは形容詞.

44)「ラドなき不義なる呪師」は arad ⁺jādūg-iz ī druwand. ラド(rad)は Av ratu-「裁き人,指導者」の転化.

45)「スローシュ・ワルズ祭官にしてそれを庇護するやから」は ¹awēšān ¹kē srōš-warz ham-⁺iš pānag ¹hēnd. なお,スローシュ・ワルズ(<Av sraošā-varəza-)は第七の,最下位の祭官.

46)「引きずって引きずりおろす」は ¹abar ¹pad ¹nayišn ¹nayēnd であるが,¹abar ¹nīdan は ava-nay-「引きおろす」に当たる.

47)「言霊が来なくて信仰の失せること《即ち，愛情ある持来将来は要なし（とすること)》だ」は ˈāyišn ˈnē ˈbē wirrōyišnīh ˈšawišnīh ī ⟨wa⟩xš ˈkū mihrēn ˈāwarišn barišn ˈnē abāyēd. 原文からすれば，言霊が来なくて言霊への信仰が失せること，のように受け取れるが，むしろ，言霊が来なくて（人びとの神にたいする）信仰が失せること，の謂いであろう．愛情ある持来将来とは，庶類のためを思って言霊が啓示をもたらすこと．

48)「アベスターグとザンド」は Abestāg ⟨ud⟩ Zand.

49)「枯らし」は hōšēn⟨ēn⟩d.

50)「破滅させる」は nahēn⟨ēn⟩d (nṣṣn⟨yn⟩d i. e. nṣyyn⟨yn⟩d).

51)「その時世が動き〜破滅させるときが到来するということだ」(§23 の終わり) ――この文はオフルマズドのことばとみられるから，文首に⟨オフルマズドは仰せられた，曰く⟩があるものと考え，かつ全文を「　」の中に入れるのがただしい．

52)「天則からあらわれるところのすべての栄えを破滅させる」は nahēnēnd harwisp ābādīh ⟨ˈkē⟩ ˈaz ahlāyīh paydāgīh.「破滅させる」は nahēnēnd. →註 50.

53) §§ 25-27 については→拙稿"From the Dēnkard", Acta Iranica, Vol. IV (1975), pp. 423-433 および本書 235-237 頁．

54)「かのものどもに」ˈbē ˈawēšān は ˈbē ˈō ˈawēšān の謂いで，シンタックス的には「もろもろのカヤク・もろもろのカルブに」ˈō kayakān karbān 以下をまとめて，文首に先掲したもの．

55) ここの「われら」とはオフルマズドが自身とザルドゥシュトおよびその他の祭司を含めていっているもの．

56)「《ここで肉をもって〜もっとも大切なものとしているがごとくである》」は čiyōn ⟨ˈka⟩ ˈēdar ˈpad ˈgōšt ˈbē ˈdahēm ˈān ī meh grāmīg ˈkunēm xwāstag.「もの」に当たる xwāstag を §27 の首語とする解釈，つまり §27 が xwāstag で始まるとする見方は成立しない．それはともかくとして，拙訳でもこれまで踏襲してきたやり方に従って，ここは「もっとも大切な (27) ものとしているがごとくである)．不義者でもここでは」とすべきであるが，あえてその建て前を破ることにした．

57) 従来の解釈では §27 が xwāstag「もの，財」から始まるとされているが，その不可なることについては→註 56．拙訳「……」はその辺の事情を示すもので，§27 の文首が語義不明であるなどのことを示すものではない．

58)「貧者」driyōš とは天国行きを保証されていない信者．

59)「有資格者」arzānīg は Av arədra-「富者・福者」の訳語．「貧者」とちがって天国行きを保証されているもの．

60)「責務と功徳行」は kār ⟨ud⟩ kirbag.

61)「蹂躙されて」は ⁺xwastag.

62)「かれらに危害を及ぼすものや毀損を及ぼすもの，災禍を及ぼすものを」は s⟨ē⟩j-dādār ud murnǰēnišn-dādār wizand-⁺dādār ˈawēšān-iz rāy.「かれらに」ˈawēšān-iz rāy の rāy は DkD 318: 22 にみえるが DkM 662: 21 には ˈnē(Lʾ) とある．Molé は rāy も ˈnē も載せていない．

63)「天則を天則たらしめるものだ」ahlāyīh ahlāyēn⟨ēn⟩d とは「天則を実践するも

のだ」の謂い．→132頁註8；461頁．

64) §30は kōr ⌊awēšān druz ⌊hēnd ⌊kē ō ⌊tō hampursēnd anāgāh ⌊hēnd sāstār ud wēnāg ⌊awēšān-iz druz ⌊hēnd ⌊kē ⌊ō ⌊awēšān hampursēnd āgāhīh menēnd ud anāgāhīh ⌊hēnd ahlomōg ⌊kē ⌊awēšān nazdīk petyāragēnēnd ⌊kū ⌊ēd ⌊gōwēnd ⌊kū mān ⌊ēd ī ⌊tō ⌊gōwē paydāg ⌊kū ⌊nē ēdōn čiyōn ⌊tō ⌊gōwē ⌊kē ⌊awēšān ⌊gōwēnd ⌊kū ⌊nē ⌊man ⌊ēd ī ⌊tō ⌊mard kār ⌊kū-m ⌊nē abāyēd kardan ⌊nē ⌊tō ⌊kū ⌊tō-iz ⌊nē abāyēd kardan ⌊čē ⌊nē ⌊ēd ī ahlāyīh ⌊kū ⌊nē kirbag.

65) 「わしにはお前の人の用はない」⌊nē ⌊man ⌊ēd ī ⌊tō ⌊mard kār とは「わしはお前(破義者)に組みする人としてなすべき用はない」ということ．

66) 「君にもない」⌊nē ⌊tō とは，註65であげた句では「わし」と自称している人物は破義者に向かって言っているが，こんどはその人物が自分と同じ義者たる人・相棒に向きをかえて「君にも，あいつ(破義者)に組みする人としてなすべき用なんかないんだ」と言っているのである．

67) 「ここでのどんな論争にも打ち勝とうと考えているもの」は ⌊ān ī menīdār pahikār huxšāytar čegām-iz-ē ⌊ēdar.「打ち勝とう」huxšāytar は 'w'šytl を xšāy-「支配する」と結びつけた解釈であるが不確実．

68) 「ベーショーバーイたること」pēšōbāyīh→18頁註100．

69) 「パソーバーイたること」pasōbāyīh→18頁註100．

70) 「ドルズの枝葉」druz-azg→§47および註98．azg「枝葉」はここでは「やから，眷属」を意味するが，敢えて原意をとって訳した．

71) 「小畜」は kawā⟨h⟩.

72) 「蝗の集団」は tan ī ⁺mayg (⁺mṣ-my' 改め). →Dk. VII・5・9.

73) 「旗印しをもつ」は čihragōmand. Molé は ⁺čaxragōmand「戦車をもつ」．

74) 「裔」は hunušak.

75) 「軍勢」は ⁺laskar (lšy'l 改め).

76) 「生きてゆくことができると言い」は z⟨ī⟩wišnōmandīh ⌊gōwēnd.「生きてゆけるのはわれらのおかげだ」と豪語すること．

77) 「かしらになることによっても損壊し，逆になること(によって)も(損壊するであろう)」は ⌊pad mehīh kāhēnd ud tarīh-iz. §35はこの句から始まるべきもの．

78) 「銘記している」⌊ōšmārēnd は「学んでいる」とするも可．

79) 「遺産」は ⁺rēxn (lšn¹ 改め). →381頁．

80) 「なんじの祭儀」は ⌊ēd ⟨ī⟩ ⌊tō īzišn.

81) 「もろもろのメーノーグ者の中で〜侮蔑するであろう」は tar ⌊ān⟨ī⟩⌊har 2 wābarīgānīh menēnd Abestāg ud Zand ⌊kē ⟨⌊ō⟩ ⌊tō ⌊man frāz guft ⌊kē ⌊az mēnōgān abzōnīgdom ⁺⌊ham. 「かの信憑するに足るものを二つとも」は ⌊ān⟨ī⟩ ⌊har 2 wābarīgānīh の訳であるが，この句は「かの二つがともにもつ，信憑するに足るべきゆえん，信憑するに値いする価値」とも解せられる．

82) 「傷害」は ⁺rēš.

83) 「こうも言っている」は [w]⌊ēn-iz ⌊gōwēd.

84) 「このような」は ēdō⟨n⟩.
85) 「かれら黙思の人(びと)」は ｜awēšān tušt-menišn ｜mard.
86) 「知性の中にある特質を成長させるべきだ」は waxšēnišn daxšag ī ｜pad ōš.
87) 「カヤク・カルブといったああいうもの」は ｜kē kay⟨ak⟩ karb.
88) 「かれオフルマズドは仰せられた〜カイサルや可汗のような，こういうものが，だ」は guft-iš Ohrmazd ｜kū ｜ān-iz ｜ō ｜wehān gumēxtēd ｜ēn čiyōn ⁺kaisar ud xāgān であるが，これは §42 の一部が誤って入ったもので，削除されるべきもの．なお「カイサル」⁺kaisar は dōisar「目」と誤記されている．
89) 「ああいう悪支配をするものども」は ｜awēšān ī ｜ān ⁺dušxwadāyīh (huxwadāyīh 改め).
90) 「知りぬいていても」は ｜andar ｜dānēnd.
91) 「かの極悪界」は ｜ān ī wattom axwān [axwān].
92) 「それからも引きつづき進んでいくだろう」は hamē ｜az ｜ān franāmēnd. 「それからも引きつづき」hamē ｜az ｜ān→§ 50.
93) 「チフローメーハン」は čtlwmy'ww｜ を Čihrōmēhan とよんだもの．
94) 「雷箭」wazr=warz「杵，棍棒」で OI vajra- に当たる．
95) 「強長腕(者)」は stawr-bāzā ī ｜was-marīh. mar は「数」であるから ｜was-marīh「多くの数を含むこと」とは，ここでは，おそらく「長い」の謂いであろう．
96) 「デーウの恐れる《即ち，デーウと極悪のものがかれらを恐れる》」は sišag-dēwīh ｜kū-šān ｜dēw ud ｜wattarīh aziš tarsēnd. →102 頁註 65.
97) 「弟子たちたる 150 人とともに来往するまでは」は ｜tā ｜ka…｜abāg 150 ｜mardān ⁺｜rawēd ī hāwištān. 「までは」｜tā ｜ka は原文では §45 に位置する．「150」は一見 53 (sk 3) のごとく書かれているがこれは 50×3 である．→35 頁註 83. 弟子 150 人のことは Bd TD₁ 187: 2-5=TD₂ 218: 2-5 にも「そして同じ時期にウィシュタースプの子ピシショータンは 150 人の義者とともにカング城から出てき，かれらの秘密の会所だったかの偶像殿を破壊し，ワフラーム火をその代わりとして安置し，デーンはみな健全なりと宣言し(デーンを)復興するであろう (winnārēd)」とある．
98) 「枝葉」azg→註 70.
99) 「かれらが合同祭でドルズをまつる」は druz ⁺yazēnd ｜pad āgenēn yazišnīh 「(多くの人びとが)いっしょになってまつることをしてドルズをまつる」.
100) 「デーウをまつるトルコと披髪のアラブ」は Turk ｜dēw-yaz ⁺ud wizārd-wars Tāzīg.
101) 「フローム人」Hrōmāy はここでは「ローマ人」．くわしくは拙著『古代ペルシア』276 頁注参照．
102) 「シェータースプ」は Š⟨ē⟩tāsp.
103) §48 は ud ｜ān frahist ｜pad dār hāzišnīh ⟨ī⟩ ｜mardān ｜ēg hāzidan ⁺hunsandīhā ud huhunsandīhā ｜kē ｜ōy ｜nē hunsand ｜kū ｜pad ｜ān ī ｜gōwēd ｜nē hamdādestān ā-š hunsandīhā franāmēd Zarduxšt ｜kū-š ｜bē ｜ō dēn ｜ānayēd.
104) §49 は ham ｜ōy ｜pad ｜ān wazr-mehēnīd ī hu⟨w⟩ēxm ｜kū ｜pad ｜dast ī ｜ō

xwārīhēd xwār-dāštan ｜pad ｜ān ī čēr bāzā ud ｜pad ｜ān ī ǰuwān tawišn. 文中, wazr-mehēnīd は「雷箭(→註94)のように大きくなったもの」の謂い.

105) 「それからも引きつづき進んでいくだろう」はテキストのままでは hamē ｜az ｜ān franāmēd ｜bawēnd(YHWWNd) となっているが, これは hamē ｜az ｜ān franāmēd ⁺｜bawēd ⁺｜tā とよみ, その ⁺｜tā はつぎに来る ｜ka と合して「……ときまでは」(訳文では§50 の文末にあるもの)と解すべきもの.

106) 「ときまでは」→註105.

107) 「⟨と第五⟩」⟨ud panǰom⟩ は当然補われるべきもの.

108) 「ナーミーグ・ピド」｜Nāmīg-｜pid は Av Srūtaṭ.faδrī-「父を高名にする女」の MP 訳で, 「高名な父をもつもの」の謂い.

109) 「フウォーウに」は ō ⟨Huwō⟩w. ——この§56や Dk VII・9・19 の意味をブンダヒシュンにさぐると, ゾロアスターは三度, フウォーウの左に近づいたところ, そのたびごとに, かれの精液が大地に流入した. 神ネーローサングがこれを水神アナーヒードに引きわたしたので, 精液はカンス海(現ハームーン湖)の中で諸フラワシ(守護霊)に見守られながら近づく三少女との出会いを待つうちに, 時来たって, 三度目の精液からウシェーダル, 二度目のからウシェーダルマーフ, そして最初のからソーシュヤンスをみごもることになる, という (TD₁ 203: 3-10=TD₂ 236: 3-10).

110) 「あの精液」は [w]｜awēšān šusr(または šusar).

111) 「ワクシェーニーダール・アフラーイーフ」Waxšēnīdār-ahlāyīh は「天則を成長させるもの」の謂いで, 同義の Av Uxšyaṭ.arəta- の MP 訳. Uxšyaṭ.arəta- の MP 音写は「ウシェーダル」Ušēdar.

112) 「それよりも前には」は pēš[k] ｜az ｜ān.

113) 「天頂に」は ｜pad bālist ī ⁺asmān.

114) 「即ち, 4指の(距離の)うち1指(の距離)を蔽い」は ｜kū ｜az 4 angust 1 angust ｜andar ｜kunēd. 天頂から羊座の1°までを 4 angust「4指」の距離とし(1 angust=3/4 inch), そのうち1指分の距離だけ太陽が羊座のほうにもどる, という意味. ｜andar ｜kunēd は「(太陽が1指分の距離を)包括する」が直訳.

115) §59 は ēdōn-iz ｜awēšān Zarduxšt ｜xwad [ēdōn ｜awēšān] paydāgīh ｜ast ｜kū ｜dānēnd ｜kū hazangrōzamē brīn ｜kē ｜ēn dēn ｜abar ｜pad ｜ašnawišn ｜ašnūd ēdōn ｜nē ｜awēšān ｜kē ｜nē ｜ēg-iz ｜dānēnd ｜kū ｜tis-1 ī ǰuttar ｜ast.

116) 「有象世界は暴行もなくカヤクもおらずカルブもおらず」は axw ī ⁺astōmand [w]amust ud akay⟨ak⟩ ud akarb.

117) 「潤おうていて」は āsixt[īh] ｜ēstēd.

118) 「水」は ⁺｜āb.

119) §61 は ｜ēd daxšagīhā ī ｜abar sadōzam ī 2 ｜ast nahom ud dahom drustīh ī ｜ān ī madan sazīhist ｜ēn mad ｜ēstēd ud paydāg ｜har 2 ｜abar drustīh ī ｜abar ｜ān ｜rasēd guft ｜ēstēd ⟨w⟩ābar-gugāy. →104頁註89.「上に述べた」は ｜abar…guft ｜ēstēd.「正しさが立証されているので」｜abar drustīh は「正しいことが立証されているという事実の上に, ～という事実をふまえて」の謂い. Molé は「これらが二つの百年

紀《第九および第十の》の徴であり，到来しなければならぬことが起こっているという事実とそれが啓示されているという事実——この二つはともに，到来するもろもろの事物について述べたことの正しさを保証するものである」と訳している．

(デーンカルド第7巻第9章)

D313: 16=M668: 7
(1)[1] ザルドゥシュトの千年紀の終わりとウシェーダルの到来とののちと,ウシェーダルの千年紀の終わりとウシェーダルマーフの到来とに至るまで,との奇蹟について——この時期にかんする明かしから.

(2) 誕生にさいしてのウシェーダルの奇蹟たる(かれの)身体,光輪および(発した)ことばと所作.10日(10夜)天の中央[2]における太陽の静止.四足族ドルズの敗亡.三春がもろもろの草木に利益を与えること[3].過度・過少が無力となり中庸が大いに有力となること.非エーラーン族が静穏になること(よき友となること). D312 聖典学[4]が大きく成長すること.若干種のマーレーン[5]がマーズデースン者らのデーンを礼讃すること.マザンのデーウ族をウシェーダルが討つこと[6]. (3)同じ(ウシェーダルの)千年紀の中の第五・百年紀に呪師マルコースが7年間あらわれること. (1)年のうちにその風聞が七つの洲全部に伝わること.マルコースの冬の到来.三冬のあいだ,および第四(年目)の冬のあいだにもかけて,その冬の厳しさ[7]のために,大多数の人間・益畜が滅びること.マルコースの呪法.そして第四冬のうちに,ダフマーン・アーフリーン[8] M669 のために,けがらわしい生まれのマルコース[9]が死亡すること. (4)その冬ののちに[10]ジャム所造のワル[11]が開き人間・益畜がそれより出て来,人間と益畜のかれらからする再繁殖が大いに起こること. (5)[12]もろもろの益畜の乳が多くかつ大きく増加して(その)乳で人間をよりよく庇護すること[13].また益畜群[14]の安価なこと.世の中が充足して栄え[15],かつすべての人(びと)の活気あること.施与者が大きく増加し (6)て人びとのあいだに貧困の減少すること[16],デーンがこう言っていることのごとくである,曰く

有象世界においてこのように進んで施与を与えるところのかの与え手——

かれがとどまりとどまっているという，こういうことこそ，ザルドゥシュトよ，受け手のほうがより不運であるがためだ[17]．

(7) また(デーンは)こうも言っている，曰く

離散させかつ毀損するものと言われているその(マルコースの)冬がすぎると，そのとき，広く跳びまわる臆病もの[18]が，なんじら，もろもろのマーズデースン者のもとにやってきて，こう考えるであろう，曰く「以後，(もろもろの)マーズデースン者は自身のせがれ・むすこに当たるもの(どもを憎悪する)よりももっとわれらを憎悪することはないだろう《すなわち，ここでそうしているように，(もろもろの)マーズデースン者は役に立つ益畜に無怨・愛憫をもつであろう》」と． (8) そのとき，アシャワヒシュトはもろもろのマーズデースン者に高い方処から呼びかけ，なんじらマーズデースン者にこう言うであろう「人は益畜を，(これまで)なんじらが早まって殺すことをしてきたように，殺すことをしてはならぬ． (9) 成育を年齢で判断せよ，発情をからだで判断せよ．なんじら(もろもろの)マーズデースン者よ．益畜を殺せよ，かれら(益畜)のうちで，なんじらに助けとなり，なんじらに言うて《即ち，なんじらを助けるためになんじらに言うて》『御身ら，もろもろのマーズデースン者よ，わたしを，腹で這う蛇が呑むより前に，発情しているわたしを，たべてください』と(言う)ところのものを，殺せよ」と． (10) そして，成育を判断し，発情を判断して，(もろもろの)マーズデースン者は益畜を殺すであろう，かれら(益畜)のうちで，「御身ら，もろもろのマーズデースン者よ，わたしを，腹で這う蛇が呑むより前に，発情しているわたしを，たべてください」と(言っ)て，かれら(マーズデースン者)に助けとなるところのものを(殺すであろう)． (11) 満足して(もろもろの)マーズデースン者は益畜を殺すだろう，また満足して[19](もろもろの)マーズデースン者は益畜を割くだろう[20]．そして益畜は，かれらが割くとき[21]，満足するだろう．また満足して(もろもろの)マーズデースン者は益畜を食うだろう，(また益畜は)かれらが食うとき満足するだろう． (12) そして，ついで(マーズデースン者と益畜がひとしく)メーノーグ者[22]

となるとき, 屠者(たち)とかれらの屠殺するものとは同座し, また剖者(たち)とかれらの割くものとは[23], (さらには)食者たちとかれらの食するものとは(同座するであろう).

(13) また(デーンは)こうも言っている, 曰く

第二・千年紀(ウシェーダルの千年紀)において, マーズデースン者らのデーンに第五・百年紀がすぎると, そのとき, 地界《有象世界》に生じるすべてのものども[24]——不義者もあれば義者たちもある——は, エーラーン国の3分の2が義者にして(3分の)1が不義者, またエーラーンのまわりのトゥーラーン人[25]《非エーラーン人はエーラーン人のまわりに住む》も同様. 有象世界にある今日のごとき繁栄よりもより大きなものが, ここに終始とどまっているだろう.

(14) また(デーンは)こうも言っている, 曰く

「マーズデースン者らのデーンに, かの第一の千年紀(ザルドゥシュトの千年紀)がすぎて, そののち(ウシェーダルの千年紀)の第一・百年紀の切れ目はどのようですか」. (15)すると, かれオフルマズドは仰せられた, 曰く「太陽が隠れ去るであろう」. (16)「では, そののちの第二と第三と第四, 第五, 第六, 第七と第八, 第九および第十・百年紀(ウシェーダルの千年紀の)の切れ目はどのようですか」. (17)すると, かれオフルマズドは仰せられた, 曰く「太陽が隠れ去るであろう」. (18)ついで第十・百年紀(ウシェーダル千年紀の)のうち30年がすぎないとき[26], 少女が(湖)水に行くだろう, かの女はウェフ・ピド[27]《即ち, よきウシェーダルマーフ[28]》——かれの母》. して, かの女は, ザルドゥシュトの子として(ザルドゥシュトの第一妻)アルワズから生まれたイサドワースタルの一門に属するウォフロージー・フラフヌヤーンからの垂統[29]. (19)ついで, かの女はその(湖)水に腰をおろし(その水を)のむだろう. (すると)義者ザルドゥシュト——そのかれが二度目最後に(第三妻)フウォーウに射出したということだった, あの精液がかの女のところに浮上し[30]てかの女はワクシェーニーダール・ニャーイシュン[31]という名《即ち, かれは寄進を増大させる》のかの息子を

みごもるであろう，(20)時に乙女[32]は 15 歳．かの女は，それよりも前には，男たちと同衾することはないが，のちも，みごもっているあいだは[33]《かれが生まれるよりも前は》(同衾することは)ないであろう．(21)その人(ワクシェーニーダール・ニヤーイシュンすなわちウシェーダルマーフ)が 30 歳になるとき，太陽は天頂に 20 日(20)夜があいだ[34]静止し，七つの洲を全部照らすであろう．(22)このデーンを聴聞に聴聞した[35]ものたち自身には，(これがウシェーダルの)千年紀の切れ目(である)と，このように明かしがある《即ち，かれらは知るであろう》．(しかし聴聞に聴聞することを)しないものども[36]は，そのときは，(それを)何か他の事であると，このように思うだろう[37]．(23)その人(ウシェーダルマーフ)が 30 歳になるとき，かれはよき支配者にしてよく施し給うなるもろもろのアマフラスパンドとの対話にはいるであろう．翌日が白む《朝が明ける[38]》とそのとき，有象世界は暴行もなくカヤクもおらずカルブもおらず[39]《即ち，もろもろのヤズドの事柄に(有象世界は)盲でなく聾でなく[40]》，また離れてもおらず《即ち，もろもろのヤズドの事柄を自分の身から離しておらず》，また十分に潤おうていて《即ち，雨があって》，ウェフ・ダーイテーのあるエーラーン・ウェーズのいたるところに水がもどっているだろう[41]．

註

1) §1 は，ザルドゥシュト千年紀が終わりウシェーダルが到来してからのち，ウシェーダル千年紀が終わりウシェーダルマーフが到来するまでの間のもろもろの奇蹟について，この時期にかんする(デーンの)明かしから取り扱うことにするの謂い．「この時期にかんする明かしから」は [w]ˡaz āgāhīh ī ham zamānag.
2) 「天の中央」は mayān ⁺asmān.
3) 「与えること」は ˡdād⟨an⟩.
4) 「聖典学」は dēn-dānāgīh「デーンにかんする知識，神学」．
5) 「若干種のマーレーン」čand sraxtag m'lywˡ (Mālēn) とは「若干のマーレーン族」の謂いらしいが m'lywˡ (Mālēn) は不明．
6) 「マザンのデーウ族をウシェーダルが討つこと」は ˡzad⟨an⟩ ī Ušēdar mzwˡ sy' y č'l'wˡ を ˡzadan ī Ušēdar Mazan ˡdēw-zārān とよんだものであるが，きわめて不確実．Molé は「魔族の巨人種をウシェーダルが討つこと」とする．
7) 「その冬の厳しさ」は škeftīh ⟨ī⟩ ˡān zamestān.
8) 「ダフマーン・アーフリーン」Dahmān Āfrīn とは「教義の秘奥に通じた信者たち

（デーンカルド第7巻第9章）

の祝禱」の謂いだが，正義公正の授与者として神格化された．

9)「けがらわしい生まれのマルコース」は yšwk｜z'šn｜Malkōs を ⁺āhōg(⁺''wk｜)-zā⟨yi⟩šn Malkōs とよんだもの．Molé は gašnak zahakān M.「マルコースのこちっぽけな伴ども」とする．⁺āhōg→101頁註35.

10)「その冬ののちに」｜pas｜az｜ān zamestān——従来の行き方では§5がこの句で始まるとされているから，それに同意しがたいにしても§4と§5を一つにして(4-5)とでもすべきであろうが，敢えてこの句が従来から§4に入れて解釈されてきたかのように訳した．

11)「ジャム所造のワル」→16頁註55.

12) §5が「その冬ののちに」で始まるとみる従来の行き方を退けた(Moléも同様)ことについては→註10.

13)「人間をよりよく庇護すること」は ⁺weš srāyišnīh ⟨ī⟩ mardōm.

14)「益畜群」は gōspandān tan であるが「益畜の体」とも訳せる．

15)「世の中が充足して栄え(ること)」は purrīh ud frāxīh ⟨ī⟩ gēhān.

16)「貧困の減少すること」は nizōrīh ⟨ī⟩ škōhīh.

17)「有象世界において〜より不運であるがためだ」(§6の終わり)は ēdōn-iz｜ān Zarduxšt｜ka｜az｜ān ī padīriftār dušwaxttar｜ast čiyōn｜ān ī dādār ī ēdōn｜andar axw ī astōmand frāz rādīh｜bē dahišnīh｜ān｜pad mānišn｜mānēd.

18)「広く跳びまわる臆病もの」sišag ī frāx-raftār の「臆病もの」sišag→102頁註65.

19)「満足して」は hu⟨n⟩sandīhā.

20)「割くだろう」は ⁺brīnēnd(burzāwand 改め).

21)「かれらが割くとき」は｜ka [｜nē] b[u]rīn⟨ēn⟩d. もっとも，ここは ud ⟨｜nē⟩ hunsand gōspand｜ka｜nē brīnēnd「そして益畜は，かれらが割かぬときは，満足しないだろう」も成り立つ．

22)「メーノーグ者」は ⁺mēnōgān(menišn 改め)，「もろもろのメーノーグ者」．メーノーグ的状態にもどるとき，ということ．

23)「剖者とかれらの割くものとは」は brīdār ⟨ud⟩｜kē-iz-iš b[u]rīnēnd.

24)「地界《有象世界》に生じるすべてのものども」は｜awēšān harwisp｜kē｜abar｜pad zamīg axw ī ⟨astōmand⟩｜bawēnd.

25)「エーラーンのまわりのトゥーラーン人」は Tūrān｜ān ī ⁺pērāmōn Ērān.

26)「30年がすぎないとき」とは第十・百年紀の終わりまで30年をあますとき，の謂い．→Dk VII・8・55; 132頁註15.

27)「ウェフ・ピド」｜Weh-｜pid は Av Vaŋhu.fəδrī(「よき父をもつ女」の謂い)の MP 訳．

28)「よきウシェーダルマーフ」は｜weh Ušēda⟨r⟩māh.

29)「ウォフローズィ・フラフヌヤーンからの垂統」は｜az [｜az] Wo[p]hurōz ī Frahnyān……frāz tōhmag.

30)「浮上し」は｜ul frō⟨yē⟩d.

31) 「ワクシェーニーダール・ニヤーイシュン」Waxšēnīdār-niyāyišn は「(神への)称讃を成長させるもの」の謂いで Av Uxšyaṭ.nəmah-(「頂礼を成長させるもの」の謂い)の MP 訳．神がみへのこのような行為を世の中にいっそう盛んにすることは寄進を増大させることともなるので，註も誤っていない．——§ 19 については→121 頁註 109．

32) 「乙女」ziyānag の前に ˈast を補って「時に乙女は 15 歳である」とするも可．

33) 「みごもっているあいだは」は ⟨ˈtā⟩ ˈka ābustan ˈbawēd．

34) 「20 日夜があいだ」は 20 ˈrōz ˈšab dran[w]g．

35) 「聴聞に聴聞した」は ˈabar ˈpad +ˈašnawišn ˈašnūd．

36) 「しないものども」は ˈawēšān ˈkē +ˈnē(l'd=rāy 改め)．

37) 「思うだろう」は ˈdānēnd の訳．

38) 「朝が明ける」は ˈān ī rōšn ˈrōz [ī] ˈbē paydāg．

39) 「暴行もなくカヤクもおらずカルブもおらず」は amust ud +akayak ud akarb．

40) 「盲でなく聾でなく」ˈnē kōr ˈnē karr——神のことにカヤクは聾，カルブは盲であるとされるから，ここも「聾でなく盲でなく」ˈnē karr ˈnē kōr とあるのが本筋．karr (kl) と kōr(kwl) の書きちがえかもしれない．

41) 「いたるところに水がもどっているだろう」は ˈāb gyāg gyāg ˈabāz ⟨ˈēstēd⟩．

(デーンカルド第7巻第10章)

D309: 3=M672: 3

(1) ウシェーダルの千年紀の終わりとウシェーダルマーフの到来とののちと，ウシェーダルマーフの千年紀の終わりとソーシュヤンスの到来とに至るまで，との奇蹟について．――この期にかんする明かしから[1]．

(2) 誕生にさいしてのウシェーダルマーフの奇蹟たる(かれの)身体と光輪と(発した)ことばと所作．20日(20夜)があいだ天の中央[2]における太陽の静止．また，「(人は)わずか1頭の乳牛を1千人に搾乳する(ことができる)《即ち，(1頭の乳牛がよく)1千人分の乳を提供する》」と言っているごとくに，もろもろの益畜の乳が最大の豊富さに達すること[3]．また，「(人は)わずか一つの食物で3夜，満腹している．胸大(の食物)を一つ食するもの――かれには3日(3)夜，(それで)十分である」と言っているごとくに，飢と渇と(の力)が弱化すること．

(3) 老齢の減少と寿命の増大．礼節と平和，喜捨と歓喜[4]とが世に増加すること．　(4) (その有様は)デーンが(こう)言っていることのごとくである，曰く最後の(ソーシュヤンスの)千年紀において最初の10年が経過すると，そのとき(もろもろの)マーズデースン者は互いに(こう)対話するだろう[5]，曰く「あの有用な益畜をわれらは，以前に(長くなくてすま)したよりも，もっと長くなくてすましている《即ち，われらは食物や衣服をあまり必要としない》．あのもろもろの益畜にたいする愛情が，以前にわれらにあったよりも，もっと完全になってわれらのもとに来た．われらは，以前に(も老齢に苦しまずに)成長した(が，それ)よりも，もっと老齢に苦しまずに《男ざかりの状態で》成長した．われらの妻や子どもの心とことばと行いは，それより以前にあったよりも，もっと教養あるものとなっている[6]．　(5)

D308=M673

そして，こういうことは，カルダグとラフとパスワルズドをもってされた捨離がなされているということであった《(捨離がなされているとは)贖罪がなされている(ということ)》．カルブの風習に従うものはドルズを思念して極悪の心をもって(世を)毀損するが天則は除き天則を愛好するものは除き[7](これらはかれらも毀損することができない)——(6)[8]この原則をこのように強調する集団たるわれらがもっとも堅固にもっとも努力して天則を天則たらしめている《即ち，責務と功徳行をわれらが行なっている》今こそ，われらがもろもろの先人，もろもろのマーズデースン者，もろもろの正しい宣説者からこう聴聞に聴聞しているがごとくに，近くここに，(この)世界に安穏が到来するであろう」．

(7) (デーンは)こうも言っている，曰く

何となれば，最後の(ソーシュヤンスの)千年紀には，刀剣で殺されるか老齢のために逝くもののほかは，だれも逝かぬであろう．

(8) その(最後の，ソーシュヤンスの)千年紀のうちで53年が残っているとき，乳や草木の中にある甘味と脂肪味[9]が完熟するので，人(びと)は肉を必要とせぬために肉食をやめて，かれらの食物は乳と草木となろう．(9) 3年が残っているとき，かれらは乳をのむこともやめて，かれらの飲食[10]は水と草木となろう．(10) またかれ(ソーシュヤンス)の千年紀にはダハーグが縄を断ち切ること[11]，ダハーグ討伐にクリシャースプを(眠りから)起こすこと，建て直しをなすにあたってソーシュヤンスを助け(るため)に[12]，かつまた，大多数の人(びと)をガーサーの随心と掟てで陶冶するために，カイ・フスラウとかれのもろもろの協同者とが来到すること，(および)その他多くの奇蹟と驚異がかれ(ソーシュヤンス)の千年紀のあいだに起こる，と明かされている[13]．

(11) また(デーンは)こうも言っている，曰く

「マーズデースン者らのデーンに，かの第二の(ウシェーダルの)千年紀がすぎて，そののち(ウシェーダルマーフの千年紀)の第一・百年紀の切れ目はどのようですか」[14]．(12)すると，かれオフルマズドは仰せられた，曰く「太陽が隠れ去るであろう」．(13)「では，そののちの第二と第三と第

M674

(デーンカルド第7巻第10章)

四と第五，第六と第七と第八，第九および第十・百年紀の切れ目はどのよう(です)か」． (14)すると，かれオフルマズドは仰せられた，曰く「太陽が隠れ去るであろう」． (15)そして(ウシェーダルマーフの千年紀のうちの)第十・百年紀のうち30年がすぎないとき[15]少女[16]が(湖)水に行くだろう，かの女はガワーグ・ビド《(即ち)ガワーグ・ソーシュヤンスの母と，こういうことだが，即ち(ガワーグとは)対抗する侵襲者を排除するという意味)[17]．して，かの女は，ザルドゥシュトの子[18]として(ザルドゥシュトの第一妻)アルワズから生まれたイサドワースタルの一門に属するウォフロージー・フラフヌヤーンからの垂統で， (16)そ(のかの女)は「一切を克服するもの」という名．その少女は，もろもろのデーウから来る敵意ももろもろの人から来るそれも，みな克服する者(ソーシュヤンス)を生んで生む[19]という具合にて，一切を克服するもの(なのである)． (17)ついで，かの女はその(湖)水に腰をおろすだろう，時に少女は15歳である．かの女は利益者・勝利者という名だったり，造軀者[20]ともいう名だったりするかれ(ソーシュヤンス)をみごもるであろう．かれ(ソーシュヤンス)は全有象世界を利益する[21]ほど利益者であり，身体をそなえ，また生命をそなえ象をそなえているもろもろの人間の安穏を願い求めるほど活動者[22]である[23]． (18)かの女は，それより前も，男たちと[24]同衾することはないが，みごもってからのちの時も，(かの女)からかれ(ソーシュヤンス)が生まれるよりも前は(同衾することは)ないであろう． (19)その人(ソーシュヤンス)が30歳になるとき，太陽は天頂[25]に30日(30)夜があいだ静止する．そしてそれは，それが最初に創出して創出されたあの位置のほうに回帰するであろう[26]．

註

1) 「この期にかんする明かしから」は ¹az āgāhīh ⟨ī⟩ [w]ham-zamānag.
2) 「天の中央」は ⁺mayān ⁺asmān.
3) 「最大の豊富さに達すること」は ¹ō abardom abzōn ¹rasīd⟨an⟩.
4) 「礼節と平和，喜捨と歓喜」は ērīh ud āštīh [ud āštīh] rādīh ud rāmišn.
5) 「互いに(こう)対話するだろう」は ō ham-pursēn[ēn]d.

6)「あの有用な益畜を～もっと教養あるものとなっている」(§4の終わり)は dagr-⁺nirfsttar ᴵamāh ᴵaz ᴵān gōspand ī hudāg čiyōn pēš ⁺ᴵbūd ᴵkū-mān xwarišn ud wastarag kam abāyēd bowandagtar ᴵamāh ᴵaz ᴵān gōspandān dōšāram mad ᴵēstēd čiyōn mān pēš ᴵbūd araxttar ᴵamāh ᴵaz ᴵān pīr⟨īh⟩ ᴵandar ⁺narīh ᴵabar waxšīd čiyōn pēš ᴵabar waxšīd frahixttar ᴵamāh ᴵān nārīg ud aburnāyīg menišn ud gōwišn ⟨ud⟩ kunišn čiyōn pēš ᴵaz ᴵān ᴵbūd.「なくてすます」は nirfst(「欠けた」)だが，テキストの nlsčtl を nlpstl に改め nirfsttar「もっと(長く)なくてすます」とした．

7)「こういうことは～天則を愛好するものは除き」(§5の終わり)は ᴵēn-iz ᴵtis ᴵbūd ᴵkū ᴵpad-abēčihr ārāyīhēnd ī ᴵpad kardag ud rah ud paswarzd ᴵbē ᴵbūd ᴵēstēd tōzišn-iz ārāyīhēd karb-ēwēnag druz menēd ᴵu-š ᴵpad ᴵān ī wattom menišn ᴵbē murnjēnēd jud ᴵaz ahlāyīh jud ᴵaz ahlāyīh-dōšišn. 文中, rah は l', paswarzd は pṣwlzy とあるもの. Anatol Waag : *Nirangistan*, Leipzig 1941, p. 96, ll. 11–12 に yō⟨i⟩ raθās-ča pasvarəδās-ča barəsmaine hạm-varətayənti「バルスマン(として使うこと)のためにraθa- と pasəvarəzda- とを(ふつうのバルスマンと)いっしょにするものたちは」(……ラトたちを満足させる)なる句がある．この中の raθa- と pasəvarəδa- がここの l' と pṣwlzy に相当することは Molé の言うとおりであるが，しかし Waag も Molé もその語義について述べているところは首肯しがたく, 語義はともに不明である. kardag は儀礼・法式・祭式であろう．ᴵpad-abēčihr(PWN 'pyčyhl) の註が tōzišn「贖罪」とみられるから abēčihr は 'p̄yz'l('p̄yč'l とある)=abēzār 'free' である. Molé は apēčihr として 'free(from evil)' とみている．

8) §6 は nazd ᴵēdar ᴵandar axwān asējīh ᴵrasēd čiyōn-mān ᴵān ᴵpad ⁺ᴵašnawišn ⁺ᴵašnūd ᴵaz pēšēnīgān māzdēsnān rāst frāz-guftārān ᴵnūn-iz ᴵka-iz ᴵēn dādestān ēdōn ᴵamāh meh-dāštār marag ⁺xrušdōmandīhātar tuxšāgīhātar ahlāyīh ahlāyēn-⟨ē⟩m ᴵkū kār ud kirbag ᴵkunēm. 文中,「(われらは)天則を天則たらしめている」ahlāyīh ahlāyēnēm→118頁註63; 461頁.

9)「乳や草木の中にある甘味と脂肪味」は šīrēnīh ud čarbīh [w]ᴵandar pēm ⟨ud⟩ urwar.

10)「飲食」は xwarišn xwārišn とあるが, xwarišn のみでよいかもしれぬ．

11)「ダハーグが縄を断ちきること」rānag-bandīh ī Dahāg とは，それまでフレードーンによってデマヴェンドにしばりつけられていたダハーグが，みずからその縄を解いてしまうこと．

12)「ソーシュヤンスを助け(るため)に」は ᴵō ayārīh ⟨ī⟩ Sōšyans.

13)「起こる, と明かされている」は ᴵbūd⟨an⟩ paydāg.

14)「どのようですか」は [w]ᴵčē…ᴵast.

15)「30年がすぎないとき」→127頁註26.

16)「少女」は[ᴵō] kanīg.

17)「かの女は～排除するという意味)」は ᴵkē Gawāg-ᴵpid ᴵēd ᴵkū ᴵmād ī ᴵōy ī gawāg Sōšyans ᴵkū ēbgat petyārag ᴵbē burd⟨an⟩ nimūdār. 文中, Gawāg-ᴵpid「父を栄えさせるもの」はAv Ǝrədaṱ.fəδrī-(「父を栄えさせる女」の謂い)の MP 訳. gav- 'to

increase'については→H. W. Bailey: *Zoroastrian Problems in the Ninth-Century Books*, Oxford 1943, p. 83.
18) 「ザルドゥシュトの子」は ｜pus⟨ī⟩ Zarduxšt.
19) 「生んで生む」は ｜pad ⁺｜zāyišn ⁺｜zāyēd.
20) 「造軀者」tan-kardār とは後得身 tan ī pasēn——すなわち建て直し後の世界——をつくり出す者, の謂いであるが, 以下の説明によると, 身体をそなえている人間の至福を求めて行動する「活動者, 行動者」kardār の謂いに解されている. さればこそ, §17 末尾(訳文の)では「活動者」kardār とのみあって, tan-kardār とはなっていないのであろう. ——§17 については→121頁註109.
21) 「利益する」は ⁺sawēnēd.
22) 「活動者」kardār→註20.
23) 「身体をそなえ~活動者である」(§17 の終わり)は ēdōn kardār čiyōn [｜ka] tanōmand ud ĵānōmand astagōmandān mardōmān as⟨ē⟩ĵīh ｜abar ｜xwāhēd.
24) 「男たちと」は ⁺｜abāg ｜mardān.
25) 「天頂」は bālist ī ｜ān ⁺asmān.
26) 「そしてそれは~回帰するであろう」は Dk VII・8・58 に従って ud ｜abar ō ｜ān gāh ｜ān ｜abāz ｜bē ｜rasēd ｜kū ｜ān ⟨fratom⟩ ｜pad ⟨frāz-⟩brēhēnišnīh frāz-brēhēnīd と補読したもの.

(デーンカルド第7巻第11章)

D307: 15=M674: 22　　　　　　　　　　　M675
(1)　ウシェーダルマーフの千年紀の終わりと利益者・勝利者(ソーシュヤンス)の到来とののち(と)，ソーシュヤンスの57年の終わりと世界の中に建て直しを創り出すこと[1]とに至るまで，との奇蹟について．

(2)　身体と神力，光輪におけるソーシュヤンスの奇蹟について(デーンはこう)言っている，曰く

ウシェーダルマーフの(もろもろの)時世の転機[2]のうち最後の転機[2]の到来時に，かの霊食・日身の[3]《即ち，かれの身体が太陽のようにかがやく》人ソーシュヤンスが生まれるであろう．

(また)こうも(言っている)，曰く

かれ(ソーシュヤンス)は六眼をそなえてあらゆる方処を見，ドルズの敵意にたいする手段を見いだすであろう．

(3)　(また)こうも(言っている)，曰く
D306
かれ(ソーシュヤンス)にはカイ王朝の勝利の光輪が随伴するが，それは英雄フレードーンがアズ・ダハーグを討った[4]とき携えていたもので，またかれカイ・フスラウがトゥーラーン人フラングラスヤーグを討ったとき携えていたものであり，またかれフラングラスヤーグが不義者[5]ゼーニーガーグ[6]を討ったとき携えていたものであり，またかれカイ・ウィシュタースプが，かれが天則に帰したときに，携えていたところのもの[7]．それ(光輪)をもって，かれ(ソーシュヤンス)はドルズを天則の世界から排除するであろう．

(4)　またこうも(言っている)，曰く

その57年間に，両足族その他のドルズ類[8]は滅亡し，また病気と老齢，死

と苦痛とあらゆる不祥，暴政と破義と邪悪は敗退し，たえず草木は金色に繁茂し，すべての衆類は歓喜するであろう．(人びとは，はじめの) 17年間は草食，(つぎの) 30年間は水食，(最後の) 10年間は霊食となろう[9]．

(5) また，もろもろの神力者，もろもろの光輪者，もろもろの強力者全部の上にあったすべての神力と光輪と強力がかれ(ソーシュヤンス)の上に[10]来集するであろう，そして(それも)，かれ(ソーシュヤンス)によって，神力あり強力ある多くの王子・勇士[11]が(眠りから)起こされて[12]，かれらの強力と光輪によってすべてのドルズ軍[13]が打ち負かされるとき，そのかれ(ソーシュヤンス)に(来集するであろう)． (6) そしてすべての人は，かれ(ソーシュヤンス)のもろもろの協同者が力を得るようにとの創造主(オフルマズド)の御意と命令に従って，オフルマズドのデーンを中心とする一つの協同体にまとまるであろう．
(7) 57か年の終わりにドルズ・アフレマンは敗亡し，建て直し・後得身が起こり，すべてのよき衆類は清浄・満福をもって安住すること， (8) デーンが(こう)言っているがごとくである，曰く

第三・千年紀[14]がマーズデースン者らのデーンにすぎると，そのときペーローズガル[15]という名のマーズデースン者が 1千の協同者とともにカンマサーイ湖[16]から出てきて……心性吝嗇にして盲，道外れや不義の人(それは暴君)を討ち[17]，そしてかれらを滅亡させるであろう． (9) そのとき，かれらマーズデースン者は討つが，しかしかれらは討たれる身ではない[18]．
(10)[19] そのとき，かれらマーズデースン者はつねに生き，そしてつねに利益し[20]，またつねに自在なる[21]建て直しを世の中に望みに従って[22]創り出すであろう． (11)[23] そのとき，オフルマズドなる余はつねに生き，そしてつねに利益し，またつねに自在なる[24]建て直しを世の中に望みに従って創り出すであろう．

註

1) 「世界の中に建て直しを創り出すこと」は frašgird-dahišnīh ˈandar axwān[y]．
2) 「転機」wardišnīh とは「切れ目」のこと．
3) 「霊食・日身の」は mēnōg-xwarišn xwaršēd-kirb．「霊食の」とはメーノーグ的，不可見なる食物を摂取するもの，の謂いで，なにも飲食せずに生きているもののこと．

これについては→§4.「日身の」とは太陽の姿をしているもの, の謂い.
4)「討った」は $^+$ ˈzad.
5)「不義者」は druwa⟨n⟩d.
6)「ゼーニーガーグ」が zts'k と書かれているのは zynyg'k である. Av Zaini.gu-(ザニーグ)であるが,かれはヤシュト 19:93 では光輪でなく,投槍で殺されたとある. §3 ではアヴェスターの投槍が光輪によみがえられている.
7)「またかれカイ・ウィシュタースプが～携えていたところのもの」は ⟨ˈu-š⟩ ˈburd Kay-Wištāsp ˈka ˈō ahlāyīh ˈān ˈbē hāxtīd「またかれカイ・ウィシュタースプが,かれが天則に教化されたときに,携えていたところのもの」.
8)「両足族その他のドルズ類」2 zang-tōhmag abārīg druzīh とは,人間界のドルズやその他の種類のドルズ.
9)「(最後の)10 年間は霊食となろう」10 ˈsāl mēnōg-xwarišn→註 3. Bd TD_1 190: 4-5=TD_2 221: 10-11 には「ソーシュヤンスの来る 10 年前が,かれらは無食となるが死なない」とある.
10)「かれの上に」は ˈpad ˈōy[y].
11)「多くの王子・勇士」は ˈwas kay wīr[w].
12)「起こされて」は $^+$hangēzīhēd $^+$ud.
13)「すべてのドルズ軍」は hamāg druz-[w]gurdīh.
14)「第三・千年紀」——Dk VII・9・14 にザルドゥシュトの千年紀が第一・千年紀とされ, VII・10・11 にはウシェーダルの千年紀が第二の千年紀とされているから,ここの第三・千年紀はウシェーダルマーフの千年紀となる順序であるが,実際にはソーシュヤンスの千年紀である.
15)「ペーローズガル」[w]Pērōzgar は「勝利者」の謂い. ヤシュト 19:95 ではこの語は「勝利者アストワス・ルタ Astvat̰.ərəta のもろもろの朋(とも)はすすんでいく」のようにアストワス・ルタすなわちソーシュヤンスの形容詞となっているが,ここではソーシュヤンスから独立した別個の人名となっている.
16)「カンマサーイ湖」ˈāb k'nm's'y[Kanmasāy]はカンス湖(Av Kąsaoya-)のことであろう. 現シースターン湖(ハームーン湖).
17)「て……心性客嗇にして盲,道外れや不義の人《それは暴君》を討ち」は ud byl pwwy 'ym w kwlč 'wl'ṣ ud mardōm druwand ī sāstār ˈzanēd は ud…pen[y]-xēm ud kōr-iz anrāh ud mardōm druwand ī sāstār ˈzanēd とよんだもの. しかし子音のみで写した部分は解読不確実であり,中でも byl がそうで,訳文にも「……」として残した. Molé は byl pwwy を by lpwwy のように解して bē rawēnd「かれら(協同者)はすすんでいく」とよみ,ヤシュト 19:95 の frāyente「かれら(朋(とも)たち)はすすんでいく」(→註 15)の MP 訳とするが,うたがわしい. 動詞は単数であるべきに複数となるのも不合理.
18)「討たれる身ではない」は ˈnē zadārōmand「かれらは(かれら自身を)討つ者をもつものでない」の簡訳.
19)§§ 10-11→ヤシュト 19:89.
20)「つねに利益し」は [w]hamē-sūd.

21) 「つねに自在なる」は hamē [w]kāmag-xwadāy.
22) 「望みに従って」は ⟨ᵖpad⟩ kāmag「願いに従って」.
23) →註 19.
24) 「またつねに自在なる」は ⟨ud hamē⟩ kāmag-xwadāy.

(デーンカルド第5巻第1章)

D494: 1=M433: 1
(1) 勝利は創造主オフルマズド（と）あらゆる知識の源泉たる，マーズデースン者のデーンの光輪とのもの．

(2) 第5(巻)．

(この巻はイ・ロ・ハ・ニ・ホ・ヘ……について取り扱うもの．すなわち)

(イ) 故アードゥルファルローバギー・ファルロクザーダーンの語について——かれはフデーン者らのペーショーバーイであった．(語は)デームラーとよばれる書に(あるもの)[1]．(3)[2] 要するに，ヤアクービー・ハーリサーニがデーラマーともよぶ諸部族といっしょに堅信の語を表白したとき，そのかれ(ヤアクーブ)の(出した)目ぼしい若干の質問についての，フデーン者らのペーショーバーイ，アードゥルファルローバギー・ファルロクザーダーンの返答である．して，そのかれらは談合してかれ(アードゥルファルローバグ)のもとに来たもの．

(4) (ロ)かれら(エーラーン人)の父祖として，ボークト・ナレサフの指揮下にあってかの(デーラマー)部族の連合軍の軍長として赴役したところの(もろもろの)エーラーン人首領——そ(のもろもろの首領と)は，(5)イスラエルの子らの道ならぬ律法・邪悪な行為と(かれらの)おそるべき悪魔崇拝ならびにかれらからくる危害を無力にするために，国王カイ・ロフラースプがエーラーン国からボークト・ナレサフといっしょに，フローム・マクディス(エルサレム)およびその地方に住むものに向けて派遣したところのもの——[3]，(6)および，デーンの(もろもろの)時代に出て，多くの対論的・論考的・釈義的な問いと答え(をかさねて)ののちに，断簡となった書物にあるフデーン的信仰やもろもろの部族にあるデーン的慣習を総合考察しつつ[4]デーンの啓示の断片を再組織し

ようとする追求者《追求するのにふさわしい言説者たる謙虚な弟子》について5).

(7) (ハ)6)ザルドゥシュトより前のもろもろの予言者がこのデーンをどのように受け入れたか，また清浄なる故ザルドゥシュティー・スピターマーンがM434どのようにして来たか，またのちのちに来るであろう同じ清浄なウェフ・デーンのもろもろの将来者(がどのように来るか) (8)《即ち，もろもろの予言者・もろもろの使者・もろもろのデーン受容者の中にはガョーマルトのように十全に完全に受け入れたものがあったし，またマシュヤグ7)やシャーマグやホーシュヤング8)やタクモーラブやジャムやフレードーンやマーヌシュチフルやサーD493マグやカイ王朝，その他，時の(経過)中に出た多くのペーショーバーイ9)たちのように，それの断片を(受け入れたものも)あった》，(9)ならびにかれらが受容(したもの)を時代時代に適切に実施してそれにより，もろもろの庶類の(蒙る)侵襲を排除し，(かれらの)利益と幸福を求め，世を治めて創造主ともろもろのよき衆類とを満足させることについて10).

註

1) 「第5(巻)．～(語は)デームラーとよばれる書に(あるもの)」(§2の終わり)は panjom(イ)ˡabar gōwišn ⟨ī⟩ hufraward Ādur-farrōbag ī Farroxzādān hudēnān pēšōbāy ˡbūd ˡpad-iz nibēg ī ⁺Dēmlā ˡxwānīhēd. 原文では Farroxzādān のつぎに∵がおかれて，小段落のあることを示している．「ペーショーバーイ」→18頁註100. ⁺Dēmlā は syml' と書かれているのを s[y]ml' に読みかえたもの．書名は明らかに部族名 Dēlamā から出ている．→註2; 151頁註18 および Jean de Menasce: *Une encyclopédie mazdéenne le Dēnkart*, Paris 1958, pp. 29–32. (イ)(ロ)(ハ)(ニ)(ホ)(ヘ)までは第1～4章で，(ト)以下は第5章以下に入るが，この訳は(ヘ)までを収めて以下は省くことになる．

2) §3は hangirdīg passox ī Ādurfarrōbag ī Farroxzādān hudēnān pēšōbāy ˡabar nišānagīg ī pursišn ēčand ī Ya'qūb ī Hāliṭāni čiyōn-⁺iš guft ōstīg ⟨w⟩āz ⟨ˡaz⟩ ˡhammis ramān ˡī-šān Dēlamā-iz ˡxwānēnd ˡkē-šān ham [w]pursag frāz awiš ⁺ˡrasišnīg. 文中，Dēlamā-iz は slm'č と書かれている．→註1; 151頁註18.

3) 「(ロ)かれらの父祖として～その地方に住むものに向けて派遣したところのもの──」(§5の終わり)は(ロ)ˡabar sālār Ēr-tōhmagan ˡkē ˡšud ˡī-šān niyāgān ˡpad spāhsālārīh ⟨ī⟩ hamdōstīg [ud] spāhīgīh ī ˡān ram ˡandar spāh-bedīh ī Bōxt-Naresah ī (5) ˡabar akārēnidan ī abārōn dādīh wad-kunišnīh ī Benī Isrā'el ud garān ˡdēwīzagīh ud ziyān ī az-išān ˡpad ˡfrēstīd ī dahibed Kay Lohrāsp ˡaz Ērān-šahr ˡabāg Bōxt-Naresah ō Hrōm Magdis ud ˡān kustag ⁺mānišn.

4) 「もろもろの部族にあるデーン的慣習を綜合考察しつつ」は dēnīg ristag ⁺ˡpad

⁺ramīgān ⁺hamuskāragīhā. ⁺ˈpad ⁺ramīgān は pwlmyk'w¹ を PW⟨N⟩ ramīgān=ˈpad ramīgān としたもの. ⁺hamuskāragīhā は ym'wsk'lky' を 'm'wsk'lky''=hm'wsk'lkyh' としたもの.

5)「および,デーンのもろもろの時代に出て～追求者《追求するのにふさわしい言説者たる謙虚な弟子》について」(§6 全文) は ud hudēn wirrōyišn ˈpad društag mādayān ⟨ud⟩ dēnīg ristag ⁺ˈpad ⁺ramīgān ⁺hamuskāragīhā dēn-āgāhīh društag-1 [ud] ˈdid rāyēnišnīhā [ud] dēnē zamānīg xwāstār ˈˈpas ˈaz ˈwas ˈān ī pahikārišnīg uskārišnīg čim-wizōyišnīg puršišn ud passox narm hāwišt [ud] saxwanīg xwāyišnīhā passazag. 文脈からは §§4-6 が一節をなすもので,訳文 §6 末尾の「について」は原文 §4 冒頭のˈabar(→註3)にあたり,全体は「(もろもろの)エーラーン人首領……および……追求者について」(ˈabar sālār Ēr-tōhmagan…ud…xwāstār)のような文脈である.

6) §§7-9 は(ハ) ˈabar čiyōn ˈpadīrift paygāmbarān ī ˈpēš ˈaz Zarduxšt ˈēn dēn ud čiyōn ˈāmad[y] abēzag hufraward Zarduxšt ī Spitāmān ud ˈkē ˈāyēnd ˈpas ˈpas ˈāwurdārān ī ham abēzag ˈweh dēn (8) ˈkū ˈaz paygāmbarān frēstagān dēn-padīriftārān ˈbūd ˈkē hangirdīg bowandag padīrift čiyōn Gayōmart ⟨ud⟩ ˈbūd ˈkē društag az-iš čiyōn Mašyag ud S⟨y⟩āmag ⟨ud⟩ Hōšyang ud Taxmōrab ⟨ud⟩ J̌am ud Frēdōn ud Mānuščihr ud Sāmag ud Kayān ˈany-iz ˈwas ⁺pēšōbāyān ī ˈandar zamānag (9) ˈu-šān padīrišn passazagīhā ˈandar āwām āwām ˈō kardag ˈkard⟨an⟩ ud padiš dāmān petyārag spōxtan sūd ud frāxīh ˈxwāst⟨an⟩ gēhān rāyēnīd⟨an⟩ ud dādār ud ˈweh dahišnān šnāyēnīdan.

7)「マシュヤグ」mšš→14 頁註 22.
8)「ホーシュヤング」h'wšng→15 頁註 40.
9)「ペーショーバーイ」→18 頁註 100.
10)「について」は原文では §7 の文首にある ˈabar→註 6.

(デーンカルド第5巻第2章[1])

D493: 4=M434
(1) ザルドゥシュトは清浄な光明の中において，もろもろのアマフラスパンドと同等なるものとして，原初の創造からこのかた――（デーンを）包括的とともにまた逐一的に，完全でそこに遺漏のないように受けて（その）デーンを世にひろめるために――メーノーグ者として形づくられて仕上げられてあった[2]．(2)[3]形体を身にまとうてゲーティーグ的なものとして出現するようにとかれ（ザルドゥシュト）が送り出されたとき，ジャム一門におけるとまったく同じように，偉大な光輪と光明が（かれの）上にいつも見うけられた．かれの父ポルシャースプがかれの母ドゥグダーウに来てから生まれるまで，（生まれてからは）存命中，かの女は自身の家からその行くところ（どこ）で（でも），燦然とそしてたくましく，火の光りのように，遠くの地に，光明と光輝と照り返しを与えたのである．(3)もろもろの呪師，もろもろのパリーグ女，もろもろの暴君，もろもろのカヤクやもろもろのカルブ，その他もろもろの悪人にして，かれ（ザルドゥシュト）の誕生時や幼時に（かれを）毀損したいと欲したものどもはかれに忍び寄り，あるいは死，あるいは虚脱，そしてついに，あるいは手を下くだしての死[4]やその他の衰弱が眼にあらわに《集会で明らかになるように》[5]（かれの）上にやってきた．(4)[6]そして，ついには，狼その他の野獣（の登場となり）――ポルM435
シャースプの一族のうちで呪師・デーウ奉祀者は手段を求め，（それを）ためすために，そのかれら（狼その他の野獣）に（かれザルドゥシュトを）投げ（与え）たのである．

(5) 同じように（こういうことが）明かされている．ワフマンがかれ（ザルドゥシュト）にやどっているために[7]，かれは誕生にさいして笑った．(6)かれはオフルマズドと対話を交え[8]，デーンを受け入れた．アフレマン，多くのもろ

もろのデーウ・もろもろのドルズは（かれを）おそれさせ，苦しめ，そして（かれと）論争し，（かれがもとの信仰に）回心することを求めるために[9]，かれのもとにやってきた．（しかし）かれらは何ものも得ることなくて打ちのめされ打ちひしがれて，かれのもとから引き返した．けだし，かの清浄なるもの（ザルドゥシュト）がアヴェスター語で，オフルマズドの御意の最勝なること，武装のととのえられていること，また報賞の明らかなこと，また力強い支配，さらに敵対・災害にたいする道の指示[10]，（7）およびもろもろのヤズドの最後の勝利ならびにかれ（ら，もろもろのヤズド）が同じようにととのえている事柄[11]を，説いたためである[12]．そして，それより前には世界を顕(あら)わに来往していたもろもろのデーウは衰えて[13]形(ぎょう)体(たい)はやぶれ，隠遁潜伏状態に変じたので，もろもろの迷わされたものや，もろもろの詐(いつわ)られたもの[14]，さらにはもろもろの詐るもの[15]，もろもろの急進反対論者（のあいだ）で，かれ（ザルドゥシュト）にたいし信憑が起こった[16]．（8）完全にオフルマズドから受け入れたデーンをもって[17]，平安王カイ・ウィシュタースプと世の人びと[18]を教化しに来たとき，かれ（ザルドゥシュト）は，多種の光輪のはたらきとデーウとドルズとの調伏とを示し，また[19]ウィシュタースプ王や多くの（人びとの）心想と，多くの隠れた事柄とを言いあて，また肢体をそなえて生きている身体――かれは身体のその肢体をないようにしたりまた身体をもとの生きたものに戻した[20]りし（てみせ）たし，また多くの，もろもろの呪師・もろもろのデーウ奉祀者，もろもろのデーウ対話者，およびもろもろのデーウ化者，もろもろの詐るもの，もろもろの急進反対論者[21]，（9）また，もろもろのバビロニア人博士――これはクワニラフのもろもろの首長に謎掛け（質問）に来たもの[22]――とともに，12宿から[23]その名の由来せる，かの十二星派の2人，を相手に[24]，論争によって免出した[25]．しかし，ジャムシェードからこのかた類例のないものとしてあらわれ，またそれの証人同伴としてワフマン，アシャワヒシュト，火およびその他幾柱かのメーノーグ者がいつも見うけられたあのようなメーノーグ的ならびにゲーティーグ的な，くすしき神力行をもってしても[26]，（10）[27]なおかつ，オフルマズドのデーンのことばはみなウィシュタースプと世の人びとには，自分のことばにたいする

同じようなもろもろの反対論の中から(ひとり)ぬけ出て特別にもっとも友好的であるとみなすべきか，(それとも，自分のことばにたいする)同じようなもろもろの反対論と同様にもっとも敵対的であるかどうか，考慮しかつ衡量しなければならぬものであった． (11)28)そして，光輪のはたらきによって，論争による免出と，もろもろの予言者・もろもろの預言者の(そなえる)あらゆる種類の特色のあらわれとが(かれザルドゥシュトに)あり29)，そして，そのようなことが確実な証人を伴なって信憑するに足るものとなったときにも，なおかつ，平安王カイ・ウィシュタースプはデーンの敵ヒヨン(人)にたいして(いだいて)いた恐怖，およびその他のことのために30)，かれがデーンの弘通を受け入れたのは，かれが偉大な光輪と秘密を， (12)31)ザレール，スパンドヤード，フラショーシュタルおよびジャーマースプとともに，見たときであり32)，いく人かの，国の最高の貴顕，善行の善人たち，宮廷人(たち)がオフルマズドともろもろのアマフラスバンドとの御意にして必須なるもの，もろもろの庶類にとって不可欠なるものこそデーンの流布であることを目のあたりに見， (13)33)最後には，もろもろのデーウの回心を促進する必要のあることを見た(ときである)．かぞえきれぬほどデーン帰依者は抗戦しながら立ち向かった．そして，清浄とならんがための多くの戦闘と殺戮が起こったが，けだし，混合が世の中でデーンに行われていたからである．

(14) そしてかれ(ザルドゥシュト)の同じ清浄なデーンを新しくもたらし完全に組織するものたち34)こそウシェーダル，ウシェーダルマーフ，ソーシュヤンスであり，このオフルマズドのデーンの完全な流布によって35)，すべてのよき庶類が侵襲をうけぬ状態と(かれらが)どこまでも安楽なる状態とがあらわれるであろう．

註

1) 第2章は第1章§7(ハ)を詳しく再説したもので，章として別出するのは適切でない．この(ハ)について(ニ)にあたるものは第3章§1以下である．

2) 「メーノーグ者として形づくられて仕上げられてあった」は mēnōgīg ⁺tāšīd ⁺ud ⁺pardāxt ˡēstād．

3) §2は ˡka ˡō kirb-⟨p⟩aymōgīh ud [stī] gētīg paydāgīh ˡfrēstīhist ˡwuzurg [w]-

¹xwarrah ud rōšnīh owōn ¹abar dīdārīg ¹būd ī ham čiyōn ¹andar Ĵam tōhmag ¹⁺az Porušāsp ⟨¹ī-š⟩ ¹pid ¹ō Dugdāw ¹ī-š mādar madan ¹tā-iz ¹zād ĵān dra⟨h⟩nāy ¹az ¹xwēš mān gyāg ¹kū franaft burzīhā ud stabrīhā brāh ⟨ī⟩ ātaxš homānāg ¹ō dūr zamīg rōšnīh ud bām ud payrōg dād.

4) 「手を下しての死」は原語を ¹andar-¹dast-ōš「手中における死(?)」と解読したものであるが, 具体的にどのようなことか不明. あるいは解読に誤りがあるかもしれない.

5) 「眼にあらわに《集会で明らかになるように》」は ⟨w⟩ēnābdāg hanĵaman-paydāgīhā. 集会で皆の眼にはっきりと論証されるように, ということ.

6) §4 は ud ¹tā-iz gurgān abārīg gadān ¹kē-šān ¹az ¹bē ī Porušāsp xwēšāwandān ī ĵādūg ¹dēw-īzag čārīh-xwāhīh ¹bē ¹pad-iz uzmāyišn frāz ō-šān ¹abgand.

7) 「ワフマンがかれにやどっているために」は Wahman pad-iš mehmānīh rā⟨y⟩.

8) 「かれはオフルマズドと対話を交え」は mad ¹ō ¹pad hampursagīh ⟨ī⟩ Ohrmazd.

9) 「おそれさせ, 苦しめ, そして論争し, 回心することを求めるために」は ¹pad bīm-nimāyišnīh wōiγn-dahišnīh ud pahikārišn xwāhišn [w]hāzišn.

10) 「敵対・災害にたいする道の指示」は ēbgat ziyān rāh nimāyīh.

11) 「かれ(ら)が同じようにととのえている事柄」はむしろ ¹čē-š⟨ān⟩ ham-rāyēnišn として「かれらが同じようにととのえている事柄」とする方がよいかもしれぬ.

12) 「説いたためである」¹pad…frāz gōwišnīh は原文では §6 の中に入っている ¹pad ¹ān ī ¹ōy ī abēzag frāz gōwišnīh abestāg ēwāzīg「けだし, かの清浄なるもの(ザルドゥシュト)がアヴェスター語で説いたためである」中の一部である.

13) 「衰えて」は nirfs⟨ī⟩d ¹hēnd.

14) 「もろもろの詐られたもの」は ⁺frēftagān.

15) 「もろもろの詐るもの」は ⁺frēftārān.

16) 「かれにたいし信憑が起こった」は ⁺pad-iš ōstīgīh ¹būd.

17) 「完全にオフルマズドから受け入れたデーンをもって」は ¹pad bowandag ¹padīrift dēn ¹az Ohrmazd.

18) 「平安王カイ・ウィシュタースプと世の人びと」は rām-⁺šāh Kay Wištāsp ⟨ud⟩ gēhānīgān.

19) 「デーウとドルズとの調伏とを示し, また」は ¹dēw ud druz wānišnīh ⁺nimūd ⁺ud.

20) 「戻した」は [w]¹abāz kard.

21) 「また多くの〜もろもろの急進反対論者」(§8 の終わり)は ud padīrag ¹was ĵādūgān ¹dēw-īzagān ¹dēw-hampursagān ud ⁺¹dēwēnīdagān ⁺frēftārān škaft pahikārān. 文中,「もろもろのデーウ対話者」は ¹dēw-hampursagān「デーウと対話するものたち」.「もろもろのデーウ化者」は ⁺¹dēwēnīdagān「デーウにされた, デーウとなったものたち」. 原本には ¹dēw ywytk'n とあるが, 一語にして上記のようによむべきもの. §7 の「もろもろの詐られたもの」frēftagān に相当するらしい. padīrag→註24.

22) 「これはクワニラフのもろもろの首長に謎掛け《質問》)に来たもの」は ¹ēd ¹kē ¹az

(デーンカルド第5巻第2章)　　　　　　145

Xwanirah sar-xwadāyān frašn pursišn ˡāmad ˡhēnd. frašn は質疑・問責などを意味するが，謎掛けと訳したのは難問の提起が考えられるからである.
23) 「12宿から云々」については Dk VII・4・73 に「12星から云々」とあるのをみよ.
24) 「を相手に」はpadīrag「に対して，に対抗して」で，原文では§8にあり，註21に示した padīrag がそれ.
25) 「論争によって免出した」は ˡpad pahikār bōxt. 「免出した」とは正当なことが立証された，ということ.
26) 「しかし，ジャムシェードからこのかた～くすしき神力行をもってしても」(§9の終わり)は ud ˡabāg⟨-iz⟩ ˡān ēwēnag mēnōgīg ud gētīg widimāsīg warz-kārīh ī frāz ˡaz J̌amšēd an-hangōšīdagīhā ⟨w⟩paydāgīhist ⟨ud⟩ gugāy-ˡabāgīh ˡī-š Wahman Ašawahišt ātaxš ud abārīg čand ˡweh mēnōg dīdārīg. 火(ātaxš)は火神.
27) §10 は ˡpas-iz hamāg gōwišn ī Ohrmazd dēn handāz⟨išn⟩ ud tarāzēnišn frāz ˡō Wištāsp ud gēhān⟨īg⟩ān čiyōn škaft hamālēnīdārīhātar dāštan frāztar-iz ˡaz ham pahïkārān padīrag ˡxwēš ˡsaxwan čiyōn hamēmālīhātar ˡabāg ham pahikārān ˡēstād⟨an⟩.
28) §11(→註29) は ˡka-iz ˡpad ˡxwarrah kārīh bōxt-pahikārīh ud ˡhar ēwēnag ī paygāmbarān waxšwarān daxšag-⟨w⟩paydāgīh ud ˡān owōn ˡabāg ēwarīg [guāy] gugāy wābarīgānīhist ˡpas-iz rām-⁺šāh Kay Wištāsp bīm ī dēn petyārag Xiyōn-iz ˡbūd ud ⁺ˡany ˡaz rāy-iš dēn-rawāgēnīdārīh ˡēg padīrift ˡka-š ˡdīd ˡwuzurg ˡxwarrah ⟨ud⟩ rāz.
29) 「論争による免出と，もろもろの予言者・もろもろの預言者のあらゆる種類の特色のあらわれとがあり」とは，ザルドゥシュトが論争によって免出し(→註25)，また予言者たちのもつ特色がすべてザルドゥシュトの身の上にあらわれた，ということ.
30) 「およびその他のことのために」ud ⁺ˡany ˡaz rāy の ⁺ˡany は "w を "ww に改めたもの. 失われたアヴェスター・テキストではこの語(Av anya-)が単数奪格であらわれ，そのあとに hača が来ていたらしく，それを直訳してさらに rāy を付加したものと解される. Molé は ud ⁺ˡany ˡaz rāy を wihān ⁺ˡkē rāy「(恐怖の)理由──それのために」とするが不可.
31) §12 は ˡhammis Zarēr ⁺Spandyād Frašōštar ud J̌āmāsp čand kišwarīg meh paydāg hukunišn ⟨w⟩ehān ⟨w⟩āspuhragān ˡmardōm ˡān ī Ohrmazd ud Amahraspandān kām ud abāyišnīgīh ⁺dāmān ⁺awizīrišnīg rawāg-dēnīh wēnābdāg ˡbē ⁺ˡdīd.
32) 「見たときであり」は，原文では§11の末尾近くにある ˡka-š ˡdīd. →註28.
33) §13 は abdom ˡdēwān hāzišn sarēnišn ˡbē ˡdīd ˡpād ˡaz ōšmār dēn-⁺āstawān ⁺tagīg-kōšišnīhā padīrag ˡēstād ˡhēnd ud ˡwas ardīg ud ˡōzanišn ˡbūd ī abēzagīhā ˡbūd ˡkū gumēzagīh dēn ˡandar gēhān ˡbē ˡraft.
34) 「完全に組織するものたち」は sp⟨u⟩rr-rāyēnīdārān.
35) 「このオフルマズドのデーンの完全な流布によって」は ˡpad bowa⟨n⟩dag rawāgīh ⟨ī⟩ ˡēn Ohrmazd dēn.

(デーンカルド第5巻第3章)

D491: 7=M437: 3
(1) (ニ)[1]ザルドゥシュトの恩寵者としての資質，予知者としての資質，満善者としての資質からかつてあらわれ，そして現にあらわれ，未来にあらわれるだろうところのこと[2]，即ち，それをかさねていえば，例えば，アルジャースプとヒヨン人その他の非エーラーン人にたいするカイ・ウィシュタースプとエーラーン人の勝利，それに関連する無数の一々[3]の事柄，他の必要事にさいしてウィシュタースプと邦民のくだした，その他の決定[4](のごとき)，(2)またトゥーラーン人ブラーダローレーシュがザルドゥシュト自身に加えた弑殺[5]，スリティー・ウィスラバーンによる車輛の制作ならびにそれに関連する(事柄)，(3)のちのちのもろもろの時代にかつて生起し，また未来に到来するであろうもろもろの有名な事柄[6]——そのなかでもアレクサンダルやアグレーラフ[7]のごときもろもろの起災者，加害者マルコースやダハーグおよびその他のもの，さらにはもろもろの造釈家[8]，もろもろの起信者[9]，マシフ[10]やマーネー[11]およびその他のもの，さらには鋼の(時代)や鉄の混合したのやその他の(時代の)ようなもろもろの時代[12]，また，アルダクシール，アードゥルバード，フスラウやピシショータン，ウシェーダル[13]，ウシェーダルマーフ，ソーシュヤンスその他もろもろのもののごとき，もろもろのデーン整復者・もろもろの(デーン)興隆者・もろもろの(デーン)将来者[14]——，(4)[15]ならびに，時代時代にかつて出現しまた未来に到来するであろうところの風習，行動，もろもろの兆——これはジャーマースプがザルドゥシュトの教えから(取り出して)述べ，一部は(みずから)書きとめたもの(すなわち)アベスターグとザンドとで，これは牛皮にそして金(泥)で書かれ諸王の宝庫に保管されてあったが，(5)もろもろの国王・もろもろのダストワルがそれからかつて多くの写しを作成し，また，のち

になると，もろもろの通暁者にも，もろもろの破壊者にも，そこから，異解・
D490
異見を加えるものがいくつか(出てきて)加わったのである——について[16].

註

1) (二)については→143頁註1.
2) 「ザルドゥシュトの恩寵者としての資質～未来にあらわれるだろうところのこと」は |abar |ān ī |az abzōnīgīh pēš-xradīh purr-nēkīh ī Zarduxšt ⁺paydāgīhist ⁺ud paydāg ⁺paydāgīhēd. ただし，文首の |abar「について」は訳文では§5の末尾にある．→註16.
3) 「一々」は ⁺ēk ēk.
4) 「他の必要事にさいしてウィシュタースプと邦民のくだした，その他の決定」は abārīg wizīdārīh ⟨ī⟩ Wištāsp ⟨ud⟩ ⁺kišwarīgān |andar |any abāyist.
5) 「弑殺」は |ōzad⟨an⟩.
6) 「かつて生起し，また未来に到来するであろうもろもろの有名な事柄」は nāmčištīg |tisān ī… mad[an] ud |rasēd.
7) 「アレクサンダルやアグレーラフ」は Aleksandar[y] ud ⁺Agrērah ('kly'lt¹ 改め).
8) 「もろもろの造釈家」はzand-garān. zand-gar「ザンドをつくる者」とは独自の解釈を打ち出すもの．
9) 「もろもろの起信者」は wirrōyišn-⁺garān. wirrōyišn-gar「信仰・信条をつくる者」とは独自の信条を打ち出すもの．
10) 「マシフ」mš'=mšh はマシュヤグとよむべきものか．
11) 「マーネー」Mānē はマーニー，マニ教の開祖．
12) 「さらには鋼の(時代)や鉄の混合したのやその他の(時代の)ようなもろもろの時代」は ud āwāmīhā čiyōn p⟨ō⟩lāwadēn āhen-⁺abargumēxt ⁺ud abārīg.
13) 「ウシェーダル」はUšēdar[ān].
14) 「もろもろのデーン整復者～将来者」は dēn-ārāstārān winārdārān |āwurdārān.
15) §§4-5 は ud ristag kunišn nišānīhā |andar āwām āwām |ō paydāgīh mad ud |rasēd |ēd |čē Ĵāmāsp |az |ān ī Zarduxšt āmōg |bē guft[an] ud |ast ī nibišt ǰomā Abestāg ud Zand ī |pad gāw-pō[w]stagānīhā ud |zarr nibišt |ēstād |pad ganz ī xwadāyān dāšt (5) dahibedān dastwarān az-iš |būd ī wēš pačēn ⁺kard ⁺ud |pas-iz āgāhān ud wināhīdārān-iz az-iš |ast ī mad |būd ī ǰud-dādestānīh ǰud-wēnišnīh |abar |burd.
16) 「について」|abar→註2.

(デーンカルド第5巻第4章)

D490:1=M438:1
(1) (ホ)エーラーン人の血統が選ばれたものであり，また最勝のものであること[1]，即ち[2]，対敵とけがれた混合が衆類にやってくるやいなや，まずスヤーマグ[3]のもろもろの児孫のなかで血統が分裂して，すぐれてよき知慧をそなえている資質[4]，またよき心性をそなえている資質，またよき愛情をそなえている資質，よき感謝をそなえている資質，よき羞恥をそなえている資質，また希望をいだかせる資質，また施与する資質，公正，高貴，よき友たる資質，その他の徳性および光輪責務はフラワーグのなかにおさまった[5]．そして，もろもろの異域者(よそもの)には背を向けて，(2)そのようなよい資質と光輪は，ついで[6]，原初の混合から，もろもろのデーウからくるなんどもの事新しいけがれのやってくるまで(のあいだ)，フラワーグの児孫のなかでも，えらばれて[7]，ホーシュヤング[8]とウェーガルド[9](のなか)に(おさまったこと)，ホーシュヤング[8]がすぐれた光輪者たることによって世界の王者となり，またウェーガルド[9]が農耕者たることによって世の開拓者にして(同)育成者となり，またかれらのもろもろの子々孫々では，王統がかの農耕者(ウェーガルド)のよき子孫の間で栄えていったがごとくである．(3)[10]同じような具合に，そのような光輪とよい資質は時代時代にも，選択的に，特別なこの血統とともにつづき，正統でないもろもろの異域者(よそもの)は除外された．そして，血統においてそれぞれ特別なものの中にこそ，タクモーラブとジャムとアースウィヤーン一門，フレードーン，エーラーン人の祖なるエーリジュ，マーヌシュ，マーヌシュクワルナルおよびマーヌシュチフル，(4)[崇き光輪者たる国王・今上陛下にいたるまで]その他のもろもろの国王――同じ一門の中でも選ばれたカイ王朝のごとき――のごときがいたのである．(5)[11]カイ王朝にとってつねに主要なのは国王がこの血脈と血

統を正しく保持することであって,光輪はこれによって(その王統に)止住した.
(6)創造主オフルマズドはおのが使者たるネールョーサングに[12],同じようにザルドゥシュタロートムの地位[13]やデーンの光輪もそのことから(出てくる)と明かしており,また,他にも多くの憶持すべき意義が最上の家門に属するエーラーンの人に(付与されて)アベスターグの中に明かされ,また世の知るところとなっている[14]. (7)また(デーンは)こうも言っている,曰く,この一門からはなれることのない,このような偉大な光輪とよい資質[15]はいまもなお眼にみえてあらわである,と.——(ということ)について[16].

(8)[17](ヘ)かれら,デームラー[18]とも人びとの呼んでいる部族たちが何を,そしてどのように,われらのデーンの明かしから捉えるべきか——即ち,この時代にあってできるだけ何度も,そしてまたかれらにできるかぎり[19],それ(明かし)をたくさん憶持すべきこと,(9)また,避くべきもろもろの行為のなかでも避くべきは特異な掟・慣習を樹立することで,それというのもわれら(の)とは外れているからであり,そして正しいもの(掟・慣習)を,何度も教えてもらって,取り戻すこと,また,見識もあり手腕もありそして魂を愛する(人たちの)一団を派遣しその部族に完全に十二分に教えること,また,かれらにできれば[20],行ったことのある,暫定的でもいい,教えるべきラドを一人,その部族につれて行くこと[21]——について[22].

註

1)「(ホ)エーラーン人の血統が選ばれたものであり,また最勝のものであること」は ¹abar wizīdagīh ud pahlomīh ī tōhmag ī Ērān. ただし,文首の ¹abar「について」は訳文では§7の末尾にある.→註16.

2)「即ち」¹kū 以下§7の末尾までは註1であげた文の内容を詳記したものである.

3)「スャーマグ」は S(y)āmag.

4)「すぐれてよき知慧をそなえている資質」以下「その他の徳性」(これをも含む)までの11徳目はそれぞれ 1. abērdar huxradīh, 2. huxēmīh, 3. humihrīh, 4. huspāsīh, 5. ⁺hušarmīh, 6. ēmēdwarzišnīh, 7. rādīh, 8. rāstīh, 9. āzādagīh, 10. weh-dōstīh, 11. abārīg hunarāwandīh である.abārīg hunarāwandīh の前にある 'ww=hwn=hun は抹消されているが,これは hunarāwandīh と書きかけて誤りに気づき中止したもの.また,1. abērdar huxradīh「すぐれてよき知慧をそなえている資質」の「すぐれて」abērdar は 2.~10. の徳目にもかかる可能性が多い.

5)「光輪責務はフラワーグのなかにおさまった」は ˡxwarrah xwēškārīh ˡō Frawāg andarg ⟨ni⟩šast[an]. 光輪と責務については，ジャムが光輪によって三職能階級を制定したとされていることを想起したい．責務とはこの三階級に属する本務のこと．→ Dk VII•2•5 とその註 10.

6)「そして，もろもろの異域者(よそもの)には背を向けて，(2)そのようなよい資質と光輪は，ついで」は ud abāz waštag ˡō kustānagān (2) ˡān owōn ˡwehīh ud ˡxwarrah [ud] ˡdid.

7)「えらばれて」は ˡpad ⟨wi⟩zīdagīh.

8)「ホーシュヤング」 "wš'wg→15 頁註 40.

9)「ウェーガルド」 w'slt¹→15 頁註 40.

10) §§ 3-4 は ˡpad ham-šōn ˡān owōn ˡxwarrah ⟨ud⟩ wehīh ˡandar āwām āwām wizīdagīhā ˡpad mādayān ham paywand ˡraft waxtwar kust⟨ān⟩agān ⁺spōzīhīd ⁺ud ˡandar-iz mādayān mādayān ˡbūd ˡpad ˡpaywand čiyōn Taxmōrab ud Ĵam ud Āswiyān Frēdōn Ērij ī Ērān niyāg ⁺Mānuš ⁺Mānušxwarnar ud Mānuščihr (4) [ˡtāiz ˡō ˡim bay abardar-ˡxwarrah dahibed] abārīg dahibedān čiyōn ˡandar-iz ham tōhmag wizīdag ⟨Ka⟩yān.「正統でない」waxtwar (w'twl) については waxr「曲がった」参照．§ 4 の原文中，〔 〕でかこんだ部分は訳文でも〔 〕に入れて存置したが，いうまでもなく削除すべきもの.

11) §§ 5-6 は Kayān hamē mādayān ˡōy ī dahibed drust dāštan ī ham nāf ud paywand ud ˡxwarrah padiš mehmānīh (6) dādār Ohrmazd ⟨ˡō⟩ Nēryōsang ī ˡxwēš aštag paydāgēnīd ˡēstēd ham-handāzag Zarduxštarōtomīh ud dēn [ud] ˡxwarrah [w]ˡaz ham ud abārīg-iz ˡwas čim ī ōšmurišnīg ˡandar Abestāg paydāg ud gēhān ašnāg ˡbē ⟨ō⟩ hutōhmagtom ēr-ˡmardōm.

12)「創造主オフルマズドはおのが使者たるネールョーサングに」 dādār Ohrmazd ⟨ˡō⟩ Nēryōsang ī ˡxwēš aštag を，Molé は原文のまま (ˡō を補わずに)で「創造主オフルマズドの特使ネールョーサングが(明かしている)」とするが，賛しがたい．

13)「ザルドゥシュタロートムの地位」 Zarduxštarōtomīh. ザルドゥシュタロートムは Av Zaraθuštrōtəma-「ザラスシュトラ教団の最高責任者」の転化．したがって，その地位とはかかる責任者たる地位・役目・役職．それが「そのことから(出てくる)」 ˡaz ham とは，カイ王朝の血統が正しく保たれることから出てくる，ということ.

14)「他にも多くの〜世の知るところとなっている」とは「他にも特記すべき意義がアベスターグを見ると，そして世間周知のことでもあるが，エーラーン人の名門の人たちに所属しているではないか」ということ．著者が ˡbē ⟨ō⟩ hutōhmagān のように ō('al =ˡō でなしに)を補うのは，ō すなわち 'w が hutōhmagān の hu- すなわち hw='w と同形であるために書きもらされたと考えるからである．しかし ō なくとも ˡbē 一つで ˡbē ō の役を演じることも可能.

15)「この一門からはなれることのない，〜よい資質」は ˡēd ⁺ēwēnag ˡwuzurg ˡxwarrah ud wehīh ī ˡaz ham tōhmag ⁺awisānišnīg.

16)「(ということ)について」 ˡabar→註 1. 訳文としてはこの「について」を §1冒

頭の「(ホ)エーラーン人の血統が選ばれたものであり，また最勝のものであること」につづけて「……あることについて」とするほうが分かりやすい．

17) §§8-9 は ¹abar ¹čē ud čiyōn ¹grift⟨an⟩ abā⟨yi⟩stan ī ¹awēšān ram-išān ⟨ī⟩ ⁺Dēmlā-iz ¹xwānēnd ¹az ¹amāh dēn āgāgīh ¹kū-š ōšmurišn ¹was ¹bē jār-1 čand ¹andar ¹ēn zamānag šāyēd (9) ¹u-šān tuwān ud pahrēzišn ¹andar kunišnān pahrēzišnān nāmčištīgtar ⁺dād ēwēn handāxtan ¹čē ¹az ¹amāh waštag ud rāst ¹abāz kardan ¹pad hammōxtišn čand ud tan ī wīrōmand ud abzārō⟨man⟩d[īh] ud ruwān-dōst ⁺¹frēstīdan bowandag awiš parrēzišnīhā hammōxtan ¹ō ham ⁺ram ud ¹kē abāyēd hammōxtan ¹ka-šān šāyēd zamānīg-iz rad-1 ī čiyōn mad ¹ēstēd ¹ō ham ram ¹burdan．

18) ⁺Dēmlā-iz は syml'č を s[y]ml'č に読みかえたもの．綴り方は Dk V・1・2 にみえる書名の場合と同じである．→139頁註1．この部族は Dk V・1・3 では sylm'(Dēlamā)と正しく綴られている．→139頁註2．

19) 「そしてまたかれらにできるかぎり」¹u-šān tuwān は原文では§9の冒頭にある．

20) 「かれらにできれば」¹ka-šān šāyēd——「かれら」とは一団の人びとのこと．

21) 「行ったことのある〜その部族につれて行くこと」とは，「教誨の任を負うラド（リーダー，主任）——それは暫定的な任命でもよい——を1人，といっても，これまでにその部族のもとに来た(訳文「行った」)ことのあるもののことだが，そういう人物を同行してほしい」ということ．¹kē abāyēd hammōxtan はこのままでは後に来る rad-1「ラドを1人」にかかる従続文とみるほかはないが，¹ka abāyēd hammōxtan に読みかえれば「また，教える要があるなら，かれらにできれば，行ったことのある，暫定的でもいい，ラドを1人，その部族につれて行くこと」となろう．

22) 「について」は註17にあげた原文の文首にある ¹abar であるから，原文では§8に含まれている．

(パフラヴィー・リヴァーヤト第47章[1])

(1) Dh137 これ、曰く[2]、かれ(ザルドゥシュト)がデーンをオフルマズドから受けたこと(を取り扱える)ザルドゥシュトの節[3](に)によると、(2)ザルドゥシュトは30歳でオフルマズドとの対話[4]にはいった．(3)そしてかれはデーンを7回も[5]受けた．(4)して，かれはまずエーラーン・ウェーズで受け[アードゥル Dh138 バーダガーンで受け[6]]，そして10年間，オフルマズドとの対話[7]をもった．

(5) して，かれには，その10年間は，ガナーグ・メーノーグがかれの上につくり出し[8]もたらしたところの，多くの厄難・縄目および牢獄があった．(6) しかし，かれはこのことのみを言った，曰く「デーンを領受せよ[9]」．立ち上がってかれは別の衣服を仕立てた[10]．すると，やつは人骨をザルドゥシュトの革袋に入れた[11]．(7)そして，やつは人びとに言った，曰く[12]「ザルドゥシュトは，そなたたちのようには，行動していない[13]．そして，かれがもっている別の祭衣は死屍のためので，かれは死屍を擔く者だ[14]」．ところが，ザルドゥシュトは，それに特徴があったところから，やつが(人骨を)入れると，そのとき革袋の底をつかんで地に投げ落とした[15]ので，人間の頭と手足が革袋から下に落ちた．(8)そこで人びとは33の縄で(ザルドゥシュトを)しばった[16]．すると，飢と渇が[17]かれをおそって，かれの力，体力と気力，かれの視覚と聴覚が失せてしまった．

(9) それからのち，かれ(ザルドゥシュト)はウィシュタースプのそばに来て2年[18]，ウィシュタースプの回心にあたった．(10)そしてかれはウィシュタースプに(まず)言った，曰く「デーンを受け入れ給え，というのはオフルマズドともろもろのアマフラスパンドならびにその他のもろもろのヤズド――この方がたの御意は，あなたがデーンに入り給うようにと，こうだからです」．

(11)するとウィシュタースプは言った，曰く「もしそなたが馬のためか，それとも財貨のために来たのなら，そのためにそなたが必要とするものは何でも取って，ここから立ち去ってくれ」．(12)二度目にもザルドゥシュトは言った，^{Dh133}
曰く「デーンを受け入れ給え」．(13)するとウィシュタースプは言った，曰く「わたしの造罪といえば，まさに，わたしがデーンを受け入れるなんてことで，また(それは)わたしの魂にとって一つもよいこととはなるまい，(14)というのは，わたしは第一の戦いで[19]6千，第二の(戦い)で5千，第三の(戦い)で5千(人)を殺したからであり，再度わたしが戦いをしたときは第一では1千，第二では1万，第三では1千(人)を殺したからである」．(15)ザルドゥシュトは言った，曰く「かれらを殺しても[20]なんの罪もありません．というのは，かれらは狼どものおとし子だったからです．かれらを殺したそなたは立派です[21]」．(16)またかれ(ザルドゥシュト)はほかにも(こう)言った，曰く「デーンを受け入れ給え，というのは，(ホーシュヤングのように[22])敵を多く殺したものとて最勝のことをしたのではなく，(ジャムのように)光輪にみちたもの[23]とてそうではなく，(ダハーグのように)妖術にみちたものとてそうではなく，(フレードーンのように)勝利にみちていたものとてそうではなく，また(フラースヤーブのように)勇気にみちたものとてそうではなく，また(カルセワストのように)弁舌にみちたもの(即ち，かれはよいことばに目をとめてそれに依ることができるように依用する)・聴従を博するもの(即ち，(人がかれを)ダストワルと^{Dh134}
みなすことができた)とてそうではなく[24]，(スピドュルのように)弓手にみちたもの[25]とてそうではなく，また(ウルワクシュのように)満身これ集会的なもの[26]とてそうではなく，また(オーシュナルのように)満身これ与痛的なもの[27]とてそうではなく，また(カーヨースのように)奇蹟にみちたものとてそうではなく，また(サーマーン家のクリシャースプのように)力にみちたものとてそうではないからです．(17)というのは，ホーシュヤングがかつてあらわれ[28]て多くのデーウを討ちました，ジャムはかつて光輪にみち，ダハーグはかつて妖術にみち，フレードーンはかつて勝利にみち，フラースヤーブはかつて勇気にみち，カルセワストはかつて弁舌にみち，スピドュルはかつて弓手にみち[29]，

ウルワクシュはかつて満身これ集会的であり[30,31]，オーシュナルはかつて満身
これ与痛的であり，カーヨースはかつて奇蹟にみち，サーマーン家のクリシャ
ースプ[32]はかつて力にみちていました　(18) が，かれらにはみな没落があっ
た[33]からです．御身もまた(それに)倣われようとは[34]，世界の王ウィシュター
スプよ，(19) というのは，ジャムシェードはオフルマズドによってデーン（を受
け入れるよう）に教化されました[35]．ジャムはオフルマズドを侮蔑しました[36]
《即ち，提示されたマーズデースン[37]（者のデーン）が（ジャムに）届かなかった》．
して，かれがそう侮蔑すると，かれらもろもろのデーウ・もろもろの人が（かれ
を）切断したのです．(20) またかれ（オフルマズド）によってフレードーンも教
化されました．かれも[38]オフルマズドを侮蔑しました．して，かれがそう侮蔑
すると，かれの上に老齢が降ってきてかれは自分のからだでさえ槌で支えるの
がやっとのことで，（自身の）まわりを3歩あるくのがいつも関の山でした[39]．
(21) またかれによって，クリシャースプも同じように教化されました．かれも
（オフルマズドを）侮蔑しました．して，かれがそう侮蔑すると，かれをアコー
マンがよく人目につく高峰で討ちました——からです[40]」．(22) ウィシュター
スプはそれでもデーンを受け入れなかった．(23) そこでのちにオフルマズド
はワフマンとアシャワヒシュト，ブルゼーン・ミフル火をウィシュタースプの
邸に派遣した[41]．(24) するとかれ（ブルゼーン・ミフル火）はウィシュタース
プに言った，曰く「デーンを受け入れよ，というのは，もしそなたがデーンを
受け入れるなら，それなら，われらはすべてをそなたに恵与しよう（すなわち）
長い支配権と王権と寿命の長生とを，（また）祝福をわたしは恵与しよう（すな
わち）アリシュワングと財富との長い止住を[42]，またわたしは授けよう，不死に
して不老なるパショータン[43]という息子を．(25)[44] もしそなたが受け入れぬ
なら，それなら，そなたをわれらは空中で禿鷹[45]にふりむけよう，そして野獣
が（そなたの）肉を食い[46]，またそなたの骨は地におちるだろう」．(26) しかし
かれ（ウィシュタースプ）はそれでも（デーンを）受け入れなかった．(27) そこ
でオフルマズドはネーローサングを派遣した，「アルドワヒシュトのもとに行
けよ，そしてかれにこう言えよ，曰く『マング[47]を酒[48]に入れウィシュタース

プに与えよ』」と(言って). (28)アルドワヒシュトはそのとおりに[49]した.
(29)かれ(ウィシュタースプ)は飲むと,その場で失神した. (30)そこでかれらは(かれの)魂をガロードマーンに伴って,デーンを受け入れること[50]の価値あることをかれらは(かれに)みせた. (31)失神から回復すると,かれは(妃)フトースに叫んだ,曰く「ザルドゥシュトはどこにいるのか,わたしがデーンを受け入れるためにだ」. (32)して,ザルドゥシュトはその叫び声をきき伺候したところ,ウィシュタースプはデーンを受け入れた. (33)すべての小畜と大畜と,すべてのもえる火と,すべての家宅神[51]——かれらには歓喜があった,
(34)かれ(ザルドゥシュト)がウィシュタースプにデーンを教えたさい,(その)ザルドゥシュトのことば[52]をかれらが聞いたとき.

(35) そしてかれ(ウィシュタースプ)は,その後,ザルドゥシュトを大モウベド職に任じた. (36)35年間,かれは大モウベド[53]であった. (37)その後,トゥーラーン人ブラーダローレーシュ[54]は狼に変装してザルドゥシュトを殺した. (38)この不義者もその場で,極悪の死にざまで死んだ.

(39) して,かれ(ザルドゥシュト)はダイ月クワル日[55]に落命した.

註

1) テキストは B. N. Dhabhar (edited by—): *The Pahlavi Rivâyat accompanying The Dâdistân î Dînîk*, The Pahlavi Text Series published by the Trustees of the Parsee Panchayat Funds and Properties, No. 2, Bombay 1913, pp.137–141 であるが,この中に含まれるはずのものが錯簡のため pp. 132–134 にも見い出される. これらについては註 16, 17 参照. なお,編者ダバルは脚註に諸写本の異形をあげて校定を試みているが,著者は逆に,まずダバルの校定本をもとに,それに独自の訂正を加える建て前をとった. したがって,著者の加えた訂正は脚註にみえる写本の語形と一致するものもあれば,しないものもあるわけ. また,節のわけ方はダバルによらず, West に従った. 書名は「パフラヴィー語(中世ペルシア語)で書かれた伝承」の謂い.

2) 「これ.曰く」ē('y) ⌈kū は ⌈ēd ī paydāg ⌈kū「こう明かされている,曰く」の略で, ē「これ」は ⌈ēd「これ」の新しい音.

3) 「かれ〜ザルドゥシュトの節(によると)」(§1 の終わり)は Zarduxšt gyāg ⌈kū-š dēn ⌈az Ohrmazd +⌈padīrift [⌈az Ohrmazd].

4) 「オフルマズドとの対話」は hampursa⟨g⟩īh ⟨ī⟩ Ohrmazd.

5) 「7回も」は nēz 7 bār.

6) 「アードゥルバーダガーンで受け(た)」 ⌈pad Ādurbādagān ⌈padīrift はザルドゥ

シュトのメディア出生説によって挿入された句で，削除すべきもの．アードゥルバーダ ガーンはアーザルバイジャーン（アゼルバイジャン）の古名．
 7)「対話」は hampursa⟨g⟩īh.
 8)「つくり出し(た)」は brēh[']ēnīd.
 9)「領受せよ」は āstawāi.
 10)「立ち上がってかれは別の衣服を仕立てた」は ⎜ka estād [w]⎜any jāmag ⎜bē dōzīd「たったとき，別の衣服が縫われた」の訳であるが，⎜ka ēstād があるいは「(多くの厄難・縄目および牢獄から)出たとき」⎜ka ⎜bē ēstād の謂いか，また Molé のように「このことがあった，起こったとき」の謂いかも不明．
 11)「すると，～革袋に入れた」は ⎜u-š astaxwān ī ⎜mardōmān ⎜andar ⎜ō anbān ⎜nihād ⟨ī⟩ Zarduxšt.「やつ」がガナーグ・メーノーグであるかは，テキストからは不明．「革袋」は 'wb'w⎜ をダバルの註に従って anbān とよみ，NP anbān と同定したものだが不確実．Molé の註 (pp. 238-239) も確実でない．
 12)「そして，やつは人びとに言った，曰く」は ⎜u-š ⎜bē ⎜ō ⎜mardōmān ⟨guft⟩ ⎜kū. 「やつ」は註 11 の「やつ」と同一人物．
 13)「行動していない」は ⎜nē…⎜kard ⁺ēstēd.
 14)「かれがもっている別の祭衣は死屍のためので，かれは死屍を播く者だ」は ⎜ēd rāy ⎜any jāmag ī yazišn ī dārēd ⎜čē nasā ud nasā-kiš-1 ⎜ast.
 15)「ザルドゥシュトは～地に投げ落とした」は Zarduxšt ⎜pad ⎜ān čim ⎜ka-š ⎜pad daxšag būd ⎜ka-š ⎜andar ⎜nihād ⎜ēg-iš anbān bun ⎜grift ⎜u-š frōd ⎜ō zamīg ōsānd. 文中，⎜pad ⎜ān čim ⎜ka-š ⎜pad daxšag būd の ⎜ka は ⎜kū とみるべきもの．したがって，この文は「それ(-š，すなわち，革袋)が特徴をそなえていたという理由をもって」「(人骨がはいっているために)それに特徴があったので」ということ．
 16)「そこで人びとは 33 の縄でしばった」⎜u-šān ⎜pad 33 band bast はダバルの上掲書 p. 138, ll. 12-13 (bast は l. 13 の第 3 語)．テキストはこのあと p. 132, l. 8, 第 7 語から始まる ⎜u-š gursagīh ud tišnagīh「すると，飢と渇がかれを」につづく．
 17)「すると，飢と渇が」⎜u-š gursagīh ud tišnagīh はダバルの上掲書 p. 132, l. 8, 第 7 語から始まる．→註 16．
 18)「2 年」→Dk VII・4・2 とその註 1．
 19)「というのは，わたしは第一の戦いで」[ud] ⎜čē-m ⎜pad kārezār[īh] ⟨ī⟩ fratom をもって始まる §14 の真意は「わたしがもしデーンを受け入れると，それに反対する勢力との間に戦争が起こり，また人を殺すことになるから」というにある．
 20)「かれらを殺しても」は ⎜pad ⁺⎜ōzadan ī ⎜awēšān.
 21)「というのは～そなたは立派です」(§15 の終わり) は [ud] čiyōn ⎜awēšān hunušak⟨ī⟩ gurgān ⎜būd ⎜hēnd nēk ⎜tō ⎜kē-t ⎜awēšān ⁺⎜ōzad ⎜hēnd.
 22)「(ホーシュヤングのように)」——以下，この種の補筆(著者による)は §17 に従って，あらかじめなされたもの．
 23)「光輪にみちたもの」は ⁺purr-⁺⎜xwarrah.
 24)「また弁舌にみちたもの⟨⟨即ち～ダストワルとみなすことができた⟩⟩とてそうでは

なく」は ud ˈnē ˈān ī ˈōy ī purr-guftār《〈ˈkū-š〉 ˈsaxwan ī nēk [ī] ˈbē nigerēd ud ˈabar ēstēd ˈkū padiš ˈbē šāyist ēstād⟨an⟩》[ˈkū-š] dāštār srōš《ˈkū ˈpad dastwar šāyist dāšt⟨an⟩》.

25)「弓手にみちたもの」は purr-⟨w⟩ēxtār.

26)「満身これ集会的なもの」は purr-hanǰamanīg. →71頁註11.

27)「満身これ与痛的なもの」は purr-driftār. driftār と読んだのは griftār と同じ字面を OI dr̥p-「苦しめる」に結びつけたもの. もちろん「敵を苦しめ, 痛めつける者」の謂い.

28)「ホーシュヤングがかつてあらわれ」は ⁺Hōšyang būd ī ⟨dīdār⟩.

29)「スピドユルはかつて弓手にみち」は Spid⟨y⟩ur būd ī purr-⁺wēxtār.

30)「ウルワクシュはかつて満身これ集会的であり」は ⁺Urwaxš būd ⟨ī⟩ purr-hanǰamanīg.

31) ここは註30であげた原文の末尾で, ダバルの上掲書 p. 134, l. 9. つづく「オーシュナルは」は同書 p. 138, l. 13, 第4語 (ダバルによると §7の首語).

32)「サーマーン家のクリシャースプ」は ⟨Krišāsp⟩ ī Sāmān.

33)「没落があった」は ōsazišn ˈbē būd [ī]. Molé は hangēzišn「呼びさまさるべき(もの)(＝不死者)」とするが, 著者は ava-sak- にむすびつけて ōsazišn とよんだ.

34)「御身もまた(それに)倣われようとは」は ˈtō-iz ˈbē sazāh.

35)「ジャムシェードは～教化されました」は hāxt Ohrmazd [ud] dēn J̌am [ī] šēd.

36)「侮蔑しました」は tar-menīd であるが「反発した」のほうがよいかもしれない. 以下多出.

37)「マーズデースン」→12頁註2.

38)「かれも」は [ud] ˈōy-iz.

39)「して, かれがそう侮蔑すると, ～いつも関の山でした」(§20の終わり)は ˈu-š ˈpad ˈān tar-menišnīh ⁺ā-š zarmān ˈabar ōbast ˈu-š tan ī ˈxwēš-iz ˈpad kōdēnag (kwtynk¹) tuwān būd ⁺dāštan ˈu-š 3 gām wēš pērāmōn hamē padīd ˈhēnd「して, かれのこの侮蔑とともに, そのときかれの上に老齢が落ちてきて, かれはじぶんのからだでさえ槌で支えることができ, そしてかれのせいぜい3歩がまわりにいつもおろされた」.

40)「かれがそう侮蔑すると, ～討ちました——からです」は ˈpad ˈān tar-menišnīh ⁺ā-š ˈōzad Akōman ˈabar ˈpad bālišn ī paydāgtom. Akōman (＜Av Aka-Manah-) は悪魔の名. 訳文「——からです」は §19文首の「というのは」ˈčē に呼応する結びの表現.

41)「派遣した」は ⁺ˈfrēstīd ˈhēnd.

42)「もしそなたがデーンを受け入れるなら, ～アリシュワングと財富との長い止住を」は ˈagar dēn ˈbē ˈpadīr⟨āh⟩ ˈēg ˈamāh hamāg ˈō ˈtō āfrīnēnēm ˈān ī ˈdagr xwadāyīh ⟨ud⟩ pādixšāy⟨īh⟩ ud dagr zīwišnīh ī ⁺ˈgyān āfrīn āfrīnēnam Arišwang ud ⟨rāy⟩ ⁺ˈdagr estišnīh. →Dk VII·4·81. Arišwang＝Ahrišwang →78頁註172.

43)「パショータン」Pašōtan→78頁註175.

44) §25→Dk VII・4・82.
45) 「禿鷹」は ⁺kargās.
46) 「食い」は ⁺¹xwarēnd.
47) 「マング」→79頁註191.
48) 「酒」¹may. アラム語形 H.. については→80頁註200.
49) 「そのとおりに」は hamgō⟨na⟩g.
50) 「デーンを受け入れること」は dēn padīrift⟨an⟩.
51) 「家宅神」は ⁺mēnōg ī ⁺¹xānag.
52) 「ザルドゥシュトのことば」は gōwišn ⟨ī⟩ Zarduxšt.
53) 「大モウベド」は mowbedān mowbed[īh].
54) 「ブラーダローレーシュ」は Brādarō⟨rē⟩š. ザルドゥシュトが狼群に殺されたとの所伝は Theodor bar Kōnai も伝えているが，他所には見いだされない．
55) 「ダイ月クワル日」¹māh Day ¹rōz Xwar はザルドゥシュト教暦(祆暦)の10月11日．

(ウィジールガルディー・デーニーグ[1])

(1) 一はこれ．曰く，アーラーステー[2]の子メードョーマーフにして義者ザルドゥシュトの弟子であるわたし．して，ザルドゥシュティー・スピターマーンはポルシャースプの一門の出であって，ポルシャースプとアーラーステー[2]のふたりは兄弟であった．すなわち（その）わたしの心の中には根本智[3]の霊が宿っていて，預言者たるスピターマ家の義者ザルドゥシュトの誕生の意義と（かれによる）啓示とを信憑させようとわたしは願ってきました[4]．そこで（かれの）偉大なる光輪と知識と通暁と奇瑞[5]のすばらしさにしてわたしの眼にとまり，また明るい眼でわたし自身が見もしたところのことを，このように『回想』の中に書きとめているのです[6]．

(2) 一はこれ．曰く[7]，義者ザルドゥシュトが母から生まれたとき，わたしは，（わたし自身）通暁せる知識とすべてのもので飾られた教養とをもって，かの知慧あるもろもろのヘールベドの中に伍して，33歳の年齢になっていたので，眼にあらわであり，かつそのことのゆえにカイ・ウィシュタースプの治下におけるエーラーンおよびその他の国ぐに[8]の人びとの間に（かれの）預言者としての資格に信憑をおかれてきたところの，ザルドゥシュトの神力と光輪およびもろもろの奇瑞のいかなるものであるかを書くことが有意義であるのです[9]．

もろもろの預言者の預言者たる義者ザルドゥシュティー・スピターマーンに称讃あれ[10]．

(3)[11] また，かれには誕生に先立するものがある．というのは，（この）光輪者（ザルドゥシュト）にはそれ（誕生）よりも（前のもの）すなわち，公正と正義とがともに存していた三・千年紀という年所のメーノーグ的存在からと公正と不義が混合していて，三・千年紀という年所で終わるゲーティーグ的存在があって，

(この混合的)三・千年紀という年所ののちにスピターマーン・ザルドゥシュトのフラワフルはかのものへの, 　すなわち(この)ゲーティーグ界への降下にはいったからである.
　　28

　(4)12)このようにわたしは話そう, 曰く, まず, ここにザルドゥシュトの系譜と(かれの)神力ある高名な父祖・先祖をあげるのが時宜にかなっていると. すなわち13), 義者ザルドゥシュトはポルシャースプの一門の出であった. そしてポルシャースプはペーテーラースプの子《アーラーステー2)はペーテーラースプの子》, ペーテーラースプはウルワンダスプの子, ウルワンダスプはハエーチャト・アスプの子, ハエーチャト・アスプはチクシュヌシュの子, チクシュヌシュはパエーティラスプの子, パエーティラスプはハルドルシュニの子, ハルドルシュニはハリダールの子, ハリダールはスピタームの子, スピタームはウェーディシュトの子, ウェーディシュトはナヤーズムの子, ナヤーズムはラジシュンの子, ラジシュンはドゥラースラウの子, ドゥラースラウはエーラーンの王マーヌシュチフルの子, マーヌシュチフルはマーヌシュクワルナルの子, マーヌシュクワルナルはマーヌシュクワルナーグの子, マーヌシュクワルナーグはネールヨーサングがウィーザクに儲けたもの, ウィーザクはアイルヤザの娘, アイルヤザはスリタクの娘, スリタクはビタクの娘, ビタクはフラズーシャクの娘, フラズーシャクはズーシャクの娘, ズーシャクはフラシザクの娘, フラシザクはザクの娘, ザクはエーリズの娘, エーリズはクワニラフの王フレードーンの子, フレードーンはプルガーウ・アースウィヤーンの子, プルガーウはネーワクガーウィー・アースウィヤーンの子, ネーワクガーウはソーグガーウ・アースウィヤーンの子, ソーグガーウはスプルルガーウ・アースウィヤーンの子, スプルルガーウはワナンドフラウィシュン・スパーハーン14)の子, ワナンドフラウィシュンは七洲の王ジャムの子, ジャムはウィーワングの子, ウィーワングはアヤンハスの子, アヤンハスはアナンハスの子, アナンハスはタクモーラブの子, タクモーラブは七洲の王ペーシュダード・ホーシュヤングの子, ホーシュヤングはフラワークの子, フラワークはスヤーマクの子, スヤーマクはマシュヨー——その妻はマシュヤーンナク——の子, マシュヨー(とマシュ
　　　　　　　　　　　　　　　　　　　　　　　　　　　　　　　　　　　29

ャーンナク)は最初の人間(にして)もろもろの有象者の世界におけるすべての人間の父たるガヨーマルトの子．

　(5)　このこともはっきりと見知って書きとめているのです[15]．曰く，ザルドゥシュトの母であったドゥグダーウはポルシャースプと交わってから母者(はゝじゃ)となった((即ち，義者ザルドゥシュトがかの女の胎内に宿った)). 5か月と21日をかの女が閲(け)してのち3日間，ポルシャースプの家の中は日と月との光りのようなものでどこもかしこも(日・月の)出のときのようであった．ドゥグダーウがそのときかくも驚異的にあらわしたこの驚異から，それがザルドゥシュトの預言者としての力と光輪であることをわたしは見てとり，そしてわたしの前に(そのわけが)わかった．かの女は見たところのことを問うた．わたしは解答して言った，曰く「そなたが(みごもって)そのものの母者となっておられるその子は，高名・浄名の子としてそなたから生まれ，もろもろの善き人の上首にしてもろもろの悪しき人ともろもろの呪師との調伏者となって世界を正善の律法と(正善の)デーンとをもって整復するでしょう，そしてそなたは平安と至福に到達されるでしょう」[16]．

　(6)　このようにわたしは披露しよう．曰く，王ロフラースプの治世120年が終わるや否や[17]，ホルダード日・フラワルディーン月……刻に[18]((即ち，天明に)),ザルドゥシュトはドゥグダーウの胎(はら)から生まれた．そして生まれると同時にかれは笑った．この光輪の驚異[19]に，呪師たちの3人の妻や，ドゥグダーウを助けるために呼び寄せられてかれらのまわりに坐していた一族のものと隣人たちは恐れて言った，曰く「なんだったのか，これは．(かれの)偉大さのためか，それとも侮蔑のせいのためか」．そこでかれらは急いでおのが家に行って，かの呪師たちに知らせた．破義者どもはみな恐怖と畏怖とのあまり，ザルドゥシュトを倒すについて，その方法を教えた．しかしポルシャースプは首尾よく[20]ザルドゥシュトと命名した．

　(7)　一はこれ．ザルドゥシュトの誕生後の神力と光輪との驚異[21]を，わたしは自分の眼で見たのです．邪心者ドゥーラースラウはザルドゥシュトの笑ったことについて知らせをうけると失神したが，時を移さずポルシャースプの家

に来，ザルドゥシュトのからだを見て，左手でつかまえて右手に鋭い刺し鞭[22]
をふりあげた．(すると)³²その邪心者の手は血まみれになって病気同然となって
ザルドゥシュトのからだを手から放した．かれは傷だらけになり，血でぬれて
引き返した[23]．そして，このおどろくべき奇瑞はどこでも信憑すべきものとな
った．

　(8)　ここでわたしはかれ(ザルドゥシュト)の奇蹟を披露しよう．曰く，ド
ゥーラースラウは怒りの(そして)恐怖にみちた復讐心から，かのもろもろの呪
師に命じた「みんな，火種をもってきて火を燃え上がらせ，ザルドゥシュトの
からだをその中に投げいれよ」．もろもろの呪師はそのとおりにした．めぐみ
ぶかい創造主の助けによって髪は一本もかれの清浄なからだから減らなかった
し，燃える火は水のようになって障害や苦痛はなに一つそれ(火)から(かれの
からだには)及ばなかった．このような次第で，ドゥグダーウとポルシャースプ
は子をその場に見かけなかった．(ドゥーラースラウは)そのポルシャースプ
には良策になるとほざいて(事の次第を)知らせた．そののちドゥグダーウは³³燃
える火の中に見つけたザルドゥシュトのからだを救い出して，創造主に感謝を
ささげた[24]．

　(9)　一はこれ．かの偉大なるものの偉大さをわたしは明らかにしよう．曰
く，ザルドゥシュトのからだに火が燃えうつらないとの知らせを邪心者ドゥー
ラースラウは受け取った．そこでかれは改めてかれ(ザルドゥシュト)を毀損し
ようと狂奔した．かれは言った，曰く「多くの牛の(通る)難路[25]にザルドゥシ
ュトのからだを投げいれよ，もろもろの牛が一団となって通って，かれらの足
でかれ(ザルドゥシュト)が踏みにじられるために[26]」．もろもろの呪師はその
とおりにした．そしてポルシャースプとドゥグダーウは子をその場に見かけな
かった(ので)喚いだ．わたしども親族のものどもは助けるために四方八方にや
ってきた．すると，もろもろの牛の(通る)路にわたしどもは見たのですが，オ
フルマズドのあわれみから，巨大で((即ち，それの角がもろもろの牛の中でも他
の牛よりも大きかった))力にみちて象のようだった((それはかれ(牛)のペーショ
ーバーイたること(を示すもの)))牛が，かれ(ザルドゥシュト)に終日，あわれ³⁴

みをかけて見張りする(即ち、それは(他の)もろもろの牛をかれから遮断する)ために、ザルドゥシュトの前でたちはだかろうとして、先頭になって走ったのです。それは一番さきにそこに来て一番あとに走り去った。ポルシャースプとドゥグダーウ、それにわたしども親族のものもその子を求めて、そこの片隅にみんなで(かれを)見つけ出し、ザルドゥシュトのからだをもろもろの牛の(通る)路から救いあげた。そしてポルシャースプはもろもろの牛が踏みにじらなかったことについて、かのカルブ(ドゥーラースラウ)にはなしつつも満足したのであった[27]。

(10) 一はこれ。(こう)わたしは披露しよう。曰く、ザルドゥシュトの偉大さがもろもろの牛が毀損し(え)なかったことでもさらに増大して、かれにかんする知らせがもろもろの呪師のもとに来た。またも(ドゥーラースラウは)ザルドゥシュトを死なせる新しい方法について策を講じてもろもろの呪師に命じた、曰く「馬匹の道に投げいれよ、人びとが多くの馬匹をくぼみ[28]に向けて走らせ馬匹の蹄でかれ(ザルドゥシュト)が踏みにじられるために」。[35] もろもろの呪師はそのとおりにした。ポルシャースプとドゥグダーウは子をその場所に見かけなかった(ので)ひじょうに喚いだ。わたしたち親族のものどももかれ(ザルドゥシュト)を助けるために四方八方にやってきたところ、とうとう隘路に馬匹を見つけたのです。強蹄(即ち、それの蹄はきわめて強大)[29]黄耳の馬がもろもろの馬の上にペーショーバーイとなるや、それは先頭になって走ってザルドゥシュトの見張りをした。馬がみな通りすぎ(強蹄黄耳の馬が)最後に通り走り去ると、わたしどもは障害もなく苦痛もないザルドゥシュトのからだを抱きとったのです。

(11) 一はこれ。かの偉大なるものの偉大さをわたしは披露しよう。曰く、もろもろの呪師のかの頭目(ドゥーラースラウ)に馬匹が(ザルドゥシュトを)踏みにじらなかったことについて知らせがあったとき[30]、かれはザルドゥシュトを毀損する新しい方法につき悪意をもって策を講じて命じた、曰く「狼の仔どもを殺して[31](その仔らの)穴にザルドゥシュトのそのからだを投げいれよ——[36]狼がきたとき、仔どもの殺されているのを見てその仔らの復讐のために怒って

ザルドゥシュトのからだをひき裂かんために——」. もろもろの呪師はそのとおりにした. ポルシャースプとドゥグダーウは子をその場に見かけなかったので, なんども喚いで叫んだ. わたしども親族のものたちも不安になって[32]助けるためにやってきて四方八方にとび, とうとう林中のいなかの家のなかで, 襲う(はずの)狼ども[33]がザルドゥシュトのからだの前で坐し, しかもザルドゥシュトが一匹残らずその狼どもの膝と足[34]を打ったのでかれ(ら)の口は上が下とくっついたのを見つけた. のちに, 絶望して狼どもはそこから走り去り, わたしどもはザルドゥシュトのからだを抱き上げたのです. 同じような具合い[35]に, 奇瑞と驚異がたくさん義者ザルドゥシュトから,(しかもかれが)預言者となるより前に, あらわれ出ている. なにごとであれ, この賤しい(わたくしめ)が自分の眼で見たことは, みな書きとめておきました[36].

(12) 一はこれ. 曰く, 多くのものを頒つ(頒与), ザルドゥシュトの神力と光輪と奇瑞をわたしは披露しよう. 曰く, ザルドゥシュトが15歳の年齢になったとき[37], かれはもろもろのヤズドやもろもろのアマフラスパンドへの奉仕にきわめて熱心であったし, またスローシュについて知り, また心性を陶冶し[38]((即ち, かれは悪記[39]と欲念と貪婪と欲情と吝嗇と惰眠と我欲と行詐と報復と中傷から身を守った), また創造主オフルマズドを知り, また善記[40]を陶冶し, またすでに起こったこと——そのことに満足して行動し, またゲーティーグ的事物の可滅にして肉体に終わりあることをよく肝に銘じ, まためぐみぶかい創造主を呼び求めることにつねにかつあらゆる方法をもってきわめて熱心であり, またもろもろの貧者やもろもろの有資格者の(もつ,)施しを与えるという責務を(かれはみずから)実践し, またもろもろのヤズドの大前での完璧心と奉仕とに愛と愛情とをかれは見いだし, また御覚えを欲するものどもとはつねに共にあった[41].

(13) 一はこれ. 曰く, ザルドゥシュトの神力と光輪と心性陶冶と奇瑞のゆえに, デーウを祀って心性悪しきかのもろもろの呪師ともろもろのサースタール[42]は絶望的な畏怖と障害と痛苦が増して恐怖に陥った, というのは前もってみな知らせを得ていたからである[43]. すなわち, カイ・フスラウはスローシュ

から，またフラスヤーグ・トゥールとメーノーチフル44)およびロフラースプも知らせを与えられていたのである．こう明かされてありました，曰く，王ロフラースプはからだがあちこち痛かったが奉仕のために火の前に立っていた．(すると)火の光輪から(人を)メーノーグ化し癒してくれる快よいことばが(こう)知らせた，曰く「おお，王ロフラースプよ．満足し給え，そなたの障害と痛みにたいする手だては天則を綺飾するものザルドゥシュティー・スピターマーンなのです．かれはそなたの子ウィシュタースプの治世に預言者としてやってくるでしょう45)」．

(14) 一はこれ．曰く，すべての呪師とドゥーラースラウとブラーダローグ46)はそんなザルドゥシュトに憎しみと怒りをいだいた．しかしかれらは滅ぼしたり死なせたりする方策をザルドゥシュトに加えることはできなかった47)．そこで，わたしら親族のものどもへの暴行と傷害と毀損とに狂奔し，その災難ではわたしどもは(だれも)同じであった48)．(15) ザルドゥシュトが30歳の年齢になったとき49)，かれは，ドゥーラースラウ(から)の災難のゆえに，メードヨーマーフなるこの賤しい(わたくしめ)50)と談合して命じた，曰く「呪師をひいきにする51)国王の乱暴のために，われらは，一家のものどもや縁族らや婦女全部を一団として，スローシュの命に従い，エーラーン国のほうに奔ろう，われらが平安と無畏を見る(ことのできる)ためにだ」．ザルドゥシュトのことばは，わたしの心には，ぴったりとかない，またたいへん納得のいくものであった．(そのことばに)満足しかつ同意して，わたしどもは一家のものどもと婦女と縁族ら全部といっしょに，エーラーン52)の方角に向かった．アバーヤグという，海のような大河53)の前にわたしたちが来たとき，船頭たちはその河水を渡ることを肯じなかった．この災難にさいし(一行を)救うためにザルドゥシュトはオフルマズドの前に両手をあげて完璧心(から)の礼拝をささげた．(すると)同時に，月や星よりも明るい光りが天から地まで立って世界を照らしているのがみえた．そして神ごうしい声が来た，曰く「おお，スピターマーン・ザルドゥシュトよ．わたしはそなたのために大きな愛情を(注いでくれる人物を)願い求めている．急いで一族のものたちといっしょに海の(ような)河水54)をすすんで行きなさい．

恐れることはない」．そこで，ザルドゥシュトは力強くかつ意気揚々としてペーショーバーイとしてすすみ，またわたしどももかれのあとにつづいて渉った．海の(ような)河水54)は二つにわかれて広い橋を現わした．アナグラーン日・スパンダルマド月の終わりに55)わたしたちはエーラーン国に着いた．楽しい祭典が行われていた．その祭典を(人びとは)たのしんでいた．のちに，船頭たちはこの奇瑞にひどく後悔した．

(16) 一はこれ．(こう)わたしは披露しよう．曰く，スローシュの命によっていかにして第二の出向がウェフ・ダーイテー川から始まったかということ．ザルドゥシュトがその川に進んでいったその時のこと56)，メードョーマーフなるわたしにかれは言った，曰く「神ごうしくみえる人が南方から(来るのを)わたしは眼で見たが，それはワフマンであった．かれは愛情をもって命じた，曰く『おお，ザルドゥシュトよ．ウェフ・ダーイテー川から急いでゆけよ，オフルマズドの天上の事物と神力と光輪をそなたが見るために．というのは，わたしはワフマンだし，そなたはめぐみぶかい創造主の預言者だから』と」．かれザルドゥシュトがこのことばをわたしに言ったとき，わたしは心で聞いたのです．そこでザルドゥシュトはそのダーイテー川の一分流にたどりついた．かれはその川から進んでゆき57)，ワフマンの助けと，天則と正語との力によって最勝界に赴いて全知の創造主オフルマズドと対話しつつ10年の間，もろもろのメーノーグ者58)やもろもろのアマフラスパンドのなかにいた． (17) そして10年ののち，ホルダード日・フラワルディーン月59)にスピターマーン家の義者ザルドゥシュトは預言者としての神力と光輪といっしょに，メーノーグ(界)からこの有象のゲーティーグ(界)にくだってきた．かれの上には，金色で，あらゆるもので飾られ，太陽や月のように明るい光耀60)があった．黎明に天から王カイ・ウィシュタースプの宮殿の上にかれはくだってきた．わたしどもすべての人びとはこの驚異61)を自分の眼で見た，すなわちウィシュタースプの宮殿の屋根が裂けた(即ち，二分した)のです．金色の，神ごうしく見える光耀60)がそのような道筋でウィシュタースプの玉座の前にきたとき，すべての人びとウィシュタースプはひじょうにおどろいた．預言者ザルドゥシュトがメーノーグ

的な神力と光輪とともにその光耀[60]からおりてきたとき、かれは黄金の広間に坐した。そしてかれは三つのものをその身に携えていた、すなわちアベスターグの 21 ナスク[62]とブルゼーン・ミフル[63]火と糸杉の木[64]とである。それを三つとも、かれはそこにおいた。そしてメードョーマーフなるわたし[65]は、この驚異をみな自分の眼で見たのです。王ウィシュタースプはこの神力と光輪と力を(三つ)とも見たとき[66]問うた、曰く「あなたはだれか、そしてどこから来たのか」。ザルドゥシュトは言った、曰く「よき、恩寵ある創造主が預言者としてあなたの上につかわされたのです、わたしがそなたの道案内となって正義と清浄と天則を見る身になることを(そなたに)信憑させるために[67]」。ついでザルドゥシュトは燃える火を持ちあげウィシュタースプの手に渡した。ウィシュタースプはジャーマースプとスパンドヤードとその他のものたちの手に渡したが、それ(火)はだれの手も焼かなかった。ついでかれ(ザルドゥシュト)はその火をかの聖火殿に安置した。また、かの糸杉の木を植えるについては、かれは(それをそこの)地に植えた[68]。それが高くなって枝からの葉が一つのこらずみな茂ったとき[69]、その(一いちの)葉の上に、オフルマズドの命により、清浄なことばをもって、不思議な方法で(こう)書かれた、曰く「おお、カイ・ウィシュタースプよ。デーニー・ウェフ[70]を受け入れよ」。世の人びとはみな、このおどろくべき奇瑞に驚嘆した。また、神力ありそして勝利をおさめる火ブルゼーン・ミフルは薪材も香木もなしにみずからひとりでに燃えていて、水も塵もそれには無力であった。わたしどもが眼で見たこのきわめておどろくべき奇瑞のゆえに、王ウィシュタースプはデーニー・ウェフ[70]に無疑となった。

 (18) 一に、ここで、かの偉大なるものの偉大さを、わたしは披露しよう、曰く、ある日、カイ・ウィシュタースプの黒馬の脚と手がその(馬の)腹中に(かくれて)見えなくなった。もろもろの賢者・もろもろの医者も術を施すことができなかったし、またザルドゥシュトはもろもろの邪性者ともろもろの破義者ともろもろの中傷者との悪意によって下獄していて何も食べていなかった。カイ・ウィシュタースプは根本智[71]によって(こういうことを)知った、曰く「もろもろの義者と、もろもろのヤズドのもろもろの協同者とを(わたしが)苦しめ

るので，わたしの馬の手と脚がみえなくなるというこんな不祥事がこのわたしに来たのだ．それにたいする対策(を講じるの)は義者ザルドゥシュトだ」．そこで(王は)預言者ザルドゥシュトを牢獄の場所から召し出し，そして愛情をもって(かれを)遇し，かつ自分の行為を後悔した．そこでザルドゥシュトはオフルマズドの神力と光輪によって黒馬の手と脚を引き出した[46]．ウィシュタースプは領解し，そしてわたしども——ジャーマースプとスパンドヤードとフラショーシュタルとパショータンとメードョーマーフ[72]なるわたし——は清浄なよきデーンを受け入れ，かつ弟子として有資格者[73]となった．

(19) 一はこれ．曰く，ある日，もろもろの王の王カイ・ウィシュタースプは預言者としての奇瑞をためすために，ザルドゥシュトが(こういうことを)許与する[74]ように求めた，曰く「わたし自身が不死で不老となること，また匕首も槍もわたしのからだに加(害)するものとならぬ[75]こと，またかつて存しそして現に存しているところの天(上)のすべての秘密と未来のそれをもわたしが知ること，またもろもろの義者の最勝界をこの生きているうちに[76]わたしが見ること」．ザルドゥシュトは言った，曰く「これら四つのもののうち，一つをご自身のものとしてお求めください，そして残りの三つを他の3人のものとしてご所望のこと．(そうすれば)いと崇(たか)き創造主はおん身のものとして授け給うでしょう」．そこで，カイ・ウィシュタースプは最勝界を生きているうちに見たいとおもって(そのことを)自分のものとして(えらび)取った[47]．義者ザルドゥシュトは主オフルマズドの助けによって聖マフラスパンド日・スパンダルマド月[77]にバルソム枝をひろげてドローン儀式を執り行った．そのドローン儀式でかれが乳と花と酒とザクロを供え，そしてめぐみぶかい創造主を礼讃勧請してのち，(その)お供えした酒をかのウィシュタースプに与えたところついにかれは[78]眠りにはいって最勝界を見たし，またお供えした花はかの宰相[79]ジャーマースプに与えたところそれ(花)は現在と過去と未来のことをすべて見えるようにして(かれに)あらわしたし，またザクロをかのスパンドヤードに頒ち与えスパンドヤードが(これによって)鋭い匕首もかれの身体には用をなさぬほどの聖体者[80]となり，また王ウィシュタースプの子パショータンにお供えした乳を与えると

立ちどころにかれは不死と不老を見いだした《即ち，かれは不死を得た》ので[81]，王ウィシュタースプはマーズデースン者らのデーニー・ウェフ[70]に無疑となって義者ザルドゥシュティー・スピターマーンを預言者として受け入れ，そしてマーズデースン者らの清浄なデーニー・ウェフを世にひろめた．また同じような具合いに，その光輪ある預言者ザルドゥシュトより出る多くの奇瑞を，わたしは自分の眼で見ました．多くの（奇瑞の）うちのわずかなものですが，（わたしは）真実なるものとして書きとめておきました[82]．創造主がかの（ザルドゥシュトの）偉大なる魂にあわれみをたれ給わんことを．

(20) 一はこれ．曰く，このように自分の眼でメードョーマーフなるわたしは見たのです，それは，白昼に，カイ・ウィシュタースプの玉座の前に四アマフラスパンド，すなわち平和を欲するワフマンと天則を実現するアルドワヒシュト，それにアードゥル・クワルラフとアードゥル・グシュナスプが義者ザルドゥシュトの正しい預言者たることの証人として天から地に，ウィシュタースプの光耀[60]の前に来到したこと（です）．そしてかれらは「愛情をもって（かれを）遇せよ，そして義者ザルドゥシュトと同じ心になりなさい」とかのウィシュタースプに言い，そしてこう（前記のように）みずから名乗ってそこからかき消すごとく[83]引き返していったのです[84]．

祝福と歓喜と平安をもって（これを書き）終えました．

註

1) ウィジールガルディー・デーニーグ Wizīrgard ī Dēnīg なる書名は「デーン（ゾロアスター教）にかんして決定されたこと」という意味から，「デーンにかんする決定事項，裁決」ほどの謂いである．本書はペショータン・サンジャーナー Peshotan Sanjana 師が 1848 年ボンベイで出版したものが唯一の刊本となっている．師の序文によると，底本として使用した写本は，祆暦 609 年アルドワヒシュト月ワード日（西暦 1240 年 3 月 7 日）の日付けのある古写本を祆暦 1123 年アムルダード月ラーム日（西暦 1754 年 1 月 24 日）に筆写したもの，とのことである．ところが，一時，サンジャーナー師の秘書をしていたミノーチェルジー・ジャマースプ・アサ Minocherji Jamasp Asa 師が，この書はサンジャーナー師の祖父エーダルジー・サンジャーナー Edalji Sanjana 師によって，そのきわめて多くの部分を述作されたものだと言明したので，出版資金を出した The Trustees of the Funds of the Parsi Anjuman はやむなく頒布を中止して回収し，大部分を廃棄処分に付した．この裏話しはマダン A. M. P. Madan 氏が "The Sacred Fire of

the Parsis called the Atash-e Vahram", *Acts of the 12th International Congress of Orientalists*, Vol. I, p. 218 に発表しているもの。ペショータン・サンジャーナーの挙げている二写本はいずれも接見不能であるから，本書の真贋は決定しにくいけれども，本書が首尾一貫して古写本によったものでもないことは，新しい近世ペルシア語的要素が，ここに訳出した部分についてみても，少なくないことからも推測される。このような言語面のことは註に逐一指摘したから，ここにはふれないが，状況として新しい要素に挙げられるのは，例えば§17 にみえるアパーヤグ川渡河のくだりがそれであろう。これは出エジプト記 14:21-22 のイラン版ともいうべきもので，しかもこのような河水二分譚はゾロアスター教の伝承のなかには他所にはみえない――一河を渡る伝承はあるが――から，外部から新しく作為的に取り入れたものとの感がふかい。しかし，だからといって，本書がすべて新作のものかというと，そうでもない。本書のもつ古い要素は，本書をメードョーマーフ (Av Maidyōi.måŋha マドョーイモーンハ) の作とするモチーフで，これは少なくとも，ワルシュトマーンサル・ナスク Waršt-mānsar Nask (23 章から成る) にまでは溯る，けだし，デーンカルドは同ナスクの第1章 Āsrapaiti がゾロアスターの誕生やかれのデーンとの出会いがどのようなものであったかについて，メードョーマーフの発した質問とゾロアスターの答え，などから成っていたと伝えているからである (DkM 818: 21-819: 3)。

ここに訳載したのは前記サンジャーナー本の p. 26, l. 3-p. 49, l. 2 にあたり，ゾロアスター伝にかんする部分であるが，モレ M. Molé: *La légende de Zoroastre selon les textes pehlevis*, Paris 1967 はこれを §§1-20 に分けているので，ここでもその分け方に従った。そのうちの §§1-14 はデーンカルド第7巻のなかの相応句を，時には誤解しながらも，要約したり引用したりしているから，本書が古い伝承に沿っていることも，その限りでは認めぬわけにはいかない。したがって，作者とされるメードョーマーフはゾロアスターの従兄であって，これをサーサーン朝期の同名のアヴェスター註釈家に見立てる必要もない。

以下に掲げる対照表は，モレのローマ字転写が誤っている場合 (誤植も含めて) にのみ原本との異同を記したものである。見方は，例えば (1) 6. ǀvazurg>+ǀvazurg (ǀwuzurg) とあるのは，モレ本の第1節6行目に ǀvazurg とあるが，原本では正書されていないので，モレの立場としてはそれを訂正して (+印を付して) +ǀvazurg とすべきであること，かつまた，その +ǀvazurg を著者なら wuzurg としたいことを (ǀwuzurg) として示したもの。ǀ は訓読語詞を中世ペルシア語音で訓じたものであることを示す。また，時としては，xvāhrīh>(xwārīh) のような場合もある。これは，原本には h を示す文字がないが，それでもモレは xvāhrīh とよんでいるから，xvāhrīh>xvārīh はありえず，ただちに著者のよみ方を>(xwārīh) として示すほかないことを意味する。モレの校定 (挿入・削除・改訂) で妥当なものはそのまま受け入れたので，この対照表には掲げなかった。いずれにしても，原本との対校ができたのはタファッゾリ A. Tafazzoli 博士 (在テヘラン) より贈られた複写に負うもので，特記して深謝の意を表したい。

(1) 1. ǀkē>+ǀkē / hāvišt>+hāvišt (hāwišt)。

2. Zartuxšt>Zartuxšt[ar] (Zarduxšt) (二つ目のもの)。

(2)
- 6. ˈvazurg＞+ˈvazurg(ˈwuzurg).
- 8. ˈnipēsīt＞+ˈnipišt(ˈnibišt).
- 1. ˈkē＞+ˈkē.
- 2. 15＞33/ˈrasēt＞ˈrasīt(ˈrasīd)/⟨ˈhān⟩ 削除.
- 7. nipišt＞nipišt⟨an⟩(nibištan)/nyāyišn＞nyāyišn[ī](niyāyišn).

(3) 1. ˈxvarrahōmand＞+ˈxvarrahōmand(ˈxwarrahōmand).
(4) 2. pēšēnīkān＞pēšēn⟨ī⟩kān(pēšēnīgān).
- 4. *Čixšnŭs＞Čixšnuš.*
- 5. *Nayāzam＞Nayāzəm.*
- 7. *Vizak Airyaza＞Vizak ⁺Airyaza.*
- 8. Ērēč＞Ērič(Ēriz=Ēraz).
- 9. Sōk-ˈgāv＞Sōg-ˈgāv(Sōg-ˈgāw).
- 10. *Ayanhat＞Ayaŋhaṯ.*
- 11. *Ananhat＞Anaŋhaṯ.*
- 12. *Mašyān⟨a⟩k＞Mašyąn⟨a⟩k.*
- 13. astōmandān＞+astōmandān.

(5)
- 1. ˈēstāt＞+ˈēstēt(ˈēstēd).
- 5. +advēnak＞adv⟨ēn⟩ak(ēwēnag).
- 6. ōgōn＞⟨i⟩ōgōn(ī owōn).
- 8. +man＞(ˈaz)(3個)/ˈhān-č⟨ē⟩＞ˈhān-+ič⟨i⟩(ˈān-iz ī).
- 9. pāsaxv＞(passox).
- 12. xvāhrīh＞(xwārīh).

(6)
- 1. 110＞120.
- 3. 中世ペルシア文字の部分(時刻名)はむしろ dymky と書かれている.

(7)
- 1. škift＞škift⟨īh i⟩(škeftīh ī).
- 3. zamānak ˈpat＞+zamānak +ˈpat(zamānag ˈpad).
- 5. i ˈōy＞⟨i⟩ˈhān(ī ˈān).
- 6. +ōškast(+xōn-šust→註 23)/ˈhal＞ˈhač(ˈaz).
- 7. +vānīt＞(+xōn-xwēd→註 23).

(8)
- 3. ˈōy＞ˈōy[y].
- 7. ˈbūt＞ˈbūt⟨an⟩(ˈbūdan).

(9)
- 3. tačīt＞tāčīt(tāzīd).
- 5. ēvakratakīh＞+ēvkartakīh(ēwkardagīh)/aparīhēt＞sparīhēt(sparīhēd).
- 7. ˈhān kustak＞[ˈhān]ˈhar kustak(ˈhar kustag).
- 13. -kāmakīh＞-+kāmakīh(-kāmagīh).

(10)
- 4. ˈtā＞ˈtā[ˈkē](ˈtā).
- 5. āpxvar＞apāvar(abāwar)/ˈpāt＞ˈpat(ˈpad).
- 7. ˈamāhič＞ˈamāh-ič(ˈamāh-iz)/⟨i⟩ˈapar＞ˈapar(ˈabar).

(11) 1. ˈvazurgīh i＞ˈvazurgīh⟨i⟩(ˈwuzurgīh ī)/ˈkū＞ˈkū⟨ˈkad⟩(ˈkū ˈka).

8. xrōšīt > ⁺xrōsīt (xrōsīd).
14. kam- > ham-.

(12) 2. frajūt i Zartuxšt > frajūt ⟨i⟩ Zartuxšt (frajūd ī Zarduxšt) / ᶦkad čēgōn > ᶦ⁺kū čēgōn (ᶦkū čiyōn).
9. i xūp > ⟨i⟩ xūp (ī xūb) /advēnak ᶦnēv > adv⟨ēn⟩ak nēv (ēwēnag nēw).
10. dāt u dahišn > ⁺dātan dāšn (dādan dāšn).
11. -mēnišnīh > -⁺mēnišnīh (-menišnīh) /parastišnīh > parastišn[īh] (paristišn).
13. hamē > ⁺hamē.

(13) 4. Hōsrōy > ⁺Hōsrōy (Husraw).
5. ākāsīh > āk⟨ā⟩sīh (āgāhīh).
7. ātaxš > ᶦātaxš.
10. ᶦxvādēt mat > ᶦxvād⟨ē⟩t mat⟨an⟩ (ᶦxwāhēd madan).

(14) 3. tuβānist kart > tuβānist kart⟨an⟩ (tuwānist kardan).

(15) 2. nyāžōmand > ⁺nyāžōmand (niyāzōmand).
3. xvēš > xvēš⟨ān⟩ (xwēšān).
5. tačēm > tāčēm (tāzēm).
6. i ᶦman > ⟨i⟩ ᶦman (ī ᶦman).
9. Abāyāk > Abāyak (Abāyag).
18. Anērān > ⁺Anērān (Anagrān).

(16) 2. ᶦkē > ⁺ᶦkad (ᶦka).
10. ēvak-tačišnīh > ēvak ⟨ᶦbē-⟩ tačišnīh (ēk ᶦbē-tazišnīh) /i Vahuman > ⟨i⟩ Vahuman (ī Wahman).
11. -gōβišnīh > -⁺gōβišnīh (-gōwišnīh) / ᶦhān i pahrom > ᶦhān ⟨i⟩ pahrom (ᶦān ī pahlom).

(17) 1. ᶦmāh ⟨i⟩ > ᶦmāh i (ᶦmāh ī).
5. ᶦšah > ᶦšāh.
6. škaft > škaft⟨īh⟩ (škeftīh).
7. ᶦ⁺brīt (ᶦbrīd) は原本には symndt (sywwdt) とある /avrang zarrēn i > avrang i zarrēn ⟨i⟩ (abrang ī zarrēn ī).
8. tāxt > taxt.
10. hačadār > hačadar (azēr).
11. ⁺har ⁺21 ⁺Nask は原本には kw 22 ṣk とある /i Apastāk > ⟨i⟩ Apastāk (ī Abestāg).
16. ᶦhān i ᶦto > ᶦhān i ᶦtō (ᶦān ī ᶦtō).
18. vāwarīkānēnom > ⁺vāwarīkānēnom (wābarīgānēnam).
20. ᶦānē-ān > ᶦanē-ān (ᶦanyān) /sōčēt > sōčīt (sōzīd).
21. dātīhā gās ᶦnišanēt > dāt[īhā]-gās ᶦnišānīt (dād-gāh ᶦnišānīd).

(18) 1. ᶦapāk > ᶦētar (ᶦēdar).

2. syāh＞⁺syāh(syā).
5. zindān＞ˈzindān(ˈzēndān).
6. ham-hākān i yazdān＞ham-hā⟨k⟩ān ⟨i⟩ yazdān (ham-hākān または hamaxākān ī yazdān).
9. pašēman＞pašēmān.
12. Frašōstr＞⁺Frašōštr(Frašōštar)/Pēšōtan＞Pašōtan.
(19) 2. dāt＞dāt⟨an⟩(dādan).
3. kart＞kārt(kārd)/karkār＞kārkar(kārgar).
5. axvān i ahraβān＞axvān ⟨i⟩ ahraβān(axwān ī ahlawān).
9. ˈpatīraft＞patīraft(padīrift).
10. barsēm＞barsam(barsom) (原本には blsm とある).
17. Pēšōtan＞Pašōtan.
18. šīr i yašt＞šīr ⟨i⟩ yašt(šīr ī yašt).
22. ˈpat advēn [u] ˈvas＞ˈpat⟨ham⟩advēn [u] vas(ˈpad hamēwēn was)/ˈxvarrahōmand＞⁺ˈxvarrahōmand(ˈxwarrahōmand).
(20) 1. ˈhān ˈrōč＞ˈhān ˈō ˈrōč(ˈān ˈō ˈrōz).
2. pēšgās＞⁺pēš ⁺gās(pēš gāh)/aštīh＞āštīh.
4. Ātur-Gōšasp＞Ātur-Guš⟨n⟩asp(Ādur Gušnasp)/rast＞rāst.
6. rāst-mēnišn＞rāst mēnišn(rāst menišn).

モレは挿入(補入)を示すのに( )を用いている(著者の⟨ ⟩にあたる)が、同じ記号を原註とみるべき部分(モレの立場から)を示すのにも用いている。この、いわゆる原註の部分は以下に示す箇所であるが、誤解を招くから、この部分の( )は除くか、別の記号に代えるかするほうがよい。
(3) 2-3. (ˈkū～ˈbūt).
4. (ˈkū～āmēčak).
(4) 3-4. (Ārasp[＞⁺Ārāstē]～Pētērāsp).
(5) 2-3. (ˈkū～ˈmānist).
(6) 3. (i ˈkū bāmdātān).
(9) 9. (ˈkū-š～ˈgāv).
10-11. (ˈkū～ˈēstāt).
11-12. (ˈkū-š～dāšt).
(10) 9. (ˈkū-š sumb stawrtar).
(11) 12-13. (ˈkū-š～hnšk ˈbūt).
(12) 4-6. (ˈkū～pahrēxt).
(19) 19. (ˈkū～āyāft).

所掲の箇所にたいする著者のよみ方は示さないが、これらのうち(3)(11)は、著者の立場からは原註とみなす必要がないので、訳文でもその部分は特別に表示しなかった。これに反し、他の部分は訳文では当該箇所を《 》でかこんで、原註であることを示した。そのほか、モレでは原註とみなされていない(12)1. baxšišn を著者は原註とみなして、訳

文で《頒与-》》とした.

2)「アーラーステー」は ⁺Ārāstē (Av Ārāstya).

3)「根本智」は āsn(ō)xrad で，ここにみえる xrad āsnē や§18 にみえる ⁺āsnēxrad は奇異.「根本智」とは gōšōsrūd xrad「後得智(耳で聞かれた知慧)」にたいし，先験的な「生得の知慧」をさす.

4)「すなわち(その)わたしの心の中には根本智の霊が宿っていて～信憑させようとわたしは願ってきました」は čiyōn ǀkē ǀandar menišn 〈ī〉 ǀman mēnōg 〈ī〉 xrad āsnē mehmān ǀbūd ud ǀxwāst-om ǀkū čim ī ǀzāyišn ud paydāgēnišn ī waxšwar Spitāmān ahlaw Zarduxšt wābarīgānēnam. 冒頭の čiyōn ǀkē は「すなわち」と訳したが，シンタックス的には「アーラーステーの子メードヨーマーフにして義者ザルドゥシュトの弟子であるわたし」ǀman ⁺ǀkē Mēdyōkmāh ǀpus ī ⁺Ārāstē ud ⁺hāwišt ī ahlaw Zarduxšt ǀham の「わたし」ǀman を先行詞とする一種の関係詞とみるべきで，この文と čiyōn ǀkē との間にある文は一種の挿入句とみてよい．この čiyōn は理由(「何となれば」)や比較(「……のように」)をあらわすものではない．→註13. čiyōn をこのように無意味に使う使い方は čiyōn ǀka が「……とき」である例にもみられる．→註66, 69. いずれにしても，かかる čiyōn の使い方は MP の常道ではない.

5)「奇瑞」frajūd なる語はスーフィズムの影響をうけたものとみられている(モレ).

6)「このように『回想』の中に書きとめているのです」ēdōn ǀpad ayādgārīhā ⁺ǀnibišt ǀēstēd とは「書きつけてあるところだ」ということ.

7)「一はこれ．曰く」ēk ǀēd ǀkē——NP ke は MP ǀkē, ǀka, ǀkū いずれにも対応する．ここの ǀkē には，このような背景が垣間見られる．正しくは ǀkū とあるべきもの.

8)「その他の国ぐに」も「ウィシュタースプの治下における」にかかる．かれの支配する，エーラーン人と非エーラーン人ということ.

9)「わたしは，～33歳の年齢になっていたので……，ザルドゥシュトの神力と光輪およびもろもろの奇瑞のいかなるものであるかを書くことが有意義であるのです」は čiyōn ǀman… ǀpad dād ī 33 ǀsālag ǀrasīd ǀbūd ǀham ǀpad dānišn āgāh ud frahang wisp-pēsīd ǀaz hērbedān ī xradōmandān bahrag ǀgriftag ud ǀān ǀčē warz 〈ud〉 ǀxwarrah 〈ī〉 ud frajūdagīhā ī Zarduxšt……nibišt〈an〉 čimīg. 文中,「かの知慧あるもろもろのヘールベドの中に伍して」ǀaz hērbedān ī xradōmandān bahrag ǀgriftag は分詞構文.「わたし……の中に伍して，33歳の年齢になっていたので」čiyōn ǀman… ǀpad dād ī 33 ǀsālag ǀrasīd ǀbūd ǀham… ǀaz…bahrag ǀgriftag ud における čiyōn…ud「……なるがゆえに，それゆえに」なる，かかり合いに注意のこと．数字33は原文には ly w 'b とある．y には鈎冠がついていないから，ly は30でなくて21であり，残部は ud 3「プラス3」である．しかし21 ud 3 は24であるから，20　4と書くはずである．y と w を連書すれば2となり，3と合わせて5となって，20　5=25となるはずであるが，25が ly w 'b と書かれるはずもない．けっきょく，y の鈎冠が誤脱したものとみて 30 ud 3=33とみるほかはない．33の数字はゾロアスターが責苦をうけたとき縛された縄についても出てくる(→Dk VII・4・67)から，象徴的な数字としてはうけとられる．この点，21も同様であるが(拙著『古代ペルシア』286頁注), 21+3=24 や 25 になると,

そうではない．モレは「15」としているが，15 それ自体は帯冠の年齢として古来イランでは意義をもつものの，ly w ’b からは 15 の数字は出て来ない．

10) 「もろもろの預言者の預言者～称讃あれ」は [ud] niyāyišn ⎸ō waxšwar ī waxš-warān Zarduxšt ⟨ī⟩ Spitāmān ⟨ī⟩ ahlaw. モレは「もろもろの預言者の預言者」waxšwar ī waxšwarān をスーフィズムの šaiḫ al-mašā'iḫ や xwaĵa-i xwaĵagān に比較している．

11) §3 は不正確な表現で，一部にはデーンカルドにたいする誤解がある．Dk VII・2・15-17, 24 を綜合すると，メーノーグ的3千年のうち最後の千年紀(の第十・百年紀――おそらく，この百年紀の終わりまで 30 年をあますとき)にゾロアスターはメーノーグ的に形づくられ，つぎの無混合の3千年のはじめ(おそらく，かれが 30 歳のとき)にゲーティーグ的に造られ，そのままこの3千年期を経過した．そして，つぎにくる混合の3千年の終末 330 年前にゾロアスターを下界にくだらせる準備が始まり，30 年前になってそれが実現した．すなわち，ゾロアスターはこのとき(すなわち原初の世界創成から 8970 年目に)地上に呱呱の声をあげるのである．そして，かれが 30 歳のとき啓示をうけ，同時にかれの千年紀が始まる．そして，この千年紀の終末まであと 30 年のときウシェーダルが生まれ，30 歳でサオシュヤントとなり，ここにウシェーダルの千年紀が始まる．以下，同じような行き方で第2サオシュヤント(ウシェーダルマーフ)，第3サオシュヤント(ソーシュヤンス)に至る．以上のような行き方をみると，図式的にいわれる1万2千年の体系をじっさいには千年も超過することになるし，1万2千年説の代わりに9千年説をとっても同様である．

12) §4 については→Dk VII・2・70. 人名はデーンカルドにみえるものとは細部において異同があるが一々註せず，モレの写音をおおむね忠実に仮名書きするにとどめた．

13) 「すなわち」čiyōn ⎸kē→註 4.

14) 「ワナンドフラウィシュン・スパーハーン」Wanand-frawišn Spāhān は「ワナンドフラウィシュン・アースウィヤーン」Wanand-frawišn Āswiyān の誤りか．

15) 「このこともはっきりと見知って書きとめているのです」は ⎸ēn-iz ⎸pad dānišn ud wēnišn rōšn nibišt +⎸ēstēd. 原文には +⎸ēstēd でなく，⎸ēstād とある．しかし，nibišt ⎸ēstād は，§11 の終わり(→註 36)や§19 の終わり(→註 82)のように，一節の終わりで，それまでに述べたことをふり返って，「前述のことを書きとめた次第である」というときに用いるのが本書の建て前であるから，原文のままなら，この句は§5 の最後にくるのが望ましい．→註 6.

16) 「5か月と 21 日をかの女が閲してのち 3 日間～そしてそなたは平安と至福に到達されるでしょう」(§5 の終わり)は ⎸pas ⎸az ⎸ān ī +⎸ka 5 ⎸māh ud 21 ⎸rōz ⎸ān ⎸abar ⎸xwāst(?) ⎸tā 3 ⎸rōz ⎸andar mān ⟨ī⟩ Porušāsp ⎸pad ēw⟨ēn⟩ag ⟨ī⟩ xwaršēd ⟨ud⟩ ⎸māh rōšnīh ⎸har gāh ⎸pad ⎸ul-waxšišnīh ⎸būd ⎸az ⎸ēn škeftīh ⟨ī⟩ owō⟨n⟩ škeft paydāgēnīd ⎸pas Dugdāw ⎸ān-iz ōz ud ⎸xwarrah ī waxšwarīh ⟨ī⟩ Zarduxšt ⎸būd ⎸pad ⎸az ⎸dīd ud ⎸ō ⎸pēš ⟨ī⟩ ⎸az wizār ⎸šud ⎸ān- +⎸iz ⟨ī⟩ dīd pursīd ⎸az wizār passox drāyīd +⎸kū frazand ī +⎸kē padiš burdār ⎸hē pusar ī nāmīg ⟨ī⟩ abēzag-⟨n⟩ām ⎸az ⎸tō ⎸zāyēd nēkān sālār ud wattarān ud ĵādūgān tarwēnīdār ⎸bawēd ud gēhān ⎸pad dād ⟨ud⟩

dēn ⟨ī⟩ ˈwehīh ār⟨āy⟩ēd ud ˈtō ˈpad rāmišnīh ud xwārīh ˈxwāst ˈrasīd. 文中，
ˈxwāst(?)とあるのはモレの読み方をそのまま書いたものであるが，原文には SPLḤ-
WNt=YPLḤWNt=ˈxwast とあり，ˈabar と熟して「(かの女が)追いやって(=閉し
て)(のち 3 日間)」と読解したい. ˈpas Dugdāw は「ドゥグダーウのうしろに」でなく，
ˈpas は独立して「そのさい」ほどの謂いとおもわれる. 文中，3 回出る「わたし」が
ʾNH(=ˈaz)'I' と書かれて L(=ˈman)'I, me' と書かれていないことや，ダエーワ語
drāyīd「ほざいた」を古拙な意味で使用していることはバーバリズムの一種で，これは
上掲文末の ˈxwāst ˈrasīd とも関連がある. この ˈxwāst ˈrasīd は文脈からみて「そな
たは到達することをねがった」でなく，「そなたは到達するであろう」というように，
未来としてのみ理解しうる. これは明らかに，x(w)āstan を助動詞として未来をあらわ
す NP の影響である. ˈtō…ˈxwāst ˈrasīd は ˈtō…+ˈxwāhē ˈrasīd⟨an⟩「そなたは…到
達するであろう」とするか，ˈtō……+ˈxwāhēd ˈras⟨ēn⟩īd⟨an⟩「かれ(息子)はそなたを
到達させるでしょう」とよむべきもの. →註 45.

17) 「王ロフラースプの治世 120 年が終わるや否や」は čiyōn ˈaz xwadāyīh ī Lo-
hrāsp ˈšāh ˈān 110 ˈsāl ˈbē hanǰām ˈbūd「ロフラースプ王の治世のうち，かの 110 年
が終わるや否や」とあるのを Bd TD₁ 206 : 10=TD₂ 239 : 13 に従って，110 を 120 に改
めたもの.

18) 「……刻に」は ˈandar zamān dymky とあるが，時刻名の解読不能.
19) 「光輪の驚異」は škeftīh ⟨ī⟩ ˈxwarrah.
20) 「首尾よく」ˈpad farroxīh とは「妨害されずに」ということ.
21) 「神力と光輪との驚異」は škeft⟨īh ī⟩ warz ⟨ud⟩ ˈxwarrah.
22) 「刺し鞭」aštar は家畜を追うに用いられる.
23) 「その邪心者の手は血まみれになって〜血でぬれて引き返した」は ˈdast ⟨ī⟩ ˈān
dušmenišn ham-ēdōn +xōn-šust ud wēmār ˈbūd ud kirb ī Zarduxšt ˈaz ˈdast frāz
ˈhišt ud purr-bēšīdag +xōn-xwēd ˈabāz ˈraft. 文中，「血まみれになって」+xōn-šust
は 'wṣwwyt を，「血でぬれて」+xōn-xwēd は w'w'wyt を，それぞれ，読みかえたもの
であるが不確実. モレはそれぞれ +ōškast, +vānīt としている.
24) 「みぐみぶかい創造主の助けによって〜創造主に感謝をささげた」(§ 8 の終わり)
には錯簡がある. 本来なら，この部分は「(ドゥーラースラウは)そのポルシャースプに
は良策になるとほざいて(darmān ˈbūd⟨an⟩ drāyīd)(事の次第を)知らせた. このような
次第で，ドゥグダーウとポルシャースプは子を(いるべき場所にさがしたが)その場に見
かけなかった. そののちドゥグダーウは(さがしあてて)，燃える火の中に見つけたザル
ドゥシュトのからだを救い出して創造主に感謝をささげた. めぐみぶかい創造主の助け
によって，髪は一本もかれの清浄なからだから減らなかったし，燃える火は水のように
なって障害や苦痛はなに一つそれ(火)から(かれのからだには)及ばなかったのである」
とあるべきところ. →Dk VII・3・8-10. ダエーワ語 drāyīd「ほざいた」は正常な用い方.
→註 16.
25) 「難路」dušxwār widarag とは「隘路」のこと. →Dk VII・3・11.
26) 「かれらの足でかれが踏みにじられるために」は ˈtā…ˈpad ˈpāy ī ˈawēšān

sparīhēd.
27)「かのカルブにはなしつつも満足したのであった」は ˈabar ˈō ˈān karb…⟨guft⟩ hušnūd ˈbūd なるモレの補読に従った。
28)「くぼみ」abāwar→50頁註18.
29)「強蹄((即ち,それの蹄はきわめて強大))」は⟨sumbōmand ˈkū-š sumb stabrdar⟩. この再構はモレに従ったもの.
30)「…知らせがあったとき」の「とき」に相当する ˈka を原文の ˈkū「曰く」(§11文首の「わたしは披露しよう,曰く」の)のつぎに補う(ˈkū ⟨ˈka⟩ となる).
31)「仔どもを殺して」hunušakān ˈōzadag→51頁註20(および14頁註21).
32)「不安になって」ahunsand ˈbūdag は分詞構文.
33)「狼ども」――以下,「狼ども」と複数形(動詞も)であるが,Dk VII・3・15-16 では単数.
34) Dk VII・3・16 では「顎」を打ったとある.「顎」znk=zanak がここでは z'nwkˈ=zānūg「膝」と誤解されたために「足」まで加えられた. その結果,Dk VII・3・16 で「註」とみなした部分もここでは本文とみなさざるをえず,また本文とみなしても,膝と足を打たれてどうして口が上下くっついたりしたのか,という前後矛盾が起こっている.
35)「同じような具合い」――kam-advēnak(モレ)は ham-advēnak(ham-ēwēnag)の誤植.
36)「なにごとであれ,この賤しい(わたくしめ)が自分の眼で見たことは,みな書きとめておきました」har ˈčē ˈpad niger ⟨ī⟩ ˈxwēš ˈēn niyāzōmand ˈdīd nibišt ˈēstād →註15, 82. ˈēn niyāzōmand「この賤しきもの,この卑しきもの」とは明らかに卑語法. →註50.
37)「曰く,ザルドゥシュトが15歳の年齢になったとき」は +ˈkū čiyōn Zarduxšt ˈpad dād ⟨ī⟩ 15 ˈsāl ˈrasīd. 原文の ˈka は ˈkū「曰く」とあるべきもの. čiyōn は「とき」→註49.
38)「心性を陶冶する」は wirāstan ī xēm「心性の陶冶」の訳.
39)「悪記」daxšag wad または daxšag ⟨ī⟩ wad は邪悪なる銘記,悪を銘記する心的作用.
40)「善記」daxšag nēk または daxšag ⟨ī⟩ nēk は前註「悪記」の反対.「善記を陶冶する」は daxšag ⟨ī⟩ nēk wirāstan. →註38.
41)「またもろもろの貧者やもろもろの有資格者の施しを与えるという責務~また御覚えを欲するものどもとはつねに共にあった」(§12の終わり)は ud ˈān driyōšān ud arzānīgān +dādan dāšn xwēškārīh warzīd ud ˈpad ˈān bowandag-+menišnīh ud paristišn[īh] ˈpēš ī yazdān mihr ud dōšāramīhā windīd ud ˈabāg daxšag-kāmagān +hamē ˈbūd. 文中,warzīd「かれは実践した」までは,貧者や有資格者は施しを施すという責務があり,かれはこの責務を実践した,との謂い. +dādan dāšn「施しを施す」をモレは dād ud dahišn「庶類」とよみ,ここを「かれは貧しいものやふさわしいものどもに施すことを責務とみなした」と訳しているが,このような訳文は氏の解釈からは出てこ

ないはずであり，また，出てきたとしても，大なる誤解である．貧者と有資格者については諸所で論じたが，本書では 237 頁を参照されたい．ザルドゥシュト（ゾロアスター）者たるものは，有資格者(arzānīg——これは Av arədra-「福音，富者」の中世ペルシア語訳)も，そうでないもの（「貧者」）も，ひとしく施与の義務を負うている．文末近くの daxšag-kāmag (-ān は複数語尾)「御覚えを欲するもの」とはオフルマズドやもろもろのアマフラスパンドによって，善者または御意に叶えるものとして銘記され，または記帳されること——そういう神による銘記を所望するもの，神(々)に覚えてもらいたいと思うもの，の謂い．

42)「サースタール」sāstār は「暴君」．

43)「というのは前もってみな知らせを得ていたからである」は ¹čē ¹az ¹pēš āgāhīh hamāg dāšt.

44)「メーノーチフル」または「メノーチフル」Měnōgčihr は Mānuščihr の NP 形ともみられる．

45)「やってくるでしょう」¹xwāhēd mad⟨an⟩ は未来をあらわす NP 的表現．→註 16.

46)「ブラーダローグ」Brādarōg はブラーダローレーシュ Brādarōrēš と同じ．

47)「加えることはできなかった」は ¹nē tuwānist kard⟨an⟩.

48)「わたしどもは(だれも)同じであった」hamdādestān ¹būd ¹hēm——hamdādestān「(意見などの)一致した」をこのように用いることは奇異である．

49)「ザルドゥシュトが 30 歳の年齢になったとき」は čiyōn Zarduxšt ¹pad dād ⟨ī⟩ 30 ¹sāl mad. 文中，čiyōn「とき」→註 37.

50)「この賤しい(わたくしめ)」→註 36.

51)「呪師をひいきにする」は jādūg-kāmag.

52) ここのエーラーンはエーラーン・ウェーズすなわちシースターンとみたい．

53)「大河」は ¹āb ⟨ī⟩ wuzurg「大きな水」．āb は本来は「水」であるが，川・湖・海のいずれをもあらわす．

54)「海の(ような)河水」は ¹āb ī zrēh.

55)「アナグラーン日・スパンダルマド月の終わりに」¹pad ¹rōz ī ⁺Anagrān ud ¹māh ī Spandarmad sar とは「スパンダルマド月(祅暦 12 月)のつごもりアナグラーン日(30 日)に」ということ．

56)「その時のこと」は ¹pad ¹ān zamān ⁺¹ka.

57)「そこでザルドゥシュトはそのダーイテー川の一分流にたどりついた．かれはその川から進んでゆき」は ¹pas Zarduxšt ¹ul ¹raft ¹ō ¹ān ¹āb ⟨ī⟩ Dāitē ¹pad ēk ⟨¹bē-⟩tazišnīh. ¹az ¹ān rōd franāft「そこでザルドゥシュトは，そのダーイテー川に，(それの)一分流にとりついた．かれはその川から進んでゆき」の意訳．モレは「ゾロアストルはついでダーイテー川のほうに出かけて一水路を経て(¹pat ēvak-tačišnīh=¹pad ēk-tazišnīh)，そこから出ていった」と訳しているが賛しがたい．著者は Dk VII・3・51, 54 を参照した．→53 頁註 78.

58)「もろもろのメーノーグ者」mēnōgān とは「神々」のこと．ここではアマフラス

バンド諸神にくらべて下位の神々 (Av yazata-, MP yazd) とみられる.
59) 「ホルダード日・フラワルディーン月」 ¹rōz ⟨ī⟩ Hordād ud ¹māh ī Frawardīn は祆暦1月6日.
60) 「光耀」は abrang.
61) 「驚異」は škeft⟨īh⟩.
62) 「アベスターグの21ナスク」 ⁺21 ⁺Nask ⟨ī⟩ Abestāg——アベスターグ（アヴェスター）は21のナスク（巻）から成っていたといわれている.
63) 「ブルゼーン・ミフル」 Burzēn-mihr は三聖火の一で，農耕階級のシンボルとされている. →註84.
64) 「糸杉の木」は draxt ī sarwān. ここの所伝はシャーフナーメのそれとはやや異なる.
65) 「メードョーマーフなるわたし」は ¹ke ⟨Mēdyōmāh ¹ham⟩ なるモレの補読に従ったもの.
66) 「見たとき」 čiyōn ¹ka-š… ¹dīd の čiyōn ¹ka については→註4, 69.
67) 「わたしがそなたの道案内となって正義と清浄と天則を見る身になることを（そなたに）信憑させるために」は ¹kū-t rāh-nimāy ¹bavam ud rāstīh ud abēzagīh ud ahlāyīh ⟨w⟩ēnīdārīh ⁺wābarīgānēnam.
68) 「ついでかれはその火を～地に植えた」の原文は ¹pas ¹ān ¹ōy ātaxš ¹abar ¹ān dād[īhā]-gāh ⁺¹nišānīd ud ¹kištan ī ¹ān draxt ⟨ī⟩ sarwān ¹u-š ¹andar zamīg kišt であるが，正しく伝えられているかはうたがわしい. ¹abar ¹ān dād[īhā]-gāh ⁺¹nišānīd 「かの聖火殿に安置した」をモレは ¹apar ¹hān dātīhā gās ¹nišānēt「それ（火）の定めの場所に安置した」とするも贊しがたい. 著者の解釈にして誤りなければ,「かの聖火殿」と限定されているのは, シャーフナーメにいうケシュマル Kešmar の聖火殿をさしているからであろうか. ただし, ¹ān は ¹ēn「この」の謂いでも用いられることにも注意したい. →註76.
69) 「とき」 čiyōn ¹ka→註4, 66.
70) 「デーニー・ウェフ」→13頁註6.
71) 「根本智」 āsnēxrad→註3.
72) かれの名が末位に記されているのは, かれが謙遜したため. ザートスプラムでも同様. モレはかれが最初の弟子でないためとするが不可.
73) 「有資格者」 ⁺arzānīg→註41.
74) 「許与する」は dād⟨an⟩.
75) 「加害するものとならぬ」は kārgar ¹nē ¹bawēd の訳なるも, kārgar (モレの karkār は誤植) が「加害する」の謂いかは不明.
76) 「この生きているうちに」 ¹pad ¹ān zīndagīh では, ¹ān「あの」が ¹ēn「この」の謂いで用いられている.
77) 「聖マフラスパンド日・スパンダルマド月」は ¹rōz ī mēnōg Mahraspand ud ¹māh ī Spandarmad「神マフラスパンドの日・スパンダルマドの月」すなわち祆暦12月29日.

78)「ついにかれは」は ˈtā ˈka-š.
79)「宰相」は dastwar.
80)「聖体者」は yašt-tan.
81)「ので」――「そのドローン儀式で」ˈabar ˈān drōn のつぎにある čiyōn と「かれは不死と不老を見いだした《即ち,かれは不死を得た》」ahōšīh ud azarmānīh ˈwindīd《(ˈkū amargīh ayāft)》のつぎにある ˈpas とが相関して čiyōn…ˈpas～「……したから,それだから～」となる.
82)「書きとめておきました」nibišt ˈēstād→註 15, 36.
83)「かき消すごとく」は mēnōgīhā「メーノーグ的に, 不思議な方法で」の訳なるも,「幽冥のうちに」とするもよい.
84)「このように自分の眼で～かき消すごとく引き返していったのです」(§20 の終わり)は ēdōn ˈpad niger ⟨ī⟩ ˈxwēš dīd ⟨ˈham⟩ ˈkē ⟨Mēdyōmāh ˈham⟩ ˈān ˈō ˈrōz [ī] ⁺pēš⁺gāh ī Kay Wištāsp ˈrasīdan ī čahār amahraspandān čiyōn āstīh-kāmag Wahman ud ahlāyīh-warzīdār Ardwahišt ud Ādur-ˈxwarrah [ī] ud Ādur-guš⟨n⟩asp ˈpad gugāyīh ī ˈān rāst waxšwarīh ⟨ī⟩ ahlaw Zarduxšt ˈaz asmān ˈō zamīg ˈpēš ī abrang ⟨ī⟩ Wištāsp ud ˈpad ˈān Wištāsp guft ˈkū dōšāramīhā ˈkun ud rāst menišn ˈdār ˈabāg ahlaw Zarduxšt ēdōn ˈnām ˈxwad guft ˈhēnd ud ˈabāz ˈaz ˈānōh mēnōgīhā ˈraft ˈhēnd. 文中, ˈān ˈō ˈrōz「それは,白昼に」の ˈān「それは」は ˈrasīdan「来到したこと」(より正確には「来到すること」)を補語とする主語とみるか,または ˈān… ˈrasīdan「あの来到」と解すべきもの.「玉座の前に」は原文の ˈpēš-gāh「広間」を ⁺pēš ⁺gāh とよみかえ, gāh を taxt「玉座」の意味に解したもの. §17 には ˈō ˈān pēš taxt ī Wištāsp「ウィシュタースプの玉座の前に」の表現がみえる.「アードゥル・クワルラフ」「アードゥル・グシュナスプ」はそれぞれ「クワルラフ(光輪)火」「グシュナスプ火」(戦士階級のシンボル)で, クワルラフ火は「アードゥル・ファルローバグ」(Ādur-farrōbag)すなわち「ファルローバグ火」(祭司階級のシンボル)と同じもの. 註63所掲の火とならんで三聖火を成す.

第Ⅱ部 論　文

1 xšmāvatō——ガーサーにおける 敬語法・卑語法について[1]

Maria Wilkins Smith[2] は接尾辞 -vant をもつ人称代名詞幹 mavant-, θwāvant-, xšmāvant-, および yūšmāvant- を取り扱い，ガーサーにおいてこれらの有する意味——あるいは，むしろ意味上のニュアンスを3種に分類し，それに応じてこれら4語詞を B, C, D の3群にわけた．B群は likeness または resemblance を示し，C群は adherence を，そして D群は人称代名詞そのものと等しいとした．したがって，D群の場合は，接尾辞 -vant は colorless で，もとの人称代名詞幹になにも加えることはなく，この D群に属するものは，a)アフラに関与したり，b)人間に関与したりする，というのである．スミス女史の見解を表にして示すと，つぎのようになる：

B)   44:9   θwāvąs 'thy-like'

C)   31:16, 43:3   θwāvąs 'an adherent-of-thine'

    49:6   xšmāvatō 'your*-adherent's (i. e. of your-adherent)'

D) a) 33:8, 44:1   xšmāvatō 'of you*'

       34:2   xšmāvatō 'to you'

       44:1   θwāvąs 'thou'

       48:3   θwāvąs 'thy-very-self'

   b) 29:11   yūšmāvatąm 'to you'

       34:3   xšmāvasū 'among you'

       44:1   mavaitē 'to me'

       46:7   mavaitē 'for me'

       46:10   xšmāvatąm 'of you'.

Ahura を示す*印の複数形は，スミス（§51: pp. 40–41）によると，一般に constructio ad sensum と称されるもの——換言すれば，そこにはアフラ・マズダーとその１個以上のアスペクトとが暗示されている，ということになる．

-vant をそなえた語形が個々の場合にだれに関与するかということを別にすれば，スミスのこの見解（3群分類）は，一般的にいうと，専家[3)]のあいだでこれまでにも通用してきたし，いまもその点は同じである．著者が接見した諸訳にも，例外はきわめて少ない．

しかし3群中，まずD群はとくに検討の要ありと考えられる．-vant 語形が，スミスのいうように，colorless とはどんな理由によるものか．かりに韻律論をもち出して弁護しても，当たらないように思われる．下に示すように，θwāvas と mavaitē はそれぞれ対応する人称代名詞で代替できるし，その他の語形にしても，それぞれ対応する人称代名詞をあてれば，わずかに1音節不足するだけである．

a) $\begin{cases} \text{xšmāvatō} \doteqdot \text{*xšmākəm または yušmākəm (gen. pl.) 33:8, 34:2, 44:1} \\ \text{θwāvas} = \text{tvə̄m i. e. tuvə̄m 44:1, 48:3} \end{cases}$

b) $\begin{cases} \text{yūšmāvatąm} \doteqdot \text{yušmākəm (gen. pl.) 29:11} \\ \text{xšmāvatąm} \doteqdot \text{*xšmākəm または yušmākəm (gen. pl.) 46:10} \\ \text{xšmāvasū} \doteqdot \text{*xšmaēšū (loc. pl.) 34:3} \\ \text{mavaitē} = \text{maibyā i. e. maibiyā (dat. sg.) 44:1, 46:7.} \end{cases}$

「アヴェスターにおける詩法……の主軸は律動の原理，すなわちアクセントであること，そして音節の数は，一詩頌のうちとか，一詩篇全体のなか，などでは，かなり恒常的であるが，常時厳格に保持されているとは限らない」[4)]ことを想起すれば，1音節の不足ぐらいは，さして重視すべきものとは思われない．-vant 接尾をもつ語形は，スミスの主張するように3義ありとするよりも，すべて同一義に終始すると見るほうが，むしろ自然のように思われる．それらが時に応じて類似・類同を示したり，依属を示したり，ないしは人称代名詞そのものとまったく同一である，などということは，著者には受けいれがたい見方である．

これまでこれらの語形がどんな取り扱いを受けてきたかをみるには, 44:1 bc を引用するのが早道である, けだしそこには問題の語形が 3 個も出てくるからである (xšmāvatō, θwāvąs および mavaitē——訳文にもこの順位が保たれているときは一々付記しない).

Yasna 44:1 bc:

    nəmaŋhō ā   yaθā nəmə̄ xšmāvatō

    Mazdā fryāi   θwāvąs sah·yāṯ mavaitē

M. W. Smith[5]:

    By-virtue-of (my) veneration——such-as veneration *of you* (should be) ——through wisdom, (as) to a friend, mayest *thou* teach (it) to *me*.

F. C. Andreas—H. Lommel[6]:

    (ich frage) aus Verehrung, so wie die Verehrung *für euresgleichen* ist. Ein Weiser *wie du* soll es *einem* Freund *wie ich es bin* sagen.

J. Duchesne-Guillemin[7]:

    Qu'en vertu de ma vénération—telle qu'on la doit *à un être comme vous* ——un sage *comme toi* le révèle *à un* ami *comme je le suis;* ···

K. Barr[8]:

    Angaaende Andagten, maatte *en som Du* (θwāvąs), o Mazdāh, aabenvare *for en* Ven, *som jeg er det* (mavaitē), hvorledes den Andagt, *som tilkommer Eders Lige* (xšmāvatō), bør være. (問題の語形にたいする解釈は Andreas-Lommel と同じである)

H. Humbach[9]:

    Wie die Verehrung *von euresgleichen* vor sich geht, möge auf Grund der Verehrung *deinesgleichen*, o Kundiger, *mir*, dem Freunde, verkünden.

G. Widengren[10]:

    Wegen des Gebets—wie das Gebet *Ihresgleichen* ansteht? Möge ein Weiser *wie du seinem* Freunde, *wie ich es bin*, es kundtun···

M. Molé[11]:

Quant au culte, tel que le culte qui doit être rendu *à l'un des vôtres*, ô Mazdā, qu'*un être tel que toi* l'indique *à son* ami *tel que moi*,…

要するに，xšmāvatō はスミスのみ「あなたがたの」とし他は「あなたがたのごときものへの」，θwāvas̨ はスミスのみ「あなたが」とし他は「あなたのごときものが」，mavaitē はスミスとフンバッハが「わたしに」とするほか，他は「わたしのごときものに」と解している．

著者の見解は，これらの解釈とは異なる．著者によれば，2人称の場合は敬語法に属し，1人称の場合は卑語法に属するもので，敬語法／卑語法をもって問題の語形全部を解釈しようとするものである．ただし，この -vant 語形がなぜザラスシュトラ(ゾロアスター)によって用いられたのか，その契機は，いまの著者には究めつくすことができない．(1) ərəši-＝OI ṛṣi- としてのかれにそのすべてを帰すべきか，あるいは(2)神(々)の前に己れを卑くする宗教心理にそのすべてを帰すべきか，それとも(3)両者が機に応じ適宜混在しているものか．ザラスシュトラが Yasna 44：1c においてアフラ・マズダーの前におのれを指斥して「友なる……わたくしめに (fryāi…mavaitē)」と言っていることをもって，(2)の論拠を否定しようとするものがあるならば，オリエントにおける「友」なる概念がいかなるものであるかを知らぬものの言である．とすれば，(1)(2)(3)の論拠は一をとって他を捨てうるほどに優劣を明示してはいないことになる．そこで，そうした契機の問題はしばらく措くとすれば，θwāvant- は「あなたさま」，xšmāvant-/yūšmāvant- は「あなたがたさま」となり，他方，1人称の mavant- は「わたくしめ」となろう．曲用は，つぎのようになる．

人称	格	単　　　数	複　　　数
1	与格	mavaitē (44：1, 46：7)	
2	主格	θwāvas̨ (43：3, 44：1.9, 48：3)	xšmāvatō (49：6)
	呼格	〃　(31：16)	〃　(33：8, 44：1)
	対格		〃　(34：2)
	属格		xšmāvatąm (46：10)/yūšmā-vatąm (29：11)
	所格		xšmāvasū (34：3)

ガーサー以外の語法としては Yasna 40:1, 41:5 に mavant- からの派生形容詞 mavaiθya-「わたくしめの」が指摘される．これとは異なり人称代名詞と関係のない別種の語詞を用いるものであるが，卑語法使用の精神は中世ペルシア語書にも見いだされる[12]ので，この点からも逆推すれば mavant- に「わたくしめ」を提唱する著者の立場もまた，裏付けられるであろう．

ガーサーにおいてザラスシュトラの口から出ている θwāvąs はただアフラ・マズダーのみに関与し，これにたいし xšmāvatō～xšmāvasū のほうは，アフラ・マズダーとそれに陪接する他の神格とを含めたものに関与する．どんな場合でも，これらの語形が人間に関与することはない．人間には mavaitē だけが関与するのみである．そうすると，Yasna 44:1 bc はつぎのように訳すことができる．

　頂礼のあるべきように契(かな)える（わたくしのこの）頂礼にめでて，御身たちさまよ，

　マズダーよ，御身さまは，友なるわたくしめに，告げていただきたい．
fryāi…mavaitē は「わたくしのごとき友に」とか，「（御身の）友なるわたくしに」，などではなく，「（御身の）友なるわたくしめに」または「（御身の）友に，すなわちわたくしめに」でなければならない．θwāvąs に sah·yāṯ なる3人称（単数 optative）が従続していてもすこしもさしつかえない．Yasna 43:3 でも θwāvąs は ā.šaēitī「（御身さまが）住んでまします」なる3人称（単数直説法現在）を従えているのである．

このように文法的には3人称単数として受けとられている θwāvąs「御身さまは」であるが，つぎの箇所においてこれが主語として含意されていると解釈すれば，これまでに難点とされていたものを解消することができる．その難点というのは，文法的には具格で出てくる語を comitative instrumental として主格的主語とみなすとか，あるいは，主語を漠然とした「人（びと）」とする，いわゆる man-Satz を要請するとか，のことで，つぎのような箇所において著者のように解すれば，このような無理は犯さずにすむと思われる．表は θwāvąs「御身さまが，～は」が主語として含意されていると解し，それに所掲の

動詞（いずれも3人称単数、ただし形容詞〔男性単数形〕が述語のこともある）が述語として従う、とみるのである。

28：2c　daidīṯ「(御身さまが)……おき給うことのできる(ため)」
29：3a　paitī.mravaṯ「返答し給うた」
30：7a　ǰasaṯ「来到し給うた」
　：8b　vōi.vīdaitī「建設し給うでしょう」
33：6b　mantā「心をもって創成し給うた」
　：9b　barətū「もたらしてください」
34：8ab　as（次頁の引用参照）
　：12b　vīdāyāṯ「頒与し給う(かどうか)」
43：7b　pairī.ǰasaṯ「とりまき給うた」
　　c　pərəsaṯ「問い給うた」
　：9．11．13．15b　pairī.ǰasaṯ「とりまき給うた」
44：2e　hārō(形容詞)「みそなわし……」
46：3d　ǰimaṯ「来給うでしょう」
　：7a　dadāṯ「授け給うのですか」
48：1a　vəṇṇhaitī「征服し給う(なら)」
　　d　vaxšaṯ「助長し給うでしょう」
　：9c　ūčąm「語してください」
49：7ab　sraotū(2)「聞いてください」
50：3b　čōišt「約束し給うた」

これらの箇所から若干の文例を引用して、著者の立場を明らかにしてみよう。

Yasna 28：2 abc

　yə̄ vå Mazdā Ahurā　　pairi.ǰasāi vohū manaŋhā
　maibyō dāvōi …　　　……
　āyaptā ašāṯ hačā　　yāiš rapantō daidīṯ xᵛāθrē

　マズダー・アフラよ、善思をもって御身たちをつつみまいらせようとする

1 xšmāvatō

わたくしに授けてください……
　よってもって（御身さまが）助力者たちを楽土におき給うことのできる恩典を，天則に従って，です．
この文では，恩典はアフラ・マズダー（またはその他の神格）のみが授けうるもので，人間にはその資格がない．man-Satz として主格を漠然たる「人（びと）」とする解釈が通用しているが，そのような漠然たる解釈ではザラスシュトラの真意を見失うことになる．

Yasna 33: 9 ab

aṯ tōi Mazdā tə̄m mainyūm　　　　ašaoxšayantå sarəidyayå[13]
xᵛāθrā maēθā mayā　　　　　　　vahištā barətū manaŋhā

では，マズダーよ，御身の御意を（御身さまは）最勝の善思とともにもたらしてください——
天則によって栄えるかの双者が，わたくしとともにある常恒の楽土とむすびついてくれるために[13]．

Yasna 34: 8 ab

tāiš zī nå šyaoθ[a]nāiš byentē　　　yaēšū as pairī pourubyō iθyejō
hyaṯ as aojyå nāidyåŋhəm　　　　θwahyā Mazdā ạstā urvātahyā

それというのも，かれらがそのもろもろの行為をもってわれらを打ちのめしているからで，そのかれらにとり巻かれている多くのものどものために，（御身さまは）棄捨（追放）を加えてください——
それも，より強い方（かた）として，より弱いものに加え給うべきそれを，マズダーよ，御身の定めによる禍害とともに（加えてください）．

Yasna 34: 12 ab

kaṯ tōi rāzarə̄[14] kaṯ vašī　　　　kaṯ vā stūtō kaṯ vā yasnahyā
srūidyāi Mazdā frāvaočā　　　　yā vīdāyāṯ ašīš rāšnąm[14]

御身のための調律[14]はいかなるものですか，御身は何を望み給うのですか．
礼讃のいかなるものを，それとも，神事のいかなるものを．
（人びとが）聞くように，マズダーよ，御身は告げてください——調律[14]中

のいかなるものにめでて(御身さまは)報応を頒与し給うかを.
このｂ行の後半は Yasna 43:12 b の yā vī ašĭš rānōibyā savōi [vī]dāyāṯ「両軍に利益しようとして，報応を頒与するところの(アシ)」とシンタックス的にパラレルである.

Yasna 48: 9 cd

  ərəš mōi [ərəž] ūčąm   Vaŋhōuš vafuš Manaŋhō
  vīdyāṯ saošyąs   yaθā hōi ašiš aŋhaṯ

  正しくわたくしに(御身さまは)語してください，ウォフ・マナフの秘義を.
  サオシュヤントたるものは知っているべきでしょう，身にどのように報応
  があるかを.

Yasna 49: 7 ab

  taṯčā Vohū   Mazdā sraotū Manaŋhā
  sraotū ašā   gūšahvā tū Ahurā

  そしてこ(の問い)をウォフ・マナフを通して，マズダーよ，(御身さまは)
   聞いてください，
  天則を通して(御身さまは)聞いてください，御身は耳を傾けてください，
   アフラよ.

著者は θwāvąs「御身さまは」を主語として含意解釈すべき諸例をみてきたが，同じ立場から著者は *mavąs「わたくしめは」を含意解釈しうる箇所として，つぎの3例をあげることができる.

  33:14 b「ザラスシュトラ(なるわたくしめ)はささげます(dadāitī)」
  43:16 b「このザラスシュトラ(なるわたくしめ)は選取するものです
   (vərəntē)」
  51:8 c「この預言者(なるわたくしめ)は……幸いされたるもの(šyātō)(形
   容詞男性単数)」.

もっとも，-vant 語形にたいする著者のこのような解釈は，「全面的に著者の創見」であるというのではない．先唱者があるかもしれない．あるかもしれないというのは，先唱者たちが，だれも，xšmāvatō を著者のような立場で取り

1　xšmāvatō

上げることを試みなかったからである．この点を明らかにするためにも，先唱者の立場をみておくことは必要であろう．最初に提唱したのは J. Markwart で，θwāvant- と mavant- は「直接的に指斥する代名詞をさけるための書き替えである．直接呼びかけたり単なる代名詞を用いたりすることを禁忌するタブー的風習を想起させるもの」[15]といっている．つぎは E. Herzfeld[16]で，この語法に深く取り組み，こう結論している：'certain expressions of this (Gathic) poetical language, e. g. addresses, belong to a "courtly" style and are significant for the "Horatian" character of these carmina: instead of the direct pronouns derivatives in -vant are used.' ヘルツフェルトはこの立論を支持するために，中世ペルシア語や近世ペルシア語から，敬語法／卑語法に該当するような例を少なからず援用した．著者は，framūdan (NP では farmūdan) を助動詞として表現する敬語法の一種を中世ペルシア語から引用して，ヘルツフェルトの挙例を補足することもできるが，そのようにしてもなおかつ，問題の -vant 語形は，けっきょくのところ，ガーサー・テキストそのものの解釈に依拠するほかはないことを知るだけである．そうした点から問題は，氏の挙げた -vant 語形が xšmāvatō——このもっとも問題視さるべき xšmāvatō を逸しているということである．泉下の氏にその見解をただすことはできないが，かりに氏が xšmāvatō を「御身たちさまの，……にとって，……に」などと解するなら，まったく納得がいかなくなる．そのように解するなら，末音 -ō (<-ah) を単数属格とすることになる．xšmāvant- が敬語法に属するなら，それは「御身たちさま」という代名詞であって形容詞ではないし，当然複数である．複数代名詞に単数属格の語尾がつくという法はないし，当然 xšmāvatam/yūšmāvatam が使用されねばならぬ．xšmāvatō を単数属格とみるためには，xšmā- に敬語法的複数を認めねばなるまい．そうすれば，その敬語法的複数にさらに -vant なる敬語法（／卑語法）的接尾辞がつくということになり，屋上屋を架するに似て蛇足となろう．単数属格であるなら，どうしても *θwāvatō 以外にはありえない．このように論じてみると，ヘルツフェルトが -vant 語形に敬語的表現を認めかつ xšmāvatō に（単数）属格を認めるとしたならば，その立場は矛

盾して成立しえないことになる．しかも，このxšmāvatōは専家がいずれも単数属格として解釈しており，そのためにはxšmāvant-を「御身たちのごとき(もの)，御身たちに所属する(もの)」(形容詞，またはそれの名詞化したもの〔単数〕)と解釈しなければならぬ——つまり，スミスのBおよびC群である．著者が-vant語形のすべてを敬語法／卑語法で解釈しようとするのとは，まったく相容れぬ考え方である．最後に，先唱者中もっとも新しいのはW. Hinz[17]とみられるが，氏はYasna 46: 7のmavaitēについてのみヘルツフェルトの立場を認めただけで，他のすべての-vant語形については，スミスの群分類説の域を出ていない．例えば48: 3 cdをつぎのように訳している[18]．

 (d) 一切知者(マズダー)よ，人あり，御身のごときもので(θwāvąs)，善
   思の意思とともに
 (c) 秘奥なるもろもろの啓示までも知っている者は，聖なるものである．

そして氏はこれに，こう註している[19]「人あって，善思の意思とともに秘奥なるもろもろの啓示までも知っているような知者——おお，一切知者(マズダー)よ，御身のような——なら，聖なるものである」．θwāvąsはここでは，人間に関与しているのである．しかし著者によればそうではなく，ここは

 (d) マズダーよ，御身さまは(θwāvąs)，ウォフ・マナフの願意とともに
 (c) 秘奥なるみことばをも知り給う，利益者[20](におわします)．

と訳すべきである．ガーサー的θwāvąsは人間に関与することはなく，つねにアフラ・マズダーのみに関与する．ゆえに，ヒンツによる44: 1 bcの訳文[21]

 祈りのことですが，御身たちのような方の崇敬はどうあるべきですか．
 おお，一切知者(マズダー)よ，御身のごとき方はそれを，わたくしのよう
  な友に，告げていただきたい．

とあるのも，著者訳(187頁)のごとく訂正さるべきである．

 こうしてみると，最後には問題の箇所全部(29: 11 c, 31: 16 c, 33: 8 ab, 34: 2 a-c, 34: 3 c, 43: 3 a-e, 44: 1 bc[xšmāvatō: 187頁の著者訳参照]，44: 9 de, 46: 7 ab, 46: 10 de, 48: 3 cd[本頁上掲]，49: 6 a-d)を訳出せねばならぬことになった．しかし33: 8 ab, 34: 2 a-c, 49: 6 a-d(いずれもxšmāvatōを含む)なら

びに 43: 3 a–e と 34: 3 c あたりを訳出すれば，著者の見解を伝えるには事欠かないであろう．

33: 8 ab

frō mōi [fra] vōizdūm arəθā tā　　　　yā vohū šyavāi manaŋhā
yasnəm Mazdā xšmāvatō　　　　　　　aṯ vā ašā staomyā vačā̊

御身たちはみとめてください，善思をもってわたくしがなそうとしている，
これらのわが務めを——
(すなわち)マズダーよ，御身たちさまよ，(わたくしの)祈りや，あるいは，
天則に従っての，礼讃のことばを，です．

34: 2 a–c

aṯčā ī tōi manaŋhā　　　　　　Mainyəuščā vaŋhəuš vīspā dātā
spəntahyāčā nərəš šyaoθ[a]nā　yehyā urvā ašā hačaitē
pairigaēθē xšmāvatō　　　　　vahmē Mazdā garōbīš stūtąm

して，それらはみな，御身の御心と正善かつ利益的なるマンユの(それ)と
を通して
人の行為にたいして授けられるのですが，(かかる人とは)マズダーよ，讃
歎にさいし，礼讃の歌をもって
御身たちさまをつつむときに，その人の魂が天則と一致しているもののこ
とです．

49: 6 a–d

frā vå [fra] ēšyā　　　Mazdā ašəmčā mrūitē
yā və xratəuš　　　　xšmākahyā ā.manaŋhā
ərəš vīčidyāi　　　　　yaθā ī srāvayaēmā
tąm daēnąm　　　　yā xšmāvatō Ahurā

御身たちの願意に属し，御身たちの御心とともにあるところのものを
語り給うよう，すすんでわたくしは，マズダーよ，御身たちとそして天則
に願うものです——
われらがそれを(人びとに)聞かせんために，正しく決定するためですが，

それとは，(まさしく)御身たちさま(そのもの)である，かのダエーナーのことです，アフラよ．

ここでは ī は b 行の yā ならびに d 行の tạm daēnạm をさしており，tạm daēnạm はさらに同じ d 行の yā で受けられている．

43: 3 a–e

aṯ hvō vaŋhəuš   vahyō nā aibī.ĵamyāṯ
yə̄ nå ərəzūš   savaŋhō paθō šīšōiṯ
ahyā aŋhəuš   astvatō manaŋhascā
haiθyāng ā.stīš   yāng ā.šaēitī Ahurō
arədrō[22] θwāvạs   huzə̄ntušə spəntō[20] Mazdā

して，この有象(ゆうしょう)の世界と心霊(マナフ)の(世界)とのために
恩賚(利益(りやく))の至直なる道をわれらに教えてこそ
その人は，よきものよりよりよきものに到達してほしい――
(道とは)マズダーよ，福者[22]たる御身さま，知すぐれたる利益者(りやく)[20]
アフラの住んでましまず真実土にいたるもの．

34: 3 c

ārōi zī hudåŋhō   vīspāiš Mazdā xšmāvasū savō

けだし，正見の人には，マズダーよ，御身たちさまのあいだで，すべての方がたによって，恩賚(利益(りやく))が保証されているからです．

Mazdā や Ahurā (いずれも呼格) が直前または直後に xšmāvant- を有する構文は，他所にも見いだされる (33: 8 Mazdā xšmāvatō; 44: 1 xšmāvatō Mazdā; 49: 6 xšmāvatō Ahurā).

-vant 語形にかんする著者の立場は，そのすべてを敬語法／卑語法をもって解釈しようとするもの．xšmāvatō を単数属格とみることは例外を認めるということで，もしそれが正しいとすれば，ザラスシュトラの手になる短いガーサーのなかにおいて，数少ない -vant 語形に曖昧さを持ちこみ，正解を失わせる結果となる．著者にとっては，これは自己撞着の感なきをえない．

註

1) この論文は拙稿「ガーサー語彙の研究 1. xšmāvatō」(『オリエント』第9巻第1号[1967], pp. 1-11)および同 "Gathica I. *xšmāvatō*", Orient, Vol. III (1967), pp. 1-9 (両論文ともに1966年5月成稿)に補訂を加えたもの。

2) M. W. Smith: *Studies in the Syntax of the Gathas of Zarathushtra, together with Text, Translation, and Notes*, Philadelphia 1929, pp. 49-50.

3) 例えば *Arische Forschungen*, Zweites Heft, Halle 1886, p. 155 (Yasna 44:1 への註)においてバルトロメーは θwāvəs と mavaitē とをそれぞれ twəm「御身は」と maibyā「わたくしに」の書き替えにすぎないと言っているし, p. 169 でも Y. 44:9 にたいし同じ見解を述べている。また yūšmāvant-/xšmāvant- については AirWb 1304 で「御身たちに似た、御身たちのそなえているような性質をそなえている、御身たちのようなもの」を意味する形容詞だといい、「あなたがた」の意味にすぎず、神がみにかんしてのみ使用される、と言っている。

4) Arthur Christensen: *Heltedigtning og Fortællingslitteratur hos Iranerne i Oldtiden*, København 1935, p. 37. なお同氏の *Les gestes des rois dans les traditions de l'Iran antique*, Paris 1936, pp. 53-54 をも参照。

5) 註2所掲スミス著書 p. 107.

6) Andreas—Lommel: "Gatha's des Zarathustra Yasna 43-46", *Nachrichten von der Gesellschaft der Wissenschaften zu Göttingen*, philologisch-historische Klasse III, NF. Bd. I, Nr. 3, Berlin 1934, p. 80.

7) J. Duchesne-Guillemin: *Zoroastre. Étude critique avec une traduction commentée des Gâthâ*, Paris 1948, p. 205.

8) K. Barr: *Avesta*, København 1954, pp. 74-75.

9) H. Humbach: *Die Gathas des Zarathustra*, I-II, Heidelberg 1959, I, p. 116.

10) G. Widengren: *Iranische Geisteswelt*, Baden-Baden 1961, p. 160. 伝統的解釈をとっていることは氏の近著 *Die Religionen Irans*, Stuttgart 1965, p. 87 にもうかがわれる。すなわち Yasna 46:10 de を

　歌歎するために御身たちの前に (xšmāvatąm) わたくしが連れていこうと思うも
　　のたち——
　かれらすべてのものの先頭に立って、わたくしはチンワト橋を渡っていこう。
と訳している。46:10 a-e は

　あるいは、人にして、わたくしに、男子にせよ、あるいは女子にせよ、マズダ
　　ー・アフラよ、
　御身が、世のもので最勝のものとみとめておわす物を、大切にする者、
　(すなわち)天則のために、応報としての王国を善思をもって(大切にする者)、
　さらには、御身さまたちを礼讃するために、わたくしが行を共にしようと思う者
　——そうした人びと全部とともに、わたくしはチンワントの橋を渡っていきまし
　　ょう。
と訳すべきである。

11) M. Molé: *Culte, Mythe et Cosmologie dans l'Iran Ancien*, Paris 1963, p. 241.
12) WD 11 には ⎡ēn niyāzōmand「この賤しい(わたくしめ)」⎦, 同じく 15 には ⎡ēn niyāzōmand ⎡kē Mēdyōmāh ⎡ham「メードョーマーフなるこの賤しい(わたくしめ)」⎦ とある. →164頁, 165頁.
13) 「かの双者が……むすびついてくれるために」は saraidyayå を *saraidyāi ayå> *saraidyāyayå>saraidyayå と解したもの(連声と同音省略). 双者とは完璧と不死のことである. これが最勝界とむすびつくとは, そこで完璧・不死が得られるということ.
14) rāzan-「調律」は Yasna 50:6 cd に
   dātā xratəuš   hizvō raiθīm stōi
   mahyā rāzə̄ng   Vohū sāhīṭ Manaŋhā
   願意を創造された方は, ウォフ・マナフを通してお教えくださるように——
   わたくしの調律・(わたくしの)舌根に, 馭者の出来るために.
とあるのによった. 馭者があらわれてわが調律・舌根が整い讃歌が正しく詠唱されることを願った頌句である. raz-「規制する, ととのえる」からの派生詞が rāzan-/rāzar- で, rāšnąm, rāzə̄ng はそれぞれその複数属格と単数属格である.
15) J. Markwart: *Das erste Kapitel der Gāpā uštavatī* (*Jasna* 43). Nach dem Tode des Verfassers herausgegeben von Jos. Messina S. J., Roma 1930, p. 63 (Yasna 43: 3 にたいする註).
16) E. Herzfeld: *Zoroaster and his World*, Princeton 1947, pp. 246–247.
17) W. Hinz: *Zarathustra*, Stuttgart 1961, p. 229 (Yasna 46: 7 にたいする註).
18) 前註所掲ヒンツ著書 p. 195:
   Heilig ist, wer selbst die geheimen Verkündigungen kennt——
   Einer Deinesgleichen (θwāvąs), Allweiser——zusammen mit dem Ratschluss des Guten Sinnes.
19) 前註所掲ヒンツ著書 p. 232 (Yasna 48: 3 にたいする註): 'Heilig ist ein Wissender, einer wie Du, o Allweiser, (ein Wissender) von sogar den geheimen Verkündigungen mit dem Ratschluss des Guten Sinnes.'
20) spənta-「利益する(もの)」については→307頁. 旧訳「聖なる(もの)」はとらない.
21) 'In Hinsicht aufs Beten: wie [ziemt sich] Anbetung von Euresgleichen?
   O Allweiser, möchte doch Deinesgleichen es einem Freunde wie mir verkündigen.'
22) arədra-「福者」については→212頁以下. 旧訳「真実なる, 誠実な」はとらない.

2 ākå——その語意を明らかにしガーサー・テキストのシンタックス的解明に寄与する[1]

ākå はガーサーでは Yasna 48:8, 50:2.4, 51:13 の計4箇所, ガーサー以外では Yasna 60:11 と Nērangestān 63 などに見いだされる. Chr. Bartholomae: AirWb 309 は語源を ā-kā- に求め, ākå に種々な文法形態をみとめている. すなわち

1) { 単数主格　Y. 48:8, N. 63
　　{ 〃　奪格　Y. 51:13, 60:11
2) 　複数主格　Y. 50:4

のごとくなっている. 1)では ākā- f.「開示(manifestatio, Offenlegung)」とし, 2)では ākā- adj.「起こったことを見せる(der sehen lässt, was geschehen ist)——開示立会人について(von dem bei der ākā-'manifestatio' Beteiligten)——」「開示者(Offenleger)」としている. つまり, 名詞としては ākā- は, 人の善悪両行為を決算してそのいずれが多いかを明らかにする法行為をさし, 形容詞としては, かかる「法行為を行う」ことを意味するから, 名詞化すればその法行為者をさすことになる. ākā- f. は「功罪開示」であり, 形容詞としては「功罪開示的」ということになる.

さらにバルトロメーは ākāstǝ̄ng (Y. 50:2) を ākā-stā-「開示をうける(in, vor der Offenlegung stehend[2])」の複数対格としており, この点は J. Duchesne-Guillemin[3] も同様である ('se tenant dans ou devant la révélation').

以前には ākā- は死後における善悪行為の判定, 個別審判を意味するガーサー用語と考える風があった[4]. その後, かかる解釈はしだいに影をひそめていったが, 余波はなお指摘される. 以下に若干の訳例を引用して, それを明らか

にしてみよう。

M. W. Smith[5]——Y. 48: 8 kā θwōi…ākå arədrəng…「誠実者たちへの御身の……審判(judgement)はどのように」(p. 135); 50: 4 yā īšō stā̊ŋhaṭ ā paiθī ākå arədrəng……「(わたくしの)願望が宣告された(adjudged)誠実者たちを……道に置かんために」(p. 145); 51: 13 yehyā urvā xraodaitī činvatō pərətå̄ ākå「かれ(不義者)の魂は検別者の橋での審判(judgement)(のとき)に受難するであろう」(p. 152).

H. S. Nyberg[6]——Y. 50: 4 yā…stā̊ŋhaṭ ā paiθī ākå arədrəng dəmānē garō səraošānē「スラオシャーナの道で、明らかに(offenbar)熱烈なるものたちを、ガロー・ドゥマーナへ導くところの……」(p. 243); 51: 13 yehyā urvā xraodaitī činvatō pərətå̄ ākå xᵛāiš šyaoθanāiš hizvasčā ašahyā nąsvā paθō「かれ(不義者)の魂は、チンワントの橋で顕わにされて(enthüllt)、喚ぶのである、なんとなれば、かれらはみずからの(悪)行によってアシャと舌との路から外れたからである」(p. 184).

J. Duchesne-Guillemin[7]——Y. 48: 8 kā…ākå…「開示(manifestation)はどのように……」(p. 178); 50: 4 は訳出されていない(p. 171); 51: 13 yehyā urvā xraodaitī činvatō pərətå̄ ākå「かれの魂(?)は顕わにされて(?)(mise à nu(?))検別者の橋で恐れるだろう」(p. 277).

K. Barr[8]——Yasna 51 は編入されていないが、その他の箇所で ākå を含む部分はすべて訳出されていない(48: 8 cd については p. 74 と n. 2, 50: 4 yā īšō……səraošānē については p. 71 と n. 1 を参照のこと).

É. Benveniste[9]——Y. 51: 13 yehyā urvā xraodaitī činvatō pərətå̄ ākå「かれ(不義者)の魂は、橋にて、賞罰にさいし(činvatō…ākå 'lors de la Rétribution')立腹するであろう」(p. 20).

H. Humbach[10]——氏は ākå を副詞または前置詞とみなしている、すなわち Y. 48: 8 と 50: 4 では ākå arədrəng を「栄えさせるものたちの面前で(angesichts)」(pp. 140, 147), 51: 13 では činvatō pərətå̄ ākå を「贖罪者の橋の面前で(angesichts)」(p. 154)と訳している。

2 ākā

W. Hinz[11])—Y. 48:8 kā θwōi…ākå arədrəng「真摯敬虔なものたちへの御身の……試錬(Prüfungen)はどのようなものですか」(p. 196); 50:4 yā…ståŋhaṭ ākå arədrəng…「……真摯敬虔なものたちへの試錬(Prüfungen)が……あらわれるために」(p. 199). これにたいし, 51:13 の yehyā urvā xraodaitī činvatō pərətå ākå xᵛāiš šyaoθanāiš…nąsvå paθō…は「かれ(不義者)の魂は検別者の橋でかれを戦慄させるだろう, 自身の行為……をもって……道から外れたるものとして顕わにして (enthüllt als —— 男性単数主格)」と訳されており(p. 202), 註では「13 b の ākå は Nyberg p. 184[6]) にいう 'enthüllt' で, ここでは形容詞男性単数主格かもしれない」といっている (p. 238).

最後に Yasna 50:2 の ākāstəng についてみると, スミス(p. 144)は「開示を受けるときのかれらを ((them) when-they-stand-at-the-manifestation)」(すなわち ākā-stā-「開示に立つ, ～を受ける」と解す); ドュシェーヌ・ギュマンは Zoroastre (註 7 所掲), p. 170 では訳していないが Composés (註 3 所掲), §278 (p. 221) では ərəžəǰīš…ākā-stəng…nišąsyā dāθōm dāhvā を「正しく生活するものたちを, もしかれらが開示に遭うなら, わたしはかれらを賢明なる方がたの舎宅に到達させよう (ceux qui vivent droitement, s'ils se tiennent dans la révélation, je leur ferai atteindre les demeures des intelligents)」と訳し, ākā-stəng は条件文に代わるものと言っている. バル(p. 71 と n. 1)は Y. 50:2 d 全部を訳出していない. フンバッハ (p. 146) は「かれらの面前で (angesichts ihnen)」(すなわち =ākās təng) とするから, 上掲同氏の立場と同一である. ヒンツ (p. 199) は「試錬を受けたものたちとして(複数対格) (als solche (acc. pl.), die die Prüfung bestanden)」(すなわち <ākā-stā-) と訳しているが, 註 (p. 235) では ākāstəng (形容詞男性複数対格?) は不明とことわっている.

これらの分析を通して結論的に言えることは, ākå (および ākāstəng) が一時凌ぎの解釈に終始し, 文法形態の把握や意味の的確な限定に欠けているということで, そうした中にあって問題の語をすべて訳出しなかったバルの重厚な学風が, ひときわ光彩を放っている.

まずもって否定できないことは，ākå が MP 'k's(ゾロアスター教系)/'g'(h)(マニ教系)すなわち āgāh[12]「通暁している，知っている，明らかな」とつながりのあることである．しかし，一般に理解されている ākå の意味「明らかな」は一次的なものでなくて，Nērangestān から推測できるように，転義的・二次的なものである．*ā-kā-(著者はむしろ *ā-kā-<*ā-kāi-[ヴリッディ楷梯]とみたい)は，バルトロメーが Y. 50:4 の ākå に措定しているように，「明らかにする，明示する」というのが本来の意味で，このような *ā-kā- が語根名詞となったとみるべき ākā- も，この本義を失わねばならぬ理由はない．在証される語形 ākå はこの ākā の単数奪・属格形の不定詞「明示するために，知らせるために」で，個別審判そのものを特別に指称する名詞，などではない．著者による，アヴェスター句の訳はつぎのようになる．

Y. 48:8 c　kā θwōi ašā ākå arədrəng išyā「御身の有(もの)にして天則とともにある(資産)は何ですか——福者[13]どもに知らせるためにわたくしは願うのです．」

Y. 50:4 cd　yā īšō ståŋhat̰ ā paiθī ākå arədrəng dəmānē garō səraošānē「いかなる賦活物が道で(われらを)待ちうけているかを——福者[13]どもに知らせるために——ガロー・ドゥマーナでわたくしは聞きたいのです．」

Y. 51:13 bc　yehyā urvā xraodaitī[14] činvatō pərətå ākå xᵛāiš šyaoθ[a]nāiš hizvasčā ašahyā nąsvå paθō「かれ(不義者)の魂はチンワントの橋において(かれに)立腹するでしょう[14]，『(そなたは)自身の行為と舌の(それ)とで天則の道から外れたもの』(といって，かれに)知らせるために．」

ここでは ākå の支配する句は直接話法となっている．

Y. 50:2 cd　ərəžəjīš ašā pourušū hvarə pišyasū[15] ākāstəng mā nišąsyā[16] dāθəm[17] dāhvā[18]「太陽を忌む[15]多くのものどもの間にあって天則に従って正しく生活しているものども——(その)かれらに知らせるために (ākāstəng<ākās təng=ākå təng)こそ，わたくしは施与するものたちの[17]施物に[18]ありつきたいのです[16]．」

Y. 60:11　vahištō aŋhuš ākås-čōit̰ āhūire jasəntąm「(それと)知らせて

くださるためのごとくに (ākas̆-čōiṭ), (われら)がアフラの境涯に来て最勝界がそ(のわ)れらのものと(なりますように)[19]。」

バルトロメーは AirWb 584 において vahištō aŋhuš(*i. e.* nō aŋhaṭ)…とし「われらに, われらが開示をうけてアフラの境涯に来て, 最勝界がありますように (soll uns das Paradies zu teil werden, indem wir von der Offenlegung weg zu den ahurischen Räumen gelangen)」と訳しているが, 賛しがたい. nō は不用で, むしろ vuhištō aŋhuš(*i. e.* aŋhaṭ)……とみて, 直訳すれば「アフラの境涯に来れるものたる(われら)の有と最勝界が(なりますよう)—(なるほどと)知らせてくださるためのように」となる.

上掲ヤスナ諸句では, いずれも, ākå 本来の意味が保持されている. ところが, Nērangestān では, さきにもふれたように, ākå の意味は MP āgāh のそれに近づいている.

N. 63: ainyō kasčiṭ…para.baraiti ākå ⁺hazaŋha anākåsə tāyuš「……他の人ならだれでも, 知らせれば盗賊として, 知らせなければ窃盗として, 持ち去ることになる」はむしろ, 「……他の人ならだれでも, 気づかれると盗賊として, 気づかれないと窃盗として, 持ち去ることになる」と訳すべきである.

A. Waag[20] は「(しかし)……他の人でだれかが持ち去る(場合)——かれが公然と(やれば, かれは)盗賊(であり), かれがこっそり(やれば, かれは)窃盗(である)」と, やや冗漫に訳しているが,「公然と(offenkundig)」や「こっそりと (nicht offenkundig)」の訳には, 筆者が指摘した ākå の本来の意味と, ここで用いられている意味とのあいだにおける意味上の変遷についての指摘があるべきであった.

註

1) この論文は拙稿「ガーサー語彙の研究 2. ākå」(『オリエント』第 9 巻第 1 号 [1967], pp. 11–16) および同 "Gathica II. *ākå*", *Orient*, Vol. III (1967), pp. 9–11 (両論文ともに 1966 年 5 月成稿) に補訂を加えたもの.
2) AirWb 309.
3) J. Duchesne-Guillemin: *Les composés de l'Avesta*, Liège–Paris 1936, §86 (p.

60), §278(p. 221), §280(p. 222). ākā- については同書§103(p. 71)参照.
4) 'Gericht(審判)' の訳語を用いているのは K. F. Geldner: *Die zoroastrische Religion*⟨*Das Avesta*⟩, Tübingen 1926, p. 14(Y. 50:4); O. G. Wesendonk: *Das Weltbild der Iranier*, München 1933, p. 97 と n. 454(Y. 48:8, 51:13); F. C. Andreas—H. Lommel: "Gatha's des Zarathustra Yasna 47–51", *Nachrichten von der Gesellschaft der Wissenschaften zu Göttingen*, philologisch-historische Klasse III, NF. Bd. I, Nr. 4, Berlin 1935, p. 131(Y. 48:8, 50:4); etc. がある. もっとも, ゲルトネル上掲書p. 9 は Y. 51:13 の ākå に 'Offenbarerin' なる訳語を与えている.
5) M. W. Smith: *Studies in the Syntax of the Gathas of Zarathushtra, together with Text, Translation, and Notes*, Philadelphia 1929.
6) H. S. Nyberg: *Die Religionen des alten Iran. Deutsch von H. H. Schaeder*, Leipzig 1938.
7) J. Duchesne-Guillemin: *Zoroastre. Étude critique avec une traduction commentée des Gâthâ*, Paris 1948.
8) K. Barr: *Avesta*, København 1954.
9) É. Benveniste: "Avestica", *Donum Natalicium H. S. Nyberg oblatum*, Uppsala 1954.
10) H. Humbach: *Die Gathas des Zarathustra*, I-II, Heidelberg 1959, I. なお同書 II, p. 78(Y. 48:8 の註)も参照.
11) W. Hinz: *Zarathustra*, Stuttgart 1961.
12) この語の語源として *ā-kā-θa- を措定する(H. S. Nyberg: *A Manual of Pahlavi*, II, Wiesbaden 1974, p. 12 ākāh の項)のは Av ākå への理解を誤ったもの(この註追記).
13) arədra-「福者」については→212 頁. 旧訳「誠実者」はとらない.
14) 註 9 所掲バンヴェニスト論文 pp. 19–20. xrud-/xraod- は Vedic krudh- に対応する(Yasna 46:11 も参照).
15) pišyasū「忌むものどもの間にあって」——この語形は pā-「防ぐ, さえぎる」(Yasna 46:4 の pāt̰ を参照)の s- 拡張形の現在分詞 pišyant- の男性複数所格(<*pišyatsu). 著者の見解を支持するため, なお二, 三付記しておきたい. まず pā-: pišya- については Y. 44: 20 b-d を参照したい: at̰ it̰ pərəsā yōi pišyeintī aēibyō kąm/yāiš gąm karapā usixšča aēšəmāi dātā/yāčā kavā ąnmənē urūdōyatā「牛をカルパンとウシグがアエーシュマにささげるにそれ(叫び声)をもってし, またカウィが調息のためにくちばしるところのもの(叫び声)——そういうもの(叫び声)への愛好を(わが教えから)さえぎり守るやからに, このことをわたしは問いたいものだ.」
pā->pišya- における根母音の楷梯については Av ā-f-yeidyāi (ā-pā- の与格不定詞——H. Reichelt: *Awestisches Elementalbuch*, Heidelberg 1909, §226)参照. また, 太陽を忌避することについては Yasna 32:10 を参照したい: hvō mā nā sravå mōrəndat̰ yə ačištəm vaēnaŋhē aogədā gąm ašibyā hvarəčā……「牛と太陽を目で見るに最悪のものと言う人は, まことに, 聖歌を破壊する」. さらに, ərəžəjīš……hvarə pišyasū「太陽を忌むものどもの間にあって……正しく生活しているものども」なる構文では制辞と

被制辞が互いに対立する拮抗概念であるが,著者がこのように解釈することについては,ほかにも例が少なくない,例えば,Yasna 29:5 の ərəžəjyōi…fšuyentē drəgvasū pairī「不義者のやからにとりかこまれて……正しく生活する牧畜者に」や 49:4 の fšuyasū afšuyantō「牧畜者たちのなかにおける非牧畜者たち」などがそうである.それゆえに,ərəžəjīš…hvarə pišyasū を,一般に解釈しているように,「太陽を見るものたちの間における,正しい生活者たち」とするのは無意味に近い.pišya- は pā-「防ぐ,さえぎる」と関係させるべきで,pāh-「見る」(AirWb 891)とむすびつけるのは不可.

16) nišąsyā——旧解「命令法2人称単数」を廃し,niš-ąs-「到達する」の接続法現在1人称単数能動相とみる.→263頁.

17) dāθəm「施与者たちの」は *dāθ- の複数属格とみたもの.

18) dāhvā「施物に」は dāh- の複数所格とみたもの.

19) 旧解では「われらがアフラの境涯に来たということを明示するために」としたが,ākås-čōit は「知らせるためのように」「知らせるかのように」として,引用文全体にかかるものとみる.したがって AirWb 584 čōit の項下に čōit の機能を 1) と 2) に分け,ここの čōit を 2) に分類しているのは誤りである.

20) Anatol Waag: *Nirangistan. Der Awestatraktat über die rituellen Vorschriften*, herausgegeben und bearbeitet von——, Leipzig 1941, p. 76. 氏の独訳は '[Wenn aber] irgendein anderer… hinwegbringt: (wenn) er es offenkundig [tut, so ist er] ein Räuber, (wenn) er es nicht offenkundig [tut, so ist er] ein Dieb.' とあって,AirWb 122, an-ākāh- の項下にある独訳にくらべるとやや冗漫である.

3 Vedic ádhrigu- ならびに Avestan drigu- と arədra-
―――そのインド・イラン的背景について（ザラスシュトラの信徒に貧者・福者〔富者〕の別あることを指摘し，初期教会制度の解明にも寄与する）[1]

Vedic ádhrigu- はこれまでにも，しばしば諸家によって取り扱われ，ことに新しくは W. Wüst による精緻な論考もある[2]が，それにもかかわらず H. Lommel[3]によって，その語義不確実のゆえをもって，これに論及することを拒否されている．著者がこの語を取り上げようとするのも，こうした事情にもとづくが，順序として，まず，これまでこの語がどのように解釈されてきたかを，概観してみることとしよう．これには W. Wüst の論考にきわめてくわしい展望があるので，それによるのも一案であるが，ここにそれをそのまま再録しても冗漫にすぎるきらいもあるから，諸家の意見のうちで，比較的合理的とみられうるか，あるいは比較的多くの学者によって受け入れられているものを，(I)-(III)に分類してかかげてみよう．各部の最後にかかげる人名は，当該説の支持者であるが，支持者の全部をあげることはさしひかえた．また，主張者や支持者にしても，いずれかの一説に終始しているとはいえないものや，いずれかに枠づけすることのむずかしいものもあり，かかる学者はこの分類表からははずして 207 頁に一括別記することにしたので，就いて参照願いたい．

 (I) a-dhri-g-u- とみるもの．a- は否定辞．dhri- は dhārayati「抑止する」の語根 dhṛ- を i で拡張したものとみなければなるまい．g- は jígāti (Ṛgvedic jagāti)「行く」の語根 gā- の一収斂形．gā->g-u- に関するかぎり，khā-（または khan-)「掘る」>ā-kh-ú-「もぐら，ねずみ」; sthā-「立つ」>su-ṣṭh-ú- 'well-standing'; gā-「行く」>agre-g-ú-「先頭をゆくもの」（ここでは ū で拡張されて

いるが）に徴して，問題はない．この立場は Yāska にすでに見られ，adhṛta-gamana-「その前進を阻止されぬもの[4]」とあり，リグヴェーダにたいする Mādhava[5] や Sāyaṇa[5] の註も，ほとんど，これと同じものである．もっとも，i で拡張した形は行為者名詞的であるから，厳密にいえば，この解釈には，その点にも難がある (→245 頁註 67)．「抑えられない，阻止できない，抵抗しがたい，急行する」などと訳するのは，みなこの部に属する立場とみてさしつかえない．(H. Grassmann: *Wörterbuch zum Rig-Veda*, Leipzig 1873, s. v.; J. Gonda: *Epithets in the Ṛgveda*, 's-Gravenhage 1959, p. 126, c. n. 184)

　　(II)　a-dhri-gu- とみるもの．a-dhri- の取り扱いは (I) に準じ，末肢 -gu には go-「牛」をみとめるもの．go- > -gu- については OI śata-gu-「百牛の持ち主」，OP Ɵata-gu- 'Sattagydia'（地域名であるが語義は śata-gu- と同じ），Av pouru.gu-「多牛の持ち主」などに照らして，問題はない．もっとも，go- にたいする解釈では，A. Bergaigne と Sāyaṇa とでは，かなり相違がある．Sāyaṇa はリグヴェーダ V, 10:1 の一部にたいして adhṛtā anivāritā gāvo raśmayo yas-yêti…adhṛtagur adhriguḥ と註しているので，go- を「光線（アグニの）」と解し，ádhrigu- をこの箇所に限って「その光りを阻止されぬもの」と解していることになる．これにたいし Bergaigne[6] は「（乳を）出し惜しみしない牛の持ち主」と解した．この Bergaigne にたいし，Wüst[7] は，P. Regnaud[8] による批判を引いて，この説を斥けている．それによると，Bergaigne が依拠したリグヴェーダ VI, 44:24 cd, VIII, 93:13 a-c, X, 49:10 a-d (Wüst はこれらに VI, 17:6 ab, VIII, 32:25 c をも加えている) ではインドラは牝牛に好ましき乳を置いたとされ，その「置く」という表現には dhṛ- が用いられているから，ádhrigu- の dhri- < dhṛ- は「置く，授与する」でこそあれ，「抑止する」ではありえないし，dhṛ-「置く」ならば ádhrigu- とは「好ましの乳を出してくれない牛の持ち主」となって Bergaigne の期待とは逆の結果となりかねない，というのである．この (II) 説は「もの惜しみしない」というふうにも理解されそうであるが，そういう意味では (III) 説のほうが有力視されるようである．

　　(III)　a-dhrigu- とみるもの．a- は否定辞．*dhrigu- なるものは単独には在

証されないが，Av drigu-(drəgu-, driγu-)をこれに引きあてようとするもの．一方，アヴェスターには *a-drigu- は在証されないので，これらをめぐるインド側とイラン側の状況は

OI á-dhrigu-: Av *a-drigu-

*dhrigu-: drigu-

のごとくである．あとで取り扱うが，Av drigu- は「貧しい」という意味の形容詞であるから，ádhrigu- は「貧しくないもの」の意味となる．この解釈は M. Bloomfield[9] の創唱したもので，氏は 'not poor, rich, liberal' のごとくに理解し，いまでも多くの賛成者がある．しかし，W. Wüst[10]は (1) この説では drigu-は ádhrigu- や draēj̄išto.təma-(drigu- の重複最上級)との関係以外には他の印欧諸語に関連語形の提示がみられないこと，(2) K. Barr[11]が指摘したように，ádhrigu- の反対語としての，いわゆる *dhrigu-(Av drigu-)なるものがアリヤン共通語形として実在したかは疑わしいこと，(3) Bloomfield の高弟 W. Neisser[12]が師説 ádhrigu-「気前がよい(liberal, freigebig)」では重要な詩頌たるリグヴェーダ VIII, 93:11 のごときに不適切なる旨を述べていること，をあげて，Bloomfield の説をも斥けている．しかし，Bloomfield 説は著者がもっとも妥当視しているものである．これらの難点は，著者が論考をすすめていくうちに逐次解決されていくはずであるが，ここに簡単に著者の立場を述べておけば，(1)の点については著者は drigu- を IE *dhrəghu- とみて τρᾱχύς に引きあて Lith.dìrgti とも関連させて解決し(→231頁)，(2)の点では drigu- が一次形，ádhrigu- はその否定形という立場において *dhrigu- のアリヤン共通語形たるを主張し，インドがわに *dhrigu- の指摘されない事情を，著者の，いわゆる "反 *dhrigu- 的傾向" をもって説明する(→229頁以下)．(3)の点では，Bloomfield の ádhrigu- 'liberal, freigebig' は，かれが自説のインド・イラン的背景をより的確に把握できなかったために生じた勇み足で，a-dhrigu- 'not poor, rich' という線で踏みとどまるべきところをあやまった結果である，とする．「富者」必ずしも 'liberal' ではないのである(結論的には 229 頁以下，231 頁参照)．(H. Oldenberg: *Ṛgveda. Textkritische und exegetische Noten*, II, 1912, p. 95; F. B. J.

3 Vedic ádhrigu- ならびに Avestan drigu- と arədra-

Kuiper: Mededeelingen Nederland. Akad. van Wet. Afd. Letterk. N. R. 5, IV, 1942, p. 56 と註1[Wüst: 上掲論考 p. 7 f. による])

Vedic ádhrigu- にたいする従来の取り扱いを，いちおう，(I)-(III)に分類してみたが，同一の学者であっても，いずれか一つの立場に終始しないケースも少なくないし，(I)-(III)に枠づけしにくいケースもある．そうしたケースを知るには，W. Wüst の上掲論考が好個の指針となるが，それを一々列挙するにもあたらないと思われるので，ここでは，二，三のケースを限って例示することとしよう．たとえば，K. F. Geldner は *Der Rigveda in Auswahl, erster Teil. Glossar*, Stuttgart 1907, s. v. や *Der Rig-Veda* I-III, Cambridge, Mass. 1951, passim では 'nicht karg' や 'reich(?)' と訳しているので(III)の立場である(この種の解釈は(II)からでも引き出しうるが)が，*Drei Yasht aus dem Zendavesta*, Stuttgart 1884, p. 117 では '*a-dhr-i* von *dhar*' とあって(I)の立場をとっている．S. Wikander: *Der arische Männerbund*, Lund 1938, p. 50 ff. では，Vedic ádhrigu- は明らかに a-dhrigu- にしてその *dhrigu- は Av drigu- であるとしながらも，ádhrigu- は「はげしい，嵐のような」の意味であるとする，すなわち，語形論からは(III)の立場，語義論からは(I)の立場に立っている．L. Renou: *Vocabulaire de rituel védique*, Paris 1954, s. v. では(III)の立場であるが，*Bulletin of the School of Oriental Studies*, X(1939), p. 13 では疑問視して態度を保留している．ここで特に取り上げておきたいのは K. Barr の説で，それによると，ádhrigu-: *adrigu- は Lith. dìrgti「弛む」と語根を同じくする *dhrigu- を含むが，現実には ádhrigu- で形容される要素が人畜に対して侵害性をもつので，それを忌避する側において，反対語として ádhrigu- から drigu- をつくり出し，これをもってザラスシュトラ教徒の徳目 'pious, meek, etc.'('poor'よりもむしろ)をあらわすに至った．ádhrigu- こそ一次的で，drigu- は二次的成立にすぎない，というのである．この説は M. Mayrhofer にまず影響した．Mayrhofer はその著 *Kurzgefasstes etymologisches Wörterbuch des Altindischen*, Bd. I, Heidelberg 1953, p. 31 において ádhrigu- を「とまらずに前進する」と解しているので(I)説に枠づけできるが，同書 Bd. I, 1956, p. 548 においては，

ádhrigu- と dìrgti の関連を否定し ádhrigu- については p. 31 説を固執しながらも, ádhrigu- から drigu- が成立した過程にかんしては Barr の立場を受け入れ, Barr の立場からすれば ádhrigu- は本来否定辞 a- を有するものではないことになり, そのような ádhrigu- が否定辞 a- を有するもののごとくに解釈されて二次的に新しい語形 drigu- が生じたとみるべきで, 同様の例は, もともと悪魔でもない ásura- が悪魔として受けとられ, そこから a-sura- なる解釈が生まれ sura-「神」なる語が生じ, ásita-「暗色の」から sita-「白色の」が生じた事実にもみられるとなした (ádhrigu- を一次的, drigu- をそれよりの二次的な擬制的成立とみてそれを援護するために, sura- や sita- のごとき後期の事例を引用するのは, 著者には納得しがたいところ). この ádhrigu- から drigu- の生じた過程にかんしてはこの先後関係を認めたものの, ádhrigu- そのものの解釈には独自のものを見せたのが W. Wüst[13] である. それによると, ádhrigu- は adhri-gu- で, adhri- は ἔθρις 'eunuch' (IE *é-dhri-) に対応し, OI ādhrá-: Av ādra- 'gering, lowly' とともに, IE *dher- (>θερίζω) 'mow down, cut' に帰属するもの, したがって ádhri-gu- とは「去勢された牛をもつもの (verschnittene Rinder besitzend)」の意味となる. 乳牛や役牛がヴェーダ的富裕の構成要素であった点に留意し, 去勢牛を役牛の謂いに解し, それの持ち主は「富者」, したがって, かかる ádhrigu- から上述したような過程をたどれば Av drigu-「貧者」が成立するということになる. それゆえに, ádhrigu- にかんする Wüst 説は, -gu- (<go-「牛」) を末肢とする点では (II) 説に, ádhrigu- を究極的には「富者」とする点では (III) 説に属するとみなせないこともない. それはともあれ, Ved. ádhrigu- にかんし学説がこのように多岐に分かれている事実にかえりみれば, H. Lommel が, さきにも触れた[14]ように, ádhrigu- を語義不確実となし, Av drigu- の意味をさぐる手がかりとはならないといって, ádhrigu- と drigu- を関連させて取り扱うことを拒否しているのも, 理由のないことではない.

こういう議論が H. Lommel によって提示されると, Av drigu- をあらためて取り上げる必要に迫られる. この語は, 語源関係不明のままで, はやくか

3 Vedic ádhrigu- ならびに Avestan drigu- と arədra-

ら[15]，「貧者」の意味で理解され，事理的にはこの語で敬虔なザラスシュトラ者を示すものとされてきた．この点は，Av drigu- をあらためて取り上げた K. Barr の場合でも，大きく変わることはなかった．ところが，H. Lommel[16] は Av drigu- が「貧者」の意味であるのは Yasna 10: 13 において raēvant-「財あるもの，富者」と対立して用いられている場合においては確実であるが，それ以外ではこの意味のみでは不十分だとし，ことに Wīdēwdād 3: 19 の draējištō.-təma-[17] (drigu- の重複最上級) は正当な共同体から疎外された要素を示しているとなした．じじつ，drigu- を「貧者」としても世俗的・社会的に解釈するか，あるいは，drigu- がすでに NP darvīš[18]「乞食，デルヴィッシュ」の方向に向かって意味を変えつつあるとみなしても，draējištō.təma- を理解することは困難である．著者の見解を結論的にいえば，drigu- は「貧者」であるが，宗教的に救いを求めている境地をさすもの，したがって draējištō.təma- は宗教的に極貧のもの，救済されえぬものの境地をさすものと考える．drigu- が Yasna 10: 13 において raēvant- と対立することによって「貧者」を意味することは，これを疑う余地がない．drigu- の語源については後説 231 頁を参照されたい．そうすれば，問題は，drigu- が宗教的にいかなる境地をさし示しているか，そのより精緻な概念規定はいかなるものか，というところにある．事実上 drigu- に対立する Ved. ádhrigu──そういう ádhrigu- に，イランではいかなる語詞が対応するか，そのことが，これまでは，まったく解明されていなかった．そのために，drigu- の詮表している宗教的境地の精切な定義が，まだなんぴとによっても定立されていなかったのである．Av drigu- の中世イラン語形の一たる Sogd δrγwš(k) が，ソグド語因果経や同語経名不詳の断簡において bhikkhu- (bhikṣú-)「比丘」の訳語として用いられていることは，すでに知られている[19]．bhikṣú- は，bhaj- "頒与する" の意欲活用的派生形として[20]，神・仏の頒ち与えるものを得たいと願い，法の恩恵にあずかりたいと願うものであるが，それと同じように，δrγwš(k) は法を求める貧窮乞人として理解される[21]．かれは，法の恩恵を求めて渇しているがゆえに「貧しい」のである．このソグド語形は Av drigu- の宗教的意味をもっともよく伝えている．実際，Av drigu- は，世俗

的な意味よりも，宗教的な意味のほうに，より傾斜して用いられている．その在証箇所は下のとおりである：

Yasna 10:13　ハオマが貧者(drigu-)の心を富者(raēvant-)の心のごとくにする．

〃　27:13　Yaθā ahū vairyō 祈禱文．初期ザラスシュトラ教徒が開祖を貧者たちの牧者と仰いだ文で，結論的にいえば，開祖に導かれて「富者・福者」つまり，アフラ・マズダーによる救済を確約されたるものとなることを期待した願文(がんもん)．

〃　34:5　アフラ・マズダーにより天国の資産(īšti-)をもって救われるものとしての貧者を記している．

〃　53:9　アフラ・マズダーにより恩典を授けられるべきものとしての貧者．

Yašt　10:84　ミスラ(Miθra-)神に助けを求める有資格者としての義(ただ)しき貧者．
Yasna 57:10　スラオシャ(Sraoša-)[22]神によって家宅を建て与えられる貧者．
Yašt　11:13　スラオシャ神[22]，貧者の最大庇護者とされる．

Yasna 27:13, 34:5, 53:9では，アフラ・マズダーやその陪神(Y. 27:13)と特別な関係にある要素について drigu- が用いられ，他方，Yašt 10:84, Yasna 57:10, Yašt 11:13では，ミスラ神やその陪神[22]と特定の関係にある要素について drigu- が用いられている．すなわち，drigu- はアスラ神群[23]に向かってその救いにあずかりたいと願う信者のことである．これは本論考を進めていってからの結論であるが，それをさきに言うならば，単にそれらの神を信ずるだけでは救いは成立せず，その救いにあずかるためには身語意にわたって神の意に叶う営為がなければならないのである．これがないかぎり，単なる神信心のみでは「貧者」にすぎず，現世においてすでに正定聚不退(しょうじょうじゅくらい)の位に住する「福者」とはなれないのである．上掲箇所以外にも drigu- やそれの合成詞形は在証される．すなわち Sīh-Rōzag 1:4, 2:4 では θrāyō.drigu-「貧者を救うもの」なる語が，また，Aogmadaēčā 3:4 ではその最上級 θrāyō.drigutəma- が人について用いられ，Pursišnīhā 44 では drigu- への助けと庇護が云為されているが，これら

は Yasna 38:5 の drəgu-dāyah-[24] とともに，人間関係に属するから世俗的用法であり，Wīdēwdād 3:19 については上説 209 頁と註 17 を参照願いたい．要するに，Av drigu- は「貧者」の意味で，それが宗教と関連して用いられるときは，アフラ・マズダーやミスラ神（およびそれらの陪神），つまり，アスラ神群に救いを求めていまだそれを確約されていない人びとを指すのである．

上記(III)a-dhrigu- は ádhrigu- をこのような Av drigu- と関連させて解釈する立場であるから，ádhrigu- とは「貧しくないもの」の謂いとなるが，かかる解釈が決定的なものとして受け入れられなかったのは，(a)著者が上に示した Av drigu- のもつ宗教的意味が的確に把握されていなかったためと，もう一つには，(b)「貧しくないもの(ádhrigu-)」とは，そもそも，いかなる意味か，そのインド・イラン的背景はいかなるものであるかが解明されていなかったため，とである．いまや，(a)の問題は解決された．そこで，ここでは(b)の問題を取り上げねばならぬこととなる．

著者は拙稿「ペルセポリスのダリウス王宮(タチャラ)の性格について」[25]において，古代ペルシア語 ardastāna- を新しく解読して，この語が従来「窓，窓枠，敷居」などの謂いに解されてきたあやまりを指摘した．ardastāna- とは「arda-(財宝)のある場所(stāna-)」の意味で，まさしく「宝蔵・宝庫」である．しかしそれは宝庫としての恒久的施設でなく，一時，献上品を展示して大王の視閲に供したにすぎず，またそれを機会に饗宴なども催されたであろうことも，著者は指摘しておいた．マルヴダシュトの平原を見おろす景勝の地点にあるのも，この宮殿造営の目的に副うたもので，大王の歓喜や優越感もこれによってさらに拍車されたことであろう．また ardastāna- を「繁栄の神のいるところ」とする考え方があるかもしれないが，そこまで考えるならむしろ，arda- に代えて ardvī- が登場したはずである．これは arda- と同語根の *ardu-「豊饒な」の女性形で，いうまでもなく Anāhitā 女神の形容詞である．しかし ardvī-(Av arədvī-)のみでアナーヒターをさすとみるのは，古代ペルシア語碑文としては常道でないから「繁栄の神云々」説も成立しない．やはり著者は ardastāna- に宝蔵・宝庫の意味をみとめ，恒久的保管施設でなく，また大王の歓を

つくす宮殿でもあるのにかんがみ「宝蔵宮」と訳したい.「アルダスターナ宮殿」でもよい. 反論にはデーンカルドの中にみえ, 著者が提唱した ardestān「宝蔵・宝庫」なる語解にも反論を加え, この語が他にどのような読み方をされうるのか, それをも提示してほしいものである. くりかえしていうが, OP ardastāna- にたいしてこれまでに提唱された語解はナンセンスの一語につきる. 著者は, いくつかの論証を積み重ねることによって, OIr ard-(ərəd-)/OI ṛdh-「栄える, 増大する」(自動詞)から OP arda- を導き出し, この結論から, Av arədra- が「富者・福者」を意味しうることを明らかにした. この問題については, 著者は別稿「Gathica VII[26]」においてすでに論じたが, それを補足する意味をも含めて, ここで arədra- を再論することとしたい. arəd- の母音度が本来的に盈楷梯にあるとすれば, すでに論じたように, それに -ra を付した語形はインド・イラン的にはその数が少ない. しかし, この盈楷梯を頭音位による二次的なものとすれば[27], インド・イラン的にはきわめて普通のタイプに属する[28].

Av arədra- は「富者・福者」の意味において, つぎの箇所に指摘される. Zand では rād(rāt), rādīh(rātīh) と訳されている. この訳語を「富者・福者」としての Av arədra- とのかかわりあいにおいて研究したものは見当たらないので, これを本論考の註において取り上げてみることにしたが, rād(īh) は arədra- と語音の近似しているのに便乗した訳語で,「奉献・奉祀」の意味で用いられ, arədra- の語義を伝えているものとはいいがたい[29]. この rād(īh) を取り扱った註とガーサー頌句は Yasna 34:7 a(→註 47), 43:3 de(→註 48), 46:9 a-c(→註 55), 46:16 ade(→註 52), 48:8 a-c(→註 49), 50:4 cd(→註 51), 50:8 b-d(→註 57) である. Y. 50:4 d の Zand が arədrəng「福者らに」を rād「奉祀」と訳し, それをさらに yazišn「祭儀」と註している点は, 原始教義の喪失として, 見のがしがたい(→註 51).

Yasna 34: 7　アフラ・マズダーおよびその他の神々が arədra- と称されている (arədrā, nom. pl.).

〃　43: 3　恩典を授けるアフラ・マズダーが arədra- と称される (arədrō,

3 Vedic ádhrigu- ならびに Avestan drigu- と arədra-

〃 　　　　nom. sg.).
〃 　46：9　ザラスシュトラの師としてのアフラ・マズダー（あるいは，その他の神）が arədra- とされる (arədrō, nom. sg.).
〃 　46：16　ザラスシュトラはフラシャオシュトラ (Frašaoštra) に arədra-者たちとともに，išti- の存する天国に行けよ，と勧奨する (arəd-rāiš, instr. pl.).
〃 　48：8　天国の資産を見せられるべき人びとが arədra- といわれる (arədrāng, acc. pl.).
〃 　50：4　48：8 とほぼ同様.
〃 　50：8　ザラスシュトラが自らを arədra- と称する (arədrah'yā, gen. sg.).

これらのほか，新体アヴェスターにも 7 箇所 arədra- が指摘される：

Yašt 5：19.132　アフラ・マズダーが崇めるアナーヒター (Anāhitā-) 女神に灌典をささげるもの (zaoθrō.bara-) が arədra- (arədrāi, dat. sg.).
〃 　10：65　ミスラ神が arədra- 者たちのなかの arədra- と称せられる (arədrō, nom. sg.).
〃 　13：32.75　アフラ・マズダーに随順する義者のフラワシ (fravaši-) が arədra- といわれる (arədrā̊, acc. pl.).
〃 　15：1　アフラ・マズダーが崇めるワユ (Vayu-) 神への zaoθrō.bara-者が arədra- (arədrāi, dat. sg.).
〃 　15：21　上記のごときワユ神への zaoθrō.bara- 者たらんとしたアジ・ダハーカ (Aži- Dahāka-) が arədra- と称されたが，かれの所願は拒否された (arədrāi, dat. sg.).

これらを概観するだけでも，インド・イラン的アスラ神群が arədra- と称せられ，また，かかる神々の特別な恩寵を蒙れるものも arədra- と称せられていることがわかる．さきに取り扱った drigu-「貧者」がアスラ神群の救いに浴したいと願う信者を意味することを想起すれば，かかる drigu-「貧者」がアスラ神群（純正ザラスシュトラ者にとってはアフラ・マズダーやその陪神，ミスラ信者にとってはミスラ神やその陪神）の特別の恩寵を蒙るときに arədra-「福者」と

なること，また，かかる恩寵の頒与者たる神々もまた「福者」であること，などが首肯される．

しかし，arədra-「福者」，および arədra- と drigu-「貧者」との差異の細部にわたる検討は，上記の所論だけでは尽くされているとはいえないであろう．

arədra- の著者による解釈は上述のとおりであるが，この語には，これまでに3義が提唱されている．(α) は Chr. Bartholomae: *Altiranisches Wörterbuch* (AirWb), Strassburg 1904, 195 の「忠実な (getreu)，信頼できる (verlässig)」; (β) は J. Hertel: *Arische Feuerlehre*, Leipzig 1925, p. 146 & passim の「燃えている (brennend)」で Lat. ardere「燃える」と関係づけたもの; (γ) は H. Humbach: *Die Gathas des Zarathustra*, Heidelberg 1959, II, p. 45 の「栄えさせる (Gedeihbringend)」である．(α) は語源不詳とことわっているが，それにもかかわらず斯説は従うものがもっとも多い．たとえば，H. Lommel[30], Maria W. Smith[31], S. Wikander[32], K. Barr[33], W. B. Henning[34], I. Gershevitch[35], G. Widengren[36] ならびに著者[37] など．(β) は，たとえば，H. S. Nyberg[38], J. Duchesne-Guillemin[39], W. Hinz[40] らによって支持され，(γ) は提唱者 Humbach のみであるが，氏は Av ard-/OI ṛdh- を語源にあげながらも，それが自動詞であること[41] を追究しなかったために，結論的には得るところなくして終わっている．

すでに挙げた Yasna 34:5 において，ザラスシュトラはアフラ・マズダーならびに陪神に向かって「御身たちの貧者を天則に従い善思をもってお救いくださるために，いかなる力 (xšaθra-)，いかなる資産 (išti-) を御身たちは有しておられるのですか」と問うている．ここでは，ザラスシュトラはみずからを「貧者」と称しているらしい．このことは，「資産 (išti-)」をもって救われるべき当体としては，人は「貧者」であることを示しているが，同時にまたザラスシュトラは貧者一般が išti- をもってやがて救われるべきものとなることを，自身を「貧者」の立場におくことによって，示したものである．いずれにしても，この句は，「貧者」とは神の資産を授けられて救われるべき存在であることを示している．そのことは Y. 53:9 にも明らかで，ここでは邪信のともがら，天則を

3 Vedic ádhrigu- ならびに Avestan drigu- と arədra-

無視するものがアフラ・マズダーによって生 (jyāiti-) と如意の行動 (vasə.iti-)
——おそらく，それぞれ，「不死」と「安穏」——を奪われるべきものとされる
のに反し，「正しく生活するとき貧者に，御身（アフラ・マズダー）がそれを通し
て，よりよきものを授け給うもの——それは，マズダーよ，御身の大御力」で
あるといっている．「よりよきもの」とは天国の資産 (Išti-) であることは言うま
でもない．しかも，Y. 34: 5 によれば，この išti- は正しく生活する貧者に「天
則に従って」授けられるもので，無条件ではない (Y. 53: 9 には二様の解釈が可
能のように思われる．このことについては 223 頁以下で取り扱う)が，ともあ
れ，貧者がやがて išti- をもって救われるべき存在であることだけは確実である．
Y. 27: 13 のいわゆる Yaθā ahū vairyō 祈禱文は，アフラ・マズダーおよびそ
の他の陪神がザラスシュトラを貧者たちの牧者と定めたことを謳っているが，
これは，初期の教徒が開祖の教えに従い išti- を確約された身分，すなわち「福
者」になりたいとの願いをこめて草した，自策自励の願文である．そのザラス
シュトラについて，Y. 53: 1 はつぎのように謳っている：

> 最勝の資産として聞こえているのはザラスシュトラ・
> スピターマの（うけた）恩典ですが，これは，まことに，かれに授け給うた
> のです
> 天則に従ってアフラ・マズダーが――いつの日までも（ザラスシュトラが）
> 安楽ならんために[42]――，
> そして（ザラスシュトラ以外にもまた）（おのが）よきダエーナーに発するこ
> とばと行いとをもって主に服し[43]（主のために）つとめん[44]ものども（に）
> も（アフラ・マズダーは授け給うの）です．

主に服し（主のために）云々とある「主」は，原文では「かれ」とある．アフ
ラ・マズダーを指しているものとみて「主」と訳したが，ザラスシュトラを指
しているとみても，さしつかえない．この詩頌はザラスシュトラの歿後まもな
く述作されたものであるが，作者は，開祖が išti-「資産（天国の）」を確約され，
したがって福者であったことを述べている．かかる開祖の，貧者にたいする立
場を述べたものこそ，Yasna 27: 13 である．しかもこの Y. 53: 1 は，ザラスシ

ュトラのほかにも，išti- を授けられるものは，善思に発する善語・善行をもって主に服し主のために努力するものであることを明示している．Y. 34:5 において「天則に従って」主が貧者に išti- をさずけて救うとあるのは，貧者がこのような境地に到達した場合のことである．身語意の三業清浄を説くのは遠くインド・イラン時代に承けた遺産であるが，この思想は宗教面のみならず，一国の政治行政面にもつよく浸透して，ハカーマニシュ帝国を支える賞罰制度のバックボーンを成していた．これを裏づける史料としては，たとえば，マグネシア (小アジア) の知事ガダタス (Gadatas) に宛てたダーラヤワフ 1 世の詔勅 (書簡)[45]がある．それによると「余 (ダーラヤワフ 1 世) はそなたが余の命令に，すべての点で従っているのでもないことを，知っている．そなたがエウフラテスの向こうから小アジアの沿岸地方に果樹をうえて余の王土を拓いたこと——そなたのこの決定を余は賞する，そして，このゆえに，王の家に大きな感謝がそなたにたいしておかれるであろう．しかし……(以下略)」とある．「そして，このゆえに，王の家に大きな感謝がそなたに対しておかれるであろう (καὶ διὰ ταῦτά σοι κείσεται μεγάλη χάρις ἐν βασιλέως οἴκωι)」の一節は特に重要である．これは，ガダタスが大王のための善行者，王の恩人であったことをもの語っている．ヘロドトス VIII, 85 によると，王のための善行者 (εὐεργέτης) はペルシア語でオロサンガイ (ὀροσάγγαι) と称せられている，とある．εὐεργέτης は形態上からは *hu-varzayant->OP *huvardayant- あたりのギリシア語訳とみられるが，概念上からはガーサーにみえる hu-šyaoθ(a)na-[46]「善行者」と同じものである．Yasna 53:1 には「よきダエーナーに発することばと行いとをもって主に服し (主のために) つとめんものどもにも」išti- の与えられることが説かれているので，ガダタスの場合をこれに引きあてると，そのなかの「善行」にめでて恩賞がくだされていることになる．臣下としての一般義務 (契約といってもよい) を越えて特に善行を抽んでるということが，大王の恩賞にあずかる重要なモメントとなっている．単に信者であるというだけでは救いにはあずかることができず，特別に善行を抽んでてはじめて išti- にあずかりうる，というようなものである．ハカーマニシュ朝におけるこの慣行は，ほかにも史料が

3 Vedic ádhrigu- ならびに Avestan drigu- と arədra-

あって傍証することができる．トゥキュディデス I, 129:3 によると，クシャヤルシャン1世はパウサニアス (Pausanias) にあてた書簡の一節で，かれがビュザンティオンからペルシア人を救出した功労を嘉し，「そなたの善行もわれらの家に永久に記録されてのこるであろう (κεῖταί σοι εὐεργεσία ἐν τῷ ἡμετέρῳ οἴκῳ)」といっている．その同じクシャヤルシャン1世には，旧約聖書エステル記にも注目すべき史料がある．第6章によると，その宮廷には「日々のことを記した記録の書」がそなえられ，大王はこの書を読んでそのなかに「モルデカイがかつて王の侍従で，王のへやの戸を守るもののうちのビグタナとテレシのふたりがアハシュエロス（クシャヤルシャン）王を殺そうとねらっていることを告げた，と記されているのを見いだした」．この記録にもとづき，「王が栄誉を与えようと思う人（'ĭš 'ăšær hammælæk ḥāp̄eṣ bīqārō)」への恩賞を臣僚に相談して処置を講じたことがみえている．ここにいう「王が栄誉を与えようと思う人」すなわち「王のための善語者たるモルデカイ (Mårdkai 'ăšær dibbær-ṭōb̠ 'al-hammælæk)」(7:9) は，いわゆるオロサンガイのひとりである．このヒブル語テキストは Mårdkai 'ăšær gāmal dāb̠ār ṭōb̠ 'al-hammælæk「王のために善きことばを発したモルデカイ」とパラフレーズされている（邦語訳聖書には「王のためによいことを言ったかのモルデカイ」とある）が，dibbær-ṭōb̠ の dibbær は「ことば」, ṭōb̠ は「善き」であるから，dibbær-ṭōb̠ とはまさに「善語者」であり，Yasna 53:1 に引きあてると，「よきダエーナーに発することば」をもって主のためにつとめたもの，に相当する．ガダタスやパウサニアスへの書簡といい，それに，このエステル記といい，いずれも一等史料である．これをヘロドトス VIII, 85 と対比することによって，Y. 53:1 をそのまま再現したかのように，善行・善語がハカーマニシュ王朝において受賞の対象となっていることがわかる．アフラ・マズダーも同様に三業の正善なるを嘉し天上の išti- を約束して賞する神であり，それに陪接する神々も同様であった．かかる神々が išti- の所持者・授与者として，ザラスシュトラによって「福者」とよばれるのも，もっともである．Yasna 34:7 において，ザラスシュトラは「苦難を幸いにする，そういう福者たちは，マズダーよ，いずこにおわすのですか[47]」と問い，

「御身たちよりほかにかかるもののないことを，わたくしは天則によって知っています」と断言しているのである．したがって，福者たるアフラ・マズダーの止住する真実土に到る道は，救いの道である．ゆえに，人は，この道に立ってこそ，よりよきものよりよりよきもの，すなわち，天国の資産にあずかる身（「福者」）となることができる（Y. 43: 3）：

　　して，この可見の世界と不可見の（世界）のために
　　われらに恩賚の至直なる道を教えんところの
　　人は，よきものよりよりよきものに到達してほしい——
　　（道とは）福者たる御身さま，知恵すぐれた利益者におわす（御身さま）たる，
　　マズダーよ，
　　アフラの住んでおわすところの真実土にいたるもの[48]．

この2頌（Y. 34: 7と43: 3）にさきのY. 53: 1をあわせ解すれば，išti-とともに住し，これを天則に従ってくだして貧者を救うがゆえに，アフラ・マズダーならびに陪神がarədra-「福者・富者」であることを理解しうるであろう．

他方，このišti-を約束されたものが「福者（arədra-）」とされることは，Y. 48: 8と50: 4が，これを明示する．Y. 48: 8においてザラスシュトラは，「福者どもに知らせるために（ākā arədrəng）」，アフラ・マズダーのものであり，天則とともにある資産がいかなるものなるかを，アフラ・マズダーに問うている[49]．これは，かれが知っているものを問いの形式で持ち出したもので，いわば，レトリク上のあやである．同じ思想，同じ表現をみせるのがY. 50: 4である．ここでは，預言者は，アフラ・マズダー，天則，ウォフ・マナフおよび王国を讃美しながらアフラ・マズダーを崇めると告白し，語をついで「賦活物（iš-）のいかなるものが道にて（われらを）待ちうけているかを，ガロー・ドゥマーナ（garō dəmāna-）においてわたくしは聞きたい[50]，福者らに知らせるために」[51]と言っている．iš-はišti-のシノニムに近い．福者がišti-を確約されていること，それが天国にて実際にさずけられること，などが明らかとなる．したがって，かかる天国に赴けよと福者が勧奨され，福者とともに天国に行こうと願われるのも道理である．すなわち，Y. 46: 16ではFrašaoštraが

3 Vedic ádhrigu- ならびに Avestan drigu- と arədra-

フラシャオシュトラよ，かしこに御身は福者どもとともに行けよ[52)]

....

....

かしこは王国がウォフ・マナフの資産[53)]の中に存しているところ，
かしこはマズダー・アフラが(恩賚の)充溢の中に止住してましますところ
といって往詣を勧奨され，Y. 46:9. 10 ではザラスシュトラは

御身アフラをいかにしてわれらは崇め奉るべきかを最初にわたくしに教え
るべき福者[54)]はだれか[55)]

と問い，さらに

アフラ・マズダーの有にしてウォフ・マナフとともに存するものたるそれ
を，人びとはわたくしに願い求めている……そうした人びと全部とともに，
わたくしはチンワントの橋をわたって行こう

といって，福者らとともに渡橋昇霄したいと願っている．アフラ・マズダーの
有にしてウォフ・マナフのそれでもあるもの，とあるのは，išti-「資産」のこ
とであって，ザラスシュトラは，それを願い求めている人びと(当然ながら，
かれらは「貧者(drigu-)」である)の願いをかなえてやって，かれらを「福者
(arədra-)」たらしめ，ともどもにあいたずさえて主の国に到りたいと願ってい
る[56)]──というふうに，この句(Y. 46:9. 10)は解すべきである．ザラスシュ
トラは，仏教流にいうならば，記別を授ける立場にある．そのことは Y. 46:18
にザラスシュトラが，われに幸いするもの(yaoš)にわれもまた，ウォフ・マナ
フの有にしてわれのものでもある išti- を約束しよう，と言っていることによっ
て明らかであり，しかもこれは，ザラスシュトラが独断恣意的に自任している
のではなく，アフラ・マズダーとウォフ・マナフの所望を天則に従って満足さ
せようとする自身を深く自覚しての結果である(Y. 46:18)．そして，ここでも，
išti- を約束されるためには，ザラスシュトラに幸いすること，という条件がつ
けられており，上掲 Y. 53:1 と比較対照してみるのも興味があろう．

最後に Y. 50:8 をみよう．ザラスシュトラは，特別な足ぶりや手ぶり，それ
に頂礼と善巧をもってアフラ・マズダーや他の神々を崇めようと述べているが，

その頂礼は「福者の」(ささげるべき)頂礼[57]，その善巧とは善思に発する善巧と規定している。「福者」の位置にあるもののささげるべき頂礼とは，なんらか特定な作法を伴ったものであるかもしれないが，要するに，ここでは，間接的ながら，ザラスシュトラがみずからを「福者」とみなしていたことが示唆されている。

上来論じてきたところによって，ひとしくザラスシュトラ者とよばれるものでも，「貧者(drigu-)」と「福者(arədra-)」の別[58]があり，前者が一定の条件を具備することによってはじめて天上の資産(išti-)を約束されて福者となること，福者とは，仏教流にいえば，現生において不退の位に住する正定聚の輩であって，死後は必ず天国に往詣してそこの資産にあずかること，さらには，かかる資産を所持して貧者を救う神(々)もまた福者であること，などが明らかとなった．論中，ことにY. 46:9. 10, Y. 53:1, Y. 27:13 などから察すると，ザラスシュトラの役割は貧者を引きあげて福者にし，išti- を授かること疑いなしという保証・記別を与えるところにもあることがわかる．Y. 48:9 において，ザラスシュトラは自身をサオシュヤントとよんでいるが，ガーサーのサオシュヤントとは，語義的には利他者・利生者であっても，制度的にいえば，かかる授記者の謂いではないかと思われる．

ところで，この išti- は天上にある，神の資産である．これを約束されて福者となっても，それを感見することはできない．かかる福者は，ザラスシュトラのごとき感見者によって，それを知らせてもらうほかはない．そのことは，Y. 48:8 や 50:4 から明らかである．ザラスシュトラは，福者に išti- を知らせるために，それを天眼で見，天耳で聞くことができた．išti- がいかなるものかと問うたり，ガロー・ドゥマーナにおいて聞きたいと言ったりしていることは，修辞上のテクニックにすぎない（→218頁と註50）．išti- と天眼(čisti-)との関係はY. 51:18 にもうかがわれる：

  資産をもってかがやかしい，フウォグワ家のジャーマースパは，この天眼を
  天則に従って選取していますが，ウォフ・マナフのかの王国を得んためで

す．
　このことを，わたしのために，おゆるしください，アフラよ，これは，御
　　身のものが，マズダーよ，助けとなってくれるためです．
さきにあげたフラシャオシュトラ(Y. 46:16)ときょうだいであるジャーマースパ(Jāmāspa)は，ザラスシュトラ教徒の伝承によると，ウィーシュタースパ(Vištāspa)王の宰相でザラスシュトラの末女ポルチスター(Pouručistā)と婚し，開祖の歿後は教団のリーダーとなり，多くの霊能を発揮した人物とされている．そのかれは，このY. 51:18によると，すでにišti-を約束されている．したがって，かれは福者である．福者ではあるが，すくなくとも，この詩頌では，まだčisti-を得ていないことがわかる．ザラスシュトラは，アフラ・マズダーがかれに天眼を授け給うようにと願い，この天眼によってジャーマースパがみずからišti-(ここではウォフ・マナフの王国といわれている．išti-はウォフ・マナフの有でもある)を感見し，かれ自身へのはげましとすることを願っているのである．「御身のもの」とは「御身アフラ・マズダーの有」ということで，ウォフ・マナフの有でもあるišti-のことであるが，ここは，それをジャーマースパが自身で感見し自身への助けとする，ということである．この天眼は，Y. 51:16によると，アフラ・マズダーの創成したもので，ウィーシュタースパ王は，この詩頌の述作されたとき，すでにそれを獲得していた：

　そ(の天眼)をカウィ・ウィーシュタースパはマガの力によって獲得しました
　…………──その天眼とは天則に従って意志の力によって創成し給うたのです，
　利益者(りやく)マズダー・アフラが．(信徒の唱和)「そのようにわれらをしてください，(主の)御望みのままに．」

とある．しかも，ここでは，ザラスシュトラの語を聞いて，信徒(当然，福者たち)も，同じように，天眼を得たいと望んでいることがわかる．天眼のみならず，つぎのY. 51:17によれば，第二の身体もアフラ・マズダーによって授けられることが説かれている．すなわち，フラシャオシュトラは自身の霊(ダエ

ーナー)のためにやがて享けたいと願う美しい身体をザラスシュトラにデッサンしてみせたので，ザラスシュトラはアフラ・マズダーに，かれのこの願いを聴許し給うようにと訴願しているのである．フラシャオシュトラは，上掲 Y. 46:16 では，išti- の所在する天国に福者らとともに往けよと勧奨されている．したがって，福者は，この Y. 51:17 によって，楽土に第二の身を享けることがわかる．ガーサー全体をつらぬいて流れる思想は，有資格者は天国にて不死 (amərətāt-) と完璧 (haurvatāt-) を享けるというにあるが，išti- の内容を具体的にいえば，この第二の身に不死と完璧を享けることである．すでにあげた Y. 53:7 とあわせ考えるならば，福者は第二の身をえて永生の果を享受しうることが明白となる．ザラスシュトラの教えが恩寵の宗教たる面を，ここにもはっきりと看取することができる．

みずから感見しえないにしても，išti- を約束されたものは，福者として，昇霄の恩恵に浴する．かかる išti- は，アフラ・マズダーやウォフ・マナフが，その資格ある貧者 (drigu-) に授けて救済する一種の功徳である (上掲 Y. 34:5—210 頁, 214 頁参照)．それゆえに，邪師は人びとを阻んで išti- を受けさせぬようにする．ザラスシュトラは「かれこそは資産を阻むもの——ウォフ・マナフの (くだす) 吉祥なる (授かり) 分を (阻むもの)」と断じている (Y. 32:9).

善思に発したことば (善語) と行い (善行) をもってアフラ・マズダーの意にかなうならば，その人は išti-「天国の資産」を約束されて福者となる (Y. 53:1) が，天則に従って神々の所望を満足させようとするザラスシュトラに幸いする人もまた，同じ果にあずかることができる (Y. 46:18)．これにたいし，貧者は，やがては išti- をもって救われるべき存在である (Y. 34:5, 53:9). Y. 53:9 によると，先述したように (214-215 頁), 邪信の徒や天則を無視するものがアフラ・マズダーによって罰をうけるのに反し，ザラスシュトラは

> 正しく生活するとき貧者に，御身 (アフラ・マズダー) がそれを通して，よりよきものを授け給う (dāhī) もの——それは，マズダーよ，御身の大御力です．

と言っている．文首は，直訳すれば「正しく生活する貧者に」とあるが，ここ

で取り扱う二様の解釈のうちの第二の解釈をとって「正しく生活するとき貧者に」と訳したもの．そこで二様の解釈は，いずれも「正しく生活する貧者に」という直訳文を根柢にして取り扱わねばなるまい．では，そのうちの第一[59]の解釈であるが，それは，正しく生活するものと貧者をシノニムとみるものである．貧者にして邪悪な生活をおくるもの，があるのではなく，貧者は，アプリオリに，正しく生活するもの，である．もし，貧者にして正しくない生活をおくるものがあるならば，かかる貧者は Y. 27:13 と背馳する存在となる．「貧者(drigu-)」が義者であることは，Yašt 10:84 に driγuščiṯ ašō.ṯkaēšō「義しき教えを奉ずるものたる貧者」とあるのにも，明らかである．そうすると，この句は，かれ(貧者)がやがてよりよきもの，すなわち，īšti- を授けられるであろう身となること，言いかえれば，かれがやがては身語意の三業において神の意にかなうときがきて īšti- を約束されるであろうことを，説いていることになる．動詞 dāhī は dā- の root aorist subjunctive 2. sing. active であるから，ガーサーにおける subjunctive の用法からみて，未来をも示しうるのである．ここにいう「正しく生活する(ərəžə-jī-)」とは天則を無視するもの，すなわち，不義者(drəgvant-)，とは反対のものであるから，それは義者(ašavan-)の一部を成す．そうすると，義者たるものはすでに救済を確約されているものと，やがて救済を確約されるべきものとの，ふたつに分かれることになる．このような状況は，ザラスシュトラ者が貧・福両者に分類されるのとパラレルである．「正しく生活するもの(ərəžə-jī-)」と「不義者(drəgvant-)」との対立は Y. 29:5, 50:2 にも指摘される．Y. 29:5 c においては，牛魂は「正しく生活するものにも生きゆく道がなく，牧畜者にもありません——不義者どもに伍しては」と訴えている．ここにみえる ərəžə-ǰyōi…drəgvasū pairī「不義者どもに伍しての正しき生活者に」なる語法は，不義者と対立する正しい生活者を浮き彫りにしているが，同時に，それは Y. 50:2 cd とパラレルに取り扱われうることを示唆する：

ərəžəǰīš ašā　　　pourušū hvarə pišyasū[60]
ākāstəng mā　　nišąsyā[61] dāθəm dāhvā
太陽を忌む[60]多くのものどものなかにあって天則に従って正しく生活して

いるものたち――
　　　かれらに知らせるためにこそ，わたしは，施与するものたちの施物にあり
　　　つきたいのです[61].

太陽を忌むとは太陽を見ないということであり，天則を忌むということと，はなはだ近い概念である[62]から，Y. 50:2においても，正しく生活するものが不義者と対立するものであることがわかる．正しく生活する「ものたちに知らせるために(ākās-tōng)，わたしは施与者たちの施物にありつきたい」と，ザラスシュトラは言っている．ākās-, ākå「知らせるために」の用例からみると，Y. 48:8や50:4では，知らされる対者は福者である．したがってY. 50:2においても同じ文脈にākās-が用いられているので，正しい生活者が福者であるとの考えかたが成立するかもしれない．しかし，Y. 51:13[63]では対者は不義者であるから，この考えかたは成立しがたい．そうだとすれば，Y. 50:2の「施与者たちの施物」を，もし，神々のišti-とすることができるならば，このY. 50:2も，Y. 53:9にたいして著者が試みた解釈と同じように，正しく生活する人びとにこのišti-を示し，かれらがやがてこれを享ける日のあることを述べて激励するのを目的としたものとみるべきである．しかし，「施与者たちの施物に(dāθəm dāhvā)」は「ザラスシュトラに帰依する祭主たちの寄進に」でもありうるのみならず，dāθəmはdāθa-「法にかなえる者」のacc. sing., dāhvāはdā-「与える」のroot aorist imperative 2. sing. middleでもありうるので，斯頌の解明には，なお取り扱いの余地があろう．

　　Y. 53:9にたいする第二の解釈(第一は前頁)は，その正しく生活するということを貧者のシノニムと解せず，これをより積極的に解し，すすんで善思に発する善語・善行をもって神の意を満足させることだ，とするにある．この場合は，結論もストレートに獲得される．すなわち，Y. 53:9は「貧者にして，正しく生活するとき，すなわち善思に発したことばと行いとをもって御身に服し御身のためにつとめるとき(Y. 53:1参照)，かれに御身がそれを通してよりよきもの，すなわち，išti-を授け給うであろうもの――それは，マズダーよ，御身の大御力です」というふうにパラフレーズすることができ，Y. 29:5cもY. 50:

3 Vedic ádhrigu- ならびに Avestan drigu- と arədra-

2 も，そこの正しく生活するものとは善思・善語・善行して主の所望にかなうもの(たち)の謂いに解せられるし，かれらが不義者・太陽忌避者と対立する義者であることも容易に理解される．Y. 53: 9 の「かれら」はやがて福者となりうるもの，50: 2 の「かれら」はおそらくすでに福者なのであろうし，それと語法を同じくする Y. 29: 5 の「正しき生活者」も同様に解しうるであろう．

以上の所論において ərəžə-ǰī-「正しく生活するもの」の解釈になお決定的でないものはあるが，論の大筋からすれば，220 頁に結論的にまとめたところは，もはや動かしがたいものとなった．

これまでは取り扱いをガーサーにかぎってきたが，以下では，213 頁にあげた新体 Av arədra- と 210 頁にあげた同 drigu- とを関連させながら簡単に取り扱っておこう．ここで注目されるのは Yašt 10: 65 においてミスラ神が arədranąm arədra-「もろもろの福者中の福者」といわれていることである．ミスラが義しき教えを奉ずる drigu-「貧者」によって助けを求められる (Yašt 10: 84) のも，かれが福者だからであるが，このことは，ミスラの陪神アルヤマン (Aryaman) がスラオシャ (Sraoša) 神として drigu-「貧者」の庇護者として登場している (Yasna 57: 10, Yašt 11: 13) のと同じ事情である．ミスラ神を奉ずるものからすれば，アフラ・マズダーやその陪神もミスラ神を凌駕することはできないはずであり，ミスラ神が福者中の福者とよばれるゆえんである．Yašt 5 や Yašt 15 では，福者は，それぞれ，アフラ・マズダーの崇める神アナーヒターやワユの特別庇護下にある者であり，Yašt 13 の fravaši- もアフラ・マズダーとは密接な関係にある．新体アヴェスターにおけるこれらの事情と，さきに取り扱ったガーサーの事情とを綜合してみると，アヴェスター全体を通じてアスラ神群やそれと特殊な関係にある要素について「福者 (arədra-)」の語が用いられ，かかる福者に達することを期待しつつある要素について「貧者 (drigu-)」の語が用いられていることがわかる．

このようなイランがわの事情にたいし，つぎにはインドがわの事情を検討してみよう．インドがわの事情といっても，Ved. ádhrigu- やそれをめぐる状況をどのように解釈するかにあるが，著者がうえに述べたように，この語にたい

し多くの説が提起されていて帰一しがたい現状にかんがみれば，この語を原点に帰って洗いなおすほうが，問題の解決に資するところが多いように思われる．そういう意味で，リグヴェーダにおける ádhrigu- の在証箇所をまずあげてみよう．表の見方は，左端が取り扱いの便宜上，著者の付した番号，そのつぎが在証箇所，そのつぎが ádhrigu- によって形容される対象であるが，このなかには ádhrigu- を人名とするものも含まれている．最後にカッコ内に示したものは，それぞれの箇所にみえる ádhrigu- の語形であるが，人名としてみえる場合はその人名の文法的形態を示すことになる．

1. I, 61: 1   Indra (ádhrigave)
2. VI, 45:20   〃 (ádhriguḥ)
3. VIII, 59: 1   〃 (〃)
4. 〃, 12: 2   Indra 崇拝者 Daśagva (ádhrigum)
5. 〃, 93:11   Indra 崇拝者 jána- (ádhrigur)
6. IX, 98: 5   Soma (adhrigo)
7. I, 64: 3   Marut 神群 (ádhrigāvaḥ)
8. V, 73: 2   Aśvin 双神 (ádhrigū)
9. VIII, 22:11   〃 (〃)
10. 〃, 22:11   Aśvin 崇拝者たち (ádhrigāvaḥ)
11. 〃, 22:10   Aśvin 崇拝者 Adhrigu (Ádhrigum)
12. I, 112:20   〃 (〃)
13. III, 21: 4   Agni (adhrigo)
14. V, 10: 1   〃 (〃)
15. VIII, 49:17   〃 (ádhrigum)

これらを通観すると，1-12 までは神格かそれと特別な関係にある要素について ádhrigu- が用いられていることがわかる．このような能所の関係は arədra- の場合と部分的には同じである．ところで，1-3 までは Deva 神群に属する Indra 神，つづく 4-5 は斯神と特別な関係にある要素で，その Indra はアヴェスターにおいては Daēva「魔」の最たるもの．6 の Soma は Indra と密接に

3 Vedic ádhrigu- ならびに Avestan drigu- と arədra-

むすびつくもので，Indra の epithet がそのまま Soma に移譲されることは周知のところ。事実，IX, 98:5 でも Soma を Indra に読みかえてもさしつかえないかの印象さえ受ける。7の Marut 神群は「ルドラ者，ルドラの子(Rudráḥ)」といわれているように，主神 Rudra に即していえば，Marut 神群は Deva 神群に属する，というのは Rudra は別名 Śarva をもってアヴェスターの魔 Saurva に対応するからである。8, 9 は Aśvin 双神，10-12 はこの双神と特別な関係にある要素で，11, 12 にはとくに人名として Adhrigu が登場している。Aśvin は，古名 Nāsatya をもってアヴェスターの魔 Nåŋhaiθya(ノーンハスヤ)に対応することでもわかるように，これもまた Deva 神群に属する。最後の 13-15 の Agni についてであるが，アヴェスターには agni- の語は人名 Dāštāγni-[64] にみえるのみで，火は ātar-[65] であらわされる。このように命名法が異なるのは，インドとイランとでは火の取り扱いかたや見方に根本的な差異があるためで，インドでは火は神々をまつる要具の一つであるが，イランでは火は神の分身として穢れから厳に隔離される[66]。この相違に重きをおけば Agni に ádhrigu- が用いられている点も，これまでに見てきたように，インドがわでは Deva 神群に ádhrigu- が用いられている点と同様にみなしてさしつかえないと思われる。そうすると，arədra- についてみてきたと同じように，インドがわでは，ádhrigu- が神々について用いられているときは，それをくだして信者を救う神徳・施物の持ち主として神々が，また信者について用いられるときは，その神々と特別な関係にある人びとが，対象となっていることがわかる。しかし，このような「特別な関係にある人びと」については，さらに深く検討する必要がある。具体的にいえば，4, 5, 10, 11 の場合である。4(VIII, 12:2)では

yénā Dáśagvam ádhrigum⋯ávithā tám īmahe

とあって，インドラ神が ádhrigu- なるダシャグヴァをよってもって助けたものをわれらも求めるものだといっている。ここでは，すでに助けられたるものについて ádhrigu- が用いられているので，いちおう，問題視すべきものはない。ところが，5 や 10, 11 では，事情はかなり異なっている。5(VIII, 93:11)では

yásya te nú cid ādíśaṃ / ná minánti svarājyam / ná devó nádhrigur (i. e.

ná ádhrigur) jánaḥ //

とあり,御身インドラの御意に,いまも,人・天ともに背反しないといい,その人間とはどういう人びとかというと,それが ádhrigu- なる人びとだといっている.ここでは,まだ救われておらず,救われたいと願う人びと,そういうニュアンスが汲みとられる.このことは,10,11 をみると,いっそう明瞭となる.とくにこの 10(VIII, 22:11), 11(VIII, 22:10)は順序をもとにもどして VIII, 22:10, VIII, 22:11 とし,さらに VIII, 22:12 とつづけて通読すると,ádhrigu- の語義を知るうえにも示唆するところが多い.まず原文をかかげてみよう:

yā́bhiḥ Paktháyaṃ ávatho yā́bhir Ádhriguṃ/yā́bhir Babhrúṃ víjoṣasam/
tā́bhir no makṣū́ tū́yam Aśvinā́ gatam/bhiṣajyátaṃ yád ā́turam //10//

yád ádhrigāvo ádhrigū/idā́ cid áhno Aśvínā hávāmahe/vayáṃ gīrbhír vipanyávaḥ //11//

tā́bhir ā́ yātaṃ vṛṣaṇópa me hávaṃ/viśvápsuṃ viśvávāryam/iṣā́ máṃhiṣṭhā purubhū́tamā narā/yā́bhiḥ Krívim vāvṛdhús tā́bhir ā́ gatam //12//

§10 の要旨は「御身ら(アシュヴィン双神)は神助をもって Paktha, Adhrigu, それに見棄てられし Babhru を助け給うたが,アシュヴィン双神よ,その神助をもって,われらのもとへ即刻速やかに来たり給え,そして病めるものを癒やし給え」というのであるが,§11 は,その理由を述べて,「われら ádhrigu- なるものどもが,ádhrigu- なるものにおわす(御身ら)アシュヴィン双神を,今日ここでも,讚歌をもって讚美しつつ,呼び求めているから」といい,§12 では,「その神助をもって,二雄神よ,わたしの呼び求めに応じて,二壮士よ,いとも豊かに扶養し,いずこにもゆきわたる滋養物(íṣ-)とともに,来たり給え (ac),云々」と言っている.この §§ 10-12 は Aśvin 双神の役割を浮き彫りにしている.著者は,原文にはないが,ūtí-「援助」の語を補って解した.このような神徳に加えて,ここでも íṣ- が指摘される (IX 98:5 参照). íṣ- は 218 頁に引いた Y. 50:4 の ī́ṣ- ときわめて近い概念である. Aśvin 双神が ádhrigu- とよばれるゆえんを,いかんなくあらわしている.

3 Vedic ádhrigu- ならびに Avestan drigu- と arədra-

それとともに，その庇護を実際にうけた過去の人物として Adhrigu- らが登場している．この点には問題はないが，それにつらなるがごとくに，「われわれ」とよぶ人びとも，それと同じ神助を仰ぎ求めている．かれらには，この神助はまだ約束されず，授与されてもいないはずである．それにもかかわらず，かれらは自身を ádhrigu- なるものと称している．5(VIII, 93:11) の ádhrigur jánaḥ も，おそらく，同様に解してさしつかえないであろう（また，VIII, 12:2 に「われわれ」といっている人びとも，VIII, 22:10-11 に準ずれば，ádhrigu- と自称してもさしつかえないと思われる）．このような人びとは，本来ならば，*dhrigu- と自称し他称されるはずである．イランがわでは，アスラ神群の平信徒は drigu- とよばれている．実は，インドがわでは，この事態を忌避したのである．後述するが，もともと，信徒は，その奉ずる神々のカテゴリーのいかんにかかわらず，一律一様に *dhrigu-: drigu- とよばれていたと考える．これはアヴェスターやヴェーダに記録されている時期に先行する段階である．したがって，かかる *dhrigu- 者のなかには，アスラ神群の信徒も含まれる．この関係——アスラ神群とのあいだに有する，*dhrigu- 者の関係をたちきるために，インドがわでは，平信徒であっても，いやしくもデーヴァ神群に信倚するものは，「すでに *dhrigu-: drigu- ではないぞ，アスラ神群によりすがる *dhrigu-: drigu- 輩とはわけがちがうぞ」との気概(？)をもって，'á-dhrigu-(non-*dhrigu-)' のなかに引き入れ吸収してしまったのである．この動きを，ここでは，「反 *dhrigu-的傾向」とよんでおこう．インドがわに *dhrigu- なる語の指摘されないのは，平信徒を *dhrigu- とは別の語でよんでいたためでもなく，また，インドがわに，本来，*dhrigu- なる語が存しなかったためでもなく，その根源はアスラ神群とデーヴァ神群との相剋角逐に発した「反 *dhrigu- 的傾向」にある．このことをくり返していえば，イランがわではアスラ神群が išti-「天国的資産」の保持者として arədra-「富者・福者」とされ，これを確約されたる信徒もまた同様によばれているが，これにたいし，išti- を求め arədra- たらんことを願求する信徒（平信徒）は drigu-「貧者」とされている．他方，インドがわでは，かかる状況とはまったく反対に，アスラ神群を奉ずる *dhrigu-: drigu- を忌避して，デーヴァ

神群を示す ádhrigu-「*dhrigu- ならざるもの」なる呼称のなかに，デーヴァ神群に信倚しているものをことごとく——その救いを確約されたものばかりでなく，いまだその境地にいたらない平信徒をも——引き入れ吸収してしまった．この「反 *dhrigu- 的傾向」のために，*dhrigu- なる語は，事実上，在証されぬ状態となった．しかし，このように大きなインド・イラン的相反のなかにも，パラレリズムは，なお，見いだされる．アスラ，デーヴァというふうにカテゴリーの相違はあっても，それらの神々が「富者・福者」(arədra-, ádhrigu-) とよばれ，かかる神々の特恵下にある人びともまた同じ語でよばれる，という事実である．逆に，このパラレリズムからでも，Vedic ádhrigu- が Av arədra- のインド的対応語であることがわかる．このような ádhrigu- の語義は，うえに試みたように，11 (VIII, 22:10), 10 (VIII, 22:11) を VIII, 22:12 につづけて読むことによっても明らかにされるが，さらに示唆に富むものを示すならば，2 (VI, 45:20), 6 (IX, 98:5) を，これに加えることができる．2 (VI, 45:20) では

 sá hí víśvāni pā́rthivaṁ/éko vásūni pátyate/ gírvaṇastamo ádhriguḥ//

 かれ（インドラ）は，まことに，ひとりよく，地上の一切の佳宝を領有する
 ——讃歌を愛好すること第一たるかれ，ádhrigu- なるものは．

といって，インドラが「富者・福者」であることを謳っており，6 (IX, 98:5) では

 vayáṁ te asyá Vr̥trahan/váso vásvaḥ puruspŕ̥haḥ/ní nédiṣṭhatamā iṣáḥ/
 syā́ma sumnásyâdhrigo//

 われらは，ヴリトラハンよ，よきものよ，汝（ソーマ）のこの佳宝，もろ人
 の欲(ほ)りする滋養物 (íṣ-)，（しかり，汝の）恩寵に，いと近きものでありたい，
 ádhrigu- なる（ソーマ）よ．

とあり，かかる佳宝をそなえて人に施すがゆえに，ソーマは「富者・福者」である．íṣ- については上述 228 頁を参照されたい．

 ヴェーダのインドラ神は勇猛をもって鳴る．マルト神群もそうであり，アシュヴィン双神にもこうしたアスペクトがある．そういうところから，かれらの形容詞 ádhrigu- を (I) 説 (→204 頁) のように解する傾向が多いが，この説には著

3 Vedic ádhrigu- ならびに Avestan drigu- と arədra-

者が上来明らかにしたインド・イラン的背景とのつながりがないのみならず，dhri- の解釈にも難がある[67]．このインド・イラン的背景とのつながりがない点は (II) 説 (→205頁) も同様であるが，これには P. Regnaud によって指摘された難点もある (→205頁)．これらに対し (III) 説 (→205頁) は a-dhrigu- と分解し，その *dhrigu- に Av drigu- を引きあて，ádhrigu- を 'not poor' と解するもので，その限りでは正鵠を得ているが，「貧しからず」を「気前がよい，もの惜しみしない」というふうに受けとるのは勇み足．その因は，著者が明らかにしたインド・イラン的背景がわかっていないからで，「貧しからず」は「富者・福者」の意味に解しなければならない．著者によってはじめて明らかにされたこのインド・イラン的背景——それへの展望を欠いている点では，Barr や Wüst もまったく同様である．Wüst (→208頁) のあげた ἔθρις は，むしろ，OI vádhriḥ (<vadh- 'strike, slay') と同一視すべきであり (したがって ἔθρις<*Fέθρις[68])，OI ādhrá-: Av ādra- は *nādh- (cf. OI nādhitá- 'oppressed, needy', Av nāidyah- 'weaker') からの派生，すなわち，*nādh-ra- の副形とみたい．*nādh-ra-: ādh-rá- の関係は OI *nabh- 'to moisten'/Av nab- 'ditto': OI abh-rá-/Av aw-ra- 「雲」の関係に準じるもの．しかし，このような区々たる点とは別に，Barr や Wüst には大きな難点がある．それは論理のさか立ちということ，つまり，ádhrigu- が primary で drigu- が secondary という見方をしていることであり，しかも ádhrigu- から drigu- の生じた過程には通俗語源説的な解釈を加え，二次的擬似派生形として drigu- が生じたとするのである．いま，OP tunvant- 'powerful' 対 skauθi-[69] 'poor, weak, lowly' なるコントラスト，Av ərəšva- 'high' 対 ādra-[70] 'lowly', aojyah- 'stronger' 対 nāidyah-[71] 'weaker' なるコントラストを見ても明らかなように，Barr, Mayrhofer, Wüst のいうような，二次的擬似派生形は存在しない．それゆえに，arədra- 「富者・福者」対 drigu- 「貧者」なるコントラストにおいても，arədra- とともに，drigu- もまた絶対に，純正な一次形でしかありえない．ádhrigu- が一次にして drigu- が二次，ではなく，drigu- こそ一次形，ádhrigu- はその否定形でしかありえない．drigu-<IE *dhrəghu- は Lith. dìrgti「弾力を失う，弱くなる，乾からびる，やせる，粗野

になる，荒れはてる」と語源を同じくするもので，τρᾱχύς, Ion. τρηχύς 'rough, rugged, rocky' (＜ταράσσω, θράσσω, Att. θράττω 'disquiet, trouble; cf. ταραχή 'disquietude') と関連させることも不可能でない[72]．Wüst のように IE *dher- (＞θερίζω 'mow down, cut') をとるべきではない．ádhrigāvaḥ (nom. pl.) の -gāvaḥ は go-「牛」の nom. pl. gávaḥ に類同したものにすぎず，ádhrigu- が Wüst のいうように adhri-gu- として末肢に -gu＜go-「牛」を有することを立証するものではない．また，Barr のように Lith. dìrgti- を援用するからには，「弛む」の意味においてでも (→207頁)，ádhrigu- を「頭音に否定辞 a- をもたず，しかも dìrgti とむすびつく *dhrigu- を含むもの」とする見方は成り立たない．*dhrigu- は IE *dhrəghu- として dìrgti と語根を同じくするもので，著者の見方からすれば，ádhrigu- は，かかる *dhrigu- に否定辞 a- を接頭したものとするほかには，合理的な解釈は成立しないのである．

　著者の論考は以上でほぼその大要をつくしたが，しかしそれはアヴェスターとリグヴェーダを所依として Av arədra- と同 drigu- の意義を明らかにしたものであった．ではこれら両文献に先行する時期や，アヴェスター以後の時期はどのような状況なのか，これがなお残された課題である．そこで，これからはこの課題と取り組んで，これをこの論考の結びとしよう．

　まず，上記両文献に先行する，いわばインド・イラン期のことであるが，それについてあらかじめ提起しておきたいことは，229頁に述べたように，信徒は，その奉ずる神々のカテゴリーにかかわりなく，一律一様に *dhrigu-: drigu-「貧者」とされていた，ということである．かれらは，神々のくだす恩寵に浴したいと渇しているがゆえに，「貧者」なのである．他方，神々のほうには理論的には三つのケースが考えられる．(a) 神々は，カテゴリーの別にかかわりなく，一様に adhrigu-: *adrigu- とよばれていたか，(b) 神々は，同じく，一様に *ardhra-(*ṛdhra-): arədra-「富者・福者」とよばれていたか，あるいは (c) カテゴリー別に，アスラ神群は *ardhra-(*ṛdhra-): arədra-, デーヴァ神群は adhrigu-: *adrigu- とよばれていたか，である．(a) の場合は，神の恩寵を願求する「貧者 (*dhrigu-: drigu-)」にたいし，神はそれを与えるものなるがゆえに

3　Vedic ádhrigu- ならびに Avestan drigu- と arədra-

「貧しからざるもの(adhrigu-: *adrigu-)」とされたわけである．ところが，デーヴァ神群がアスラ神群と角逐してこの呼称(adhrigu-)を事実上独占するようになり，それとともに，*dhrigu-: drigu- がアスラ神群とのあいだになお持ちつづけている絆をもたち切ろうとして，著者のいわゆる「反 *dhrigu- 的傾向」がはたらきかけた．このようにして起こった状況が，リグヴェーダの境地である．これにたいし，イランではデーヴァ神群は魔界に貶斥され，arədra- なる呼称をもってあらたにアスラ神群を呼びならわし，この呼称のなかに drigu- 中の有資格者をも吸収した．この動きがザラスシュトラの手に成るものとすれば，数ある語詞のなかから arədra- を選んで取り入れた背景には，作詩上の要請が伏在していたのかもしれない．*adrigu- の 3 音節に対し arədra- は 1 音節すくないのである．(b)の場合には，(a)の場合にイランがわの事情を説明したと同じような動きが，インドがわにみられたことになる．すなわち，デーヴァ神群を高揚する動きは，ádhrigu- なる語をもって，*ardhra-～*dhrigu-(arədra-～drigu-)の紐帯を切断した．ádhrigu- なる表現は，アスラ神群と結びつける信者 *dhrigu- と，まず，対抗するものであるが，デーヴァ神群と結びつける信者をことごとく引き込んでそのなかに吸収した(「反 *dhrigu- 的傾向」)．デーヴァ神群をあらわす ádhrigu-(*ardhra- に代わって)なる表現は，このような狙いをもつものである．その結果，角逐に敗退したアスラ神群およびその信徒を，それぞれ，呼称する *ardhra- や *dhrigu- は廃絶して跡をとどめぬようになった．これに反し，イランがわに在証される arədra- や drigu- は，それらが，それぞれ，アスラ神群とその信者を示すかぎり，前代からの継承にかかるもので，他方，デーヴァ神群やその信徒は，それぞれ，魔や魔徒とされて神の桟敷から追い落とされてしまった．(c)の場合には，イランがわではアスラ的なる arədra-～drigu- なるラインはそのまま継承される一方，デーヴァ的なる *adrigu-～drigu- なるラインは魔的要素として貶斥され，*adrigu- は，デーヴァ的 drigu- とともに，まったく姿を消すにいたった．他方，インドがわではアスラ的なる *ardhra-～*dhrigu のラインは廃絶し去ったので，当然ながらデーヴァ的なる ádhrigu-～*dhrigu- のラインが引きつづき存続したはずであるが，アスラ的 *ardhra- と

もつながりのある *dhrigu- を徹底的に排除するために「反 *dhrigu- 的傾向」がはたらき，デーヴァ的 *dhrigu- をも引き入れて adhrigu- のなかに吸収してしまったのである．

理論的に考えられうる，これら三つのケースのうち，(a)は著者がすでに口頭で発表した[73]ものである．それは，神の恩恵に飢えている信者が「貧者 (*dhrigu-: drigu-)」，それにたいして神は「かかるものにあらず」として対照的に ádhrigu-: *adrigu-「貧しからざるもの」とよばれていたであろう，とするもので，論理のはこびにも無理がすくない．しかし，著者が 231 頁に挙げた語例では，強〜不強のごとき肯定〜否定の関係で対照を示さず，対照は語根を異にする語詞をもって示されている．この事実にかんがみれば，(b)のケースも成立しうる．(c)は，いわば，(a)と(b)との折衷に近い．著者による，この論考は，その大筋からいって，これら三つの場合のうち，いずれか一つを選ばねば成立しえないものではないから，択一のことは後考に待つとして，むすびとして残っているもう一つの課題たる，アヴェスター以後の時期を取り上げてみよう．

著者はこの論考の註 47-49, 51, 52, 55, 57 において，ガーサーの arədra-「富者・福者」がザンドにおいて rād(īh)「奉祀」と訳・註されていて，語義を正しく伝えていないことを指摘した．ザンドにおいてさえ然り，いわんや他の中世ペルシア語書においてをやと言いたいところであるが，事実はかならずしもそうでない．現存のアヴェスターは既存の 21 ナスク本(大アヴェスター)の 1/3 ないし 1/4 にすぎない，といわれている．この大アヴェスターのザンドを参照して撰述された中世ペルシア語書の中に，Av arədra- 対 drigu- の別を正しく伝えたもののあることは，それなりの理由がある．もっとも，中世語書中にこのことを指摘したもののあるのは，著者，寡聞にして，まだこれを知らない．

いま，Dēnkard VII・8・23-27 (DkD 318: 1-17＝DkM 661: 17-662: 15) を引用してみると，つぎのようになっている：

(23)　ud ｜abar nahom ud dahom sadōzam ｜ēn-iz ｜gōwēd ｜kū

　　　｜ān āwām ｜rawēd ｜ēd ｜kū ｜rasēd Spitāmān Zarduxšt ｜ka ｜was ahlomōg

3 Vedic ádhrigu- ならびに Avestan drigu- と arədra-

radīh 《dastwarīh》 ahlawīh ǀgōwēnd ud kam druwandīh ud anāhēnēnd ǀāb ud hōšēn⟨ēn⟩d urwar ud nahē⟨n⟩ēnd harwisp ābādīh ǀkē ǀaz ahlāyīh paydāgīh　(24)　ǀabāz-iš ǀaz ǀōy pursīd Zarduxšt ǀkū ǀčē ēdōn ǀawēšān Ohrmazd ǀpad ǀān ǀdahēnd ǀka anāhēnēnd ǀāb ud hōšēnēnd urwar ud ⁺nahēnēnd harwisp ābādīh ǀaz ahlāyīh paydāgīh　(25)　ǀu-š guft Ohrmazd ǀkū ǀdahēnd ēdōn ǀawēšān ǀpad ǀawēšān Zarduxšt ǀka ǀaz ǀān meh ǀgōwēnd hunušakān ⟨ud⟩ ǀxwēšān rāy čiyōn ǀān ī ǀxwēš ruwān 《 ǀkū nīrmad ī ǀawēšān rāy wēš ǀgōwēnd ǀkū ǀān ī ǀxwēš rāy》　(26)　ǀbē ǀawēšān ǀdahēnd ǀō kayakān ⟨ud⟩ karbān ǀō ǀmardōm ⟨ī⟩ pah 《ī wāstaryōš》 ud ǀō ǀmardōm ⟨ī⟩ arwandāsp 《artēštār》 ēwāzē čiyōn mān ǀēdar ǀpad ǀgōšt ǀān ī meh bahr ǀkunēnd ǀkū-mān ǀpādixšāyīh ǀdahēnd 《čiyōn ǀēdar ǀpad ǀgōšt ǀbē ǀdahēm ǀān ī meh grāmīg ǀkunēm　(27) xwāstag》 druwand-iz ǀēdar Zarduxšt ǀpad mayān mānišnīh ǀpad anārāstān buland wirāyišnīh 《 ǀkū ǀdādestān ī stabr ǀkunēm ǀpadīrišn-gōwišndar čiyōn driyōš ahlaw dādestānīh ǀabar arzānīg ahlaw ǀkē-š paydāg-ahlāyīh franāmišn ī ǀō kār ⟨ud⟩ kirbag》

(23)　また(ザルドゥシュト＝ザラスシュトラの千年紀の中の)第九および第十・百年紀について(デーンは)こうも言っている，曰く

その時世が動き，このこと，すなわち，スピターマーン・ザルドゥシュトよ，多く(の人びと)が破義者がラドたる地位(即ち，ダストワルたるの地位)にあることを義しいことだと言い，そして(それを)不義なることだ(とするもの)は少なく，またかれらが水をいためつけ，また草木を枯らし，また天則からあらわれるところのすべての栄えを破滅させるときが到来するということだ．　(24)　かさねて，かれ(オフルマズド)にかれザルドゥシュトは問うた，曰く「何をかれら(そのときの人びと)は，オフルマズドよ，かのような(ものども)に寄進するのですか——そのものどもが水をいためつけ，また草木を枯らし，また天則からあらわれるところのすべての栄えを破滅させるとき，にです」．　(25)　すると，かれオフルマズドは仰せられ

た，曰く「かれら(世人)は，このようなものどもに寄進するのだ，ザルドゥシュトよ．かれら(世人)が，かのものすなわち自身の魂の(ために弁護する)よりも，(おのが)伴どもや身内のものどものために，より大きく弁(護)する((即ち，自身の(魂の)ためよりも，かれら(世人)自身の利益のために，より多く弁(護)する))ときは，(26) かのものどもに，(すなわち)もろもろのカヤク・もろもろのカルブに，家畜の人((即ち牧人))に，また駿馬の人((戦士))にのみ，かれら(世人)は寄進するであろう．それはあたかも，われらに権威を与えんがために，ここでわれらのために(世人が)肉をもって最上の分け前をつくってくれるがごとくである(((それは今日)ここで肉をもってわれらが寄進をするとき，われらが(肉を)もっとも大切なものとしているがごとくである))．(27) ……不義者でもここでは，ザルドゥシュトよ，中枢の地位に立つ――ふさわしくないものどもが高い支配権をにぎることによってだ((即ち，例えば，義者たる貧者を，義者たる有資格者――かれの天則者たることを明らかにするものは，かれが責務と功徳行におもむくことである――の上にあると判断するがごとくに乱暴な判断を，われらがきわめて受容すべきことばなりとする(がごときことによって，だ)))」．

著者は理解を助けるために長文を引用した．第23節(§23)の ⌈kū「曰く」以下はオフルマズドのことばとみるべきであるが，「 」はつけなかった．この§§23-27は先訳にも正鵠を得たものがなくて残念であるが，いわゆる末世の様相を黙示録ふうに叙したもので，中でも「富者・福者」対「貧者」の別を伝える中世語文証として§27の原註((　)でかこんだ部分)は重視される．なにしろ Av arədra- 対 drigu- の境地も正解されずにきた従来の状況であるから，§27が正解されなかったとて無理もない．先訳[74]のうち，もっとも新しい例としてM. Molé[75]の訳を掲げてみよう：

(27) xvāstak dravand⟨ān⟩-ič ⌈ētar, Zartuxšt, ⌈pat miyān-mānišnīh ⌈pat anārāstān buland-vihērišnīh[76] (⌈kū ⌈dātastān i stawr ⌈kunēm) ⌈patīrišn-gōβišntar čēgōn driγuš ⟨i⟩ ahraβ-dātastān[īh] ⌈apar aržānīk ahraβ ((⌈kē-š paitāk ahrāyīh-franāmišnīh i ⌈ō kār ⟨u⟩ kirpak))

3 Vedic ádhrigu- ならびに Avestan drigu- と arədra-　　　　237

(27) 不義者どもの財は，ここでも，ザルトゥシュトよ，その器でもないものどもに，いとも容易に尊敬を与えるためとか，高い地位を保証するために，費やされる《われらはかれらの強力な地位をつくり出す》——貧者 (driγuš) たちのよき信仰，功徳（? ⸌apar aržānīk），正義《かれらはおのが責務と善行を遂行する》よりも——77).

モレばかりでなく，先訳はいずれも §27 を xwāstag/xvāstak「財，もの」からはじめているがこれは誤りで，xwāstag は §26 の文末の ⸌ān ī meh grāmīg「もっとも大切な」によって修飾される名詞とみるべきである．一般に通用している節のわけ方に従って，(27) xwāstag としたが，ここは xwāstag (27) とあるのが正しい．拙訳において §27 のはじめに……としてあるのはこのような事情からで，……の部分は原文の欠如とか語意不明のため，などではない．それはともあれ，もっとも重要な件(くだん)の対立がここでは arzānīg と driyōš で浮き彫りにされているのに，モレにはこのことがすこしも理解されていない．arzānīg「ふさわしい，値いする」とはアフラ・マズダーの天国ガロー・ドゥマーナ (Av garō dəmāna-, MP garōdmān) に入りうる資格があるということで，有資格者として Av arədra-「富者・福者」の中世ペルシア語訳であり，他方 driyōš「貧しい，貧者」は Av drigu- を承(う)けたものである．しかも両者ともに ahlaw「義者」とされているのも注目したい．「義者」にもこのようにランクの別があるのである．まさに，ガーサーにおいて著者が指摘したものと同じ境地である．§27 の主旨は，末世になると不義者が枢要な地位を占めるようになるが，このことは，義者たる貧者が自身をさして義者たる有資格者より優位だと思うようなもので，まさに本末顛倒のたぐいだというにある．この宗教的貧富の対照は WD 12 78) にも čiyōn Zarduxšt ⸌pad dād ⟨ī⟩ 15 ⸌sāl ⸌rasīd…ud ⸌ān driyōšān ud arzānīgān ⁺dādan dāšn xwēškārīh warzīd「ザルドゥシュトが15歳の年齢(とし)になったとき……もろもろの貧者やもろもろの有資格者の（もつ），施しを与えるという責務をかれは実践した」として見いだされる．これも「ザルドゥシュトが15歳の年齢(とし)になったとき……貧者たちやふさわしい人々に施与することを，かれは責務とみなした79)」のではない．また Dēnkard VII・3・38 (DkD 338: 5-6 =

DkM 621: 14-15) も注目したい. ここには ahlawān ˈmardōmān ˈzanān yazam driyōšān ˈmardōmān ˈzanān yazam druwandān ˈmardōmān ˈzanān とあり, モレ[80] や H. S. Nyberg[81] は文末に否定辞 ˈnē 'not' を補って「義者たるもろもろの男女をわたしは崇める, 貧者たるもろもろの男女をわたしは崇め, 不義者たるもろもろの男女を(わたしは崇め)ない」と解している. しかしこの文は, druwandān を arzānīgān に読みかえて「義者たるもろもろの男女をわたしは崇める: 貧者たるもろもろの男女をわたしは崇め, 有資格者たるもろもろの男女を(わたしは崇める)」と解すべきである. 義者たる貧者, 義者たる有資格者は性別に関係なく尊敬の対象となるとは, Yasna 51: 22[82] やそれを模本とした同 27: 15[83] の精神をうけつぐもの. 義者たる貧者が崇敬の対象となるのは,「貧者」なくしては「福者」はありえないからで, 一切衆生悉有仏性的な思想となにか共通するものをそなえている.

> ウォフ・マナフ(に所属するところ)の教誨者(dazdar-＜daḥ-「教える」)として, 世のもろもろの営為(わざ)をマズダーに
>
> そしてまた(世の)王国をアフラに(帰属させるもの)——そ(のザラスシュトラ)を, かの方がた(アシャとウォフ・マナフとマズダー・アフラ)は(われら)貧者どもの牧者と定め給うたのです(Yasna 27: 13 bc).

とある初期教徒の信条告白文は, 貧者を導いて福者たらしめる, サオシュヤントたる開祖の徳をたたえ, かねて自策自励の銘としたものである. 宗教的貧富の別は中世語書にもうけつがれたことは, いまや疑う余地がない. WD 18: Jāmāsp ud Spandyād ud Frašōštar…ud ˈman ⁺ˈkē Mēdyōmāh ˈham…ˈpad hāwištīh ⁺arzānīg ˈbūd ˈhēm も「わたくしども——ジャーマースプとスパンドヤードとフラショーシュタル……とメードョーマーフなるわたし——は……弟子として有資格者となった[84]」と解すべく, そのことは Yasna 46: 16 (→213頁) によるも明らかである.

註

1) この論文は『西南アジア研究』No. 23 (1971年12月30日付発行の予定であった)のために1971年秋成稿したものであるが, 諸般の事情で発行の実現をみずに今日に至

3 Vedic ádhrigu- ならびに Avestan drigu- と arədra- 239

ったもの.昭和 46 年度文部省科研総合研究助成金による成果の一部で,本論文の一部は 1971 年 6 月 5 日,日本印度学仏教学会第 22 回学術大会において「Vedic ádhrigu- とそのインド・イラン的背景」と題して発表された(その後,別の要約は 'From the Dēnkard' と題して Acta Iranica, Vol. IV[1975], Monumentum H. S. Nyberg, pp. 423–433 に発表された——この項追記).

2) W. Wüst: "Ved. ádhrigu-/gāθ. drigu-, drəgu-, jungavest. driγu-/griech. ἔθρις· τομίας, κριός(Hesych)", PHMA—Mitteilungen zur idg., vornehmlich indo-iranischen Wortkunde sowie zur holothetischen Sprachtheorie—Heft 4, München 1958, pp. 5–58(以下 Wüst と略記). 本書を贈られた W. Wüst 教授には,とくに謝意を表したい.

3) H. Lommel: "Awestisch drigu: vāstra und verwandtes", Pratidānam, The Hague–Paris 1968, p. 129.

4) Nirukta, 5: 11 には agnir apy adhrigur ucyate: túbhyaṃ ścotanty adhrigo śacīvaḥ, adhṛtagamana karmavan「アグニは adhrigu- ともいわれる: (例えばリグヴェーダ III, 21: 4 a に)túbhyaṃ ścotanty adhrigo śacīvaḥ『(アグニよ)御身に(グリタの滴々が)したたりゆく, adhrigu- なるものよ, śacīvant- なるものよ』(とあるがごとく,その adhrigo śacīvaḥ はそれぞれ)adhṛtagamana「その進行を阻止されぬものよ」, karmavan「行動的なるものよ」」とある.( )内は著者伊藤の補筆.

5) Mādhava や Sāyaṇa は,だいたいにおいて, Nirukta, 5: 11 にみえる立場に従っている. ときとして ádhrigu- を tvaramāna-「急行する」(仕事や戦いに)の意味に解しているが,究極的には,これも adhṛtagamana- と同じものとみてさしつかえない. ádhrigu- に対する両者の訳註にみえるものを示すと, adhṛtagamana-, apratihatagati-, parair anivāritagati-, karmasu tvaramāna-, saṃgrāme śatruvadhârthaṃ svarayā gacchant-, saṃgrāme tvaramāna- などがあり,またリグヴェーダ V, 10: 1 の一部には adhṛtam apratihataṃ gamanaṃ yasyêti…adhṛtagur adhriguḥ(Sāyaṇa)のごときものもある.

6) Journal Asiatique, huitième série 2, 1883, p. 522 f.; La religion védique 2, Paris 1883, p. 300; A. Bergaigne et V. Henry: Manuel pour étudier le sanscrit védique, Paris 1890, p. 185 など.

7) Wüst, p. 14.

8) Revue de l'histoire des religions, 22, 1890, p. 93.

9) M. Bloomfield: Journal of American Oriental Society, March 1894, p. CXXVI; American Journal of Philology, 17, 1896, p. 429 f.

10) Wüst, p. 15 ff.

11) K. Barr: "Av. drəgu-, driγu-", Studia Orientalia Joanni Pedersen…dicata, Hauniae 1953, pp. 21–40. 本論考ではこの論文にしばしば Barr として論及するが,いちいち註記することはさしひかえる.

12) W. Neisser: Zum Wörterbuch des Ṛgveda, I, Leipzig 1924, s. v.

13) Wüst の論考全体による.

14) →204 頁と註 3.

15) たとえば J. Darmesteter: *The Zend-Avesta*, Part II (*The Sacred Books of the East*, Vol. XXIII), Oxford 1883, p. 40 (Yt. 10: 84): 'the poor man'.

16) 註3所掲ロメル論文 pp. 127–128.

17) 屍体の単独運搬者にたいする厳格な措置を示すもので, draējištō.təmaēšvača niuruzdō.təmaēšvača aētā̊ x᲌arəθā̊ x᲌aratu aētā̊ vastrā̊ vaŋhatu「drigu- なること最第一なるものどものあいだで, かつまた, niuruzda- なること最たるものどものあいだで, かれはこの食を食い, この服を着るべし」とある. ロメルは niuruzda- を OI niruddha- 「疎外された」と同義に解し, drigu- と同じく, 正当な共同体から締め出された成員を意味するとなした.

18) G. Widengren: "Harlekintracht und Mönchskutte, Clownhut und Derwischmütze", *Orientalia Suecana*, 2 (1953), p. 57, n. 1 の指摘するように drigu->darvīš の展開はストレートではないが, 語源的に関連のあることは疑う余地がない.

19) -k をもつ語形は因果経 (É. Benveniste: *Sutra des Causes et des Effets*, II. 1, Paris 1926, l. 210; D. N. MacKenzie: *The 'Sūtra of the Causes and Effects of Actions' in Sogdian*, London 1970, p. 12[l. 210]), -k をもたぬ語形は É. Benveniste: *Textes Sogdiens*, Paris 1940, 7: 187 (註18所掲ヴィデングレン論文 p. 59, n. 1) にみえる.

20) J. Charpentier: *Die Desiderativbildungen der indo-iranischen Sprachen*, Uppsala 1912, pp. 70–71 (註18所掲ヴィデングレン論文 p. 59, n. 2 による).

21) 註18所掲ヴィデングレン論文 p. 59, n. 2.

22) Sraoša 神は, インド・イラン的には, アルヤマン (Aryaman) で, Bhaga (Av Aši) とともに Mitra の陪神である.

23) アスラ神群に属するミトラとヴァルナは, アヴェスターでは, Miθra-Ahura bərəzanta「崇高なる双神ミスラとアフラ」なる表現 (両数) に一括され, Ved. Mitrā́-Váruṇā に対応している.

24) drəgu-dāyah- は, B. Schlerath: "The IE root *dhēi- 'to suck, to suckle' in Iranian", *28th International Congress of Orientalists. Abstracts of Papers, presented to Program No. 6: Central and Northern Asia, Canberra 1971*, p. 62 の 'giving to drink a stranger' を修訂して「貧者に飲みものを与える (giving to drink a poor)」と解したい.

25) 拙稿「ペルセポリスのダリウス王宮 (タチャラ) の性格について」(『京都大学文学部研究紀要』第13 [1971年9月]), pp. 1–23 (抄論は『オリエント』第13巻第3–4号 [1971], pp. 1–11).

26) 拙稿: "Gathica VII. arədra-", *Orient*, Vol. VI (1970), pp. 24–29.

27) Av aša- (OI r̥tá-) におけるごとく.

28) 註26所掲拙稿 p. 24.

29) しかし, Zand はサーサーン朝期におけるザラスシュトラ教徒のガーサー解釈を知るうえの参考となる. Zand 文中, 註 (原註) とみるべき部分は (( )) でかこみ邦訳もこれにならったが, 邦訳中の ( ) は著者による補筆を示す. Nēryōsang による, Zand のサンスクリット語訳はその必要がなかったので掲げなかったが, Zand の rād(īh) ののちに参考のために (Ner.—) として, その訳語を示した. だいたいにおいて, rād(īh) は

3 Vedic ádhrigu- ならびに Avestan drigu- と arədra- 241

dakṣiṇā- と訳されている.
30) *Die Yäšt's des Awesta*, Göttingen–Leipzig 1927 は Yašt 10: 65, 15: 21 では「忠実な((ge)treu)」(?), 同 13: 32 では「勇敢な(streitbar)」(?) と疑問符つきであるが, その他の箇所では「忠実な((ge)treu)」と訳している.
31) *Studies in the Syntax of the Gathas of Zarathushtra*,…Philadelphia 1929, p. 95: 'loyal'.
32) *Vayu* I, Lund 1941, pp. 1, 4:「敬虔な(fromm)」.
33) *Avesta*, København 1954, pp. 67, 72, etc.:「忠実な(trofast)」.
34) 'loyal' (I. Gershevitch: *A Grammar of Manichean Sogdian*, Oxford 1954, § 154 による).
35) *The Avestan Hymn to Mithra*, Cambridge 1959, pp. 103, 215: 'loyal'.
36) *Iranische Geisteswelt*, Baden-Baden 1961, p. 122:「忠実な(getreu)」(?) (Yašt 10: 65 について).
37) "Gathica II. ākå̄", *Orient*, Vol. III (1967), p. 11: 'faithful';「アヴェスター」(『ヴェーダ アヴェスター』世界古典文学全集第 3 巻, 筑摩書房 1967), pp. 339, 340, 349, 350, 352, 355, 356:「誠実者」.
38) *Die Religionen des alten Iran. Deutsch von H. H. Schaeder*, Leipzig 1938, p. 454:「燃えている(brennend)」——語源を示して同意が表明されている.
39) *Zoroastre*, Paris 1948, pp. 178, 184, etc.:「熱烈な(ardent)」.
40) *Zarathustra*, Stuttgart 1961, p. 220:「真摯敬虔な(innig-fromm)」——ardere と結びつけて, この解釈が示されている.
41) 著者による詳しい取り扱いは拙稿 "Gathica VI. Henceforth *Ardastāna!*", *Orient*, Vol. VI (1970), pp. 16–17 および註 25 所掲拙稿(『紀要』), pp. 9–12 にみえる.
42) Y. 53: 1c の hvaŋhəvīm は *hu-aŋhuviyām なる絶対不定詞である.
43) dabən は *da(m)b- の injunctive (<imperfect) 3. pl. か subjunctive present 3. pl. である. *da(m)b- は dam-(OI dam-, v. t. 'tame'/v. i. 'be tamed') の Indo-Ir. bh による拡張形(*da(m)bh-: OIr *da(m)b-). その *da(m)b-: dam- の関係は MP franaftan「行く」: franām-(現在幹); MP nambīdan=Av nab-「湿らす」, napta-(AirWb 1040): NP nam「しめった」; Sogd rnβ-「攻める」(Parth raf-): Sogd rty「攻められた」にみられ, *dab-: *damb- の関係は MP āhuftan「開く」: āhumb-(現在幹) や nihuftan「包む」: nihumb- にみられる. 著者による dabən の解釈は Yasna 53: 8 a の dafšnya- を も容易に解決する. この語は da(m)b- の派生詞として「懲らしめらるべき, 調伏さるべき」を意味するので, Y. 53: 8 ab は

　　anāiš ā dužvarəšnaŋhō　　dafšnyā həntū
　　zah·yāča vīspåŋhō　　xraosəntąm upā
　　これによって, 悪行者どもは懲らしめらるべく
　　かつ見棄てらるべきものとなれよ, ことごとく――(こうして)かれらは(悲嘆の)叫びをあげるがよい.

となる. 註 26 所掲拙稿 pp. 26–27 参照.

44) saškən は sak-(OI śak-「出来る」) の intensive injunctive (<imperfect) 3. pl. である. 前註所掲拙稿 p. 27 参照.

45) この書簡 (ハカーマニシュ朝では行政上の指令も書簡の形式によった) を造刻した碑石はルーブル博物館にある. W. Brandenstein und M. Mayrhofer: *Handbuch des Altpersischen*, Wiesbaden 1964, p. 91 以下参照.

46) Yasna 45:4 にみえる. 語根 šyav->šav-(šyu->šu-)(OI cyu-) がのちになると「動く, 行く」を意味するようになったため, 「行為」の意味での šyaoθ(a)na-(OI cyautná-) は廃用され, varəz- の派生形がこれに代わった (É. Benveniste: *Titres et noms propres en iranien ancien*, Paris 1966, pp. 123–125).

47) この訳文は Yasna 34:7 a の前半と b の後半をつないだもの. Y. 34:7 a にてザラスシュトラは kuθrā tōi arədrā Mazdā yōi vaŋhəuš vaēdənā manaŋhō「いずこに(おわすのです) か, マズダーよ, 善思の献身者として……ところのかの福者たちは (arədrā)」と問いかけている. Zand には kadār ᛁēd ī ᛁtō rādīh (Ner. dakṣiṇādātā, nom. sg.) Ohrmazd ᛁkē ᛁpad Wahman āgāhīhišnīh《ᛁēn ᛁdānam ᛁkū rādīh (Ner. dakṣiṇāṃ, acc. sg.) ō ᛁtō ᛁpad frārōn dānāgīh ᛁbē šāyēd ᛁdānistan ᛁbē kadār》「オフルマズドよ, 御身 (へ) の奉祀 (rādīh) はいかなるものですか——(奉祀) それはワフマンの啓示によるもの——《御身への奉祀 (rādīh) がいかなるものであるかは正しき知識によって知ることができるという, このことをわたくしは知っている》」とある. arədrā「福者たちは」は rādīh「奉献, 奉祀」と訳・註されている.

48) Yasna 43:3 de: (d) haiθyāng ā stīš yāng ā.šaēitī Ahurō (e) arədrō θwāvąs huzəntušə spəntō Mazdā 「(e) 福者たる (arədrō) 御身さま, 知恵すぐれたる利益者 (りやく) におわす (御身さま) たる, マズダーよ, (d) アフラの住んでおわすところの真実土に (いたる道)」——Zand: (d) ᛁka āškārag ᛁān gētī《ᛁkū ⁺rōšn ᛁkū tan ī pasēn ᛁbawēd》ᛁandar ᛁān ᛁmānēd Ohrmazd (e) ī rād (Ner. dātā, nom. sg.) ī xūb-šnāsag ᛁtō hāwand abzōnīg Ohrmazd「(d) かの世界があらわなるとき《すなわち, 後得身のおこることが明らか, ということ》, その (世界) にはオフルマズドが住んでましますのである, (e) すなわち, 知恵すぐれたる御身さま (ᛁtō hāwand), 恩寵者オフルマズド (へ) の奉祀 (rād) が (あるのである)」. arədrō「福者は」は rād と訳されている. この rād をネールヨーサングは dātā 'giver' と訳し, これにならって 'liberal' と訳す向きもある (例えば M. Molé: *La légende de Zoroastre selon les textes pehlevis*, Paris 1967, p. 161: 'généreux') が, この rād も「奉献, 奉祀」と解すべきである. なお, 上記 ᛁtō hāwand は, 「御身さま」と訳しておいたが, これは Av θwāvąs「御身さま」(この解釈も著者の創唱) の意味をそのまま著者がかりに当てたものにすぎない. ᛁtō hāwand は本来は「御身の生き写し, 名代」ほどの謂いで, おそらく θwāvąs と語音を一部において似通わせたものであろう.

49) Yasna 48:8 a-c: (a) kā tōi vaŋhəuš Mazdā xšaθrahyā ištiš (b) kā tōi ašōiš θwah·yā maibyō Ahurā (c) kā θwōi ašā ākā arədrəng išyā 「(a) 御身の, マズダーよ, よき王国の資産 (もの) は何ですか. (b) 御身の応報の (資産) にして, 御身の (もの) であり, わたくしの有 (もの) たるは何ですか, アフラよ. (c) 御身の有にして天則とともにある (資産) は何ですか. ——福者どもに (arədrəng) 知らせるために, わたくしは願うのです.」——Zand:

3 Vedic ádhrigu- ならびに Avestan drigu- と arədra- 243

(a) kadār ᶦtō Ohrmazd ᶦān ī ᶦweh xwāhišn ī xwadāyīh 《《ᶦkū xwadāyīh ī ᶦweh ī ᶦtō ā-š abzāyišn ᶦaz ᶦčē》》 (b) kadār ᶦēd ī ᶦtō tarsagā(h)īh ᶦkē ᶦaz ᶦtō manīgān Ohrmazd 《《ᶦkū hāwištīh ī ᶦman ā-šān mizd padiš ᶦrasēd》》 (c) kadār ᶦtō Ašawahišt āškārag rād (Ner. dakṣiṇām, acc. sg.) xwahišnīh 《《ᶦkū rādīh (Ner. dakṣiṇayatvam, nom. sg.)ī ō ᶦtō āškārag kadār》》「(a) オフルマズドよ，御身にとって，王国の(ための)よりよきお求めは何ですか《《すなわち，御身のよき王国は何によって増大するのですか》》.
(b) 御身の応報(tarsagāhīh)にして，御身から出でてわたくしのものどもの有たるは，何ですか，オフルマズドよ《《すなわち，わたくしの弟子——そのかれらに報賞が来る，ということ》》. (c) アシャワヒシュトによって明かされたる，御身への奉祀(rād)として何をお求めですか《《すなわち，御身への奉祀(rādīh)として明かされたものは何ですか》》」．arədrəng「福者どもに」が rād「奉献，奉祀」と訳し，rādīh「奉献，奉祀」と註されている．

50) 実現できぬ，単なる願望でなく，ザラスシュトラは ərəši-(OI ṛ̣ṣi-)として，天上のものを知る霊能をそなえていたと解すべきである．Yasna 31: 5 には
　御身たちが，天則に従って，わたくしのためによりよきものとして定め給うたものを，(わたくしがわたくしのものとして)決定するために，わたくしに御身は語ってください——
　(わたくし)こそは，その(御身の)ルシ(ərəši-)——ウォフ・マナフを通して(わたくしが)知りかつ銘記せんためにです，
　起こることなからんことや，起こることあらんことを，マズダー・アフラよ．
とあって，かれが未来を予知する霊能の持ち主であることを示している．

51) Yasna 50: 4 cd: (c) …yā īšō stąŋhaṯ ā paiθī (d) ākå arədrəng dəmānē garō səraošānē「(c) …賦活物のいかなるものが(ガロー・ドゥマーナへの)道にて(われらを)待ちうけているかを (d) ガロー・ドゥマーナにおいてわたくしは聞きたいのです，福者どもに(arədrəng)知らせるために．」——Zand: (c) Šahrewar ᶦkē ᶦōy ī xwāstār《《ᶦkū kār ud kirbag ᶦxwāhēd》》 ā-š āstēnēd ō rāh 《《ᶦkū-š ᶦandar ō rāh ī frārōn ᶦēstēnēd》》
(d) āškārag ᶦōy rād (Ner. dakṣiṇām, acc. sg.) 《《Ohrmazd》》 ᶦka ᶦandar garōdmān ā-š srāyēm (kū yazišn (Ner. ārādhanām, acc. sg.) ī ᶦōy āškārag ᶦkunam》》「(c) シャフレワル(望ましの王国)——それは求める者《《すなわち，責務と功徳(善行)を求めるもの》》を道におくであろう《《すなわち，かれを正道におくであろう》》．(d) ガロードマーンにいますもの《《オフルマズド》》への奉祀(rād)——それを明らかにわたしはうたおう《《すなわち，かれへの祭祀(yazišn)をわたくしは宣説しよう》》」．原文 c の首語 xšaθrācā「かつ王国とともに」は b 行にかかるが，Zand ではここに掲げたように c 行に組みこんで解している(Šahrewar)．ここでも，arədrəng「福者どもに」が rād「奉献，奉祀」と訳されているが，それがさらに yazišn「祭儀」と註されているのは注目に値いする．

52) Yasna 46: 16 ade: (a) Fərašaoštrā aθrā tū arədrāiš idī (d) yaθrā vaŋhəuš manaŋhō īštā xšaθrəm (e) yaθrā Mazdå varədəmąm šaēitī Ahurō「(a) フラシャオシュトラよ，かしこに御身は，福者どもとともに(arədrāiš)往けよ， (d) かしこは，ウォフ・マナフの資産のなかに王国が存しているところ， (e) かしこは，マズダー・アフ

ラが(恩賚の)充溢の中に止住してましますところ。」――Zand: (a) Frašōštar ˈānōh ˈtō ō rādīh ˈrawišn (Ner. dakṣiṇāpravr̥ttayaḥ, nom. pl.)《(ˈkū-t rādīh (Ner. dakṣiṇāḥ, nom. pl.) ˈandar garōdmān kunišn》 (d) ˈānōh ˈkū Wahman ˈxwāst ˈēstēd xwadāyīh (e) ˈānōh ˈkū Ohrmazd ˈpad kāmag ˈandar ymwww ˈmānēd 「(a) フラショーシュタルよ、かしこに御身は奉祀(rādīh)に行けよ《すなわち、御身はガロードマーンにて奉祀(rādīh)をせよ》、(d) そこは、ワフマンが支配権を求めているところ、(e) そこは、オフルマズドが御意のままに ymwww のなかに止住しましますところ」。ここでは arədrāiš「福者どもとともに」が rādīh「奉祀」と訳・註されている。

53) išti-「資産」がウォフ・マナフのものとされるのは、ここばかりではない。したがって Yasna 50: 11 cd はまた「世の創造主が、ウォフ・マナフとともに、富み栄え給わんことを、その御意のなかにあって最第一なるものを実現し給うために」と訳すことができる。註25所掲拙稿(『紀要』), p. 9; 註41所掲英文拙稿 p. 17 参照。

54) この「福者」はアフラ・マズダーか、それの陪神。

55) Yasna 46: 9 a-c: (a) kə hvō yə mā arədrō čōiθaṯ paouruyō (b) yaθā θwā zəvīštīm uzəmōhī (c) šyaoθ[a]nōi spəntəm Ahurəm ašavanəm「(c) みわざにおいて利益者なる義者アフラ、(b) もっとも迅速にましますご御身を、いかにしてわれらは崇め奉るべきか(――それ)を、(a) わたくしに最初に、福者として(arədrō)、教え給うべきところの者はだれですか。」――Zand: (a) kadār ˈān ˈkē ō man rādīh (Ner. dakṣiṇām, acc. sg.) čāšēd fratom《ˈkū-m fratom hāwištīh +ˈkē ˈkunēd》 (b) ˈka ˈpad ˈēd ī ˈtō dōšišn ˈul hanjam (c) ˈpad kunišn abzōnīg xwadāy ahraw「(a) わたくしに奉祀(rādīh)を最初に教えるところのものは、だれですか《すなわち、だれがわたくしを最初の弟子とするのですか》―― (c) みわざにおいて恩寵ある、義者におわす主たる (b) 御身の御好みに、わたくしが副い奉っているときに、です」。arədrō「福者は」が、ここでは rādīh「奉献、奉祀」と訳されている。

56) 上述した Yasna 27: 13 と同じ精神(210頁)。Y. 27: 13 は同じ心を信徒のがわから述べたものである。

57) Yasna 50: 8 b-d: (b) pairijasāi Mazdā ustānazastō (c) aṯ vå ašā arədrah·yāčā nəmaŋhā (d) aṯ vå vaŋhəuš manaŋhō hunarətātā「(b) わたくしはつつみましょう、マズダーよ、手をのばしながら、(c) して、御身たちを、天則に従い、かつ福者の(arədrah·yā)頂礼をもって (d) して、御身たちを、善思の善巧をもって。」――Zand: (b) ˈbē ˈrasam ō Ohrmazd ˈpad ustān-zastīh《menišnīg》 (c) ēdōn ō ˈšmāh Ašawahišt rād ˈham (Ner. dakṣiṇām karomi) ˈpad niyāyišn (d) ēdōn ō ˈšmāh ˈpad ˈān ī wahman hunar rawišnīh《ī frārōn hunarīh rāy ˈī-m ˈast》「(b) わたくしはオフルマズドに帰しよう、手をのばしながら《衷心から》、(c) こうして御身のアシャワヒシュト(最勝のアシャ)に祈りとともに、わたくしは奉祀します(rād ˈham)、(d) こうして御身たちに善思のすぐれた所作をもって《それは、わたくしのそなえている正しい練達によって、です》」。ここでは arədrah·yā nəmaŋhā「福者の頂礼をもって」が rād ˈham niyāyišn「祈りとともに(または、祈りをもって)、わたくしは奉祀します」と訳されている。

58) マニ教でも niyōšāgān「聴聞衆」(auditores) と wizīdagān「被選衆」(electi) との別を立てる．後者には ardāwān「天則衆」, ardāwān pākān「天則清浄衆」, その他の呼称がある．この二大別は漢訳に「聴者」「清士」とあるものに相当する (Henri-Charles Puech: *Le Manichéisme*, Paris 1949, p. 180; Otakar Klíma: *Manis Zeit und Leben*, Prag 1962, pp. 495–496 参照)．このマニ教教会制度と，ガーサーにおける「貧者」「福者」「サオシュヤント」(→220頁) などにかんする著者の新見解とは，いわゆる「ガーサー教団」なるものにおける教会制度に新しい展望を与えるものではないかと思われる．
59) 第二の解釈は次頁．
60) 註37所掲英文拙稿 p.11 と n.29; 註26所掲拙稿 p.27 参照．
61) 註26所掲拙稿 p.27 と n.52 (nišąsyā は niš-ąs- の subjunctive present 1. sg. act.) 参照．
62) この太陽を忌む云々の表現は，Yasna 32:10 との関係とともに，大きな課題である．その Y. 32:10 には「牛と太陽を眼をもって見るに最悪なりと称するもの，また，法にかなえるものを不義者となすもの，また，牧地を荒らすもの，および義者に武器を揮うもの」が一括して反ザラスシュトラ者とされている．
63) Yasna 51:13: (a) tā drəgvatō marədaitē daēnā ərəzaoš haiθīm (b) yehyā urvā xraodaitī činvatō pərətå ākå (c) xᵛāiš šyaoθ[a]nāiš hizvasčā ašahyā nąsvå paθō「(a) このようなわけで，不義者のダエーナーは正(道)の真実を誤るのです． (b) かれの魂はチンワントの橋において (かれに) 立腹するでしょう，(けだし，かれに) 知らせんため (ākå) です． (c)『(そなたは) 自身の行為と舌の (それ) とで天則の道から外れたもの』(といって)」．
64) Stig Wikander: *Der arische Männerbund*, Lund 1938, pp. 77–78; 同: *Feuerpriester in Kleinasien und Iran*, Lund 1946, p. 35.
65) 註46所掲バンヴェニスト著書 p.83 にも ātar- を語肢とする人名が復原されている．
66) 註64所掲ヴィカンデル著書，それぞれ pp. 76–78, p. 102.
67) Wüst, p. 13 は -r̥ で終わる動詞根から -i で拡張された派生形は重複形をとり (cákri- = Gāθ. čaxri-, jághri-, pápri-, etc.), かつ能動的であるから，Yāska やそれに依拠する立場の成立しがたいことを指摘する．
68) *Féθρις の引用は泉井久之助博士の御厚意による．
69) skauθi- の語源については W. Wüst: *Altpersische Studien*, München 1966, p. 283 以下参照．tunvant-「強者」と skauθi-「弱者，貧者，賤者」の対立はクシャヤルシャンのペルセポリス碑文 1 (1967年1月24日発見), ll. 9–11 にもみえる (B. Gharib: "A newly found Old Persian Inscription", *Iranica Antiqua*, Vol. VIII (1968), pp. 54–69 および W. Hinz: *Altiranische Funde und Forschungen*, Berlin 1970, pp. 45–51 参照．
70) AirWb 322– Yasna 29:3 にみえる．この ādra- (OI ādhrá-)「低い，下の」には，ここに取り上げた問題とは別に，興味のある一面がある．Av ərəzu-: ərəzra- (人名 Av Ǝrəzrāspa-「直進する馬の持ち主」の中にみえる)「まっすぐな」(OI r̥jú-「まっすぐな」: r̥jrá-「まっすぐに」参照) に準じて OIr/OP *ādu: OIr/Av ādra- を考えることができる

し，そうすると OP *ādu- は「下に」の謂いとなる．ところで，古代ペルシア暦では春分にはじまる歳首の月（I 月――現 3-4 月）を Ādukaniša- という．これは「*ādukaniš-の(月)」という謂いであるから，以下では *ādukaniš- のみを取り上げていく．この語はこの *ādu-「下に」と kan-「掘る」からの派生詞 kaniš-「掘ること，掘削」との合成詞で，「(地)下に掘ること」から「地下に掘った施設」すなわち「カナート」を意味する．それゆえに Ādukaniša- とは「カナートの(月)」という謂いで，「カナートを掘る」とか「カナートをさらえる」などの謂いではない．I 月が「カナートの(月)」といわれるのは古い開闢神話にもとづくもので，オフルマズドの正善の世界に春分日の正午にアフレマンが侵入すると，いろいろな異変が起こったとされ，その中の一コマにオフルマズドは北方の水源からまず二河を放出し，その後おなじ水源からさらに 18 河川が出た，とある．しかもこれらの諸川はみな，地界の外輪山アルブルズの下をくぐり地下水路として南下し，中央洲にて地上にあらわれて庶類を助けることになった，という．I 月がカナートの月と名づけられたのはこのような背景によるものと，著者は考えている．地下にトンネルを掘って通水する施設は，今日ではカナート qanāt またはコレーズ kah-rēz とよばれている．qanāt は OIr/OP kan-「掘る」を語根にもつアラブ語的構造で，例えば kataba「書く（かれは書いた）」: kitāb「書物」のごときに準じたものであり，またイラン語音 k を q で表記することはしばしば見うけられる現象である．kah-rēz のほうは MP（マニ教系）qhryz=kah-rēz（むしろ kaha-rēz）をうけたもので，前肢は kan-「掘る」からの派生詞 *ka(n)θa-「掘ること，掘削」が *kaθ->kah- と展開したものであり，後肢は OIr *raik-/Av raēk-「注ぐ」からの派生詞 *raiča-「注ぐもの」に溯る．したがって，kah-rēz とは正確には「掘削によって(水を)通すもの」の謂いで，くだいていえば「掘って通水する施設」の意味となる．このほか，中世ペルシア語だけであるが，kts（ゾロアスター教系)/khs(マニ教系)というのがある．これは kahas で，OIr ka(n)θa-spā- の後肢 *spā- がペルシア語的に展開して *spā->OP sā->MP s- となり，全体が kahas(<kaha-s) となったものである．この後肢 *spā- は spay-/spi- (AirWb 1615 の [1]spā- よりもむしろこのほうの形をとりたい)「投げる」からの，いわば「根名詞」で「投げるもの」の謂い．これを後肢とした合成詞には Av nasu-spā-「死体を投げる，すなわち，葬る(罪人つみびと)」があり，その他，ワユ Vayu 神の修飾詞として Av fraspā-「投げとばすもの」，nispā-「投げおろすもの」，hupairispā「よく投げちらすもの」もある．したがって，kahas もまた「掘削によって(水を)投げる，通すもの」「掘って(水を)通す施設」の謂いとなる．これらの呼称を総合すると，カナートには古来，各種の呼び名があったことになる．一般にはポリッビオスの『歴史』X, 28 をカナートへの最古の言及としているが，*ādukaniš- が著者の指摘したような意味だとすれば，それはダーラヤワフ 1 世時代に溯る古い言及ということになる．それはともあれ，ポリッビオスはセレウコス朝のアンティオコス 3 世が進攻したとき，これを阻止するためにパルティアのアルシャク 2 世がカナートをつぶしてヘカトムピッロスの東方に退却した(西紀前 209)ことを述べているが，そのさいポリッビオスはこの施設のことを説明し，かつ現地人の話として，ペルシアが世界帝国だった時代(ハカーマニシュ朝期)にこの施設を奨励し，これをつくって灌漑の便をはかったものには 5 代の子孫にまでその土地の耕作権を認めていた

3 Vedic ádhrigu- ならびに Avestan drigu- と arədra- 247

旨をしるしている. ポリュビオスはこの施設を ὑπόνομοι 'underground channels' と称しているが, これは「地下の施設」の謂いであるから, *ādukaniš- の訳語といっても よいであろう.
71) AirWb 1061—Yasna 34:8 にみえる.
72) Lith. dìrgti については E. Fraenkel: *Litauisches Etymologisches Wörterbuch*, Bd. I, Heidelberg 1962, p. 96 **dìrginti** の項参照. フレンケルは ταράσσω, θράττω, ταραχή をむしろ drĕgti(drĕgstu, drĕgau)「しめる, ぬれる, 露がおりはじめる」, drĕgnas「しめった」, dirgti(dìrgti とは別)「しめる」とむすびつくかもしれないとする (p. 103, **drĕgti** の項下参照). 所掲のギリシア語詞についてはJ. B. Hofmann: *Etymologisches Wörterbuch des Griechischen*, München 1950; E. Boisacq: *Dictionnaire étymologique de la langue grecque*, Heidelberg 1950; H. Frisk: *Griechisches Etymologisches Wörterbuch*, Heidelberg 1969 の所要項目をも参照されたい. フレンケルはじめ, どの著者も Av drigu-＜IE *dhrəghu- にふれていないのは残念である (Л. Г. Герценберг: *Морфологическая структура слова в древних Индоиранских языках*, Leningrad 1972, p. 186 も ádhrigu- にふれずに IE *drig- をあげているのみ——この項追記).
73) 註1所掲の学術大会において.
74) E. W. West: *Pahlavi Texts*, Part V (*The Sacred Books of the East*, Vol. XLVII, Oxford 1877), p. 100; Darab Dastur Peshotan Sanjana: *The Dînkard*…, Vol. XIV, London 1915, English Translation, p. 70(Chapt. VII, §27).
75) 註48所掲モレ著書 pp. 84–85 (モレは1963年殁).
76) 註48所掲モレ著書 p. 206 (§27 にたいする註解) に vihērišnīh とあるのは DkM 662:12 に wy'ldšnyh とあるのを氏が改読したものであるが, DkD 318:15 には wyl'dšnyh=wirāyišnīh とあるので DkM は写本の誤読であろう.
77) (driɣuš), (?¹apar aržānīk) の挿入は著者による. モレの仏訳は Même ici, ô Zoroastre, les richesses des méchants passent pour conférer plus facilement l'estime ou pour assurer une place élevée à des non-préparés《nous rendons leur position forte》 que les bonnes croyances, les mérites et la justice des pauvres《ils accomplissent leurs devoirs et de bonnes actions avec justice》. とある.
78) 註48所掲モレ著書 p. 128.
79) 註48所掲モレ著書 p. 129.
80) 註48所掲モレ著書 p. 36.
81) H. S. Nyberg: *A Manual of Pahlavi*, I, Wiesbaden 1964, p. 53.
82) 註37所掲拙著, 359頁.
83) 註37所掲拙著, 368頁.
84) 註48所掲モレ著書 p. 132 は「われらは弟子として有資格者となった」と解すべきものを「われらはかれの弟子となる栄誉をもった (nous eûmes l'honneur de devenir ses disciples)」と訳している.

4 古代イラン語における未来時制——ザラスシュトラの教義の一特色とかれの預言者的自覚について[1]

リグヴェーダやアヴェスターにおいて接続法を用いて未来をあらわすことは，すでに周知のことで改めて説くまでもない．そういう点から，この種の用法は，狭くみても，インド・イラン的起源をもつものとみられている．これと同じような起源をもつかのごとくにみられているものに，いわゆる単純未来とよばれる時制があり，この時制幹が動詞根（グナ楷梯）に -sya- を接辞して形成されること，これまた周知のことである．ここで未来時制というのは，もっぱらこれをさす．古代インド・アーリア語（以下，古代インド語と略称）を取り扱う文法書で，この -sya- 未来の起源にふれる場合には，アヴェスターにも同種のものが指摘されるとし，また逆にアヴェスター語を取り扱う文法書もこの種の未来形を認めてその起源にふれる場合には，古代インド語における -sya- 未来を引用する．このようにして，どちらがわからみても互いに相手がわに -sya- 未来があるとして，その起源をインド・イラン的とみるのが通説のようになっている．このことも，その道にたずさわるものにはすでに常識化していて，これまた文献を引くまでもないことである．しかし，リグヴェーダをみると，その -sya- 未来はまれで大部分は接続法がこの役割を演じ，アタルヴァヴェーダになって -sya- 未来もその数を増し，以後はきわめてふつうとなっている．このようなインドがわの言語事実は，イランがわの状況に何か再検討すべき余地のあることを示唆しているように思われる．

そこで，古代イラン語のいわゆる -sya- 未来は事実においてどのような意味をもって用いられているのか，そのあたりの事情をつぎの諸語形について，逐

次検討してみることにしよう。1) saošyant-, 2) vaxšyā, 3) harəšyente/harəšyamna-, 4) vaxšyeite, 5) ząhyamna- 対 zāta-, 6) varəšyamna- 対 varšta-, 7) uzdāhyamna- 対 uzdāta-, 8) haošyanta-, 9) a-mərəxšyanta-, 10) būšyant-, 11) sraēšyeiti/sraēšəmna-, 12) aēšəmna-, 13) čaēšəmna-, 14) nišąsyā, 15) ⁺naēšyeiti, 16) ptiy'vhyiy (OP).

1) saošyant-――この語は sav-/su-「利益する」の未来分詞とみられている。このような見方をされるのは，新体アヴェスターや中世ペルシア語書において，未来時に出現してこの世界を建て直す，一種の世直し人をこの語が意味するからである。新体アヴェスターにみえる重要な傾向では，ザラスシュトラ（ゾロアスター）の千年紀につづく三つの千年紀のそれぞれに，かれの子が1人ずつ（順次にその名を Uxšyaṭ.ərəta-, Uxšyaṭ.nəmah-, Astvaṭ.ərəta- といい，意味はそれぞれ「天則を栄えさすもの」，「頂礼を栄えさすもの」，「天則の顕現者」〔＜「骨をそなえた天則」〕）世直しのためにあらわれるとされ，それをサオシュヤントという。これにたいし中世ペルシア語書では，この傾向はさらにすすんで第3サオシュヤントをソーシュヤンス Sōšyans といい，第1，第2サオシュヤントはそれぞれウシェーダル Ušēdar (＜Av Uxšyaṭ.ərəta-), ウシェーダルマーフ Ušēdarmāh (＜Av Uxšyaṭ.nəmah-) といっている。それゆえに，サオシュヤントの名は固有名詞化されて第3サオシュヤントがこれを独占しているわけである。MP Sōšyans は Av saošyant- の単数主格 saošyąs をそのまま承けたものである。このことでもわかるように，Astvaṭ.ərəta- すなわち Sōšyans すなわち第3サオシュヤントの役割はもっとも重要で，世界を最終的に建て直すのがかれの大きな任務なのである。世に論を成して浄土教とザラスシュトラ教との関係を云々するものは，アフラマズダーの光明神たる面にとらわれてこれを阿弥陀仏と比較するが，この Astvaṭ.ərəta-「法の権化，法顕現者」を Dharmākara- と比較することはしない。この菩薩名は法造，法蔵，法宝蔵，法処など，いろいろに訳されているが，その真の意味は「法顕現者，法を具現するもの」の謂いで，一切衆生を救うて世に惑趣なからしめることを予示したものである。いま，大悲分陀利経／悲華経によると（／の左右は両経に出るそれぞれの要素

を別示する)，刪提蘭(耐提蘭)／刪提嵐(散提嵐)界(Saṃtīraṇa, Saṃtīraṇṇa, Saṃtīreṇṇa, Saṃtilana, Saṃtilaṇṇa)に離諍／無諍念(Aranemin, Araṇṇemin, Araṇṇamin)という王が君臨していたが，宝蔵(Ratnagarbha)如来の教化に値い発心(菩薩名は無量浄／無量清浄[Amitaśuddha])修行成道して西方安楽国(Sukhāvatī)に住した，とされている．すなわち，阿弥陀仏である．王名「無諍念」の「念」は漢訳に特有の補訳とみるべく，「諍」の内包を訳者が推して加えたもので，Aranemin の -min に man-「思う，考える」を認めて「念」の字を入れたとするのは成立しない．このような例は漢訳仏典には常のことで，例えば無量寿経，第十八願の「至心信楽」の「至」の字も同様で，原語 prasannacitta- には citta-「心」とのみあって，それをさらに深化するかにみえる「至」の意をあらわすものはない．Aranemin は，イラン語起源のものとして，もっとも自然な解釈がつく．これは *a-rana-naima- から -in で拡張した派生詞で，同音省略によってその rana- が -ra となったもの．rana- は ¹ar-「動く」からの派生形容詞で，「闘争する(もの)」の謂い．*naima-(Av naēma-)は名詞および形容詞 'half' の意味では OI néma- と相応するが，ここの *naima- には OI nema-「部分」よりも Av naēma-「側，サイド」を引き当てたいところである．そうすると，*a-rana-naimin- とは「対抗する側をもたない(もの)」「反対を克服するもの」の意味で，Astvaṭ.ərəta- の徳 *vīspa-taurvant-「すべてを克服するもの」と，きわめて近い．このような *a-rana-naimin- における *naima-(Av naēma-)については Av ⁺ātərə-tarō.naēma-「火の向こう側」も参考となろう．第3サオシュヤントのこの徳は著者が Yašt 13:142 の中に

義者なる少女ルダス・フズリー Ərədaṭ.fəδrī-(「父を栄えさせる女性」の謂い)のフラワシをわれらは崇める——かの女はウィースパ・タルワリー Vīspa.taurvairī- というが，ダエーワからの敵意と人間からの(敵意)とをことごとく克服するであろうところのかれ(Astvaṭ.ərəta-)を(təm......yō vīspe taurvayāṭ)生むであろうがゆえにウィースパ・タルワリー．

とある句によって措定したものであるが，これは母のニックネーム Vīspa.-taurvairī- からでも抽出しうるもの．「離諍」とは「争わない」といったネガテ

ィヴなものでなくて, もっとポジティヴなものであり, すべての障害を克服するもの, の謂いである. ここにみえる動詞根 tar-(OI tṛ-)「越える」が Aranemin 王の君臨していたとされる世界の呼称「刪提蘭／刪提嵐」界に再現されている. Saṃtīraṇa は sam-tṛ- からの派生詞とみるべきで, *Santāraṇa, *Santāraṇṇa と同じものとみたい. Santāraṇṇa は過去世において娑婆世界が「一切瓔珞厳飾／微妙清浄一切荘厳(Sarvālaṃkāra-vibhūṣita-)」とよばれていたときの大劫の名で, 大悲分陀利経では刪提蘭と音訳し悲華経では善普遍と義訳しているもの(「善」は例の補訳). *Santāraṇa, *Santīraṇa は「完全に済すこと」を意味し, 「離諍」をポジティヴに解釈したのに準じていえば, 「完全に克服すること」の謂いとなろう. それは, ゾロアスター教流にいえば一種の建て直し(Av fraš̌ō.kərəti-, MP fraš(a)gird)で, 法が完全に実現されれば——Dharmākara により, あるいは Astvaṱ.ərəta により——, 当然顕現される境地である. なお, 西方「安楽世界(sukhāvatī)」の「安楽(sukha-)」がイラン系の語を梵語化したものであることについては, 本書 440 頁註 29 を参照されたい.

ところで, そのサオシュヤントであるが, ガーサーをみると, メッシーナ[2] も指摘しているように, 終末論的なものでなく, 歴史的現在に活動している今現在説法的人格をさしての呼称である. Yasna 45:11, 48:9, 53:2 ではザラスシュトラがサオシュヤントであり, 同 34:13, 46:3, 48:12 ではサオシュヤントは複数で登場し, ザラスシュトラとともに同じ宗教活動にたずさわっている特定の人びとにたいして用いられている. ガーサーのサオシュヤントは大乗仏教の菩薩のごとく自利利他双行者であるか, あるいは他を救うために自らが救済されることを追求している. これを実例についてみると, Yasna 34:13 においてサオシュヤントたちのダエーナーが, 天則によって正しくつくられた道を経て天国の報償に辿りつくとあるのは, サオシュヤントの利他的自利の面を伝えているが, これにたいし, 他のガーサー諸句で関連のあるものはすべて, サオシュヤントの性格が圧倒的に利他的であることを物語っている. Yasna 45:11 には

  yastā daēvə̄ṇg aparō mašyə̨ascā

tarō.mąstā　　　　yōi īm tarō.⁺mainyantā
anyəng ahmāṯ　　　yə hōi arəm ⁺mainyātā
saošyantō dəng　　patōiš spəntā daēnā
urvaθō ⁺brātā　　　⁺ptā vā Mazdā Ahurā

されば人あって，のちに，諸天と諸人にして
かの方(アフラ)に随念し奉るどころか
かの方を侮念し奉るやからを，侮念すれば
サオシュヤントたる家長の利益的ダエーナーは
(かれの)盟友，兄弟あるいは父となりましょう，マズダー・アフラよ．

とあり，Yasna 46: 3 には

kadā Mazdā　　　　yōi uxšānō asnąm
aŋhəuš darəθrāi　　frō ašahyā [fr]ārəntē
vərəzdāiš sənghāiš　saošyantąm xratavō
kaēibyō ūθāi　　　　Vohū jimaṯ Manaŋhā
maibyō θwā　　　　sąstrāi vərənē Ahurā

いつ，マズダーよ，日の牡牛どもは，
天則の世を(われらが)確保せんために，あらわれ出るでしょうか．
(喜びの)溢れる宣説をもってサオシュヤントたちの願意は(いつ，あらわれ出るでしょう)か．
だれたちを助けに(御身さまは[3])，ウォフ・マナフとともに，来給うのでしょうか．
(それは)わたくし(を助け)にです．御身(のこと)を説ききかすことを，わたくしは選取したのです，アフラよ．

とあり，さらに引用すれば，つぎのような句もみえる．Yasna 48: 9——

kadā vaēdā　　　　　yezī čahyā xšayaθā
Mazdā ašā　　　　　yehyā mā āiθiš[4] dvaēθā
ərəš mōi [ərəž] ūčąm　Vaŋhəuš vafuš Manaŋhō
vīdyāṯ saošyąs　　　yaθā hōi ašiš aŋhaṯ

いつわたくしは知るでしょうか，怯気[4)]がわたくしを脅している者を，マズダーよ，天則を通して，御身たちがよく制し給うかどうかを．
正しくわたくしに（御身さまは[3)]）語(はな)してください，ウォフ・マナフの秘義を．
サオシュヤントたるものは知っているべきでしょう，身にどのように報応があるかを．

Yasna 48:12——

aṯ tōi aŋhən   saošyantō dah·yunąm
yōi xšnūm vohū   manaŋhā hačå̄ntē
šyaoθ[a]nāiš ašā   θwahyā Mazdā sə̄nghahyā
tōi zī dātā   hamaēstārō Aēšmahyā

そういえば，人々にして，天則とともなる行動をもって，マズダーよ，御身の宣告を
充ち足らわせることに，善思をもってこれ従うなら，
かれらは諸邦のサオシュヤントたちとなるでしょう．
かれらはアエーシュマの打倒者として使命づけられているからです．

Yasna 53:2——

aṯ[čā] hōi sčantū manaŋhā   uxδāiš šyaoθ[a]nāiščā
xšnūm Mazdå̄ vahmāi ā   fraorəṯ yasnąsčā
Kavačā Vīštāspō   Zaraθuštriš Spitāmō   Fərašaoštrasčā
då̄ŋhō ərəzūš paθō   yąm daēnąm Ahurō   saošyantō dadāṯ

されば，マズダーを充ち足らわせることと，礼讃のためにすすんで崇敬し奉ることに，
かれ（ザラスシュトラ）の心とことばと行いとを（堅持して）もってこれ従うてほしいのは
カウィ・ウィーシュタースパとザラスシュトラの子スピターマならびにフラシャオシュトラで，
サオシュヤントのものとしてアフラの創成し給うたかのダエーナーのため

に，(かれらが)至直の道を敷きながらです.

Yasna 48:12 はガーサーのサオシュヤントがザラスシュトラと同じ時期に活動しているものであることを示すとともに，比較宗教史的には「諸邦のサオシュヤントたち」なる表現に，他方仏思想のイラン的形態をみることができる. Yasna 70:4 にザラスシュトラ教徒は「自利しつつ言挙げしている諸邦のサオシュヤントたちのように (yaθā vā saošyantō dah·yunąm suyamna vācim $^+$barənti)，われらも熱誠をもって(聖)語を奉持したい，われらもサオシュヤントとなりたい」との信条告白をのこしている. この告白文では「自利しつつ(suyamna)」しかも「言挙げする, 説法する (vācim $^+$barənti)」とあって，サオシュヤントの自利利他円満の相を浮き彫りにしている. Yasna 55:3 には「自利しつつしかも利益(利他)するものたちをみそなわすために (harəθrāi…suyamnanąmča saošyantąmča) アフラマズダーの創成し給うたスタオタ・イェスヌヤ Staota Yesnya が，われらとともにあらんことを」とあって，これも明らかにサオシュヤントの二徳を謳っている. これらの二句 (Yasna 70:4 と同 55:3) もサオシュヤントたちがこの告白や訴願を発している人びとと同時代のものであることを物語っている. サオシュヤントたちは自利しつつあると同時に利益(利他)しつつある (saošyant-) のであって「利益するであろうもの」ではない. Fravarānē 告白文 (Yasna 12)，§7 でも，ザラスシュトラ，カウィ・ウィーシュタースパ，フラシャオシュトラおよびジャーマースパとならんでサオシュヤントたちがひとしく選取を誤らなかった(過去において)ものとして示されていて，サオシュヤントが本来，終末論的なものでなかったことを示している. Aogəmadaēčă 4:6 には「南方からの風がすべての庶類を助成し (frāδati) そして成育させ (varəδati) そして利益する (saošyanti) ように……」とあって，saošyanti (ママ) は他の2動詞 frāδati および varəδati と同じく直説法現在として解釈さるべきことを示している. この saošyanti が未来をあらわすものでないことは Wīdēwdād 4:2 の註に yō daińhave hu.vaxšāi fraδəmnahe varəδəmnahe …suyamnahe 「それ(アフラマズダーの第6契約)は，成長し成育し……自利するものが邦のためによく発展するのに(役立つ)」とあるのによっても明らかで，

もし saošyanti が未来を示すものならば，ここでも，suyamnahe(現在分詞受動相)でなくて，未来形が用いられたはずである．saošyant- が未来分詞なら，これを説明している Yašt 13: 129 の avaθa Saošyąs yaθa vīspəm ahūm astvantəm sāvayāṯ「すべての有象世界を利益するだろう(sāvayāṯ)がゆえにサオシュヤント」とある句において，sāvayāṯ(未来を示す接続法)の代わりに，いわゆる未来時なる *saošyeiti こそ用いられるはずであろう．saošyant- は未来とは関係のない現在分詞なのである．そうすると，saošya- は savah- n.「利益」または *saviš- n.「利益」からの派生動詞とみるか，sav-/su-「利益する」の s- 拡張形の現在幹とみねばならなくなるが，二者択一となれば，後者の存在を考えねばならぬ理由はないから，前者を取らざるをえない．savah-, *saviš- の並存は aojah-, aojiš-(ともに n.「強力，強さ」)に照らしても可能．savah->saoš- にみえる -ava->-ao- はアヴェスターには常にみられる現象(例えば OI avara-「劣った」対 Av aorā̆[OP aurā]「下方へ，下方に」参照)であり，*saviš->saoš- については OI dráviṇas- n.「財貨」対 Av draonah- n.「恩典」などを参照したい．また saoš-ya- については nəmah- n.「頂礼」より派生した nəmah·ya-「頂礼をささげる」(これは *nəmahya- と *nəmah·a- との妥協的な綴り)が参考となる．かくして，saošyant- は名詞から派生した動詞の現在分詞であり，その名詞の根は sav-/su-「利益する」にして，著者が上来「自利するもの」と訳してきた suyamna- は直訳すればこの動詞の現在分詞受動形として「利益されているもの」の謂い．それは窮極的には「救われているもの」ではあるが，この語そのものはそのようなことを意味しない．「利益されているもの」とは「利益を享けているもの」であるから著者はこれを「自利的」と訳したが，もし語義を忠実にふまえれば，suyamna-「恩寵を蒙りつつ」saošyant-「恩寵を施すもの」となって，宗教者としては「自利利他」よりもいっそう浄土教寄りの立場が成り立つであろう．サオシュヤントは「授福者」である．

2) vaxšyā——この語形は Yasna 30: 1, 46: 15, 51: 8 に在証され，fra-vaxšyā としては同 44: 6, 45: 1-6 に指摘され，いずれも (fra-)vak-/vač-「語る」の直説法未来 1 人称能動相とみなされている．未来時制は上説したように接続

法を用いて示すのが建て前であるのに，なぜ -sya- 未来をここに要請するのか著者にはいささか不審であるが，察するところ OI vakṣyāmi (vac-「語る」の直説法未来1人称能動相)に語形が似ているからであろう．しかし，(fra-) vaxšyā の在証されるガーサーの前掲箇所をみると，その文脈は Yasna 31:1 においてsǝnghāmahī (sạh- の直説法現在1人称複数能動相．OI śaṃs-: *śaṃsāmasi)の用いられている場合とまったく同じである．すなわち，Yasna 31:1 は

  tā vǝ urvātā marǝntō   aguštā vačā̊ sǝnghāmahī
  aēibyō yōi urvātāiš drūǰō   ašahyā gaēθā̊ vīmǝrǝnčaitē
  aṯčīṯ aēibyō vahištā   yōi ⁺zrazdā̊ aŋhǝn Mazdāi

 御身たちのこの定めを銘記しながら，われらはことばを宣べよう (sǝnghāmahī)，それは未聞のもの——(そうです)

 「不義」の定めに従って天則の庶類を破壊するものどもには(未聞のもの)，だが，すくなくとも，マズダーに帰依しているものたちには最勝のものなのです．

とあり，これと比較するために Yasna 45:5 を引用しよう．

  aṯ fravaxšyā   hyaṯ mōi mraoṯ spǝntō.tǝmō
  vačǝ srūidyāi   hyaṯ marǝtaēibyō vahištǝm
  yōi mōi ahmāi   sǝraošǝm dą̇n čayascā
  upā.ǰimǝn   haurvātā amǝrǝtātā
  vaŋhǝuš ⁺mainyǝuš   šyaoθ[a]nāiš Mazdā̊ Ahurō

 ではわたしは披露しよう (fravaxšyā)，もっとも恩寵ある方がわたしに仰せられた

 ことばにして，人びとにとって聞くに最勝なる物を．

 「その物のために，われ(ザラスシュトラ)に聴従をささげるものどもは，だれでも，

 完璧・不死に到るであろう，

 (かれらの)善思の行動によるがゆえに」——と，マズダー・アフラが(仰せられたその最勝なる物[ことば]を)です．

4 古代イラン語における未来時制

両句を虚心によめば sənghāmahī と fravaxšyā との間に，前者は現在，後者は未来だとして，時制の別を立てる余地のないことは明らかである．上に引用したすべての箇所においてザラスシュトラは「預言者(*vaxša-bara->MP waxšwar>NP vaxšūr)すなわち，言挙げする (vācim baraiti) ものとして，そなたたちにかくかくしかじかのことを告げたい」と言っているのである．かれが「言挙げする」のは「神の語」(³vaxša-——Wīdēwdād 19: 15)の負荷者として語るということである．*vaxša-bara-「ロゴスの奉持者」なるがゆえに，預言者は Av mąθran- ともいう．mąθran- とはマンスラ (mąθra-)「神の語・聖語」の宣説者，マンスラ者ということである(Yasna 51: 8——後出)．上に引用したのみで訳出しなかったガーサー諸句をつぎに訳出するが，これらをみても，著者の見解が支持されるであろう．Y. 30: 1——

    aṱ tā vaxšyā išəntō   yā mazdāθā hyaṱčīṱ vīdušē
    staotāčā ⁺Ahurahyā⁵⁾   yesnyāčā Vaŋhəuš Manaŋhō
    humązdrā ⁺Ašahyačā⁵⁾   yā raočəbīš darəsatā urvāzā

    では，わたしは説こう，願い求めているものたちよ，すくなくとも穎悟者
      にとって銘記さるべきことを——
    (そは)アフラへの⁵⁾称讃とウォフ・マナフへの祈りと，
    さらには(それを)よく銘記しているものによって，諸光明とともに感見さ
      れるところの，アシャの⁵⁾歓喜とである．

Yasna 45: 1 ab——

    aṱ fravaxšyā   nū ⁺gūšō.dūm nū sraotā
    yaēčā asnāṱ   yaēčā dūrāṱ išaθā

    ではわたしは披露しよう．さあ，耳を傾けよ，さあ，聞けよ．
    御身ども，近くから，はたまた遠くから(来て)願い求めているものたちよ．

Yasna 51: 8——

    aṱ zī tōi vaxšyā Mazdā   ....
    hyaṱ akōyā drəgvāitē   uštā yə ašəm dādrē
    hvō zī mąθrā šyātō   yə vīdušē mravaitī

ではまことに，二事をわたしは説きましょう，マズダーよ──……──
すなわち，不義者には(事は)悪しざまに(なり)，天則を堅持するものには
(事は)その望みどおりに(なるであろう)ということです。
穎悟者に語そうとおもう(mravaitī)この預言者(m₃θran-)(わたくしめ[6])は，
まことに幸いされたるものです。

この Yasna 51:8 においてザラスシュトラは「わたしはこの二事を説くつもり
だ．……預言者として(他の多くの事柄についても)語るつもりのわたしは幸い
されたるものだ」といっている．mravaitī(接続法現在)と vaxšyā との間に時
制(と法)において区別を立てるべき理由はない．とすれば，vaxšyā は ³vaxša-
「神の語」から派生した動詞 vaxšya-(現在幹)の接続法現在１人称単数能動相
でなければならぬ．³vaxša- から末音 -a を消去して vaxšya- とする方式には，
他にも類例がある．例えば baēšaza- n., m.「薬餌」＞baēšazya-「(病を)なお
す」，vāstra- n.「牧地」＞vāstrya-「牧畜する」など．

  3) harəšyente/harəšyamna-──この 3) からはじまって 10) までの 3)-10)
は，外見は -sya- 未来と同じ形をもつので無批判的に未来とされてきたものの，
未来とみては解釈上困難を伴う一連の語形を取り扱うことになる．その中でも，
まずこの 3) の形がもっとも代表的なケースといえる．そのような困難を解消
するみちはこの語形を動詞状形容詞(gerundivum)の意味をもつ派生動詞とみ
るにあり，したがって当然受動的(「……さるべき」)である．3)-10) を通観する
と，3, 5-10 は分詞で定動詞形は 3, 4 のみであるから分詞のほうがはるかに多い
が，どちらが基本的かといえば，やはり後者である．一つの定動詞から一つの
分詞がまず成立すれば，その分詞が他の諸分詞形を誘発するからである．しか
も，この種の分詞は当然「未来」の意味を内包するから，-ta- に終わる過去受
動分詞(5-7 の場合)や -āna- に終わる現在分詞(8 の場合)があらわすそれぞれ
の概念(前者なら過去，後者なら現在)ともよく対立しうるので，誘発されてつ
ぎつぎに成立しかねないわけであり，分詞形のほうがはるかに多いのもそのへ
んの事情に左右されているとも考えられる．Yasna 27:6 には haoma pairi.-
harəšyente…. vaŋhuš Sraošō yō ⁺Aši hačaite m₃zaraya hēča iδa yōiθwā ⁺astū.

「……ハオマは濾さるべきである。そして，頒財者アシと同伴するところのよきスラオシャ——かれがここに着座してあらんことを」とあり，Wisprad 12:1 には haomanąmča harəšyamnanąm yōi harəšyente raθwe bərəzaite…frafšu ⁺frāvīratāča. hā̆ vaŋhuš Sraošō ašyō yō ⁺Aši hačaite mązaraya həča iδa yōiθwā ⁺astū.「また，崇きラトのために，……濾さるべきところの，濾さるべきハオマに（所属する）は，すぐれた家畜とすぐれた人に恵まれる境遇．そして，頒財者アシと同伴するところの，アシの友なる，これなるよきスラオシャ——かれがここに着座してあらんことを」とある．文意は，人にしてハオマを濾せばよき人と家畜に恵まれることになるから，かかるハオマこそ「濾されるべきである (harəšyente)」し，また，このようなものだからハオマは「濾されるべきもの (harəšyamna-)」と呼んでよい，というわけ．harəšyente は「（ハオマは）濾されるであろう」ではなくて「濾されるべきである」の謂い，したがって harəšyamna- は「濾されるべき（もの）」の謂いである．幹 harəšya- は harəz-(OI sr̥j-)「放つ」から派生したもので，harəz->harəšya- については Yašt 10:26 の srav-/sru->sraošya- を参照したい．Yašt 10:26 には

  kamərəδō.janəm daēvanąm

  akatarəm sraošyanąm[7]

  ačaētārəm miθrō.drująm mašyānąm

  ………

  （われらの崇めるはミスラ——そは）

  もろもろのダエーワの打頭者，

  膺懲さるべきものども（にとって）の[7]最悪，

  破約の人びとの懲罰者，

  ………

とあって，akatarəm「最悪者」は ačaētārəm「懲罰者」と，sraošyanąm「膺懲さるべきものどもの」は miθrō.drująm mašyānąm「破約の人びとの」といわば同格 (apposition) であるから，sraošya- の意味が「膺懲さるべき（もの）」であることも文脈から明らかとなろう．

4) vaxšyeite——vak-/vac-「語る」からの派生形であり，Yasna 19: 10 に aētaṭča aēṣąm uxδanąm uxδō.təməm yaiš yava frača vaoča frača mruye frača ⁺vaxšyeite「そして，これ(yaθā ahū vairyō 祈禱文)はかつて誦せられ，また現に唱えられており，また将来誦せられるべきところのもろもろの発語のうちで，最勝の発語(である)」とあり，また Wisprad 15: 3 に yō fravaoče yō fravaxšyeite maza amava vərəθraǰa「偉大，強力，制勝(なり)と宣説されてきたところの，(そしてまた，そのように)宣説されるべきところの(七章のヤスナ)」とある中に見い出される．

5) ząhyamna- 対 zāta-(ともに＜zan-「生む」)——これは Yasna 4: 5 の pasvąmča narąmča zātanąmča ząhyamnanąmča「すでに生み出された家畜と人と将来生み出されるべき(家畜と人と)の」の中に見い出され，「已生」と「当生」との間に対照をみせている．つぎの 6) と 7) も同様．

6) varəšyamna- 対 varšta-(ともに ＜varəz-「行う」)——これは Yasna 57: 4 に vīspača hvaršta…šyaoθna varšta varəšyamnača「また，かつてなされた，そしてまた将来なされるべき，すべてのよくなされたる行為」とある中に在証される．

7) uzdāhyamna- 対 uzdāta-(ともに ＜uz-dā-「置く」)——これは Wisprad 9: 3 に haoma…ašaya uzdāta ašaya uzdāhyamna「正しく置かれた，(そしてまた)正しく置かれるべきハオマ」の中に見い出される．

8) haošyanta-(＜hav-/hu-「搾る」)——これは yazata-「崇められるべき(もの)；神」にみえる接尾辞 -ata- の異形 -anta- を伴うもので，Wisprad 9: 3 に yōi hənti haoma…ašaya hunvana ašaya haošyanta(複数主格)「現に正しく搾られており，(そしてまた)将来正しく搾られるべきものたるハオマ」とあるのに見い出される．この句については後説 264 頁参照．

9) a-mərəxšyanta-——a- は 禁欠辞，-anta- は 8) で言及したものと同じ．Yašt 19: 94 に ⁺darəšča[8] daθaṭ amərəxšyantīm vīspąm yąm astvaitīm gaēθąm「そして(かれアストワスルタ Astvaṭ.ərəta の)覩見[8]がすべての有象世界を不壊にするだろう」とある．mərəxšyanta-「破壊せらるべき」は marək-/marəč-

「破壊する」からの派生形.

10) būšyant-(<bav-/bū-「生起する,存在する」)——3)-9) に反して,これのみ -sya- を伴う能動相. Yašt 13:21 には åŋhuš-, hant-, būšyant- が,また Yasna 12:9 には hant-, būšyant- があって,過去・現在・未来の3時制がそれぞれ åŋhuš-(^{1}ah-「存在する」の完了分詞能動相 *āhvah- の異形), hant-(^{1}ah- の現在分詞能動相), būšyant- で示されている. しかし Yasna 33:10 から明らかなように,bav-/bū- は「出てくる,生起する」というふうに,もともと未来時と関連のある意味を有している. すなわち Yasna 33:10 ab には

+vīspås-tōi hujītayō yå[sčā] zī åŋharə yåsčā həntī
yåsčā Mazdā bavaintī θwahmī hīš zaošē ābaxšō.hvā

すべて御身の有(もの)として幸い(という幸い)——それが,まことに,かつて存したものでも,またそれが現に存するものでも,

またそれが,マズダーよ,将来生じ来たるものでも——それらを,御身の御意に叶うごとく,お享けください.

とあって,動詞 bav-/bū は bavaintī(K 5, 37——直説法現在)として用いられているが,この動詞は本来,「生起する」として未来にかかわりを有しているもの. Yasna 45:7 b も同じように yōi zī jvā åŋharəčā +bavaintičā「まことに,現生しているものも,已生のものも,ないし当生のものたちも」といっている. テキストには bvaintičā とあるが,+bavaintičā とあるべきもの. ところが,のちになると,bav-/bū- のもつこの未来的意味が見失われ,harəšyeite/harəšyamna- に倣ってか,būšyant- という新しい形があらわれてきた. Yasna 21:4 をみると,hant-, bavant-, būšyant- なる系列がみえる(Wisprad 18:2, Yasna 19:9, 52:1, 68:22 参照). これは hant- と bavant- なる一次系列と hant- と būšyant- なる二次系列との不当な交錯である. būšyant- が OI bhaviṣyant-(未来分詞能動相)に比較されうるものでないことは,根母音をみても明白である. bav-/bū- は自動詞であるから,能相語尾 -ant- をもつのは当然. 自動詞が,そして自動詞のみが能動的 -syant- をもつということが,とりもなおさず,3)-9) の擬態的 -sya- 未来が gerundivum 的派生動詞とみなさるべきであるとし,

そして真の，あるいは古代インド語的意味での未来とみなさるべきでないとする，著者の見解を支持してくれるだろう．būšyant- はかかるものとして，能動的ではあるがなお gerundivum 的な「生起すべき」の謂いをもち，「生起するであろうもの」を意味するものでない．したがって古代スラヴ語 byšęšte-je (byšǫšte-je) <*bū-s-ya-nt-ya-(これは būšyant- の唯一の継承形)は「生起すべき」の意味における 'τὸ μέλλον'「未来のもの，将来のこと[9]」で，「生起するであろうもの」の意味におけるそれではない．

11) sraēšyeiti/sraēšəmna——これはザラスシュトラの問いに答えたアフラマズダーのことばとして nōiṯ hišku hiškvāi sraēšyeiti「乾燥したものは乾燥したものには付着しない」(Wīdēwdād 8:34) とある中にみえる．この第8章にあるアフラマズダーの返事は，この34節以外は，すべて既定の事実を述べるものとして直説法現在が用いられているので，34節のみに例外をみとめるのは論理に合わない．ここの sraēšyeiti は sraēš-「付着する」: sraēš-ya- の直説法現在3人称単数能動相である．もっとも，この sraēš- には Wīdēwdād 13:17 に現在幹 sraēš-a- もあって yō ⁺yuǰyastīm hača gaēθābyō parāiti sraēšəmnō tāyūš vəhrkəmča「盗賊や狼を追躡しながら家から1ユジュヤスティ(の距離だけ)遠ざかっている(主人といっしょにいるとき)」とある中に指摘される．これはザラスシュトラが kva asti spā pasuš.haurvō dāityō.gātuš「羊を見守る犬はどこにいたら正位置ですか」と問うのに答えて，アフラマズダーが「(犬が正位置なのは，それが)盗賊や狼を追躡しながら家から1ユジュヤスティ遠ざかっている(主人といっしょにいるときだ)」と言ったことばである．Bartholomae (AirWb 1631, sraēš- とその註1)は sraēšəmnō を *sraēšyamnō(未来分詞中動相)とみて「追跡しようとして(in der Absicht zu verfolgen)」と訳している．しかし，アヴェスターには現在幹を -ya- でも a- でも構成する動詞はほかにもある，例えば xraos-「さけぶ，喚ぶ」も xraosya-(xraosyeiti—Wīdēwdād 15:5) と xraosa-(xraosəṇtąm upā——Yasna 53:8)を有し，baod-「感じる，気付く」も baoδa-(baoδəṇtō——Yašt 19:69) と bŭiδya-(bŭiδyōimaiδe——Yasna 9:21)を有しているがごとくである．sraēšəmnō は *sraēšamnō「追躡して，追躡

しつつ」で「追跡しようとして」ではない.

12) aēšəmna-——これは Yašt 13:(65-)66 の (āaṭ frašūsənti…fravašayō…) āpəm aēšəmnå havāi kācit nāfāi havayāi vīse… 「(ついで……フラワシたちが すすみ出る), 水を求めてだ, どれ(フラワシ)もおのが家族のために, おのが村のために, ……」に在証. Bartholomae(AirWb 28, ¹aēš-)は 11) の sraēšəmna- と同じ取り扱いをみせて, aēšəmna- を *aēšyamna-(未来分詞中動相) とみて 「求めようとして(in der Absicht zu suchen)」 と解するが, ¹aēš-: *aēšamna-> aēšəmna- とみて「求めて, 求めつつ」と解すべきである.

13) čaēšəmna-——これは Yašt 19:(92-)93 に (vaēδəm…)…yim baraṭ Kava Vīštāspō ašahe haēnayå čaēšəmnō とあるものに見える. Bartholomae-Wolff は 「(………)……敵軍にアシャの仇を報ずるためにカウィ・ウィーシュタースパがたずさえていたところの投槍を¹⁰)」 と訳しているが, Bartholomae (AirWb 486, kāy-「報復する」とその註 4) は čaēšəmna- を, 11)-12) の取り扱いと同じく, *čaēšyamna-(kāy- の未来分詞中動相) としている. しかし B. Geiger¹¹⁾は čaēšəmna- を kāy- の s-拡張形の現在分詞 *čaēšamna- であるとし, これに従って I. Gershevitch¹²⁾は 'The weapon which brought Kavi Vīštāspa, avenger of the marauding enemies of Truth' と訳している. もし s-拡張形をとらぬとすれば ²kaēš-「教誨する, 教える」と結びつけて「アシャの敵に思い知らせるもの, カウィ・ウィーシュタースパがたずさえていた投槍」とすることも可能.

14) nišąsyā——Bartholomae(AirWb 1771, ¹hant-)は ni-¹hant- の直説法未来 1 人称単数能動相(*ni-hant-syā とみて)とするが, niš-ąs-yā とみて niš-ąs-「到達する」の接続法現在 1 人称単数能動相とみたい. Yasna 50:2 に在証される.

15) ⁺naēšyeiti——これは Vaeθā Nask §6 に haδa pāδi spānəm naešyaeti とあるものを Bartholomae (AirWb 1042, nay-)が改変したもので, nay-/nī-「つれてゆく, 導く」の直説法未来 3 人称単数能動相(⁺naēšyeiti)とみたもの. しかし中世ペルシア語訳には ¹abāg ristag ¹pāy ¹sagān kadār-iz-ē ¹nišīdan

⁺kunēd「死者の足もとに,どんな(種類の)犬でもすわらせる」とあるので,これをふまえて H. Humbach は naešyaeti を ⁺nišāδayeiti(ni-had-「すわる」の使役活用直説法現在3人称単数)と改めた¹³⁾.この改訂は首肯できるから,アヴェスター・テキストは haδa pāδi spānəm ⁺nišāδayeiti「(死者の)足もとに犬をすわらせる」とあるべきもので,-sya-未来など考える余地もない.

16) ptiy'vhyiy——これはダーラヤワフ1世のビーソトゥーン碑文第1欄55行目にある古代ペルシア語で,uṣ-ṣal-la「わたしは訴願した」とアッカド語訳されているもの.読み方は patiyāvahyai で1人称単数中動相であるが,解釈は,(a) pati-a-avah-ya-i, (b) pati-a-ā-vah-ya-i, (c) pati-a-ā-van-hya-i とわかれている.(a)は avah- n.「助け」からの派生動詞 avah-ya-「助けを乞う¹⁴⁾」が幹となれる未完了時制,(b)は ⁴vah-「嘆願する¹⁵⁾」が基本となれる未完了時制,(c)は ā- ³van-,中動相「訴願する」を基本とする futurum historicum とみるもの¹⁶⁾.当面の課題にかかわりのあるのは(c)であるが,これは M. Mayrhofer が著者宛ての書信ですでに否定的見解を表明した¹⁷⁾もので,取り上げる要もあるまい.じじつ,語形のみからみれば,-sya-未来幹のうえに形成された過去時制(条件法)はヴェーダ韻律部では ábhariṣyat (Ṛgveda) 一例を数えるにすぎず,それ以降でも,Śatapatha Brāhmaṇa を除けば,まれであり¹⁸⁾,また上来取り扱ってきたところによってインド的 -sya-未来はアヴェスターには指摘できないから,そのような観点からでも(c)は成り立たない.

要するに,真の意味での -sya-未来はイラン語には指摘されないということで,このことは,擬態的 -sya-未来たる 3)-10) のうち,能動形のみえるのは自動詞 bav-/bū-(10) のみで,他動詞はすべて中・受動相のみであること,そしてまた -sya-未来まがいの中・受動相形はせいぜい gerundivum 的派生形であること,によって裏づけられる.この gerundivum 的派生形という点は 8) によってとくにはっきりと立証されるもので,そこでは hunvana=*hunvānā(複数主格)(現在分詞受動相)と対照的に haošyanta=*haošyantā(複数主格)が用いられており,この haošyanta は未来標識の -sya- でなく gerundivum のそれをもち,しかもそれが -ata- の異形 -anta- を伴っていっそうその gerundivum 的効

果をつよめているのである。イラン語において -sya- 未来の存在しないことは，インドがわにおいてこの形が古い時期ではむしろまれである[19]という事実とも関連があると考えてよい。インドに -sya- 未来があり，イラン語にもそれがあるから -sya- 未来はインド・イラン的起源をもつものと主張したり，インド・イラン語に -sya- 未来があり，古代スラヴ語にもそれ(byšęšte-je/byšǫšte-je)があるからといって -sya- 未来の印欧的起源を主張したりすることは，著者には，再考の余地があると考えられる。本論文はこの間の消息を明らかにしたものであるから，形式的には言語学的論考の類ともいえる。しかし本論文において看過してもらいたくないのは，1) と 2) 項下に指摘した事実である。1) において著者は，ザラスシュトラ教において重要な役割を演じる saošyant- なる語に「利益者，恩寵者，授福者」すなわち「savah-/*saviš-(利益，恩寵)を施すもの」の謂いを付与して，ザラスシュトラの教えがアフラマズダーの，天則にもとづく恩寵を説き，施し，勧奨するにあることを主張し，また(2)においてはかれが，自説を説き，語るものでなくして，「アフラマズダーのことば，神のことば(vaxša-)」を宣べ伝えるものという自覚，預言者的自覚の持ち主であること，さればこそかれが *vaxša-bara->MP waxšwar(NP vaxšūr)「神のことば，ロゴスの負荷者」，mąθran-「聖語(mąθra-)の宣説者，マンスラ者」であるゆえんを明らかにした。これはいずれもザラスシュトラの教え，ガーサーの世界の内奥にふかく迫るもので，著者ひとりの創唱ながら，識者の注意を喚起しあわせてその批判を仰ぎたいところである。

註

1) この論文は拙稿"Gathica IX. On the sigmatic future in Old Iranian", *Orient*, Vol. VIII(1972), pp. 37–46 を若干補訂したもの。
2) G. Messina: *I magi a Betlemme e una predizione di Zoroastro*, Roma 1933, pp. 31–37; 同: *De vetere religione Persarum eiusque relatione cum religione V. et N. T.*, Roma 1936, p. 37.
3) 188 頁参照。
4) É. Benveniste: "Études Iraniennes, III Emprunts Iraniens en Arménien", *Transactions of the Philological Society, London, 1945*, London 1946, p. 68; 同: *Titres et noms propres en iranien ancien*, Paris 1966, p. 79, n. 1.

5) F. B. J. Kuiper: "The Bliss of Aša", *Indo-Iranian Journal*, Vol. VIII (1964–65), p. 96 以下.

6) 190 頁参照.

7) I. Gershevitch: *The Avestan Hymn to Mithra*, Cambridge 1959, p. 181 (26^1 への註解) は akatarəm sraošyanąm を 'with an (even) worse one of punishments' とするが賛しがたい.

8) J. Kellens: *Les noms-racines de l'Avesta*, Wiesbaden 1974, p. 35 によって darəs を darəš(darəs- の単数主格)に改めた.

9) A. Meillet: *Le slave commun*, 2. éd. révue et augmentée, Paris 1965, § 251 (p. 240). なお W. K. Matthews: *Russian Historical Grammar*, Reprinted with corrections, London 1967, § 62 (p. 29) も参照.

10) *Avesta. Die heiligen Bücher der Parsen, übersetzt auf der Grundlage von Chr. Bartholomae's Altiranischem Wörterbuch* von Fritz Wolff, Strassburg 1910, p. 296.

11) B. Geiger: *Die* Aməša Spəntas. *Ihr Wesen und ihre ursprüngliche Bedeutung*, Wien 1916, p. 217, n. 1.

12) 註7所掲ゲルシェヴィッチ著書 p. 186 (35^1 への註解と Addenda).

13) H. Humbach: *Vaeθā Nask. An Apocryphal Text on Zoroastrian Problems*, translated and annotated by H. Humbach and K. M. Jamaspasa, Wiesbaden 1969, p. 19. ただし, フンバッハらは, 著者が ¹nišīdan ⁺kunēd「すわらせる」とよんだものを ⁺¹nišast ⁺kunēd (nišast kunēt) とよんで同じ意味に解しているが, これでは「すわり終える」となろう. 写本 T 38 には YTYBWNytn¹, F 54 には YTYBWNytn (or YTYB-WNyt¹) (⁺kunēd はともに krtn¹/kntn¹) とあるので, おそらく nišīdan (nišastan よりも) なるよみ方を示しているのであろう.——言うまでもないが, ここで取り扱われているのはナスを払うために犬をして死体を見させる儀礼, いわゆる Sag-dīd「犬視の儀礼」である.

14) H. C. Tolman: *Ancient Persian Lexicon and the Texts of the Achaemenidan Inscriptions, transliterated and translated with special Reference to their recent Re-examination*, Nashville 1908, p. 70. 著者もこの説をとっている.

15) Chr. Bartholomae: *Zum Altiranischen Wörterbuch*, Strassburg 1906, pp. 217–218. バルトロメーははじめは ³van-「欲する」の s- アオリストとみていた (AirWb 1353, ³van- の項下) がこれを改めたうえに, ⁴vah- と pati- との結びつきには Parth pd-wh-「嘆願する」からの諸語形を引用している. なお, M. Mayrhofer: *Handbuch des Altpersischen*, Wiesbaden 1964, Lexikon, p. 140, *patiyāvahyaiy* の項および W. Hinz: *Neue Wege im Altpersischen*, Wiesbaden 1973, pp. 32, 149 (*patiyāvahyai* の項) をも参照.

16) Jacob Wackernagel の創唱. これについては前註所掲マイルホーフェル著書の所掲箇所参照.

17) 否定的見解については M. Mayrhofer: "Neuere Forschungen zum Altpersischen", *Donum Indogermanicum. Festgabe für Anton Scherer zum 70. Geburtstag*, Heidelberg 1971, p. 64 の p-t-i-y-a-v-h-y-i-y の項, および註15所掲ヒンツ著書所掲箇所

参照.
18) V. Pisani: *Grammatica dell'Antico Indiano*, Roma 1930, § 481 (p. 159).
19) 前註所掲文献, § 480 (pp. 158-159) によると, リグヴェーダではほとんど接続法が未来の役割を演じ -sya- 未来はむしろまれで(9語根から17例がみえ, うち6語根は分詞のほうが多い), アタルヴァヴェーダになると増加し(25語根から50例), 以後は, きわめてふつうとなる.

5 「Avestā」の語義について[1]

　ザラスシュトラ(ゾロアスター)教の聖典がアヴェスターとよばれることは周知のとおりである．アヴェスタ Avesta と語末を短くする呼び方が通用しているが，もともとこれは Avestā をうけたものであるから，語末は長音形のほうが原形には近い．その Avestā というのは近世ペルシア語形であるが，どちらかといえばその古音に属する．これにたいし，中世ペルシア語では 'p̄st'k' または 'p̄yst'k' と書かれている．これも古音でよめば Apastāk であるが，サーサーン朝期にはおそらく Abestāg とよんでいたであろう．-y- を有するほうの形は，この Abestāg の -e- 音をとくに表記しようと意図したものである．この中世語形と近世語形との大きな相違は，前者の語末音 k/g が後者では脱落していることである．この点はあとで出す批判を理解するためにも，とくに留意しておく必要がある．

　ところで，残念なことに，この聖典名には中世語形以上に古い形が伝わっていない．そういうマイナス面も手伝って，この聖典名の意味については，これまでに多くの説が提唱されながら，いまもって帰一するところを知らないありさまである．Indo-Iranian Studies という場合，すくなくとも古代層を取り上げるとなれば，アヴェスターはかならず引き合いに出される．言語学・宗教学・民俗学等々と，そのたなびく裾野は広大である．これとならんで引き合いに出されるのはヴェーダ Veda，なかでもリグ・ヴェーダである．Veda という語が vid-「知る」から派生して「知識」を意味することは改めて説くまでもない．しかるに一方のアヴェスターが上記のような状況であるのは，なんといっても残念なことである．

　Avestā~Apastāk/Abestāg の語義として提唱された諸説を一々羅列すること

は紙幅の浪費にしかなるまい．それほど玉(?)石混淆である．ここでは最小限にしぼって4, 5説を引用するにとどめたい．Friedrich Spiegel は，はやくから ²vid-「知る」を語源として Avestā を説明しようとした．頭音を取り上げないとすれば *vid-tā->*vistā となって Avestā を部分的には説明しうるようにみえる．しかし ²vid- から出発すれば ā-vid- を考えるほかはないが，*āvistā- がいかにして *ăvistā- となるかを説明することはむずかしい．語頭添加の a-(a- prosthesis) もここでは期待できないから，²vid- から出発して Avestā を Veda に引きよせて「知識」を意味するとみるのは不可能に近い．Spiegel²⁾ 自身もやがてこれを放棄し Av afsman- に語源を求めた．afsman- は，Av vačastašti-「詩連」にたいし，「詩行」を意味する．氏は afsman- から *afs-tāk(q)³⁾ を措定した．この考え方は Ferdinand Justi と同じで，Justi は *afs-tāk が柔音化し剰展音を伴って *afstāk>aḇastāk となったと主張した．これは Avestā を「讚頌」の意味だとするにあるらしいが，*afstāk>Apastāk なる展開自体が牽強付会的で，Christian Bartholomae がこれをしりぞけて Müller による stā-「存立する」語源説の提唱されていることにふれているのも，もっともである．しかし，この Müller が Bartholomae のいう M. F. Müller であるにしても，あるいは Friedrich Spiegel のいう J. Müller であるにしても，著者はかれらの所論を掲載文献にて実地につきとめることができなかった⁴⁾．したがって，著者によれば，stā- 語源説は F. C. Andreas の創唱とみるほかはない．もっとも，これは K. F. Geldner⁵⁾ の紹介によるもので，創唱の年次はたしかめにくい．それによると「Avistāk あるいは Avastāk は古い upastā に遡る，したがって Grundlage『原則』，Grundtext『原典』を意味するのではないか(Skt. mūla『根本』のごとく)」という推定を Geldner は Andreas からきいたとのことである．この upa-stā- 説はあとで取り扱うことにするが，Avestā の語義をめぐって今日，有力視されている説の一つである．Bartholomae⁶⁾ は stā- 説とならんで stav-/stu-「称讚する，礼讚する」を考えることもできるとした．すなわち，upa-stu- から *upa-stāva-ka->*apastāvak>apastāk と展開するのである．このようにして「讚頌」を意味するとしたいのであろうが，*apastāvak は *apastāwk となり，

その語末の子音+k は近世ペルシア語でも k として保持されること，例えば *pāvaka->*pāwk>pāk(中・近世ペルシア語)「清浄な」のごとくであるから，さらに *Avestāk となって Avestā とはならないはずである．そうすると，upa-stu- 説は成立しないことになる．

　upa-stā- 説に賛成者が出ているあいだに，別のあたらしい説が W. B. Henning[7]によって提唱された．結論的にみると，これはあたらしい語源説というよりも，あたらしい解釈とみるほうがあたっている．それをわかりやすく紹介すると，つぎのようになる．Sogd nyšty-「命令する」(ni-stā- の現在幹 ništāy-) と前接辞や根を同じくする古代ペルシア語に *ništāvan-[8] というのがある．つまり Sogd nyšty-: OP *ništāvan- となる．他方，マニ教系ソグド語に 'pšt'w'nh や 'pšṭ'wn という語があって「命令・勧奨」を意味している．これは əpaštāwan とよむべきもので(Henning によれば)，動詞 'pšty- と関連をもつ．'pšty- はヴェーサーンタラ・ジャータカ，l. 301 にみえるが，「棄てる」と解すべきではなく，'pšt'w'nh から考えて，おそらく「命令する，勧奨する」の意味であろう．そうすると，その関係は Sogd 'pšty-: Sogd əpaštāwan となり，さきの Sogd nyšty-: OP *ništāvan-[8] とパラレルになる．これらのソグド語詞から Apastāk/Abestāg とは「(ゾロアスターの)勧奨 the Injunction (of Zoroaster)」ということになる，というのである．しかし，これらのソグド語形は，Henning の立場からすれば，upa-stā- 以外のものには溯りえないから，語源的には上述した upa-stā- 説と異なるものではなく，解釈上の新説とでもいうべきものである．

　こうして upa-stā- を語源としながらも，Avestā とは一方では(A)根本の聖典・本典(ほんでん)とみ，他方では(B)勧奨・誡典の意味だとされるようになった．現在有力視されているのはこの(A)(B)二義である．ことに(A)のほうは，アヴェスターが中世ペルシア語書で時として bun とよばれている点からも，ますます確実視されるようになった．bun とは「根元・始元・根本」などを意味する語である．現在，(A)(B)両義がどのように支持されているかを 2, 3 例示してみると，H. S. Nyberg[9] や A. Pagliaro[10] は(A)説をとり，I. Gershevitch[11] はたぶん(B)義であろうとし，G. Widengren[12] はいずれをとるべきかにためらいを

見せ，K. Barr[13] は不明とした．

では upa-stā- から出発して，果たして(A)(B)いずれの意味にも到達することができるか，まず，そのへんから検討してみよう．

upa-stā- は理論的にも「近くに(upa-)立つ(stā-)」「助ける」という意味であるが実際的にも同じ意味をあらわし，それ以外のものではない．これはヴェーダ語やサンスクリット語にも通じることである(upa-sthā-)から，ここではインド側のものは割愛したい．イラン側をみると，まず動詞としては Yašt 17: 21 に「女神アシ Aši がザラスシュトラに，わたしにもっと近うやって来なさい(upa.hišta)，というと，かれはかの女(神)にもっと近うやって来た(upa.-hištaṯ)」というのが見いだされるが，名詞形のほうが多用されている．Av=OP upastā-「助け」がそれで，MP apastān/abestān(<*upastāna-)「支持」や Sogd pst「助け」, psṭq'ryy, 'pstk'r'k「助け手」にも見いだされる．これらのイラン語形からみると，upa-stā- から Apastāk/Abestāg が出来したとするならば，*upa-stā-ka->apastāk とみて聖典名は「助けとなるもの」の意味しか期待できず，「根本となるもの，基本となるもの，本典」とか「勧奨，誡典」などの意味は期待することができない．したがって，(A)(B)二説ともに成立しがたいことになる．(A)説を支持する根拠として Avestā が bun とよばれる場合のあることは上述した．じじつ，A. Pagliaro[14] もその点を強調している．しかし，Avestā が bun とよばれるのは，Avestā が Zand すなわち中世ペルシア語によるその訳註と対比されるときとか，Avestā の写し(paččēn)が作成されるとき，その写しにたいして原本としての Avestā がとくに言及されるとき，とかであって，Avestā それ自体がこのようなかかわりなしに bun とよばれるのではない．役所に保管されている戸籍簿が，それから作成される謄本や抄本にたいして，原本(bun)とよばれるようなものである．bun とは Avestā の原本にたいする比較呼称であって，Avestā そのものの絶対呼称ではない．この間の事情を明らかにするために，デーンカルドの一節[15]を引用しよう(DkD 516: 10–515: 21=DkM 405: 12–407: 9)．ここではデーンカルド書の歴史を伝えると銘打ちながら，実際はアヴェスターの歴史をデーンカルドの歴史にすりかえ

て権威づけようとしたもので，真のデーンカルドの歴史は後半，イスラーム時代からの記述にはじまるとみるべきである．前半において「原本(bun)」と「写し，コピー(paččēn)」の語がひとしく聖典にかんして用いられながらも，bunが聖典アヴェスターそのものの絶対呼称でないことを明らかに示している．

さて，デーンカルド書の撰述はあらゆる知識で綺飾された，マーズデースン者のデーン[16]の啓示(paydāgīh)から出ている．して，最初の撰述は預言者たる聖フラワフル者[17]スピターマーン・ザルドゥシュト(ゾロアスター)の最初の弟子たる，ウェフ・デーン[18]の先教たち(pōryōtkēšān)に発しているが，それはあらゆる問題についてのウェフ・デーンの啓示，知識，所詮(āgāhīh)を，かれらがその聖フラワフル者に質疑し聴聞することによってであって，いわば本灯からの光りである．

そして，その原初の質疑にたいする(ザルドゥシュトの)決裁を威光ある国王カイ・ウィシュタースプは原本として文書化すること(nibēgēnīdan bun)，そしてその原本(bun)をサトラプの宝庫(Ganj ī Šasabīgān)[19]に托すること，(その)写し(paččēn)を正しく弘めること，を命じた．また，そののち，写しを(ペルセポリスの)書料庫(Diz ī Nibišt)に送ってそこに保管したと明かされている(āgāhīh)．

しかし，奸物悪光輪者アレクサンダル(アレクサンドロス)からエーラーン(イラン)国とデーンとの権威におそってきた災厄のあいだに，かの書料庫にあったものは焼け，サトラプの宝庫にあったものはギリシア人(Hrōmāyān)の手に落ちてギリシア語(*yōnāyīg—*yudāyīg とよんでアラム語とする説もある)に翻訳されたと，先賢たちから出た所詮ではいわれている．

引きつづいて，先帝アルダクシール・諸王の王・バーバグの御子がエーラーン国を再統一し，この書(nibēg)を散逸状態から一所に集めた．そしてヘールベド(教師)だった先教・義者タンサル(またはトーサル)が興起してアベスターグ(アヴェスター)の啓示と照合してその啓示に従って完全なものにするように命じた．人びとはそのとおりにした．そして，いわば本灯からの(光りの)光輝のごときものとして，サトラプの宝庫に保管し，写し

5 「Avestā」の語義について

を正しく参照するよう(frahangēnīdan)に命じたと明かされている．
地上の文庫や宝庫にアラブからおそってきた災厄と破壊ののちに，かのフ
デーン者たち[18]のペーショーバーイ[20]だった善フラワルド者[21]アードゥル
ファローバギー・ファロクザーダーン(Ādurfarrōbag ī Farroxzādān)は諸
方に散逸していた写しを，またあらたに散逸状態から，それの本拠たる総
合宝庫(hamīh dēwān ˈī-š ˈdar)にもたらし，ウェフ・デーンのアベスター
グとザンド，ならびに先教たちのことばを考察検討して，いわば(本灯か
らの光りの)かの光輝から出る照り返し(payrōg ī ˈaz ˈān brāh)(のごとき
もの)を作成した．
フデーン者たちのペーショーバーイとなったザルドゥシュティー・アード
ゥルファローバガーン(Zarduxšt ī Ādurfarrōbagān)におそってきたおそ
るべき暴虐と災厄のために，かの文庫も破壊され，かの書も破損散逸し，
その結果，老朽破損汚辱された．
そして，そののち，フデーン者たちのペーショーバーイたる余アードゥル
バーディー・エーメーダーン(Ādurbād ī Ēmēdān)は神の利益を蒙り，デ
ーンの大きな佑助を授かったために，探求考究しかつ多大の努力を払って，
またあらたにこれを書いた，というのは，ばらばらになり引き裂かれ退廃
し，ちりにまみれた文庫からふたたび発見したからである．そして，掠取
され持ち去られ盗まれた状態から取り戻されたところのこれ——その中か
ら撰んだのである，そしてメーノーグ的な，対話をしてくれる知恵の助け
が，先賢たる先教たちのことばにもう一度考慮を払うことによって，来到
し，またアベスターグの啓示をウェフ・デーンの知識で増補もして(ud
kardag Abestāg paydāgīh [ud] abzōn ī ˈaz ˈWeh Dēn dānāgīh)それに節
をつけた，そして本灯の光りから出るかの光輝の照り返しの一閃(bām-1
ī ˈaz ⁺payrōg ī ˈān brāh ˈaz rōšnīh ⟨ī⟩ bun rōšn)と定めた．そして仕上げ
て，ウェフ・デーンの指示によってこれを「千節[22](のデーンカルド)」と
名づけることにした——かの大「原デーンカルド」に信倚準拠して(ˈpad
stūrīh mānāgīh ī ˈaz ˈān ˈwuzurg Bun Dēnkard)——．

したがって，bun の語が単独に用いられているときは，慎重を期す必要がある．たとえば，カアバイェ・ザルドシュト Ka'be-ye Zardošt の東壁にある Kardēr の碑文にこの建物が bun-xānag「bun の家」とよばれているごときがそれである．シャーブフル1世(在位 241–272)はかれを厚遇して「この bun-xānag をそなた(カルデール)のものにせよ．されば，そこにてなされることが神々やわれらにとってよしと，こうそなたが知っているとおりに行動せよ」といったとのことである(同碑文3行目)．bun-xānag とあるからといっても，この建物がアヴェスターの保管施設であることを意味するものではない[23]．本典対末釈という本末の関係からみて Zand にたいし Avestā とは根本の聖典の意味であるとする考え方がながく支配してきたが，この考え方自体が Avestā を相対的に解しているもので，このような考え方では Avestā の絶対的語意は把握することがむずかしい．Zand と相対的に Avestā を取り上げる場合には Abestāg ud Zand「アベスターグ(アヴェスター)とザンド」というのがふつうで，Bun ud Zand などとはいわない．このようにみてくると，Avestā とは「根本の聖典，本典(でん)」の謂いだとする(A)説は根拠のないものとなる．

では(B)説はどうか．この説の根本的なあやまりは Sogd 'pšt'w'nh/'pšṭ'wn を無批判的に upa-stā- にむすびつけ，しかも「命令・勧奨」を意味するとしたところにある．Henning はこの偏見的先入観に誤られて 'pšty- をも「『棄てる』ではなく，おそらく『命令する，勧奨する』の意味であろう」とした．果たしてそうであろうか．'pšty- の唯一在証箇所たるソグド語版ヴェーサーンタラ・ジャータカ[24]を見よう．これは釈尊の前生譚で，菩薩として布施波羅蜜を行じていたときの物語りである．太子須大拏経によると，太子は敵国の求めるに応じて国宝の白象をこれに与え，父王の怒りを買って檀特山にはいることになる．太子は一妃二子を伴って入山するが，のち，またこれをも婆羅門に施与した．ところで，ソグド語本によると，問題の 'pšty- は 'pšty'm としてつぎのような文脈の中に見いだされる．太子 Sudāśan(須陀沙拏)の様子がただならぬのにおどろいて妃 Mandrī はそのわけを問うが，太子は答えない．かさねて問うも，また答えない．三度目になってやっと口を開いた太子のことばは，つぎのよう

なものである.

わたしがそなたに知らせないのは，わが父王が，わたしに，民から去って檀特山に流謫するように命じておられるからです．最愛の妃よ，わたしはそなたの子どもや後宮たち……('pšty'm 'skwn[l. 301]). そこでかれらに善処するように命じてください，というのは，わたしがそなたのもとに帰ってくるかどうかを，だれが知っているでしょう．

文中，点線で示した部分の原文には，そのあとにカッコ内に示した語がはいる．Émil Benveniste[25] は je te recommande(?) les enfants et les femmes. と訳している．すなわち 'pšty'm 'skwn を「わたしは勧める(?)」と訳しているが，疑問符を付している．Henning が，上述したように，「棄てる」ではなくて，おそらく「命令する，勧奨する」の謂いなるべしとしたのはこの箇所である．しかし upa-stā- からは，上述したように，このような意味を期待することはできない．Sogd 'pšty- は，Robert Gauthiot[26] のいうように，「棄てる」である．太子はこれから檀特山にはいろうと決意している．そのためには王子や後宮をあとに残して出て行くことになる——そういう文脈とみなければならぬ．「わたしはそなたの子どもや後宮たちをあとに残してゆく，棄ててゆく」というのである．そしてこの意味に到達するためには 'pšty- は，upa-stā- でなくて，apa-stā- でなければならない．ἀφίστημι(<ἀποστήσω) 'put away, remove, separate' と同じものである．'pšty'm 'skwn はおそらく apštāyam asakwan とよむべきであろう．OIr stā- は自動詞「存立する，ある」としても，他動詞「置く」としても用いられる．apa- は分離を示す動詞前接辞である．問題のソグド語詞は stā- を他動詞として用いたものとおもわれるが，自動詞とみることも不可能ではない．要するに，apa-stā- とは「……から離れて存する」か「……を離しておく，……を遠ざける，……を棄てる」かを意味する．

では，Sogd 'pšty-(現在幹)と 'pšt'w'nh/'pšṭ'wn との関係はどのようになるか．Henning が指摘したように，Sogd nyšty- と OP *ništāvan-[8] が前接辞と根を同じくしているように，'pšty- と 'pšt'w'nh/'pšṭ'wn も前接辞と根を同じくするものとみなければならず，またそれらが upa-stā- から出たものでないこと

は，上にあげた Sogd pst, pstq'ryy, 'pstk'r'k や MP apastān/abestān (いずれも upa-stā- より派生) と比較しても明らかである．Henning は 'pšty-「命令する」（おそらく），'pšt'w'nh/'pšṭ'wn「命令」としたが，'pšty- が「棄てる，遠ざける」であることが明らかとなってみると，'pšt'w'nh/'pšṭ'wn は「棄てる者／物，遠ざける者／物」または自動詞的に「離れて存する者／物」(いずれも行為者名詞的) 以外ではありえない．では「棄てるもの，遠ざけるもの」「離れてあるもの」とは具体的にどういう意味であろうか．著者によれば，この問題は本論文の主題に取り上げた Avestā～Apastāk/Abestāg と関連させてこそ，はじめて解決しうるものと考える．Avestā が upa-stā- から出発して「本典」や「誠典」を意味するものでないことは，すでに論じた．

著者によれば，Avestā～Apastāk/Abestāg は，Sogd 'pšty- と同じく，apa-stā- から出発したもの，すなわち，それは *apa-stā-ka-「……を遠ざけるもの，退けるもの」か「……から離れて存するもの」に遡る．この語解は ἀπόστασις 'a standing away from' に照らしても首肯できる[27]．では何から離れて存し，何を退けるというのであろうか．これに答えるのが，つぎにあげるデーンカルドの一節である (DkD 473: 4-14=DkM 459: 8-22).

|ēn mānsr[28] ud dēn Abestāg[29] harwisp āgāhīh[30] čiyōn |weh mēnōgān [ud] nazd-brahmīhādar |pad hamāg āwāz ī gēhānīgān owōn widimāsīg ī widard |az |har ayābagīh ī |mardōmān

このマンスラ[28]とデーン・アベスターグ[29]は，よき神々ができるだけ（人間に）近い姿をして，どこまでも人語をもって（啓示）したところのすべてのことをあらわしている[30]．それはきわめて不可思議で，人間のすべての理解からかけ離れたものである．

ud Zand |pad ēwēnagē guft |ēstēd |pad mayān ī gēhān rawāgdar |andar gēhān āšnāgdar |xwad Abestāg

これにたいし，ザンドは，アベスターグそれ自体が世の中にもっと流布し，世の中でもっと知られるようになるごとくに，述べられている．

Abestāg |wuzurg daxšag ēdōn |pad |āwurd ī Zarduxšt |az Ohrmazd ēč ⁱdrō ud halagīh ud ⁱdēwān kāmagīh padiš ⁱnē hamāg rāst meh-dādestānīhā ud yazdān šnāyēnīdārīh guft ⁱēstēd ⁱandar ēč āwāz ī druzān ⁱnē dāšt ⁱēstēd ⁱkas-iz ⁱnē waštan ⁺rāy ⁱdēwān ēč ēmēd awiš ⁱnē ⁱdārēnd ud ⁱhar čiyōn ⁱgōwīhēd ud druz aziš sizdīgīh ud yazdān padiš urwāhmanīh ⁱbawēd

アベスターグの大きな特色はこれである――ザルドゥシュト（ゾロアスター）がオフルマズド（アフラマズダー）からもたらしたものであるから，そこには一つの虚偽も愚昧も魔欲もなくて，大きな規範に合致するすべての正しいことと，神々の宥和とが述べられており，もろもろのドルズのことばは一つもその中に含まれておらず，だれも（アベスターグから）悸りはなれることはないから，もろもろのデーウはそれ（アベスターグ）に望みは一つもかけていないということ，また（アベスターグに）述べられているすべてのこと――ドルズ（ら）にはそこから悲嘆が来るが神々にはそこに歓喜があるということ．

ud ⁱpad-iz rāstīhā ⁱō hamāg kustag niyābagīhā ud hāwand āyišnīh ī Abestāg ud mayānag gēhān uzwānīg āšnāgīhā ⁱ⁺frēstišnīhā-iz ī Zand purrbōzišn paydāg ⁱandar kadām-ǰān-iz-ē

そしてあらゆる場所にただしく適用されるために，一つにはアベスターグがそのままで（訳註せずに）伝えられていることと，一つにはザンドが（どこにも）通じる世界のことばでわかりやすい形にて送り出されていること（――この二つのこと）が，いかなるいのち（人）にとっても，救いにみちたものであることは明らかである．

この句はこれまでにも多くの学者が注目していて，手がけるのは著者がはじめてではない．ここでは参考のため H. W. Bailey の訳³¹⁾をできるだけ平易に邦語訳し，かつ著者の訳文中に用いた用語で使用できるものはなるべくそれを使用して示すと，だいたいつぎのようになる．

このマンスラとデーン・アベスターグはすべての知識であるから，よき神々に近く，どんな人語ででも，それはおどろくべきもので人間の理解を超

えたものである.

かれはザンドを, 世の中でもっと流布し, 世の中でもっと知られるようになる代替物(アベスターグの)であるといった.

アベスターグそれ自体は, ザルドゥシュトがオフルマズドからもたらした一大奇蹟である. その中には虚偽も愚昧も諸魔にとっての喜びもない. それはどこまでも真実なるもので, 神々の宥和のために述べられた偉大なもろもろの見解を示している. その中には, もろもろのドルズのことばは一つも含まれていない. それは, だれをも悖りはなれさせたことがない. もろもろのデーウはそれに望みはもっていない. 述べられているすべてのこと——ドルズ(ら)にはそこから悲嘆が来るが, 神々にはそこに歓喜がある.

アベスターグが, 必要に応じて真にあらゆる場所に, 一様に浸透することによって, かつまた, ザンドを, ことばの面でわかってもらうために, 世の中に送り出すことによって, 完全な救済手段が両者の中に示されているのである.

「両者」とはアベスターグとザンドのことであろう. Bailey は第2節末尾の 'xwad Abestāg から第3節を起こし, 第3節文首の Abestāg は削除している[32]が, 賛成しがたい.

このデーンカルド句の中で当面の課題にとって重要な部分は, アベスターグ(アヴェスター)はあくまで人語によったものであるが神の啓示であり, 人間がなんとかして理解しようとしても及ばないほど, それほどくすしきもの, 不可思議なもの(widimāsīg)とある点である. 著者は「人間のすべての理解(ayābagīh)からかけ離れたもの(widard 'az…)」と訳したが, ayābagīh とは ayāftan「獲得する, 到達する」からの派生詞であるから,「獲得, 到達」などとも訳しうるし, したがって, 人間がどうにかしてそれに到達しようとしてもついに到達することができないということ, つまり, それほど神聖にして近づきがたいものだ, というふうに解釈することができるかもしれない. しかし, このデーンカルド句をよめば,「神聖にして近づきがたいもの」というよりも,「義深遠

にして人智では究めがたいもの，玄邃(げんすい)なるもの」——アベスターグとはそういう意味であると受けとるほうが正しいように思われる．そんな境地を示すことばが widimāsīg である．語根[33]は OIr *mars- (OI marś-/mr̥ś-)「触れる」で，それに vi-(a)ti- を前接しているから，widimāsīg (vitimāsīk) とは「接触を超えるもの，タッチできないもの」という意味から「くすしき，不可思議な，おどろくべき」などを意味する．この意味を的確に得させてくれるものは旧約聖書詩篇の中世ペルシア語訳にみえる widimāsagīh で，第136(135)章[34]第4節[35]に見いだされる．中世ペルシア語訳は断簡で欠損があるが，つぎのようになっている：

§3　burd-šnōhr bēd　　　　　'ō 'xwadāy 'ī 'xwadāyān
　　　感謝せよ　　　　　　　　もろもろの主の主に
　　'kē-š L:LMN LḤMYDY　§4　'kē kard 'hēnd
　　その　いつくしみはとこしえ　　そはなされたるもの
　　widimāsagīh ī……
　　くすしきみわざを

……は中世ペルシア語訳の欠損部分を示すが，この部分に「ただひとり大いなる(くすしきみわざをなされたるもの)」に相当する中世ペルシア語詞があったものと考えられる．widimāsagīh はヒブル語 niṗrā'ōṯ，シリア語 taḏmartā の訳語であるから，「くすしきみわざ，奇蹟」を意味する．この widimāsagīh (抽象名詞)と前接辞および根を同じくする形容詞 widimāsīg は，したがって，「不思議な，くすしき」を意味する．アベスターグは「神聖なる」がゆえに近づきがたいもの，というよりも，「不可思議であり，深遠なる」がゆえに人の理解しえないもの，とみるべきであり，そうだからこそ，ザンド「解説」によって人はそれに近づきうる，というのである．このようにして，アベスターグとザンド，「玄典」と「解典」によって人間の救済は完全なものになる——デーンカルド句は結びのところで，そう言っているのである．このデーンカルド句は著者が Avestā～Apastāk/Abestāg を apa-stā- から誘導し，「(人智から)かけ離れているもの，(人智で究めようとしてもそれを)退けるもの」の意味だとする解

釈を肯定するであろう．Sogd 'pšty- も上述したように，同じく「棄てる，遠ざける」の意味であった．ここから著者は，課題として残しておいた Sogd 'pšt'w'nh/'pšṭ'wn に，新しい意味を付与することができる．Sogd nyšty-（<ni-stā-)「命令する」と同一前接辞同一語根の OP *ništāvan-[8] が「命令するもの，命令，文書」であると同じように，このソグド語詞は「遠ざけるもの，退けるもの，はなれて存するもの」の意味から「畏れ多いもの」の意味においてマーニーのことばを尊敬して表現したもの，すなわち「大御言葉（おおみことば）」の意味となる．この場合は，「神聖なもの」と解してもよいし，「深遠なもの」と解してもよかろう．ただし，マーニーは万人にわかってもらうことばや文字に至大な関心をはらっていたから，「深遠なもの」といっても，近づきがたいというのではかれの立場に矛盾するから，その点への配慮は忘れてはなるまい．いずれにせよ，それは Henning のいっているような，単なる「命令」とか「勧奨」とかの意味ではない．

著者によるこのような解明によって，apastāk/abestāg なる語が呪文とか祝禱の意味に用いられていることも，容易に理解することができる．例えばデーンカルドの中の，つぎの二句 (a)(b) のごときがそれである．

(a)[36] ud ǀabar yazišn ī ǀrōz ī kārezār razm duškunišn ud urwar ī bar-som[37] ī ǀān yazišn ud abestāg ǀandar kōšīdan ǀān ī fradom tigr ǀandar ǀwistan nīšān [ud] dāšt⟨an⟩ gaštan ī ǀpad-iz zōhr[38] barišnīh ǀāb ī ǀō kārezār gyāg nazdtar ud padisār ī kōšišn ǀkū fradom ǀpad kadām zēn abzār kōšišn [ud] padisārīg ǀtā ǀān ī abdom

また戦いに失策をしたときの合戦の日の祭儀について，その祭儀のバルソム[37]の木（について），合戦にさいし第一矢を射て的にあてるためのアベスターグ（について），ゾーフル[38]を供えるための水がなるべく戦場の近くに来る（ようにする）こと（について），および合戦の開始すなわちまずどんな武器・武具で合戦がはじまるか（，から）最後の（合戦）まで（について）．

(b)[39] ǀabar wāstar ī ǰōrdā ǀdrūdan abestāg ī fradom ǀdrūnišnīh ud yašt-⟨an⟩ ī dastag ī fradom ǀpad šnūman ī Ohrmazd ī xwadāy

5 「Avestā」の語義について

穀物畑を刈り入れるときの最初の刈り入れのアベスターグについて，および主オフルマズドの宥和のために初穂を供えること (について).

これらのデーンカルド句にみえる abestāg を Stig Wikander[40] は聖典アヴェスターとは関係がないという. この見方を認めるなら，ここの abestāg とは，おそらく，呪文か祝禱くらいの意味であろうし，そのような意味は問題の語にたいする著者の解釈から容易に到達することができる. また，じじつ，征矢の呪文というべきもの (パルティア語) が Ayādgār ī Zarērān[41] に載っている:

|nūn tigr |az |man |šawāi

pērōz-hunar ayē

|pad har razm ud pādrazm [ī |tō]

payrōz [ud] weh pādrōz |nām

|āwarāi yāwēdān [rōzān]

dušman murd |āwarāi

いで，矢よ，われゆ進みゆけ.
勝ち技揮うものなるぞ.
なべての攻めと反攻に
照りていや照り反す名を
もたらし来れ，とことわに.
死を敵人にもたらせよ.

著者はいま Wikander の名をあげたので，氏の「Avestā」にかんする説[42]を紹介しておきたい. 氏によれば，ザンドが Šīz (アゼルバイジャンの古都) において文字によって伝承されたテキストであるのにたいし，アヴェスターはパールスにおいて口頭で伝承されたテキストにして「伝承 Überlieferung」の意味であるといい，これに賛成する学者もある. この説の一つの支えとなっているのは ganǰ ī šīzīgān「シーズの宝庫」という読解であるが，šīzīgān は実際には ššcyk'n' = šspyk'n' と書かれている語を šyčyk'n' = šīzīkān/šīzīgān と読みかえて得られたもので，読みかえなければ šasapīkān/šasabīgān と読まれるものである. この語の原辞 šasap/šasab は OP xšaṣṣapāvan- 「サトラプ」に由来する

純ペルシア語形(中世)で，OM xšaθrapāvan- に由来する Parth ḥštrp, MP štrp (いずれも碑文)とは異なる方言的展開をみせているもの．だから，読みかえなければ「シーズの宝庫」ではなくて「サトラプの宝庫」となってシーズとの関連はなくなり，氏の説も一つの根拠を失うことになる．が，それはそれとして，このほかにも氏の説については，なお 1, 2 記しておきたいことがある．氏はアヴェスターを「伝承」の謂いであるとしているが，氏はこの意味を語源から直接導き出しているのではない．論理の運びとして，氏はまず OI upasthāna- 「(崇めるために)近侍すること」を援用する．そのイラン対応形 *upastāna- の中世ペルシア語形は apastān/abestān で，これは「支持」を意味するものとして著者は上に引用したが，この語が apastān ʼō yazdān 'refuge to gods' のような使い方をされる点をも upasthāna- とあわせ考えて apastān/abestān に特別な意味合いを含ませ，さらに例えば ʼsrwn=āsrōn「祭司」が ʼsrwk=āsrō(k)「祭司」と併出するのにかんがみ，この apastān の -ān が -āk になったものが apastāk で，かかる Apastāk/Abestāg とは「神に近づき，神の大前で読誦さるべき祭文」のことだとする．そしてこれはパールスにて口伝されたものだから，Apastāk とは「伝承」の謂いだというのである．これは upasthāna- を立てる点において upaniṣad-(<upa-ni-sad-)にも似て興味があるが，-ān を -āk に代えるものとする点は納得しにくい．というのは，氏が引用している āsrō(k) の k は先行母音 ō を負荷するもので，pwlywktkyš=pōryō(k)tkēš「先教者」<Av paoiryō.ṭkaēša- や swkšydns=Sō(k)šyans「ソーシュヤンス」<Av saošyn̥s などによっても明らかである．このような wk=ō(k) が wn=ōn と併出するといっても，それは apastān>apastāk なる移行を正当化しうるものではなく，また一宗所依の聖典の名称がこのような代替によって成立したとは考えにくいことでもある．

著者は Avestā なる語の語根や語義を理論的に設定し，ついでデーンカルド中にみえるザラスシュトラ(ゾロアスター)教徒の伝承を援用してそれに裏付けを試みたが，このデーンカルド句の受けとり方いかんによっては，このような考え方はサーサーン朝期に成立したものと主張しうるかもしれない．この時代

にはアヴェスター・テキストを的確に理解することがむずかしくなっていた．そのことは，中世ペルシア語による訳註「ザンド」をみれば明らかである．われわれがあたらしい言語学的知識を駆使してテキストを解明した結果とこのザンドとでは，しばしば愕然とするほどの相違をみせつけられることがある[43]．比較的無難なのはウィーデーウダードで，それはそのアヴェスター・テキストに記載されている行事方式が古くから実技によって祭司階級のあいだに受けつがれていたために，ザンドが作成されたときにも，おおむね的外れとならずにすんだためである．このような事情からみると，問題のデーンカルド句(276頁以下)をサーサーン朝期の成立とみるのも理由のないことではない．しかし，これには反証がある．ブンダヒシュン[44]には

 māraspand[45] gōwišn ī Ohrmazd ī ¦ast ī Abestāg ¦kē-š wizārišn abēzag stā-yišn

 マーラスパンド[45]はオフルマズドのことば，すなわちアベスターグ（アヴェスター）で，その説明は穢(けが)れなき(abēzag)礼讃(stāyišn)(である).

とあり，これをうけてネールヨーサング Nēryōsang は Xwurdag Abestāg「アヴェスター小部」の序[46]にサンスクリット語で

 avestā iti avejastā aveja iti nirmala ⟨stā⟩ iti śruti⟨r⟩ nirmalaśruti⟨r⟩ ity arthaḥ

 Avestā とは avejastā. aveja とは「穢れなき」，stā とは「啓示」．(Avestā とは)「穢れなき啓示」という謂い．

としるしている．これは語音の近似にかこつけた通俗語源説であるが，このような語源説の行われていることそのことによって，Abestāg ということばが中世語の段階ではじめてできたものでないことがわかる．ブンダヒシュンにはこの種の語源説が多出する．そしてそのような誤った語源説的説明のついている語はアヴェスター語詞である．中でも多くの学者をなやましたものは第6季節祭たる Av Hamaspaθmaēdaya- の語義である．これについては本書294頁以下を参照されたい．これを逆に言えば，ブンダヒシュンにおいて中世ペルシア語形で出てくる語詞でも，それに誤った語源的説明のついている語はアヴェス

ター語詞をその背後に考えることができる，ということになる．Apastāk/ Abestāg もそうで，これには *Apastāka- があったはずである．そしてこの古形は，デーンカルドがいみじくも言っているように，一切の人智からかけ離れた不可思議なるものという意味であり，それ以外のいかなる意味でもありえない．さればこそ，デーンカルド句はサーサーン朝期の解釈を述べたものではない．

著者の論考はほぼその大要を尽くしたかとおもわれるが，その過程でしばしばザンドのことにふれたので，それに関連のあることを結びとして述べておきたい．もちろん，Zand ザンドは Av *zainti-(ザンティ)に溯る．*zainti- とは zan-「知る」(OP dan-; OI jan-: jānāti「かれは知っている」)からの派生詞で「知識，解説」などを意味しうる．ところが，この *zainti- と Av āzainti-(この語は Av maṭ.āzainti-「アーザンティと俱なるもの，アーザンティを含んでいるもの」の中に在証される)とが同義であるかのように誤解し，現存のアヴェスターが *zainti- すなわち Zand をそなえていたとか，その Zand はおそらくアヴェスター語で述作されていたであろうとか，そしてこのことがヤスナ書の中に示唆される，などと主張されている[47]．そこで，このような主張が正しいかどうかを，つぎに検討してみることにしよう．maṭ.āzainti- はウィスプラド 14:0-1 と同 16:0 に指摘される(0 はまえがき，1 は第 1 節)．14:0-1 には

われらの崇めるは天則のラトゥたる，義 (ただ) しきアフナワティー・ガーサー

そは詩行と俱なるもの (maṭ.afsman-)，
そは詩連と俱なるもの (maṭ.vačastašti-)，
そはアーザンティと俱なるもの (maṭ.āzainti-)，
そは問いと俱なるもの (maṭ.pərəsvī-)，
そは答えと俱なるもの (maṭ.paiti.pərəsvī-)，
………

とあり，16:0 には

われらの崇めるは天則のラトゥたる，強く義しきヤスナ・ハプタンハーテ

5 「Avestā」の語義について

イ——
　そは詩行と倶なるもの (maṯ.afsman-),
　そは詩連と倶なるもの (maṯ.vačastašti-),
　そはアーザンティと倶なるもの (maṯ.āzainti-),
　そは問いと倶なるもの (maṯ.pərəsu-),
　そは答えと倶なるもの (maṯ.paiti.pərəsu-),
　………

とある. 14：0-1 の「そは詩行と倶なるもの」以下「そは答えと倶なるもの」までは，Zand ではそれぞれ 'abāg gāh, 'abāg wačast, 'abāg šnāsagīh ī zand, 'abāg pursišnīh, 'abāg abāz-pursīdārīh ī nērang とある. 「アーザンティと倶なるもの」が 'abāg šnāsagīh ī zand「知識すなわち zand と倶なる (もの)」と訳註されているので，この解釈に従うと，アフナワティー・ガーサー Ahunavaitī Gāθā (ヤスナ 28-34) やヤスナ・ハプタンハーティ Yasna Haptaŋhāiti (「七章のヤスナ」＝ヤスナ 35-41 と同 42 をも加える) には，そのアヴェスター語テキストに釈義・解説 (アヴェスター語による) がついていることになる. しかし, たといこのような事実をアヴェスターの一部にみとめるとしても，その論拠を maṯ.āzainti-「アーザンティと倶なる」に求めるのは賛成できない. もしこれを「解説と倶なるもの」とするならば，そのあとに「問い」が出てきてそれへの「答え」がつづくのはおかしい. 解説されてもわからなければ問いも出ようと言えるかもしれないが，論理的にはいささか矛盾がある. 解説されれば問いは出ないはずである. そこで，この矛盾をなくすためには，この āzainti- を「解説」でなしに，OI ājñā-「命令」に引きあてて，「命令，勧奨」と解する必要がある. 「アーザンティと倶なるもの」とは「命令，勧奨を含んでいるもの」の謂いである. 「命令」や「勧奨」ならば，それにかんする問答がつづいて継起しても矛盾しない. こういうと，命令や勧奨を含んでいるから，「Avestā」という語は「命令，誡典」の意味ではないか，などと反問されるかもしれないが，それは愚問というもので，これでは著者が上来力説してきた所詮もないことになる.

註

1) この論文は拙稿"Gathica XII. On the meaning of 'Avestā'", *Orient*, Vol. X (1974), pp. 1-9 および拙稿「「Avestā」の語義について」(『オリエント』第17巻第1号 [1974], pp. 39-58)に若干補訂を加えたもの.

2) Fr. Spiegel: "Studien über das Zendavesta. 5. Redaction und Abfassung", *Zeitschrift der Deutschen Morgenländischen Gesellschaft*, Bd. IX (1855), pp. 190-192.

3) Chr. Bartholomae: *Zum Altiranischen Wörterbuch*, Strassburg 1906 (*Zum AirWb*), pp. 107-108 によると *Anzeiger für Indogermanische Sprach- und Altertumskunde*, Bd. XVII (1904), p. 101 以下に所収の論文.

4) Bartholomae: *Zum AirWb*, p. 108 によると M. F. Müller が *Journal Asiatique*, 1839, p. 190 に発表したとのことであるが当該箇所には見あたらないし, また Stig Wikander: *Feuerpriester in Kleinasien und Iran*, Lund 1946, p. 185, n. 4 によると Fr. Spiegel: *Grammatik der Pârsisprache nebst Sprachproben*, Leipzig 1851, p. 207 に J. Müller が *Essai sur le Pehlvi*, p. 297 に同じ説を発表している旨を述べているとのことであるが, *Essai sur le Pehlvi* を見ない著者には詳細は不明である.

5) K. F. Geldner: "Awestalitteratur", *Grundriss der Iranischen Philologie*, II, 1896-1904, p. 2.

6) *Zum AirWb*, p. 108.

7) W. B. Henning: "The Sogdian Texts of Paris", *Bulletin of the School of Oriental and African Studies*, Vol. XI (1946), p. 725.

8) この語はエズラ記 4:7.18, 7:11 や A. Cowley: *Aramaic Papyri of the Fifth Century B. C.*, Oxford 1923, p. 53 の No. 17, l. 3 に *ništᵉwān として見い出される. ni-stā-「置く, 指令する, 命令する」からの派生詞としてこの語は「命令, 指令」を意味するが, 臣僚から大王や上官にあてられるときは「申請」をも意味する. 「文書, 書簡」などと訳されることもあるが, もとの意味は「指令, 申請」である. 正しい古代ペルシア語形は *ništāvana- である (W. Hinz: *Neue Wege im Altpersischen*, Wiesbaden 1973, pp. 43-44, 55 参照). 阿育王のタキシラ碑文 8 行目や 10 行目にはこの語に hu-「よい」を前接した huništāvan(a)「よい命令」で dhaṃma「法, ダルマ」が訳出されている. 454, 456 頁参照.

9) H. S. Nyberg: *Die Religionen des alten Iran. Deutsch von H. H. Schaeder*, Leipzig 1938, p. 2: 'Grundlage, Basis'.

10) A. Pagliaro: "La Letteratura della Persia Preislamica", A. Pagliaro/A. Bausani: *La Letteratura Persiana. Nuova edizione aggiornata*, Firenze-Milano 1968, p. 39 および同頁註 1 と 2. 氏は OI upa-sthā- 'stand under (sta sotto)' をあげているが, これは「助けるために」することで一義的ではない. Avestā を Zand の bun とする中世ペルシア語書の見方を援用したり, p. 32 では同じく Dēn の bun としての Avestā をあげているが, 承服できない.

11) I. Gershevitch: "Old Iranian Literature", *Handbuch der Orientalistik*, I, IV, 2, 1, Leiden/Köln 1968, p. 11.

12) G. Widengren: *Die Religionen Irans*, Stuttgart 1965, p. 4.
13) K. Barr: "Die Religion der alten Iranier", *Handbuch der Religionsgeschichte*, herausg. von J. P. Asmussen und Iørgen Læssøe in Verbindung mit Carsten Colpe, Bd. 2, Göttingen 1972, p. 278.
14) 註10所掲バリアーロ論文前掲箇所.
15) Dēnkard III・420である. Jean de Menasce: *Le troisième livre du Dēnkart*, Paris 1973, pp. 379-380 に訳出されている. 拙訳との細部における相違はともかくとして, もっとも重要な箇所が「この原初の質疑を威光ある国王カイ・ウィシュタースプは文書化することをきめた; かれはこれらすべての原本 (fondements——*bun ut bun*) を王の宝庫に送付した, そしてその適切な写しを弘めるように命じた」と訳されているのは遺憾である.
16) →12頁註2.
17) →296頁.
18) →13頁註6.
19) ムナスのように「王の宝庫」と訳すべきか.
20) →18頁註100.
21) →296頁.
22) 「千節」は '1000 Darak'. ただし, 以下を「「千節のデーンカルド」(1000 Darak Dēnkard) と名づけることにした——かの大原本に信倚準拠して (ˡpad stūrīh mānāgīh ī ˡaz ˡān ˡwuzurg bun)——」とするも可.
23) この建物については→306頁.
24) É. Benveniste: *Vessantara Jātaka. Texte Sogdien, édité, traduit et commenté*, Paris 1946, p. 20.
25) 註24所掲バンヴェニスト著書前掲箇所. なお同書 Glossaire p. 104 にも 'pšty-: 'recommander(?)' とある.
26) R. Gauthiot: *Essai de Grammaire Sogdienne*, I, Paris 1914=1923, pp. 47, 57; II, Paris 1929, pp. 14, 58 参照. なお 'skwn を伴う, いわゆる現在進行形であっても, シンタックス的に「進行形」でない場合の多いことについては同書 II, pp. 38-40 参照.
27) このギリシア語の引用は泉井久之助博士に負うもので, 深謝したい.
28) mānsr, mānsar (<Av maθra-)「マンスラ」は「神のことば・聖語」.
29) dēn Abestāg「デーン・アベスターグ」とは「ザラスシュトラ (ゾロアスター) 教のアヴェスター」ほどの意味.
30) harwisp āgāhīh「すべてのことをあらわしている」——āgāhīh「啓示, 情報」をこのように用いる例はブンダヒシュン TD₁ 3:7=TD₂ 2:7 にも ˡān zand āgāhīh nazdist ˡabar……「かのザンドはまず……について啓示している」として見いだされる.
31) H. W. Bailey: *Zoroastrian Problems in the Ninth-Century Books*, Oxford 1943, pp. 162-163.
32) ˡxwad Abestāg から第3節を起こし, 第3節文首の Abestāg を削除するやり方は Darab Dastur Peshotan Sanjana: *The Dînkard. The Original Pahlavi Text; The*

same transliterated in Avesta characters; Translations of the Text in the English and Gujarati Languages with Annotations and A Glossary of Select Words, Vol. X, Leipzig 1907, Pahlavi Text, Book V, p. 9 に従ったもの. 著者は奇怪な Sanjana の英訳 Book V, pp. 10–11 を邦訳する勇気をなくしたので，原文をそのままかかげておく：

And the omniscience in these *māthras* (Sacred Texts) and the Avestic Revelation, (is) as the most brilliant garb of the good spirits, among all the glorious peoples of the world, so much so that the evil earthly knowledge has passed away from all the attainments of human beings.

And the Zand which, in a manner, is oral, is more current amid the world, and is more known or familiar in the world.

And the Avesta itself is highly remarkable owing to the teaching thereof by Zaratûhshtra from Aûharmazd. And therein no falsehood, absurdity and demoniacal desire (subsist); but all truths are spoken of (therein) with superior principles of judgement (*mas-dâtistânîhâ*) and propitiations of the Deity. Nor is any respect for the fiends maintained therein; nor do the demons entertain therein any hope for diverting any individual whatever (from Religion). And as to all such (existences) as are called *drûj* there is decay (unto them) from it; while as to the good spirits there is joyfulness (unto them) on account of it, as also through (its) truths.

And in every direction (or district) necessarily there should be the advent of (such) a spiritual guide, as holds a professorship (*âshnâk-gâs*) of the Avesta and of the intermediary languages of the world, (and such a one) should be likewise missioned for the object that, in any one (of the languages) whatever, the meaning of the Avesta would be manifest with complete freedom.

33) 註31所掲ベイリー著書 p. 214, n. 1.
34) ヒブル語版第136章；シリア語版（ペシッタ）第135章.
35) F. C. Andreas: *Bruchstücke einer Pehlevi-Übersetzung der Psalmen, aus dem Nachlass herausgegeben von Kaj Barr*, Berlin 1933, p. 26.
36) DkD 273: 1–5＝DkM 731: 21–732: 1.
37) barsom (<Av barəsman-)「バルソム」はザラスシュトラ教の祭司が神をまつるとき手にたずさえる聖枝の束，祭枝.
38) zōhr (<Av zaoθrā-)「ゾーフル」は液体の供物.
39) DkD 272: 7–9＝DkM 733: 13–14.
40) 註4所掲ウィカンデル著書 p. 32.
41) 本書『ザレールにかんする回想』は H. S. Nyberg: *A Manual of Pahlavi*, I, Wiesbaden 1964 に全篇収録され，ここに引用する部分は p. 27 にあるが，著者とは一部において解釈が異なる.
42) 註4所掲ウィカンデル著書 pp. 125–191.
43) 拙著『古代ペルシア』330頁.

44) BdTD₁ 149: 17–150: 2=TD₂ 177: 7–8.

45) māraspand(<Av mąθra- spənta-)「マーラスパンド」は恩寵ある聖語. mąθra-については註28参照.

46) *Collected Sanskrit Writings of the Parsis*, collated, corrected and edited by Ervad Sheriarji Dadabhai Bharucha, Part I—*Khorda-Avestâ-Arthaḥ*, Bombay 1906, p. 1.

47) J. C. Tavadia: *Die mittelpersische Sprache und Literatur der Zarathustrier*, Leipzig 1956, p. 25.

6 第六季節祭, Av. spənta-, および Av. ānuš.-haxš Ārmaitiš——ゾロアスターの教えが恩寵の宗教であることを示す[1]

中世ペルシア語書ブンダヒシュンによると,アフラ・マズダーは延々1年を要してこの世界を創成したが,その過程でかれは毎回5日から成る休日を計6回もったとされている.これを記念してゾロアスター教徒は,それぞれ5日から成り,ガーハーンバール Gāhānbār とよばれる季節祭を,年6回有している.この6季節祭のアヴェスター語名は,つぎのとおりである.

1. Maiδyōi.zarəmaya-「中春の」[2]
2. Maiδyōi.šəma-「中夏の」
3. Paitiš.hahya-「収穫のある」
4. Ayāθrima-「帰来する」
5. Maiδyāirya-「年央の」
6. Hamaspaθmaēdaya-「?」.

これらは神の名でもあるが,付記した語意からわかるように,いずれも季節とのつながりを示しているのが注目される.第4季節祭名もおそらく遊放牧者の行動と関係があるのであろう.こうした中にあって,第6季節祭の名称が何を意味しているかが古来,論議をよんでおり,ゾロアスター教徒自身の伝承でもこの語の意味が正確に伝えられているかは疑問である.ブンダヒシュン TD_1 21:15-22:1=TD_2 24:5-7 によると

六番目に人間すなわちガヨーマルト Gayōmart をダイ Day 月のラーム Rām 日(祆教暦10月21日)からスパンダルマド Spandarmad 月のアナグラーン Anagrān 日(同12月30日)までの70日間に,かれ(オフルマズド

6 第六季節祭, Av. spənta-, および Av. ānuš.haxš Ārmaitiš

Ohrmazd)は創成した. かれは5日間, スパンダルマド日(第5日)まで休んだ. その5日間[3]はガーハーンバール(上掲)である. ある人は「盗まれた5日(5 rōz ī truftag)」, ある人は「窃られた5日(⟨5 rōz ī⟩ duzīdag)」という. そして, その名はハマスパスマエーダヤム, それの意味は「全軍の行進が地上にあらわれた——というのは, 人間のフラワフルが勢揃いして行進したからである——」と, こういうことである('u-š 'nām ⁺Hamaspaθmaēdayam 'kē-š wizārišn 'ēn 'kū hāmaspāh rawišnīh 'pad gētīg paydāg 'būd 'čē frawahr ī mardōmān 'pad hāmaspāhīh raft 'hēnd).

とある. すべて過去の事実として述べられているのは, 原人ガヨーマルトが創成されたときのことを記したものだからであるが, これは同時に現在にもあてはまることとして理解されていることはいうまでもない. この解釈は Av Hamaspaθmaēdaya- の hamaspaθ- までを hāmaspāh「全軍」と訳し -maēdaya- の中に MP madan「来る」と関係のある要素があるかに見てこれを rawišnīh「行進」と訳したものであるが, 音の近似にかこつけた訳であって, この訳解を語源的に裏づけることは困難である. MP spāh「軍」は OM=OP spāda-, Av spāda-, spāδa-「軍[4]」に溯るが, この spāda- を spaθ- と同定するには語形や語音(d: θ)を論証するうえに無理がかかって, それほど容易でない. ダーラヤワフ大王のナクシェ・ロスタム碑文 b の ll. 30-31 にある OP sp'θmid'y'(クシャヤルシャン1世のペルセポリス碑文 l の ll. 34-35 には sp'tiyy' と誤記されている)がアッカド語訳(前者のみ. 後者にはなし)ina madaktum によって「戦場において, 戦陣において」の謂いであることは確実であるが, この語を spāθmaidāyā とよんでその spāθ- に spāda-「軍」を引きあてることは, したがって, 無理がかかる. この語は spāθamaidāyā とよんで, spāθamaidā- f.「襲撃の鎮圧」の単数所格とみるべきもの. spāθa- は OIr/OM spay-/spi- (AirWb 1615 の ¹spā- よりもむしろこの形をとりたい)「投げる」からの派生詞として, 本来は「投げること」を意味する. 語形上からは Av kay-/či- (AirWb 464 に kāy- とあるもの)「つぐなう」(OI ci-: cáyate「罰する」)からの派生詞 kāθa- n.「つぐない」(Yasna 44: 2)と同じ行き方をとるもの. 著者によれば, この spay-/spi- は

OI śvi-: śváyati「膨脹する」と同一視することができる．spāθa- が -θa を伴って行為名詞であるように，śvi- からの -tha を伴う派生詞 śvayátha- m. も行為名詞として「膨脹すること」を意味する．ところで，spāθa- n.「投げること」がどうして「襲撃」のような意味をもちうるかということであるが，これについては OIr *vaig-/Av vaēg-「投げる」(OI vij-: vejate「急ぐ」)からの派生詞 Av vōiγnā- f. が参考となる．この語は「(水を)投げつけること，氾濫」の意味から「(敵軍の)襲撃」の意味でも用いられているのである(Yasna 68: 13)．Av vōiγnā- を承けた MP wōiγn は「災厄」を意味し，Dēnkard VII・1・42 には wōiγnkahišttar「災厲少起最第一なる，災厄の起こらない[5]」のごとき形のあることも参考となる．しかし，だからといって，vaēg- からの派生詞が水との関連においてすべて，わるい意味でのみ用いられているのではない．われわれは，イラン民族の故土とされる，いわゆるエーラーン・ウェーズ(MP Ērān-wēz)のアヴェスター語形 Airyana- Vaējah- Vaŋhuyå Dāityayå「ワンフウィー(Vaŋuhī)川のアルヤ流域」(Wīdēwdād 1: 2)を知っている．この表現の真の意味は「アルヤ人のところへの，ワンフウィー川による(水の)投げかけ」ということで，É. Benveniste[6] の言っているごとき「この川のイラン的ひろがり」の謂いではない．それはともかくとして，vaējah- n.(<vaēg-「投げる」)は「(水を)投げつけること，氾濫」ではなくて，むしろ「(水を)もっていくこと，灌漑」の謂いである．それゆえに，vaēg-「投げる」からの派生詞は吉凶両面に用いられているわけである．さて，問題は spay-/spi-「投げる」のほうであるが，この語が水と関連して用いられていることは著者が 246 頁において MP kahas「カナート」を説明するさいに，すでにこれを明らかにした．すなわち，この中世ペルシア語は *ka(n)θa-spā-「掘削によって(水を)通すもの」から展開したものである．それゆえに，spay-/spi-「投げる」はここでは吉事面について用いられているといえる．そこで vaēg- の場合に準じて推測すれば，spay- からの派生詞には凶事面について用いられるものもありうるわけで，それがまさしく spāθa- であり，「(水を)投げつけること＞氾濫＞襲撃」のように，vōiγnā- にならって，解釈していけばよい．また，このように「投げる」意味の語根から

6 第六季節祭，Av. spənta-，および Av. ānuš.haxš Ārmaitiš

「洪水；襲撃」のようなわるい意味の派生詞が出ることについては，OI vah-: váhati「運ぶ，(川が水を)押し流す」からの派生詞 ogha-/aughá- m.「洪水」も参考となる。語根 vah- はこの場合も他動詞「(水を)押し流す」であって，「流れる，流れゆく」のような自動詞とみる[7]のは首肯しがたい。maidā- f.「制圧すること，鎮圧」は OIr *maid-/Av maēd-「制圧する」からの派生形で，Av maēd- は ham- を前接した hamaēstar-(hamōistrī- f.)(行為者名詞)，hamista-(過去受動分詞)，hamistay-/hamisti-(行為名詞)として在証され，不義者を「制圧，圧伏する」意味で用いられている。E・ヘルツフェルト[8]は AirWb 1105 の maēd- 措定を排して OI mith-「対抗，対立する」をこれらの語形に引きあてたが，これでは意味が弱すぎるし，またいまや maēdā- も在証されることとなって，氏の立場は成立しにくいものとなった。OI mith- にはむしろ，Av miθnāiti(Yašt 10: 39)が属するものとみられよう。このようにして古代ペルシア語碑文にみえる sp'θmid'y' は著者によってはじめて解明された。そこには spāda-「軍」と関連する要素はなく，またここで取り扱おうとする Av Hamaspaθmaēdaya-[9] とも，後説するところから明らかなように，なんの関連もないのである。

第 6 季節祭の語義を明らかにするには Wisprad 1: 2(hamaspaθmaēdayehe arətō.karəθnahe〔単数属格〕)，同 2: 2(hamaspaθmaēdaēm arətō.karəθnəm〔単数対格〕)にみえる，この語への修飾詞 arətō.karəθna- が重要なカギをにぎっている。ところが，アヴェスター語詞を中世ペルシア語で解説した辞書 Frahang ī Oīm, 7 は †arətō.karəθnō yazišn kardār「arətō.karəθna- とは祭儀の執行」といっており，これでは第 6 季節祭特有の修飾詞とはならない，というのは他の 5 祭にもそれぞれ祭儀は執行されるからである。arətō.karəθna- のarəta-(<arətō)は OI ártha-「利益，実利」に引きあてらるべきで，arətō.karəθna- は OI artha-kara-「利を生じる，有益な」と同義である。arəta- を Av aša-＝OP (a)rta-＝OI r̥tá- と同定して「宣誓」と解し，問題の語を「宣誓の行われる」の謂い[10]だとしたり，arəta- を MP ardīg「戦闘」と関連させて問題の語を「戦闘の行われる[11]」と解したりするのは，第 6 季節祭の名称を「観兵式」とみてその中に「軍」をみとめようとする立場からきたもので，首肯することができ

ない.

　aratō.karəθna- が著者の主張するように「利益をもたらす」の謂いであるとすれば,第6季節祭の名称にもこれにふさわしい語義をあてるのが,もっとも無理のないところ. そこで著者はこの語を hama-「すべて(を)」, spaθ-「利益する(ための)」, *maēda-「祭儀」の3要素から合成された *hama-spaθ-maēda-「すべてを利益する(ための)祭り」に -iya->-aya- を接尾したものとみて,「すべてを利益する(ための)祭りの, それに関係のある」と解したい. -iya-> -aya- は例えば *aspiya->aspaya-「馬(aspa-)から成る」にもみられるもので, 取り立てて論じるほどのこともない. それよりも -spaθ- がすこしく問題視されよう. これは ^{3}spā-「助長する, 栄えさす, 生気づける」の現在分詞 *spant- の別形 *spaṭ- とみるべく, 例としては(いずれも人名) Av vindaṭ.spāδa-(「軍を獲得しているもの」)と Av viδaṭ.x^{v}arənah-(「フワルナフを獲得しているもの」), Av vīdaṭ.gav-(「牛を獲得しているもの[12]」)などがあり, 合成詞の前肢に vaēd-「獲得する」の現在分詞が vindaṭ- や vǐdaṭ- として併出しているがごときである. それゆえに *spaṭ- の末音はよいとしても, 問題は *spaṭ- と -spaθ- との間にみえる ṭ と θ との相違である. ṭ の調音はあまり明らかでないが, ṭ が θ になったり δ になったりすることは知られている. 前者の例は Zaraθuštra で, これは *zaraṭ.uštra-「老駱駝の持ち主[13]」から来たもので, *zaraṭ は OI járat-「老いた」と同じものである. これにたいし後者の例は Fradaδafšū- と Vīdaδafšū-[14] で, それぞれ *fradaṭ.fšu-「家畜を助成するもの」, *vīdaṭ.fšu-「家畜を獲得しているもの」から由来している[15]. このような ṭ>θ, δ は, おそらく合成詞としての語感を失って一語として密に熔融した結果ではないだろうか.

　このようにして, 第6季節祭は「すべてを利する祭り」であることが明らかとなったが, では何故にそのように呼ばれるのか. これに答えてくれるものが Yašt 13: 49-52 である. 前半はフラワシたちの描写(49-50), 後半はそれにもとづいたゾロアスター教徒への勧奨(51-52)である.

　　(49)　義者たちの, よき, 強き, 利益するフラワシたちをわれらは崇める
　　　──そはハマスパスマエーダ(祭)のときに(かれらの)居所からくだって来

6 第六季節祭, Av. spənta-, および Av. ānuš.haxš Ārmaitiš

る,ついでここで10夜のあいだ,往ったり来たりする,このことを知りたがって.

(50) 「だれがわれらを称讃するだろうか,だれが崇めるだろうか,だれが歌歎するだろうか,だれが愛好してくれるだろうか,だれが手に乳をもち衣服をもち天則に達する頂礼をもって奉仕するだろうか,だれによってわれらの名がここで讃称されるだろうか,そなたたちのうちのだれによって(われらの)魂が崇められるだろうか,だれに,われらによって,いつまでもそしていついつまでもかれによって食うに尽きることのないだろうこの施与が授けられるだろうか」.

(51) されば人あって手に乳をもち衣服をもち,天則に達する頂礼をもってかれら(フラワシたち)を崇めんには,義者たちの強きフラワシたちは満足し,離苦し,悪まれることなくて,かれによく接するであろう (52) 「この家に牛の群と人の(群)とがあれかし,駿馬と堅固な車があれかし,毅然たる能弁の人で手に乳をもち衣服をもち天則に達する頂礼をもってまことにわれらを崇めんものが(この家に)あれかし」(と言って).

さきに引用したブンダヒシュン句では歳末の5日間となっていてここの10夜とは異なるが,この祭儀がフラワシを迎えてまつるものであることは同じである.フラワシ fravaši-(fravašay-)はアヴェスター語形で,古い共通イラン語形は *fravarti- である.この語の語源には定説はないが,著者は fra-var-ti と分解し,その fra-var- に OI pra-vr̥-「守護する」を引きあてているから,本来の意味は「守護すること」で,そこから「守護霊」の意味が引き出せるものと考えている.OIr var-=OI vr̥- は「包む」で,これに OIr fra-=OI pra- が前接されると「先きに立って包む」という謂いから「守護する」の意味となるもので,MP pēšōbāy と似たところがある.この語も語根は pā-「守る」で pēš-「前に,前の」が前接されると「先きに立って守る」ということになり,pēš-ō-bāy は「先きに立って守るもの,リーダー」をさす[16].フラワシとはイラン独得のものとも言いうるもので,一種の霊質的存在と考えられ,義者たるものはすでに死亡したものばかりか,まだ生まれ出ない未生のものにも,すでに存在すると

される．ブンダヒシュン TD₁ 29:10-17＝TD₂ 34:4-13 はこういっている．

かれ（オフルマズド）は人間を 5 要素をもって創出した．tan「肉体」と gyān「寿命」と ruwān「魂魄」と ēwēnag「属性」と frawahr「フラワシ」で，すなわち tan は大地にして gyān は風と結びついているところのもので気息を入れたり出したりするものであり，ruwān は体内で bōy「意識または感官」と相いたずさえて聞き，見，言い，知るところのものであり，ēwēnag は太陽圏（xwaršēd pāyag）にあるところのものであり，frawahr は主オフルマズドの大前にあるところのものである．

（アフレマンの）侵襲をうけて人間が死ぬと，tan は大地に，gyān は風に，ēwēnag は太陽に，ruwān は frawahr にむすびつき，ためにかれら（人間）の ruwān を破壊することができぬように（¹nē tuwān ¹bawēd [TD₁ による]）創出されたのである．

文中にみえる gyān とは気息霊とも訳されるもので，気息の停止とともに終わる寿命をさすが，それはともあれ，死者の魂を収めて破壊をまぬがれしめるのがフラワフルだとされているところにも語義との関連が示唆されている．ここはフラワシ＝フラワフルそのものを取り扱う場ではないから，それに深入りすることはさけて，フラワシと関連のある事象のほうに取り扱いを向けてみよう．

OIr *fravarti- から（Av fravaši- からでなく）は中世イラン語形 fraward, frawahr が生じた．後者は rt＞rθ＞hr なる音位の転換をみせたもので，前者と別種の語ではない．Av Hamaspaθmaēdaya- に代えて中世語では Frawardīgān なる呼称が用いられている．これは「死者とそのフラワフル（すなわち fravaši-, *fravarti-）をまつる祭儀[17]」である．ゾロアスター教系の諸書では，この fraward や frawahr はその前に hu-「よき」，yašt-「聖なる」などを前接して故人を敬って示すことがしばしば見うけられる（hufraward, yašt-frawahr）．273 頁にあげた「善フラワルド者 Ādurfarrōbag ī Farroxzādān」のごときで，このほかにもシャーブフル 2 世（在位 309-379）時代の Ādurbād ī Mahraspandān も hufraward を冠称されており[18]，ゾロアスターも同様のことがある[19]．この hufraward「よきフラワルド＝フラワシをもつもの」とは要するに「先亡さま」

6 第六季節祭, Av. spənta-, および Av. ānuš.haxš Ārmaitiš 297

ということであるが,著者はこれに -ān を接尾した *hufrawardān を盂蘭盆の語源とみている.この -ān は複数を示す語尾でなく,Frawardīgān のそれと同じく,「……にゆかりのある,……に由来する」などの意味を付与する接尾辞で人名に付して,しばしば「……の子,の裔」などを示すに用いられるものと同じものである.してみれば,著者の *hufrawardān は「先亡さまにかんする,先亡さまをまつる(行事)」などの謂いとなる.

盂蘭盆にかんしては(1)盂蘭盆経,(2)灌臘経,(3)報恩奉盆経があり,(1)は歴代三宝紀(597)や開元釈経録(730)によると竺法護訳(265-290 の間)とされるも出三蔵記集(502-519 中の後半)では訳者不明とされている.(2)は法炬訳(290-306)とされるが伝存せず,(3)は訳者不明として 317-420 の間に訳出されたことになっている.(2)はともかくとして,(1)(3)では目連が餓鬼道におちた亡母を救うために仏に救済法を乞い,それに従って 7 月 15 日,僧自恣の日にいろいろな珍味を盆器に盛るなどして衆僧を供養した,という筋である.この大筋は経律異相(516)巻 14 の第 11「目連為母造盆」でも変わっていない.この傾向はさらにエスカレートして法苑珠林(668)巻 62 に引く大盆浄土経なるものでは仏の所説をきいてマガダのビンビサーラ王が庫官に命じ七宝の盆おのおの 500 を造らせ,百一味の飲食をそれぞれに山盛りして仏と僧に献じた,などと記されている.このようにして長いあいだ盆器説に一致していたが,玄応が出るとその一切経音義(627-649 の間)においてこれを退けて新説を立てた.曰く

　盂蘭盆というのは訛(なまり)で正しい形は烏藍婆拏といい,倒懸と訳す.西国の法を考えてみると衆僧自恣の日に盛んに供養の道具をつくって仏僧に供養し,先亡が倒懸の苦しみをうけているのを救うことにしている.外典に述べていることをしらべてみると,故人となったものが生前罪をつくり,しかもあとつぎの子がなく,神をまつってこの罪の救いを願ってくれるものがいないと,鬼処にて倒懸の苦しみをうける,とある.仏はこの風俗に従って祭儀を設けられたが,それでも三宝の中に功徳をつむことを教えられた.これまでは盂蘭盆とは飲食を盛る器といっていたが,この説は誤りである.

と．

いかにも西国インドでこの風習が盛行しているかのように記しているが，ほぼ同時代の玄奘(602-664)や義浄(635-713)もインドに赴きながら，このことを記していない．また外典云々のことはマハーバーラタにジャラトカール Jaratkāru 仙の挿話があって嗣子なき餓鬼が倒懸の苦をうけるとされているが，この倒懸を強調するのはインドばかりではない．avalambante「さか吊りされる，倒懸の苦をうける」があるからといって，同根名詞 avalambana- から訛音 ullambana-「倒懸」を考えたり，倒懸を救う(救倒懸)というふうに「救い」に重きをおいて ullampana-「救い」なるものを考えて，盂蘭盆の語源だとしても，このような梵語形は他所には見あたらない[20]のである．むしろ，玄応音義の烏藍婆拏説は無理に梵語風に仕立てたきらいがあるし，かれの出るまでは上記のごとく盆器説が通用していたことを改めて取り上げてみたい．しかも，この説を盛った前掲諸経典は岩本裕博士の指摘にみられるように，中国的要素があり，また訳文としてみても常套的な表現とは異なるものがみえるうえに，梵本も西蔵本もないところからインド撰述を疑わせるものがある．よって盂蘭盆行事やこの語の起源は，むしろ，イランに求めるほうがより合理的である．

ウラボンのイラン起源説は井本英一教授によって創唱され[21]，岩本裕博士がこれにつづいた[22]．しかし，この両説で考え方が出尽くしたわけではないから，著者は上にあげた hufrawardān を提唱する次第である．ここでは井本・岩本両説を言語面においてのみ紹介してみることにしよう．井本説ではウラボンの語源を OIr *artavānam(artavan- の男性単数対格)の転化 *artavān(中世イラン語形)の一方言形 *ulavān なるものに求められたが，そのさい，このような方言形がじっさいに指摘されるならば，という条件を付して慎重な態度が示されている．これは artavan- がパルティア語では artavan->*arθaw>ahlaw('hlwb' と書かれる．音位の転換を伴う)となり，中世ペルシア語でもこれが常用され，頭音が円唇音化して *uhlaw(*uhlawān)となるような方言形の見い出しがたいことを知悉されているからであろう．じじつ，この円唇音化は，Av pərətu-「橋」>*purθ>MP puhl, Kurdish purd, NP pul のように，唇音(ここでは p)の

6 第六季節祭，Av. spənta-，および Av. ānuš.haxš Ārmaitiš

影響をうけるときにしか見い出されない．井本説では artavan- とは，もともと「自然法と結びつく霊力をそなえた者」との謂いで，死者がそのような存在としてこの世界を訪れる日がお盆の日であるとされ，また霊魂を意味する Av urvan- にはウラボン行事とむすびつくような背景がないからといって，この語をウラボンの語源とみなすことには難色を示された．これにたいし，岩本説ではその Av urvan- がウラボンの語源として断定された．穀霊と人霊との間には民俗学的に密接な関係があり，したがって Av urvarā- f.「(有用)植物」と Av urvan- m.「魂」とは同じ語根から由来している，との考え方がこの説の支えとなっている．しかし，中世語では urvarā- は 'wlwl すなわち urwar であるのに，urvan- はどの中世イラン語でも，一般に頭母音とみられているらしい u- を失っている．すなわち，Parth rw'n, 'rw'n (双方ともソグド語にも在証される)，MP rw'n (碑文), lwb'n¹ (ゾロアスター教系書), rw'n (マニ教系) などがそれで，パーザンド形 (アヴェスター文字で写音された中世ペルシア語形) ruą によってこれらの子音スケルトンは ruwān, arwān/ruwān であることを示している．パールシー形 lwb'n や NP rw'n も同じく ruwān である．arwān の a- は urvan- の u- が a- になったものではなくて，いわゆる語頭添加の a-(a- prosthesis) であり，イラン語にはめずらしいものではない．例えば MP spās/aspās「感謝」，spēd/aspēd「白い」など．Av urvan- の u- は独立の音価を有したり語源的背景を有したりするものでないと考えることもできる．アヴェスターには独得な綴り方があって，しばしば人をして迷わしめることがある．urvan- もその一例とみれば u- はつぎの r がもつ円唇音的ニュアンスをあらかじめ示す指標のようなものとなり，この語もまぎらわしさを避けるとなれば rºuvan- とでも写すことができるもの．ちなみに，中世語 ruwān の -ā- は Av urvan̨əm (OIr *ruvā-nam) なる単数対格形に由来している．要するに，Av urvan- は Av urvarā- と同根でないこと，またその頭字 u は頭音 u- を写すものでないこと——そのように考えることができる．現存する盂蘭盆関係の経典中最古のものでも 265–290 年間の訳出とされ（竺法護訳盂蘭盆経），すでに中世イラン語期に属するから，たとい一歩ゆずって Av urvan- を字のごとく読むとしても，この古代語形

を盂蘭盆の語源に擬するのはいかがであろうか．それに著者は，ruwān のほうが通用していたことを，別の方面から立証することができる．それは，景教を中国に伝えた阿羅本なる人名の中においてである．かれは景教僧の一団をひきいて 635 年に長安に到着しており（大秦景教流行中国碑〔781〕），同じ「阿」姓をもつ阿羅憾（または㦤）とともに注目さるべきもの．ところで，この両者はいずれも佐伯好郎氏によって Abraham ('Aḇrāhām) とよまれており，また前者はペリオによって rabbān (「大徳」) と解されているが，いずれも根拠のない読みで取るに足らない．著者によれば，「阿」は MP anōš「不死の」の頭音 a- をとって略表示し，いかにも中国人の家名のごとくに仕立てたものであるが，その背景には一，二考察してみるべきことがある．「阿」字は漢字で外語の ă- 音を写すのによく使用されることは周知のとおりであるが，西教の胡人がこれから入ってゆく中国の状勢で「阿」字とかかわりのふかいのは，いうまでもなく梵語であり，仏教である．仏典にみえる梵語語詞の頭音 ă- が「阿」で写音されるのがそれである．このような世界にあとから進出するものがこの風に倣えば，さしあたって風当たりもそれだけ少なくなるであろう．このような配慮が，「阿」字使用の一因かと思われる．それに，この「阿」字使用には，もう一つの因由があったらしい．それは景教徒の奉持する経籍中に，はやくから，仏陀伝をキリスト教的に改作したもの，つまり，究極的にはインド仏教に遡るものがあったからである．著者がこのように言うのは，かれらの弥施訶自在天地経はキリスト教的に賦彩された菩薩，すなわちユヤーサプを精神界の転輪聖王に仕立てたもの，いわば東方版バララアムとヨサパト物語とみられるし，四門経は有名な仏陀の四門出遊をキリスト教的に翻案したものと推察されるからである．「阿」が阿字本不生といって，単なる ă- 音の写音というよりも，さらにふかい意義を付与されていたことなども，あわせ考えることができる．MP anōš は 'nwš「霊寿」として景教僧名にも再現されていて，無縁の語ではなかった．そして「羅本」はまさしく ruwān「魂」であるから，阿羅本とは MP Anōš-ruwān「不死なる魂の持ち主」の略表示ということになる．サーサーン朝王フスラウ 1 世のニックネームが Anōšag-ruwān (anōš-ruwān と同義) であることは周知の

とおりである。ここでは「羅本」はウルワンを写していない。もちろん、著者による語解は、これのみでは恣意的と批判されるかもしれないが、同じ「阿」は上記した「阿羅憶」にも見い出されるのである。この人名は Anōš-rōγn「不死のバターの、不死のバターを食した (of immortal butter, having eaten immortal butter)」の謂いである。なぜこのような解釈をするのかといえば、まず中世ペルシア語書知慧の霊の判決 (Dādestān ī Mēnōg ī Xrad) 第2章に興味ある数節があるので、それから取り扱っていくことにしよう。その §110 において、質問する「賢者」に「知慧の霊」は、答えて「この世に安心していてはならぬ、というのは、そなたには最後に死がやってくるからだ」ということばを皮切りに、死後の魂のうける種々な運命を、延々と語してきかせる。そしてそれが §145 からは、義者の魂の昇霄を述べはじめ、§146 でかれの第4歩が一切の安楽のある無終の光明に到達することを記し、§§147-157 にわたって、つぎのような状況を伝えている (いずれも「知慧の霊」が「賢者」に語りきかせる場面):

(147) すると、もろもろのヤズドともろもろのアマーラスパンドがかれ (義者の魂) を迎えにき、(148) そしてかれにこう問う、(149) 曰く「どのようにして、あの危険でおそろしくて多難な世界から、この危険のない、敵のない世界に、そなたはやってきたのか、善思・善語・善行・善教の若者よ」と。

(150) すると、オフルマズドは仰せられる、(151) 曰く「かれに問うてはならぬ、というのは、かれは、あのいとしい肉体からわかれて、あのおそろしい道を通ってきたからだ。(152) で、かれに、飲食中のもっとも美味なもの——かの中春のバター (ᵃān ī MAIΔYŌZARM rōwan)——をもってきてやりなさい、(153)(死魔)アストウィハード (Astwihād) やその他の諸魔からかれがうけた、あの三夜の罰から、かれの魂を安らわせるために.

(154) そして、かれを、あらゆる荘厳を施した座にすわらせなさい」と。

(155)(これは、デーンに) こう明かされているがごとくである、(156) 曰く、義者たる男子や女子のことだが、逝去ののちは、飲食中のもっとも美味なものとして、すぐメーノーグ諸神が、すぐかの中春のバターをかれ (かの

女)にもってきてやり、そしてかれを、あらゆる荘厳を施した座にすわらせる、(157)いついつまでも一切の安楽の中に、かれがメーノーグ諸神とともに、いつまでも止住するために、と.

「バター」と訳した語は lwb'n¹ とかかれて一見 ruwān「魂」と同じ綴りをみせているが、ruwān ではなくて rōγn「バター」(<Av raoγna-)にたいする、ペルシア語(中世)形 rōwan (w<γ) である.「中春の」と訳した語 maiδyōzarm (パーザンド形)は Av Maiδyōi.zarəmaya- のくずれたもので、第1季節祭である (→290頁). この祭儀は原則的には春分から55日目(5月4日頃)より5日間催されるもので、中世ペルシア語書デーンの判決(Dādestān ī Dēnīg)第31章§14によると、このときにつくられたバターは最勝の飲食とされている. しかし、それは「不死の食」ではなくて、安楽裡に永久に天国でくらすことのできる飲食である. それゆえに、ブンダヒシュン TD₁194:12 –14＝TD₂226:4–6 にあるように、霊牛ハダヨーシュ(Hadayōš)を屠ってその脂と白ホームとから作られて、復活せる人間に永生を与えるとされている「不死の(飲食)」とは異なる.
ところが、アルダー・ウィーラーブ・ナーマグ(Ardā Wīrāb Nāmag)第10章では、このバターが「不死の(飲食)」とされているのである. ここでは、他界遍歴者アルダー・ウィーラーブが自己の見聞したことを口述しているわけであるが、内容からみれば、上に掲げた知慧の霊の判決と同じものである：

(1) 第4歩をすすんで、わたし(アルダー・ウィーラーブ)は、一切の安楽のある、かのかがやくガロードマーン(最勝界)においた. (2)すると、わたしを逝去者たちの魂が迎えにきた.

(3) かれらは安否をたずね、祝福をしてこういった、曰く「どのようにして、義者たるそなたよ、あの危険で多難な世界から、この危険のない、敵のない世界に、そなたはやってきたのか. 不死の(飲食)をたべなさい (anōš xwar)、というのは、長い時間の間ここで平安をそなたたちは見ることになるからだ」と.

このテキストでは、明らかに、中春のバター(rōγn)が「不死の(飲食)」(anōš)とされている. このバターは宗教的な意味をもつもので、著者はこのような背

6 第六季節祭, Av. spənta-, および Av. ānuš.haxš Ārmaitiš　　303

景をふまえて,「阿羅憾」を Anōš-rōγn に溯らせうるものと考える. ここでも, 「阿羅本」の場合と同じく,「阿」は anōš「不死の」の略表示であり, 景教僧「阿羅斯」＝Anōš(ag)-rōšn(「不滅の光りをもつもの」)にもみえるもの. それゆえに「羅本」は 7 世紀初頭に MP ruwān が Av urvan- に代わって盛用されていたことをもの語るものといいうる. 余談であるが, 景教僧「羅含」(「羅舍」はとらない)は MP Rašn(＜Av Rašnu-)または Rōšan で, 前者は, 本来は神名であるが Rōšan とともに人名としても用いられていたもので, 佐伯説のごとき Abraham ではない. また, ペルシア人僧「及烈」は桑原説のごとき Gabriel (Gaḇrī'el)ではなくて, MP Gulag(碑文 gwlky)である.

また, urvan- を認めても, urvan- とのみ言いすてて「魂まつり」などのごとき表現, 例えば *urwānīgān/*ruwānīgān のようなものを考えなくてもよいだろうか. しかし, このような表現では盂蘭盆との間に語形上大きなへだたりを生じて, 事態はいっそう悪化する.

このような難点に当面して提唱した著者の *hufrawardān であるが, 一般的にみて, 外語の漢字写音は一々子音を克明に写すとも限らないから, 著者の言う形を盂蘭盆と対比してみると, まず頭音 /h/ は弱くて脱落しやすい傾向があるので, これをつなぎ止めるために /x/ としたりすることでもわかるように, h は聞きとめられぬか, すでに脱落して伝えられたかしたと考えれば, 盂蘭盆の盂は u-(＜hu-)を写したものとすることができる. つぎの fra- は f を省いて ra-のみを蘭で写し, 最後に war- を盆で写したと著者は考えたい. そうすると, この中世語形は hu-fraward-ān と区切るべきに, 語の後半を war-dān と不当に区切っていることになるが, そこが通俗語源説の特色である. かの, ながく通用していた盆器説というのはこのような区切り方に基づくもので, この盆器説は *hufrawardān によらなければ説明がつかない. というのは, 合成詞の後肢として用いられる -dān は「容器, 入れもの」の謂いで中世ペルシア語にはそれほどまれなものではないからで, 例えば āb-dān「水入れ」, ātaxš-dān「火壇」, astōdān「骨壺」, zēn-dān「牢屋」(＜「武器収納所」)などのごとくである. してみれば, 盂蘭盆の盆は一方では war を近似写音し他方では dān を義訳したも

のとなる．最後に付言したいのは，Frawardīgān という呼称が，なにゆえ，そのまま用いられなかったかということである．考えてみると，中国ではウラボンの行事は中元とむすびついて行われているから，時期的にそれはイランの第6季節祭そのものではなかった．だから，"Frawardīgān"をそのまま用いることはできなかったのであろう．

　盂蘭盆にまつわる目連の救母譚は大いに発展してかれの地獄めぐりが詳細に語られるようになるが，この点においてもイランにその祖型を指摘することができる．いま，アルダー・ウィーラーブの書[23]をみると，本書はアルダー・ウィーラーブなる人物がマング mang（インド産大麻）と酒をのみ身心分離の祈呪が誦せられる中に，かれの魂は遊離して7日7夜他界を遍歴し[24]，帰来後その見聞したところを書記に口述筆記させて成ったものとされている．章を設けること101であるが，そのうち第16-100章を地獄での殃罰受苦にさき，他界遍歴といっても本書がいかに地獄の遍歴に重点をおいているかがわかる．これはゾロアスター教のオーソドックス・ドグマに従えばかかる受難を経験せずともすむことを示唆するもので，アルダー・ウィーラーブが直接その堕獄者を救っているのではないが，救いの方法のあることを間接的に説いているともいえる．しかも興味のあることには，本書には 37, 69, 74, 80, 88 の諸章において倒懸の苦が記されているのである．本書が現行本の体裁をそなえたのはイスラーム時代であるが，その中核は6世紀のはじめ頃に成立したものとみられるから，倒懸説を出した玄応音義(627-649)よりは古い．この先稿本かそれに近いものからパーザンド本（アヴェスター文字を用いてよみやすくわかりやすくすることをねらった中世ペルシア語本）ができたらしく，そのほかにも近世ペルシア語訳やグジャラーティー語訳（この言語はボンベイ一帯に行われ，そこのゾロアスター教徒たちにも用いられてきたもの）もあるので，人気を博していたことがわかる．さらに興味のあるのはダンテ(1265-1321)の神曲の地獄篇と同じく，この中世ペルシア語書でも作者が地獄めぐりの本人となっていることである．しかもこの他界めぐりは本書が唯一のものでなく，イラン古来の伝統に属することも注目したい．アルダー・ウィーラーブに相当するアヴェスター的人物に

6 第六季節祭, Av. spənta-, および Av. ānuš.haxš Ārmaitiš

はアスモー・クワンワント Asmō.xᵛanvant-[25]) があり, アヴェスターのハゾークト・ナスク (Haδōxt Nask) 第2章はかれの他界遍歴譚の一部をなすと考えられる. これをハカーマニシュ朝時代の撰述とすれば, サーサーン朝期には史乗の人物が登場し, その名をカルデール Kardēr[26]) という. かれはゾロアスター教のモウベド(祭司)として, サーサーン朝のシャーブフル1世(在位241-272)からワフラーム2世(在位276-293)までの4王に仕えてぜんじ権勢を得, ゾロアスター教の国教化に重要な役割を演じた人物で, 296年頃80歳で歿したらしい. かれはいくつかの中世ペルシア語碑文をのこしており, 中に注目すべき句がみえる. いま, ナクシェ・ラジャブ Naqš-e Rajab にある碑文[27])をみると, 2-9行でかれは, 自己の所行にたいし現世で神々の恩寵を得たと同じように, 最勝界(天国)でもその果報のあることを示し給えと祈ったところ, そのしるしが現われたというような意味のことを述べ, 17-19行には「確実なことと知るべきは最勝界が存在し, また悪界(地獄)が存在すること, および善行者は最勝界に赴いたが造罪者は悪界に投じられた, ということだ[28])」とも言っている. これらはみな, かれのビジョンにあらわれたことを述べたものである. また欠損の多いサル・マシュハド Sar Mašhad の碑文[29])にも 34行には

……かれらにこう言った「騎馬者[30])たちの将と騎馬者たちをわたし(カルデール)は見たが, かれらはすぐれた馬に乗っていて[31])……」……

とあり, 35行には

……[32])「そしていまや東方から女があらわれてやって来たが, わたし(カルデール)はかの女よりすぐれた女は見たことがなかった. ……」……

と見え, また43行には

……[33])かれらは見えた, そしてその方から橋にすすんで来ていまや橋に着いた. そしていまや……

とあるのが読みとれる. 最勝界が騎馬者によって警護されていることはすでに知られており[34]), 人の生前の営為の善悪が死後清算されて美女醜女の姿となってかれを迎えることも周知のことである[35])から, 34,35行にみえることは, カルデールが自身のビジョンにあらわれたことを記したものであることがわかる.

また，死者の魂が渡らねばならぬチンワントČinvant(チンワドČinwad)橋のことも古くから知られていることであるから，43行も「　」内に入れてカルデールの所談(ビジョンに基づく)とみるべきものである．してみれば，カルデールの場合は伝説などと異なる事実談であるといえる．これに関連してぜひ記しておきたいことがある．それはこのようなビジョンを得るのに使われたと思われる建物・施設のことである．著者はそれをナクシェ・ロスタムの前にあるカアバイェ・ザルドシュト Ka'be-ye Zardošt[36] (ゾロアスターのカアバ)やパサルガダイ Pasargadai のゼンダーネ・ソレイマーン Zendān-e Soleymān[37] (ソロモンの牢屋)にみとめたい．カルデールは，カアバの外壁(東側の)に付刻している自身の碑文(カルデールのカアバイェ・ザルドシュト碑文[38])3行目(これはかれのナクシェ・ロスタム碑文の6-7行目[39]に同じ)において，シャーブフル1世が

　　このブン・カーナグ bun-xānag はそなた(カルデール)のものにせよ．されば，そこにてなされることが神々やわれらにとってよしと，こうそなたが知っているとおりに行動せよ

といってこの建物をカルデールに付嘱した旨を述べている．ブン・カーナグ(ハーナグ)とは「根元(bun)の家(xānag)」ということで，それはサーサーン王家(それにモウベドも含まれているかもしれない)にとってのよきことがこの建物で行われることから発祥することを期待するものである．王室興隆の根元をなす建物とは，そこでカルデールがビジョンを得て大王に進言するなり，みずから行動するなりして王家の幸いをもたらすという意味である．ゼンダーネ・ソレイマーンもこの建物と同型で，しかもいずれもハカーマニシュ王朝期から存していたことが知られている．カアバやゼンダーンについての著者の見解は昭和49年3月14日付けの書面で，当時イランのパハラヴィー大学(在シーラーズ)に出講中だった畏友上岡弘二君に書き送ったものだった．マグ僧ガウマータ Gaumāta[40] がこのような建物に拠ってビジョンを得，それに力を得て(あるいは，ビジョンを得たとの口実で)王位簒奪の叛を企てたということも考えられぬことではなかろう．王墓至近の距離にこのような施設を設けるには，

6 第六季節祭, Av. spənta-, および Av. ānuš.haxš Ārmaitiš

どのような考え方があってのことか．人煙を遠ざけた地点というような単純な考え方からではなかろう．サーサーン朝王フスラウ1世の一アンダルズ[41]によると，臨終に大王は遺言して「肉体から気息霊[42] (gyān, ǰān) が分離したら，このわが王冠をぬがせて墓に持ちゆき，そして墓の上に置いて世の人びとの心にこう叫びかけよ，云々」といった，というのがある．墓がどのように見なされていたかを，なにか示唆しているのではないだろうか．

著者は盂蘭盆にまつわる目連救母の地獄めぐりに関連してイランにその祖型のあることを説く過程で，つぎつぎと触発されて生起する諸問題に言及したが，要するに盂蘭盆の行事や盂蘭盆という語そのものやの起源はイランに求められることを主張するものである．イランの習俗として Av fravaši-, MP frawahr, fraward が一定の日にこの世界を訪れるというのだから，MP Frawardīgān なる呼称もそうであるように，「盂蘭盆」の語源もこの fraward を含むものであることが望ましく，その意味において *Hufrawardān を提唱するものである．しかし，盂蘭盆そのものを問題とするのがこの論文の主旨ではないから，これに関連するその他の問題には敢えて立ち入ることをさしひかえ，論題にかかげたつぎのテーマに移ろう．

*　　　　　*

MP Frawardīgān のアヴェスター名 Hamaspaθmaēdaya- の中にある -spaθ- が *spant-/*spaṭ- であること，またそれが ³spā-「助長する，栄えさす，生気づける」の現在分詞であること，など上説したとおりである．私見によれば，この分詞形を a- 幹に転用したものが *spanta->Av spənta- である．だから Av spənta- は「利益する」ということ．a- 幹転用は OP θkt- にもみられる．一般にはこれを θakata- と読んで，その -ata- に困難な説明を試みている[43]が，著者は採らない．-ata- は Av yazata-「崇められるべき（もの)，神」にみられるように，受動義務的意味合いをもつのが建て前である．OP θkt- は θakanta-「経過しつつある」と解し，*θakant-(OP θak-=Av sak-「経過する」の現在分詞) の a- 幹転用とみるのである．転用の理由はなんであれ，曲用しやすいことも大きな因の一つであろう．

spəṇta- はゾロアスターの教義を特色づける大きな柱の一つである.「利益す(りやく)る,恩寵を施す,助成する」などの観念がかれの教えを貫いている.かれはアフラマズダーの,天則に基づく恩寵を人びとに説き,授けるのが使命であった.saošyant- なる語にもそれが伺われる[44].そのように重要な spəṇta- の意味が見失われていたことは遺憾である.この語の意味——もっと正確にいえば Hama-spaθ-maēdaya- の中にある -spaθ- の意味——は,上述した arətō.-karəθna- がパラフレーズしているではないか.これはアヴェスター自身による説明である.これにたいし,中世語では spəṇta- を abzōnīg と訳しており,その abzōnīg が積極的に「恩恵を施す,bountiful, beneficent」の意味をもつこともすでに知られている.しかし,それにもかかわらず,spəṇta- には古来多くの意味が提唱されすぎた.(1) リトアニア語 (Lith.) šveñtas と関連ありとして「神聖な」と解し[45],(2) あるいは,この関連は認めても šveñtas の本来の意味は不確実だから spəṇta- のそれも同様であるとし[46],(3) あるいは,古スラヴ語spěti, Lith. spěti, OI sphāyate「肥大する,溢れる,増大する」,sphātí- f.「肥育」を参照して「恩恵的な」と解し[47],(4) あるいは,「神聖な」に「聖別する,恩恵的な」の意味をも含ませて解し[48],(5) あるいは,span- から派生した形容詞で「超自然力をそなえた,強力な」と解する[49]など.MP abzōnīg につよく依拠しようとするものもなく,arətō.karəθna- に注目するものに至っては皆無のありさま.そのために spəṇta- は玉虫色のような多義語にされたきらいがある.H. W. Bailey[50] の逆手をとるわけではないが,Yasna 51: 21 において spəṇtō と spəṇvat との間に語源的関連が強調されていることが,著者の立場からでも,つぎのように解すれば,これを立証することができる:

  Ārmatōiš nā spəṇtō hvō čistī uxδāiš šyaoθanā
  daēnā ašəm spəṇvaṯ vohū xšaθrəm manaŋhā
  アールマティから(または,アールマティに属すれば)人は利益(りやく)的となる.
  かれは天眼をもって,ことばと行いと
  ダエーナーをもって天則を利益するであろうし,よき心をもって王国を
  (利益するであろう).

6 第六季節祭，Av. spənta-，および Av. ānuš.haxš Ārmaitiš

このようにして，spənta- は aŋra-「破壊的」(angra- とも書かれるがアンラであってアングラではない．語根は anh-「破壊する」)とその意味において対立し，この対立は両者ともに -a 幹名詞たることによっていっそう浮き彫りにされている．Av gaospənta->MP/NP gōspand は「神聖な家畜」を本来の意味とするかのように理解されている[51]がそうではなく，もとの意味は「有用な家畜，益畜」の謂いである．

ここに引用したガーサー句はまた ārmaiti- なる語の意味を決定するうえにも，重要なカギをにぎっている．ガーサーを通してこの語は 4 音節に数えられるとされている．そこで OI arámati- と同定して ārmaiti- を *aramaiti- と 4 音節に読みかえる説[52]がある．そして OI arámati- を *aram-mati- の同音省略とみなし，*aram-mati- に対応するものが Yasna 45:11 に arəm(=*aram) man-「随念する，submissively think of」として在証される(ここでは tarə.man-「侮念する，despisingly think of」と対照的に用いられている)のをあげて ārmaiti- を「随念」の謂いだとする．しかし H. W. Bailey[53] はこれを否定し，Arm armat「基礎，basis」と同定し，(Spəntā-)Ārmaiti- とは，本来は「(強力な)基底，(Mighty) Foundation」の謂いで，それがあとになって通俗語源学的に arəm man- または OI arámati- とむすびつけられたものだ，とした．だから，この説にも，ある意味での ārmaiti-=arámati- 説があるといえる．しかし ārmaiti- はあくまで ārmaiti- で r と m との間には母音が介在しないし，Arm armat の ar- は IE u̯r̥- に由来し[54]，この u̯r̥- は Av vərə- となって ǎr- とはならないはず．詩人ゾロアスターが音節数の不足にもかかわらず一貫して ārmaiti- を堅持したことは，とくに注目する必要がある．MP spndrmtˡ (女神名)やコーラスミア語 'sbnd'rmd「大地」は NP Isfandārmuδ から考えて，それぞれ Spandǎrmad, asbandārmad とよむべきで，r と m との間に母音のはいる余地はなさそうである．コータン・サカ語 śśandrāmata では dār>drā なる転換がみえるが，これも本来は r と m との間に母音のない形から来ている．ここにあげた諸語形はみな Av Spəntā Ārmaiti からの転化であるが，その (Spəntā) Ārmaiti に属するか，またはアールマティから，人は他を利するもの(spənta-)となり，天則や王国を

利益するだろう (spənvaṭ)(上出)というのであるから，ārmaiti- なる語がこの「利益」に近い概念であることを推察させる——そう考えるのがもっとも捷径である．Yasna 46:12 でも

  hyaṭ us ašā   naptyaēšū nafšučā
  Tūrahyā[uz]ĵən Fryānahyā aoĵyaēšū
  Ārmatōiš   gaēθå frādō θwaxšaŋhā
  aṭ īš Vohū   həm aibī.mōist Manaŋhā
  aēibyō rafəδrāi Mazdå sastē Ahurō

トゥーラーンびとフリヤーナの喧伝されるべき
世嗣ぎ[55]や孫たちのあいだに，アールマティ(施恩)から
庶類を熱心に栄えさせるものたちが，天則のおかげで，興起したので
かれらに助力するために示現しようとして，マズダー・アフラは
かれらを，ウォフ・マナフに(慇懃され)て，引見し給うた.

といって，アールマティが人をして庶類を栄えさせる契機となっていることをあらわしている．このように庶類の利益と助成がアールマティと関連していることは，Yasna 44:10 や 48:5 にもこれをみることができる．

　このような事情から著者は ārmaiti- を *ārma-mati-「施与を思うこと，施恩，施心」という，いわゆる karmadhāraya 的合成詞から同音省略の結果生じたものとみたい．その *ārma- は合成詞の前肢として *ārman- から転化したもので，*ārman- は ²ar-「授ける，頒与する，預からせる」から派生した形容詞または行為者名詞．母音を長じる例は OI bhā́rman- 'the bearing'(＜bhr̥-)や kārṣman-「競走の決勝線，ゴールライン」(＜kr̥ṣ-)などにもみられ，また合成詞の前肢としての ārma-(＜*ārman-)については Av apišman- 対 Av apišma.x^vara-[56)を参照したい．apišman- の -piš- は ¹pā(y)-「守る，さえぎる，ふせぐ」の -s- 拡張形で，a- は示欠辞．したがって apišman- は「あばく(＜「かくさない」)」の謂い．Yašt 10:105 は難解視されているが

  iθa mainyete dušx^varənå
  nōiṭ imaṭ vīspəm dužvarštəm

6　第六季節祭，Av. spənta-, および Av. ānuš.haxš Ārmaitiš

nōiṯ vīspəm aiwi.druxtəe
Miθrō vaēnaiti apišma
悪運者はこのように考える
「この悪行のすべてもだ，
あざむくために(なした)すべてもだ，
ミスラはあばいて看給うことなし」
と解することができるし，Wīdēwdād 13:47 には犬を叙してつぎのように言っているとみることができる：

tąθrō.činō　　　　yaθa tāyuš
xšapāyaonō　　　yaθa tāyuš
apišma.xᵛarō　　 yaθa tāyuš
aθača dužniδātō　yaθa tāyuš
aiti.šē haēm　　　yaθa tāyuš

盗人のごとく闇を好み
盗人のごとく夜行し
盗人のごとく食をあばき
また盗人さながらの悪性：
盗人のごとくかれにはこれだけの性質がある。

tąθrō.činō　　　　yaθa disuš
xšapāyaonō　　　yaθa disuš
apišma.xᵛarō　　 yaθa disuš
aθača dužniδātō　yaθa disuš
aiti.šē haēm　　　yaθa disuš

ねずみのごとく闇を好み
ねずみのごとく夜行し
ねずみのごとく食をあばき
またねずみさながらの悪性：
ねずみのごとくかれにはこれだけの性質がある。

著者が apišma.xᵛara-「食物をあばくもの」と解した語は apišma.xᵛar- とよまれて,「盲減法にたべる⁵⁷⁾」,「太陽を見たがらぬもの⁵⁸⁾」,「顔(<「目」)を太陽に向けないもの⁵⁹⁾」などと, 諸種の解釈が試みられているが, 納得しがたいものばかりである.

もとの ārmaiti- にもどるが, 著者の語解はこれを Yasna 53:3d および 31:12 によってさらに裏付けることができる. 前者において, ゾロアスターの末女ポルチスター Pouručistā はこうアドバイスされている:

 aθā həm fərašvā θwā xraθwā spəništā ārmatōiš hudānvarəšvā

 されば, そなたの願意と談合しなさい,

  施恩(アールマティ)から出た, もっとも利益的な女性として,

  喜捨する女性として, 施与しなさい.

spəništa- は ³spā- から出た -an- 派生形容詞 span-「利益する」の最上級で OI vi-bhū->vi-bhván- 'able' に比較しうる. hudānvarəšvā は hudānū varəšvā⁶⁰⁾ とみずに hudānū arəšvā とみたい. この解釈が正しいとすれば, arəšvā はここでは中動相が能動相として用いられていることになるが, これには fərašvā「談合せよ」の影響も考えられる. こうして, この短いガーサー句は span-「利益する」, ārmaiti-, hudānu-⁶¹⁾, ²ar-(arəšvā) と, いずれも利生, 饒世, つまり仏教的にいえば利他(parârtha)の観念に通ずる語詞をちりばめ, ゾロアスターの教義の根本性格をつよく打ち出しているといいうる. Yasna 31:16 に家・郷や国を「よく施与してもって……栄えさせようとつとめるもの(yə̄…hudānuš…fradaθāi aspərəzatā)」の出現が待望されているのも同じ境地である. Yasna 53:3d の文意からみて, 著者が ārmaiti-(<*ārma-mati-)を「施与を思うこと, 施思, 施心」と解するとしても, これまでに提唱された語義に, はなはだしく劣るともいえないであろう. このような著者の Ārmaiti- であってこそ, もろもろの幸いを授けるといわれたり授けよと乞われたりするのもうなずけるわけで, かかる Ārmaiti- を示すものとして, われわれは Yasna 28:7, 30:7, 31:4, 33:12. 13, 34:10. 11, 43:1. 16, 47:1. 3. 6, 48:5, 49:10, 51:20 をあげることができる. 中でも 33:12a および 48:5 は注目に値いする. 33:12a は

us mōi [uz]arəšvā Ahurā　Ārmaitī təvīšīm dasvā
わたくしに許与してください，アフラよ，アールマティを通して耐久力を授けてください．

といっている．us…arəšvā を us-ā-¹ar- の命令法とみて「立ち上がってください」と訳するのがふつうであるが，著者は H. Lommel の解釈[62]をとりたい．Yasna 53:3d と同じく，ここでも arəšvā(us-ā-arəšvā) と ārmaiti- との間に語源とむすびついた語呂遊びがあるし，また同じように中動相(arəšvā, dasvā)が能動相の代わりに用いられている．dasvā の中動相にかんがみてここを「アールマティを通して(わたくしのために)耐久力を取得してください」とするのは採らない．また Yasna 48:5 b–d をみよう:

vaŋhuyå čistōiš　　šyaoθanāiš Ārmaitē
yaoždå mašyāi　　aipī zą̇θəm vahištā
gavōi vərəzyātąm　tąm nə xᵛarəθāi fšuyō

よい眼[63]のわざをもって，アールマティよ，
最勝者として御身はきよめてください，人間のためにも分娩を．
御身は牛のために牧養してください．御身はそれを，われらの食用となるように牧畜してください．

著者の立場をよりよく理解するには Yasna 45:9 c–e も参照したい:

Mazdå xšaθrā　　vərəzənyå dyąt̯ Ahurō
pasūš vīrəng　　ahmākəng fradaθāi ā
Vaŋhōuš ašā　　haozą̇θwāt̯ ā Manaŋhō

マズダー・アフラがその王国を通して(人畜を)強精にし給うよう[64]
——天則による安産によって，ウォフ・マナフに属する
家畜(と)人といったわれらのものを栄えさせるために——．

Yasna 48:5 d に「それ(牛)をわれらの食用となるように牧畜してください」とある句の「食用となる」とは「牛肉を食う」ことで「牛乳を飲む」ことではない．そして，もしこの解釈にして誤りがなければ，Yasna 32:8 ab はイマが人間に牛肉を食わせたことを非難するのではなくて，Yašt 19:34 にあるように，

かれが偽りで不実の言を弄した点を責めているものと解される．中世ペルシア語書でも，かれが神に感謝の心を失い不正の言を弄するようになったといっている．このガーサー句は古来難解をもって鳴るものの一つであり，著者がここに提唱するような解釈さえ，まだ打ち出されてはいない[65]．

  aēšąm aēnaŋhąm   Vīvaŋhušō srāvī Yimascīṯ
  yə mašyəng čixšnušō   ahmākəng gāuš bagā x^vārəmnō
  これらもろもろの罪業にはウィーワフワントの子イマさえも(関与したと)
   きこえている——
  そ(のかれイマ)は「牛は，(おのが肉の)頒与によって，われらの人の子
   を満足させようと欲するもの」(といって)みずからも食して(いたも
   の)．

bagā は *baga-n.「頒与」の単数具格とみたい．gāuš は諸写本がみな一致しているもので gav-「牛」の単数主格．これを単数属格 gə̄uš によみかえ，bagā を「片」とみて「人間を満足させようとして肉片を食わせたイマ」とするのは窮余の策で賛しがたく，また gāuš をイマに同定するのも，かかる伝承が見いだせないので不可．著者の立場は Dēnkard VII・9・9–12 によっても支持される．そこには家畜のほうからすすんで適時に屠殺，食用に供されることを求め，かつ満足していることが記されている．しかも同書Ⅲ・287 はこの適時屠殺を「ジャム(イマ)の十訓」中にいれて称揚しているのである．

 Ārmaiti- の性格を決定しかつ著者の立場を裏付けるものとして，最後にYasna 31:12 を引用しよう：

  aθrā vāčim baraitī   miθahvačå vā ərəš.vačå vā
  vīdvå vā əvīdvå vā   ahyā zərədāčā manaŋhāčā
  ānuš.haxš Ārmaitiš   Mainyū pərəsaitē yaθrā maēθā
  かくて，虚言者も正語者も，頴悟者も非頴悟者も，
   おのおの一心専念に言挙げをしています．
  扶翼者アールマティは，対立のあるところでは，(スプンタ・)マンユと談
   合するのです．

6 第六季節祭，Av. spənta-, および Av. ānuš.haxš Ārmaitiš   315

この句は，正語者・穎悟者を定めて，それにアールマティの助力することを述べたものであるが，これを明らかにするには，一，二，語解を要する．maēθā は Av maēθ-=OI mith-「対立する，対抗する」(→293頁)からの派生詞 maēθā-f.「対立すること，対立⁶⁶⁾」の単数主格．ānuš.hak- は，アヴェスターでは，ここ以外には在証されないので語意の決定がむずかしく，一般には「順番に nach der Reihe, 引きつづいて in steter Folge⁶⁷⁾」の意味をもつ OI ānuṣák と同定されるが，H. Humbach のみは「介添えする hilfreich zur Seite stehend」の謂いに解している．じじつ，Ṛgveda VII, 18: 25 にも

　imáṃ naro Marutaḥ saścatánu Dívodāsaṃ ná pitáraṃ Sudā́saḥ/
　aviṣṭáṃ Paijavanásya kétaṃ dūṇā́śaṃ kṣatrám ajáraṃ divoyú//
　かれに支援し給え，御身ら勇士マルト神群よ，スダース Sudās の父なるディヴォーダーサ Divodāsa のごとき(かれ)に．
　パイジャヴァナ Paijavana の所望――難得不朽永続の王権――を助援し給え．

とあって，同じ anu-sac-(saścata ánu)が「随行する befolgen」でなくて，「支援する jemandem(acc.) helfen, zur Seite stehen⁶⁸⁾」の謂いにも用いられることを示している．OI ānuṣák はたまたま anu-sac-「随行する」謂いの用例に属するが，理論的には anu-sac-「支援する」謂いの用例にも属することが可能で，この可能性を現実にした例こそ Av ānuš.hak- なのだと，こう解釈することもできる．とすれば，Yasna 31: 12 は正語者・穎悟者がだれかを定めて，それに助力するアールマティを謳っていることになる．このようにして，アールマティの修飾詞たるこの語は，その語意において spənta- に近く，ānuš.haxš Ārmaitiš「扶翼者アールマティ」は Spəntā Ārmaitiš「利益者アールマティ」のパラフレーズ以外のなにものでもない．

ガーサーには Arədvī Sūrā Anāhitā 女神の名は見いだされない．Ārmaiti-(<*ārma-mati-)「施思・施心」はおそらくこの女神のガーサー的受容であろう．中世ペルシア語では Ārmaiti- は bowandag-menišnīh「円満な心，完璧心」と訳されている⁶⁹⁾が，これは助力をさしのべる境地である．じじつ，アールマ

ティはアフラ・マズダー，スプンタ・マンユ，ウォフ・マナフ，アシャ，クシャスラ，ハルワタートあるいはアムルタートと共在し，共働し，あるいは関与する．これらのガーサー神格がおおむね社会の諸職能に関与していることはすでに指摘されているし，他方，アナーヒター女神の名(上掲)もそれぞれ豊饒・強健・無垢を示して社会の三職能階級の役割に関与しうる．arədvī は ard-「栄える，富む」の派生詞 *ardu-「豊饒な」の女性形(OI vr̥-: urú- m., n., urvī́- f. 参照)で，その *ardu- は OP Ardumaniš-(人名．「豊かな心の持ち主」)にも見いだせるもの．川が「豊饒な」といわれる理由は言う必要もないことで，つぎに川が「強健な sūrā」とは，例えば Yašt 19: 67–68 をみると

    avi təm avi hantačaiti
    avi təm avi hąm.vazaite
    Haē⟨tumå⟩ raēvå x⁽ᵛ⁾arənaŋuhå
    spaētiniš varəmiš sispimnō
    …əmnō paoiriš vōiγnå
    それ(カンス海)に流入するは
    それに合流するは
    財富あり光輪あるハエートゥマント——
    白い波を押し上げ
    多くの氾濫を(ひき起こ〔？〕)すなる——．

    hačaiti [dim]   aspahe aojō
    hačaiti   uštrahe aojō
    hačaiti   vīrahe aojō
    hačaiti   Kavaēm x⁽ᵛ⁾arənō
    astiča ahmi   ašāum Zaraθuštra
    avavaṯ   Kavaēm x⁽ᵛ⁾arənō
    yaθa yaṯ iδa   Anairyå daṅhuš
    hakaṯ usča   us.frāvayōiṯ
    (ハエートゥマントに)同伴するは馬の力，

6 第六季節祭, Av. spənta-, および Av. ānuš.haxš Ārmaitiš

同伴するは駱駝の力,
同伴するは戦士(または男子,壮士)の力,
同伴するはカウィ王朝の光輪.
また,義者ザラスシュトラよ,それ(ハエートゥマント)には
ここにてもろもろの非アルヤ国をば
一挙に浸し押し流すことができるほど
かほどまでカウィ王朝の光輪があるのだよ.

これはハエートゥマント Haētumant(現ヘルマンド)川のことを叙したものであるが,無理のない,自然な解釈をすれば,川の流れの白く波立つさまを形容するには,もっともふつうに用いられる spaēta-「白い」を原辞とする語(spaētinī- f.「白い」)が用いられ,また川が強いということがいかなる境地をさすかはテキストが一読了然たらしめるであろう. Anāhitā の形容詞 sūrā は Av sūra-, OP θūra-, OI śūra-「強い」の女性形とみるべきである. 最後の anāhitā は anāhita-「無垢な」の女性形. かかる Arədvī Sūrā Anāhitā のガーサー的受容を著者は Ārmaiti- にみようとするもので,しかもこの語が「施思・施心」として抽象概念であることも Vohu Manah「善思」, Aša「天則」, Xšaθra「王国,王権」, Haurvatāt「完璧」, Amərətāt「不死」など,いわゆる爾余のアムシャ・スプンタのもつ語義とも見合うものである.

ヴェーダの Arámati- は独自の讃歌を有せず,他の神格への讃歌の中に伴出する場合が多い. Ṛgveda V, 43:6, VII, 34:21, 36:8, 42:3, X, 64:15, 92:4.5 では一切諸神への讃歌,同 VII, 1:6 ではアグニへの讃歌,同 VIII, 31:12 では祭主とその妻への讃歌の中に見い出され,人の徳目としてはマルト神群への讃歌,同 V, 54:6 の中に見い出される. アラマティ女神の本来の性格を決定づける要素はほとんどなく,しいて求めれば VII, 1:6 や VII, 34:21 に vasūyú-「よきものを欲する,求める」とあるくらいで,著者が上来 Ārmaiti- について追求した要素のごときは,その片鱗さえ認めることができない. 語形のうえからも r と m との間に母音を介在させない ārmaiti- と揚音節を介在させる arámati- とでは同日の談ではあるまい. 語音の近似しているのに惹かれてしばし

ば犯す誤謬は Av Hamaspaθmaēdaya- と OP sp'θmid'y' にも指摘したところ.
要するに,Av Ārmaiti- は Ārmaiti- で OI Arámati- ではないのである.

註

1) この論文は拙稿"Gathica XI. The sixth Gāhānbār, spənta-, and ānuš.haxš Ārmaitiš", Acta Asiatica, No. 26(1974), pp. 53-63 を一部において補訂し,古代ペルシア語 sp'θmid'y' および盂蘭盆にかんする私見を書き加えたもの.盂蘭盆については拙稿「盂蘭盆・修二会(一)」(『アジア文化』第12巻1号,1975年6月),pp. 116-120 参照. sp'θmid'y' にかんするものは,この語が第6季節祭の名称と語音に似ているところがあるために語意でも関連があるかのようにみられているのにかんがみ,私見を書き加えたものであるが,この語を上記英文拙稿への追筆としてまとめたものは拙稿"Old Medo-Persian spāθamaidā-", Orient, Vol. XIII (1977), pp. 8-12.

2) 以下における祭典名中,1., 2., 5. については Jean Kellens: Les noms-racines de l'Avesta, Wiesbaden 1974 の索引によって当該箇所をそれぞれ参照のこと. 3., 4. についてはそれぞれ AirWb 883, 160 (*a-yāθra-「帰来」からの派生形)参照.

3) 祆教(ゾロアスター教)暦では毎月を30日とし年末に閏日5日を加える(30×12+5=365日).この5日間が第6季節祭.これがすむと正月となるが,いうまでもなく,1年は春分の日に始まる.

4) この語の中世語形その他については,Henrik Samuel Nyberg: A Manual of Pahlavi, II, Wiesbaden 1974 の spāh の項参照.

5) →18頁註98.

6) É. Benveniste: "L'Ērān-vēž et l'origine légendaire des Iraniens", Bulletin of the School of Oriental Studies, Vol. VII (1933-35), pp. 267-268 は 'l'étendue iranienne de la bonne Dātyā' と解しており,この語解は Gh. Gnoli: Ricerche storiche sul Sīstān antico, Roma, 1967, p. 86 によっても受け入れられているが,vaējah- はこのような自動詞的な意味でない.ちなみに,水とは無関係のものに Av vaēžy-arštay-/-aršti-「槍を投げる,揮う」(ワュ Vayu 神の修飾詞)がある.これは人名としても指摘され,*(A)ršti-vaiga-(人名)とは語順の入れ変わったもの. Ernst Herzfeld: Altpersische Inschriften, Berlin 1938, pp. 77-78 参照.

7) M. Mayrhofer: Kurzgefasstes etymologisches Wörterbuch des Altindischen, Bd. I, Heidelberg 1956, ogha-(aughá-)の項(p. 132)参照.なお,aughá-「洪水」は Śatapatha Brāhmaṇa, I, 1, 8 : 2. 4. 5. 6 のマヌをめぐる洪水譚に出ている.

8) 註6所掲ヘルツフェルト著書 pp. 185-186.

9) Manfred Mayrhofer: Handbuch des Altpersischen, Wiesbaden 1964 は OP spāθ-maida- を「陣営,戦陣,戦争」とし, Walther Hinz: Neue Wege im Altpersischen, Wiesbaden 1973 は OP spāθmaidāyā(ただし読み方不確実とする)を「陣営において,戦場において」と訳し,いずれも Av Hamaspaθmaēdaya- との語源的関連を認めているが語意が示していない.このほか Eiichi Imoto: "Avestan Hamaspaθmaēdaya-", Orient, Vol. X(1974), pp. 11-19 では Hamaspaθmaēdaya- arətō.karəθna- を 'having

the same (hama-) battlefield (*spaθmaēda-)(to attain cosmos out of chaos) wherefore attaining the state of aša is obligatory' なるべしとされている. また H. W. Bailey は Hamaspaθmaēdaya- を 'gathering to the beer-feast' とするが, これは hama- をコータン・サカ語 hāmaa- 'barley meal' に同定されうるとし, -spaθ- は MP spaxr 'feasting', そして -maēda- は 'gathering' だというところから来たもの(井本上掲論文 n. 35 による).

10) 註2所掲ケランス著書 p. 14, n. 2.
11) 註6所掲ヘルツフェルト著書 p. 312.
12) ケランス上掲書 p. 405, n. 3 は「牛を世話しているもの」の謂いも可能という.
13) 前肢を「金色の」の謂いに解しても t の問題は不変.
14) それぞれ世界を構成する南東, 南西の2洲(7洲中の)で, いずれも両数形である.
15) このことは Jacques Duchesne-Guillemin: *Les composés de l'Avesta*, Liège–Paris 1936, § 239 (p. 200) によって立証された(もっとも, 氏は *vīdaṱ.fšu- を *vī-daṱ.fšu- と みて「家畜を頒ち与えるもの」としている).
16) D. N. MacKenzie: "The Vanguard, lying down?", *Sir J. J. Zarthoshti Madressa Centenary Volume*, Bombay 1967, pp. 130–133. 氏は引用していないが pēš-ō-bāy の pēš- の代わりに pas-「あとで, うしろで, しんがりで」をもつ MP pas-ō-bāy「しんがりにあって守るもの」を参照すると, pēš-, したがって fra-, pra- の意味がよりよく理解される. →18頁註100.
17) 註4所掲ニュベリー著書 **fravartīkān** の項参照.
18) Dēnkard VII・5・5, 同 V・1・2 や Ardā Wīrāb Nāmag (註23参照)第1章(ここで は hufraward anōšag-ruwān Ādurbād ī Mahraspandān「善フラワルド者・永霊者アードゥルバーディー・マフラスパンダーン」とある)など.
19) Dēnkard V・1・7.
20) 以上, 盂蘭盆にかんすることは岩本裕『目連伝説と盂蘭盆』法蔵館 1968 の関説箇所に従った.
21) 井本英一「Old Iranian *ərtăvan-」(『インド学試論集』Nos. 6–7 [1965]), 26–35 頁, 同「盂蘭盆の諸問題」(『オリエント』第9巻第1号 [1967]), 41–66 頁.
22) 岩本裕「「盂蘭盆」の語源について」(『金倉博士古稀記念印度学仏教学論集』 1966), 381–399 頁, および註20所掲岩本裕著書240–242頁.
23) 著者の用いたのは Dastur Kaikhusru Dastur Jamaspji Jamasp Asa: *Arda Viraf Nameh. The original Pahlavi Text, with an Introduction, Notes, Gujarati translation, and Persian version of Zartosht Behram in verse*, Bombay 1902 である. その他の刊本は Walther Hinz: "Dantes persische Vorläufer", *Archaeologische Mitteilungen aus Iran*, Neue Folge (以下 *AMI* NF と略記), Bd. 4 (1971), p. 117, n. 1 参照. 参考文献としてはさらに Günter Gobrecht: "Artā Vīrāz Nāmak", *Zeitschrift der Deutschen Morgenländischen Gesellschaft* (*ZDMG*), Bd. 117 (1967), pp. 382–409 がある.
24) その間, かれに陪侍した人びとの行動をテキストは, かれらが「不断に燃えて 芳香を放つ火のそばで, デーンの分離の祈呪すなわちアベスターグ(アヴェスター)とザ

ンドを唱えナスクを誦(じゅ)しガーサーを謳い，暗黒の中で見守っていた」と述べている．デーンの分離の祈呪(wizārag nērang ī dēnīg)とは7日7夜の間，ruwān「魂」が肉体から離れて無事役目を果たすための祈禱文，身心分離の祈りのこと．ここをこのように正解した人のないのは遺憾である．火を燃やしたといっても，「暗黒の中で見守っていた」とあるからには，暗黒を照破するほど大きなものではなかったはず．この程度の火なら，その建物に窓のような通風排気施設がなくても(ゾロアスターのカアバのごとく——註36参照)用を弁じたであろう．

25) この人名は Haδōxt Nask 2:37 に「この義者たる人のフラワシをわれらは崇める．かれはその名をアスモークワンワントという」として出てくる．Asmō.xᵛanvant-とは「岩(Av asman-=OI áśman-)中の太陽(Av xᵛan-=OI svàr-)を見たもの」の謂いであろうが，そうだとすれば名詮自性というか，名そのものが他界遍歴者たることを示唆している．リグヴェーダではヴァシシュタ Vasiṣṭha が仙たるの資格を得るためにヴァルナ神に乞うて「岩中の太陽(svàr yád áśman)」を見たいと願っている (Ṛgveda VII, 88:2):

ádhā nv àsya saṃdŕ̥śaṃ jaganvā́n
Agnér ánīkaṃ Váruṇasya maṃsi/
svàr yád áśman adhipā́ u ándho
'bhí mā vápur dr̥śáye ninīyāt//

そしてかれ(ヴァルナ)との相見を修めてのち
われはヴァルナの顔をアグニのそれなりと観じた．
岩中の太陽と暗黒とに大王(ヴァルナ)は
われを導き給え，(わたしが)奇蹟を見るために．

太陽の入るところは harmyá-(著者はこれを「春の」と解したい)ともよばれる，西方の下界．→365-366頁．

26) この人名は Philippe Gignoux: "L'inscription de Kirdīr à Naqš-i Rustam", *Studia Iranica*, tome 1(1972), p. 177, n. 1 によると Kirdīr とよぶべきで，氏はすでに1970年4月にこれを提唱しているとのこと．

27) ナクシェ・ラジャブはナクシェ・ロスタムの南3km余．ここのカルデール碑文については Walther Hinz: *Altiranische Funde und Forschungen*, Berlin 1969, p. 190 以下，同テキストについては Richard N. Frye: "The Middle Persian Inscription of Kartīr at Naqš-i Rajab", *Indo-Iranian Journal*, Vol. VIII(1965), pp. 211-225 参照．

28) 原文には……ǐčē wizurd ēw ⁱdānist ⁱkū wahišt ⁱast ud dušox ⁱast ud ⁱkē kirbakkar ⁱān frāz ⁱō wahišt ⁱšud ud ⁱkē bazakkar ⁱān ⁱō dušox ⁱabgand……とある．

29) サル・マシュハドはシーラーズとブーシャフルの中程にある．Philippe Gignoux: "L'inscription de Kartīr à Sar Mašhad", *Journal Asiatique*, tome 256(1968), pp. 387-418; 註23所掲ヒンツ論文 p. 120 以下; P. Lecoq: "Remarques sur l'inscription de Sar-Mašhad", *Studia Iranica*, tome 1(1972), pp. 127-131 参照．

30) 註29所掲ジヌー論文, p. 401．

31) 「かれらは～乗っていて」は註29所掲ルコック論文 p. 130 に従って ud ⁱabar

ˡaspān agēr ˡnišīnēnd とよんだもの.
32) 註29所掲ジヌー論文, p. 401, 同ルコック論文, p. 130.
33) 註29所掲ジヌー論文, p. 403.
34) 註23所掲ヒンツ論文, p. 121とその註12参照. ザートスプラムの撰集 III・2-3 には, アフレマンが天に侵入すると天の霊(メーノーグ)がこれに対抗して天をアフレマンから防衛する措置を講じたことがしるされているが, その中に, 義者たちのフラワフル(フラワシ)が天をとりまく塁(とりで)に頭髪のように密集して配置され, そのかれらが戦士として馬に乗り槍をたずさえていることがみえている. テキストは Behramgore Tehmurasp Anklesaria: *Vichîṭakîhâ-i Zâṭsparam with Text and Introduction*, Part I, Bombay 1964, p. 17.

35) Haδōxt Nask 第2章のほか, 知慧の霊の判決(Dādestān ī Mēnōg ī Xrad)第2章にもみえる.

36) この建物は拙著『古代ペルシア』91頁図版 X に右手に黒くみえているもの. 窓は見せかけのもので採光通風ともに不能. これと向かい合っている王墓はダーラヤワフ2世のものといわれている. この建物については, (1)葬廟, (2)拝火用施設, 主として種火の保管所, (3)アヴェスターの収蔵庫, などの説が出されているが Klaus Schippmann: *Die iranischen Feuerheiligtümer*, Berlin・New York 1971, pp. 186–199 によって否定され, 新説の提唱が期待されたままになっている. (3)説にたいする批判については本書274頁参照. Helmut Humbach: "Bun-xānag et Ka'ba-ye Zardušt", *Acta Iranica*, Vol. III(1974), p. 208 は bun-xānag を maison de base「根元の家」と解し, カルデールがこの建物を教会改革の企図・推進の根城にしたとみている. 註24をも参照されたい.

37) 註36所掲シップマン著書 pp. 192, 204–208 参照.

38) Walther Hinz: "Die Inschrift des Hohenpriester Kardēr am Turm von Naqsh-e Rostam", *AMI*, NF, Bd. 3(1970), pp. 251–265(3行目についてはpp. 252, 258, 260); 註26所掲ジヌー論文 pp. 177–205(p. 182においてカルデールのカアバ碑文3行目が同ナクシェ・ロスタム碑文6–7行目と対比されている)参照.

39) 註26所掲ジヌー論文 p. 182参照.

40) 註36所掲拙著14頁, その他索引に所掲の頁参照.

41) *Andarz ī Husraw ī Kawādān*, *The Pahlavi Texts edited by the late Dastur Jamaspji Jamasp-Asana*, II, Bombay 1913, p. 55. MP andarz とは「教訓, 遺言」の謂いで, 書名は「カワード(1世)の子フスラウ(1世)のアンダルズ」の意味.

42) →296頁.

43) 註9所掲マイルホーフェル著書, §140(p. 82).

44) →251頁以下.

45) AirWb の spənta- およびその註15, ならびに Ernst Fraenkel: *Litauisches Etymologisches Wörterbuch*, Heidelberg 1962–65, šveñtas(p. 1041) 'heilig, fromm, feierlich, vornehm, ehrenhaft, -wert, erhaben' とあるのを参照.

46) Herman Lommel: *Die Gathas des Zarathustra*, Basel/Stuttgart 1971, p. 16 ff.

前註所掲フレンケル著書 p. 866 によれば Lith. spěti 'zurechtkommen', Old Slav. spěti 'fortschreiten, gedeihen'.

47) Maria Wilkins Smith: *Studies in the Syntax of the Gathas of Zarathushtra together with Text, Translation, and Notes*, Philadelphia 1929, § 81 (p. 56). ただし女史は OI śváyati「ふくれる」を引用しているが, この動詞は OP spāθa-「侵入」(上掲)を派生させているので女史の論拠は脆弱.

48) Walther Hinz: *Zarathustra*, Stuttgart 1961, p. 58.

49) H. W. Bailey: "Iranian Studies III", *Bulletin of the School of Oriental Studies (BSOS)*, Vol. VII (1933–35), p. 288; Henrik Samuel Nyberg: *Die Religionen des alten Iran. Deutsch von Hans Heinrich Schaeder*, Leipzig 1938, p. 93 'mit wirksamer Kraft versehen' (<*span-*); Arthur Christensen: *L'Iran sous les Sassanides*, Copenhague 1944², p. 32 およびその註 1 'puissant'.

50) 註 49 所掲ベイリー論文.

51) AirWb 506 とその註 8.

52) AirWb 335 ārmatay-(ārmaiti-)「敬虔 Frommergebenheit」; 註 49 所掲ニューベリー著書 pp. 109–114「虔心 gemässe Gesinnung」または「虔心を表明する人びとのコミュニティ Gemeinschaft derer, die eine gemässe Gesinnung an den Tag legen」(p. 110 ——若干の保留をつけているが——); 註 47 所掲スミス著書 § 57 (p. 45)「敬虔 piety」; Jacques Duchesne-Guillemin: *Zoroastre*, Paris 1948, p. 77 ff.「敬虔 Dévotion」; Kaj Barr: *Avesta*, København 1954, p. 192「正思 sømmeligt Sindelag, 正しい, 敬虔な思考 ret, from Maade at tænke paa」; Helmut Humbach: *Die Gathas des Zarathustra*, Bd. I, Heidelberg 1959, p. 23「随従 Gemässheit」; 註 48 所掲ヒンツ著書 p. 105「帰依 Andacht」; 註 46 所掲ロメル著書 p. 19「随順 Fügsamkeit」. これらの諸説は ārmaiti- をほぼ同じ意味に解しているが, これにたいし Ernst Herzfeld: *The Persian Empire. Studies in geography, history and ethnography of the Ancient Near East. From the posthumous papers ed. by Gerold Walser*, Wiesbaden 1968, p. 334 は ārmaiti- を, 古代ペルシア語からのエラム借用語 rmatam 'ranch' と結びつけて,「農耕 agricultura」とする (註 6 所掲ヘルツフェルト著書 p. 125 も同様)が, この結びつけは語形上からも立証できない. なお, rmatam については Walther Hinz: *Altiranisches Sprachgut der Nebenüberlieferungen*, Wiesbaden 1975, *rmāta- n. の項 (p. 206)参照. 同じく首肯しがたいのは Johannes Hertel の説で, それによると ārmaiti- は「居住, 集落 Siedlung」, OI arámati- は「静謐でないこと Unrast」とあるが, これについては註 49 所掲ニューベリー著書 p. 109, n. 1 をみよ.

53) "Additional Note", *BSOS*, Vol. VIII (1936–37), p. 142.

54) Stuart E. Mann: *Armenian and Indo-European (Historical Phonology)*, London 1963, pp. 60, 155.

55) naptya-「世嗣ぎ」の詳細な概念規定は困難. napāt-「孫」にたいし「孫の子, 曾孫」か.

56) AirWb 85: apišma.x^{v}ar- にたいし, 註 15 所掲デュシェーヌ・ギュマン著書 § 140

(p. 106) および Herman Lommel: "Awestische Einzelheiten", *Zeitschrift für Indologie und Iranistik*, Bd. 7 (1929), p. 44 に従う.

57) AirWb 85: 'blindlings essend'; 註15所掲デュシェーヌ・ギュマン著書§140 (p. 106): 'mangeant à l'aveuglette'.

58) 註56所掲ロメル論文 p. 44: 'der…die Sonne nicht (gern?) sieht' mit andern Worten: der das Licht scheut.

59) I. Gershevitch: *The Avestan Hymn to Mithra*, Cambridge 1959, p. 255: 'not turning the face (<sight) to the sun'.

60) 一般にはこのように解して varz-「行動する」の命令法2人称単数中動相とするが, 註52所掲フンバッハ著書 Bd. I, p. 158 は ¹var- の命令法2人称単数中動相として「身をまもれよ schirme dich」とする.

61) OI sudā́nu- 参照. 註52所掲フンバッハ著書 Bd. I, p. 67 および Bd. II, p. 29 をみよ.

62) 註56所掲ロメル論文 p. 161.

63) イランでは古来「悪い眼 MP duščašmīh」は不吉不祥の因として忌避された. この反対が「善い眼 MP hučašmīh」で, ここのように čisti- vaŋuhī- といったり hučisti- (Yasna 34:14) といったりする. 慈眼対邪眼である.

64) 「強精にし給うよう」vərəzənyå dyāt——vərəzōnyå は vərəzan-「強い, 強力な」の比較級 vərəzanyah- の中性複数対格. 註52所掲フンバッハ著書 Bd. I および II は varzī nå dyāt「強精の中にわれらをおき給うよう」とよみかえているが, テキストのままで「強精なる状態」と解したい. したがって, 直訳すれば「(人畜に)強精なる状態をつくり出し給うよう」ということ. OI ūrj-「強い」と同語根.

65) Helmut Humbach: "Methodologische Variationen zur arischen Religionsgeschichte", *Antiquitates Indogermanicae. Studien zur Indogermanischen Altertumskunde und zur Sprach- und Kulturgeschichte der indogermanischen Völker. Gedenkschrift für Hermann Güntert zur 25. Wiederkehre seines Todestages am 23. April 1973*, Innsbruck 1974, pp. 198–199 はこの句にたいする諸解釈を批判して自説を展開し, 「われらのものたる人間を満足させようと努めて, 神と争いつつ罪を犯したところの(イマ)」と解した. 氏によれば gāuš は *gu-/gau-「罪を犯す, 違反する」(ソグド, バクトリア, コーラスミア語に指摘される語根)に属するもので, とくにソグド語γw'n「過誤, 罪」との関連を強調する. しかし, 同じ Yasna 32:14 で gāuš が「牛は」であるのにここの 32:8 でその gāuš が「罪を犯した」の謂いであるとは, 考えにくいケースで, ここらあたりに解釈に無理のあることがわかる. このガーサー句については 329頁およびその註11参照. Hanns-Peter Schmidt: *Zarathustra's religion and his pastoral imagery. Rede uitgesproken bij de Aanvaarding van het AMBT van gewoon Hoogleraar in het Sanskrit aan de Rijksuniversiteit te Leiden op 6 Juni 1975*, Leiden 1975 はガーサーにおいて gav-「牛」が vaŋuhī daēnā 'good vision' を比喩的にあらわしていることを重ねて主張したが, フンバッハの前記論文をも引用して Yasna 32:8 b の gāuš が「牛」であるかも確実でないとして, この句の取り扱いは回避した (p. 15, n. 39). しかし, この gāuš

はまさしく「牛」であり，牛以外の何物でもないから，シュミット教授の立論には再考の余地がある．じじつ，ガーサーをみると，ゾロアスターは心理現象にかんする多くの術語(manyu-, manah-, čisti-, daēnā-, xratu- など)を駆使していて，gav-「牛」を用いて 'good vision' を比喩的に示すことを企てたとは考えることができない．

66) 註1所掲の英文拙稿 p. 62 における yaθrā maēθā の解釈をこのように改訂したい．ちなみに，Av maēθ-「対立する，対抗する」は Yašt 10: 39 に miθnāiti として在証される．註59所掲ゲルシェヴィッチ著書 p. 192 (Yašt 10: 39²)参照．

67) Hermann Grassmann: *Wörterbuch zum Rig-Veda*, Leipzig 1873, ānuṣák の項.

68) 註67所掲グラスマン著書では anu-sac- に(1)支援する，(2)随行する，(3)道を辿る，の3義があげられている．

69) Ārmaiti- がこの中世ペルシア語で訳されていることは Yasna 46:12 (前掲)のザンドや Dēnkard VII・7・19 を参照されたい．

7 古代イラン民族における「罪」と「滅び」
―― ゾロアスターとダリウス大王の場合[1]

まえがき

「古代」イランを世界史の一環として取り扱う場合には，サーサーン王朝(3世紀前半―7世紀)を含めてそれ以前のイランをさすのが常識となっている．言語発展の上では，古代イラン語の一つである古代ペルシア語はすでに西紀前5世紀後半からは古代語としての性格を失いはじめたらしく，中世語に向かってなだれ現象を起こしている．このことはハカーマニシュ(アケメネス)朝のペルシア語碑文に，はっきりと指摘することができる．それにもかかわらず，その言語にかんしては，ハカーマニシュ王朝――厳密にいえば，その中葉――までを「古代」イランとみなしてもさしつかえないだけの根拠がある．こういう事実をもふまえて，ここでは「古代」の語をハカーマニシュ朝を含めてそれ以前の時代をさすものとして使用することにしたい．

そのような「古代」イラン語族において「罪」とはいかなるものか，「罪」はどのように解されていたのか，そしてそれの罰としての「滅び」はどのように受け取られていたのか――それを，副題に示したように，2人の人格を中心に取り上げてみようとするのが，この小論のねらいである．古代イラン民族一般を対象とせずにこの二人物に焦点をしぼったのは，一つにはかれらの考え方を比較的的確に把握させる資料が伝存しているからであり，二つには両者はその神観や罪感においてふかい関連をもつと考えられるからである．ダーラヤワフ(ダリウス)(1世)は西紀前522-486年にわたって在位しているが，他方，ザラスシュトラ(Zaraθuštra――ゾロアスター)のほうは在世年代に多くの異論があり，説によっては相互に数百年ものへだたりを見せている．いま著者の依用す

るザラスシュトラ教徒の伝承によると，かれの出生，召命（開宗），入殁について，それぞれ，つぎのような年次が得られる（いずれも西紀前）．

	出生	召命	入殁
(1)	630	600	553
(2)	631	601	554
(3)	660	630	583
(4)	669	639	592

(1) は Bundahišn[2]，(2) は Dabestān[3]，(3) は Ardā Wīrāb Nāmag[4]，(4) は Nibišt-wizīdagīhā ī Zātspram[5) によったものである．これらの年次をみておおまかに言えば，ザラスシュトラの活動はダーラヤワフ大王に先立つこと 30 年ないし 70 年となる．大王クル(キュロス) 2 世(在位西紀前 559-529) は 545 年以来，前後約 6 年間を東方経略に費やし，シル川にまで国境を押しすすめたが，ノーマドの侵入を排除するため，最後の年にふたたび東方に出征しマッサゲタイと戦って陣殁した．この出征には，ダーラヤワフの父ウィシュタースパも従軍したが事情があってパールサ(ペルシア)に引き返し，当時齢 20 歳の故をもって参戦せずにパールサにあった子ダーラヤワフ(のちの 1 世，大王)を監視することになった．監視するというのは，クル大王が陣中で見た夢を誤解してダーラヤワフに叛意ありとみたからで，ウィシュタースパはこれを聞かされ，大王に二心をいだくとあらばわが子なりとも怨しがたしと奉答して引き返したというヘロドトス (I, 209-210) の所伝をさす．ザラスシュトラの教えにハカーマニシュ王家が接触したであろう機会はこうした事情のなかに求められるし，またこの時期はザラスシュトラの教えが比較的純粋な形で伝持されていたと考えうる期間である．アフラマズダーはザラスシュトラ以前からこの名でイラン民族一般に崇拝されていた神で，この汎イラン的アフラマズダーをザラスシュトラがかれなりに受容し改革したものが彼のアフラマズダーであり，これにたいしハカーマニシュ王家のアフラマズダーは汎イラン的なアフラマズダー，またはそれに由来し，ザラスシュトラのそれとは異なるものであるとする説も行われているが，著者はとらない．現存の文献資料のかんするかぎり，アフラマズダ

一なる名称がザラスシュトラ以前にも存していたことを立証するものはなにもない．アフラマズダーはザラスシュトラの創唱にかかるものであり，したがって，この神格の背景がいかなるものであっても，その祖神がザラスシュトラによってアフラマズダーなる特異な神として受容されたものである．この著者の立場からすれば，ハカーマニシュ王家のアフラマズダーは，ザラスシュトラのアフラマズダーを承けたものである．そうすれば，ザラスシュトラとこの王家との接触は右にしるしたような経路を経たものとするのが，もっとも蓋然性に富む．この意味においてザラスシュトラとダーラヤワフ1世は神観において比較されうる共通の基盤をもつことになり，神観がそうであるならば罪感においても比較されうる要素をまったく欠くものとはいえないであろう．そして，著者がこの預言者と大王を比較することのできる資料こそ，ザラスシュトラの手に成るガーサー(Gāθā)[6]とダーラヤワフ1世の古代ペルシア語碑文[7]である．ガーサーとはアヴェスター(Avestā．中世ペルシア語ではアベスターグ Abestāg)のうちのヤスナ[8](28–34, 43–51, 53)の計17章(53はザラスシュトラの歿後まもなく作成されたものであるがガーサーとして取り扱われる)をさす．著者はこの二種の資料を所依として問題の解明を試みたい．

1 インド・イラン的に罪とは

ガーサーにも用いられリグヴェーダにも見える用語で，「罪，罪業，罪過」などと訳されうるものは Av aēnah- であり Ved. énas- である．リグヴェーダからヴァルナ神への讃歌を引用してみよう (VII, 86).

pṛché tád éno Varuṇa didṛkṣúpo emi cikitúṣo vipṛcham/
sumānám ín me kaváyaś cid āhur ayáṃ ha túbhyaṃ Váruṇo hṛṇīte //3//
われは罪(énas-)をここに自問す，ヴァルナよ，(それを)[9]見たいと思って．
われは賢聖たちのもとに行く，(それを)問うために．
聖仙たちはひとしく同じことをわたしに語る「かれヴァルナは汝にたいし
　怒ってまします」と．

kím ā́ga āsa Varuṇa jyéṣṭhaṃ yát stotā́raṃ jíghāṃsasi sákhāyam/
prá tán me voco dūḷabha svadhāvó 'va tvā́nenā́ námasā turá iyām //4//
いかなる大罪(ā́gas-)が，ヴァルナよ，あったのか，御身が友なる讃嘆者を打とうと欲し給うとは．
それをわたしに語り給え，欺きがたき御方(おんかた)よ，自意にふるまい給う御方よ，(この)頂礼によって，御身から，罪なきもの(anenā́s-)としてすみやかにわたしは逃れたい．

この讃歌にみえるā́gas-のほうは，イランには対応形が指摘されない．aēnah-/énas-の語根はそれぞれ Av inaoiti (Wīdēwdād 18: 61)/Ved. inóti を提供する．aēnah-のガーサー出所は 30: 8, 31: 13, 31: 15, 32: 6-8, 32: 16, 34: 4 および 46: 7, 46: 8 の計10頌であるが，最後の2頌はaēnaŋhē「侵害するために」なる与格不定詞とみられる．以下，順次にこれらの頌を訳出し，とくにその必要がある場合には原文をあげて理解を助けたり，問題の所在を指摘したりすることとしよう．

(30: 8) そして，かれら(世を毒するやから)[9])の罪業に(aēnaŋhąm, gen. pl.)懲罰が到来する

そのとき，マズダーよ，(御身さまは[10]))御身の有(も)たる王国を，ウォフ・マナフを通して建設されるでしょう——

天則(aša-)の両手に不義(drug-)を引き渡すものたちに(その王国があらわに)見えるために．

(31: 13) 裁きをもって，いかなるあらわなる(罪)が，あるいは，マズダーよ，いかなるひそかなる(罪)が罰せられるべきか，

あるいは微小なる罪の(aēnaŋhō)だれにせよ，(あるいは)最大の償いに服すべき(だれ)にせよ，

それをまなこの光りをもって見守りつつ，御身(アフラマズダー)はアシャを通してことごとく照覧し給うのです．

(31: 15) わたくしはこのことをお尋ねします，不義者(drəgvant-)のためにその王国を富強にしてやるものには，いかなる応報があるのですか

不義に組みせぬ(adrujyant-)牧養者の家畜と人への罪業(aēnaŋhō)
なしには生計のたたない悪行(の不義)者のために，です，アフラよ．

(32:6) かれ(不義者)がよってもって不穏にも名聞を求めているおびた
だしい罪業(aēnå)——それをもってかれがそのとおりにな(れ)るかど
うかを

御身は，功罪の憶持者(hātā.marāni-)よ，最勝のウォフ・マナフを通して
知悉してましますのです，アフラよ．

御身の，マズダーよ，御身たちの，そしてアシャの王国において，宣告を
くだし給わんことを．

(32:7) このような罪業には(aēnaŋhąm)，穎悟者はだれでも，(至福を
求めて)精進するからには，関与を口にすべきでない．

(けだし)それらは非行者によって唱えられ，かれみずからがそのために灼
熱の鉱をもって宣告をくだされるものであり，

アフラよ，御身がそれらの(罪業の)うちの未済の分をもっともよく知悉し
ておわすところのもの(だから)です，マズダーよ．

(32:8) これらもろもろの罪業には(aēnaŋhąm)ウィーワフワントの子イ
マさえも(関与したと)きこえている——

そ(のかれイマ)は「牛は，(おのが肉の)頒与によって，われらの人の子
を満足させようと欲するもの」(といって)みずからも食して(いたも
の)[11]．

このような(罪業)にこそ，マズダーよ，わたくしは御身の(くだし給う)裁
決に臨席するものです．

(32:16) まことにこの事実こそ，敬虔者の幸いのために，いやしくも(か
れを)防いでやる人にとって，最勝のものであるのです．

御身は，マズダー・アフラよ，そのものへの怯気[12]がわたくしを脅してい
る者を，よく制し給う．

願わくは，(御身のおかげによって，わが)信徒たちへの不義者の罪業に

(aēnaŋhē)わたくしが阻止(者)とならんことを.

(34:4) そこで，御身の，アフラよ，天則によって力づよい火に，われらは願うものです——

もっとも迅速にして強力な(その火)が協同者には目にあらわな助力者となるように,

がしかし，マズダーよ，仇人には(御身の)御手の指示によって罪業をあらわに示すものと(dərəštā.aēnaŋhəm)(なるように)と.

(46:7) 不義者がわたくしを，加害するために(aēnaŋhē)，捉えようと思っているときにです,

御身の火と御意(みこころ)を措いてほかに

——この二座のわざにより天則は成熟してゆくものを，アフラよ——

だれをいったい庇護者として，マズダーよ，わたくしめに[13] (御身さまは[10])授け給うのですか.

わたくしの知らねばならぬことを，(わが)ダエーナーに説ききかせてください.

(46:8) あるいは，人にしてわが庶類に加害しようと(aēnaŋhē)企てるとき,

そのものの行為によって，わたくしに脅威の及ぶことのないように.

逆戻りしてそれ(行為)が禍いとともに当たりますように，かれの

身にです．マズダーよ，それ(行為)がどんなものであっても，禍いをもって,

かれを安穏からは遠ざけるも，苦患からはそうしませぬように.

これらのガーサー諸頌を通じてaēnah-は義者(ašavan-)に加えられる不義者(drəgvant-)の侵害を意味している．31:15はことに明白にそれを示しており，不義者が反不義者たる義者に加える行為をaēnah-としている．また32:6では不義者の多くのaēnah-について語られ，32:7では非行者のそれが，32:16ではザラスシュトラとその信徒への不義者のそれが語られている．34:4ではザラスシュトラに協同するものと反逆するものとが対置され，後者の前者にた

いする aēnah- が示唆され，また 46:7-8 は二頌を合して 32:16 頌と同じ境地を示している．そしてこの aēnah- がいずれの頌においてもアフラマズダーによる懲罰の対象となっていることも注目したい．ただ残念なことには，いかなる根拠においてかかる aēnah- が非難されるのか，不義者の義者にたいする侵害がいかなる根拠において罪悪とされるのか——そういう点がこれらの諸頌からでは明白とはいえない．従来の慣用に従ってこの語が用いられたにすぎないとの印象を拭いえない．aēnah- は「罪」というよりはむしろ「侵害(的行為)」を意味することばである．では，これにかわって，「罪」とはなにかをより精緻に把握させるどのようなことばや表現が，ほかにあるであろうか．

2 ザラスシュトラ的に「罪」とは

前節で取り扱った aēnah- は，中世ペルシア語にも近世ペルシア語にも伝存していない．中世ペルシア語で「罪」の意味で用いられているものとなれば，abārōnīh, āstār, bazag, māndag, wināh などがある．いずれも語源的には既知のものばかりであるが，これらのうち，著者当面の問題にかかわりのあるのは wināh である．「逆方向，誤った方向にあること」を意味する abārōnīh は語源的にみて，むしろこの wināh の註とみなしうることばである．wināh はもっともしばしば「罪，罪業」の意味で用いられる用語で，例えば Andarz ī Husraw ī Kawādān[14] の一節にも

人びとよ，罪業をなすことをつつしみ，善行をなすことにつとめよ (mar-dōmān ᵓaz wināh kardan ᵓbē pahrēzēd ud ᵓpad kirbag warzišnīh tuxšāg ᵓbawēd)

とあるがごとくである．いわゆるアンダルズ文学には必ずといってもよいほど，この語はしばしば登場する．その wināh は *vināsa- に溯り，*vināsa- は Av vinas- からの派生形である．語根 nas- は OI naś-「消失する」に対応するイラン語形で，ガーサーでは nas- simplex はつぎのごとき用例を見せている (32:4, 51:13, 53:6)が，ここでは理解を助けるために 32:3, 51:12 をも合わせ示そう．

(32:3) ところで、汝らダエーワらはみなアカ・マナフの苗裔であり、汝らを大いにあがめるものも(そうであり)，不義と慢心とのもろもろの行為にして，汝らがよってもって地界の第七(洲)に詳細にきこえているものもまた(そうである).

(32:4) それというのも，汝らは極悪のことを命じるからで，人びとがそれを行えば
ダエーワには寵愛されて栄えるもウォフ・マナフからは離叛し，
マズダー・アフラの願意と，天則には悖る(nasyantō)ことになるからである.

(51:12) 冬期の橋において似而非カウィのワエープヤはこ(のザラスシュトラ)を満足させなかったのでした．それというのも
その2頭の馬がそこに来てそのうえ寒さにふるえていたとき，
(その)ザラスシュトラ・スピターマがおのがもとに来ることを，やつは拒否したからです．

(51:13) かようなわけで，不義者のダエーナーは正(道)の真実を誤るのです．
かれの魂はチンワントの橋において(かれに)立腹するでしょう，(けだし，かれに)知らせるため[15]です
「(そなたは)じぶんの行為と舌の(それ)とで天則の道から外れたもの(nas-vå)」といって．

(53:6) ……略……
不義に依拠するものにして，御身どもが栄えていると見ているものを，
御身どもはその身から遠ざけよ．悪食が(設けられて)あるのは悲嘆の声をあげるやからで，安楽の失われる(nasaṭ)のは
天則をないがしろにする不義者ども(drəgvō.dəbyō dəjīṭ.arətaēibyō)です．
こう(不義者のごとくふるまうように)なっては，御身どもは，じぶんで，心霊界を破壊することになるのです．

最後の53:6ではnas-は「消失する」であるが，32:4と51:13では天則か

7　古代イラン民族における「罪」と「滅び」　　　333

ら「はずれる，はなれ悖る」ことを意味していて，とくに注目する必要がある．つぎに，この nas- が動詞前接辞を伴ったケースをみると ā-parā-nas- と vī-nas- が指摘される．前者は 53:7 に anạsaṭ parā「消え去らん（がために）」として在証され，後者は 32:15 に見いだされる．

　　(32:15)　このためカルパンもカウィも滅んでしまった(vī.nənāsā)が，
　　それも，かれらが生を思いのままに営みえぬようにしようと思うものたち
　　（の手）によってです．
　　（それどころか）このものたちは，ウォフ・マナフの家におけるかの双者
　　（完璧・不死）のもとにつれてゆかれるでしょう(bairyå̊ntē)．

ここで vī-nas- を「没落する，破滅する」の謂いに解するのはすべての学者が一致しており，ザンド[16]も同様で，a 行 anāiš ā vī.nənāsā yā karapō.tå̊sčā kəvītå̊sčā を

　　an-ˈāyišn rāy《ˈka ˈbē ō ˈēn dēn ˈnē ˈāyēnd)[17] ˈbē ˈwany ˈbawēnd ˈkē kayak ud karb ˈhēnd 来ないために《ということは，かれらがこの教えに帰依しないということ)[17]カヤクやカルブは滅び去る．

と訳註している．もっとも，このザンドが anāiš ā「このため」を an-ˈāyišn rāy「不来のゆえに，来ないために」云々と訳註しているのは語音の近似に藉口した通俗語源説で，誤りであることはいうまでもない．しかしそのような点は別として，本頌の vī.nənāsā なる完了形の解釈には問題がある．前記の拙訳「滅んでしまった」とは精神的に滅んだことを意味するものであるが，一般にはこの滅びを世俗的権勢の喪失と解している．しかしガーサー全体を通じて見ても，カルパンやカウィがその権勢を失ったと解されるような頌句はほかにはなく，ザラスシュトラの生涯を通じてかれらはかれの不断の敵対者であった．そういう事実からすれば，vī-nas- を権勢の喪失と解するかぎり，vī-nənāsā は「没落した，滅んだ」(…ist dem Untergang verfallen[18])または…ist dem Untergang geweiht[19])と訳するわけにはいかないのである．この問題はネールョーサング(11 世紀または 12 世紀)にとっても難問であった．というのは，かれは 32:15 a をつぎのように梵語訳[20]しているからである．

anāgamanatvāt anirīkṣaṇīyāḥ bhavanti ye adarśakāśca aśrotāraśca santi 《yat asyāṃ dīnau na āyānti tato vastuni svāminaḥ adarśakāḥ aśrotāraśca bhavanti》[17]

来ないために盲者らと聾者らは滅び去る《すなわち，かれらはこの教え(デーン)に帰依しないために，主の善きものを見ず，また聞かざるものとなる》[17].

adarśaka- と aśrotar- はそれぞれ kavi- と karapan- に対応するが，この梵語は kavi- を kōr「盲者」，karapan- を karr「聾者」と解釈する伝統神学に従ったもので，ここではこの問題にはこれ以上深入りすることはさけて，ネールヨーサングがザンドの ᵎbē ᵎwany ᵎbawēnd「かれらは滅び去る(であろう)」をうけて anirīkṣaṇīyāḥ bhavanti「かれらは見かけることができぬようになる」と訳している点を注目したい．ザンドもネールヨーサングも vī.nənāsā なる完了形を過去とのつながりにおける現在でなく，未来とのつながりにおける現在，未来的現在として訳しているがこれは誤りである．vī-nas- を世俗的権勢の喪失を意味するとすれば，vī.nənāsā はザンドやネールヨーサングのようにするほかはない．この矛盾を解決するには著者のように「滅んでしまった」ことを精神的な意味に解するほかはないが，一歩すすめてさらに追究してみると，vī.-nənāsā は vī-nas-「破滅する」でなく，むしろ，著者がさきにみたように nas- 単独で天則から「はずれる，はなれ悖る」の意味に用いられている場合と同じように解釈するほうが，より適切であるように思われる．したがって前記拙訳中の「滅んでしまった」を「(天則から)はずれてしまった」と改めるべきである．nas- 単独で天則から「はずれる」を意味するとすれば，それに vī- が前接されても，その意味がさらに強調されこそすれ，異なる意味になることはない．それは nas- が「滅びる」であるとき，vī- を前接した vī-nas- が「滅び去る」であるのと同様である．

さて，こうして一つの問題は解決したが，それに伴ってあらたな問題が提起される．カルパンやカウィがザラスシュトラ者を圧迫していたのに，かえってそのザラスシュトラ者の手によって正道をはずれさせられたとは穏当でない，ザラスシュトラ者たるものはむしろカルパンやカウィを導いて天則に従わしめ

7　古代イラン民族における「罪」と「滅び」

るべきでないか，という疑問である．しかしこれはわれわれの今日的論理で，ザラスシュトラにとっては，かならずしもそうではない．3頌前の32:13c行においても，アフラマズダーの預言者の使命は世を破壊するものどもを阻んで天則を見させまいとするにあることを

　　かれら(この世の破壊者ども)を天則を見ることからさえぎろうとする，御
　　身(アフラマズダー)の預言者の使命

といっている．ザラスシュトラ者によってカルパンやカウィが天則からはずれ，はなれ悖るようにされたとする解釈はすこしも誤っていない．

　ザラスシュトラにおいて罪とされるのは天則に悖り天則の道からはずれることで，かれはそれを nas- simplex や vī-nas- で示しているが，このほかにかれは rah- を用いてもそれを示している．

　(47:4ab)　この(スプンタ・)マンユから不義者どもは悖る(rārəšyeintī)
　　が，
　マズダーよ，(この)スプンタ(・マンユ)から義者たちはそうではありませ
　　ん．
　(49:2)　して，わたくしをかれブーンドワに付随させようとして，
　不義なる教師はますます天則から悖っているのです(rārəšō＜rārəša- adj.)，
　　(すなわち)
　かれはスプンター・アールマティをおのが有として把握していないし，
　また，ウォフ・マナフと談合してもいないのです，マズダーよ．
　(32:11)　まことに生を破壊するものとは，こういうやからもまたそれで
　　す，すなわち(みずから)不義者としてあらゆる手段で企図し
　家長妃や家父長をして相続分の享受に与りえぬようにし，
　最勝のウォフ・マナフから義者たちを，マズダーよ，悖らしめようとする
　　(rārəšyąn)ものども．
　(32:12)　かれらがよってもって人びとを最勝の行為から悖らしめようと
　　する(rāŋhayən)卑歌のゆえに，
　かれら，歓声をあげて牛の生を毀つものどもに，マズダーは悪しき(呪いの

ことば)を言い給うが,
　そういうやからとともに, カルパンは天則よりも財物を選取し, 富有者の権勢と不義とを(選取したのです).

不義者がスプンタ・マンユからはずれ(47:4), 天則からはずれ(49:2), 義者をウォフ・マナフからはずれさせようとし(32:11), みずからも天則をすて不義(drug-)を選取した不義者が最勝の行為から世人をはずれさせようとする(32:12)——そういう境地を示すのにザラスシュトラは rah- を用いており, 文脈は rah- が (vī-)nas-「天則からはずれる, はなれ悖る」とまったく同一の境地について用いられることを示している. 残念なのは, かかる rah- がザンドでは4箇所ともまったく誤った解釈[21]を施されていることである. が, それはともかくとして, いまや *vināsa- は「天則に悖ること」を意味することができ, そこから中世ペルシア語 wināh「罪, 罪悪」が期待される. wināh は「破滅」の意味としての *vināsa- からは期待することがむずかしい. これにたいし rah- から期待される, 意味上の中世ペルシア語的対応語はむしろ abārōnīh「逆方向, 誤った方向にあること」「罪悪」である. さきにこの語を wināh の註とみなしうることばであるといったのは, このような事情によるのである(331頁).

天則とスプンタ・マンユ

では, その天則(アシャ)とはなにか. 著者は, それが OI ṛta- のアヴェスター的対応形であること, また天則が具体的にいかなる事象をさすか, など一般に周知のことやガーサーを繙けばおのずと判明することは, ここではあえて触れることをさけたい. 著者の取り上げたいのは天則と他の事象や神格とのかかわりあいである. ザラスシュトラによれば, 天則とはアフラマズダーが創成し, かつそれをもって神が神自身をも律する法である. ザラスシュトラは 44:3 ab において
　このことを御身にわたくしはお尋ねします, ただしくわたくしに語(はな)してください, アフラよ.
　だれが生みのおや, 天則のはじめの父ですか.

といって，原初に天則を創成したものはだれかと問うているが，これは問いの中に答えを含むもので，アフラマズダーを天則の創成者とするものであり，そのことは 31:7 によって明白である．すなわち，ザラスシュトラは

かの楽土を諸光明で遍満(みた)そうと始元(はじめ)に考え給い
その願意をもって天則を創成し，それ(天則)によって最勝のウォフ・マナフを堅持してまします御方として，
アフラよ，御身はいまもなお(御身と)同等なる(hāma-)かの(スプンタ・)マンユとともに，マズダーよ，成長し給わんことを．

といって，アフラマズダーが天則を創成したことを謳っている．スプンタ・マンユがアフラマズダーと「同等なるもの」として述べられているのは，この霊格がアフラマズダーと密接な関係を有するからである．アフラマズダーは万有創成の神であるが，みずからこの作業をなしたのではなく，スプンタ・マンユを通してこれを行なったからである．44:7 e にアフラマズダーは「スプンタ・マンユを通しての，万有の創成者 (spəntā mainyū vīspanąm dātar-)」とよばれ，51:7 ab ではザラスシュトラは「万有」の内容を具体的に細説しつつアフラマズダーをそれらの創造主として「最勝のスプンタ・マンユを通して (spəništā mainyū)，マズダーよ，牛と水と草木と不死・完璧を創造し給うた御身」と呼びかけている．天則もまたこのスプンタ・マンユを通して創成されたものである．

では，その天則はどこに所在しているのであろうか．46:16 によると，それはアフラマズダーの王国にある．

フラシャオシュトラよ，かしこに御身は福者 (arədra-)[22]たちとともに往けよ
フウォーグワよ，われらふたり(御身フラシャオシュトラと余ザラスシュトラ)が，(万事)その所望どおりにあれと望んでいるかれら(福者たち)とともにです──
かしこはアールマティが天則(アシャ)と共存しているところ，
かしこは王国がウォフ・マナフの資産 (īšti-) の中に存しているところ，

かしこはマズダー・アフラが(恩賚の)充溢の中に止住してましますところとあるのがそれである。さらに 30:1 もこれを裏書きする。

　ではわたしは説こう(vaxšyā)[23]，願い求めているものたちよ，すくなくとも穎悟者にとって銘記さるべきことを——
　(そは)アフラへの称讃と，ウォフ・マナフへの祈り[24]と，
　さらには(それを)よく銘記しているものによって，諸光明とともに感見されるところの，アシャ(天則)の歓喜とである。

天国が光明の世界であることは前記 31:7 によって明らかであり，かかる光明とともに感見される「アシャの歓喜」であってみれば，天則の所在が天国であることは，r̥ta- がヴァルナの王国にあるのと同様である。

　ところで，いわゆる「選取の章」たる 30 によると，ザラスシュトラはその霊能をもって宇宙創成時の状況を感見した。かれによって見られたのは始元の二霊(mainyū paouruyē)で双生児としてあらわれ，しかも両者は身語意において互いに対蹠的，一はより正善なるもの(vahyah-)，他は邪悪なるもの(aka-)であった(30:3)。アフラマズダーは「始元にして(paouruya-)終末なるもの(yazu-)」(31:8a)である。「始元なるもの」とは万有(被造物)に先立するものであるから，アフラマズダーが「始めなきもの(apaouruya-)」(28:3a)とされるのと矛盾しない。「始元の(paouruya-)」二霊とされるものも，したがって万有に先立する。かかる二霊は，ザラスシュトラによって，善者を spənta- mainyu-, spəništa- mainyu- などともよばれ，悪者を aka- manah-, ačišta- manah-, drəgvant- mainyu-, aṅra- mainyu- などともよばれている。spənta- すなわち *spanta- は古来その語義や語構造について論争されたが，Lith. šveñtas に引き当てることも依然として有力視されている[25]。しかし著者はこれを ^{3}spā- 「利益する」(AirWb 1616)の分詞 *spant- の a- 幹曲用への転化とみたい。51:21 には

　　Ārmatōiš nā spəntō hvō…ašəm spənvaṱ
　　アールマティに属せば人は利益者となり，……かれは……天則を利益するであろう(→308頁)

とあって，spəntō…spānvaṭ なる wordplay の中に ³spā- の2形が併用されている．ここでは ³spā- の現在幹が2種見いだされる．一は spa-，他は spānu- で，このうち spānu- は問題はないが，spa- を著者が現在幹とみるのは Hamaspaθ-maēdaya-²⁶⁾のなかの -spaθ-<*spaṭ<*spant- を現在分詞とみるからである．spənta- すなわち *spanta- はこの *spant- の a- 幹曲用への転化である²⁷⁾．³spā- は Old Slav. spěti, Lith. spěti²⁸⁾, OI sphāyate, sphātí- f. と語源的に関連する．同じ ³spā- からの -an- 派生詞(sp(ā)-an-)が span- で，OI takṣ->tákṣan-= τέκτων や rā́jan- のごとくである．この span-「利益する，恩寵ある」の最上級が spāništa-．このように理解してみると，spənta- がザンドにおいて abzōnīg「恩寵ある，利生的なる」と訳されているのも首肯できる．この恩寵霊(spənta- mainyu-)にたいし，もう一つのほうは破壊を事とするがゆえに，aka-「邪悪な」，ačišta-「極悪な」(aka- の最上級)，drəgvant-「虚偽(drug-)を有する，不義な」，angra-「破壊的な，破壊する」²⁹⁾のような修飾詞によって形容されている．30:5 ab に

　　ayā̊ mainivā̊ varatā　　　　yə̄ drəgvā̊ ačištā vərəzyō
　　ašəm mainyuš spāništō　　　yə̄ xraoždištəṅg asə̄nō vastē

　　これら両霊のうち，不義なるほうは極悪事の実行を選取したが，
　　もっとも堅い岩石を着用している，最勝なるスプンタ・マンユは天則を
　　(選取した)．(→369頁)

とあるのは両霊の性格をもっともよく示すものである．これはスプンタ・マンユが，スプンタ・マンユを通してアフラマズダーの創成した天則——アフラマズダーの委任をうけてスプンタ・マンユが創成した天則(上掲44:7 e, 44:3 b, 31:7 b 参照)——をもって自身を律することを意味し，スプンタ・マンユが法の設定者であることをも意味する．アフラマズダーにもっとも近く陪接し，この天則にたいする立場においてもアフラマズダーを代行する地位にあるスプンタ・マンユは，上掲31:7 にすでにアフラマズダーと「同等なるもの」といわれている．ザラスシュトラ教後期の伝承によるとアフラマズダー(オフルマズド)とスプンタ・マンユ(アブゾーニーグ・メーノーグ Abzōnīg Mēnōg)は同一

視されている[30]が,この傾向ははやくガーサーに胚胎しているといえる.

3 ザラスシュトラにおけるスプンタ・マンユとアンラ・マンユ

ザラスシュトラにおいては,このように究極的にはアフラマズダーがアンラ・マンユと対立するが,創造の過程においてアフラマズダーはスプンタ・マンユを通して万有を創成したから,アンラ・マンユが現実にはスプンタ・マンユと対立する.このような対立的咬合の不整はインド・イラン的背景にその原因がある.アフラマズダーがアスラ神群に属し,もう一つの神群たるダエーワ(デーヴァ)神群がザラスシュトラにおいて魔神とされていることは周知のとおりであるが,これら両神群にたいして独自の地位を有するワユ(Vayu——インドのヴァーユ Vāyu)神はザラスシュトラによって,その善悪両面をそれぞれスプンタ,アンラの両マンユとして,おのが体系の中にとりいれられた.スプンタ,アンラの両マンユがいずれも先頭位を占めることや,恩寵と破壊,換言すれば生と死の両面をそれぞれ分有していることは,このような事情に由来する.ヴァーユが「神々」を祭場に先導してくることはリグヴェーダに見られるところであり,またワユの両面については,例えばアヴェスターのヤシュト 15:5 に

 義者ワユをわれらは崇める
 すぐれて強いワユをわれらは崇める
 御身のこのような(面)を,ワユよ,われらは崇める (aētaṯ tē Vayō yaza-maide)——
 そは御身のうち,スプンタ・マンユにかなうところのもの (yaṯ tē asti spən-tō.mainyaom).

とあるのを,アオグマダエーチャー (Aogəmadaēčā) 77–81 に
 某々が扼しているところの
 道は避けうるも

無慈悲なワユの

それのみは避けがたい

とあるのと比較対照したい.「某々」とある部分には, 節を追うて順次に Dānu (77), 竜(78), 熊(79), 盗賊(80), 敵軍(haēnā——81)がそれぞれの修飾詞を伴って登場している.「死の神」としてのワユの一面をここでは「無慈悲な(anamaržđika-)」とよんでいる. もともと Vǎyu は未分宇宙の気息霊ともみられる. 気息は本来, 生とともに死とも不可分の関連をもつ. 死は入息出息の間にある. したがってこの神の相反する面をそれぞれ独立的にとりあげるならば, 霊格として一はスプンタであり, 他はアンラでなければならぬ.

4 ザラスシュトラにおける罪の根源とその力, および罪と滅び

著者は前節においてアフラマズダー〜スプンタ・マンユとアンラ・マンユとの対立をインド・イラン的背景に溯って明らかにした. ザラスシュトラによると, 神々[31]たるダエーワが神の座を失ったのは選取を誤ったためである. このことについて, 30:6 はこう言っている.

ayå nōiṭ ərəš vīšyātā   daēvāčinā hyaṭ īš ā.dəbaomā
pərəsmanəng upā.jasaṭ   hyaṭ vərənātā ačištəm manō
aṭ Aēšəməm hēndvārəntā   yā bąnayən ahūm marətānō

この頌には意味の不明な語彙はないが, 文法やシンタックスの面では, 取り扱い方によっては, 解釈にかなりの相違が生じる. 著者最近の研究によれば, それはつぎのように解釈すべきものと考えられる.

これら二(者)のあいだにダエーワらもまた正しく区別をつけなかった, それはまよわし(ā.dəbaoman-)がかれらの

談合しているときにとりついたからである. かれらは極悪のアカ・マナフを選取するや

やがてアエーシュマに集(つど)い, それをもって人間の世を苦しめたのである.

ダエーワがアカ・マナフの苗裔(32:3)とされるのはこのためである．では，そのダエーワでさえも選取を誤らしめられた「まよわし」とはなにか．それはā-dab-「あざむく」の派生詞として，アンラ・マンユ＝アカ・マナフの力をさすものである．ザラスシュトラが天則をはずれさせる事象に関連してこの動詞を用いている例は，ほかにもある．それは 32:5 で，そこには

> 汝ら(ダエーワども)は人間から安穏(完璧のこと)と不死をだまし取る(dəbənaotā)が，
>
> それというのもアカ・マンユ(アカ・マナフのこと)が，汝らダエーワどもに——悪思と
>
> 悪語をもって——，不義者に権勢をもたらすごとき(悪)行を教え込んだからである．

とある．ここでは，30:6 においてダエーワがアカ・マナフ＝アンラ・マンユの「まよわし」を受け入れて選取を誤ったと同じことを，こんどはそのダエーワが人間にたいして企てており，アカ・マナフから教えられた悪思・悪語・悪行を人間に教え，人間をして天国の果報たる完璧(安穏)・不死を失わせる，とある．この頌は要するに 30:6c と同じことを述べたものである．

ところで，アンラ(アカ)・マンユ(マナフ)のこの力は，もっと一般的には，drug-「虚偽，不義」の語で示される．30:6 では「まよわしがとりついた」といわれているが，これはダエーワが「まよわし」を退けえなかったことを意味する．かれらがこの「まよわし」を受け入れた「時」はかれらが 2 種信条のあいだに選取を誤った「時」であった．「天則は利益するために，……不義は破壊するために (ašəm sūidyāi…rāšayeṅhē druxš)」(49:3b)存するというのがザラスシュトラの根本的立場である．「まよわし」すなわち「不義」を身に受け入れたものは「不義者(drəgvant-)」である．drug- が aša- の対立概念であるように，drəgvant- は ašāvan-「義者」の対立概念である．「不義者」は天則に悖りはなれたるもの，罪人・造罪者として滅びなければならなかった．ザラスシュトラはこの滅びを多くの箇所で，それぞれの表現を用いて取り扱っている．いま，それらの表現をみると

(45:3) 御身どものうち，このみことばをわたし（ザラスシュトラ）が思い
かつ語るが
ごとくに，それを実践しないものたち——
そのものどもにとって，世の終末は「ああ（悲嘆の叫び）」となるであろう．
とか，51:8に「不義者には（事は）悪しざまに（なり）」とあるように，ザラス
シュトラが当然のなりゆきのごとくに取り扱っている場合もある．しかし，こ
の滅びがアフラマズダーによって定められた掟によるものであり，この掟に従
ってアフラマズダーが下す罰であることを説く場合のほうがはるかに多い．

(45:7 de) 不義なる人にとって苦難なことが永続すること——
かかることをも，その王国を通して，マズダー・アフラは定め給うた御方
です．

とか，アフラの定めとして「不義者どもには長い苦しみがある」(30:11 b)とい
い，それはアフラマズダーによる世界の創成時に「終末の一周にさいし悪には
悪報のあるごとく定めたもの」(43:5)であり，「悪しきものよりより悪しきもの
をばかれ（アフラ）に献身しないものに，世の終末の一周にさいして（下し給う
アフラ・マズダー）である」(51:6)から，ザラスシュトラは「アシャを思念せぬ
ものどもに棄捨と禍害を加え給うように」(34:8)とアフラマズダーに祈るので
ある．しかも，このように終末に下される罰のみをザラスシュトラは求めてい
るのではなく，かれはそれが現生において下されることを期待して，かれの祭
儀に約束の布施を拒む「人には，このことにたいし，いかなる罰が第一（の世）
にあるでしょうか」と問うている(44:19)．それはともあれ，このイランの預
言者にとって，人の賞罰は個別裁判や終末裁判を経て下されるのが建て前であ
った．かれが

(51:14) 「盟友とか律法の者としてカルパンらは牧地に副うことはせず
みずからの行為と言説とをもって牛に悲嘆させる張本人」——
（これが）終末にはかれらを不義の家におとしいれる宣告です．

といっているのもそれであるが，

(51:9) 不義者を滅ぼし義者を利益(りやく)せんために (rāšayeŋhē drəgvantəm

savayō ašavanəm),

　　両軍に御身が下し給う神判を(人々の)心想中に印しとして付与してくださ
　　い

　　御身の紅い火により，マズダーよ，熔鉱をもって．

と，アフラマズダーに訴願しているのも同じ精神である．アフラマズダーは原初の定めに従って罰を下すのであり，それは不義は破壊のために存するからである．この精神はザラスシュトラの殁後も誤ることなく受けつがれた．それを示すものがつぎの頌である．

　　(53:9)　邪信のともがらとともに崩壊がやってくる．敬すべきものたちを
　　貶(おとし)めることを

　　求めるやからは天則をないがしろにし(dəjīt̰.arəta-)，身体に罰をうけた
　　(pəšō.tanu-)やからです．

　　かれらから生と行動の自由とを奪い給うべき義者アフラは，どこに(おわ
　　すのです)か．

　　正しく生活するとき貧者に(ərəžəǰyōi…drəgaovē)32)御身が，それを通して，
　　よりよきものを授け給うもの——それは，マズダーよ，御身の大御力で
　　す．

以上にあげた諸句はアフラマズダーが定めに従って下す罰，つまり主による不義者の滅びを説いたものであるが，このような基盤があるからザラスシュトラが人心を結集し相率いて悪とたたかいこれを打破したいと述べ(30:9)，それにつづけて「何となれば，そうすれば，これによって不義の領域に破滅が来るからである」(30:10 a)といい，あるいは

　　(44:14 b-e)　いかにして天則の手に不義をわたくしは引き渡しましょう
　　か，

　　御身(アフラ)の宣告のみことばに従って，それを(天則が)打ちすえんため
　　に

　　——不義者どものなかに強力な破壊を加え，

　　かれらを，マズダーよ，窮境(?)と禍害におとしいれるべく——．

といっているのも理解される．かれの遺弟が

    (53:8)　これによって，悪行者どもは調伏されるべき[33]ものとなるがよい，
    そして見棄てられるべきものとなれよ，ことごとく――(こうして)かれら
    は(悲嘆の)叫び声をあげるがよい，

    殺戮するやからや毀傷するやからは，だ．そして定住せる人びとに，かか
    るやからからの安全をつくり出し

    かれらのもとに死の桎梏とともに来到してもらいたいものは，かの最大の
    窮境(?)です――そしてそのことが即時に起こりますように．

といっているのも，ザラスシュトラの遺志をただしくうけついだものである．
これらの諸句はザラスシュトラやかれの法弟がみずから主体的に不義者を罰し
かれらを滅びさせうる権原であることを主張しているのではない．かれらはそ
れをアフラマズダーに帰属させ，その天則に帰し，それに協力することを期し
ているのである．

　ところが，このようにアフラマズダーや天則を不義者の滅びの法原とする考
え方にたいし，不義者の営為自体を因とする考え方が併出する．それは31:20,
49:11 にみえるもので，46:11, 51:13 および 53:6 もそれに準じて考えられる．
ザラスシュトラは

    (31:20 bc)　暗黒の長い連続，悪食，痛嘆の叫び――
    こういう境涯に，不義者らよ，汝らみずからの行為のゆえに，(汝らの)ダ
    エーナーは汝らをつれてゆくのである．

    (49:11)　これにたいし，悪政者ら，悪行者ら，悪語者ら，
    悪ダエーナー者ら，悪思者ら――(かかる)不義者らを，
    汚悪な食物をたずさえて(かれらの)魂が迎えにやってくる．
    かれらは不義の家のまことの客人なのである．

と，こういっている．死者生前の身語意の三業について不義者となったもの，
不義の家(drūjō dəmāna-)すなわち悪界(地獄)に堕するもののダエーナーが醜
女となってかれを迎え悪界に伴うことは，中世ペルシア語書，たとえば Dādestān ī Mēnōg ī Xrad 2: 167–183 にも詳しい[34]．不義者が悪報をうけるように

定めたものはアフラマズダーであるから，この醜女の来迎も終局的にはこの定めに帰すべきであろうし，上に引用した諸頌(51:14, 45:7——343頁)も，そのことを明言している．しかし，それにもかかわらず，この31:20や49:11, さらにはDādestān ī Mēnōg ī Xrad もかかる取り扱いの主体者を不義者のダエーナーとし，それ以上に，例えばアフラマズダーの定めに帰するなどのことにまでは言及していない．それゆえに，これらのテキストは不義者の行業・営為がみずから招いた結果であるとする考え方といってよい．いわゆる自業自得とみるのである．さらに

(46:11)　世を破壊するために，人間を悪行に

権勢をもって結びつけるのは，カルパンらとカウィらですが

そのかれらに，かれら自身の魂とかれら自身のダエーナーは立腹するでしょう，

いつの日までも不義の家に客たる

かれらが，チンワントの橋の(ある)ところにやって来るときに．

とあるのを，上に引用した51:13(332頁)と合わせて参照したい．51:13では，天則の道から外れた不義者の魂がチンワントの橋にてかれに立腹する，とある．ここの46:11にしてもその51:13にしてもダエーナーや魂が不義者を導くとか迎えるとはいっていないが，チンワントの橋との関係から考えると，この橋はダエーナーまたは魂に所属するものであるかもしれない．チンワントの橋 (činvatō pərətu-)とは検別者の橋の謂いであるが，検別者(činvant-)がだれであるかは今日，なお不明である．それがアフラマズダーやスプンタ・マンユ，あるいはアシャ，火(ātar-)などと同一であると主張しても，それを裏付けうる根拠はない．この橋が在証されるのはガーサーでは51:13, 46:11のほかには，ザラスシュトラが46:10に

あるいは，人にして，わたくしのために，男子にせよ，あるいは女子にせよ，マズダー・アフラよ，

御身が，(現当二)世のもので最勝のものとみとめておわす物を，大切にする者，

(すなわち)天則のために,応報としての王国を善思をもって(大切にする者),

さらには,御身たちさま[10]を礼讃するために,わたくしが行を共にしようと思う者

——そうした人びと全部とともに,わたくしはチンワントの橋を渡ってゆきましょう.

といっているのを数えるのみである.後期の伝承によれば,この橋は橋自体が自主的に義者と不義者を検別する.不義者のダエーナーや魂がこの橋のところで立腹するとは,この橋が不義者を通過させないで悪界に顛落させるからである.そのことをダエーナーや魂が予知しているということは検別者がダエーナーの replica であること,したがって橋は人間が生前に営んだ身語意の営為であることを思わせる.不義者の魂やダエーナーが悪食をたずさえて彼を迎えに来て(49:11)長い暗黒と痛嘆の叫喚の世界に伴い悪食を供する(31:20)ことを見てきたが,長い暗黒や叫喚悪食はみな不義者の営為である.それと同じように,46:11と51:13では不義者(46:10では義者)のダエーナーが検別者となり不義者・義者生前の営為が橋となり,不義者には刃のごとく狭くなってかれを悪界に墜落させ,義者には九槍の広さを呈し,渡ってよく天国に到らしめるのである.橋は自動的にこれを行うかのようであるが,橋は「検別者の」ものであるから検別者すなわちダエーナーによる「検別」を抜きにしては橋の作用は考えられない.したがって,この場合も,不義者のダエーナーによる来迎の場合と本質的には同じものである.この考え方は,究極的には罪による滅びをアフラマズダーやその天則によるものとする思想に帰属させることができるにしても,テキストは直接そのような要素には言及せず,あくまで不義者の身語意の三業をもって不義者を裁かせ,その果としてかれに滅びのあることを強調する.著者は,前述したように,この点をザラスシュトラにおける,善悪両面にわたる「自業自得」的立場として,とくに指摘しておきたい.

5 罪因アンラ・マンユの末路

上に引用したガーサーの諸頌において，著者は，不義者の堕す悪界が「不義の家(drūjō dəmāna-)」といわれるのを見てきた(51:14, 49:11, 46:11. それぞれ343, 345, 346頁). 不義についてはすでに取り扱った(342頁). それは大魔アンラ・マンユ(アカ・マンユ，アカ・マナフ)のまよわしであり，かれの力である. 不義の家とはこのまよわしの力が支配している家の謂いであるが，ここのdrug-(drūjō はその単数属格)は擬人化されていてむしろアンラ・マンユ(アカ・マナフ)をさすものとみることができる. そのことは32:13に「この(第一の)世界の破壊者ども」が最悪のアカ・マナフの家にある財物を選取し天則をすてることをザラスシュトラが非難しているのに照らして明らかである. 最悪のアカ・マナフの家(ačištahyā dəmāna- manaŋhō)とは不義の家にほかならないからである.

さて，この悪界に堕する不義者のことであるが，かれは「いつの日までも不義の家に客(yavōi vīspāi drūjō dəmānāi asti-)」となり(46:11), かれには「苦難なことが永続(utayūtā yā…sādrā)」(45:7)し「長い苦しみ(darəgəm…rašō)」(30:11)があり，そこは「暗黒の長い連続(darəgəm āyū təmaŋhō)」(31:20)を一大特色ともする境涯とされている(346, 343, 345頁参照). これらの諸句では「永遠」の意味がそれぞれの表現を用いてあらわされている. そのなかでもっとも注目すべきは「いつの日までも」で，その原語は「すべての年所にわたって」という意味. そのことは49:8にザラスシュトラが「いつの日までも」アフラマズダーの使徒でありたいと願っているのにも明らかであるが，これは人寿一代のことであるから文字どおりの「永遠」の謂いとして受け取ることはむずかしいかもしれない. しかし53:1では，ザラスシュトラが「いつの日までも(yavōi vīspāi ā)安楽ならんために」と主が天国の資産をかれに授けたことが謳われている. これは完璧・不死を得てかれが永生の福を享けたことをさしているから，「いつの日までも」(ここでは後置詞āを伴っている)が永遠を意味

することは確かである．永遠に不義の家の客となるならば，その家も不義もまた永遠でなければならない．すなわちアンラ・マンユは永遠に存在するものでなければならない．かれはアフラマズダー～スプンタ・マンユと同じく万有に先立して始めなきものである(338頁)が，いまやかれが永遠にして終わりなきものであることも明らかになった．アンラ・マンユが永遠に存在するならば，そのまよわし，その不義による罪もまた永遠に止息することはないのであろうか．

残念ながら，ガーサーはこの問いには直截的に答えてはくれない．しかし，答えへの近接手段はある．ガーサーにおいてザラスシュトラはアフラマズダーに向かって「御所望のなかに首位を占める世を御身は実現してください(frašǝm vasnā haiθyǝm dā̊ ahūm)」(34: 15)といったり，

(50: 11 cd) 世の創造主が富み栄え給わんことを[35]——ウォフ・マナフを通して，

御所望のなかに首位第一を占めるところのものを，実現し給うために．

dātā aŋhǝuš   arǝdaṯ vohū manaŋhā

haiθyāvarǝštąm   hyaṯ vasnā frašō.tǝmǝm

といっている．fǝraša-(fraša-)とは「先頭的，首位的」という意味のスポーツ用語と著者は解している．終末の日の善悪両軍の戦いに勝ち抜くことと関連する．ザラスシュトラは「そしてわれらは，この世を勝ち抜かせるものとなりたいのです(aṯčā tōi vaēm h·yāmā yōi īm fǝrašǝm kǝrǝnaon ahūm)」(30: 9 a)という．アフラマズダーのもろもろの所望の中で先頭切っているもの——それは終末の日によく勝者として悪との戦いに勝ち残ること，この世界に善の顕現することである．主はその第一の所望を実現し給え，われらはこの世界をそのようなものにする走卒となりたい，とザラスシュトラはいっているのである．それは世界の建て直しであって，アヴェスター語では frašō.kǝrǝti-, 中世ペルシア語では fraš(a)gird という．それについて中世ペルシア語書は種々の奇蹟を伝えているが，この小論ではアンラ・マンユがどのようになるかということのみを，中世ペルシア語書 Bundahišn[36] にさぐってみよう．それによると

ガナーグ・メーノーグ(アンラ・マンユ)はガーサーのネーラングによって

用具を打たれて無能となり……かれは暗黒に舞い戻るだろう (Ganāg Mēn-ōg…ᶦpad ᶦān ī gāhānīg nērang zad-abzārīhā ud agār…ᶦabāz ᶦō tam ud tār ⟨dwārēd⟩).

とある.用具とは手下となった諸魔などをさすもの.これによると,アンラ・マンユは当然のことながら,滅失することはなく,ただ「なすなきもの(agār<a-kār)」となるだけであり,その悪界もまた「暗黒」なる相を保って存在する.かれは体・相のみは有するも用は失して「まよわし」「不義」の力を発揮することができなくなる.この力が失われるならば,新たなる造罪の機は滅失する.天則からの離反が罪である.この離反がなくなれば天則の世界が顕現する.ザラスシュトラの,アンラ・マンユにたいする立場は,おそらく,このようなものではなかったかと思われる.中世ペルシア語書にしても,たとえば Ayād-gār ī Jāmāspīg 17: 16³⁷⁾のように「アンラ・マンユ(アフレマン)は天の外(そと)で殺されその頭はきり落とされる (Ahriman pa bərūn āsmạn ba kūšīnəm ṭ ağiš sar ba burənṭ)³⁸⁾」といっているものもあるが,これはザラスシュトラの立場ではない.Bundahišn のこの部分の典拠が Spand Nask であることは周知のとおりであるから,Bundahišn が 9 世紀の成立であっても,その所伝には高く評価さるべきものがあると考える.Spand Nask はサーサーン朝版アヴェスター 21 巻(ナスク)本中の一つであった.それゆえに,建て直しに即していえば,宇宙論的には罪因を断ぜずして救済(すくい)を得るともいえるであろう.

6 ダーラヤワフ 1 世とその罪悪感

ダーラヤワフ 1 世とザラスシュトラの教えとの触れ合いや罪感の基底に両者が比較されうるものを持ち合わせていることなど,ここで「ダーラヤワフ 1 世とその罪悪感」の題下に取り上げようと考えている事柄の前提となるものは,すでに「まえがき」の下に述べた.この大王において罪とされるものは何か,そしてその結果としての滅びが大王によってどのように取り扱われているか,またザラスシュトラの場合における取り扱い方とどのような差違があるか,そ

ういうことをここでまとめてみたいと考える.

　大王は周知のように,ハカーマニシュ朝諸王のうちでもっとも多くの碑文を作成して自己の功業を記録したが,かれの倫理観とでもいうべきものをもっとも明白にうかがわせるものはビーソトゥーン碑文[7]とナクシェ・ロスタム碑文[7]であろう. 前者はかれの最初の碑文であり,後者はかれが自己の墳墓に造刻したものであるから,生前に作成したものではあるが,いわばかれの遺詔とみることもできる. したがって,大王の一代を貫いて流れる思想傾向といえば,これら両碑文にもられているものに尽きるといっても過言ではない. いまビーソトゥーン碑文によって大王の思想傾向をうかがうと,かれはアフラマズダーの御意(欲するところ——vašna- または vašni-)によって王となり,アフラマズダーはかれに王国を授けた. 諸邦(ダフユ)がかれに帰服してその臣僕(bandaka-)となったのはアフラマズダーの御意による. それゆえにかれに忠誠なるものはアフラマズダーに忠なるものであり,かれに不忠なるもの(arīka-)はアフラマズダーに不忠なるものである. かれは前者を厚く賞し後者をきびしく罰した. 民が不忠となったのは虚偽・不義(drauga-)が離叛させた(hamiṣṣiyam akunauš)ためで, このドラウガが民を正道からはずれさせ,虚偽者・不義者(draujana-)にしたためである. この虚偽者はまた行詐者(zūrakara-), 離叛者(hamiṣṣiya-)ともいわれている. そういう危機があると,その都度,大王はアフラマズダーに佑助を乞い,神はかれに佑助を与えた. かれはその神助によって危機を勝利に導いた. ゆえに,大王はビーソトゥーン碑文第 IV 欄第 37-40 行 (IV: 37-40) に後昆を戒めて

　　のちに王たらん汝はだれにせよ,虚偽(drauga-)からは堅く身を守れよ.

　　虚偽者(draujana-)ならん者——かれをきびしく罰せよ, もし汝が「余の国(ダフユ)が堅固であれ」と, このように思うならば.

といっている. 大王は,王自身のみならずその一門もまた不忠・虚偽・行詐の者でなかったからアフラマズダーおよびその他の神々が佑助を賜わったといい,かれが正道をふみ,いつわりを行わず,賞罰を厳正にしたことを述べ,かさねて後昆を戒めてつぎのように言っている (IV: 67-69).

のちに王たらん汝はだれにせよ，虚偽者ならん者，あるいは行詐者ならん者——かれらを愛好するものとなってはならぬ，かれらをきびしく罰するのだ．

大王は虚偽者を愛するなと戒めるばかりでなく，人が現世と来世にわたって救われる道まで説く．すなわち，大王は叛乱したエラムを討伐したことを述べ，語をついで

　このエラム人は不忠であってアフラマズダーはかれらによって崇められなかった．余はアフラマズダーを崇めた．アフラマズダーの御意によって余の欲するごとく余はかれらを処置した．……アフラマズダーを崇めんもの——つねに天則はかれのものとなろう (yāvai-šai artam ahati)[39]，生きているときも，そして死しても (V: 15-20).

といっている．しかも，この垂訓は大王にとってきわめて重要なものであったらしく，かれは尖帽のサカ族を討伐したことを記してのち，同じ表現をもって第V欄をむすんでいる．すなわち，第V欄の末尾(V: 31-36)は右の文中にみえる「このエラム人は」とあるのを「このサカ族は」に改めるだけで，他はまったくの同文である．大王は政治の領域をこえて宗教の世界にまでも踏みこんでいる．しかし，かれは不忠にしてアフラマズダーを崇めない者の運命にはふれていない．もしかれがそれにふれるとすれば，かれはそのものの死後の運命にもふれざるをえないであろうが，大王はそのことを追求する立場にはなかった．大王は真の意味の宗教人ではなかったからである．

　以上はビーソトゥーン碑文のなかから，著者当面の問題に関連のある部分を要約したり引用したりしたものであるが，以下には大王の遺詔ともいうべきナクシェ・ロスタム碑文を取り上げてみよう．

　　ナクシェ・ロスタム碑文には a と b がある．碑文 a は恒例の辞式で始まる．

　　偉大なる神はアフラマズダー——そはこれなる地界を創成し給い，そはあれなる天空を創成し給い，そは人の子を創成し給い，そは平安を人の子に創成し給い，そはダーラヤワフを王，多くのものどもの(ただ)一人の王，多くのものどもの(ただ)一人の命令者となし給うた．(1-8行)

7 古代イラン民族における「罪」と「滅び」

大王はついで

> アフラマズダーの御意により，これが，パールサのほかに，余が掌握したる邦々(ダフユ)．余はそれらを支配した．……余の律法——それがかれらを拘束した(16-22)．

といってその邦々を列挙し，さらにつづけて，それらを平定したときのことを回顧して

> アフラマズダーはこの地界の擾乱しているのを見給うや，それを余に授け，余を王となし給うた．余は王である．アフラマズダーの御意によって余はそれをその所に安んぜしめた．かれらに余が言いわたしたこと——それを，かれらは，余の欲するがごとくに実行した(31-38)．

といい，一代の功業を総括して

> (余の)これなる所成——それは，ことごとく，アフラマズダーの御意によって，余はなしたのである．(余の)所成を余がなすまで，アフラマズダーは余に佑助を賜わった(48-51)．

という．かれはさらに民に向かっては

> アフラマズダーの命令——それが汝に不祥なるものとみゆるなかれ．公正なる道をふみはずすことなかれ，背反することなかれ(56-60)．

と戒めている．以上によってダーラヤワフの立場は明らかであるが，ナクシェ・ロスタム碑文 b にはそれがいっそう明白に要約されている．かれはその中でつぎのように言っている．

> アフラマズダーの御意によって，余はかくのごときものである，すなわち，余は公正(rāsta-)を愛好するものにして余は不正(miθa-)を愛好するものではない．また弱者が強者のために不正を加えられることも余の欲するところでなく，また強者が弱者のために不正を加えられること，かかることも余の欲するところではない．公正の(行われる)こと，それが余の欲するところ．虚偽者を余は愛好するものではない(6-13)．
>
> 協力する(hantaxšatai)人——かれを協力に応じてそのようにかれを[40]余は賞し，加害する(vināθayati)もの——かれを加害に応じてそのように余

は罰する．人が加害することは余の欲するところでなく，加害しても罰せられぬということ——これも余の欲するところではない(16-21)．大王はさらに身心のすぐれた資質をアフラマズダーがかれの上に下したことを述べ，それをアフラマズダーの御意によって揮うことができ，功業を達成しえたことを述べている．

ダーラヤワフ1世の諸碑文を通覧してまず第一に感じることは，かれはむしろミスラ神によって王とされた[41)]のに碑文ではミスラ神の名は見えず，アフラマズダーが名をあげられている唯一の神だということである．ミスラ神はアフラマズダー以外の「神々」の中に名をひそめてしまった．これはガーサーにおいてアフラマズダーのみが名をあげられている唯一の神で，その他のインド・イラン的神格はアフラマズダー以外の「アフラたち(神々)」の中に名をひそめているのと同じである．ダーラヤワフ1世とアフラマズダーとの結びつきはきわめて緊密で，かれはアフラマズダーのおきての地上的代執行者であり，それゆえにかれの欲するごとき行動がそのままアフラマズダーの御意にかなうものとされるのである．かれのアフラマズダーにたいする地位は，ザラスシュトラにおけるアフラマズダーにたいする，スプンタ・マンユのそれに近い．天則はこのスプンタ・マンユを通してアフラマズダーによって創成された．スプンタ・マンユはこの意味において法の設定者なのである．大王に協力するものはアフラマズダーに協力するものであり，かかる協力者が賞されるのはもちろんであるが，大王に加害する(vināθayati)ものはアフラマズダーに加害するものとして厳しく罰せられた．ザラスシュトラにおいて，アフラマズダー～スプンタ・マンユの天則に悖りそむく者が「罪」者とされ滅びが待ちうけるとされているのを想起すべきである．加害する，すなわち害を及ぼす，破壊するという語はvināθayatiであるが，この語は著者がさきに見てきたvi-nas-「(天則に)悖りはずれる」(「滅びる」よりもむしろ)の使役活用*vināsayati「かれは破壊する」の古代ペルシア語形である．もっとも「破壊する」の意味における使役活用の場合は，その基本形の意味が「滅びる，消失する」であることはいうまでもないが，それはともかくとして，古代ペルシア語にこのvināθayatiが在証さ

れるという事実が重要である．著者は中世ペルシア語 wināh「罪」が *vināsa-に溯ることを述べた (331頁) が，wināh の直接的古代イラン語祖形は共通イラン語形 *vināsa- でなくて，古代ペルシア語形 *vināθa- なのである．おそらくこの語で「罪, 法に悖ること」が意味されていたであろう．すなわち，「正しい道 (paθi- rāstā-)」をふみあやまることである．ふみあやまるのは，大王によれば，drauga- のためである．drauga- は，その中世ペルシア語形 dlwb¹ (ザラスシュトラ教系)，drw (マニ教系) や近世ペルシア語形 darōy が意味しているように，「虚偽，不義」であるから，ザラスシュトラの drug- と同義である．drauga- は drug- を盈楷梯に高め -a- で拡張したものであるから語構造は drug- とは異なるが，drug- にたいする古代ペルシア語的対応であることはたしかである．この drauga- に誤られて大王にたいして arīka-「不忠なる」ものになったもの，drauga- が大王から「離反させた (hamiṣṣiyam akunauš)」もの——かかるものが drauǰana- である．この drauǰana- は，その中世ペルシア語 dlwčn¹ (ザラスシュトラ教系)，drwzn (マニ教系) が意味しているとおなじく，「虚偽者，不義者」であって，ザラスシュトラの drəgvant-「不義者」と同義語である．drəgvant- が drug-「不義」を身にそなえるものとして接尾辞 -vant をもつ形容詞であるのにたいし，drauǰana- は drauga- を -na で拡張した形容詞である点を異にするのみで，drauǰana- は drəgvant- の古代ペルシア語的表現である．諸邦の叛乱を記すさいに，大王は drauga- が諸邦に多くなったとか，drauga- がかれらを離反させた，などの表現を用いていて，事実上，そこに擬人化傾向をみせているが，ザラスシュトラの場合も「不義 (drug-) の家」のごとき表現に類似の傾向のみえることは，さきに指摘したとおりである (348頁)．ダーラヤワフが協力する (hantaxšatai<hamtaxš-) ものを厚遇し破壊加害する (vināθayati) ものを厳罰するといっているとき，著者はその背後に，「天則は利益するために，不義は破壊するために」存する (342頁) というザラスシュトラの立場が横たわっていることを看取せざるをえない．「協力する」とは「利益する」ことであり，その古代ペルシア語的表現とみることができる．著者は「罪と滅び」をテーマとしているために「善行と救済」にはまったく立ち入らなかったが，「罪と滅

び」の面からみても，大王と預言者ザラスシュトラの間にパラレリズムのあることがわかる．

しかし，このパラレリズムとは逆に，両者の間には大きな相違がある．ザラスシュトラにおいては drug- はアンラ・マンユのまよわしであり，それをうけて drug- を身にそなえた drəgvant-「不義者」は drug- の家の客となって「永遠の暗黒」，「永遠の苦しみ」と悪食と痛嘆の叫びに沈淪するとされている．しかるに大王においては，その drauga- がどこから来て何者に発するかは説かず，それにまよわされて draujana- となったものは大王に不忠なるものとして罰せられ処刑されたが，碑文はかかる draujana- の死後の運命には関知しない．ザラスシュトラにおいてはそこが出発点ともなる不義者の運命が，大王においてはその出発点において切断され，それ以後は問われていない．アフラマズダーを崇める者の死後の運命は天則とともにあるとするも，それと反対のものの死後の運命は言及されていない．そこでは預言者の宗教的罪悪感が支配者の行刑的罪悪感におきかえられている．この立場からすれば draujana- の被罰を自業自得として問う必要もなかった．drəgvant- の滅びを自業自得としても問うたザラスシュトラとこの支配者との間には，このような相違もあった．著者がダーラヤワフ１世をもってザラスシュトラの教えを導入はしたが，それを自己の王権を神聖化するのにも用いたとするのはこのような事情にもよるものであり，そのためには大王はこの預言者の名を必要としなかった．どの碑文にもザラスシュトラの名はみえていない．大王は直接アフラマズダーと結びつくべきで，両者の間にザラスシュトラを介在させれば，それだけこの結びつきは弱められる．しかし，それにもかかわらず，大王はザラスシュトラ者である．上にあげたパラレリズムからもそのことが肯定される．

著者はダーラヤワフ１世の罪悪感，かれにおける「罪と滅び」を取り扱って感じることであるが，かれは碑文に，余はアフラマズダーの御意によってかくかくしかじかの行動をしたと，くりかえし謳っている．これは逆に，かれの行動がみなアフラマズダーの御意によるものとされる危険をはらんでいる．しかも，この危険を回避する道が大王の「余はおのが心をつよく制御するものであ

る」(ナクシェ・ロスタム碑文 b 14-15)との自制にあるとすれば,その危険は支配者の恣意に委せられて不断のものとなる.もっとも,著者におけるこの懸念は,あくまでも,制度そのものを論じる場合のことであって,ダーラヤワフ1世によってかかる恣意が不断に発揮されたというのではない.

ダーラヤワフ1世はザラスシュトラの教義を王権の支えとして受容した.いわば,純粋に宗教的なものが帝王の処世哲学に転用された.サーサーン朝期以後に成立した,ザラスシュトラ教的人生観に立つ多くの教訓(アンダルズ Andarz)文学とその点は共通するが,大王の対虚偽・不義観がその格調の高さにおいて後世のものにまさるのは,かれとザラスシュトラとの間の年代距離の近さにあるのであろう.しかし,大王によるザラスシュトラ教義の受容のしかたが,ザラスシュトラ教の伝統に歪曲や断絶をもたらす一因ともならなかったとすれば幸いである.というのは,ガーサーとそのザンドを読みくらべて感じることは,ザンドにおいてガーサーの所説が大きく誤られ,見失われ,あるいは忘失されていること[42]で,この思いをいだくものは著者ひとりのみではないだろうからである.

註

1) この論文は昭和 46,47 年度,文部省科学研究助成費による総合研究の成果で,のち佐々木現順編著『煩悩の研究』清水弘文堂,1975 年,2-40 頁にこの題名で収録されたものとほぼ同じもの(固有名詞は一部,手直しした)である.
2) TD_1 206: 10-17=TD_2 239: 13-240: 4.
3) David Shea and Anthony Troyer: *The Dabistán or School of Manners, translated from the original Persian*, Vol. 1, Paris 1843, pp. 306-309.
4) Dastur Kaikhusru Dastur Jamaspji Jamasp Asa: *Arda Viraf Nameh. The original Pahlavi Text, with an Introduction, Notes, Gujarati translation, and Persian version of Zartosht Behram in verse*, Bombay 1902, Pahlavi Text, p. 1; Günter Gobrecht: "Das Artā Vīrāz Nāmak", *Zeitschrift der Deutschen Morgenländischen Gesellschaft*, Bd. 117 (1967), p. 383.
5) Behramgore Tehmurasp Anklesaria: *Vichîṭakîhâ-i Zâṭsparam with Text and Introduction*, Part I, Bombay 1964, p. 93 (chapt. XXV, 12). これについては拙稿「ゾロアストラ伝の一齣とその意義」(『オリエント』第 11 巻第 1-2 号 [1970]),17 頁,30 頁(註 20)参照.
6) 拙著『アヴェスター』(『ヴェーダ アヴェスター』世界古典文学全集第 3 巻),筑

摩書房 1967 (1978²), 325 頁以下.
7) 拙著『古代ペルシア』.
8) 以下,「ヤスナ」の語をはぶき, 単に 28:2(ヤスナ第 28 章第 2 節)のごとく示す.
9) ( )など諸記号の説明はxix頁参照.
10) ガーサーにおける敬語法・卑語法は著者によってはじめて指摘された. →183–196 頁.
11) この行にたいする著者の新解については 313–314 頁とその註 65 参照. 註 6 所掲拙著 335 頁では gāuš を gaoš によみかえてこれを複数対格とし bagā を baŋhā の異形とみていた.
12) 「怯気」については→265 頁註 4.
13) →183–196 頁.
14) The late Dastur Jamaspji Minocheherji Jamasp-Asana: *The Pahlavi Texts contained in the Codex MK copied in 1322 A. C. by the Scribe Mehr-Âwân Kaî-khûsrû, II, with an Introduction by B. T. Anklesaria*, Bombay 1913, p. 55 (§ 1).
15) この語解「知らせるために」(ākå) は著者の創唱. →197 頁以下, とくに 200 頁.
16) Ervad Bamanji Nasarvanji Dhabhar: *Pahlavi Yasna and Visperad, with an Introduction and a Glossary of Select Terms*, Bombay 1949, pp. 153–154.
17) (( ))でかこんだ部分は原註とみるべきもの. →xix 頁.
18) この例は Chr. Bartholomae: *Altiranisches Wörterbuch*, Strassburg 1904, 1056; H. S. Nyberg: *Die Religionen des alten Iran. Deutsch von H. H. Schaeder*, Leipzig 1938, p. 125; Herman Lommel: *Die Gathas des Zarathustra, mit einem Anhang von Erwin Wolff: die Zeitfolge der Gathas des Zarathustra*. Herausgegeben von B. Schlerath, Basel/Stuttgart 1971, p. 62 など. Maria W. Smith: *Studies in the Syntax of the Gathas of Zarathushtra together with Text, Translation, and Notes*, Philadelphia 1929, p. 87 ('···are-fallen-asunder···')や J. Duchesne-Guillemin: *Zoroastre. Étude critique avec une traduction commentée de Gâthâ*, Paris 1948, p. 256 ('···sont réduites à périr') も同様.
19) この例は Helmut Humbach: *Die Gathas des Zarathustra*. 2 Bde., Heidelberg 1959, Bd. I, p. 99 や Walther Hinz: *Zarathustra*, Stuttgart 1961, p. 177 など.
20) *Collected Sanskrit Writings of the Parsis. Old Translations of Avestâ and Pahlavi-Pâzend books as well as other original compositions, with various readings and notes,* collated, corrected and edited by Ervad Sheriarji Dadabhai Bharucha, Part II——*Ijisni (Yasna)*, Bombay 1910, p. 73.
21) 47:4 a は ¹az ¹ān ī ¹ān ī mēnōgān rādīh rēšēnd ¹kē druwand ¹hēnd ((¹az ¹ān čiyōn-šān ¹dēw ¹pad tan mehmān ud nihādag ī ¹wehān ¹pad frārōnīh ¹nihād ¹bē ¹abganēnd ahlomog)) 「不義なるものどもはかの神々の恩施を傷つけるがゆえに((かれらの身に悪魔が宿り, かつよき方々が正義をもって定め給うた定めを, かれらアフロモーグ者らは放擲するがゆえに))」と訳され, 49:2 b は dādwar ī druwand frēftār ¹kē-š ¹az rāstīh rēš ((¹ku ¹ka wizīr ī rāst ¹abar ¹kunēd ā-š rēš ¹bawēd)) 「不義行詐の法官,

そのかれは正義より（逸脱して）傷（となる）《すなわち正しい判決をかれは放棄して傷つける》」とある．47:4a では rārəšyeintī「かれらは悖る」が rādīh rēšēnd「かれらは恩施を傷つける」と解され，49:2b では rārəšō「悖れるもの」が rēš「傷」と訳されていて，ともに語音の近似に便乗した付会の訳であることを示している．同様にして 32:11 c は ᴵkē ᴵān ī ᴵōy pahlom ahlaw Ohrmazd ᴵbē ᴵnihād ā-š rādīh rēšēnd ī ᴵpad Wahman《(ᴵkū nihādag ī ᴵwehān ᴵpad frārōnīh ᴵnihād ᴵbē ᴵabganēnd ahlomōg)》「オフルマズドよ，かの至上の正しき方の定め給うたところのもの――ワフマンとともにある恩施を傷つけるものども《すなわち，よき方々が正義をもって定め給うた定めを，かれらアフローモーグ者らは放擲する》」と訳され，rārəšyąn「かれらは悖らしめようとする」は rādīh rēšēnd「恩施をかれらは傷つける」とされ，32:12a は ᴵkē rēš srāyēnd pahlom kunišn ō ᴵmardōmān《(sāstārān apaymān kušišnīh)》「最勝の行為に傷を（つけるように）人びとに命じるものども《(暴君どもの不法な殺戮)》」と訳され，rąŋhayąn「かれらは悖らしめようとする」はその前後の語 yā, sravaŋhā（yā rąŋhayən sravaŋhā)（「かれらがよってもって悖らしめようとする（卑）歌のゆえに」）とともに ᴵkē rēš srāyēnd「傷を命じるものども」と解されている．以上，4箇所のザンドについてはそれぞれ註16所掲の文献 pp. 208, 214, 152, 152 参照．なお註7所掲拙著 p. 330 にもザンドの誤解例がみえる．

22) この解釈については→212頁以下，とくに 218-219 頁．
23) この語解については→255-258頁．
24) 30:1bc については→257頁とその註5．
25) *spanta- については→322頁註49所掲ベイリー論文 pp. 288-294. そこでは span-「超自然力で強化する」を語根として論じられているので ³spā- を語根とする著者とは展開の仕方も異なり，語構造論も同一でない．Lith. šveñtas については→321頁註45. フレンケルは spənta- を関連語として引用している．
26) ザラスシュトラ教徒の6季節祭中の最後のもの．これについては→290-294頁．
27) 転化の契機は説明することがむずかしいが，曲用しやすいことも一つの原因であろう．→307頁．
28) spěti, spěti については→321頁註46.
29) angra- mainyu- について――仮名書きにすればアンラ・マンユで，アングラ・マイニュではない．angra- の g は n が喉鼻音ŋであることを示す記号で，のちになると ng のかわりにŋがつくられ，これ一字で喉鼻音を表記するようになる，すなわち aŋra- と書くようになる．この angra-/aŋra- は語根 anh-「破壊する」に -ra を接尾した形容詞 *anhra- すなわち *aŋhra-「破壊的」であるが，アヴェスター語ではこの場合の h は脱落するので aŋra-/angra- となる．また mainyu- についてみると，その i は y の影響をうけて n の帯びる口蓋音的ニュアンスを予示する記号で，i音を示すものではないから，mainyu- はマンユで，マイニュと仮名書きすべきでない．i や g の役割が解明された今日でも教科書や参考書のなかにアングラ・マイニュと書いたもののあるのは残念である．また，OIr *Anhra- *Manyu- は中世ペルシア語で Ahreman（アフレマン），Ahramen（アフラメン）などとなった．このhはhで，直前のaをāと発音させるもの

ではないから,アーリマン,アーレマンなどは誤り.

30) この傾向は新体アヴェスターではいっそう明らかとなる.例えば註6所掲拙著379頁参照.

31) ガーサーにおけるダエーワになお「神」の意味がみとめられるのは 29:4, 34:5, 48:1で,「人・天」のように「人間」と対立的に用いられる場合.ただし諸説がこれに一致しているわけではない.

32) →222頁以下,とくに224-225頁.

33) 「調伏されるべき」(dafšnya-) については→241頁註43.

34) 註6所掲拙著p. 383参照.

35) 「富み栄え給わんことを」(arədaṯ) については→240頁註26所掲拙稿p. 25.

36) TD₁ 195: 15-17=TD₂ 227: 10-12. ただしTD₁にはGanāg Mēnōg…ᴵpad ᴵān ī gāhānīg nērang zyt abzārīhā ud 'yk'l ud tār とあるのみ.

37) Giuseppe Messina: *Libro Apocalittico Persiano Ayātkār i Žāmāspīk*, Roma 1939, pp. 77, 120.

38) メッシーナはこのパーザンド・テキストをAhriman bērōn i āsmān bē ōzanēnd u-š sar bē brīnēnd と再構している.前註所掲の文献p. 77参照.

39) 斜体の部分は欠損部の再構を示す.この再構はIlya Gershevitch: *The Avestan Hymn to Mithra, with an Introduction, Translation and Commentary*, Cambridge 1959, p. 251 (yāvai-šaiy artam ahatiy) に従ったが,これはWalther Hinz: "Zur Darius-Inschrift von Behistan", *Archaeologische Mitteilungen aus Iran*, Neue Folge, Bd. 5 (1972), pp. 245-247, 250 によっても追認された.

40) この「かれを」は削除したい.

41) 註7所掲拙著16-17頁参照.

42) 註7所掲拙著330頁にも同様な例がみえる.

8 仏光とイラン要素[1]

まえがき

著者はこれまでに「西方浄土というように西方と限定されているのは何故か」(指方立相の問題),「阿弥陀仏はアフラマズダーからつくり出されたとのことですが,ほんとうですか」,「光明とほとけさまとの結びつきはインドのものでなくて,イランのものとのことですネ」などという質問をたびたび受けた.なかには「それなのに,なぜ浄土教を釈尊所説の法門というのですか」という,手きびしいものもあった.質問者の中には,仏教系宗門立の大学を出た人や,さらには,そのような大学の講壇に立っている人もあって,それが一様に声をひそめて問うのであるから,このような底流のいかに消しがたいものかがうかがわれる.しかも,これらの疑問に直接答えるような言説は,まだ最近では耳にしたことがない.往年,某学術大会において,とくに浄土の問題を取り上げてほしいとの要望があったが,そこで発表された研究の要録をみると,おどろくべきことには「西方」の語はまったくみえず,浄土とのみ称して,真善美聖と関連のあるあらゆる抽象概念をそれにむすびつけて,浄土とはかくのごときものと力説するにとどまっていた.また,学者の中には,「……西方過十万億仏土」とか「……西方去此十万億刹」(浄土はこの世界から西方,十万億の仏国土をすぎてかなたにある——ただし,十万億の数字は出典によって同一でない)などとあるのは,空間を超えたものという意味であるとか,あるいは,われわれの迷界とは無限の隔たりのあることを示すものだ,と主張するものもある.しかし,それなら東方でも南方でも,西方以外のどの方位でも,去此十万億刹ならよいはずであるから,一様に「西方」と限定されていることを説明することにはならない.ゾロアスター教と浄土教との近さについては,著者はsaošyant-

にもこれを認め[2]，第3サオシュヤント Astvaṭ.ərəta- と法蔵 Dharmākara- との間にも比較を試み[3]，安楽世界 Sukhāvatī- の sukha-「安楽」をイラン語から解明しようとも試みた[4]．この論文では「仏光とイラン要素」を取り上げることになるが，その目的は，ゾロアスター教と浄土教とを可能なかぎり近づけてみれば両者はどこまで近接しうるか，その辺のことを明らかにして，両者の間にある諸問題を解明する糸口をつかもうとするにある．

仏・菩薩の像やキリスト教などのイコンに光りが輪光や放光の形でつけられていることはよく知られており，また，そのモチーフがイラン起源のものであることも識者の間では認められている．しかし，このようにイラン起源を主張すると，インドに発祥した仏教の仏像にイラン起源のモチーフがつくことに不審をもつ人があるかもしれないし，また，そうした不審をいだく人の中には，仏教以前から存在するインドの神々には光明との縁がなかったのかといぶかるものがあるかもしれない．そこで，インドの場合も，光明と神々がけっして無縁でなかったことを，まず概観しておこう．

リグヴェーダ (RV) V, 63:2 には，ミトラ，ヴァルナの二神が「太陽を見るもの (svar-dṛś-)」とよばれている．そして RV X, 14:7 は

われらの父祖がさきに去っていった
かの往古の道を経て，進みゆけよ，進みゆけよ．
スヴァダーに喜悦している二王
ヤマと神ヴァルナを，そなたは見よや．

といって，この王国に君臨するものとして，ヴァルナ神とともにヤマをあげ，ヴァルナとヤマを二王とよんで，両者がスヴァダー (svadhā́-) に喜悦していることを謳い，死者に向かって，そこへ往けよとよびかけているのである．スヴァダーは祖霊への供物で，サーヤナは「不死の食」と註している．このようなヤマを，RV X, 14:1 は

大海に沿うて去りゆき
多くのものどもに道をみつけてくれた，
ヴィヴァスヴァントの子――人びとの召集者たる

ヤマ王を，供物をもって恭敬せよ．

といって，ヤマをさして，人びとにさきがけてあの世に行き，あとから来るもののために道をひらいた，死者の国の王者とよんでいる．

さて，その国のことであるが，RV IX, 113: 7–10 には，その様子をつぎのように謳っている．

無尽の光明のあるところ，太陽(svàr-)のおかれてある世界(loká-)，
そこにわれをおけよ，パヴァマーナ[5]よ，不死不壊の世界に．
インドラのために，インドゥ[6]よ，なんじは渦まき流れよ． (7)
ヴィヴァスヴァントの子(ヤマ)王のいるところ，天よりの(太陽の)降下の
あるところ，
かの若水のあるところ，そこにわれを不死ならしめよ． (8)
如意の遊行のあるところ，第三天空における第三天(至上天)において
諸光明土のあるところ，そこにわれを不死ならしめよ． (9)
欲望と欲求との(満たされる)ところ，太陽の頂点(夜旅への起点)のあると
ころ，
スヴァダーと満足のあるところ，そこにわれを不死ならしめよ． (10)

作者はヴァシシュタ Vasiṣṭha であるが，かれでなくてもこの詩を誦すれば，かれと同じ果報を期待しうるもの．ヴェーダの詩頌はそういう建前になっている．

この詩頌によると，ヤマの王国・ヴァルナ神の国は「無尽の光明(jyótir ájarman)」の世界，光明土(複数で出てくる)であり，太陽が降下し来たるところ(つまり太陽の没するところ)であり，また「太陽の頂点」すなわち太陽の東方への夜旅の起点となるところである．(8)において「天よりの降下」と訳した語は avaródhanaṃ diváḥ で，一般には「天の密室」とするも，ここはそれを排して F. B. J. キュイペル[7]に従った．この太陽の降下する国というのは，スールヤの駆る車の馬が車からはずされるところ，ともいわれる．すなわち RV V, 62:1 に

人びとがスールヤの馬をとくところ
天則によって堅固にかくされている，御身ら二座(ミトラとヴァルナ)の天

則——
　この唯一のもの(天則)に1千(の奇蹟)が蝟集している.
　諸天のもろもろの奇蹟の中で最美なる(それ)を,わたしは感見した.
とあるのがそれである.ミトラ～ヴァルナの王国,ヤマの王国は ṛtá-「天則」が所在するところであり,太陽の馬が車からはずされるところである.すなわち,太陽が天から降下するところであり,まさしく「西方」である.「馬を(車から)解くところ」は yátra vimucánty áśvān というが,この表現を別の語であらわしたものに RV X, 14:9 がある:
　なんじらは離れゆけよ,散りゆけよ,そして散じゆけよ,ここから.
　この者(被葬者)にこの場(loká-)を父祖たちはしつらえてくれたのだ.
　日と水と夜[8)]をもって綺飾された
　アヴァサーナをヤマは,この者に与え給うのだ.
新たな被葬者のために,ここで先に処理されたことのある被葬者の遺物やよごれに詩頌は「なんじら」とよびかけているが,それはさておき,頌中にみえるアヴァサーナ(avasāna-)の語に注目したい.これは ava-sā-(sā-: syáti「結ぶ」)「解く」からの派生詞で「(馬を)解くこと」から「馬を解く場所,馬解きの国」を意味しうるもので,単なる「憩いの場所」ではない.
　興味のあることに,このヴェーダ語 avasāna- のアヴェスター的対応語 avaŋhāna- が,ガーサーの Yasna 33:5 に,しかも RV X, 14:9 と同じような状況の中に出てくる.Yasna 33:5 において,ザラスシュトラ(ゾロアスター)は自身をさして
　マズダー・アフラの住んでまします,天則のもろもろの直道・
　長き生命・「ウォフ・マナフ」の王国に到達し
　御身(アフラ・マズダー)に,万象中最大なるご聴許をアワンハーナにおいて呼び求めようとする(わたくし).
といっている.avasāna-/avaŋhāna- は「馬を解くところ」すなわち yátra vimucánty áśvān「そこにて人びとが馬を解くところ」(RV V, 62:1 b)であり,インド流にいえばミトラ～ヴァルナ／ヤマの王国であり,ザラスシュトラ流にいえ

ばマズダー・アフラの王国であるようにみえる．それは，地上のたまゆらの生命にくらべ，永遠の生命(長き生命)の世界である．そして，この馬はふたたび車につながれて東方への夜旅に旅立つ．それを示すのが RV I, 115:4 である：

　これがスールヤのデーヴァたるゆえん，これがその大なるゆえん，
　曰く，（夜が）活動しているさ中に，かれは夜の織物を巻き収めてしまう．
　しかし，かれが褐色の(馬)どもをかれらの場所(車)につなぐとき，
　そのとき夜はその衣裳をかれ(スールヤ)のうえにひろげるのである．

上にみたように，RV IX, 113:10 にこの国が「太陽の頂点(bradhnásya viṣṭápam)」とあるのは，この東方への夜旅の起点だということである．

こうして，ミトラ～ヴァルナ／ヤマの国は西方にあり，そこは「太陽を見る(svar-dŕ́ś-)」(RV V, 63:2)国であり，「太陽のおかれている世界」(RV IX, 113:7)である．しかも，そこは「もろもろの光明土(lokā́…jyótiṣmantaḥ)」であるとされる(RV IX, 113:9)．太陽の入る西方世界は石でできていて，それが太陽を擁したまま夜空を東方へ旅するものと考えられていた．この西方世界の中に没入した太陽，すなわち「岩中の太陽」と，そこに伴在する「暗黒」とを感見することは，r̥ṣi「仙」になる入門式の要件でもあった．RV VII, 88:2 に

　そして，かれ(ヴァルナ)との相見を修めてのち
　われ(ヴァシシュタ)はヴァルナの顔をアグニのそれなりと観じた．
　岩中の太陽(svàr yád áśman)と暗黒(ándhas)とに大王(ヴァルナ)は
　われを導き給え，（わたしが）奇蹟を見るために．

とある(→320頁註25)．光明と暗黒の共存は RV VIII, 41:10 でも裏書きされる．そこにはヴァルナ神が黒白(夜昼)二色の套衣を着用していることを，つぎのように謳っている：

　白いのを套衣に
　し，黒いのも，（おのが）掟に従って，（そうしている）ところの
　かれ(ヴァルナ)は，最初の世界を測量した
　――そのかれは支柱(skambhá-)をもって（天地）両界を
　未生者のように離して支えた

......(略)......

西方下界に暗黒界があり，ヴァルナの王国，幸いされた死者の往詣するところであるが，そこはまた，不思議な方法で光りの生じている光明土(複数)(RV IX, 113:9)であった．さらに，そこは太陽の没入するところで，その太陽はとくに「岩中の太陽」とよばれる．この西方世界は夜には夜天となってわれらの上に倒懸する．したがって，太陽は夜，東方への旅をし朝になって東天から西方に帰還する．このことを RV VII, 76:2 cd は

ウシャス(暁紅神)の標識は東方に出てきた．
かの女はハルムヤから(harmyébhyaḥ)こなたに向かってきた.

といっている．harmyá- は Av. zairimya-「春の」と同定できるものと著者は考えている[9]，というのは，この語は「光明」とふかい関係を有しているからである．それが複数で用いられているのも，いま言及した「光明土」(複数)と同じ取り扱いをみせるもの．このような夜天倒懸説は倒懸樹，上根下枝樹へと発展し，バガヴァドギーター§15のそれへと展開するが，これはヴァルナ神国の西方下界位の一異相である．

さて，このテーマのその後の展開であるが，ヴァルナの徳をたたえて RV VII, 86:1 が「かれは高い，大きい穹窿を前方に押し(ひろげ)，広い(天地)両界をわかちて支えている」といえば，同 VII, 99:2 はヴィシュヌをたたえて「御身は高い，大きい穹窿を上に支えている」という．これは，ヴィシュヌがヴァルナの属性を一部において受けついだことを示すもので，RV X, 15:3 ab もヴィシュヌの歩が祖霊(pitṛ-)の世界，すなわちヴァルナの世界と関連をもつことを示唆している．このヴィシュヌの一アヴァターラ(化身)がクリシュナであることも認められている(クリシュナには多くの伝承経路から，いくつものペルソナが集まっているが)．そのクリシュナは，マハーバーラタ V, 2563, XIV 1589以下，などによると，グジャラートの西端，カーティアーヴァール半島の北西端に近い海岸沿いにドヴァーラカー(Dvārakā, 現 Dwārka)をきずいている．Dvārakā とは「(東)門町」ほどの謂いで，西方，西海にあるヴァルナ神界への門を意味するものであった．この町をこのように宗教的に位置づけてみる

と,われわれは大阪四天王寺西門のそれを想起する.『今昔物語』巻第十一に「その寺の西の門に太子自ら釈迦如来転法輪所当極楽土東門中心と書き給えり.これによって諸人,かの西の門にして弥陀の念仏を唱う.今に絶えずして参らざる人无し」とあるのが,それである.この 16 字(釈迦如来〜東門中心)は現西門(西方極楽からは東門にあたる)の石の鳥居に掲げられた額にみえる.このようにしてみると,西方下界にあるとされたヴァルナ天宮が,ヴァルナ→ヴィシュヌ→クリシュナと次第して西方楽土の思想が形をかえながらも(上根下枝樹),Dvārakā において中世期にもなおその跡をとどめていたといいうる.

さて,ではイランがわはどうか.これまでみてきたインドがわとパラレルな取り扱いをしながら,この辺の事情を浮き彫りにしてみよう.

イランでも,アフラマズダーの王国は「太陽をみる」ところといわれる.すなわち Yasna 43:16 では

 されば,アフラよ,何はともあれ,御身のものとして最勝なるスプンタ・マンユを,このザラスシュトラ(なるわたくしめ)は選取するものです,マズダーよ.

 天則が象(かたち)をそなえ,寿命をもって力あるものとなりますように.
 太陽をみる王国にアールマティのおわしますように,
 (そして)ウォフ・マナフとともに,行為に応じて報応をお授けくださるように.

とある.「太陽をみる」はここでは x^{v}əng-darəsa- といい,ヴェーダ語形になおせば *svar-dr̥śa- であるが,さきにあげた svar-dŕ̥ś- とほとんど同じである.ミトラ〜ヴァルナ/ヤマの王国が無尽の光明をもち,光明土といわれているように,このアフラマズダーの王国もやはり同様である.Yasna 31:7 には

 かの楽土を諸光明でみたそうとはじめに考え給い
 その願意をもって天則を創成し,それ(天則)によって最勝のウォフ・マナフを堅持してまします方(かた)として,
 アフラよ,御身はいまもなお(御身と)同等なるかの(スプンタ・)マンユとともに,マズダーよ,成長し給わんことを.

とあるのがそれで,しかもこの句は同時にアフラマズダーが願意(xratu-)をもって天則を創成した,といっている.その天則[10]のことは,すでに引用したRV V, 62:1 にもあるように,ミトラ～ヴァルナの国にあるとされるが,そのことを Yasna 30:1 は,天則の与える歓喜が光明とともに存するといって,これを確認している.すなわち

> では,わたしは説こう,願い求めているものたちよ,少なくとも穎悟者にとって銘記さるべきことを——
> (それは)アフラへの称讃と,ウォフ・マナフへの祈りと,
> さらには(それを)よく銘記しているものによって,諸光明とともに感見されるところの,アシャ(天則)の歓喜である.

といえば,Yasna 19:6 でもアフラマズダーは

> 三度(たび)(チンワントの)橋をこえて,かれ(信者)の魂を最勝界へ——(然り)最勝界へ,最勝の天則へ,最勝の光明へ……渡そう

と,ザラスシュトラに約束している.天則と光明と最勝界との不可分一体観である.その他については,403頁註10を参照されたい.だから,ブンダヒシュン(Bundahišn)(TD₁ 3:12-14=TD₂ 2:12-15)に

> オフルマズド(Ohrmazd)は至高者として,全知と善性とともに,無限の時間にわたって,光明の中に常在していた.その光明はオフルマズドの座と場にして,あるものは無終の光明という.

とあるのも首肯できる.しかし,それとともに見のがしてならないのは Yasna 44:5 で,そこではザラスシュトラがこう問いかけている:

> このことを御身にわたくしはお尋ねします,正(ただ)しくわたくしに語(はな)してください,アフラよ.
> どんな工匠(たくみ)が光と暗(やみ)を創造したのですか.
> どんな工匠が眠りと目覚めを創造したのですか.
> だれによって暁(あかつき)と日中と夜があって
> 責負うものに務めを思い起こさせるのですか.

もちろん,答えは「アフラマズダーが,そのすべての生みの親」とあるべきも

ので，これは疑いをいれる余地がない．注目したいのは暗・夜がアフラマズダーの所造だとされていることで，これは，とりもなおさず，RV VII, 88: 2 (上掲) にヴァルナの王国に「岩中の太陽」とともに「暗黒」のあることを記しているものと照応する．暗黒即アンラ・マンユ(Angra/Aŋra Mainyu)的とみるのは，ザラスシュトラの立場でない．暗黒が永続し，光明をもたぬところに，はじめてアンラ・マンユの場がある——これがかれの立場であって，この限りにおいて，かれはまさしくインド・イラン的である．インド・イラン的というなら，この光明と暗黒の共存は，リグヴェーダにみた，かの「岩中の太陽」とかかわりをもつものであるが，ではこの思想は，かれの場合にはどのようになっているのか．

ザラスシュトラは直接，「岩中の太陽(svàr yád áśman)」ということばは用いていないが，それを示唆する語句はある．そこで，ここでは，まず OI áśman-/OIr asman- を取り上げてから，そのことに立ち入ることにしよう．ヴェーダ語 áśman- は「石，岩石」を意味し，またそれがこの語の本来の意味でもある (Gr. ἄκμων「かなとこ」, Lithuanian akmuõ「石」参照)のに，イランでは，この意味もアヴェスターにはあるが(「天空」のほかに)，古代ペルシア語では asman- は「天空」を意味し，中世語以降ではもっぱらこの意味に終始する(MP asmān, NP āsmān)．それは，上述したように，岩石で蔽われた西方世界が夜天となってこの世界の上に倒懸するからで，そこから岩石→天空のごとく転義したものとキュイペルはいう．こういう前提に立ってみると，Yasna 30: 5 ab や Yašt 13: 2-3 は RV VII, 88: 2 や同 VIII, 41: 10 (いずれも上掲)とも根柢において共通することになる．Yasna 30: 5 ab は

> これら両マンユ(スプンタとアンラと)のうち，不義なるほう(アンラ・マンユ)は極悪事の実行を選取したが，
> もっとも堅い岩石を着用している，最勝なるスプンタ・マンユは天則を(選取した)．(→339頁)

とて，アフラマズダーの活動を代行するスプンタ・マンユが石を着用している旨を述べ，Yašt 13: 2-3 には，星で綺飾されメーノーグ的につくられている

星飾霊造の衣裳としてマズダーが着用しているところの……岩石とあって，こんどは，マズダー自身が岩石を着用しているといっている．これらはいずれも，西方世界が OI áśman-/OIr asman-「岩石」でできていること，そしてそこに沈む太陽がすなわち「岩中の太陽(svàr yád áśman/OIr *hvar yad asman)」であること，をもの語るもの．アヴェスターの Wīdēwdād 19: 35 において，ザラスシュトラは

わたくしは呼びおろします，かがやく天空(asman- x^{v}anvant-)を

といっている．「かがやく天空」よりも，より根源的に「太陽を擁するアスマン(石)」と解するほうがよさそうであり，この二語を合した人名 Asmō.x^{v}anvant- (Yašt 1: 36, 13: 96; Haδōxt Nask 2: 37)は，おそらく「岩中の太陽(*asmō.-x^{v}an-)をもつもの，すなわち，それを見たもの」の謂いであろう．そういえば，かれは Haδōxt Nask 2 においては他界遍歴をした人物とみられるから，アヴェスターのカルデール，ないしアルダー・ウィーラーブ[11]ともいうべき存在であり，したがって，かれはその名の示すごとく「岩中の太陽」をみたものであり，ひいては西方世界の暗黒をもみ，ないし，常闇の悪界をも遍歴したにちがいない．そうだとすれば，かれは RV VII, 88: 2 に述べる二つの奇蹟(岩中の太陽，と暗黒)を見た(いとねがった)ヴァシシュタに相応する人物ともいえる．アスモー・クワンワントが悪界を遍歴したろうことは，Haδōxt Nask 2 に不義者の魂を醜女の迎接することが記されていることから推測できる．

このようにイランがわの事情をみてくると，インドがわと共通の要素を有していることがわかる．幸(さきわ)いされたる死者の往く世界は西方下界にあって，そこは太陽の馬が車から解かれる，馬解きの場であり，太陽をみる王国とされ，天則の所在するところであり，暗黒の冥土ながら不思議な方法で光りが生じ，その光りをもつ光明土(複数)で，それはまたハルムヤ(OI harmyá-/OIr *zarmya-, Av zairimya-)「春陽土」(複数)ともいわれ，夜には夜天となってこの人間界の上に倒懸する(さかさまにかかる)．このことは，リグヴェーダでは，太陽の夜旅の形や，東方のハルムヤからの暁紅神ウシャスの出現などで示唆されている．冥土の太陽はインド・イラン的には岩中の太陽とされ，これを暗黒と

とともに感見することは，特殊な霊能者にのみ可能とされていた。インドでは，そういう意味では，倒懸樹が強調されるようになるが，西方浄土観のほうも，形をかえながらも，なお中世期に保持されていた。

ところで，イランがわでの，いわゆる指方立相の問題であるが，さきにふれた Wīdēwdād 19:35 を，その前後と合わせて，もう一度見ることにしよう。この部分は死者の魂の運命を取り扱ったものであるが，ザラスシュトラの問いにアフラマズダーが答える形式をとっている。

　……

　みずから呼びおろせよ，ザラスシュトラよ，
　アフラマズダーのこのもの(ナルヨーサンハ Nairyō.saŋha-)を。(34)
　わが命令をザラスシュトラは(こういって)実行した
　「わたくしは呼びおろします，義者にして庶類の創造者におわすその方(かた)，
　　アフラマズダーを。
　わたくしは呼びおろします，アフラ所造の大地を，マズダー所造の水を，
　　義者たる草木を。
　わたくしは呼びおろします，ウォルカシャ海を。
　わたくしは呼びおろします，太陽を擁するアスマン(石)を。
　わたくしは呼びおろします，自法に従う無始の光明を。(35)
　わたくしは呼びおろします，義者たちの最勝の世界――光りかがやき，一
　　切の安楽を与えるそれを。
　わたくしは呼びおろします，宝蔵(ガロー・ヌマーナ garō.nmāna)，(すな
　　わち)アフラマズダーの邸(やかた)・アムシャスプンタたちの邸・その他の義者
　　がたの邸を。
　……(36)

ここでは，一種の他界としては，1)アスマン(太陽を擁する)，2)無始の光明(anaγra raočāh〔複数〕)，3)最勝界，4)宝蔵，がそれぞれ別物として取り扱われていて，一種の4圏とみなしうる。また，他のアヴェスター句，例えば Yašt 13:57 をみると，星辰・月・太陽(hvar-)・無始の光明(anaγra raočāh)に義(ただ)しい

道(軌道)を指示した,義者たちのフラワシ(fravaši-)云々の語がみえ,やはり4圏が取り上げられている.ところが,Yašt 12: 26-37 をみると,Vanant (§ 26), Tištrya (§ 27), Haftōirang (28), Afš-čiθra (29), Zəmas-čiθra (30), Urvara-čiθra (31), および Spəntō mainyava stārō (32), Māh gaočiθra (33), Hvarə-xšaēta aurvaṭ.aspa (駿馬をもつ太陽王)(34), 無始の光明 (anaγrā raočāh)(35), 最勝の世界 (vahišta aŋhu)(36), 宝蔵 (ガロー・ヌマーナ)(37)を列挙している.これを4圏に収めようとすれば,§§ 26-32 の計7はいずれも星であるから,これを一括して「星辰」とし,月(33),太陽(34),無始光(35)と合わせるしかなく,そうすれば,Yašt 13: 57 の4圏に相当するものが,いちおうでき上がる.しかしそうすると(36)(37)がはみ出してしまう.おそらく,もっとも体系的にまとめようとすれば,(32)がスプンタ・マンユ諸星(複数)とあるので,この(32)のみをとり,これと(33, 34, 35)を合わせて Yašt 13: 57 の4圏に相当するものを取り出し,残りの(26)-(31)を一括し,それを(36)(37)と合わせて3圏をつくり,さきの4圏に加えて計7圏とみるほかはなかろう.もちろん,この7圏中には Wīdēwdād 19: 35-36 から取り出した上記4圏がからみ合っていることになるが,このようなみだれ(本来の4圏が)はバビロニア占星術の影響とみられる.ブンダヒシュン TD_1 28: 9 = TD_2 32: 12 以下によると,天は最下位の雲界から上にかぞえて順次,混合星,無混合星,月,太陽,アマフラスパンドの座,オフルマズドの座,の計7圏をかぞえることができる(うち,月圏=最勝界 MP Wahišt, 太陽圏=宝蔵 MP Garōdmān, オフルマズドの座=無終の光明 MP asar rōšnīh とされている).ここにおいてわれわれは,イランにおいてはインド・イラン共通の考えかた,受け取りかたがなお痕跡をとどめつつも,アフラマズダーの王国は,東西南北の方位を軸とせずに,むしろ上下の関係において捉えられる傾向にあったことを知るであろう.アフラマズダーの王国は西方にあるのではなかった.阿弥陀仏の極楽浄土を指方立相的に西方とするとき,イランの楽土はそのままでは,西方浄土の模本とはならなかったはずである.

阿弥陀仏の浄土を西方にありと説くのは浄土教系の経典のみでなく,他経にもみられるところで,金光明経[12]のように直接,西方と表明したり,涅槃経[13]

や般若経[14]のように比況に用いてそれを表明するもの,などがある.阿弥陀仏と西方世界とは不可分の関係にあるもので,仏名と安楽世界を挙げて「西方」を示さなくても,「西方」は自明のこととして理解されていたとみるべく,例えば華厳経[15]や維摩経[16]のごときがそうである.また,「法」と浄土との関係であるが,ガーサーやリグヴェーダのように「天則」が神によって創成されたとか,神の国に所在するとか,そこに隠されている,などの表現が阿弥陀仏の浄土にそのまま適用される理はないが,浄土が「法」と無関係であることもありえないことである.そのことは,まず,法蔵菩薩(Dharmākara)がその名に値いするように,住空無相無願三昧(無量寿経上巻)とあるごとく,三三昧の法に住して万行を修したとされていることにも知られよう.一切諸法を空と観ずる空三昧,不変の相なしと観ずる無相三昧,不変の相を願求せざる無願三昧——この三三昧は増壱阿含経巻第十六に説くもの[17]と同じ境地である.また,浄土の諸浴池は八功徳水を湛え,その波は妙なる声を揚げ聞く者をして空無我声や不起滅声ともきこえて云々(無量寿経上巻),とある.空や無我を証すれば不起滅(不生不滅)即涅槃寂静に達するから,この理も仏教の「法」である.このように,阿弥陀仏をめぐる諸境地のうち,「法」との関係は「天則」とヴァルナ,「天則」とアフラマズダーとの関係に準ずるとみることができ,先に説いた西方浄土との関係はインド・イラン的にはリグヴェーダやアヴェスターからその祖型が見いだされるものであるが,この祖型以後の展開からみると,いずれかといえば,イラン寄りというよりも,インド寄りというほうが実情に合っているようである.

では,指方立相とともに重要な光明はどうか.阿弥陀仏と光明との関係は,改めて説くまでもない.無量寿経上巻の讃仏偈にも「光明悉照徧此諸国」(〔ガンガーの沙のごとく無数にある〕これらの仏国土をわが光明がことごとく照らすように[18]),同重誓偈にも「神力演大光,普照無際土,消除三垢冥,広済衆厄難,開彼智慧眼,滅此昏盲闇,閉塞諸悪道,通達善趣門」[19]とあり,下巻往覲偈には「応時無量尊,動容発欣笑,口出無数光,徧照十方国,廻光囲繞身,三匝従頂入,一切天人衆,踊躍皆歓喜」[20]ともある.これは,一見すると,ミトラ〜

ヴァルナの場合と同じようにおもわれるかもしれないが、この神々の場合には、その光明がこの人間界に働きかけて救済力となることを、これほど力説はしていない。阿弥陀仏の場合に、この特質をもっともよく示すものは法蔵菩薩の第三十三願「設我得仏,十方無量不可思議諸仏世界衆生之類,蒙我光明触其身者,身心柔軟超過人天. 若不爾者,不取正覚.[21]」である. 一切諸仏にまさる光明の無量寿仏は無量光仏・無辺光仏・無礙光仏・無対光仏・燄王光仏・清浄光仏・歓喜光仏・智慧光仏・不断光仏・難思光仏・無称光仏・超日月光仏ともいい,「其有衆生遇斯光者,三垢消滅身意柔軟歓喜踊躍,善心生焉. 若在三塗勤苦之処, 見此光明, 皆得休息無復苦悩, 寿終之後, 皆蒙解脱. 無量寿仏光明顕赫, 照耀十方諸仏国土, 莫不聞焉.[22]」とある. 遠く, 十万億仏土のかなたにある世界の光明がこの土にとどいて, 衆生に働きかけるというのである.

では、このような考え方がどこからきたのか、あるいは、類似のものが他のどこに見いだされるのか——この問題に一つのカギを与えるものこそ、イランに古くから伝承され、大きな役割を演じてきたフワルナフ思想である. この「まえがき」のはじめにふれた「仏像光背」の背景をなすイラン的モチーフは、じつはこのフワルナフという語であらわされるものである.

本　論

フワルナフ思想の古いことは、この語がアヴェスターのガーサー(Yasna 51: 18)に見いだされることによっても知ることができる. また、それがひろくイラン世界に伝承されていたことは、イラン諸語にみえるそれぞれの語形 OM/OP farnah-, Av xᵛarənah-, Kūšān ΦΑΡΡΟ/ΦΑΡΟ, Parth farrah, MP xwarrah, NP farr(ah)/xur(r)ah, Osset. farn, 周辺の諸語にみえるその借用語形 Arm p'aṙk'[23], 後説する Yašt 19 の構成(ヘロドトス IV, 5–6 参照), などによって, これを知ることができる. 推定される古代イラン共通語形は *hvarnah- で, この論文ではこれを「フワルナフ」と片カナ書きにしたり, 訳して「光輪」として取り扱っていくことにしたい. このような背景をもつこの語であるが, 著者が

それを Indo-Iranian *svar-「ひかる，かがやく」から接尾辞 -nah を伴って構成された語形として，「光り，かがやき」を本来の意味とするものであることを提唱する[24]までは，諸説があって帰一するところがなかった．この語を「光り」と関連させるにしても，動詞根 *svar- を設定することはせず，方法論的に成り立ちにくい方法で展開されていた．それをもっともよくあらわすものは，J. ポコルニイの立場である[25]．著者の取り扱い方は，この語の修飾詞として，その本義とかかわりのふかいとみられる Av ax^{v}arəta- から出発して，つぎのように展開された．

ax^{v}arəta- は，これまでは，その頭音 a- を否定辞とし，この線に沿うて，それぞれの解釈が加えられてきた．それらの解釈を大別すると，1)「光らない[26]」，2)「捉えられえない[27]」，3)「食物を摂らない[28]」，4)「食べられたことのない[29]」の四種につきる．1)は語内の -x^{v}ar- を OI svàr-, Av x^{v}ar-「太陽」と同一視したものであるが，名詞に過去受動分詞の接尾辞ともいうべき -ta を付したものとなって語構造上から問題があり，この -ta を -tha と考えてもこの難点は解消されず，また，光りと密接な関連のあるフワルナフの修飾詞として「光らない」というのは，それ自体，納得しにくい．「光らない」というのを「見えない」[30]の謂いだとするのは曲解である．Yašt 19: 51 (後出)を引き合いに出して「海底にあるから光らない，見えない」のだといっても，その他の箇所では「海底」とはかかわりなしに，ax^{v}arəta- がフワルナフの修飾詞となっているから，1)説は成立しない．ax^{v}arəta- は，状況のいかんにかかわらず，フワルナフの本質をあらわす修飾詞とみなければならない．2)説は ax^{v}arəta- の中世ペルシア語訳 agrift[31]，サンスクリット語訳 agṛhīta-[32]に基づくが，この訳語は，それぞれ，Av grab-, OI grabh-/gṛbh-「捉える」の過去受動分詞に否定辞 a- を接頭したものであるから，「捉えられたことのない」が本来の意味で，「捉えられえない」と解するのは曲解である．この曲解を支持して，フワルナフはフランラスヤンのごとき非イラン人は捉えることができなかった(後出のYašt 19: 56-64)からだと主張したり[33]，ヴェーダには acyutacyút-[34]「動かぬものを動かす(インドラ)」とか，pracyāváyanto ácyutā cid ójasā[35]「動かぬものでも力で動かす

(マルト神群)」のような語法があるから，Av ax^{v}arətəm x^{v}arənō hangrəfšāne は「わたし(フランラスヤン)は捉えることのできないフワルナフを捉えよう」と訳しうるはずだといい，NP ǰahān xordan[36]「天下をとる」から*^{2}x^{v}ar-「とる(take)」なる動詞を措定したり[37]，している．しかし，訳語 agrift や agr̥hīta- は上述したように「捉えられたことのない」の意味で，「捉えられえない，不可捉の」なら，まず MP agīrišnīg や agriftār あたりで訳出されるであろう．また，フワルナフが非イラン人には不可捉だったとの主張には，反証もある．Dēnkard VII・11・3 (DkD 306: 3＝DkM 675: 11) には

 |u-š burd Frangrasyāg |ka-š druwa⟨n⟩d Zēnīgāg zad
 また，フランラスヤーグ(フランラスヤン)は(フワルナフを)携えていた
 ——かれが不義者ゼーニーガーグ(ザニグ Av Zainigu-)を討ったとき.

とあるのがそれである．これはアヴェスターの Yašt 19: 93 では「投槍」となっているものを「フワルナフ」におきかえたものであるが，フワルナフを非イラン人フランラスヤンが携えていたとするもので，注目すべきである．同じく 2) 説支持の引き合いに出されているヴェーダ表現のほうであるが，それは ácyuta-「動かない」と cyu-「動く」のように同族語詞を用いているのに，アヴェスターのほうは ax^{v}arəta- と ham-grab-「捉える」(＞hangrəfšāne「わたしは捉えよう」)のように同族語詞は用いていないから，両者の間に語法を比較するのは妥当でない．「捉えられえない」なる解釈を正当化しようとして ax^{v}arəta- の x^{v}ar- に「捉える」の謂いありとして NP ǰahān xordan「天下をとる」を引用する[36]のも賛成できない．これは「天下を呑む」あたりからの転義である．NP xordan＜MP xwardan「飲食する」は Av ^{1}x^{v}ar-「飲食する」(AirWb 1865 [＞^{3}x^{v}arənah-「食物」AirWb 1873])に溯るもの．したがって，動詞根 *^{2}x^{v}ar-「とる」をたてるだけの根拠がない．

　3)説は，前記 Av ^{1}x^{v}ar-「飲食する」を ax^{v}arəta- の中に認め，それを「食われたことのない」と解せずに「食わぬこと (das nicht-essen)」とし，そこから「食を摂らない」の謂いとしたもの．Av x^{v}āša-「飲食すること」＜*x^{v}arta-＜*x^{v}arθa- が指摘されるから，中間原型 *x^{v}arta- をとれば Av ax^{v}arəta- を「食物

をとらない」とすることは可能であるが，現実には xʷāša-(rt＞š と a＞ā なる代償延長を伴う)の形で在証されるから，「食物をとらない」にはむしろ *axʷāša- をあてるべきである．薪材などを摂取して火はもえ光焔をはなつが，そうでない，食物をとらないフワルナフを E. ヘルツフェルトはナフサに同定した．フワルナフが自力で光ることを薪材を必要としないとする文[38]はあるが，フワルナフの本質がそのような点にあることをとくに強調する伝承はない．語形論からすれば，「食物を摂らない」は Av axʷar-, axʷarant-, *axʷarəiti-, *axʷāša-(前掲)，あたりであらわされるべきもの．axʷarəta- を「消耗しない (inconsumable)[39]」とする説も，燃料をとらずに不断にもえる火から提唱されたものであるから，この 3)説に含めてよかろう．フワルナフを「不断にもえる火 (ātaxš hamēšag-sōz)」にたとえる句はあっても，axʷarəta- を「食いつくされない」などと解して「消耗しない」の謂いに結びつけようとするのは，出発点においてすでに誤りがある．axʷarəta- を ¹xʷar-「飲食する」にむすびつけ，しかもそれを xʷarənah- と関連させているのは 4)説である．

4)説によると，axʷarəta- xvarənah- とは「食われたことのない食(た)べもの[40]」の謂いだという．両語間に同族語詞的関係を認めている点において，この説は出色のものであるが，「初穂としての(聖なる)たべもの」から超自然力が得られるとしても，その力からどんな経路をへて「光明」の観念が出るのか，「たべもの」としての xʷarənah- と，著者のいま取り上げているフワルナフとしての xʷarənah- がともに「たべもの」だとすれば，意味上，両者をわかちて一は「たべもの」のままで終始し，他はいわゆる「フワルナフ」になったとする，その微妙な契機の解明を待ちたい．もっとも，この説では，xʷarənah- は一次的に光明とかかわり合うとするのではないから，光明とのつながりを論証する必要はないかもしれない．民俗学には暗い著者，この異色ある民俗学説から光りを得ることができれば，望外の幸いである．

これまでにあげた 4 説で，axʷarəta- にかんする考え方が出つくしたかというと，必ずしもそうではない．著者によれば，この語の頭音 a- は，従来の諸説がみな否定辞とするのに反し，これを語頭添加の a-, いわゆる a- prosthesis とみ

るものである．そして，-x^{v}ar- を Indo-Iranian *svar-「光る，かがやく」とし，-x^{v}arəta- をその過去分詞とみるもの．この動詞は自動詞であるから，過去分詞といっても，けっきょくは，形容詞「光る，かがやく」と同じものとみてよい．そうすると，ax^{v}arəta-/*x^{v}arəta- は「光る，かがやく」の謂いで，語頭添加の a- は，この場合は，頭音が一種の二重子音 x^v- ではじまるためかとおもわれる，つまり発音を便ならしめるためであろう．「早暁」が Av svar-/asvar- で示されるのも，同じように理解することができる．そうでなくても，この種の a- は他にも見いだされる，例えば haxta-(hang- の過去受動分詞)「教育された，修業のできた」には ahaxta- が並存しているごとくで，ahaxta- が否定形でないことは，その否定形に，an- を前接した an-ahaxta- の指摘されることによって明らかである．-ta 分詞の形容詞化は Av rāšta-/OP rāsta-「正しい」(それぞれ raz-/rad- の -ta 分詞)や OI śītá-「寒冷な」(<śyai-「こおらす」)，pṛṣṭá-「近い」(<spṛś-「触れる」)など，その例は多い．

著者が ax^{v}arəta- を「光る，かがやく」と解したのはブンダヒシュン TD$_1$ 189: 2-7＝TD$_2$ 220: 6-11 に

|ēn 3 |pus ī Zarduxšt čiyōn Ušēdar ud Ušēdarmāh ud Sōšyans rāy |gōwēd |kū |pēš |kū Zarduxšt |bē jōft |ēg-išān |xwarrah ī Zarduxšt |andar zrēh ī Kayānsay |pad nigāhdārīh |ō Ābān-|xwarrah ī |ast Anāhīd yazd abespārd |nūn-iz |gōwēnd |kū 3 čirāγ ī |andar bun ī zrēh waxšīd |pad |šab hamē |wēnēnd

これら，ザルドゥシュト(ゾロアスター)の3子，すなわち，ウシェーダルとウシェーダルマーフおよびソーシュヤンスについて(デーンはこう)言っている，曰く，ザルドゥシュトが結婚するまえに，かれら(3子)のものたる，ザルドゥシュトのクワルラフ(MP xwarrah＜Av x^{v}arənah-)は，保管のために，カヤーンサイ海の中で，アーバーン・クワルラフすなわち(女)神アナーヒード(＜Av Anāhitā-)にゆだねられた，と．いまでも，人びとのいうには，海底で燃えている3灯が夜ごとに見える，と．

とあり，アヴェスターの Yašt 19: 51 には

aētaṯ x᷾varənō frapinvata

avi zrayō Vouru.kašəm

ā.dim haθra hangəurvayaṯ

Apąm Napå aurvaṯ.aspō

taṯ[ča] izyeiti Apąm Napå aurvaṯ.aspō

aētaṯ x᷾arənō hangrəfšāne yaṯ ax᷾arətəm

bunəm zrayaŋhō gufrahe

bune ǰafranąm vairyanąm

このフワルナフは漂いついた,

ウォルカシャ海に.

それをただちに捉えたは

駿馬もつアパーンム・ナパート (Apąm Napāt-).

〔また〕それをほしがったは駿馬もつアパーンム・ナパート.

「深い海の底,

深い水の底にて

ax᷾arəta- なるところのこのフワルナフを,わたしは捉えよう」といって.

と,あるからである.ブンダヒシュンとアヴェスターとでは,フワルナフの所在する海が,前者ではカヤーンサイ海(＜Av Kąsaoya-「カンス海」,現ハームーン Hāmūn 湖)であるのに,後者ではウォルカシャ海であるから異なるが,この両海はしばしば同一視される[41]から,この両海に関連して述べられている事情は同一視してさしつかえないこともある.ここもそれで,カヤーンサイ海ではクワルラフ(フワルナフ)が海底で燃えているとあり,ウォルカシャ海ではそれが海底で ax᷾arəta- であるとあるから,ax᷾arəta- とはまさに「光っている,かがやいている」の謂いでなければならない.両書に述べてある事情を比較するもののなかったことは,まことに残念である.

著者はこのようにして ax᷾arəta- の語義・語形を明らかにし,また Indo-Iranian *svar-「光る,かがやく」(OIr *hvar-/Av x᷾ar-)を設定することに成功した.しかも興味ぶかいのは,この語がパルティア語にも指摘されることであ

る. Ayādgār ī Zarērān, §93 にみえる, 矢への祝禱中の1行

⟨ud⟩ nām-xward ⁺ē bawāi

そして, なんじ(矢)は名声赫赫たるものとなれよ

がそれである. nām-xward 'of brilliant fame' は w'm'wlt とあるので, nām-āwurd「名声をもたらすもの」とは読めまい. このイラン語形に対応するインド語形は OI svar-. これを盈楷梯とすれば零楷梯は svr̥-, その過去分詞は Vedic sū́rta-, その否定形は Ved. asū́rta- として在証される. 根と分詞形との関係は OI pr̥̄-: pūrtá-, śr̥̄-: śūrtá-, dhvr̥-: dhūrta- などに準じる. RV X, 82:4 は

tá áyajanta dráviṇaṃ sám asmā

ŕ̥ṣayaḥ pū́rve jaritā́ro ná bhūnā́

asū́rte sū́rte rájasi niṣatté

yé bhūtā́ni samákr̥ṇvann imā́ni

かれらはかれ(ヴィシュヴァカルマン)に富を祭儀によって獲得してやった

―――

(かれら)太古の諸仙は, 讃嘆者たちのごとくに, (富を)数多く.

光らぬ空間と光る空間が定まったとき

これなる万有を創造したところのかれらは, だ.

と訳さるべきである. asū́rta- sū́rta- rájas- とは, 具体的には, 太陽のない空間(夜)と太陽のある空間(昼)であるが, 理論的には「光らぬ空間と光る空間」でなければならぬ. Atharva Veda X, 3:9c の asū́rtaṃ rájo ápy aguḥ にも理論的に「光らぬ空間」を認めねばならぬし, OI svarati「光る」の存在も疑う根拠はなさそうである.

著者による II. *svar-「光る」の確認によって OI sū́rya-「太陽」や Av ¹xᵛarə-nah-「フワルナフ」の語構造に新しい見方を導入することもできる. 従来は, sū́rya- は svàr-「太陽, 光り」からの派生詞, つまり二次派生詞と考えられていた. sū́ra-「太陽」なる形も存在するから, この考え方は一般に受け入れられている. しかし, svar-/svr̥-「光る, かがやく」の存在から, この動詞根からの一次派生詞とみることも可能となるので, svar-「光る」>sū́rya-「光る(もの),

太陽」と考えるならば，RV V, 32: 6 b の asū́rye támasi vāvṛdhānám は「光らぬ暗黒の中で肥大したものを」と解することができる．実際には「太陽のない暗黒」のことであるが，理論的には，そのような解釈に先行する解釈がありうることになる．svar-/svṝ-: sū́rya- の関係は jṝ-: jū́rya-, hvṝ-: hū́rya-, vṝ-: vū́rya- と同じい．

では，この動詞と Av xᵛarənah-(OIr *hvarnah-)「フワルナフ」との関係はどうか．語形論的には一連の同型のアヴェスター語詞をあげることができる：

  tap-「熱する」 : tafnah-「熱」
  varəz-「行う」 : varəšnah-「行為」
  var-「包む」 : varənah-「色」
  rap-「助ける」 : raf(ə)nah-「援助」
  par-「みたす」 : aspərənah-「完全」
  spā-「利する」 : spǎnah-「利益」
  raēk-「残す」 : raēxənah-「遺産」(OI ric-: rékṇas- も同義)
  āp-「獲得する」 : afnah-「資産」(OI āp-: ápnas- も同義)

など．Av aᵃxnah-「鈎」は Av *ank-「まげる」(>Av anku-「鈎」)――OI añc-「まげる」(>OInd aṅka-「鈎」)参照)から，同じく Av θamnah-「心慮」は Av *θam-「……に骨折る」(OI śam-)からの派生詞とみられる．このほか，インドがわには ṛ-「行く，動く」: árṇas-「波」や bhṛ-「保つ」: bhárṇas-「重ね」，などがあるが，OI -nas- は OIr -nah- ほどに生産的でない．この生産性にとぼしい -nas- 形に代わるものが sū́rya- であるとみることができる．すなわち，sū́rya- は Av xᵛarənah- である．とすれば，sū́rya- が形容詞として「光る，かがやく」をも意味するのにならって，Av xᵛarənah- も形容詞として同義に解しうるのではなかろうか．Yasna 51: 18 a の xᵛarənå はかかる xᵛarənah- の男性単数主格形とみられる．

このようにみてくると，¹xᵛarənah-「フワルナフ」は動詞 Av xᵛar- /OI svar-「光る，かがやく」からの派生詞とみてさしつかえないが，それで問題はすべて尽くされるかというと，必ずしもそうではない．このようにいうには，理由

がある．まず súrta- であるが，-ta に終わる過去分詞はその -ta に高揚音をもつのが通則で，váta- m.「風」(＜vā-「吹く」)や márta- m.「人間」(＜mr̥-「死ぬ」)のように特殊化したものだけが，この通則の埒外にある．súrta- がこの通則の埒外にあるのにも，なにか理由がありそうである．筆者はその根拠を x^{v}ar-/svàr-「太陽」が古代アールヤ民族の他界観念に大きな役割を演じていたことに求めたい．リグヴェーダにおけるミトラ～ヴァルナ 2 神／ヤマの王国やアヴェスターにおけるアフラマズダーの王国は「太陽をみる」ところとされ，ヴァシシュタ Vasiṣṭha は「岩中の太陽」をみたいと願い，イランの他界遍歴者アスモー・クワンワント Asmō.x^{v}anvant- は「岩中の太陽をみた」らしい．これらのことについては，すでに述べた．これらの事実から推して考えるに，^{1}x^{v}arənah-「フワルナフ」の中には，この語が成立すると同時に，かかる「太陽」としての x^{v}ar- が感得されていたと思われる．むしろ，その瞬間に，語源や語形の領域をこえて，x^{v}ar-「太陽」とのつながりが強烈に感得されたかもしれない．その意味においても ^{1}x^{v}arənah- は「光り，光輝」であって[42]「財福，幸運[43]」ではなく，「食物」を意味する x^{v}arənah- とは別語とみたい．^{1}x^{v}arənah-(＞MP xwarrah) と光りとの関係はしばしば言及されているが，この関係はまた MP xwarrah の訓読語詞たるアラム語 GDH からも明らかで，GDH は本来「栄光，光耀」を意味することばである．それゆえに Av ax^{v}arəta- x^{v}arənah- とは「光る光り」をその本義とする．

このフワルナフを取り扱ったテキストで，もっともまとまりのあるのはアヴェスターの Yašt 第 19 章であるが，この章の内容や構成などはあとでふれることにして，ここではその中にみえるイマ (Av Yima-) のフワルナフのことを簡記しておこう．至福千年王国に君臨していたかれは罪を得て王位を失うが，それとともに，正統王者のシンボルたるフワルナフも，かれから去っていく．いな，フワルナフが定めに従ってかれから去り，かれはこれによって王位を失ったといってもいいだろう．テキストはフワルナフがワールガン (Av vārəgan-) 鳥 (鷹鷲の類) の姿となって三度び去っていったと伝えている．サーサーン朝諸王の王冠に羽翼をあしらっているのは，この鳥を象徴するものである．しかも幸運

8 仏光とイラン要素

なことに，この古いイマのフワルナフ譚は，ビーソトゥーン磨崖のアフラマズダーの浮き彫りに再現されて今日に及んでいる．西紀前519年に作成されたこのリリーフ[44]において，アフラマズダーが左手に携えている円環こそまさしくフワルナフで，かれはそれをまさにダーラヤワフ（ダリウス）1世に授けようとしている．後世，多くのリリーフに，アフラマズダーが即位する帝王にそれを授与する場面が描かれているが，そこにもフワルナフ伝承の古さ，長さといったものがうかがわれる．フワルナフは多く円環の形で示されているので著者は，フワルナフを「光輪」とも訳してきたが，この訳語は，これからも「フワルナフ」の語とならんで用いることになろう．このビーソトゥーン磨崖のリリーフのことで，さらに注目したいのは，アフラマズダーが身にまとうている円環で，これもまさしくフワルナフである．これを本体とした左右両翼と尾翼はワールガン鳥を示し，しかもそれらの一々の羽毛はやや図式化されて光条をかたどり，左右に放出された帯とともに，フワルナフの放つ光芒を表象する．帯の先端が3分されているのはフワルナフがワールガン鳥となって3度翔去した前記の物語をうかがわせる．この鳥との関係はさらに王墓（在ナクシェ・ロスタム）の形そのものにもみられる．亜字形とか十字形などといわれてきたその形は，じつは，ワールガン鳥が両翼をひろげたものにほかならない．そのほかにも，イマはフワルナフによって祭司・戦士・農耕の3職能階級を創制したことも諸書にみえるのみならず，Yašt 19: 56–64 はウォルカシャ海に去ったフワルナフを追うて，トゥーラーンのフランラスヤンが3度泳いで捉えようとしたが果たせなかったと伝えている，など，フワルナフと「3」の数詞とのかかわり合いは多種多様である．そのようなかかわり合いの一つとして，このリリーフについて，さらに注目したいことがある．それはアフラマズダーがまとうているこの円環が，同時にコスティーをあらわしていることである．コスティー（NP kustī）はMP kustīg で，「腰（kust）」に帯びるからこのように呼ばれるが，アヴェスターでは「アヴヨーンハナ（aiwyåŋhana-）」といわれ，「巻くもの，巻き帯び」を意味する．これは，ゾロアスター教徒が入門式をおえてから腰に帯びる聖索で，72本の仔羊の毛糸で編んだ中空の細紐で，12本ずつ6個の組糸を撚り合わせ，

ひもの先端は3個の総(ふさ)となっている[45]．このリリーフにおいて，フワルナフの帯の先端が上述のように3分されているのは，このコスティーと同じモチーフであり，また Yasna 9:26 では星飾霊造のアヴョーンハナがマズダー教と同一視されている．これによって問題のリリーフの宗教的背景，ことばをかえていえば，大王の奉ずるアフラマズダーと，ゾロアスターの説くそれとの関係がいかなるものであるかを，うかがい知ることができよう．

(ザームヤズド・ヤシュト[46]とフワルナフ「光輪」)

上述したように，フワルナフを取り扱ったイラン最古のテキストで，もっともまとまっているのは Yašt 19, すなわちザームヤズド・ヤシュト (Zāmyazd yašt)である．この章は，フワルナフの働きを知るうえで，きわめて重視される．成立の時期は，ダーラヤワフ1世(在位，前522-486)以前には溯りえない[47]．

Yašt 19 は97節から成るが，そのうち第1-8節(§§1-8)は，ハラティー Haraitī 以下，総計2244の山岳が，アンラ・マンユの侵入に対抗して大地を固め，もって庶類を援助するために成立したことを述べながらも，フワルナフには言及していないのでこれを除外し，残りの§§9-97 を I-XV の段落にわけている．章題が「ザームヤズド(神なる大地，地神)」とあっても，このように直接，大地にふれるものは §§1-8(著者はこれを0(ゼロ)段とする)と残りの諸節中の二，三にすぎず，大部分はフワルナフ「光輪」を主要なテーマとして取り扱っている．章題と一章中の主要なテーマとがこのように異なっているのをどう解釈するかも，このヤシュトの一課題であるが，またそのほかにも，フワルナフそのものをめぐる課題もあって，本章はそれなりに興味ある問題をかかえているといえる．本章の内容・構成を概観すると，つぎのようである(0, I, II などは段落，そのあとのアラビア数字は節を示す)．

 0 (1-8) ハラティー以下，計2244の諸山が大地の固めとして隆起したことを述べる．

 I (9-13) カウィ王朝の光輪(以下「カイの光輪」と略称)が，開闢論的なら

びに終末論的な役割を果たすために,アフラマズダーによって創成された
ことを述べる.

II (14-20) カイの光輪がアムシャ・スプンタ諸神に同伴して第I段所掲の
役割を果たしたこと,また果たすであろうことを述べる.

III (21-24) カイの光輪が諸ヤザタ,諸已生者,諸未生者,諸サオシュヤン
トのものたることを述べる.

IV (25-26) カイの光輪とハオシュヤンハ・パラザータ Haošyaŋha Paraδāta
との関係,かれの功業を取り扱う.

V (27-29) カイの光輪とタクマ・ルピ Taxma Urupi との関係,かれの功業
を取り扱う.

VI (30-44) カイの光輪とイマ,かれの功業と光輪喪失,ならびに同光輪の承
継者たち(ミスラ神,スラエータオナ,クルサースパ)の功業を取り扱う.

VII (45-54) 「光る光輪 (ax^{v}arəta- x^{v}arənah-)」とアパーンム・ナパート
Apąm Napāt- (この神格による同光輪捕捉の成功)を取り扱う.

VIII (55-64) 光る光輪とフランラスヤン(かれによる捕捉失敗)を取り扱う.

IX (65-69) 光る光輪と第3サオシュヤント.光る光輪からカイの光輪への
乗り換えルートの設定.

X (70-72) カイの光輪と,カイ王朝の祖カワータ以下スヤーワルシャンま
での,同王朝の諸王.

XI (73-77) カイの光輪とカイ王朝のハオスラワフ王,かれの功業.

XII (78-82) カイの光輪とザラスシュトラ(ゾロアスター),フランラスヤ
ンの登場とかれの光輪捕捉失敗.

XIII (83-87) カイの光輪とウィーシュタースパ王.この光輪による同王の
功業.

XIV (88-90) カイの光輪と第3サオシュヤントとその諸朋友(同労者).

XV (91-96) 前段の細説.

97節——この節はむしろXV段からははずしてエピローグとして取り扱
うべきで,ウシダルナ Uši.darəna 山,カイの光輪,光る光輪への祝禱.

この分析を通観すると，カイの光輪がその名に値いするのは X-XIII 段であり，また XIV-XV 段もその延長（とくに XII-XIII 段の延長）として理解できる．これにたいし，IV-VI 段はいわゆるパラザータ（ペーシュダード MP Pešdād）王朝の諸王であるから，カイの光輪の名にはふさわしくない．これは，むしろ，スキュタイ人の伝承をも含むものであろう．ヘーロドトスの「歴史」IV, 5-6 によると，かれらの祖はタルギタオス．かれに3子あり，リポクサイス，アルポクサイス Arpoxais およびコラクサイス．この3人が支配していた時代に天から黄金の器物（鋤と軛，戦斧，盃）がくだった．長兄2人が取ろうとして近づくが器物が燃え出して果たせず，末弟のみこれに成功したので長兄たちはかれに王権をゆずり，かくして末弟は王族パララタイ Paralatai の祖となった，という．これは光輪にかんする伝承で，イマが光輪をもって祭司・戦士・農耕の3職能階級を創制したとされているのと同じものである．パラザータはパララタイに，タクマ・ルピはアルポクサイに同定すれば，スキュタイ人の光輪伝承が得られる[48]．これにくらべると，I-III 段は総序ともいうべきもので，カイの光輪の開闢論的ないし終末論的役割をまず総括的に述べたものであるが，目につくのは，そこにみえるゾロアスター教的な色彩である．

では，I-VI 段と X 段以下とのあいだに介在する VII-IX 段は，いかに位置づけるべきか．その VII-IX 段（それぞれ 45-54, 55-64, 65-69）をまず訳出してみよう．

強い，光る光輪／──マズダー所造の──をわれらは崇める．／いとも称讃され，勝れた業を行じ／心慮をそなえ，神力をそなえ，妙力をそなえ／他のもろもろの庶類をしのぐ（その光輪）を．(45)

それを求めて争ったは／スプンタ・マンユとアンラ（・マンユ）．／そうだ，この光る（光輪）を求めてだ．／そこで使者を派遣した，／もっとも速い（使者）をおのおのが／（すなわち）スプンタ・マンユは使者として派遣した．／ウォフ・マナフとアシャ・ワヒシュタと／アフラ・マズダーの子なる火を．／アンラ・マンユは使者として派遣した．／アカ・マナフとアエーシ

ュマ／──血なまぐさい武器を揮う──と竜ダハーカと／イマを切断したスピトユラを．(46)

そこで前に乗り出したは／マズダー・アフラの火／──こう考えながら／「わたしは捉えよう，光るところのこの光輪を」．／すると，そのうしろから走りおったのが／三口・悪ダエーナー者なる竜(ダハーカ)／──こう讒言を吐きながら(47)

「もどれ，これをお前自身への警告としろ．／マズダー・アフラの火よ．／もし光るところのこれ(光輪)をそなたが手に入れるなら／そなたをわたしは消してしまうぞ／──アフラ所造の大地の上にて，／アシャ(天則)の世界を庇護しようとて／以後，燃え上がることのないために」．／そこで火は両手を引っこめた，／竜がおそろしかったので／命惜しさのために用心してだ．(48)

そこで突進したのは／三口・悪ダエーナー者なる竜／──こう考えながら／「わたしは捉えよう，光るところのこの光輪を」．／すると，そのうしろから乗り出したのが／マズダー・アフラの火／──こう，ことばで言いながら(49)

「もどれ，これをお前自身への警告としろ．／三口の竜ダハーカよ．／もし光るところのこれ(光輪)をそなたが手にいれるなら／わしはそなたの尻に放焰し／(そなたの)口中で燃え上がってやるぞ／──アフラ所造の大地の上にて，／アシャ(天則)の世界を毀とうとして／以後，こなたに来ることのないために」．／そこで竜は両手を引っこめた，／火がおそろしかったので／命惜しさのために用心してだ．(50)

この光輪(フワルナフ)は漂いついた，／ウォルカシャ海に．／それをただちに捉えたは／駿馬もつアパーンム・ナパート．／〔また〕それをほしがったは駿馬もつアパーンム・ナパート．／「深い海の底／深い水の底にて／光るところのこの光輪を，わたしは捉えよう」といって．(51)

偉大なるアフラ・帝王的王者・／駿馬もつアパーンム・ナパートをわれらは崇める，／供物によって栄える壮士(アパーンム・ナパートをわれらは

崇める)/──そは男子を創成した，そは男子を形成した，/そは水中にいるヤザタとして，/崇められると聞耳第一のものとなる．(52)

「されば，そなたたち人間どものうちで，だれにせよ」/こう仰せられたはアフラ・マズダー/「おお，義者ザラスシュトラよ/光る光輪を求めよ/そうすれば魂のための[49]もろもろの寄進のなかでも，かれは/かがやく喜びを与える(それ)を獲得しうるであろう/そうすれば魂のための[49]もろもろの寄進のなかでも，かれは/満ちたる喜びを与える(それ)を獲得しうるであろう/そうすれば魂のための[49]もろもろの寄進のなかでも，かれは[50]/……(53)

かれには随伴するであろう，頒与──/多くの至福を頒ち，利益を保有し/牛とまぐさとの力強い(頒与)──が．/かれには随伴するであろう，日々の勝利(と)/年を越えての(永続的なる)撃砕[51]が．/そうすれば，この勝利をたずさえて/かれは打ち負かすであろう，血なまぐさい敵軍勢を，/そうすれば，この勝利をたずさえて/かれは打ち負かすであろう，あらゆる怨敵をば」．

それ(光る光輪)の財富と光耀[52]とのゆえに/声高かの祈禱をもってわたしは崇める，その/強い，光る光輪/──マズダー所造の──を，ザオスラーをもって．/(その)強い，光る光輪/──マズダー所造の──をわれらは崇める，/ハオマをまぜた乳をもって，バルスマンをもって/舌根の練達をもって，マンスラをもって/また語をもって，また行をもって，またザオスラーをもって/また正しく誦せられた誦文をもって．

世にあるものたちのうちで，どの男性を崇めれば，そこに最勝のことが/天則に従ってあるかを，マズダー・アフラが知っておわしまし，/またどの女性たちを(崇めたらそうなるかも知っておわしますからには)，そのような男子たちや女子たちを，われらは崇めるものなのです．(54)

(55=45)
そ(の光る光輪)をほしがったは奸物トゥーラーン人フランラスヤンで，/

ウォルカシャ海からだ．／はだか(だった)，かれは衣服をぬいでいた，／かの光輪を捉えようとしてだが，そは／アルヤ諸国の／已生者たちのもの，また未生者たちのもの／そはまた義者ザラスシュトラのものなのだ．／その光輪は逸れた／その光輪は逃げた／その光輪は外れた．／すると，あの側湾が生じた，／ウォルカシャ海に／ハオスラワフという名の湖水だ．

(56)
そこであがったはフランラスヤン／――トゥーラーンの大神力者――，スピタマ・ザラスシュトラよ，／ウォルカシャ海からだ／――不吉なことばを吐きながら／「イサ・イサ・ヤスナ・アフマーイ／あの光輪をわしは手にいれなんだが，／そはアルヤ諸国の／已生者たちのもの，また未生者たちのもの／そはまた義者ザラスシュトラのものなのだ．(57)
二つともわしは混ぜ合わせてやるぞ／一々を(反対のものとだ，すなわち)固いものと(柔かいもの)を，濡れたものと(乾いたもの)を／大きいものと(小さいもの)を，よいものと(わるいもの)を，美しいものと(醜いもの)を，だ．／アフラ・マズダーは閉口するさ／庶類を相互敵対的にされて，だ」．／そしてとび込んだはフランラスヤン／――トゥーラーンの大神力者――，スピタマ・ザラスシュトラよ／ウォルカシャ海にだ．(58)
二度目に，はだか(だった)，かれは衣服をぬいでいた，／かの光輪を捉えようとしてだが，そは／アルヤ諸国の／已生者たちのもの，また未生者たちのもの／そはまた義者ザラスシュトラのものなのだ．／その光輪は逸れた／その光輪は逃げた／その光輪は外れた．／すると，あの側湾が生じた，／ウォルカシャ海に／ワンハズ・ダーフ[53]という名の湖水だ．(59)
(60)=(57)．ただし，57節の「イサ・イサ・ヤスナ・アフマーイ」／のつぎにアワエーサ・イサ・ヤスナ・カフマーイ／を加える．

(61)=(58)

三度目に，はだか(だった)，かれは衣服をぬいでいた／以下=(59)．ただし，ワンハズ・ダーフの代わりにアヴジュダーヌワンをいれる．(62)
(63)=(57)．ただし，57節の「イサ・イサ・ヤスナ・アフマーイ」／のつ

ぎにアワサ・イサ・ヤスナ・アフマーイ／アーウォーヤ・イサ・ヤスナ・アフマーイ／を加える．
　その光輪をかれは手にいれなんだが／そはアルヤ諸国の／已生者たちのもの，また未生者たちのもの／そはまた義者ザラスシュトラのものなのだ．それの財富と光耀[52]とのゆえに／声高かの祈禱をもってわたしは崇める，その／強い，以下54節の同文(……崇めるものなのです．まで)と同じ．

(65) = (45)
そ(の光る光輪)が随伴するのは，かしこ[54]／——ハエートゥマント(川)の形成するガンス／海のあるところ(のかしこ)から興起し来たるところのものに，だ／山々に発する多くの河川が／まわりに蝟集しているところの／ウサザー ⁺Usaδā 山があるところの(かしこ)からだ．(66)
それ(カンス海)に注ぐは／それに流入するは／クワーストラーとフアスパーと／フラダサーと美しいクワルナフ(フワルナフ)ワティーと／強いウシュタワティーと／牧地に富むルワザーと／ルジーとザルヌマティー，と(の諸川)だ．／それ(カンス海)に注ぐは／それに流入するは／白い波を押しあげ／多くの氾濫を(ひき起こ)す，／財富あり光耀[52]あるハエートゥマント(川)．(67)
それ(ハエートゥマント川)に同伴するは馬の力／同伴するは駱駝の力／同伴するは戦士(または男子)の力／同伴するはカウィ王朝の光輪(カイの光輪)．／またそれ(ハエートゥマント川)には，義者ザラスシュトラよ，あるのだ／ここで非アルヤ諸国をば／一挙に水浸しにし押し流しうるほど／かほどまで，カウィ王朝の光輪(カイの光輪)が(あるの)だ．(68)
そこでは，ついで，(人びとは)陸続としてつづくだろう／飢と渇とを感じながら／寒冷と炎熱を感じながら．／このようにして，カウィ王朝の光輪は／アルヤ諸国の庇護であり／また五種の畜類の(庇護である)，／助けるために——もろもろの義しき人／とマーズダヤスナ教とを——．
それ(カウィ王朝の光輪)の財富と光耀[52]とのゆえに／声高かの祈禱をもっ

8 仏光とイラン要素

てわたしは崇める,その／強い,以下 54 節の同文と同じ.(69)

　これらの文中に「光る光輪」とか「光るところの(光輪)」などとあるのは,原語では,それぞれ,axᵛarəta- xᵛarənah-, (xᵛarənah-)yaṯ axᵛarəta- とあるものだが,著者の解明[55]によってそれが,インド・イラン語根 *svar-「光る,かがやく」に由来する同族語詞を使用して光輪の本質をあらわすものであることが,明らかとなった.VII, VIII, IX の 3 段(§§ 45-54, 55-64, 65-69)はこの光る光輪の開闢論的・歴史的および終末論的なる役割を述べたもので,開闢論的というのは VII (46-50) においてスプンタ・マンユがアンラ・マンユとともにこの光輪捕捉に失敗したことを述べ,§ 51 でアパームム・ナパートがこれに成功したことを伝え,ついで § 52 でかれがアフラであり,男子(精液の持ち主)を創成し形成したこと,また水中にいる神(ヤザタ)であることを述べている点である.II (14-20) ではアムシャ・スプンタ諸神がカイの光輪捕捉に成功し,これによって開闢論的役割を果たしたとされており,これはまさしくゾロアスター教的なる立場である.その筆頭たるスプンタ・マンユがアンラ・マンユともども VII (46-50) では光る光輪の捕捉に失敗し,§§ 51-52 ではアパームム・ナパートがこれに成功し,開闢論的役割を果たしたことを謳っている(男子を創成した).これはゾロアスター教的立場ではない.この点において,この VII-IX 段はカイの光輪とは異なる伝承圏に属するとみてよい.ザームヤズド・ヤシュトはこうして,ひとしく光輪伝承圏といっても,伝承系統の異なるものを合わせて一本化しようとしたもので,さればこそ本章の編述者は IX 段終わりの §§ 68, 69 において,光る光輪(アパームム・ナパートの光輪——これはシースターン地方から興起する第 3 サオシュヤントに随伴する)と,かのカイの光輪(そのシースターン地方にあるハエートゥマント＝現ヘルマンド川にはカイの光輪があるとされる)との間に,連結のルートを敷こうとしており,そしてその X 段からそのカイの光輪に乗り入れる仕組みにしているのである.

　こうして,ザームヤズド・ヤシュトの I-XV (9-96) は,しだいに形をととのえてきた.カイの光輪を中心にすえて X-XV 段が,そしてスキュタイの伝承

その他をその前王朝時代として取り入れて IV-VI 段をつけ，その全体をゾロアスター教的に取り扱うために，それに I-III 段を前置して一つの体系にまとめようとしたが，アパーンム・ナパートの光輪(光る光輪)伝承圏を無視することができず，これを VII-IX 段として中に挿入せざるをえなかった．こうしてできたものに $\overset{\text{ゼロ}}{0}$ 段(1-8)が加えられ，結びとして§97 が末尾に付加された．では，0 段の意義は何か．これは，開闢論の一コマとして I 段以下に取り扱う光輪のはたらくこの世界――その生い立ちをもの語ろうとしたものである．これは，除魔法を取り扱うウィーデーウダード書の第一章を，ウィーデーウダード書とは一見無関係ともみられうるような内容たる，州郡誌にあてているのと同巧である．アンラ・マンユの侵入に対抗して大地は，その固めとして，ハラティー以下の諸山(ウサザー山やウシダルナ山，ほか)，計 2244 の山岳を隆起させて庶類の安住をはかった．これらのなかのウサザー山は IX 段§66 で光る光輪との関連のなかで述べられているが，同じくそれら諸山のなかの一つたるウシダルナ山は§97 で取り上げられ，これにカイの光輪と光る光輪を加えた計三者に祝禱を述べて結んでいるのも，けだし当然である．$\overset{\text{ゼロ}}{0}$ 段を付した編述者にとっては，いまや大地は光輪そのものであったかもしれない．

　ザームヤズド・ヤシュトの分析によって，フワルナフ(光輪)が古代イラン民族によってどのように理解されていたか，少なくともその一端を解明することができた．フワルナフは，かれらにとっては，一片の抽象概念ではなかった．それは，強い(uγra-)，すぐれた業を行じ(uparō.kairya-)，心慮をそなえ (θamnahvant-)，神力をそなえ(varəčahvant-)，妙力をそなえるもの(yaoxštivant-)で(§9 ではカイの光輪，§45 では光る光輪について)，活動する力なのである．その力は開闢論的にも，歴史的にも，そして終末論的にも作動するものであることを，このヤシュト書は説いているが，終末は原初に回帰することを建前とするから，もっとも重要なのは開闢・創世論的な面である．I 段§10 は II 段§18 とともにカイの光輪のそれを謳い，VII 段§§51-52 は光る光輪のそれを謳っている．中でも，この 51-52 はウォルカシャ海中にいる水神アパーンム・ナパートが，火と関連のある「光る光輪」を捕捉し男子を創成したといってい

るので(精液は火所成とされている[56])，火や水と関連をもつ光輪の創造力を示唆している点において，I段§10以上に重視される．その光輪と火との関連は，創造の面においてではないにしても，スキュタイの伝承にもみえることは，すでにふれたとおりである．

ところで，これまで見てきたのは，フワルナフ(光輪)のもつ役割が古いテキストたる Yašt 19 でどのように展開されているかということであった．このような役割がこの古いテキストだけに終わって，そののちそれが引きつづいて受けつがれているものでないとすれば，仏像光背の背景をなすとするには，かなりの困難もある．そこで著者は，これまで見た「フワルナフ」がイランの中世語文献に——(1)一つは火との関係，(2)一つは水との関係を通して——どのように受けつがれ，受けとめられているかを，みていくことにしよう．

(中世イラン語文献とフワルナフ「光輪」)

中世イラン語文献にみえるフワルナフを，(1)火との関係，(2)水との関係を通して取り上げてみると，つぎのようになる．

(1) フワルナフ「光輪」と火との関係をもっともよくもの語るものは，ザルドゥシュト(ゾロアスター)の母が生まれたときに現われた奇蹟の物語である．Dēnkard VII・2・3-8(→20-21頁)にあるものを要約して示そう．

> オフルマズドが創造したフワルナフは，オフルマズドの前から，極星→無始の光明→太陽→月→星辰を経てゾーイシュ家の火にくだり，その火からゾーイシュの娘(ゾロアスターの母)にはいった．この娘が生まれたとき，かの女から出た光りが天をみたし，地をみたした．カルデア人は，「ゾーイシュの村では自力で火がもえている」との人びとの噂をきいて法師のもとにゆき，かれに説明していうには「有象世界がフワルナフでみちているが，じつは身体から出ているフワルナフとの由です」と．
> また，デーン(Dēn)には，こうも言っている：諸魔は，このフワルナフから打撃をうけたので，その仕返しにゾーイシュの村に災害を持ちこみ，村人にふれて「この災害は，あの娘(ゾロアスターの母)の呪法のためだから，

娘を追放する必要がある」と思わせた．しかし，娘の父親は，そんな人びとの言いがかりにもめげずに，言い返した「この娘が生まれたとき，光焔はみな，（娘から出る光りの前に）後退した．暗夜，火のない一ばん奥まったへやにこの娘がすわると，家では明かあかと火をもやしたものだが，娘のすわっているところは，その身体から照らし出る光りのために，火が明かあかともやされているところよりも，明るかった．こんなフワルナフをもつ呪師など，まだいたためしがない」と．

このデーンカルド句はフワルナフの本質・起源が光明，光りであることをもの語っており，著者が Yašt 19:51 にて明らかにした $ax^varəta$- $x^varənah$-「光る光り」の本質を，さらに明瞭にするであろう．

このフワルナフと火との関係を詳説しているものとして著者は，まずデーンカルド III・363 (DkD 566: 20–565: 1＝DkM 347: 6–10) をみよう．ここではフワルナフ (クワルラフ MP xwarrah として出てくるが，以下フワルナフを用いる)を無始の光明からつくられたものとして，つぎのように述べている．

さて，フワルナフの創造者は創造主オフルマズド．（それの）種実 (tōhmag) についていえば，それ（フワルナフ）がそこから分離しているところのものは無始の光明 (^{1}ān ī anagr rōšnīh)．そしてそれ（フワルナフ）の保持者は，メーノーグ的にはメーノーグ的火と水と土，またゲーティーグ的にはゲーティーグ的火と水と土．また，それ（フワルナフ）を創造主の命に従ってゲーティーグ的精液に頒ち給うものは，メーノーグ的諸ヤズド（ヤザタ）である．

無始の光明とは Av anaɣra- raočah- にあたるもので，これは上に見てきたところの，アスラ神群（ミトラ～ヴァルナ；アフラマズダー）の国にある光明，アスラ／アフラの光明，無尽の光明，アフラの王国をみたし，アシャ（天則）の与える歓喜に同伴する光明（「光明とともにみられる，アシャの歓喜」[Yasna 30: 1]）であり，最勝の光明 (Yasna 19: 6) のことである．無始の光明とは中世ペルシア語書で成立した概念ではなく，すでに Yašt 13: 57 にも，義者たちのフラワシが星辰・月・太陽および無始の光明に義しい道を指示した，といっている．

ここの順位は，上に引用したデーンカルド句において，フワルナフがゾロアスターの母にくだるときに通過した道順を想起させる．要するに，アスラ／アフラの光即無始の光明からわかれ出たものがフワルナフであり，またそれはわれわれの精液の中にもたらされたともいっているのである．かくして，フワルナフは一種の分火であり，余燼(xwarg)なのである．

ところで，ブンダヒシュン(TD_1 12: 7–8＝TD_2 12: 9–11——ここはオフルマズドによる，庶類の創造を取り扱う部分)をみると，そこには

> なんとなれば，かれ(オフルマズド)は ⁺āsrō kerpa を無終の光明から創出し，すべての庶類を āsrō kerpa の中で創造したからである[57]．

とある．āsrō は Av ātar-「火」の単数属格 āθrō であるから，āsrō kerpa は Av āθrō kəhrpa 「火の形体」である．kəhrpa は Av kəhrp- の単数具格であるが，これは「……の姿で，……の形で」としてしばしばアヴェスターに用いられているところから来ている．そうすると，このテキストは，オフルマズドが，みずから無終の光明より創出した「火の形体」の中で，すべての庶類を創造した，といっていることになる．無終の光明とは無始の光明以外の何物でもない．この関係は，パフラヴィー・リヴァーヤト[58]によって明らかである．すなわち，その第 46 章 §§ 1–3 のうち，§ 1 では

> |ēd |kū asmān čiyōn |az |čē kard ēstēd

> (一は)これ．曰く，天はどのように，何からつくられているか

と問い，§§ 2–3 は答えて，こういっている：

> abzār būd ī čiyōn xwarg ī ātaxš ī |pad rōšnīh |pāk |az |ān ī asar rōšnīh |bē brēhēnīd (3) |u-š hamāg dām dahišn |az |ān |bē kard ud |ka-š |bē kard būd ā-š |andar |ō tan burd |u-š 3000 |sāl |andar tan dāšt |u-š hamē abzāyīd |u-š |weh hamē kard |u-š |pas ēk ēk |az tan |xwēš hamē brēhēnīd

> 作具(abzār)は火の余燼(xwarg)のごときものであった．それは清浄な光りとして，無終の光明からつくられたものであった．(3)そして，すべての庶類創造はそれによって行われた．そしてそれがなし終えられると，そ

れは身体の中に移され、そして3000年の間、身体の中に保たれ、かつた
えず成長し、かつ改善された。そして、そののちに、それは(万物を)一つ
一つ、おのが身体からつくっていった。

無終の光明からつくられ、無終の光明の分火のごときもので、よってもって庶
類創造がなされたものが「火の形体」であることをみてきたが、その「火の形
体」の中で庶類創造がなされるのであるから、「火の形体」が作具(abzār)とよ
ばれるのは当然である。このようにして「火の形体」が「作具」であることを
知ることができたが、この両者の関係をデーンカルド III・365 (DkD 564: 11–
13=DkM 349: 3–5) は

さて、創造主が無終の光明からつくり給い、かつ庶類がその中で完成され
たと明かされていて、それのアヴェスター名を āsrō kerpa ('slwk klpk¹)
「火の形体」という作具は二つある。

といって、この関係を明言している。さきに引用したデーンカルド句(III・
363)は、無始の光明からわかれ出たものこそフワルナフだといっているから、
ここにおいて、フワルナフ=āsrō kerpa「火の形体」=abzār「作具」という等
式が成り立ち、火と関連するフワルナフの創造的役割が確認される。そして、
この観点からとくに注目されるのは、さきのデーンカルド句(III・363)におい
て、メーノーグ諸神がフワルナフをゲーティーグ的精液に頒ち給うたといって
いることで、ブンダヒシュン(TD_1 15: 17–16: 5=TD_2 17: 1–7)に「無終の光明
から火が創出され……人畜の精液は火を種実とする」といっているのも同じ趣
旨である。これらの事実は、Yašt 19: 10–11 においてアフラマズダーが庶類創
造のためにカイの光輪をつくったといっていることや、同 19: 51–52 において
アパーンム・ナパートが光る光輪($ax^varəta$- $x^varənah$-)を捉え創造的役割を果
たしたといっていることを、裏書きするであろう。

(2) フワルナフ「光輪」が水との関連において創造的役割を演じる点を中
世語書はどのように取り扱っているのであろうか——そのことを、これから検
討してみよう。Yašt 19: 51–52 において、ウォルカシャ海の水中にいるヤザタ
(神)たるアパーンム・ナパートが海底で光るフワルナフ ($ax^varəta$- $x^varənah$-)

を捉えたこと，しかもこの神が男子を創出したとされること——そういうことからフワルナフと水との関係，それを通してフワルナフのもつ創造的役割を知ることができた．Yašt 5: 96(=121)にも，ウォルカシャ海に流れおちるアルドウィー・スーラー・アナーヒターがフワルナフを有することを，つぎのように謳っている：

　　わたしは崇める，高峯フカルヤ——

　　万人の礼讃する，金色なる（高峯）を．

　　そこから，わたしのために流れくだるは

　　アルドウィー・スーラー・アナーヒター——

　　1千人の高さをもって，だ．

　　それの擁するフワルナフは

　　地上を流れゆく

　　これなる一切諸水に匹敵する，

　　けだし（アナーヒターは）力強く流れるからだ．

こうして，この聖河は地上の万水に匹敵するフワルナフを含んでいて，その水が高峯フカルヤ Hukairya- から流れくだる，とある．そして，その流下する水は，ウォルカシャ海にたぎり落ちるのである．このことだけでも，この海が生命を生み出す海であることがわかる．しかも，この伝承は受けつがれてブンダヒシュン(TD₁ 63: 17-64: 3＝TD₂ 77: 10-13)にも見いだされる：

　　高峯フカルヤは，アルドウィスールの水がそこから千人の高さをもって流れくだるもの．……フラークカルド Frāxkard(＝ウォルカシャ)海は水がフカルヤからそこに注ぐもの．

とある．さらに Wīdēwdād 20: 4 には霊木ガオクルナ Gaokərəna 樹をアフラマズダーがつくったことを述べているが，ブンダヒシュン(TD₁ 96: 4-8＝TD₂ 116: 1-6)には，ウォルカシャ海中に白ホーム(Hōm＜Av Haoma)樹があって，それをたべるものはみな不死となる．人はこれをゴーギルン(Gōgirn＜Av Gaokərəna-)とよび，建て直しのときそれから不死(の液)が調製される，とあり，同書 TD₁ 101: 1-2＝TD₂ 122: 9 にも「死者がよってもって起生するゴーギル

ン樹」といって同じことを述べており，またさらに同書 TD₁ 55: 5-7＝TD₂ 67: 12-15 にも醜悪な老齢を遠ざけるためにゴーギルン樹がつくられ，世界のみちた助けがそれより生じた，とある．

フカルヤ峯からフワルナフが水とともに流下するがゆえに生命を生み出す cosmic ocean たるウォルカシャ海だが，しかもそれを象徴するように，その海中にガオクルナ／ゴーギルン樹があり，ブンダヒシュンによって死を攘(はら)い不死を与える白ホーム樹と同一視されている．これによって，フワルナフが水と関連してでも生命を生み出すモメントであることが知られる．しかも，人畜の精液は現実には水であるが，それが火を種実とするものとされ，メーノーグ諸神によってフワルナフがその中にもたらされた，といっている．ここにも，水と関連せるフワルナフの力を認めることができる．さらに一歩すすめて考えてみると，精液は宇宙論的オケアノスたるウォルカシャ海であり，メーノーグ諸神が精液の中にフワルナフを持ち来たったごとく，ウォルカシャ海にはフカルヤ山からアナーヒターの水がフワルナフを持ち来たるのである．ここには，古代イランに特有な大小宇宙（小宇宙は人体）の一致を説く一コマも再現されている．

遠くはるかな西方世界の光りが分灯のようにこの世にくだり，火と水を通して生命を生み出し，育(はぐ)くむものと考えられていた．そして，このような関係はマニ教にもうけつがれた．

周知のように，マニ教が禁欲主義であるのは，善の要素たる光明要素が生殖行為によって細分化されて新しい個体に移送され，またそこで暗黒要素の捕囚となって解放の機会を失うことになるとみるからである．光明尊は「生命の母」（イラン語では Ardāwān mād「義者たち〔＝えらばれたものたち〕の母」）を生む．この「生命の母」が原人オフルメズド（Ohrmezd——パルティア語では bag, 中世ペルシア語では bay という．ともに「神」の謂い．オフルメズドはまた Mardohm naxustīn「最初の人間」ともいわれ，シリア語では同じ意味の Nāšā qadmayā をこれに用いる）を生む．オフルメズドは己が五子，空・風・

光・水・火で武装して接界(暗黒界との境界)にくだるが,暗黒軍に敗れて五子は諸魔(dēwān)に呑まれ,こうして初時は終わって二時がはじまる(マニ教では世界を三時〔三際〕にわけて説く).すなわち,二時は光明と暗黒との混合,暗黒の中に光明要素が捕囚となるの時であり,ここにこの光明要素の救出解放作業が開始される.しかし,この救出は容易でなく,光明要素が呑噬(どんぜい)されたまま,植物界・動物界・人間界が相ついで成立し,それらの増殖によって,上述したように,光明要素はたえず細分化されて新生の個体に移り,またそこで新たな捕囚が起こる.この考え方は,根源において,上掲デーンカルド III•363 に言うところと一致する.そこでは,無始の光明からオフルマズド(これはマニ教のオフルメズドとちがって創造神)はフワルナフをつくり,かれの命によってメーノーグ諸神がゲーティーグ的精液の中に頒った,といわれている.マニ教にはフワルナフの思想がこのような形で受けとめられており,やはり生殖と関係をもっていることが知られる.

最後に取り上げるのは,同じイラン語族とみられるクーシャーン王朝のコインである.クーシャーン族は(大)月氏と同じく,スキュタイ人と著者はみている.Σκύθαι は *S(a)kūča のギリシア訛りで,この *S(a)kūča は頭音 s を失った別形 *Kūča と同じものである.イラン語には,Samarkand と Μαράκανδα が併存するように,頭音 s を有する形と有しない形の併存する傾向がある(381頁所掲の par-: aspərənah-[a- は語頭添加の a-]参照).スキュタイ人を古代ペルシア語碑文で Sakā-「サカ族」と汎称するのは *S(a)kūča の原辞を取った形で,「月氏」のほうは *Kūča を写音したものであり,この *Kūča の変形が Kūšān である.ところで,このクーシャーン朝は信仰上雑多な崇拝対象を有していたらしく,そのことはコインに各種の神格がみえることによって知られる.問題の ΦAPPO/ΦAPO (*hvarnah-, Av x^{v}arənah-, etc.)はフヴィシュカ王のコインにあらわれ,男性神として輪光をそなえている.もっとも,コインによって服飾も一様でなく,装備も持笏帯剣のものや,槍や火(?)を携えるもの,など区々としている.このほか,輪光のかわりに放光をつけたものには MIΓPO (Miθra)

(カニシュカ, フヴィシュカ) があり, これらの事実はフワルナフ思想がここでも盛行していたことをもの語るものである.

むすび

フワルナフ思想はこのようにイラン世界をひろく東西にわたって蔽うていたので, アルメニア・キリスト教徒が δόξα「栄光」を p'aṙk' と訳しているのも首肯できる. p'aṙk' はフワルナフである. しかし, フワルナフで重要なのは, クーシャーン朝カニシュカ(迦膩色迦)王のコインに仏陀が仏像の形をとって, はじめて輪光をつけてあらわれたことである. 釈迦牟尼仏一代のうちに仏が光明を放つなどの思想は皆無に近く, またフワルナフのような光明思想もインドには存在しなかった. しかし, このようにカニシュカ・コインに輪光があらわれたといっても, それは思想史的に輪光と仏とが結びついた時期と同時に起こったものではなく, 少なくともこのような「仏光」を説いた経典が歴史的に先行していたに相違ない, と著者は考えたい. カニシュカ王の治世は 124-144 年頃とみるか, 110 年頃を盛時とみるか, 依然として明確でない部分はあるが, その治下で脇尊者が参加して阿毘達磨大毘婆沙論の結集されたことは事実である. その婆沙論巻第七十九に「有る頌に言うが如し」といって

  仏以一音演説法　　衆生随類各得解
  皆謂世尊同其語　　独為我説種種義[59]

なる文を出している. これは維摩詰所説経巻上仏国品第一に

  仏以一音演説法　　衆生随類各得解
  皆謂世尊同其語　　斯則神力不共法[60]
  云々

とあるものや, 大般涅槃経巻第十如来性品第四之七に

  仏以一音而為説法　　彼彼異類各自得解
  各各歎言　　　　　　如来今日為我説法[61]

とあるものに同じい. この一音説は異部宗輪論(世友菩薩造, 玄奘訳)にも, 大

衆部等の本末四部が同説にして

　　仏以一音説一切法．……仏一切時不説名等，常在定故．然諸有情謂説名等
　　歓喜踊躍[62]．……

と唱えていた，とある句中にみえる．よって，維摩経や大般涅槃経は婆娑論よりも古く，また異部宗輪論よりも古いことが知られる．その維摩経や大般涅槃経に阿弥陀仏の西方安楽世界が関説されていることは，すでに述べた．また，異部宗輪論には前述のごとく経名は挙げないが，その出す文を上述のように経典の文と対照すれば，その経名もおのずと判明し，しかもその判明した経典名は部執論疏[63]に仏滅二百年代に，大衆部等の本末四部が依用していた大乗経として名ざして挙示している経名と一致する．維摩経や大般涅槃経もそのような部類の経典であり，372頁に出した金光明，般若，華厳(花厳)のほかに，勝鬘経もこれに属する．仏滅を前486年(ダーラヤワフ1世の歿年と同じ)にとれば，前3世紀の前半に，阿弥陀仏の西方安楽世界に関説した経典が成立していたことになる．この論理のはこびには問題もあるが，「西方安楽世界に言及しているから，所掲の経典はそんなに古くない」との論法はいちおう棚上げして，著者のこのような論法を認めるとしても，さきにあげた西方楽土思想がインド・イラン的なものであり，しかもそれがとくにインドにおいてはながく保持されていたことが推測されるから，この面における浄土教のインド起源説は否定する根拠がない．

　つぎに，著者は阿育王のアラム語碑文4基(アフガニスタン出土)を解読して，アヴェスター要素のみならず，西方パールサに興起したハカーマニシュ朝ペルシアの要素がつよく残り，あるいは浸透していたことを立証した[64]．この両イラン要素は，フワルナフ思想をも担っていたはずである．イラン勢力の対インド浸透は歴史的にははやく，ハカーマニシュ(アケメネス朝)のダーラヤワフ1世(在位，前522-486)にはじまっている．王はカリゥアンダの人スキュラクスをしてインダス川を調査させ(前518年頃以降)，やがてその流域を征服している(ヘロドトスIV, 44)．前6-5世紀にかけてのハカーマニシュ王朝の東方版図はサトレジ川の東岸を含み，その上流域からインダス本流の上流を過ってガン

ダーラを包み，現アム川の源流域からシル川の中流に達していた．インドへのイラン要素の流入は，ひろい意味では，月氏族のインド進出によってももたらされた．かれらの主力大月氏は前139-129の間にバクトリアを支配するようになったが，中でも注目したいのは，かれらの同族とみるべきクーシャーン王朝の成立である．その王クジュラ・カドピセス(丘就郤)はインダス川以北に進出し，その子ヴィーマ・カドピセス(閻膏珍)はマトゥラーにまで達している(後1世紀の中頃)．この王朝は同王の歿後一時分裂したが，カニシュカはこれを再統一するとともに西トルケスタン，東トルケスタンの大部分，アフガニスタン，ヴィンドヤ山脈以北のインド大陸一帯を合わせ，中央アジアに史上はじめての大帝国を建設した．仏教徒の伝承によれば，王は仏教の外護者であったが，いずれかといえば，その他の要素をもおびただしく受容したコスモポリタンで，コインがこれを明示している．この状況は，あとを継いだフヴィシュカやヴァースデーヴァにもうかがわれる．このクーシャーン王朝の伸張を，その初期についてみるだけでも，イラン要素たるフワルナフ思想の対インド浸透は考えられてよかろう．スキゥタイ人における同思想のことは，すでに述べた．われわれはカニシュカ王のコインに仏陀が輪光をつけてあらわれているのを知っているが，このような造形美術にあらわれるよりももっとはやく，仏と光明との結びつきはあったものと考えられるから，西方安楽国の阿弥陀仏が寿命のみならず光明においても無量であったとは，文献的に「寿命」が「光明」よりさきに指摘される[65]にしても，われわれとしては当然考えられうることと思われる．インドがイラン世界との接触によってうけた影響は，マウルヤ王朝阿育王の場合につよく見うけられる．これについては456頁を参照されたい．この影響はハカーマニシュ王朝の対インド進出に負うもので，北西インドにおけるイラン要素の浸透は釈尊在世時にはじまり，ながくつづいて絶えなかった．仏光が衆生を照育するというとき，それにきわめて近いものはイランのフワルナフ思想である．無量「寿」仏の成立がインド・イラン的背景と密接に関連しうるのにくらべて，無量「光」仏の成立は，思想史的にイラン要素フワルナフとの関連においてはじめて可能であると考える．この点において，無量「寿」仏のイラ

ン的拡大が無量「光」仏とさえ言いうるほどである.しかし,フワルナフ思想は,イランにのみ行われていたとみるよりも,古くからのイラン要素の対インド浸透に伴っていたとも推測しうるから,無量「光」仏の成立地をイランに限定しなければならぬ理由もない.

註

1) この論文は拙稿「仏像光背の背景を示すイラン語詞について」(『印度学仏教学研究』第23巻第1号[1974],(35-42)頁);同 "Gathica XIII. Av. $ax^v arəta$- $x^v arənah$-", Orient, Vol. XI(1975), pp. 35-44 および同「ザームヤズド=ヤシュトの課題」(『足利惇氏博士喜寿記念オリエント学インド学論集』国書刊行会,1978, 43-54頁)を合わせ,それをさらに増補したもの.
2) →249-254頁.
3) →249-251頁.
4) →440頁註29.
5) パヴァマーナ(Pávamāna-)とは「自身で清浄となる」ソーマ液のこと.
6) インドゥ(Índu-)は「ソーマ液」.
7) F. B. J. Kuiper: "The Bliss of Aša", Indo-Iranian Journal, Vol. VIII (1964-65), pp. 96-129. 氏は Aitareya Brāhmaṇa IV, 14:5 にある avarodhana-「降下」/udrodhana-「上昇」なる用例を引き,Kauśītakī Saṃhitā 98 に avarodha-「下向」/rodha-「上向」がみえ,RV I, 105:11 ab には supárṇā etá āsate/mádhya āródhane diváḥ「これら美翼のものども(=太陽の光線)は天への上昇のさ中にある」とあるものをも引いて,avaródhana-「降下」を傍証している.この「まえがき」は氏の論文に負うところ多大なるも,一々註しない.
8) 「夜」aktú- は nakt-「夜」の別形.a: na にみえる母音度の相違は abhrá-「雲」: nábhas-「雲」にみえるそれと同じ.
9) J. Kellens: Les noms-racines de l'Avesta, Wiesbaden 1974, p. 305 と同意見.
10) ヴァルナと天則については,H. Lüders: Varuṇa II (Varuṇa und das Ṛta), Göttingen 1959, p. 402 以下が正しく要約しているように,ヴァルナやそれを含むアーディトヤ(Āditya-)諸神は天則との関係が,他のものよりもふかい.RV I, 23:5 には「天則によって栄える,天則の主,光明の主なるミトラ〜ヴァルナ二神」とあり,VII, 66:12 以下にはヴァルナ,ミトラ,アルヤマンを天則の馭者といい,天則者,天則より生まれ出たもの,天則によって栄えるもの,畏るべきもの,不義(反天則)を憎悪するもの,といっている.「アーディトヤ諸神は天則を通して存在し」(X, 85:1 c), 天則によりてかれらの力は偉大である(II, 27:8 c),とされている.「ヴァルナの天則に向かって諸川は流れ」(II, 28:4 b),ヴァルナは天則を綺飾とし,ヴァルナとミトラは「天則によって万有を支配する」(V, 63:7 c). ヴァルナの座は「天則の座(ṛtásya sádana-,〜 sádas-,〜sádman-,〜yóni-, etc.)」とよばれ,かれはここに坐して天地を支える.このことは IV, 42:4 にトラサダスユ Trasadasyu 王が自身をヴァルナになぞらえて,

余はしたたる水を漲らせた
　　余は天則の座にて(sádana ṛtásya)天を支えた.
　　天則によって，アーディトヤの子(ヴァルナ)・天則者は
　　大地を三重に拡げたのである.

とて，天則によって天を支え大地を拡げたといっていることによって知られる．天則によって天を支えるとは，上述した支柱(skambhá-)(RV VIII, 41: 10)と関連のあるもの．そして，ここには，間接的だが，ヴァルナ神界の下界であることも示唆されている．かれの形容詞 gambhīrá- は，この意味においては，「深遠なるもの(知慧などにおいて)」ではなく，文字どおりに「深い所(下界)にいるもの」の謂いである．

　　他方，イランの場合であるが，Yasna(Y.)44:3 では天則の父がだれかと問い，Y. 31:7 ではアフラマズダーがそれの創造者であるという．Y. 30:1 には最勝界に光明とともに天則が所在することを述べ，Y. 47:1 には天則に従ってアフラマズダーが完璧不死を授ける，ともある．Y. 44:4 bc にアフラマズダーが天と地をはなして支えていることを述べているのは RV VIII, 41: 10 にみてきたヴァルナの支柱(skambhá-)を想わせるし，それはまた天則の cosmic tree でもある．ザラスシュトラの教えにとって，この天則(アシャ aša-)がいかに重視されたかは，Y. 27:14 がこれを遺憾なく示している，曰く:

　　天則は最勝のよきものである．
　　そはその思いのままに在し，われらのために思いのままに(在します)．
　　最勝のよき天則のために天則が(在しまさん)ことを．

11)　→304-305頁．

12)　金光明経巻第一序品第一(曇無讖訳)には「是の如き経典は常に四方四仏世尊の護持する所と為．東方の阿閦・南方の宝相・西の無量寿・北の徴妙声なり」とあり，同経巻第一寿量品第二には「蓮華上に於て四如来有り，東方を阿閦と名づけ，南方を宝相と名づけ，西方を無量寿と名づけ，北方を徴妙声と名づく」とある．

13)　大般涅槃経巻第一寿命品第一には「爾の時，三千大千世界は，仏の神力を以ての故に，地，皆柔軟にして……衆宝荘厳せること，猶し西方無量寿仏の極楽世界の如し」といい，同経巻第二十四光明遍照高貴徳王菩薩品第十之四には「西方，此の娑婆世界を去ること四十二恒河沙等の諸仏の国土を度りて，彼に世界有り，名づけて無勝と言う．……其の土の所有厳麗の事，皆悉く平等にして差別有ること無きこと，猶し西方安楽世界の如し」とある．→註65．

14)　大般若波羅蜜多経巻第四百九十七には「時に，此の仏土の徴妙なる荘厳は，猶し西方極楽世界の如し」とある．「此の仏土」とは，釈尊が神通をもって仏土として見せられたこの三千大千世界のこと．

15)　大方広仏華厳経巻第六十三入法界品第三十九之四(実叉難陀訳)には「爾の時，解脱長者，三昧より起って善財童子に告げて言く，善男子よ，……我れ若し安楽世界の阿弥陀如来を見(たてまつら)んと欲せば，意に随って即ち見(たてまつ)る」とあり，同経巻第八十入法界品第三十九之二十一には「或いは如来無量寿は諸の菩薩のために尊記を授け，而も無上の大導師と成りて次に安楽刹に補住するを見る」とある．また大方広仏

華厳経巻第三十九(四十華厳——般若三蔵訳)にも前掲句と同趣の偈を出し,同経巻第四十入不思議解脱境界普賢行願品には「願わくは我れ命終せんと欲する時に臨み,尽く一切の諸の障礙を除き,面り彼の阿弥陀仏を見(たてまつり)て,即ち安楽刹に往生することを得ん.……」の偈がみえる.この偈の前にも「阿弥陀仏の極楽世界」の語がある.

16) 維摩詰所説経巻中(羅什訳)には「此の室には釈迦牟尼仏・阿弥陀仏・阿閦仏……是の如き等の十方の無量の諸仏,是の上人の念ずる時,即ち皆,為めに来たって広く諸仏の秘要の法蔵を説き,説き已って還り去る」とある.

17) 「その時,世尊は諸比丘に告げたまえり.ここに三三昧あり.云何が三となすや.空三昧,無願三昧,無相三昧なり.彼れを云何が名づけて空三昧となすや.所謂,空とは一切諸法は皆悉く空虚なりと観ぜよ,是れを名づけて空三昧となすと謂うなり.彼れを云何が名づけて無相三昧となすや.所謂,無相とは一切諸法に於いて都べて相念なく,また見るべからず,是れを名づけて無相三昧となすと謂うなり.云何が名づけて無願三昧となすや.所謂,無願とは一切諸法に於いて,また願い求めざれ,是れを名づけて無願三昧となすと謂うなり.かくの如く諸比丘よ,まさに方便を求めて,この三三昧を得べし」——この句はスッタニパータにも同一趣旨のものを見いだすことができる:

　戒律の規定を奉じて,五つの感官をまもり,汝の身体を観ぜよ.切に世を厭い嫌う者となれ(§340)./愛欲にともなって起る,清く見える外形を捨てて考えよ.(身は)不浄であると心に観じて,心をよく一つに統一せよ(§341)——(空三昧)
　無相のおもいを修せよ.心にひそむ傲慢をすてよ.そうすれば汝は傲慢をほろぼして,心静まったものとして日を送るであろう(§342)——(無相三昧)
　衣服と施された食物と(病人のための)物品と住所——これらのものに対して欲を起してはならない.再び世にもどって来るな(§339).——(無願三昧)(中村元氏訳)

18) 法蔵菩薩が師仏世自在王仏を礼賛し,「じぶんが仏となったときは,かくかくでありたい」と誓ったことばの中の一節.

19) 法蔵菩薩が四十八願を述べたあとにそれを要約し,重ねて誓った偈頌の中の一節で「神力,大光を演じ,普ねく無際の土を照らし,三垢の冥を消除し,広く衆の厄難を済い,彼の智慧の眼を開き,此の昏盲の闇を滅し,諸の悪道を閉塞し,善趣の門を通達せん」とある.

20) 諸仏菩薩が西方極楽世界に往って阿弥陀仏を観たてまつるときの状況を説く偈頌の中の一節で「時に応じて無量尊,容を動かして欣笑を発し(にっこりと笑って),口より無数の光を出して,徧く十方の国を照らす.廻る光,身を囲繞すること三市,頂(頭)より入る.一切の天人衆,踊躍して皆,歓喜す」とある.

21) 「設い我れ仏を得たらんに,十方無量の不可思議なる諸仏世界の衆生の類にして,我が光明を蒙り其の身に触れん者は,身心柔輭して人天に超過せん.若し爾からずんば,正覚を取らじ.」

22) 「其れ衆生有って斯の光に遇う者は,三垢消滅し,身意柔輭,歓喜踊躍し善心を生ぜん.若し三塗勤苦の処に在り,此の光明を見れば皆,休息することを得て復苦悩無けん.寿終の後は皆,解脱を蒙らん.無量寿仏の光明顕赫,十方諸仏の国土を照耀すること,聞かざる莫し.」

23) H. W. Bailey: *Zoroastrian Problems in the Ninth-Century Books*, Oxford 1943, pp. 1-2.
24) 註1所掲の3拙稿中, はじめの2拙稿.
25) Julius Pokorny: *Indogermanisches etymologisches Wörterbuch*, I. Bd., Bern und München 1959(1972²), p. 881.
26) Fr. Spiegel: *Erânische Altertumskunde*, Bd. ii, Leipzig 1873, p. 44, n. 1: "nicht leuchtend".
27) J. Darmesteter: *Le Zend-Avesta*, tome ii(*Annales du Musée Guimet*, 22), Paris 1892, p. 628 とその n. 70: "insaisissable".
28) E. Herzfeld: "Aχvarta- χvarnah-=NAPHTHA", *Archaeologische Mitteilungen aus Iran*, Bd. 9, Berlin 1938, p. 85: "ohne Nahrung <das-nicht-essen".
29) E. Imoto: "Av. χᵛarənah-", *Orient*, Vol. XII(1976), p. 73.
30) J. Hertel: *Die awestischen Herrschafts- und Siegesfeuer mit Text, Übersetzung und Erklärung von Yašt 18 und 19*, Leipzig 1931, p. 48 とその n. 1: "lichtlos=unsichtbar".
31) Yasna 1: 14 の nivaēδayemi hankārayemi···kāvayeheča xᵛarənaŋhō Mazdaδātahe, axᵛarətaheča xᵛarənaŋhō Mazdaδātahe「わたしは祭儀を奉修し成就する……マズダー所造のカウィ(王朝)のフワルナフ(カイの光輪)のために, かつまた, マズダー所造の axᵛarəta- なるフワルナフのために」が中世ペルシア語でつぎのように訳註されている: bowandagēnam hangirdēnam···kayān ⟨xwarrah ī Ohrmazddād ud ⟨ān-iz agrift ⟨xwarrah ī Ohrmazddād《xwēškārīh ī āsrōnān ⟨u-š agriftīh ē ⟨kū ⟨pad frahang ō ⟨xwēš šāyēd kardan》「わたしは完成し成就する, ……オフルマズド所造のカイのフワルナフとオフルマズド所造の捉えられたことなきフワルナフ《祭司たちの職務のこと. そして, 捉えられたことなしとは, 勉学によって己が有とすることができる, とこういう謂い》をも」. (( ))内は原註とみるべき部分を示す. 次註参照.
32) 前註所掲の中世ペルシア語訳註は, つぎのようにサンスクリット語訳されている: nimaṃtrayāmi saṃpūrṇayāmi···rājñāṃ ca śriyaṃ majdadattām agṛhītāṃ śriyaṃ ca majdadattām《śrīr yā ācāryair adhivāsinī satkāryeṇa sadyavasādyena ca svīyā śakyate kartum》「わたしは勧請し成就する, ……マズダー所授の諸王の吉祥と捉えられたことなき吉祥《その吉祥は阿闍梨たちとともにあるもの. 善行と善牧で己が有とすることができる》とを」——中世ペルシア語訳でもこのサンスクリット語訳でも, agrift/agṛhīta- はけっきょく「捉えられにくい, 捉えがたい」と解するほかなさそうであるが(とくに, 中世ペルシア語原註参照), このような無理な解釈を余儀なくされるのは中世ペルシア語訳がまちがっているためであるのに, ほとんどの学者がそれに気づかないのは不可解である.
33) J. Duchesne-Guillemin: "La religion des Achemenides", *Beiträge zur Achämenidengeschichte*, herausgeg. von G. Walser, Wiesbaden 1972, p. 62.
34) RV II, 12: 9.
35) RV I, 85: 4.

36) 註23所揭のベイリー著書 p. 73.
37) 註23所揭のベイリー著書 pp. 25-26.
38) 例えば Dēnkard VII・2・4(本書20頁).
39) Gh. Gnoli: "Politica religiosa e concezione della regalità sotto gli Achemenidi", *Gururājamañjarikā. Studi in Onore di Giuseppe Tucci*, Napoli 1974, p. 75, n. 318: "che non si consuma"(その仏訳 "Politique religieuse et conception de la royauté sous les Achémenides", *Acta Iranica*, Vol. II(1974), p. 174, n. 318: "qui ne se consume pas").
40) 註29所揭井本論文 pp. 67-73.
41) 註33所揭デュシェーヌ・ギュマン論文 p. 63.
42) といっても,「光り,光耀」の意味にさえなれば語構造論的立場は無視してよいというのではない。しかるに, J. Duchesne-Guillemin: "Le "x^{v}arənah"", *Annali dell'Istituto Orientale di Napoli*, Sezione Linguistica, V(1963), pp. 19-31 や同氏の *Symbols and Values in Zoroastrianism. Their Survival and Renewal*, New York 1966², pp. 40-41 においては, ^{1}x^{v}arənah- は依然として x^{v}ar-「太陽」からの派生詞としてのみ解釈されているし,この点は註25所揭のボコルニ著書の立場と同じである。
43) 註23所揭ベイリー著書 p. 21 は,さきに挙げた動詞根 *²x^{v}ar-「とる,取得する」と結びつけ, x^{v}arənah- とは 'welfare, well-being' または 'fortune' を本義とするとした。それまでは,この語は 'glory' と解されていたので,この 'glory' とベイリーの新説とを折衷しようとする試みもなされたが,その後ベイリーは x^{v}arənah- を *su-arnas- とし,その arnas- に ar-「所有する」を引きあて, x^{v}arənah- とは 'good possession' の謂いだとした。その他の諸説については Gh. Gnoli: *Ricerche storiche sul Sistān antico.* Reports and Memoirs published under the direction of Giuseppe Tucci, Vol. X, Roma 1967, p. 3, n. 3; 同じく註39所揭ニョーリ論文イタリア語版 pp. 72-73 とその註 308, 318(仏語版 pp. 172-174 とその註 308, 318)参照。
44) 拙著『古代ペルシア』20頁図版V参照。なお,この像については H. Luschey: "Studien zu dem Darius-Relief in Bistun", *Archaeologische Mitteilungen aus Iran,* Neue Folge, Bd. 1(1968), p. 80 以下参照。
45) 足利惇氏『印度パルシー族とその風習』秋田屋 1947, 30-31 頁。
46) Zām-yazd なるよみ方にたいし,伝統的には Zām-yād とよまれている。
47) これは著者の持論。§89以下に第3サオシュヤントたる Astvaṱ.ərəta のことがみえているからで,ガーサー的サオシュヤントがこのように未来時出現のサオシュヤントとなったのは,ハカーマニシュ朝とゾロアスター教との出会いの結果とみたい。けだし,終末の裁判が翌日にも起こるかもしれぬとしたガーサー教義のあり方では,ハカーマニシュ朝の終末を予告するがごとくで,相容れがたかったに相違ないからである。
48) 詳細は Ar. Christensen: *Les types du premier homme et du premier roi dans l'histoire légendaire des Iraniens*, I^e partie, Stockholm 1917, pp. 137-141. ただし,イマ以下のものは,むしろ東イラン的。
49) 「そうすれば魂のための」は aθaurunō を aθa urunō とよみかえたもの。註9所

掲ケランス著書 pp. 122-123 参照. その人の魂のために他の人がよい寄進をしてくれる, ということ.

50) この部分はテキストの欠損とみたい.

51) 「撃砕」amaē-niγnəm は, 敵を攻めて撃砕するのか, 来襲せる敵を撃砕するのか, 決定しにくい.

52) 「光耀」の原語は ^{1}x^{v}arənah- であるが, 「光輪」の訳語は避けた.

53) 「ワンハズ・ダーフ」は Vaṅhaz-dā- を Vaṅhaz-dāh- に改めたもの. 「よりよきものを与える」の謂い. 註9所掲ケランス著書 p. 216 に従った.

54) 「かしこ」とはシースターン地方. ハエートゥマントは現ヘルマンド川, カンス海(zrayah- Kąsaoya-)は現ハームーン湖.

55) →375-379 頁.

56) Bundahišn TD$_1$ 15: 17-16: 5=TD$_2$ 17: 1-7 参照.

57) テキストの再構は ^{1}čē-š āsr⟨ō⟩ kerpa ^{1}az asar rōšnīh frāz brēhēnīd dām-iz ^{1}andar āsrō kerpa ^{1}bē ^{1}dād. ゾロアスター教系中世ペルシア語書やマニ教とフワルナフとの関係については Gh. Gnoli: "Un particolare aspetto del simbolismo delle luce nel Mazdeismo e nel Manicheismo", *Annali dell'Istituto Universitario Orientale di Napoli*, Nuova Serie, volume XII (1962), pp. 107-123 を参照した.

58) B. N. Dhabhar (edited by): *The Pahlavi Rivâyat accompanying the Dâdistân î Dînîk*, Bombay 1913.

59) 「仏は一音を以て法を演説するに, 衆生は類に随って各解を得, 皆, 謂えらく, 世尊は其の語を同じうして, 独り我が為めに種種の義を説く, と」. →註65.

60) 「仏は一音を以て法を演説するに, 衆生は類に随って各解を得, 皆, 謂えらく, 世尊は其の語を同じうす, と. 斯れ則ち神力不共の法なり. 云々」

61) 「仏は一音を以て而も為めに法を説くに, 彼彼の異類(衆生)は各自に解を得, 各各歎じて言く, 如来は今日, 我が為めに法を説けり, と.」

62) 「仏は一音を以て一切法を説く. ……仏は一切時に名等を説かず. 常に定に在るが故なり. 然るに諸の有情は名等を説いて歓喜踊躍せしむと謂う. ……」

63) 真諦三蔵の部執論疏は伝存しないが, 中観の著, 三論玄義検幽集巻第五に引用されていることによって知られる.

64) 本書 442 頁註 54, 479-482, 484-492 頁.

65) 寿命と光明との関係を釈尊一代についてみるに, 異部執輪論に説く仏身観のうち, (a)如来の色身に辺際なく, (b)仏寿亦無量であるとするのは, 部執論疏に大衆等の本末四部依用の経典とする涅槃経や金光明経にそれを見い出すことができるのに反し, 光明についてはこれを見い出しえないのである. すなわち, (a)については大般涅槃経巻第三金剛身品第二(北本)によると, 仏は入涅槃にさいし迦葉に告げて「如来の身は是れ常住身不可壊身金剛之身非雑食身, 即ち是れ法身なり」といい, 迦葉の不審に答えて「汝は今, 如来の身は不堅可壊にして凡夫身の如しと謂うこと莫かれ. ……如来の身は無量億劫堅牢にして壊れ難く, 人天身に非ず, 恐怖身に非ず, 雑食身に非ず. ……不生不滅……無量無辺……畢竟清浄にして動揺有ること無し. ……般涅槃の時, 般涅槃

せず．如来の法身は皆，悉く是くの如き無量にして微妙の功徳を成就す，……当に人の為めに如来身は即ち是れ法身なりと説くべし」といわれたとある．また(b)については，大般涅槃経巻第三寿命品第一之三(北本)に「爾時仏告一切大衆，……我之寿命不可称量,楽説之弁亦不可尽」とあり，金光明経巻第一寿量品第二にも「一切の諸水は幾滴なるかを知る可くも，能く釈尊の寿命を数うるもの有ること無し．諸の須弥山の斤両は知る可くも，能く釈尊の寿命を量るもの有ること無し．一切の大地の塵数は知る可くも，能く釈尊の寿命を算うるもの有ること無し．虚空の分界は尚お辺を尽す可くも，能く釈尊の寿命を計るもの有ること無し．不可計劫億百千万，仏寿は是の如く，無量無辺なり」とある．無量「寿」仏が無量「光」仏に先位するというのは，このような事情もあってのことである．なお，註12-17, 59-63, 65は父(伊藤義賢)の遺稿『大乗非仏説論の批判(正・続)』の該当箇所を参照した．

9 バガダート・フラタラク王朝について
――貨幣銘の新解読を通して

　この小論は日本オリエント学会第 18 回大会に「シエネのフラタラカとパールスのフラタラク」と題して行った研究発表に，時間の関係から省略した多くのデータを書き加えたものである[1]．

　ハカーマニシュ王朝の崩壊(BC 330)後，パールス(パールサ，現ファールス)には諸王が相次ぎ，独自のコインを発行した．それらのコインは銘文と文字(アラム文字)の書体とを総合考察して 3 期とか 4 期とかにわかつことが行われている．どちらのわけ方をとるにしても，どのコインを第 1 期に含めるかは諸説がみな一致して異論がない．ここで主として取り上げるのもこの第 1 期のものであるが，論をすすめて行くうえにも関連があるので，第 2-3 期のものにも言及することになる．3 期にわける見方は，ここに言う第 3 期を拡大して，いわゆる第 4 期をもその中に含めるものであるが，いずれにせよ，その終期のものはパールスにサーサーン王朝が興起する(AD 224 または 226)直前につながるものである．したがって，問題の諸コインはハカーマニシュ王朝が倒れてからサーサーン朝が興起するまでのパールスの歴史とふかいかかわりをもつもので，コイン銘の解読は，まったく不明だったこの分野に新しいスポットライトをあてることになる．問題の第 1 期に属するものは，つぎのような銘(コインの裏面)を有する．

　1. BGDT PRTRKʾ ZY ʾLHYʾ
　2. WḤWBRZ PRBR PRTRKʾ または WḤWBRZ PRS PRTRKʾ ZY ʾLH
　3. ʾRTḤŠTR PRS PRTRKʾ ZY ʾLH

9　バガダート・フラタラク王朝について　　　　411

   4. WTPRDT PRTRKʼ ZY ʼLHYʼ (この王のコインには王名のつぎに PRSBR のかすかな痕跡をとどめているものもある)

以上を第1期とし、これにつづくものは王名のつぎに MLKʼ のみを記して1)〜4)とはまったく異なっている：

   5. DʼRYW MLKʼ
   6. WTPRDT MLKʼ
   7. DʼRYW MLKʼ BRH WTPRDT(6) MLKʼ
   8. WḤWḤŠTR MLKʼ BRH DʼRYW(7) MLKʼ
   9. ʼRTḤŠTR MLKʼ BRH DʼRYW(7) MLKʼ

5)-6)は第2期、7)-9)は第3期とされている。

これらの王名中、ʼRTḤŠTR(Artaxšahr)(3, 9)は OM Artaxšaθra(OP Artaxšassa)「天則の王国」に由来し、DʼRYW(Dārayaw)(5, 7)は OP Dārayavahu「正善の保持者」を受けつぎ、その -vahu- は WḤWBRZ(Wahuburz)(2)「正善において高いもの」と WḤWḤŠTR(Wahuxšahr)(8)「正善の王国」に含まれている。WTPRDT(Wātafradāt)(4, 6)は OP *vāta-fradāta-「神ワータ Vāta またはワユ Vayu によって助長されているもの」にさかのぼり、BGDT(Bagadāt)(1)は OP *baga-dāta-「神によって創成されたもの」に発している。ハカーマニシュ朝の大王はみずから神によって創成されたものと称している(424頁参照)から、この王名 Bagadāt も、他の王名と同じように、ハカーマニシュ王朝とのふかいつながりを示している。諸王の血縁関係は銘の示すかぎりでは、6)の子が7)であり、7)の子が8)と9)であること以外は不明である。この血縁関係を明らかにするために、便宜上5)の銘からさきに取り扱ってみよう。

   5)以下において MLKʼ malkā=ʼšāh「王」と称するようになったのは、アルシャク・パルティア王朝の大王(MLKYN MLKʼ malkīn malkā=ʼšāhānʼšāh「諸王の王」)の宗主権(sārārīh)を容認したためであろうとされている。7)以下にみえる BRH は「子」を意味するアラム語であるが、アラム語で「子」は bar であるから BRH の -H をめぐって説がわかれている。-H は限定相の -ā を示すもので BRH は bᵉrā 'the son' であるとする説[2]と、-H は -eh 'of his' を示す

ものでBRHはbᵉr-eh 'son of his' であるとする説とである。アラム語で「Bの子,A」はA bar Bというが,聖書アラム語から推してもA bᵉr-eh Bという言い方もあり得る³⁾. もっとも,bᵉr-eh「かれの子」といってもその「かれの」は無意味で,またこのような無意味な前倚人称代名詞形をそなえた形は,アショーカ王碑文にも ᵓBWHY, ᵓMWHYなどとして数例が見い出される. 前者は ᵓaḇūhī, 後者 ᵓimmūhī で,それぞれ文法的には「かれの父」「かれの母」であるが,いずれも「父」「母」の謂いで用いられている⁴⁾. だから,コイン銘のBRH も bᵉr-eh であるが,じっさいには単に「子」の謂いで用いられていることになるし,また前5世紀のアラム語書簡⁵⁾にも同じような例が見い出される. こうして -eh の問題はかたづいたが,同時に注意したいのは,このような BRH が中世ペルシア語 pus「子, むすこ」の訓読語詞(logogram)となっていることで,この点はパルティア語 puhr「子, むすこ」のそれが BRY bᵉr-ī「わが子」であるのと対照的である. この bᵉr-ī がじっさいには「子」の謂いであることは MP/Parth ᵓBYtr =ᵛpitar/ᵛpidar「父」の ᵓBY ᵓaḇ-ī「わが父」が「父」の謂いであるのと同じ行き方である. MP MRᵓḤY mārēhī「かれの主君」が xwadāy「主君」と訓じられ,Parth MRᵓY mārī「わが主君」が xwadāw「主君」と訓じられるのも容易に理解されるであろう. してみれば,7)以下のコイン銘は中世ペルシア語で記されていることになり,したがって,5)6)も同様とみてよく,その MLKᵓ も šāh と訓じるべきものとなる. そうすると,5)以下はそれぞれつぎのようになる:

5. Dārayaw ᵛšāh「王ダーラヤウ」
6. Wātafradāt ᵛšāh「王ワータフラダート」
7. Dārayaw ᵛšāh ᵛpus Wātafradāt ᵛšāh「王ダーラヤウ――王ワータフラダートの子」
8. Wahuxšahr ᵛšāh ᵛpus Dārayaw ᵛšāh「王ワフクシャフル――王ダーラヤウの子」
9. Artaxšahr ᵛšāh ᵛpus Dārayaw ᵛšāh「王アルタクシャフル――王ダーラヤウの子」

9 バガダート・フラタラク王朝について

では 1)-4) の銘はどう解すべきか．銘中，多出する PRTRK' から取り扱いをはじめよう．この語の終わりの方の RK が，第1期のアラム文字では文字間に区別しにくいところがあり，また同時にそれは文字 D とも酷似している．したがって RK のそれぞれには D/K/R のどれでも当てはめることもできるわけで，読み方や解釈も多様になる．この語に力点をおいてこれまでの諸説を批判したものが P. Naster[6]で，氏は諸説中，採るに値いするかにみえるものとして fratakara, fratadāra, frataraka の 3 形をとりあげた．前 2 者にみえる frata はアルメニア語 hrat「火」からさかのぼってイラン語に *frăta-「火」なる語があったとする考え方にもとづくもので，したがって fratakara とは「火を点じる者」，frātadāra は「火を奉持，護持する者」の謂いとなるが，Naster は政権掌握者の修飾詞としてはいずれも宗教臭が強すぎるといって反対している．じじつ，fratakara とは祭官，それも下位にランクされる程度のものを意味する嫌いがあるし，fratadāra もたしかに宗教的でありすぎるし，H. S. Nyberg のように拝火僧 (Feuerpriester) と解すれば，そのにおいはいっそう強くなる．しかし，それにもかかわらず，この後説はもっとも多くの支持者を有し，ことに 1923 年 E. Herzfeld がペルセポリス大基壇の北西約 300 m のところで石の窓枠に，上方に手をさしのべて礼拝のゼスチャーを示す男女像の浮き彫りを発見し[7]，Frātadāra 家の王と王妃をあらわすものとしてから，この説は考古学的にも有力な裏付けをもつものとみられてきた．しかし，Naster は上述の理由からこの説にも反対し，代わって一つの提唱をも試みた．それは fratakāra とよみ，frata を πρῶτος に引きあてて「主たる，第一の」と解し，kāra を OP kāra-「軍；民」と同一視し，fratakāra を「軍の首長，軍将」と解することはできないだろうか，というのである．しかし，氏はそうした提唱を試みながらも，frataraka「首長；知事」なる 3 番目の読解が，エレパンティネー・パピルス文書に PRTRK/PRTRK'「首長；知事」がみえるので，彼此あわせ考えて，もっとも妥当だとする．と同時に氏は，この frataraka にしても，その他 fratakara, fratakāra, fratadāra にしても，パールスの王がみずからを表示する称号としてはふさわしいものではないから，パールスの政治・宗教・美術・貨幣などの歴

史を取り扱うにさいし，frataraka王朝，fratadāra王朝，fratadāra朝の聖所，等々といった表現を用いるのは行きすぎで慎重を欠くものだと警告している．

Arm hrat「火」から Ir *frāta- を想定するのは F. Justi[8] にはじまるが，ことに fratadāra 説において多くの支持者[9]を見いだしてきた．しかし，この結びつき(hrat<*frāta-)の不可なることはすでに A. Meillet[10]によって指摘され，É. Benveniste[11] によっても追認された．Meillet によれば πῦρ, fire, Feuer の語根 *pūr はインド・イラン語域には伝存しておらず，したがって Arm hrat を Ir *frāta- から求めることはむずかしい．しいて *frāta がその唯一の残存ケースだと主張しても，事実においてイラン人は古来「火」を ātar- であらわしてきたし，例外としては Dāštāγni-(<*dāšta-aγni-「火を奉持する者」)(人名) ただひとつ，それも *frāta- でなく aγni-(OI ágni-「火」)を後肢にもつ語形を有するのみである．ātar- の見いだされる例としては Av ātar-, OM/OP *ātar-, *ātarbānu-, *ātarbarzana-〜*ātarvanuš-[12]; Parth 'trw, 'trwn, etc.[13]; MP 'twly, 'twl'n, etc.[14]; Bookpahlavī 'thš(NP ātaš), 'twr¹(NP ādar) などがあり，また *frāta-「火」を認めると，人名 ǐTRPRT(Cowley[15] No. 66, fragment No. 7, l. 3) も *Ātarfrāta-「火・火」というような無意味な語義を担うことになる．また Naster が控え目に提唱した fratakāra「軍将」についてみるに，これも難点があって認めにくい．frata- に「主たる，primus」の謂いがあるかのように一般に受けとられている[16]が，fra-「前方の，前方に」という小辞に -ta- を接尾したものとみること自体が不合理である．常識的にいって，この接尾辞 -ta- は動詞の過去受動分詞をつくるからである．fratakāra「軍将」説はこういう不合理に加えて，実際的にも政権の保持者が名乗る称号としては狭きにすぎる．従来このようにみられてきた frata- は，著者によれば，*frāta- とよみかえ，frā(y)- (OI prī-)「愛好する」の過去受動分詞とみるべきものである．frā(y)- の過去受動分詞としてはすでに Av frīta-/frīna- があるが，これとならんで著者は *frāta- を考えうるとするもの．frā(y)-: *frāta-/frīta- の関係は mā(y)-「計測する」: māta-/mīta- に準じる．そうすると，上掲した ǐTRPRT は *Ātar-frāta-「火(神)を愛好するもの」(*Ātar-frata-「火(神)によって首長となるも

の¹⁷⁾」とするのに反して)となるし, Φραταφέρνης (Arrianos: *Anabasis* III, 8, 4) は *Frata-farnah-「第一の幸いをもつもの¹⁸⁾」でなく *Frāta-farnah-「ファルナフを愛好するもの¹⁹⁾」であり, Φραταγούνη (Herodotos VII, 224——女性の名)は *Frataguanā-「色において第一のもの²⁰⁾」でなく *Frātagaunā-「色を愛好するもの¹⁹⁾」となる. では, Naster の提唱した fratakāra の前肢 frata- を, 著者によるこの *frāta- によみかえると, どうなるか. *frātakāra は「軍・民を愛好するもの」となるが, この解釈は, コイン銘にてこの語のあとにつづく ZY ꞌLHYꞌ (ꞌLH はその略)とは相容れがたいものとなる. 後説するところによって, ZY ꞌLHYꞌ zī ꞌᵅlāhayyā「神がみの, of the gods」はむしろ支配者の後楯となるものが神がみであることを示すものであるから, 支配者の専制君主たることを意味する表現でこそあれ, それ以外のものではありえない. したがって, そのような支配者が「軍・民を愛好するもの」とあっては, 前後に矛盾が生じる. zī ꞌᵅlāhayyā を 'divine' の謂いに解する向きもあるが, Cowley No. 13 = Grelot No. 36 = Porten, p. 14 ff., l. 15: kᵉmar zī...ꞌᵅlāhayyā 'priest of the gods' のように 'of the gods' と解すべきである²¹⁾.

エレパンティネー・パピルス文書には PRTRK/PRTRKꞌ なる語がみえ, F. C. Andreas の提唱²²⁾によって, それぞれ frataraka/fratarakā というよみ方におちついている. 後者は frataraka に限定相の -ā を付した形である. そしてその解釈においては superior, foremost の意味から governor とか prefect などと訳されている. 問題はじつはこの解釈にあるので, 著者はこの究極的訳語の当否をとくに論議しようというのではない. superior とか foremost とかいう基本的な意味から, という——そういう根本的な立場に反対したいのである. いま Cowley No. 20 = Grelot No. 39 = Porten, p. 24 ff.(BC 420, 9月²³⁾), ll. 1-5 をみると

 王ダーラヤワフシュの4年, エルルの月, すなわちパイニ(の月)に——そのとき, 都城イェーブ(エレパンティネー)において, イッディンナブーのデゲル(百人隊)に属し, 都城イェーブのユダヤ人なるメナヘムとアナニヤの計2人²⁴⁾——シャローマムの子メシュラムの(二)子——が同じデゲルの

ユダヤ人なるイェダニヤとマフセヤの計2人[24]——マフセヤの娘ミブタヒヤーによるツェハの子アツホールの(二)子——に言った,「わたしどもはNP'の法廷でフラタラカなるラムナダイナー Ramnadainā[25]〈と〉守備隊長なるウィドランガ Vidranga の前で[26],そなたたちを告訴して言った……とある. NP'の法廷(DYN NP')が上級裁判所かどうかは不明であるが,守備隊長(raḇ ḥaylā)がフラタラカといっしょに民事法廷に関与していたことは至極当然である,というのは raḇ ḥaylā は OP HPTḤPT' のアラム語名と見られうるからで,そのことは Kraeling[27] No. 8＝Grelot No. 49＝Porten, p. 120 f. (BC 416), ll. 1-3 によって明らかである：

王ダーラヤワフシュの8年,ティシュリ(月)の6(日),すなわちパイニ(月)の22(日)に——そのとき,都城イェーブにおいて,スウェーン(シェネ,現アッスワン)のアラム人なるウリヤ——マフセヤの子——が,スウェーンのHPTḤPT'＝守備隊長なるウィドランガの前で,スウェーンのアラム人なるザックル——メシュラムの子——に,スウェーンのHPTḤPT'＝守備隊長なるウィドランガの前で言った,曰く……

ここで「スウェーンのHPTḤPT'＝守備隊長なるウィドランガ」と訳した部分の原文は Vidranga HPTḤPT' raḇ ḥaylā zī S°wēn (ll. 2-3) となっている.このHPTḤPT'はこれまでは *haftaxvapātā「第7(地区)の守護者[28]」(＜「7分の1の守護者」)と訳されてきたがそうではなく,*hapatixupātā「公安の守護者」と解すべきである.語中の *-patixu- は *pati-axu-＞*patyaxu- の収斂形(あるいは欠記法で Y を省いたもの——(422頁のBRT'参照)で「繁栄(している)」を意味し,したがって *ha-patixu- は「公安」ほどの謂いとなり,これに -pātā (pātar-「守護者」の単数主格形)を付したものが著者のいう *hapatixupātā「公安の守護者」である.前肢にみえる -axu- は ah-「存在する」のOP的派生形で,pati- を前接した形からは MP ptyhw¹「繁栄している[29]」(＜*pati-axᵛa-)も派生している.したがって,所掲のアラム語句は「スウェーンの公安長官即守備隊長なるウィドランガ」ということ.

上に引用した両パピルス文書(BC 420と同 416)ではウィドランガはまだ「ス

9 バガダート・フラタラク王朝について

ウェーン(アッスワン)の公安長官即守備隊長」とされているが，Cowley No. 27=Grelot No. 101=Porten, p. 86 ff. では frataraka とよばれている。その ll. 2-4 には

> 王ダーラヤワフシュの 14 年(BC 410)に，われらの主君(mārē-nā)アルシャーマが王のもとに行かれたとき，これが神ハヌーブの坊主どもが，ここのフラタラカだったウィドランガ(Vidranga zī frataraka tannā hʰwā)と結託して[30]，都城イェーブにおいてはたらいた悪事(duškartā[OP])であります：かれら(坊主ども)はかれに金銭と物品を贈ったのです。

とある。10-6 年前には，ウィドランガはまだスウェーンの公安長官即守備隊長だったが，いまや(BC 410)かれはフラタラカとして登場している。フラタラカに昇任したのはユダヤ人の神殿が破壊された BC 411 のことだったらしい[31]。この記載は Cowley No. 30=Grelot No. 102=Porten, p. 90 ff. に記すところと関連があるらしい。Cowley No. 27 はおそらく，エジプトの祭司らがスウェーンのフラタラカたるウィドランガと結託してユダヤ人にはたらいた乱暴悪事を差しとめてほしいと要請してユダの知事バガーワフャBagāvahya(バゴーヒー Bagōhī)に宛ててしたためた書簡の写しであろう。フラタラカにたいして抑止力をもっていたのは知事(pæḥḥā, satrap)だけだったことがわかる。Cowley No. 27 にはその知事をさしていう語たる mārē-nā「われらの主君」がしばしば出てくる。

Cowley No. 30 は BC 407, 11 月 25 日 (Porten, p. 91 による。Grelot, p. 406 は 11 月 26 日)の書簡で，ユダの知事バガーワフャ(バゴーヒー)に宛てて，エジプトの祭司らがスウェーンのフラタラカなるウィドランガとその子で同市の守備隊長なるナーファイナ Nāfaina[32] と結託してはたらいた悪事を報告したものである。この Cowley No. 30 の補訂コピーが Cowley No. 31=Grelot No. 102 =Porten, p. 94 ff. で，これはダーラヤワフシュ 2 世の 14 年，メンピスの知事アルシャーマが大王のもとに行って不在だったときに起こった出来事(Cowley No. 27)にふれたもの。さればこそ，その l. 5 には

> かれら(エジプトの坊主ども)は，ここ(スウェーン)にいたフラタラカなる

ウィドランガ(Vidranga frataraka zī tannā hªwā)に金銭と物品を贈ったのです(上掲 Cowley No. 27, 1. 4 参照).
とみえている. これらの文証によって知事(pæḥḥā, satrap)～フラタラカ～公安長官(hapatixupātā)＝守備隊長(raḇ ḥaylā)のランクは明らかとなり, フラタラカ(frataraka)が 'superior, foremost' などの意味において知事とか長官とかであることは疑わしくなった.

では, フラタラカとは何か. 一般には上述したように superior, foremost の意味から governor とか prefect などと訳されている[33]が, こういう釈義はパールスのコイン銘から得られる結果とも一致せず, まったく新しい発想を導入しなければ行き詰まらざるをえないのである. frataraka- は小辞 fra-「前方の, 前方に」に比較級接尾辞 -tara- を付した fratara-「より前方の」を -ka- で拡張したものである[34]. Chr. Bartholomae: Altiranisches Wörterbuch (AirWb), 979 f. には fratara- の語義に3様のニュアンスをしるしている, すなわち (a) 空間的に「より前方のもの」, (b) 質・量的に「より優位のもの」および (c) 時間的に「先行するもの, 以前のもの」がそれである. frataraka を superior とか foremost とかの謂いにおいて governor, prefect と訳してきたのは, (b) の立場に立つものであるが, 著者はむしろ (a) の立場に立って「より前方のもの」すなわちメンピスの知事(サトラプ)からみての派出機関, 名代とみるべきものと考えたい. こうした考え方はエレパンティネー・パピルス文書に時として segan なる語が frataraka の出る文脈と同じような文脈にあらわれている[35]ことからも肯定される. frataraka は背後にある主君を笠に着ればずいぶん専権がふるえるわけで, そのことはフラタラカ・ウィドランガの専横ぶりからも遺憾なく伺える. もしそれ, 背後の勢力がサトラプ風情でなくて「神がみ」ということになれば, frataraka は地上最高の権力の座にすわりうる. 問題のコイン銘 frataraka zī 'ᵅlāhayyā「神がみの名代」こそがまさしくそれで, これは MP fratarak ī bagān「神がみの名代」のアラム語的表現か, あるいは, むしろこのように MP をもって訓読さるべきものであろう.

著者はこのようにしてコイン銘の fratarak (frataraka はそれのアラム語的限

定相)をエレパンティネー・パピルス文書の frataraka(それの限定相は frata-rakā)と関連させて考えるものであるが,その立場から両者間の年代距離は,すくなくとも語義に変化をみないために,できるだけ接近したものであることが望ましい.年代論は諸家によって異なる[36]が,著者のような解読の上に論を立てたものはいないから,著者の見解のみを述べておこう.残念なことに古典諸家の言及も,年代をあげているものは皆無で,逆説的に言えばコイン銘の解読がこの方面にかんする唯一の手掛かりを与えるものであるとも言いうる.Polybios の History V, 40-54 によるとセレウコス朝のアンティオコス3世(在位 BC 223-187)の治世のはじめにはメディア,ペルシス(パールス),スシアナおよびエリュトラー湾岸地方は,それぞれ別のサトラピーとなっていたとされ,Polyainos の Strategemata VII, 40 によるとペルシスのマケドニア守備隊がオボルゾス "Οβορζος のために大敗した,とのことである.このオボルゾスはかのコイン銘にみえる 2) Wahuburz と同定されており[37],このことは肯定してさしつかえなさそうである.この守備隊討滅がいつ起こったかはなにも伝えられていないが,反セレウコス朝運動の一環として考えてみるなら,だいたい BC 250 ごろのものとみることができる.けだし,この頃には,東方ではバクトリアのディオドトスによる独立運動(BC 255 ごろ)があり,北方ではパルティアのアルシャクが反旗をひるがえしている(BC 247)からで,アルシャクはパルティア(ホラーサーン)のサトラプ・アンドラゴラス Andragoras[38] を破ってその地を占拠し,さらにゴルガーンをも奪取してカスピ海に達している.Bagadāt がこのオボルゾス=ワフブルズの父かどうかは銘からは不明であるが,「神によって創成されたもの」を意味する Bagadāt が fratarakā zī 'ᵆlāhayyā=fratarak ī bagān「神がみのフラタラク,神がみの名代」と号する点からみて,開祖たるにふさわしいことは否定できまい.著者が「バガダート・フラタラク王朝」なる表現を用いるのも,この辺のことを考慮したためであるが,かれの即位は BC 300,あるいはさらに若干さかのぼってもよいのではないかと考える.そうすると,オボルゾス=ワフブルズによる守備隊討滅との間に,かれこれ半世紀を数えることになる.50 年を 2 人の王が消化したことになるが,Lucianus はその *Macrobius* 第15章にカラクサのイシドロスの一書を引用してこう言っている「著者カラクサのイシドロスが言うには，アルタクセルクセスという，ペルシアの一王は両親の在世中に在位し93年生きてのち，きょうだいGočihr の陰謀によって謀殺された」[39]と．これはサーサーン朝以前の歴史であるが，上掲コイン銘には同名の王(Artaxšahr)が2人おり，そのいずれと同定すべきか，それとも別の一 Artaxšahr を考えるべきか，その辺のことはなにもわかっていない．しかし，筆者が重視したいのは，某王が93歳も在世してよく長治の福をうけたということで，これを考えるならば，バガダートの即位とオボルゾス＝ワフブルズによる守備隊討滅との間に半世紀をおくことは，必ずしも不可能事ではなかったであろう．著者のこの推論をさらに裏付けるために，コイン銘のうちで残っている諸問題に移ろう．

PRTRK' ZY 'LHY' が fratarak ī bagān と訓読されていたであろうことはすでに一言したが，この問題は PRBR をあとで取り扱うさいに，もっとはっきりさせる予定である．ハカーマニシュ王朝時代に一種の訓読が行われていたことは H. H. Schaeder[40] がはやく指摘していて，いまもそれを否定する理由はない[41]．そういう観点から，ここでは 'LHY' 'ᵆlāhayyā 'the gods' について取り扱いをすすめていく．この形は MP のアラム語訓読語詞 'RḤY' とくらべると，頭字 'L と 'R とが異なるだけで，他はまったく同じである．' と ' が相互交代しうる点や l と r との同様な点を考えれば，両者は語形としてはまったく同じものである．ところが，'RḤY' は bgy(bay) 'god'(sg.) と訓じられ，複数の場合はこれに n を付して 'RḤY'n とし，これを bayān 'gods' と訓じることになっている．そうすると，コイン銘の 'LHY' 'the gods' は訓じられるべきものでないかに見えるが，じつはそうではない．第1期(1〜4)では，このアラム語はこう訓じるというふうに一定のパターンがまだ熟しておらず，かなり流動的だったと考えることができる．だから，MLK' malkā 'the king' にしても，第2期以降では šāh と訓じたとしても，第1期ではこの語を，たとえば pātixšāy (パターン化した段階では ŠLYT' šallīṭā 'the mighty one' をもっぱらこう訓じることになるが) と訓じてもよかったのである．そうでなければアショーカ王碑

文に ʾBWHY や ʾMWHY (412頁参照) がそれぞれ「父」「母」として登場せず,
*ʾBY 'áḇ-ī 'my father', *ʾMY 'imm-ī 'my mother' が代わって登場していたであ
ろう.けだし後二者がパターン化した訓読語詞として MP に用いられているか
らである.それゆえに,ʾLHYʾ 'ᵆlāhayyā 'the gods' は bagān 'gods' と訓じられ
ていたとみることができる (bag 'god' > bay [bgy]).同じくパターン化しない
前の段階を示すものが第1期コインに BR として出ていることを著者は創唱
したい.BRH が bᵉr-eh 'son of his' であるにかかわらず pus 'son' と MP で訓
じられることについては,すでにふれた.これと対比してみると,第1期コイ
ン銘にみえる BR はパターン化せぬ前の段階を示すもの——といっても,親子
関係を示す場合に bᵉr-eh を用いる行き方では -eh 'of his' は無意味なものであ
るから,第1期コインにもし BRH があらわれたとしても,これも pus と訓じ
られたであろう——と見られうる.BR のみえる銘は,2) PRBR と 4) PRSBR
(かすかな痕跡であるが) とであるが,PRBR は PRSBR の略記とみてさしつ
かえないから,PRSBR のみを取り扱えば事足りる.しかし,それにはいる前
に,略記法のことについて,二,三,ふれておく必要がある.

　略記法のことは,コイン銘 2), 3) にある ʾLH にも認められる.ここの ʾLH
は ʾLHYʾ の略である.スペース不足のために略記法が生じたとのみは言いき
れないふしがある.Frahang i Pahlawīg 第4章[42]) には一連のアラム語詞が省略
形でリストされており,そのような略記法の起源を G. Messina[43]) はハカーマニ
シュ王朝時代に求め,貢納の受領書にこんな形で書きとめられたに相違ないと
し,それをうけついだものが Frahang にみえる略記法だと考えた.そういえば,
略記されている語詞には,貢納の対象となった物産と関連のあるものがある.
一例をあげてみると,may「酒」の訓読語詞 H..('ṣ) である (80頁註200).これ
までは,この H.. の真の性格がわかっていなかったために,アラム語詞 ḥamrā
と Frahang に出る形との関係が疑問視されていた[44]) が,この疑問はいまや著者
によって氷解された.問題のコイン銘にみえる略記法については,Herzfeld[45])
が他の事例を引用して説明しているところも参照されたい.このようにして
PRBR を PRSBR の略とみることには,一応問題がなくなった.

ところで，その PRSBR であるが，これはこれまで PRS BYRTʾ Pārs(a) Bīreṭā「都城パールス，Pārs(a) the Fortress」すなわちペルセポリスの略とみられてきた[46]．Bīreṭā には BRTʾ という形もあるから BR をこの BRTʾ の略とみ，ことさらに Bireṭā(Bīreṭā とよまずに)とよんでいる．しかしエレパンティネー・パピルス文書(Cowley, Kraeling)では BYRTʾ の方がはるかに多く，Bowman のテキスト[47]も Driver 編の書簡[48]でも BYRTʾ(BYRʾ)のみである．してみれば Y をもたぬ形は欠記法とみるべく，したがって，もし BR が Bīreṭā の略なら BY とあるはずである．それゆえに，PRSBR の BR は bar「子」でしかありえないし，またその bar も puš と訓じるべきものと考える．この点の論証に入る前に，PRS を取り扱っておくが，この語は Pārs(a) とよんで「ペルシア人」を意味するもので，これが単独に立つ銘 2), 3)はまさしくそれである．これにたいし，PRSBR として出てくる場合(2), 4))には PRS は「ペルシア人の」という属格を示し，したがって PRS BR は Pārs(a) puš と訓じて「ペルシア人の子」を意味するものである．Pārs(a) は MP としては地域名「パールス」をさすのがふつうであるが，「ペルシア人」をも意味していたことは，サーサーン朝初期の碑文によって明らかである．すなわちナレサフ Naresaf 1世の Pāikūlī 碑文をみると，そのパルティア語版には p'rs'n(l. 3), p'rsn(ll. 3, 5, 40)が，また MP 版には p'ls'n(ll. 4, 6)が，いずれも「ペルシア人たち」(Pārsān, pl.)の謂いで在証されるのである．著者による PRS の解釈はいまや動かしがたいものとなった．また，そのような意味での PRS に BR をつづけた BRS BR が MP Pārs(a) puš と訓じて「ペルシア人の子」と解さるべきことについて，さらに追究をすすめてみると，この PRS BR はアラム語のマスクをかぶっているが MP であって，アラム語でもなければ古代ペルシア語(OP)でもありえないことが明らかとなる．もし PRS BR がアラム語なら *PRSY BR Pārsāy bar か *BR (ZY) PRSY bar (zī) Pārsāy となければならぬし，もし OP であるなら(BR は pussa と訓じられたと考えて)*PRSHY BR Pārsahya ǀpussa となければならぬ．Pārsahya が *PRSHY と書かれたであろうことは，さきにあげた Cowley No. 30 を引用したさいに言及したユダの知事バガーワフヤ(バゴー

ヒー)が BGWHY と綴られていることに照らしても明らかである．そのうえ，PRS ひとつで「ペルシア人」と「ペルシア人の」とをあらわすことは MP においてのみ可能なのだ．PRS BR は Pārs(a) pus として MP 的に訓じらるべきものである．この語順では制辞「ペルシア人の」が先行しているが，このような例もここだけのものではなく，サーサーン朝初期の碑文に類例の見い出せるものである．すなわち，シャーブフル1世のカアバイェ・ザルドシュト碑文 l. 26 の Ohrmazdak ｜ī Armanān ｜šāh ｜pus「アルメニア王オフルマズダクの子」，Pērōz ｜ī Maišān ｜šāh ｜pusar「マイシャーン（メセネ）王ペーローズの子」や，カルデールのカアバイェ・ザルドシュト碑文 l. 6 ＝同サル・マシュハド碑文 l. 8 の Šābuhr ｜šāhān ｜šāh ｜pus「諸王の王シャーブフルの子」，などがそれである．そして，このように詰めていくと，fratarakā zī 'ᵆlāhayyā とアラム語のマスクをかぶってはいるが中世ペルシア語 fratarak ī bagān と訓じられるべきもの，これを裏返しにしていえば fratarak ī bagān「神がみの名代」と MP で号していたものをアラム語風に表現したものがコイン銘だということができよう．中世ペルシア語の初層がすでにハカーマニシュ朝の後期にはじまっていることは，著者がすでに他所で論じた[49]．BC 300 にすでに MP 的表現がコインにみえるとしても，なんら異とするに足らぬ．

第1期の諸王がみずから「ペルシア人」「ペルシア人の子」と名乗っていたことが著者の解読によって明らかとなったが，これはハカーマニシュ朝の大王の碑文に「余はペルシア人，ペルシア人の子 (adam…Pārsa Pārsahya puṣsa)」とある[50]のを想起させる．じじつ，コイン銘はこの前王朝の部族的矜恃(きょうじ)を受けつぐものである．この点からもバガダート・フラタラク王朝の紀元を BC 300 にまでさかのぼらせようとする著者の見解は首肯されるであろう．

著者はこの見解を裏付けるために，さらに両王朝の間にパラレルな要素をさぐり，これを「神と帝王との関係」に求めて論を展開してみよう．前述したように，「神によって創成されたもの」の謂いをもつ開祖 Bagadāt が fratarakā zī 'ᵆlāhayyā＝｜fratarak ｜ī ｜bagān「神がみの名代」と号するのもうなずけるが，この点においてもこの王朝はハカーマニシュ王朝と同じ帝王観に立つものとい

いうる．ハカーマニシュ朝の大王はその碑文において，くりかえしくりかえし，神がみ (baga-[51]: nom. pl. bagāha, instr. pl. bagaibiš) が助けをもたらしたことを述べ，あるいは神がみに庇護を訴願している[52]．中でも，諸神中最大の大神アフラマズダーは諸王の王の創成者，王国の授与者，不祥よりの庇護者として，くりかえし称讃され，この神の御意によって大王は功業を完遂できたことを謳っている．碑文のうちから，初期のものと晩期のものを二，三引用してみると，つぎのようなものがみえる：

ダーラヤワフ 1 世のビーソトゥーン碑文 I, 11-12：王ダーラヤワフは告げる，アフラマズダーの御意によって余は王である．アフラマズダーは王国を余に授け給うた．／26：アフラマズダーの御意によって，余はこの王国を掌握しているのである．

ダーラヤワフ 1 世のスーシャー碑文 f 1…5-8：偉大なる神はアフラマズダー……そはダーラヤワフを王，多くのものどもの（ただ）1 人の王，多くのものどもの（ただ）1 人の命令者となし給うた．／8-11：王ダーラヤワフは告げる，諸神中の最大者たるアフラマズダー――そは余を創成し給い，そは余を王となし給い，そは余にこの王国を授け給うた．／15-18：アフラマズダーはかく欲し給うた．かれは全地に（王たる）人として余を選び給い，余を全地の王となし給うた．／18-22：余はアフラマズダーを崇めた．アフラマズダーは余に佑助を賜わった．余によりて造営することを命じられたこと――それをかれは余のために成就し給うた．余が造営したものはことごとく，アフラマズダーの御意によって余は造営したのである．

アルタクシャサ 2 世のハマダーン碑文 c 1-2…5-7：偉大なる神はアフラマズダー――そは諸神中の最大者……そはアルタクシャサを王，多くのものどもの（ただ）1 人の王，多くのものどもの（ただ）1 人の命令者となし給うた．／15-19：王アルタクシャサは告げる，アフラマズダーの御意によって，余は広大にして涯遙（はて）かなるこの地界の王である．アフラマズダーは王国を余に授け給うた．

アルタクシャサ 3 世のペルセポリス碑文 a 1…5-8：偉大なる神はアフラマ

ズダー……そは余アルタクシャサを王,多くのものどもの(ただ)1人の王,多くのものどもの(ただ)1人の命令者となし給うた.

これらの句から,ハカーマニシュ朝の大王が,みずから神がみの後裔・末裔であると称したことはなかったとしても,そのように見なされていたのではないかとの推測は十分に成り立つ.著者はこのような推測を裏付けるために,ペルセポリスの宝庫から発見された器物の銘文を検討してみることにしよう.これは Erich F. Schmidt を隊長とするシカゴ大学東洋研究所のペルセポリス調査団が 1936-1938 にかけておこなった発掘調査の成果で,臼・杵・碗など総数約 269 点が発見され,うち約 203 点には解読可能なアラム文字によるアラム語銘がついており,器物は Schmidt によって ritual object と断定された.これをまとめて公刊したものが Raymond A. Bowman の *Aramaic Ritual Texts from Persepolis,* Chicago 1970(註 35 参照)である.ところが,セム語学者でありながら著者ボウマンはもっとも重要な部分において,全巻を通して誤りを犯しているのは残念である.著者は本書に接するとすぐその誤りをただして一文を草した[53]が発表する機会もないまま,同書にたいする諸家の批判を見守って今日に及んだ.しかし,それらの批判にもかかわらず,これらの器物銘文にかんする見解が出尽くしたとはいえない現状であるにかんがみ,その旧稿を取り出し最新の資料をも援用して,ここに卑見をしるす次第である.

著者は取り扱いの便宜上,Bowman No. 13 を例として引用する.原文は

BPRKN BYRT꜄ LYD MTRPT SGN꜄ ꜄TWN ꜄BDW HWN ZY GLL ꜄BŠWN꜄ PYRK ZNH LYD DTMTR GNZBR꜄ ZY BHRḤWTY QDM MHDT ꜄PGNZBR꜄ ꜄ŠKR ŠNT 18

とあり,これを氏はつぎのように訳している:

In the (haoma-)crushing ceremony of the fortress, beside Mithra-pāta the *segan*, Arta(?)-wān has used this mortar of stone (with) the crushing pestle beside Dāta-Mithra the treasurer who is in Arachosia (and) before Māh(a)-dāta the sub-treasurer. '*škr* of year 18.

'*škr* を Bowman は intoxicant,つまり「酒」(ハオマ酒)と解している.「都城(ペ

ルセポリス)の(ハオマ)搗きの儀式で，セガンの Mithra-pāta のそばで，Arachosia にいる財務官 Dāta-Mithra のそばで，(かつまた)副財務官 Māh(a)-dāta の前で，Arta(?)-wān がこの石の臼を，搗く杵(といっしょに)，使用した．18 年の 'škr(「酒」)」——というのが Bowman の解釈で，氏によれば，アラコシア (Haraxvatī)(アフガニスタンのカンダハール地方)に勤務している財務官がペルセポリスに来て問題の儀式に参列していることになる．しかしこれはたいへんな誤訳で，ただしくは，つぎのとおりに解すべきである：

　セガン Miθrapāta の管轄下にある都城 Frakāna において，Āθavāna によって，(この)石の臼〈と〉この象牙の杵——(いずれも)一切を宰領する財務官 Dātamiθra の管轄下にある——が副財務官 Māhīdāta(のため)に作成された．現神の 18 年．

これは原文をつぎのように読んだものである：

　bi-Frakāna Bīr^{e}tā l^e-yad Miθrapāta siḡnā Āθavāna ^{ta}bīdū havana zī g^{e}lāl abišavanā pīruka z^{e}nā l^e-yad Dātamiθra ganzabarā zī b^e-harxvatāya q^{a}dām Māhīdāta upaganzabarā. āškāra š^{e}naṭ 18.

Frakāna については 435 頁参照.

Āθavāna, Māhīdāta については Hinz: *Sprachgut* のそれぞれの項参照.

l^e-yad(LYD)は「……の軛掌下にある，……の管轄下にある」の謂いで，'beside' ではない.

^{ta}bīdū(ḁBDW)は ḁBD「つくる」の p^e'īl perfect 3 人称 pl. 'they were made'. Bowman は末字 W をカッコに入れて p$^{e'}$al の perfect 3 人称 sg. 'he used' とするが，語義も不可なら語形の取り扱いも不可. 器物が複数のとき末字 W があらわれているので，著者の解釈以外には考えうる余地もなく，したがって主語が単数の場合に用いられる ḁBD も ^{ta}bīd であって ^{ta}bad ではない. そして ^{ta}bīd にしても ^{ta}bīdū にしても /ī/ をあらわす Y は書かれていないから記法は欠記法であるし，また，このような受動的表現は古代ペルシア語において過去受動分詞を用いて表現される受動表現，例えば ima tya mana k(a)rtam「これはわが所成である (Dies [ist] was mein Getanes [ist])」のごときものとも関連がある.

⸲BŠWN⸴ PYRK の PYRK を Bowman(p. 81, No. 9)はアラム語動詞 PRK 「砕く，搾る」と結びつけ，⸲BŠWN⸴ PYRK を 'the crushing pestle' と訳しているが，PRK から crushing なる意味の派生形を求めるなら，p^{e}'al 分詞 active PRK=pārek̠ を引きあてるべきで，PYRK にそれを期待することはできない。PRK=pārek̠ 'crushing' は Bowman No. 5 において

セガン Miθrapāta の管轄下にある都城 Frakāna において，[ ]twhy によって，この石の臼が一大搾出式にさいして (BPRK RB 1=b^{e}-pārek̠ rab̠ 1)，副財務官 Māhīdāta (のため) に作成された (⸲BD=^{ra}b̠īd)。現神の10(+?)年。

とあるものに見い出されるがごとくである。PYRK はアラム語ではなくて OP pīru-「象牙」に -ka- を後接した派生詞 pīruka-「象牙の」で pīru-: *pīruka- は Av apərənāyu-「未成年の」: apərənāyuka- に準じる。したがって，⸲BŠWN⸴ PYRK は abišavanā (abišavana-「杵」の限定相) pīruka「象牙(製)の杵」である。この形容詞は Hinz: Sprachgut にも収録されていない。

GNZBR⸴ ZY BHRḤWTY を Bowman は 'the treasurer who is in Arachosia' と訳しているが，仮にゆずってこの中に地名アラコシア (OP Haraxvatī) があるとすれば HRḤWTY はむしろ Haraxvatiya「アラコシア人」あたりとなるのではないか。しかしそうすると前置詞 b^{e}- 'in' とのかかり合いがむずかしくなる。アフガニスタンのカンダハールあたりに勤務している財務官がどうしてハオマ搾りの手伝い(?)にペルセポリスくんだりまで出向かなければならないのか。すべてのイラニストがここに地名をみとめているが，これは不合理だ。BHRḤWTY は *b^{e}-harxvatāya<*b^{e}-harva-xvatāya で，この移行には一種の同音省略がみとめられる。この合成詞の末肢 *xvatāya は MP xwatāy/xwadāy, NP xwadā(y) 'ruler, lord' の OP 形 (SW 形) として OM 形 (NW 形) *hvatāvana (>Parth xwatāw/xwadāw) と方言的に対立するもので，これも hva-「自身」と tav-「能がある」からの派生形との合成である。*b^{e}-harva-xvatāya (>*b^{e}-harxvatāya) においてはこの xvatāya が b^{e}-harva「すべてにおいて」を支配し，また b^{e}-harva においてはアラム語前置詞 b^{e}-「において」が OP harva-「すべ

て」を支配する．このようにみてくると，*b^e-harva-xvatāya は「すべてに君臨するもの」「すべてを宰領するもの」の謂いとなって財務官(ganzabara)の権限をあらわすにふさわしい語となる．よって ganzabarā zī b^e-harxvatāya とは「一切を宰領するところの財務官」を意味し，アフガニスタンの地名などとはなんの関係もない．著者のこういう解釈は Bowman No. 14 によって，さらに裏付けられる．そこには DTMTR GNZBRː ZY BWHŠTK の句がみえる．最後の語を Bowman は BGHŠTK とするが，これでは意味をなさない．BWHŠTK の中に Hinz: *Sprachgut,* p. 249 は Vahištaka(?)なる地名をみとめ，M. N. Bogoljubov がむしろこれを HRḤWTY=Haraxvatī 'Arachosia' と訂正すべきだとしていることをも紹介している．Hinz によれば，この句は「ワヒシュタカに(在勤して)いる財務官 Dātamiθra」，Bogoljubov によれば「アラコシアに(在勤して)いる財務官 Dātamiθra」となろう．しかし，いずれもまったくの誤解で，BWHŠTK は b^e-vahu-štāka「宝物(vahu-「よきもの」)の中に(b^e-)いるもの(-štāka)」「宝物を管理するもの」で，前述の b^e-harxvatāya と類義の語であるうえに，アラム語前置詞 b^e- とイラン語とで混成されている点も共通している．-štāka<stāka が stā-「立っている」の派生詞であることはいうまでもない[54]．

QDM MHDT ːPGNZBRː を Bowman は 'before Māh(a)-dāta, the sub-treasurer' と訳しており，この訳には批判者がだれも異議をとなえていないが，この QDM(q^adām)を 'before' と訳すのは誤りである．本来の意味が 'before' であることはいうまでもないが，Bowman text の q^adām はそのような意味で用いられているのではない．王朝アラム語(ハカーマニシュ朝下に流通していたアラム語．Reichsaramäisch)ではこの前置詞は「……宛に，……(のため)に」の意味でも使用されていた．その好例は，バビロニア語契約書につけられた，アラム語アラム文字による要約的註である．一例として Louis Delaporte: *Épigraphes Araméens. Étude des textes araméens gravés ou écrits sur des tablettes cunéiformes,* Paris 1912, p. 82, **104** を引用してみよう：

ŚːRN KRN 45 QDM ŠKWḤ ŠNT 2 BDRYHWŠ MLKː

9 バガダート・フラタラク王朝について

šeʿārīn kōrīn 45 qᵃdām Šakūḫu. šenaṭ 2 be-Dāraya⟨va⟩huš malkā.

大麦 45 クル，シャクーフに．王ダーラヤワフシュ(2 世)の2年(BC 422)．ここでは Šakūḫu が債務者で，かれに(qᵃdām)大麦が貸し付けられたのである．Delaporte は上掲書 p. 13 で，qᵃdām がハカーマニシュ朝下のアラム語において 'al 'to' の謂いで用いられていることを指摘している．この 'al も，もとは 'against' の謂いだが，王朝アラム語では 'to' の謂いで多用されており，'al が MP ō 'to' の訓読語詞となっているのはこれに由来する．これらの問題については Messina の上掲書 pp. 28-30 をも参照されたい．

著者は Bowman No. 13 を引用して搾器銘文のもつ未解決の問題を逐次解明し，ほぼその全容を明らかにすることができていま銘末の識語を残すのみとなったが，この識語にみえる ꞌŠKR の解明によってこそ，われわれはハカーマニシュ朝の大王が神がみの名代ともみられていたことを明らかにすることができる．この語は，上述したように，Bowman によって 'intoxicant' と解釈されている．すなわち教授は ŠKR「酔わす」からの派生詞で，頭字 ꞌ は語頭添加の a-(a- prosthesis) とみて 'aškar 'intoxicant' とする．しかし，じっさいには器物に付した銘で，某々年につくったハオマ酒を問題にするはずのものではないから，この解釈は誤りである．このほかには Cameron がこれを Hebr. 'æškār「つくりもの，製作品」と同定しているくらいのもので，他に変わった解釈はまだ提唱されていない．この Cameron 説は一見妥当のようにみえるが，これ以外に考え方がなければともかく，別の考え方が可能ならそれをも加えて，両者間に解釈の当否をめぐって論議するのも有意義であろう．著者によれば，ꞌŠKR は OP *āškāra とよんで「明らかな，あらわな」の謂いから「この世に姿をあらわす神，神の現身，現神」の謂いとなり，器物の作成された年に在位している大王を間接的にさしたもの，「今上(陛下)」ほどの謂いとなる．このことを論証するためには，まず，*āškāra- なる語が OP として存在しうるか，そのことを明らかにしなければならない．語源としては *āviš-kāra- 以外には考えうるものがない．このうち，前肢は Av āviš や OI āvíḥ「明らかに」として在証されるもの．音転は *āviš-kāra->*āyiš-kāra-(v>y は i の同化作用)>*āiškāra-(yi>i

はiの中にyが吸収されたため)>*āškāra- である. さらにくだれば OP *āš-kāra->MP āškārǎg(派生形)'manifest, evident'>NP āškārā(<MP āškārāg) となる. 音転中, 問題になるのは *āiškāra->*āškāra- にみえる āi>ā であろう が, これは例証することが可能である. W. Eilers[55] はバビロニアの楔形文書 に ú-ma-su-(var. as-)pi-it-ru-ú(ダーラヤワフ2世の元年, BC 423)とあるのを 引用して, これが *vāspiθri-[56] の写音であることを指摘した. この *vāspiθri- は *vis-puθra-「氏族または王家の子」(この意味からさらに転義して使用されるが, ここでは略す)のヴリッディ(延長楷梯)派生詞 *vāispuθri-「vispuθra- に含まれ るもの」(これも転義して使用される)が音転して *vāspuθri->*vāspiθri- となった もの. この OP *vāspuθri- は MP wāspuhr として存続している. このようにし て *vispuθra-: *vāispuθri->*vāspuθri-(>*vāspiθri-)において āi>ā の音転[57] がハカーマニシュ朝代に立証されるから, *āiškāra->OP *āškāra- は成立する. さて, つぎは, この語が現神の謂いに用いられたとすることについてであるが, これについては Dēnkard VII・7・28[58]に注目すべき文証がある. この一節は, い わゆるイランの共産主義者ともいわれているマズダク Mazdak とその一党をサ ーサーン王朝のフスラウ1世アノーシャグ・ルワーン Anōšag-ruwān (在位 531 -579)が討滅したことを取り扱ったものであるが, その中で同王をさして āškā- rag Mihr「現身ミフル, 現身ミスラ」と称している. その文をつぎにあげてみる が, そこでは, この出来事をオフルマズド Ohrmazd(<Ahuramazdā)がザルド ゥシュト Zarduxšt(ゾロアスター)に啓示する形で告げているので, 黙示録の類 として Zand ī Wahman Yasn や Ayādgār ī Jāmāspīg のごとき書と似ている:

Anōšag-ruwān rāy ǀpad wānīdan ī axu ī ahlomōgīh ǀēn-iz ǀgōwēd ǀkū har-wispīn rāy ǀō ǀtō ǀgōwam Spitāmān Zarduxšt ǀkū-šān hangām ǀpad ǀōy ǀkē āškārag Mihr xwābar ⟨ud⟩ druxtārdom druwandān-iz ahlawān-iz Anō-šag-ruwān āyōxtār dāmān afrāz ǀkē dāmān ǀhēnd ī ahlawān《ǀkū ǀabāz ǀō kār ǀēstēd ǀpad kardan ī Anōšag-ruwān》ǀkē paywastār kārān rāst passox-guftār ǀān Anōšag-ruwān

破義の頭目(マズダク)を征服するにさいしての永霊王(Anōšag-ruwān)に

9 バガダート・フラタラク王朝について

ついて，こうも言っている，曰く「(かれら)すべて(のこと)について，余(オフルマズド)は汝に言おう，スピターマーン・ザルドゥシュトよ，曰く『もろもろの不義者にももろもろの義者にもめぐみぶかくありまた第一の欺き手でもある現身ミフルたる永霊王なるかれ(フスラウ1世)によって，もろもろの庶類——そは(いまや)義者となっている——がもはや(マズダク一味として)結党することがなくなった《すなわち，永霊王の措置によってかれ(ら義者)がふたたび行動につく(ということ)》，そういう時がかれら(不義者)にはあるぞ．党を結ぶ活動家ども(マズダク一味)の正しい懲罰者——それは永霊王(である)』と」

《 》でかこんだ部分は原文において註とみなさるべき部分である．

この文意を理解するためには，ミスラ神の性格を知っておく必要がある．この神は善悪双方に不偏で厳正な衡平者(mediator[59])であり，不義者にたいしても義者にたいしても恵みぶかくかつ欺き手である，すなわち公正であるとされる[60]のみか，世界最後の建て直し(frašagird)にもこの神は参加して重要な役割を演じる[61]ことになっている．ここに引用した Dēnkard 句は，このようなミスラ神の性格や役割がすべてフスラウ1世に帰属されているから，同王を āškā-rag Mihr「現身ミフル」とよぶのである．「眼にあらわなるミスラ神」ということだ．このような āškārag Mihr(mihr には「友」「契約」の謂いもある)を an open friend (West) や a prominent friend (Sanjana) といったり，あるいは「約束，契約をよく果たすものたち(ceux qui accomplissent bien les contrats)」(ʼōy ʼkē āškārak miθr huāpar)(Molé)[62]と訳したのでは意味をなさない．→ 103頁註66．著者はこの Dēnkard 句を援用して，かの銘文の識語を「現神の(治世第)18年」と解釈したい．「現神」とはここではクシャヤルシャン(クセルクセス)であるから，その18年は BC 468/67 にあたる．もっとも，純正なアラム語的表現ならば，この部分は šᵉnaṭ 18 bᵉ-āškārā 'Year 18 of the Incarnate' あたりとなろうが，āškāra が文首にあるのは，古代ペルシア語ならば文首に *āškārahya(単数属格)あたりが来るだろうからである．要するに，古代ペルシア語の影響によって銘文のような語順となったのであろう．āškāra「現神」の

語は多くの器物銘文(Bowman の)の識語にくりかえして出てくる。ハカーマニシュ王朝時代に在位した大王が同時代にこのような呼称をもって呼ばれていたとすれば、かれらが神の名代と呼べば呼ばれえたであろうことを示唆するもので、古代ペルシア語碑文にみえる神と大王との密接な関係に加えて、さらにこの āškāra をもってすれば、バガダート・フラタラク王朝における神と帝王との関係が前王朝における神と帝王との関係をうけつぐものだといっても、大過ないであろう。ここにおいて著者は、このバガダート王朝の紀元を BC 300, あるいはさらに若干さかのぼるところにおくことの、必ずしも誤っていないことを確信するものである。

　OP *āškāra- は Hinz: *Sprachgut* にも収録されていないから、著者のような解読はまだなされていないらしい。この語が「今上」の謂いで用いられているといっても、それはこの語が最初から具えていた意味ではなくて、やはり上来取り扱ってきたような「明らかな＞現身の＞現神」のごとき推移の結果である。中世ペルシア語では「今上」を ｉim bay(＜OP *imam *bagam または *imahya *bagahya)という。例えばフスラウ１世をさして ｉim bay Husraw ｉšāhān ｉšāh Kawādān「この神(今上)フスラウ・諸王の王、カワード(１世)の子[63]」のごとくである。この表現からみても *āškāra が「今上」の意味で用いられるのは意味上の発展を経たものであることがわかる。それとともに、サーサーン朝の大王の碑文に常用句として用いられる辞式 bgy……[64]MLK'n MLK' 'yl'n (W 'nyl'n) MNW čtry MN yzd'n(または yzt'n)＝bay……[64] ｉšāhān ｉšāh Ērān (ud Anērān) ｉkē čihr ｉaz yazdān「神がみの出なる、神……[64]・エーラーン(および非エーラーン)の諸王の王」も注目したい。大王はここでも bay(＜bag＜baga-)「神」である。帝王を「神」とみる思想が連綿として受けつがれてここにも及んでいるのではないか。 ｉfratarak ｉī ｉbagān を「神がみの名代」とする著者の説、それと「神によって創成されたもの」の謂いをもつ Bagadāt なる王名は相俟って、ハカーマニシュ王朝における大王と神との一体観にも近いほどの関係とサーサーン王朝における同様な関係との中間に介在して両者をつなぐものとして、イランの帝王観に脈絡の一貫性を主張するうえに貴重な要素となるであ

ろう.

　しかし，だからといって fratarak は宗教的な意味を内包する用語の類ではない．この銘のあるコイン裏面に拝火殿や拝火壇のような施設が描かれて[65]いても，「神がみのフラタラク」は預言者のたぐいを意味するものではない．預言者等々のような宗教的な意味をもつ類義語としては MP whšwl(waxšwar), pgt'mbl(paygāmbar[66]), plystky(碑文)/plystk¹(ゾロアスター教系)/fryštg(マニ教系)(frēstag, frēštag[67]), 'štk¹(aštag[68]), q'rwč[69](マニ教系)があるが, waxšwar(<*vaxša-bara-)「ロゴスをもつもの」以外は非宗教的な意味でも用いられる．この世俗的な意味のものには OP *azdākara-[70]や Parth bayaspān[71]もあって多種多様であるが，frataraka-/fratarak はこれらのいずれとも語構造を異にしていて，政治権力の掌握者を示すにふさわしいとも言いうる. fratarak は問題のコイン以外には現存する中世イラン語資料のいずれにも見い出せないが，かつてはひろく使用されていたらしい，というのは Arm hratarak 'announcer; publisher' が見い出される[72]からで，これは Parth *fratarak の借用に相違ない．もししいて fratarak に対応する中世ペルシア語を求めるとすれば，hāwand がもっとも近いとおもわれる．興味ある一例として *Dēnkard* VII・4・77 の一部[73]を引用しよう：

　　ˡu-š guft ˡpad ˡān ī wīrān gōwišnīh ātaxš ī Ohrmazd ˡkū ˡma tars ˡčē-t ˡnē ˡabar tarsišn burzāwand Kay-Wištāsp ˡnē-t ˡō mān tarist mad ˡhēnd aštag ī abargār paygāmbar ⟨ī⟩ Arǰāsp ˡu-t ˡnē ˡō mān tarist mad ˡhēnd 2 ⁺hāwand[74] Arǰāsp ˡkē sāk ⟨ud⟩ bāǰ ˡxwāhēnd

　そして，かれ，オフルマズドの火は人語で言った，曰く「おそれることはない，というのは，そなたにとっておそれるべきものはないからだ，栄光者カイ・ウィシュタースプよ．そなたの邸に越して来たは覇王の使い(aštag)・アルジャースプの使者(paygāmbar)ではない．また，そなたの邸に越して来たは，税と貢を取り立てるアルジャースプの2代官(2 ⁺hāwand Arǰāsp)ではない．」

　ここで hāwand Arǰāsp とは「アルジャースプと同等のもの，アルジャースプ生

き写しのもの，いわば Arjāsp の fratarak というほどの謂いである．

かのコインの第2期以降のものは，すでに述べたような事情で fratarakā zī 'ᵆlāhayyā=｜fratarak｜ī｜bagān に代えて単に MLK' malkā=｜šāh「王」とのみ号している．しかし，これはアルシャク・パルティアの大王に名実ともに服属したことを意味するものではない．Ammianus Marcellinus の *Res gestae* XXV 7 によると，バクトリアのデメトリウス Demetrius 2世がパルティア王ミフルダート1世にたいして兵を起こしメソポタミアを奪取しようとしたとき，その軍にグレコ・バクトリア人やエリュマイス人が入ったのは当然だが，ペルシス（パールス）出身者もこれに参加したことが知られる．デメトリウス2世のこの企ては失敗した(BC 139)が，かれの反パルティア軍にパールス出身者も加わったという事実は，コインの第2期以降においてもパールスが依然として独立の王国だったことを示唆するものである．

ここでもう一度，シエネ（スウェーン，アッスワン）の frataraka- に話しをもどそう．エジプトは BC 405 に反乱し，それ以後，事実上は独立国同然となったので，ハカーマニシュ・ペルシア帝国によって frataraka- の役職が引きつづき維持されたかは疑わしい．BC 407 (Cowley Nos. 30, 31) と BC 405 の間にはパピルス文書からは frataraka を見いだすことができない．Kraeling Nos. 10, 12（いずれも BC 402——註35参照）には segan がみえるが，これは無視してCowley No. 30 (BC 407) を frataraka- の検出できる最後最新の史料としてみても，BC 407 と，バガダート・フラタラク王朝の紀元として著者の措定する BC 300 との間には 107 年の隔たりがある．しかしこの程度の年所ではメンピスの知事の派出機関・名代としての frataraka- がその語意を失ってしまうほどの年代距離とは言えまい．コイン銘の fratarak はスウェーンの frataraka- の語義をそのまま伝えていると言いうるばかりでなく，上掲 Arm hratarak でさえ，この語義からその意味を説明しうるのである．そればかりでなく，われわれは，コイン銘の fratarak や Arm hratarak から，パールス本土においても frataraka- なる役職名が存したであろうことを有力な論拠に立って推測することができる．上に引用した Bowman No. 13 では「セガン Miθrapāta の管轄下にある都城

Frakāna において」という句で銘文がはじまっているが，銘文によってはセガン職の人名も異なるし，都城名も異なる．人名の方はこの小論ではあまり重要ではないので，都城名のほうを取り扱ってみよう．著者が Frakāna と読んだものは原文では PRKN とあり，このほかには SRK, SRWK, HST が出てくる．Bowman No. 39 にみえる SRK を Altheim が PRS と誤読した点[75]を Bowman が指摘している[76]のはよいとしても，Bowman pp. 22-24 が SRK を (haoma-) crushing とするのはまったくの見当違いで，他の諸形と同様，都城 (Bīr^{e}ṭā) と同格 (apposition) におかれた地名以外のものではない．しかし地名であるといっても固定した呼び名でなく，Bīr^{e}ṭā と合してペルセポリスを種々の面から呼んだもので，たとえはあまりよくないが東京を帝都，首都，東都などと呼ぶのたぐいである．そういう著者の考え方から，これらの「呼称」を解明してみると，つぎのようになる．SRK は *Sāraka と読んで「筆頭，頭目」を意味し，SRWK＝*Sāruka (Bowman No. 54 に1例のみ) はその異形．関連語詞としては Av sāra- m.「頭」がある．SRWK＝*Sāruka に関連して想起されるのはナクシェ・ロスタムのダーラヤワフ大王王墓入口右 (向かって) 下のパネルにある，アラム文字碑文のなかに W. B. Henning が確認した *SLWK*[77] なる語のことである．Henning はこれを Seleukos と結びつけたが，L と R との交代をしばしばみせるイラン語表記にかんがみれば，SLWK は SRWK でもありうるはずで，もしそうだとすれば Seleukos でなく Sāruka (Bīr^{e}ṭā＝$^|$Staxra) 即ペルセポリスをさしているのかもしれない．一口にペルセポリスと言いなしているが，厳密に言えばポリス・パールサ (Pārsa the Fortress) ということ．したがって Sāraka その他の呼称はこのパールサを，それぞれ，別のことばで言いあらわしたものである．パールサが *sāraka-「筆頭」とよばれるのは，ハカーマニシュ朝の碑文をみてもわかるように，パールサはつねに諸州 (ダフユ) の筆頭にランクされているし，この地位はパールサが免税されていたことによっても明らかである．このパールサは史実が示すように，ハカーマニシュ・ペルシア帝国の本拠地である．これを示すものが PRKN＝*Frakāna である．この語は MP frakān/fragān 'base, foundation' の OP 形とみるべきで，PRKN を Parikāna

とよんでアフガニスタンの地名とみる[78]，などは根拠のない考え方である．銘文に多出するのは Sāraka(Sāruka は1例) Bīr^{e}ṭā とこの Frakāna Bīr^{e}ṭā で，これにくらべると HST ははるかにすくない．さて，その HST であるが，著者は Hasti と読んで「住居」と解したい．語根は had-「すわる」で *had-ti->*hasti- と展開し，OI satti- f.「すわること」，niṣatti- f.「すわること，休憩」などと比較されうる[79]．この語はパールサがペルシア人（ハカーマニシュ王家よりも）の居所であることを示すものであり，その「ペルシア人」なるものは，コイン銘もそうであるが，ハカーマニシュ朝の碑文に大王が「余はペルシア人，ペルシア人の子」と称して部族的矜恃[80]を謳っているように，他の部族をひきいて大帝国を負荷するものとの意識につながっていたのである．著者が以上のような呼称をすべてペルセポリスに結びつけようとするのには，さらに三つの理由がある．一つは Miθrapāta がセガン(segan)として同一年次に Frakāna Bīr^{e}ṭā と Sāraka Bīr^{e}ṭā を管轄しており(Bowman Nos. 9, 10——クシャヤルシャン1世の13年＝BC 473/72)，また Ārayavahuš がセガンとして同一年次に Sāraka B. と Frakāna B. を管轄している(Bowman Nos. 41, 42——アルタクシャサ1世の11年＝BC 454/53)こと．同一年次に異なる任地に転任したとか，同一人物が同時に二つの Bīr^{e}ṭā を管轄したのではないか，などという反論も成り立つかもしれないが，いまは採らない．理由の第二は後世，ただ Staxr(Stahr)とのみ称してペルセポリスをさしているからである．Bīr^{e}ṭā は *Staxra- と訓じられていたに相違ないし，その *Staxra- をこれは受けついだものである．著者はこの単純な呼び方を，かつてペルセポリスが固定した一個の名だけで呼ばれていたものでないこと，したがってまた，場合によっては単に Bīr^{e}ṭā＝¦Staxra とのみ言って十分通用していただろうこと——そういうふうの名残りとみたい．その後世の Staxr(Istaxr)が往昔のペルセポリスでなくてその北方に位置することや，Staxr に Bābagān(Pābagān)という修飾詞(これはサーサーン朝の開祖 Ardaxšīr 1世の父 Bābag にちなんだもの)がついている(Staxr Bābagān)こと，などは，著者が取り上げている問題に直接関与するものではない．理由の第三は，例えばアヴェスター州郡誌において，シースターンをワンフウィー川

のイラン流域といったり，ハエートゥマントといったりしているように(491頁参照)，同一地域を異なる名で呼ぶならわしが，他にもあるからである．

このようにして著者は segan 職がハカーマニシュ朝時代——すくなくとも，問題の器物銘文の関与する BC 479/78- 436/35(Bowman, p. 58)——にペルセポリスを管轄していたことを明らかにした．シエネにおいて，この segan が，あるときは古代ペルシア語名 frataraka- をもって登場していたことは，すでに見てきたところである．してみれば，ペルセポリスの segan にたいしてその古代ペルシア語名をあてはめれば，frataraka- をおいてほかには考えることができない．コイン銘の fratarak や Arm hratarak から推してペルシア本土，パールサにも OP frataraka 職名が存していたと考えてもさしつかえなかろうし，もしこの frataraka 職がパールサのサトラプの名代でなく大王そのものの名代であったならば，ペルセポリスはまさに「天領」であり，またかかる frataraka を Bagadāt が転用して「神がみの fratarak」と号したとしても，その権威を貶(おと)すものではなかったであろう．

註

1) この論文とほぼ同じ内容をもつ拙稿 "Gathica XIV–XV. Syenian *frataraka* and Persid *fratarak*/New Iranian Elements in Ancient Aramaic" は *Orient*, Vol. XII (1976), pp. 47–66 に発表された．

2) Franz Altheim und Ruth Stiehl: *Supplementum Aramaicum. Aramäisches aus Iran*, Baden-Baden 1957, p. 72, c. n. 31 a.

3) Fr. Rosenthal: *A Grammar of Biblical Aramaic*, Wiesbaden 1974², p. 25.

4) H. Humbach: "Aramaeo-Iranian and Pahlavi", *Acta Iranica*, Vol. II (1974) (=Humbach: *Aramaeo-Iranian*), pp. 238–239. 註54 も参照．

5) G. R. Driver: *Aramaic Documents of the Fifth Century B. C.* Abridged and revised edition, Oxford 1957, p. 22 (書簡第 II, l. 2); P. Grelot: *Documents Araméens d'Égypte*, Paris 1972 (=Grelot), No. 62: ps]mšk brh zy ʾḤḤPY. これを Driver p. 23 は Psamšek the son of ʿAḥ-ḥapī と訳し，Grelot p. 300 は Psamméšek fils de ʿAḥoḥapî と訳している．

6) P. Naster: "Note d'épigraphie monétaire de Perside: *fratakara, frataraka* ou *fratadāra?*", *Iranica Antiqua*, Vol. VIII, Leiden 1968 (公刊は 1970), pp. 74–80. なお，諸見解については W. B. Henning: "Mitteliranisch", *Handbuch der Orientalistik*, I, IV, 1, Leiden–Köln 1958 (=Henning: *Mitteliranisch*), p. 25; 同: "Ein persischer Titel im Altaramäischen", *In Memoriam Paul Kahle (Beiheft zur Zeitschrift für die*

alttestamentliche Wissenschaft 103), Berlin 1968, pp. 138-145 (=Henning: Titel); R. N. Frye: The Heritage of Persia, London 1962 (=Frye: Heritage), pp. 204-205 および p. 282, nn. 91, 92; 同: "The Institutions", Beiträge zur Achämenidengeschichte, herausg. von Gerold Walser, Wiesbaden 1972, pp. 90-91; D. Harnack: "Parthische Titel", Geschichte Mittelasiens im Altertum by Fr. Altheim und R. Stiehl, Berlin 1970 (=Harnack), pp. 504-505; W. Hinz: Altiranisches Sprachgut der Nebenüberlieferungen, Wiesbaden 1975 (=Hinz: Sprachgut), pp. 98-99 (*frataraka- の項) 参照.

7) E. Schmidt: Persepolis I, Chicago 1953, p. 56.

8) F. Justi: "Miscellen zur iranischen Namenkunde", Zeitschrift der Deutschen Morgenländischen Gesellschaft, 49 (1895), p. 684; 同: "Geschichte Irans von den ältesten Zeiten bis zum Ausgang der Sāsāniden", Grundriss der Iranischen Philologie, II, b, 3. Abschnitt II, Strassburg 1896-1904 (1974²), p. 487; 同: Iranisches Namenbuch, Marburg 1895 (1963² & 1976²), p. 105 a. Justi は Arm hrat「火」を引用して frātakara を 'Feuer machend' と訳している.

9) Frātadāra は J. Marquart: Untersuchungen zur Geschichte von Eran, Zweites Heft, Leipzig 1905, p. 121 が Justi: Iranisches Namenbuch p. 105 a に Arm hrat を引用しているのを参照して OP frāta-「火」を想定しそれに dāra- を後接して創唱した. Frātadāra 説をとるものは E. Herzfeld: Paikuli. Forschungen zur iranischen Kunst, herausg. von Friedrich Sarre, III, Berlin 1924 (=Herzfeld: Paikuli), pp. 68-69; 同: "Die Mihrān, Aspādpati und andere Häuser", Archaeologische Mitteilungen aus Iran, Berlin (=AMI), Bd. IV, Heft 2, 1932, pp. 68-69; 同: "Khusraus II Krone: Al-Tādj al-kabīr. Die Klonen der sasanidischen Könige", AMI, Bd. IX, Heft 2, 1938, p. 108; 同: Archaeological History of Iran, London 1935, p. 47; H. S. Nyberg: Die Religionen des alten Iran. Deutsch von H. H. Schaeder, Leipzig 1938 (1966²), p. 406; Kurt Erdmann: Das iranische Feuerheiligtum, 11. Sendschrift der Deutschen-Orient-Gesellschaft, Leipzig 1941 (1969²), pp. 29-30; S. Wikander: Feuerpriester in Kleinasien und Iran, Lund 1946, pp. 15-17; E. Schmidt: 上掲書 (註7), p. 56; H. H. Von der Osten: Die Welt der Perser, Stuttgart 1956, p. 105; R. Ghirshman: Iran. Parthians and Sassanians, translated by Stuart Gilbert and James Emmons, London 1962, p. 122; G. Widengren: Die Religionen Irans, Stuttgart 1965, pp. 175-176, 192-193; F. Altheim und R. Stiehl: Geschichte der Hunnen, Erster Band, Berlin 1959 (=Altheim u. Stiehl: Hunnen I), p. 378; 同: Die aramäische Sprache unter den Achaimeniden, Frankfurt am Main, Lieferung I, 1963 (=Altheim u. Stiehl: Die aram. Sprache), p. 18; G. Itō: "Henceforth Ardastāna!", Orient, Vol. VI (1970), p. 22 および n. 59; K. Schippmann: Die iranischen Feuerheiligtümer, Berlin-New York 1971, pp. 177-185, 158-159, 486, 496; J. Duchesne-Guillemin: "La Religion", Beiträge zur Achämenidengeschichte (上掲), 1972, p. 75.

10) A. Meillet: "Les noms du ‚feu' et de l'‚eau' et la question du genre", Mémoires de la Société de Linguistique de Paris, tome 21 (1920), p. 250. この見解は Harnack,

pp. 504-505 によっても採用された.
11) É. Benveniste: *Titles et noms propres en iranien ancien*, Paris 1966(=Benveniste: *Titles*), p. 122, n. 3.
12) Hinz: *Sprachgut*, pp. 48-49 について *ātrbānu-, *ātrbrzana-~*ātrvanuš- を参照のこと. ただし, *ātrfrata- には著者は賛成しがたく, これは下記のように, *ātarfrāta- 「火(神)を愛好するもの」と解すべきである.
13) Ph. Gignoux: *Glossaire des Inscriptions Pehlevies et Parthes*, London 1972, p. 47, col. 2.
14) Gignoux: 前掲書, p. 17, col. 2.
15) A. E. Cowley: *Aramaic Papyri of the Fifth Century B. C.*, Oxford 1923(1967²) (=Cowley).
16) これに疑問をさしはさんでいるのは, 著者の見るところでは, M. Mayrhofer のみで, Φραταφέρνης, Φραταγούνη には意味に問題があると言っている. M. Mayrhofer: *Onomastica Persepolitana. Das altiranische Namengut der Persepolis-Täfelchen*, Wien 1973, p. 217 (**8. 1324**) 参照.
17) Hinz: *Sprachgut* によると *ātrfrata-* 'durch [den] Feuer[gott] prima'.
18) Hinz: *Sprachgut* によると *fratafarnah-* 'Prima-Glück'. ところで, PRTPRN なる人名が (a) Cowley No. 7=Grelot No. 9, l. 3 および (b) Cowley No. 5=Grelot No. 32, l. 17 に在証されるとみられてきたが, いまやこれは訂正しなければならなくなった. Bezalel Porten: *Jews of Elephantine and Arameans of Syene. Aramaic Texts with translation*, edited and newly translated by——in collaboration with Jonas C. Greenfield, Jerusalem 1974 (=Porten), p. 124 は (a) に ‥]TP$_{RR}^{DD}$ を示し (b) に PRTNZN を示している. PRTNZN を Porten は Frata-nazana と読むが無意味であり, これは *P(a)rtanāzana である. *partanāzana- は *p(a)rtanā-「戦闘」+*azana-「動かす, 刺激する」であるから「戦いを刺激するもの」の謂いとなる. *p(a)rtanā- については Av pəšanā-/OI pŕ̥tanā- f.「戦い」, *azana- については OI ájana- n.「刺激すること」および Av upāzana-(<upa-azana-)「人に贖罪として課せられるもの」(AirWb 398) をそれぞれ参照のこと. その他 OM *spādāza-(<*spāda-aza-) や *haināza-(<*hainā-aza->コータンサカ語 hīnāysa-)「軍の指揮者」(Hinz: *Sprachgut*, s. v. p. 225) も参照したい.
19) *frātafarnah- や *frātagaunā- のように前肢に過去受動分詞 (ppp.) *frāta- をみとめる著者の立場については, Av Frīnāspa-(<frīna-[frā(y)- の ppp.]+aspa-「馬」)「馬を愛好するもの」(人名) および *Prītāśva-(<prīta-[prī- の ppp.]+aśva-)「馬を愛好するもの」(人名) 参照のこと. *Prītāśva- については M. Mayrhofer: *Die Arier im Vorderen Orient——Ein Mythos?*, Wien 1974, p. 19 参照. OIr frīna-/frāta- については OI hā-「すてる」: ppp. hīna-/hāta- 参照.
20) Benveniste: *Titles*, p. 122: *fratagaunā- f. 'au teint supérieur, excellant'. Hinz: *Sprachgut* もこれに従っている.
21) Altheim u. Stiehl: *Hunnen* I, p. 378 も 'Frātadāra, der göttliche' でなく 'Frā-

tadāra der Götter' という。このほか, コイン銘の PRTRK! ZY !LHY! を Frye: *Heritage*, p. 205 は 'governor (by grace?) of the gods (rather than 'divine *frataraka*')' と し, W. B. Henning (Humbach: *Aramaeo-Iranian*, p. 238 による)は 'the governor who is a lord' とする.

22) Mark Lidzbarski: *Ephemeris für semitische Epigraphik*, Zweiter Band (1903–1907), Giessen 1908, p. 213 ("Aramäische Texte auf Stein, Ton und Papyrus"), n. 2 による.

23) Grelot, p. 198, n. *a* によると 9 月 2 日.

24) 「計 2 人」については P. Paul Joüon: "Notes grammaticales, lexicographiques et philologiques sur les papyrus araméens d'Égypte", *Mélanges de l' Université Saint-Joseph Beyroute* (Liban), tome XVIII, fasc. 1, Beyroute 1934, p. 48 参照.

25) この人名については Hinz: *Sprachgut*, s. v.

26) $q^a\underline{d}ām$ は「前で」とともに「に」も可能. 428 頁参照.

27) Emil G. Kraeling: *The Brooklyn Museum Aramaic Papyri. New Documents of the Fifth Century B. C. from the Jewish Colony at Elephantine*, New Haven 1953 (=Kraeling). Kraeling No. 8 は Kraeling によると BC 416, 10 月 22 日に書かれたが, Porten, p. 120 は 9–10 月とする.

28) Henning: *Titel* (**haftax^uwapātā*) の解釈. これは Grelot, p. 240, n. *a*; Porten, p. 121 (同氏の著 *Archives from Elephantine*, Berkeley and Los Angeles 1968, p. 44 および n. 61 も参照) および Hinz: *Sprachgut* (**haftaxvapātā*) らによって肯定された. *Kārnāmag ī Ardaxšīr ī Bābagān* のいわゆる *Haftānbōxt* については Jean de Menasce: "Haftvād ou Haftānbūxt?", *Yād-Nāme-ye Irāni-ye Minorski*, Tehran 1969, pp. 139–142 をも参照のこと.

29) Bookpahlavī ptyhw¹ については H. S. Nyberg: *A Manual of Pahlavi* II, Wiesbaden 1974 (=Nyberg: *Manual* II), s. v. patēx^uēh.

著者の説によると OIr sukhá-・「幸福な」はイラン語をサンスクリット語化したもの. OIr *hu-ahu->*hu-axu->*hvaxu->*huxa-(va>u は収斂, u>a は異化)をサンスクリット化して sukhá-. OIr *hu-ahu- に近い形としては Av hu-aŋhu- 'having good life' があり, その他 Av hvaŋhaoya- n. 'gutes Leben', havaŋhva- n. 'gutes Leben, Seligkeit', havaŋhō.dā- 'gutes Leben schenkend' や BPahl. hw'hwyh=hu-axwīh 'good life' なども参照したい. これと異なる見解については M. Mayrhofer: *Kurzgefasstes Etymologisches Wörterbuch des Altindischen*, Lieferung 23–24, Heidelberg 1972, pp. 480–481, s. v. sukháh.

30) 「結托して」は HMWNYT=ham-ava-nīta で, *ham-ava-nay- の過去受動分詞.

31) Grelot, p. 201.

32) この人名については Hinz: *Sprachgut*, s. v.

33) *frataraka* 'governor, prefect' については, 新しいところでは Henning: *Titel*, p. 138; Harnack, p. 504; Hinz: *Sprachgut*, pp. 98–99 参照.

34) 異なる見解としては Frye: *Heritage*, p. 282, n. 91 がある. それによると, Arm

hratarak は announcer を意味し, 新しい使い方では publisher をあらわすから *frataraka の語源は不明, とある. 同書 p. 278, n. 45 も参照のこと. 著者の見解については 433 頁を参照されたい.

35) Cowley No. 8＝Grelot No. 34＝Porten, p. 8 ff. (BC 460, または Porten, p. 91 によると 460 または 459), l. 13: ⟨q^{a}dām⟩ s^{e}ḡan w^e-dayyān「セガンと法官⟨の前で⟩」; Cowley No. 10＝Grelot No. 4＝Porten, p. 110 ff. (BC 456), ll. 13, 18-19: q^{a}dām s^{e}ḡan w^e-dayyān「セガンと法官の前で」. Cowley No. 47＝Porten, p. 112 f. (日付を欠くが Porten, p. 113 は BC 5 世紀の中頃とする), ll. 2, 7: q^{a}dām s^{e}ḡan ū-mārē「セガンと主君(知事, サトラプ)の前で」. Kraeling No. 9＝Grelot No. 50＝Porten, p. 58 ff. (Kraeling は 11 月 26 日, Porten, p. 58 は 11 月 25 日, 年次は BC 404), l. 19 および Kraeling No. 10＝Grelot No. 51＝Porten, p. 62 ff. (Kraeling は 3 月 9/10 日, Porten, p. 63 は 3 月 9 日, 年次は BC 402), l. 13: li-sgan ū-mārē「セガンと主君(知事)に」. Kraeling No. 12＝Grelot No. 53＝Porten, p. 68 ff. (Kraeling は 12 月 12 日, Porten, p. 69 は 12 月 13 日, 年次は BC 402), l. 28: li-sgan ū-mārē w^e-dayyān「セガンと主君と法官に」.「セガンと法官の前で」については上掲 Cowley No. 20＝Grelot No. 39＝Porten, p. 24 ff. (「フラタラカなるラムナダイナー⟨と⟩守備隊長なるウィドランガの前で」ll. 4-5)参照. セガンと主君(mārē——知事, サトラプ)の併出も興味がある. segan のもつ「派出機関, 代務, 名代」等々の意味については Raymond A. Bowman: *Aramaic Ritual Texts from Persepolis*, Chicago 1970 (＝Bowman), p. 26 および n. 10 にみえる C. H. W. Johns および E. Klauber の説を参照されたい.

36) 諸説については Naster の上掲論文参照.

37) Herzfeld: *Paikuli*, p. 69; Altheim u. Stiehl: *Hunnen* I, p. 376; Frye: *Heritage*, p. 282, n. 92.

38) Józef Wolski: "Andragoras était-il iranien ou grec?", *Studia Iranica*, tome 4, fascicule 2 (1975), pp. 159-169.

39) Frye: *Heritage*, p. 205 から引用.

40) H. H. Schaeder: *Iranische Beiträge* I, Halle 1930 (1972²), pp. 204-210. エズラ記 4:18 に ništ^{e}wānā dī š^{e}laḥtūn '^{a}lænā m^{e}p̄āraš q^{æ}rī q^{a}dāmāy「そなたたちがわれらに送った上申書は余の前に(または「余に」)訓読して読まれた」とある. これは, BC 458 年エズラとともにバビロンから帰ったユダヤ人の行動を悪しざまにアルタクシャサ 1 世に上申した報告(アラム語の)を大王が訓読させた(古代ペルシア語で)ことを述べたもの. m^{e}p̄āraš を「明らかに」とか「高声で」などと解するのは無意味に近いし,「(古代ペルシア語に)翻訳して」と解するのも当たらない, というのは, 翻訳して読むことは言わずもがなのことだからで, とくに m^{e}p̄āraš といっているのはアラム語の書状を手にして, あたかも漢文を日本文でよむように, 古代ペルシア語で読みくだすことをさすもの. このような事態はネヘミア記 8:8 にも伺われる. すなわち, wayyiqr^e'ū bassep̄ær b^e-tōraṯ hā'^{æ}lōhīm m^{e}p̄ōrāš「この書について, すなわち神のトーラーについて訓じて読み(きかせ)た」とあるのがそれである. これも BC 458 の出来事で, エルサレムに帰ったユダヤ人はアラム語を話しヒブル語を解さなかったので, エズラがリーダー格になってエシュ

ヤらがヒブル語聖書をひらいてアラム語に訓じて読んで人びとに理解させたことをいっているのである。Hebr. m^{e}pōrāš は Aram m^{e}pāraš と同じ意味で用いられている。
41)　Wilhelm Th. In der Smitten: *Ezra. Quellen, Überlieferung und Geschichte,* Assen 1973, pp. 42–43.
42)　Heinrich F. J. Junker: *The Frahang i Pahlavik,* Heidelberg 1912, p. 50.
43)　G. Messina: *L'aramaico antico. Indagine sull'aramaico del Vecchio Testamento,* Roma 1934, pp. 32–35.
44)　D. N. MacKenzie: *A Concise Pahlavi Dictionary,* London 1971, s. v. **may**[*HS* <Aramaic *ḥmr'?*]にみえる疑問符に注意。
45)　Herzfeld: *Paikuli,* p. 68.
46)　Herzfeld: *Paikuli,* p. 68 および Altheim u. Stiehl: *Hunnen* I, p. 378. Frye: *Heritage,* p. 282, n. 92 はこの同定を容認しがたいとするが、自説は提示していない。
47)　註35の終わりを参照。
48)　註5参照。
49)　拙著『古代ペルシア』172-181頁。
50)　ダーラヤワフ1世のナクシェ・ロスタム碑文 a ll. 13–14; 同王のスーシャー碑文 e ll. 12–13; クシャヤルシャン1世のペルセポリス碑文 h l. 12. →436頁。
51)　カニシュカ、フヴィシュカ両王(クーシャーン王朝)のコインにみえる MANAO BAΓO は Av *nmānahe baga「家の神」すなわちハディシュ Hadiš に由来するものではなかろうか。この神はゾロアスター教の伝承によると、マシュヤグ Mašyag とマシュヤーナグ Mašyānag のもとにオフルマズドからの使者として来ている。Dēnkard VII・1・12–13 (DkD 361: 12–22=DkM 593: 11–594: 4) および Malijan Molé: *La légende de Zoroastre selon les textes pehlevis,* Paris 1967, pp. 4–7 参照。MANAO が Av nmāna-「家」と関係がありそうなことについては H. Humbach: *Baktrische Sprachdenkmäler,* Teil I. Mit Beiträgen von Adolf Grohmann, Wiesbaden 1966, pp. 44–45. MANAO BAΓO と Vohu Manah との同定は Humbach: 上掲書, pp. 138–139; 同: "Methodologische Variationen zur arischen Religionsgeschichte", *Antiquitates Indogermanicae. Gedenkschrift für Hermann Güntert zur 25. Wiederkehre seines Todestages am 23. April 1973,* herausg. von Manfred Mayrhofer, Wolfgang Meid, Bernfried Schlerath und Rüdiger Schmitt, Innsbruck 1974, pp. 195–196 によって否定された。
52)　例えばダーラヤワフ1世のビーソトゥーン碑文 IV, 61, 63、ペルセポリス碑文 d 14 f., 22, 24、スーシャー碑文 e 50 f., t 8 やクシャヤルシャン1世のペルセポリス碑文 b 28, c 12, 15, d 18, g 13 f., スーシャー碑文 c 5、ヴァン碑文 26; アルタクシャサ1世のペルセポリス碑文 a 23; ダーラヤワフ2世のスーシャー碑文 a 3 など。
53)　この旧稿は1972年のもの。
54)　著者のこの解釈が正しいとすれば、タキシラ出土のアショーカ王アラム語碑 l. 7 にある BHWWRD もこの線に沿うて解明することができる。H. Humbach: "Die aramäische Inschrift von Taxila", *Abhandlungen der Geistes- und Sozialwissenschaftlichen Klasse・Mainz,* Jahrgang 1969・NR. 1, Mainz 1969 (Humbach 69 と略記), pp. 8,

11 は同碑文 ll. 7-8: ZK BHWWRD H⟨LKWT⟩ HWNŠTWN が añam…bahuvidhaṃ dhramacaraṇam「その他……多種の法実践」を訳したものだとの新説を提唱し，この アラム語文を 'die andere(?) Bahuvridha-Wandel des guten Befehls' と訳した．氏に よると，BHWWRD の R はおそらく誤入だろうから Bahuv[r]idha-Wandel……とある のが正しいとする意見らしい．しかし，そうなると原文の bahuvidhaṃ「多種の」はそ のまま写音されたことになって，アラム語訳とはならない．BHWWRD は氏のように 解すべきでなく，bi-hvavard(a) と読むべきである．bi- はアラム語前置詞 b^e- であり， hva- は古代イラン語で「自身」(=OI sva-)であるが，ここでは bi- に支配される．した がって，この bi-hva- はアラム語とイラン語との混成で，b^e-harxvatāya や b^e-vahu- štāka における b^e-har-(<*b^e-harva-), b^e-vahu- と同じ構造をもつものとなる．このよ うにして bi-hva- は「自身において」の謂いであるが，この hva- の代わりに対応する アラム語をもってくると，nafš-eh「[かれの]霊，[かれの]自身」がある．ここでも -eh は無意味に近いとみてよく，この nafš-eh に前置詞 b^e- を加えた b^e-nafš-eh「自身で」 は中世ペルシア語訓読語詞として xwad(パルティア語は wxad)と訓じられ，「自身で」 のほか「じつに(indeed)」をも意味する．bi-hva-vard(a) の vard(a) は OIr vard-(OI vṛdh-)「増長する，ふえる」の派生詞であるから，bi-hvavard(a) は「じつに増加した」 の謂いを原意として「多種の」を意味しうるし，したがってそれは bahuvidhaṃ「多種 の」の訳語となりうる．本論文に直接関係をもつのはこの語のみであるが，それに先行 する ZK をも取り扱っておく．ZK=zēk は遠称の指示詞「あれ，あの」であるが，これ を「他の」の謂いで用いたのは書記の誤解か不注意からであろう．ハカーマニシュ朝時 代に OP anya-(楔形文字では a n i y と綴られる)「他の」は ZK, ZK'y または ZKy で あらわされていたのではなかろうか．このうち ZK は頭音の an- のみを写して残部を略 した一種の略記法(OP anā instr. sg. 参照)，ZK'y は楔形文字の綴り方を写したもの， ZKy は anya- なる音そのものを写したもの，と考えることができる．これは中世ペル シア語訓読語詞として ZK'y や ZKy が any「他の」(<anya-)と訓じられていることか ら遡って推定したものである．指示詞 OP an-(anā instr. sg. として在証)「それ」は在 証されるから，Aram ZK(zēk)をこの an- で訓じていたと考えれば，ZK を anya- と訓 じるのはこの an- を音としてのみ借用し，anya- の -ya- を略して読み手に補って読ませ るやり方である．だからといって Aram ZK が OP anya- であるということはない．し たがって Aram ZK をもって MI añaṃ「他の」を訳そうとしたのは書記の誤解か不注 意となる．

それはともあれ，Humbach 69 はタキシラ碑文が十四章法勅の第4章の一部に相当す るものとして，シャーフバーズガリー刻文から当該詞句を引いてアラム語文と対照させ た．この提唱は永らく低迷していたタキシラ碑文の解読に着実な拠り所を与えたもので その功績は著大である．氏はその後も "Die aramäische Aśoka-Inschrift vom Laghman-Fluss", *Indologen-Tagung 1971. Verhandlungen der Indologischen Arbeitstagung im Museum für Indische Kunst Berlin, 7.–9. Oktober 1971,* Wiesbaden 1973(これは阿 育王の第1ラグマーン碑文を取り扱ったもの)において Humbach 69 への改訂を試み， あるいは "Eine weitere aramäoiranische Inschrift der Periode des Aśoka aus

Afghanistan"(zusammen mit G. Djelani Davary), *Abhandlungen der Geistes- und Sozialwissenschaftlichen Klasse・Mainz*, Jahrgang 1974・Nr. 1, Mainz 1974(これは阿育王の第2ラグマーン碑文を取り扱ったもので, der Periode なる語は削除すべきである)や "Indien und Ostiran zur Zeit des Aśoka", *Acta Antiqua Academiae Scientiarum Hungaricae*, T. XIX Fasc. 1-2, 1971 など, 注目すべき業績がある. しかし, それにもかかわらず個々の語詞の解読にはなお疑問もあるので, 著者は旧稿「阿育王のアラム語碑について」(『オリエント』第8巻第2号, 1965, 1-24頁)を改訂一新する用意のあることを付言しておく(→450頁以下――この項追記).

55) W. Eilers: "Die altiranische Vorform des *vāspuhr*", *A Locust's Leg. Studies in honour of S. H. Taqizadeh*, London 1962, pp. 55-63. なお Nyberg: *Manual* II, **vāspuhr** の項も参照.

56) *vāspiθri- の語末 -ri- にたいし楔形文書のほうが -ru-ú となっているのは, バビロニア語の語末を示しているためである.

57) この音転は MP wačār/wāzār「バーザール」にもみられる. すなわち *vičāra-「来往すること」のヴリッディ派生形 *vāičāra-/*vāičāri->*vāčāra-/*vāčāri->wačār, wāzār である. これについては H. W. Bailey: "Iranian Studies II", *Bulletin of the School of Oriental Studies*, Vol. VII(1933-35), p. 75, n. 1 および E. Herzfeld: *Altpersische Inschriften*, Berlin 1938, p. 198 参照.

58) DkD 325: 17-324: 1=DkM 654: 18-655: 3. →103頁註 66.

59) G. Widengren: *Hochgottglaube im alten Iran*, Uppsala/Leipzig 1938, pp. 99-100; R. C. Zaehner: *A Zoroastrian Dilemma*, Oxford 1955(With a new Introduction, New York 1973²), pp. 101-103.

60) Widengren: 上掲書, pp. 100-106.

61) *Zand i Wahman Yasn*, chapt. VII, §§ 28-36 参照. 刊本としては B. T. Anklesaria : *Zand-î Vohúman Yasn and Two Pahlavi Fragments, with Text, Transliteration, and Translation in English*, Bombay 1919(1957²), pp. 65-68; K. A. Nosherwān: *The Text of The Pahlavi Zand≈i≈Vōhūman Yasht*, Poona 1899, chapt. VII, §§ 28-36 がある. 翻訳では E. W. West: "Pahlavi Texts", Part I, *The Sacred Books of the East*, Vol. V, Oxford 1880(Delhi-Varanasi-Patna 1965²), pp. 228-229(chapt. III, §§ 32-36); Anklesaria: 上掲書, pp. 123-124; G. Widengren: *Iranische Geisteswelt von den Anfängen bis zum Islam*, Baden-Baden 1961, p. 204(chapt. III, §§ 32-36)がある.

62) Molé: 上掲書(註51), pp. 76-77.

63) DkD 510: 4=DkM 413: 9.

64) ……の部分に王名がはいる.

65) コインは表面に王の右向きの顔をえがき, 裏面にこのような施設をあらわし, そのまわりに銘を入れている. 中でも印象的なのはバガダート王のコインで, あるものは玉座に左向き(向かって)に腰をかけ長い笏をたずさえていて, まったくハカーマニシュ王朝的モティーフである. 拝火殿には, いずれも左側に立ってこれに手をさしのばして礼拝する人物を配しているが, ワータフラダート(第1期)のコインには, この場面の上

方に例のアフラマズダーを空中に浮遊させていて，ハカーマニシュ朝の伝統をしのばせている．

66) ＜*patigāma-「使命；しらせ」＋bara-「たずさえる者」．Hinz: Sprachgut, s. v. *patigāma- および Nyberg: Manual II, s. v. **paitām** および **paitām-bar**. paygāmbar なる読み方は MacKenzie: 上掲書(註44)による．

67) Av fraēšta-「派遣された(者)；使徒」(Yasna 49: 8) を -ka- で拡張したものから．

68) Av ašta-「使い，使節」(Yašt 19: 46, 92) を -ka- で拡張したものから．語根はおそらく Av az-「刺激する」であろう．

69) q'rwč=kārōz は Syr kārōzā の借用でマニ教で術語として使用．

70) Hinz: Sprachgut, s. v. *azdākara-. 原意は「知らせをする者」．

71) ＜*dvai-aspāna-「二馬をつけた車を駆る者」＞「早馬使い，伝令，使者」．Nyberg: Manual II, s. v. **bayāspān** は＜*dvaya-aspāna-(意味は同じ)としている．

72) 註34参照．アルメニア語は，この hratarak でもわかるように，イラン(パルティア)語の原意をさぐるのに，しばしば好個の手引きとなる．たとえば tačar 'temple' である．著者は他所において OP tačara- が，中枢建造物にたいし，それから派生派出した別荘のごとき意味合いであることを提唱した．イラン語からの借用語たるこのアルメニア語詞が「祠堂」を意味するのは，この施設が地上において天国を代理する別院離宮であるとする考え方によるものである．OP tačara- にたいして提唱された他の語源説は Arm tačar を説明することができない．NP tazar が，常住の住居にたいし，夏季の住居，サマーハウスを意味するのと，その根柢において共通の基盤を有している．わが国にはおかしな風習があって，ペルセポリスの諸建造物のうちで，著者が「アルダスターナ(Ardastāna)宮，宝蔵宮」と呼ぶべき旨を提唱した遺構にたいしてのみ，「ダリウスのタチャラ」といって「タチャラ」の語を用い，碑文に「タチャラ」と称している他の遺構には「タチャラ」の語を用いようとしない．宝蔵宮は「たからの宮殿」といってもよいもので，本格的な宝庫を意味するものでないから，マルヴダシュトの平原を見おろす景勝の地に立っていてこそ，いっそう意義があるのであり，また「アルダ(arda-)」を「繁栄を司る神」などとみて，そのような神の在所と解するのも当たらない．ここまで来れば，一歩すすめて，繁栄豊饒の女神 Ardvī Sūrā Anāhitā をもってきて，*Ardvīstāna あたりを打ち出したであろう．著者の見解にたいする批判は，Dēnkard にみえる 'ryst'n'——著者はこれを 'rdst'n'=ardestān＜OP ardastāna- と解した——をいかに読むべきかを合わせて提示しなければ，無意味に終わるであろう．DkD 511: 18-20= DkM 412: 21-413: 2 をもう一度引用しておこう：

ud |har |ān ī drust pačēn |ō |ō ganǰ ī ša⟨sa⟩bīgān |dād⟨an⟩ framūd ud āstēnīdan ī hamāg ardestān |abar dēn māzdēsn |ō uskār |kard

そしてかれ(シャーブフル1世)は，それ(アヴェスター)の正しい写しを全部，かのサトラプの宝庫に保管することを命じ，またマーズデースン者のデーン(ゾロアスター教)にかんする総合宝蔵の設立を検討した．

問題の語は Aryastān 'the country, kingdom of the Aryans' (Nyberg: Manual II, s. v. **aryastān**) でもなく，argastān(H. W. Bailey 教授の口頭)でもない．ベイリー教授は

著者の見解に 'a new idea' と答えてくれた.
- 73) DkD 117: 1-7＝DkM 640: 13-17.
- 74) DkD には 'ywwd とあるが ''wwd=h'wnd と改めるべきもの.
- 75) Altheim u. Stiehl: *Die aram. Sprache*, p. 18(Harnack, p. 504 もこれに従っている).
- 76) Bowman, p. 20 および n. 8.
- 77) Henning: *Mitteliranisch*, p. 24.
- 78) Hinz: *Sprachgut*, s. v. *parikāna-*.
- 79) Hinz: *Sprachgut*, p. 118 は *hasta- とよんでいる.
- 80) 註50参照.

10 阿育王のアラム語碑とそのイラン学的価値について——アヴェスター語の故土にも言及して[1]

天愛喜見無憂(阿育)王 Devānampriya Priyadarśi Aśoka が仏教を西方に伝えようとして使節を派遣したことは，その磨崖刻文十四章法勅第13章に派遣先の国王名としてあげている5人のギリシア人名によって知られるが，このことを実地に証明するものともなるのが，アフガニスタンであいついで発見された一連のかれの碑文である．というのは，それらがプラークリット語単独のものでなく，あるものはそれをアラム語で訳したプラークリット，アラム二語併用，あるものはアラム語のみのもの，また，あるものはギリシア，アラム二語併用，そしてあるものはギリシア語のみの使用というふうに，アラム語と関連したり，ギリシア語と関連したりしているからである．アラム語はすでにはやくインダスの流域にまで浸透していたはずであり，ギリシア語も，アレクサンドロスの東方遠征を機に東方に進出し，バクトリアはじつにギリシア，イラン両要素の混在するところとなっていたのである．阿育王の即位を BC 268 とみて，当時の中央アジアや西アジアの状勢をみると，セレウコス王朝に対する独立運動が各地に起こり，いわば動乱の世紀であった．BC 255年ごろには，同王朝のバクトリアのサトラプ・ディオドトスがすでに独立してバクトリア王国の礎を築いており，南カスピ海の東岸地方では，BC 247年には，のちにパルティア王朝の祖となったアルシャク(1世)が反旗をひるがえし，パルティア・ホラーサーンのサトラプたるアンドラゴラスを倒してその地を占拠し，さらにゴルガーンをも合わせて，カスピ海地域に達している．またペルシア(パールス)では，バガダート・フラタラク王朝のワフブルズ＝オボルゾスが，BC 250年ごろ，そこのマケドニア守備隊に大打撃を与えている．じつに，セレウ

コス朝にとっては，容易ならぬ難局であった．阿育王の上掲5人のギリシア人王中のひとり，Antiyoga は，このセレウコス朝の王アンティオコス Antiokhos 2 世テオス Theos(在位 BC 261-246)のことである．阿育王の使節派遣がいかなる効果をもたらしたかは，ここで論じうる問題ではないが，使節がアラム語やギリシア語を無視しえなかったことだけは，これを認めざるをえないであろう．

ところで，アフガニスタンで発見された阿育王の碑文であるが，1)タキシラ(タクシャシラ)のシルカップ Sirkap(パキスタン)で1915年に発見された，いわゆるタキシラ碑文を手はじめに，2)ポレ・ダルーンタ Pol-e Darūnta 碑文(1932年)，3)第1カンダハール Qandahār 碑文(1957年)，4)第2カンダハール碑文(1963年)，5)第3カンダハール碑文(1963年)，6)第1ラグマーン Laghmān 碑文(1969年)，7)第2ラグマーン碑文(1973年)とつづいている．

これらのうち，2)，4)はプラークリット語文をあげてそれのアラム語訳を付し，つぎにまた同じ手順をふむという形式の解説碑文であるが，ともに断片であり，ことに2)は砕片にも近い断簡であるのは惜しまれる．これらにたいし，3)は大意においてほぼ同じ内容をもつギリシア語版とアラム語版を同一の石に刻したもので，既存のプラークリット語碑のいずれにも属しない独自の文面とみられ，また2)，4)とはちがった意味での，本格的な二語併用碑文である．実際の出土地はカンダハールの西郊シャレ・クナ Šar-e Kuna であるが，第1カンダハール碑文と称して，4)，5)と区別されている．その4)，5)はいずれもカンダハールのバザールでドイツ人医師 W. S. ザイリンクが1963年に入手したもので，5)は磨崖刻文十四章法勅(シャーフバーズガリー版)の第12章の大半と第13章のはじめの部分のギリシア語訳とみられている．残る1)，6)，7)はいずれもアラム語文であり，1)は出土地は上記のごとくであるが，著者の新解読によると(455-456頁参照)，当初の建立地はアフガニスタンとみられるので，けっきょく，1)-7)はすべてアフガニスタンを本来の建立地とみるべきものとなる．

ここで取り上げる阿育王のアラム語碑というのは1)，3)，6)，7)の計4基で，

この拙論中に用いる記法・記号・略表示などは，つぎのとおりである．

1. 子音スケルトンを示す場合の大文字はアラム語要素，小文字はイラン語要素．したがって，アラフを上下につらねた；は前者，1個だけのもの(')は後者で，アイン(')もこれに準じる．一語の語頭のみが大文字であったり，語末のみが大文字であったりするケースもあるから，要注意のこと．ただし，母音を打って「読み」を示すローマ字転写では，両要素の別はつけなかった．また，理解を容易にするために，「読み」の下に英訳を付しておく．

2. 〈 〉＝風化による欠損や遺漏とみられるものの再構復原を示す．
   ( )＝邦訳中にこのカッコでかこむ部分は，意味をわかりやすくするために著者の加筆したことを示す．
   〔 〕＝削除が望ましい部分を示す．

3. Av＝Avestan「アヴェスター語」
   OP＝Old Persian「古代ペルシア語」
   MP＝Middle Persian「中世ペルシア語」
   Parth＝Parthian「(中世)パルティア語」
   OI＝Old Indic「古代インド・アーリア語」
   MI＝Middle Indic「中世インド・アーリア語，プラークリット語」
   OIr＝Old Iranian「古代イラン語」
   1K, 1L, 2L, T については 480 頁参照．

4. フンバッハ 69＝H. Humbach: "Die aramäische Inschrift von Taxila", *Abhandlungen der Akademie der Wissenschaften und Literatur・Mainz*, Jahrgang 1969・NR. 1, Mainz 1969.

   フンバッハ 71＝H. Humbach: "Indien und Ostiran zur Zeit des Aśoka", *Acta Antiqua Academiae Scientiarum Hungaricae* T. XIX. Fasc. 1-2, 1971.

   フンバッハ 73＝H. Humbach: "Die aramäische Aśoka-Inschrift vom Laghman-Fluss", *Indologen-Tagung 1971. Verhandlungen der Indologi-*

schen Arbeitstagung im Museum für Indische Kunst Berlin, 7.-9. Oktober 1971, Wiesbaden 1973.

フンバッハ 74＝H. Humbach: "Eine weitere aramäoiranische Inschrift der Periode des Aśoka aus Afghanistan", *Abhandlungen der Akademie der Wissenschaften und Literatur・Mainz*, Jahrgang 1974・Nr. 1, Mainz 1974. ただし，この論文は G. Djelani Davary とフンバッハとの分担執筆で，I. G. Dj. Davary: *Fundbeschreibung und Dokumentation* (pp. 3-9) と II. H. Humbach: *Zur Lesung und Deutung* (pp. 9-16) とから成っている．ダヴァリを引用するときは，ダヴァリ(フンバッハ 74)として表示する．

I. タキシラ碑文

上記の地で，前一世紀の家屋内から，1915 年，ジョン・マーシャル卿によって発見された．アラム文字による，アラム語碑文であるが，碑文は左端が欠損しているために文意が捉えにくく，発見の年から解読がはじまりながら[2]，その作業は難航をきわめた．そうしたなか[3]で特筆すべきは，E. ヘルツフェルト[4]が9行目と12行目にある prydr に王名 Priyadarśi を認めたことであろう．しかし諸家の解読作業もやがて一種の行き詰まりをみせるようになるが，それに進展をもたらしたのはマインツ大学の H. フンバッハであった．氏はこの碑文が阿育王の磨崖刻文十四章法勅第4章のシャーフバーズガリー版の一部にあたることを提唱するとともに，インド(プラークリット)，アラム両語文を対照させながら，タキシラ碑文の新解読を提示した(フンバッハ 69)．そしてその後2年(フンバッハ 73)，氏はそれを一部において手直しして，ほぼ氏自身の所期の目的を達成したかのようである．しかし，氏の業績は高く評価すべきものであるが，なおなすべきものが多々残されていることも事実である．この小論はその欠を補うとともに，かつての著者自身の試論的解読を改訂一新する目的をも兼ねるものである．ちなみに，このタキシラ碑文は，著者の新解読によれば，上記のようにアフガニスタンが当初の建立地で，なんらかの事情によってタキ

シラに移されたものであり，また現存する 1-12 行のほかに，1 行目に先行する 1 ないし 2 行があったものと考えられる．そのうち，著者の再構しうるものは 1 行目の直前の行末のみで，著者はこの行を 0 行目と名づけることにする．

(0) 〈   ʼkwšty〉
(1) 〈LBRY〉WTʾ 〈ʼbsty〉
(2) Ldmydty ʿL 〈QRYBYʾ〉
(3) NG$^R/_D$WTʾ ʿL 〈brmn〉
(4) ʼrzwš NG$^R/_D$WTʾ 〈LʾMWHY〉
(5) WLʾBWHY hww〈rd〉
(6) hwptysty ZNH 〈WʾP〉
(7) ZK Bhwwrd H〈LKWT〉
(8) hwnštwn ZY HWT〈YRH〉
(9) MRʾN prydr〈š MLKʾ〉
(10) HLKWT h〈wnštwn ZNH〉
(11) WʾP BNWHY 〈YHWTRWN〉
(12) LMRʾN prydr〈š MLKʾ〉

この子音スケルトンに母音を打ち句読点をつけると，つぎのようになる：

(0) 〈   a-kušti〉
       〈   non killing〉
(1) 〈li-briy〉ūṭā,   〈a-bisti〉
       〈to〉 the 〈living be〉ings, 〈non hurting〉
(2) l^e-dāmi-dāti,   ʼal 〈qārībayyā〉
       to the creatures, for 〈the relatives〉
(3) nāḡrūṭā/n^{e}ḡīḏūṭā, ʼal 〈bramana-〉
       the respect,   for 〈the Brahmans- (and-)〉
(4) arzūš(a) nāḡrūṭā/n^{e}ḡīḏūṭā, 〈l^e-ʼimmūhī〉
       Monks the respect,   〈to the mother〉

(5) wᵉ-la-'ᵃḫūhī   hvava⟨rd⟩(a)
and to the father   (and to) the eld⟨er⟩

(6) hupatyāsti: zᵉnā ⟨wᵉ-'ap̄⟩
the [good] obedience: this ⟨and also⟩

(7) ZK bihvavard(a) ha⟨lkūṭ⟩
other various   per⟨formance⟩

(8) huništāvan.   zī   hōṭ⟨er-eh⟩
of the Good Order. (As for) that-which ⟨He has in⟩creased (—He)

(9) mārēnā Priyadar⟨ši malkā⟩,
Lord   Priyadar⟨ši the King⟩, (that is)

(10) halkūṭ h⟨uništāvan zᵉnā⟩.
⟨this⟩ performance of the G⟨ood Order⟩.

(11) wᵉ-'ap̄ bᵉnōhī ⟨yᵉhōṭᵉrūn⟩
And also ⟨will increase (it)⟩ the sons of His (i.e.)

(12) lᵉ-mārēnā Priyadar⟨ši malkā⟩.
of Lord   Priyadar⟨ši the King⟩.

碑文は，つぎのように訳すことができる：

(0-2)……生類への不殺害(a-kušti)，庶類への不傷害(a-bisti)，もろもろの親族への(3-4)尊敬，婆羅門・沙門への尊敬，母にたいする，(5)また父にたいする，年長者への(6)[よき]随順：これ(ら)とまた(7-9)その他多種の法実践．かれ(すなわち)主プリヤダルシ(喜見)王が増長したところのもの，(それは)(10)この法実践(である)．(11-12)そしてまた，かれの(すなわち)主プリヤダルシ王の子らも(それを)増長するであろう．

フンバッハ 63, pp. 7-8 が引用しているシャーフバーズガリー碑文の相当句は，つぎのとおりである(句読点と訳文は著者伊藤のもの)：

Tadiśe aja vaḍhite devanaṃpriyasa priyadraśisa raño dhraṃmanuśastiya: Anaraṃbho praṇanaṃ, Avihisa bhutanaṃ, ⟨Ñatinaṃ saṃpaṭipati, Bramaṇaśramaṇana saṃpaṭipati,⟩ Mata-pituṣu vuḍhanaṃ suśruṣa: Eta añaṃ

ca bahuvidhaṃ dhramacaraṇam. Vaḍhitaṃ 〈vadhiśati ca yo〉 devanaṃ-
priyasa priyadraśisa raño dhramacaraṇaṃ imaṃ. Putra pi ca kaṃ 〈nataro
ca pranatika ca〉 devanaṃpriyasa priyadraśisa raño pravadheśaṃti 〈yo
dhramacaraṇaṃ imaṃ〉.

今や天愛喜見王による法の告知によって，このようなものが増長した：生類の不殺害，庶類の不傷害，〈もろもろの親族への尊敬，婆羅門・沙門への尊敬〉，母・父にたいする，年長者への随順：これ(ら)やその他の多種の法実践．天愛喜見王が増長したもの〈また増長するであろうもの〉，(それは)この法実践(である)．天愛喜見王の子や孫や曾孫も〈この法実践を〉助長するであろう．

註　解

(0行目)——1行目の註解を参照されたい．

(1行目)——復原至難．フンバッハ 69 はこの行の復原は試みていない．著者が確認しうる WT' をたよりに〈LBRY〉WT' と復原したのは，第1ラグマーン碑文2b行目および第2ラグマーン碑文4行目にみえる BRYWT によったもの．この語の前に「不殺害」を示す語があるはずであるが，1行目にはそれを容れるスペースがないから，その上の行の末尾に位置していたとみられる．この点からも，タキシラ碑文の石柱頭部の欠損が考えられる．0行目に「不殺害」として a-kušti を補ったのは Av kaoš-, MP kuštan, kuš-「殺害する」によったもので，根母音度の盈楷梯は期待しがたい．イラン語詞のほうが，例えば Aram L' QṬYLT'=lā qāṭīlᵉtā「不殺害」のごときを考えるよりも，蓋然性が高いと考えたからである．2行目の lᵉ-dāmi-dāti「庶類への，庶類にたいする」の前に「不傷害」(MI avihisa)に相応する語があるはずで，これに a-bisti を復原したのは第1カンダハール碑文アラム語版に frabistā「猟師」, frabisti「狩猟」がみえるからで，語根は √*bid- (OI √bhid-)「破る，裂く，傷つける」．根母音度は a-kušti に準じる．

(2行目)——Ldmydty は lᵉ-dāmi-dāti「庶類(dāmi-dāti)への(lᵉ)」と解する．

フンバッハ 69 はこのなかに damma dāta「制定された法, Law established」をみとめたが, フンバッハ 73 は MP dāmdād を参照して読みは示さずに dmy-dty「被造物, Schöpfung」とした. しかし MP と比較するなら, むしろ dām ud dahišn を参照すべきで, これは 'creation and creation' の意味から「庶類, creatures, created beings」の意味で常用されているもの. dmydty は dāmi-dāti とよんで Av dāmi- と同 *dāti-(意味はいずれも「創造」)を並列させた合成詞 *dāmi-dāti- に由来するとみるべきで, これに l^e を前置して MI bhutanaṃ「もろもろの庶類の」を巧みに訳出している. dm を damma とよんで dhaṃma/dhraṃma「法」の音写とするのは不可で, これでは対格衆に通じない. だからこそ, 8 行目や 10 行目では huništāvan「よき命令」というイラン語を用いて dhaṃma を訳出しているのである. 碑文はここまではインド語文の語順に一致して「不殺害←生類への, 不傷害←庶類への」としているが, ここからあとは, インド語文の語順が逆になっているので, それに応じて碑文も「もろもろの親族への尊敬」などとなっている. その「親族」に QRYBY$^{;}$=qarībay-yā 'the relatives'(MI ñatinaṃ 参照)を復原したのは, この語がエレパンティネー・パピルス文書に出てくる[5]からである.

(3行目)——NG^R/$_D$WT$^{;}$は R と D が同形であるために ^{R}/$_D$ としたもの. R のほうをとれば nāgrūtā, D のほうをとれば n^{e}gīdūtā とよめる. 意味はいずれも「優位, 権威」. N. ʾL…=n. ʾal…は「……への優位(許与, 付与)」の謂いから「……への敬意」となる. nāgrūtā は nāgrā (<アッカド語 nāgiru 'prefect, overseer')の抽象名詞であり, n^{e}gīdūtā は n^{e}gīdā 'prince, noble'(ヨブ記 29: 10; 歴代志, 下 35: 8 参照)の抽象名詞. これらの語は nāgray 'my overseers' または n^{e}gīday 'my peers' としてセフィレ碑文 iii C 10 行目に在証される[6]. フンバッハ 73, p. 169 は NGRWT$^{;}$を「取り扱い(tractio), 引きつけること (attractio)」として MI saṃpaṭipati「応接(Entgegenkommen)」と照応させているが, 著者の解釈に誤りがなければ, nāgrūtā/n^{e}gīdūtā「権威」のようなアラム語訳の生じたのは, saṃpaṭipati「礼節」のなかに翻訳官が pati-「主, lord」を認めた(誤って)からであろう. 〈brmn〉は著者が碑文 MP blmny と MI bramaṇa を参

照して復原したものであるが，フンバッハ 73 は ⟨mgwš⟩ すなわち magūš「マゴス僧」としている．

（4 行目）——'rzwš=arzūš(a) は Av *ərəzūša- < *ərəzu-uša-「正見をもつもの」の転化で，3 行目の ⟨bramana-⟩ と合し前置詞 'al を伴って MI bramaṇaśramaṇana「婆羅門・沙門への」を訳している．*ərəzu-uša- は Av dūraoša- < dūra-uša-「遠見をもつ／授けるもの，遠くまで察知できる／させるもの」と同じ構造．dūraoša- はハオマの形容詞として「死を遠ざけるもの」の謂いとされているが，そのような意味には，むしろ *dūrāuša- < dūra-aoša- が期待される．*ərəzūša- や dūraoša- の後肢 uša- は Av uš-「理解力」が a- 幹に転化したもの．⟨lᵉ- 'immūhī⟩「かれの (-ū-hī) 母にたいする」の「かれの」は事実上無意味．このように無意味な代名詞前倚形を伴う書き方は，王朝アラム語から MP にも受けつがれた．碑文 MP ʾMY = 'immī「わたしの母」が mād「母」と訓じられるのもその一例．

（5 行目）——la-ʾᵃḇūhī「かれの (-ū-hī) 父にたいする」の「かれの」は無意味で，4 行目の註解で取り扱った lᵉ-'immūhī を参照されたい．碑文 MP ʾBYtr = ⁱpidar「父」の ʾBY = 'áḇī「わたしの父」にも，無意味の代名詞前倚形がみえる．hww⟨rd⟩ をフンバッハ 69, p. 10 は huvardə「よい手助け，gute Förderung」とするが，氏のように読めば「よく成長したもの，美しい」の謂いとなって氏の期待には副わないはず．この語は hva-vard(a)「自身で生成した，self-grown」と解してこそ「年長者」の謂いとなって，MI vuḍhanaṃ の訳語となりうる．hvavard の前に前置詞 lᵉ がないのは，vuḍhanaṃ の前の mata-pitusu が複数所格であるのに，vuḍhanaṃ（複数属格）はそうなっていないためである．

（6 行目）——hupatyāsti は MI suśruṣa「随順，聴従，従順」を訳したものであるが，patyāsti (Av patyāsti) のみで「随順」を意味するのに hu-「よい」を前接しているのは，suśruṣa の su- を「よい」の意味だと誤解したためである．よって hupatyāsti は「よい随順」とせずに，「〔よき〕随順」と訳しておく．

（7 行目）——ZK「その他の」や Bhwwrd = bihvavard(a)「多種の」については，442 頁註 54 参照のこと．Bhwwrd はアラム語 bᵉ とイラン語要素とが熔融

して一語となったもので，ハオマ作成器物の銘文にみえる Bhrḥwty や Bwhštk と同じタイプの語構造をもつもの．この点においても，阿育王の行蹟に及ぼしたハカーマニシュ王朝の影響は，否定しうべくもない．もしそれ，阿育王による植樹のごときも，われわれはその一先例をダーラヤワフ1世がサトラプ・ガダタスに送った書簡に見いだすことができる．大王はそのなかで，かれがシリアから小アジアの海岸にかけて果樹を植えた行為を，王意に副うものとして評価しているからである．こうして Bhwwrd は MI bahuvidhaṃ の写音でないことが明らかとなったし，また2行目の dmydty も MI dhaṃma を写音した damma- なるものを含むものでないこともすでに論じた．いまやタキシラ碑文はインド民衆を対告衆にもつものでなく，むしろ何らかの事情によりアフガニスタンから出土地シルカップ（タキシラ）に移されたものと言わざるをえなくなった．

（8行目）——huništāvan「よい命令」は dhaṃma「法」の訳語．OIr *ništā-vana->ništāvan の一古形はエズラ記4: 18 にも ništ^{e}wānā として見いだされる．ni-√stā-「命令する，指令する」の派生形である．dhaṃma をアラム語に訳すには huništāvan なるイラン語を故意に用いるか，qaššīṭā なるアラム語を用いた．qaššīṭā については，第1カンダハール碑文1行目にたいする註解を参照されたい．HWT⟨YRH⟩ =hōṭ(er-eh) なる復原は，フンバッハ 69, p. 8 に従ったもの．hōṭer「かれは増長した，かれはふやした」は YTR の hap'el perfect で，王朝アラム語では 'have plenty of' の意味で用いられていた．「かれは増長した」の「かれは」を hōṭer-eh の -eh 'of his' があらわしており，その -eh を 9行目の mārēnā Priyadarši malkā「主プリヤダルシ王，主喜見王」が再説している構文である．HWT⟨YRH⟩ の -Y- は理論的には不用である，というのは hōṭer に -eh が接尾されると，hōṭ^{e}r-eh となるからである．しかし hōṭer は単独には，第1カンダハール碑文8行目のそれが示すように，HWTYR と綴られているので，その -Y- が HWT⟨YRH⟩ に移行したと考えうるし，じじつ第1カンダハール碑文4行目と5行目の ꜢTHḤSYNN='iṭhaḥsenūn「かれらは身を退いた」にも，なくもがなの -Y- が見いだされる（本来なら 'iṭhaḥs^{e}nūn）から，HWT⟨YRH⟩ なる復原は首肯できる．最後に，この8行目で注意したいことは，

そのシンタックス的特徴である。関係詞 zī が先導する従続文 zī hōṯer-eh(これは容易に MP に転訳できる：ʾī-š waxšēnīd [または mahēnīd])が先行し，主文(これは 10 行目の halkūṯ huništāvan zᵉnā「(それは)この法実践(である)」)が後続する構文は，第1カンダハール碑文 4-5 行目の zī nūnayyā ʾāḫᵃḏīn, ʾillek ʾᵃnāšīn patizbātā「魚を捕るものたち——その人びとも取りやめを宣言した」や，5-6 行目の zī frabistā hāwayin, ʾillek ʾiṯhaḥsenūn min frabisti「猟師たるものたち——そのものたちも狩猟から身を退いた」にも見いだされるから，著者のシンタックス的取り扱いは誤っていないと考える。

(9 行目)——mārēnā は本来は「われらの(-nā)主」の謂いであるが，「われらの」は無意味とみるべきで，先述した ʾimmūhī「母」や ʾᵃḇūhī「父」の -ū-hī「かれの」が無意味であるのと同様。王朝アラム語では下僚や住民がサトラプをさして mārēnā「われらの主」といっていた(→417頁)が，阿育王碑ではこの原意は失われた。この行き方は MP で MRʾḤY, MRʾḤ=mārēhī「かれの主」が xwadāy「主」と訓じられ，Parth で MRʾY=mārī「わたしの主」が xwadāw「主」と訓じられているところにも伺われる。9 行目全文が 8 行目 hōṯer-eh の -eh を再説していることはすでに述べた。

(11 行目)——bᵉnōhī「かれの子ら」の -hī「かれの」を 12 行目 lᵉ-mārēnā Priyadarši malkā「主プリヤダルシ王の」が再説しているので，この lᵉ は属格関係を示すもの。したがって，「主プリヤダルシ王のために」のごとく lᵉ を与格的に解するのは首肯しがたい。

(12 行目)——11 行目の註解参照。

II. 第1カンダハール碑文

1957年，頭記の碑文がシャレ・クナ(カンダハールの西)で発見されてから，20年になる。なにしろ，断片とちがって完全な形で，しかもギリシア語版(ギリシア大文字を用い全文 14 行。その下にアラム語版)と同じ石に刻まれて発見されたのだから，セム語学者やイラン語学者による解読の競技場みたいになっ

てはなばなしい展開をみせたが，残念ながらまだ決定的な解明には到っていない．著者も一文を投じた[7]が，それからでもはや12年になる．この小論はその間における欧州学界[8]の解釈にあきたらぬものを覚えた結果であり，また著者自身の再考にもとづくものでもある．

(1) ŠNN 10 ptytw ׃BYR ZY MR׃N prydrš MLK׃ QŠYṬ׃ MHQŠṬ

(2) MN ׃DYN Z׃YR MR׃׃ LKLHM ׃NŠN WKLHM 'dwšY׃ HWBD

(3) WBKL ׃RQ׃ R׃M šty W׃P ZY ZNH BM׃KL׃ LMR׃N MLK׃ Z׃YR

(4) QṬLN ZNH LMḤZH KLHM ׃NŠN ׃THḤSYNN WZY NWNY׃ ׃ḤDN

(5) ׃LK ׃NŠN ptyzbt KNM ZY prbst HWYN ׃LK ׃THḤSYNN MN

(6) prbsty Whwptysty L׃MWHY WL׃BWHY WLmzyštY׃ ׃NŠN

(7) ׃YK ׃SRHY ḤLQWT׃ WL׃ ׃YTY DYN׃ LKLHM ׃NŠY׃ ḤSYN

(8) ZNH HWTYR LKLHM ׃NŠN W'wsp YHWTR

(1) šᵉnīn 10 patīt-ō 'āḇer

10 years having elapsed to Him (patīt-ō)

zī mārēnā Priyadarši malkā,   qaššīṭā mᵉhaqšeṭ.

who (is) Lord Priyadarši the King,   He practised the Justice.

(2) min 'ᵅḏayin   za'ʿer mar'ā   lᵉ-ḵålhom 'ᵅnāšīn

From then on   He has lessened the disease   of all the people

wᵉ-ḵålhom adᵛēšayyā hōḇaḏ.

and has made them all harmless.

(3) ū-ḇᵉ-ḵål 'arqā rā'em šāti.   wᵉ-'ap̄ zī zᵉnā,

And over the whole land there arises joy.   And in addition to this,

bᵉ-mēḵlā lᵉ-mārēnā malkā,   za'ʿer

in regard to the eating of Lord the King,   He has lessened

(4) qāṭᵉlīn.   zᵉnā lᵉ-maḥᵅzē,

the butchers.   In observation of this,

kålhom '{}^aⁿāšīn 'iṯhaḥsenūn.

all the people have forborne (from killing).

wᵉ-zī nūnayyā 'āḥᵃḏīn,

And those-who are-catching the fishes,

(5) 'illek̠ '{}^aⁿāšīn patizbātā.

those people have denounced (the catching).

k{}^eⁿēmā zī frabistā hāwayin,   'illek̠ 'iṯhaḥsenūn min

Likewise those-who are hunter(s),   they have forborne from

(6) frabisti. wᵉ-hupatyāsti   lᵉ-'immūhī   wᵉ-la-'ᵃḇūhī

hunting. And the [good] obedience   to the mother   and to the father

ū-lᵉ-mazištayyā '{}^aⁿāšīn,

and to the elder people

(7) 'ēk̠ 'issārā/'{}^aⁿsārā-hī ḥalqūṯā wᵉ-lā 'īṯai dīnā, lᵉ-kålhom '{}^aⁿāšayyā ḥassen.

has enabled (ḥassen) all the people (lᵉ-kålhom '{}^aⁿāšayyā) (to act), in such a way (or in order that)('ēk̠) the tie of it (the [good] obedience) may be(come) natural (ḥalqūṯā 'allotment')(for them all) and there may be no court.

(8) z{}^eⁿā hōṭer lᵉ-kålhom '{}^aⁿāšīn   wᵉ-ā vispā y{}^eⁿhōṭar.

This has benefited all the people   and to the eternity will benefit.

碑文はつぎのように訳すことができる：

(1)10年が主プリヤダルシ王なるかれに(patīt-ō)経過したとき('āḇer)，かれは正義を正義たらしめた．(2)それ以来，かれはすべての人びとの病気を減らし(za''er)，またかれらすべてをして(他に)加害せぬものにした(advešayyā hōḇaḏ)．(3)そこで全土に歓喜がおこっている．またこれに加えて，主なる王が食事するについて，かれは減らしたのである，(4)屠殺者たちを．これを見て，すべての人びとは(屠殺から)身を退いた．また，魚を捕るものたち——(5)その人びとも取りやめを宣言した．同じように，

狩猟者たるものたち——そのものたちも身を退いた，(6)狩猟から．そして母にたいする，また父にたいする，そしてもっとも年長なる人びとにたいする〔よき〕随順が，(7)それ(随順)の絆が(各人への)所与(ḥalqūṯā)となって(世に)裁判のなくなるように，すべての人びとをして能く(行動)させた(ḥassen)．(8)このことはすべての人びとを利益してきたし，またいつまでも(ā vispā)利益するであろう．

註　解

(1行目)——この行がギリシア語版ではどのようになっているか，それをまず見ておこう：δέκα ἐτῶν πληρη⟨θέντ⟩ων βασιλεὺς Πιοδάσσης εὐσέβειαν ἔδειξεν τοῖς ἀνθρώποις (1-3行)「10年が成満されたとき，王ピオダセースは人びとに敬虔を示した」とある．εὐσέβειαν ἔδειξεν とは要するに，ダルマに帰依すること (εὐσέβεια-) を示した，なした，ということで，εὐσέβεια- はダルマそのものを意味するものでなく，それへの帰依を意味するもの．したがって εὐσέβειαν ἔδειξεν は，ダルマを教えたとか教諭したとかを意味するのではない．さて，アラム語版にもどってみると，まず問題になるのは ptytw である．この語は，末字 w を合理的に解明せずに，Av paitita-, paititi-「懺悔，贖罪，滅罪」と同定されてきた．そうすれば，つぎの語は ᵃᵇbīd「それはなされた」と解するほかはなかった．しかし「懺悔，贖罪，滅罪」は宗教的に重要な意義をもつから，ギリシア語文にも当然存在しなければならない．ギリシア語文にそれがないところからみると，これまでの解釈に誤りのあることが推定される．最近フンバッハ 74, pp. 15-16[9)] はこれを *patīθwa-「贖罪さるべきもの，zu Sühnendes」と解したが，かかる解釈を推しすすめていくと「10年のあいだ，贖罪さるべきもの，すなわち罪業，がなされた」などとなって，氏の期待に反するようになる．ptytw は patīt-ō (または -av) とよんで「かれ (-ō/-av<OIr ava-「あれ，かれ」)に，かれにたいして」と解すべきである．patīt- 'to, for'<OIr *patīti-<*pati-√i-ti-, f.「のほうに来ること coming towards, に向かって来ること coming against」である．このような *patīti- は MP padīrag 'towards, against'<*pati-√ar-aka-, adj.「のほうに動く moving towards, に向かって動く moving against」と比較することができるし, patīt-ō は MP padiš 'to him, to it' の一先蹤としても興味がある. *patīti- の末音 -i(これは y で表記されるはず)が脱落しているのは -ō/-av と対接するからで, OIr *patīti- をそのまま承けている形は第2ラグマーン碑文10行目末尾に ZK׃ ptyty=zᵉkā patīti「慈善のために, for almsgiving」として在証される. ここの patīt-ō の -ō は zī mārēnā Priyadarši malkā 'who (is) Lord Priyadarši the King' で説明されている. mārēnā についてはタキシラ碑文9行目の註解を参照されたい.「懺悔」なる語が存在しないとなると, ʿᵃbīd「それはなされた」は成り立たなくなる. ʿᵃbīd とよまれていた語は ׃BYR =׃āḇer とよんで, ׃BR「経過する」の pᵉʿal participle active ('passing') とみなすべきで, 主語は šᵉnīn 10「10年」である. šᵉnīn 10 ʿāḇer は一種の分詞構文で, MP に訳せば 10 sāl sazīdag「10年が経過して, 経過したとき」, あるいは ׀pad bowandagīh ī 10 sāl「10年が満了して, 満了したとき」などとなろう. ׀pad bowandagīh ī 10 sāl はギリシア文 δέκα ἐτῶν πληρη⟨θέντ⟩ων「10年が成満されて」に意味のうえでは近接するが, 分詞構文としてなら 10 sāl sazīdag のほうが近い. qaššīṭā mᵉhaqšeṭ「正義を正義たらしめた, 法を法たらしめた」とは「法を実践した」ということ. タキシラ碑文8行目の註解で qaššīṭā には言及した. 二語とも QŠṬ なる語根から出ているから, 同族語が使用されているわけ. mᵉhaqšeṭ は QŠṬ の hap̄ʿel 分詞能相男性単数であるが, ここでは述語動詞として用いられている. MP sahistan 'seem; seem proper' の訓読語詞 MDMHstn の中にある MDMH=mᵉḏammē は DMH「似る」の paʿʿel (「比較する」) 分詞能相男性単数であるが, それはかつて述語動詞として使用されていたことの名残りであろう. mᵉhaqšeṭ は分詞であっても王を修飾する形容詞でなく, 述語動詞である. また qaššīṭā mᵉhaqšeṭ という同族語詞の使用は明らかに, MP ahlāyīh ahlāyēnīdan「天則を天則たらしめる, 法を法たらしめる, 法を実践する[10]」と関連がある. ahlāyīh は OIr arta-, Av aša- (OI ṛtá-)「天則, 理法」の MP 的表現で, ahlāyēnīdan はそれに由来する denominative verb (不定詞) なのである. このような点からみても, ギリシア語文 εὐσέβειαν ἔδειξεν が「法を教えた」など

の謂いでないことが知られよう．要するに，1行目は王が即位後10年に仏陀の法に帰依したことを示すものであるが，とくにこのことを謳っているのは，ウィシュタースプ王が即位後42年にしてはじめてゾロアスターの教えに帰したことと比較対照させる意図があってのことではなかろうか．ひとしく「正法」であるとしても，阿育ははるかに早くそれに帰依したぞ，との誇示である．

　(2行目)——advēšayyā は mazištayyā (6行目) と同じく語末にアラム語複数限定相 -ayyā を有しているが，それをはずすと，残部は OIr *a-dvaišah-, Av *a-dvaēšah- に溯る．これから転化した MP a-bēš には「苦しみを与えない」と「苦しみを受けない」の二義があるから，advēšayyā にも同じ二義が期待される．しかしこの語の前で碑文は，王が万人の病気を減らしたとは言いながらも，それを根絶したとは言っていないから，advēšayyā は「苦しみを受けない」ではなく，「苦しみを与えない，加害しない」の謂いでなければならない．MP a-bēš からみて，OIr *a-dvaišah- 「苦しみ」(a- は語頭添加の a-) のごとき語は存在しえず，したがって advēšayyā/advišayyā「諸苦」のごときも成立しない．advēšayyā の頭音 a- は示欠辞である．そうすると，advēšayyā hōbad は「かれは(人びとをして)加害せぬもの(advēšayyā)にした(hōbad)」以外の意味ではありえないことになるが，では hōbad はどのように理解したらよいのか． hōbad は語形としては ʿʾbad「かれはなした」のアイン(ʿ)がアラフ(ʾ)に移行したもの (ʾʾbad)[11] の hap̄ʿel perfect であるが，そうなると，hōbad は「かれはなさしめた」となって不都合ではないかとの疑問も出てこよう．著者をして言わしむれば，ʿʾbad は「かれはあった，he found himself」をも意味するから，それの hap̄ʿel たる hōbad は「かれはあらしめた，かれはなした」をも意味しうるはずで，不都合は来たさない．そういう理由と，もう一つ注目すべき理拠がある．それは，王朝アラム語では ʿBD はしばしば受動的意味で使用される傾向があったということ——例をあげてみると，上にふれたハオマ作成器具に付せられたアラム語銘[12]である．そこに頻出する ʿBD[13] は ʿʾbīd「それは作成された」であり，また ʿBDW[13] は ʿʾbīdū「それらは作成された」である．このような使用法の遺風が，MP kardan「つくる，なす」の訓読語形 ʿBYDWNtn の

中に見いだされる．すなわち，その ꞌBYD は pᵉꞌal 分詞所相男性単数としての ꜥᵃbīd̲ 'being made' か，あるいはむしろ pᵉꞌīl perfect としての ꜥᵃbīd̲ 'it was made'¹⁴⁾ なのである．いずれの場合でも，いまや hōb̲ad̲ は 'he made' でありうるし，'he made make' でなければならぬことはない．かくして，advēšayyā hōb̲ad̲ は「(万人を)かれは加害せぬものにした」となった．したがって，これに先行する Z꞉YR MRꞋꞋ は zaꜥꜥer marꜥā「かれは病気を減らした」でこそあれ，zᵃꜥꜥīr/zᵉꜥer marꜥā「病気が減った」ではありえない．両句とも主語は王である．

(3行目)——Z꞉YR も2行目で取り扱った zaꜥꜥer に従って，zaꜥꜥer (4) qāṭᵉlīn「かれは屠殺者たちを減らした」と解すべきもの．

(5行目)——ptyzbt は一般に *pati-√zbā-(√zbā-=OI√hve「呼ぶ」)の過去受動分詞(ppp.) patizbāta として，「(その人びとは)禁止された」と解されてきた．しかしこれは，*pati-√zbā- から派生した行為者名詞 *patizbātar-「反対宣言者，denouncer」(Av zbātar- 'Rufer' 参照)の単数主格 patizbātā で「取りやめ宣言者」ということ．もちろん，碑文では述語動詞として用いられ，「取りやめを宣言した」となっている．このように言うと，ppp. たる patizbāta をみとめて「(その人びとによって)取りやめを宣言された」と解釈することはできないか——そういう疑問も出てこよう．著者によれば，前述のハオマ作成器具銘文に頻出する ꞌBD は，一般には ꜥᵃb̲ad̲ 'he made' とみているが，そうではなくて ꜥᵃbīd̲ 'it was made' であることは上述のとおり．ꞌBD が ꜥᵃbīd̲ であることは，作成された器物が複数であるときは，ꞋBDW = ꜥᵃbīd̲ū 'they were made' となる例のあることによって明らかである．たとえば Bowman No. 28 では

…Tīrīdāta… ꜥᵃbīd̲ abišavana…

「……ティーリーダータによって杵が作成された」

とあり，同 No. 13 では

…Āθavāna ꜥᵃbīd̲ū havana…abišavanā pīruka zᵉnā…

「アーサワーナによって臼〈と〉この象牙の杵が作成された」

とあるがごとくである．そして，このような例からすれば，阿育王碑の問題の句は 'illek̲ ꜥᵃnāšīn patizbāta「その人びとによっても取りやめを宣言された」と

読解することもできよう.しかしこの句の前後の句は行為者が斜格でなくて主格である(「すべての人びとは身を退いた」「そのものたちも身を退いた」)から, シンタックス的にパラレルな構文がしばしばみとめられるならわしからみて, ここも 'illek ᵃnāšīn patizbātā「その人びとも取りやめを宣言した」とするほうが, より自然である. prbst も一般に *pari-/fra-√band-(√band-「結ぶ, 縛す」)の ppp. として pari-/fra-basta と読まれ, 種々の解釈が行われている15), たとえば frabasta-「放縦な16)」のごときがそれ. ところが, ギリシア語文(7-8行目)には καὶ ὅσοι θηρευταὶ ἢ ἁλιεῖς βασιλέως, πέπαυνται θηρεύοντες「また王のあるかぎりの猟師と漁夫は漁猟をやめた」とあるから, アラム語文のここには「猟師」の語がもっともふさわしい. しかし pari-/fra-basta からは, そのような意味を期待することはできない. よって著者は *fra-√bid-(OI√bhid- 'break, pierce, hurt' 参照)からの行為者名詞 *fra-baistar-「殺傷者＞猟師」の単数主格 *fra-bēstā をまず措定したい. このように根母音は盈楷梯が期待される. しかし6行目にある prbsty=frabisti「狩猟」とは至近距離にあることから考えると, *frabēstā の根母音度を引き下げて frabistā と読むほうが無難であろう. 西イランやその周辺では,「狩猟」は naxčīr/naxšīr またはその借用形で示されるが, 東イランでは naxšīr は「野獣」を意味し,「猟師」は「野獣追跡者」という表現で示される, たとえばソグド語 nγš'yr škr'k17)のごときがそれで, このほか Av √vī-「追う, 狩る」およびその派生形も参照したい. これらはいずれも碑文の prbsrt とは関係がないから, prbst は独自のものとみるほかはない.

(6行目)——prbsty=frabisti「狩猟」については, 5行目の註解で取り扱った prbst=frabistā「猟師」を参照されたい. frabisti は *fra-bid-ti-「殺傷すること」からの展開. hupatyāsti「〔よき〕命令」, 'immūhī「母(＜かれの母)」, 'ᵃbūhī「父(＜かれの父)」および mazištayyā「もっとも長じた, 最年長の」については, それぞれ, タキシラ碑文6行目, 同4行目, 同5行目および第1カンダハール碑文2行目にたいする註解を参照されたい.

(7行目)——ḤSYN は ḤSN (hᵃsan) 'be strong' の paʿʿel: ḥassen 'he strengthened (strengthen)' であるが, ここでは 'enable (to act)' である. MP šāyistan 'be able' の使役形 šāyēnīdan 'enable' に相当する. ḤSYN を *ḥāsayin「敬虔な(人びと)(複数)」と解して直前の ʾᵃnāšayyā「人びと」の形容詞としたり[18], ḥassīn「つよく」と解して8行目にかけたり[19]するのは,シンタックス的にも容認しがたい. 7行目は容易に MP に転訳することができる: ⁺kū-š band ⁺baxšišn ud ⁺nēst ⁺dādestān harwisp ⁺mardān(または ⁺mardōmān) šāyēnīd (kardan)「それ(随順)の絆が(各人への)所与となって(世に)裁きがなくなるように(そのように)(父母長老への随順が)すべての人びとをして(行動)させた」ということ. ꜤSR は動詞 ʾᵃsar 'he tied' でなく, 名詞 ʾissārā または ʾᵃsārā 'the tie, rope, chain' の欠記(末音 -ā の)とみるべきもの. それにしても, MP bastan, band-「結ぶ」の訓読語形 ꜤSLWNtn の中に ꜤSL<ꜤSR=ʾᵃsar 'he tied' が見いだされるのも興味があり, また MP baxtan, baxš-「頒つ」の訓読語形 HLKWNtn の中に HLK<ḤLQ=ḥᵃleq 'he apportioned' があって碑文の ḤLQWTʾ=ḥalqūtā「付与, 頒与, 運命」と不離の関係にあるのも興味ぶかい. この ḥalqūtā は MP baxšišn 'bestowal' (<baxš-: baxtan) と意味上, きわめて近いのである.

(8行目)——W'wsp の頭字が接続詞 wᵉ であることは確実であるが, 残部が, これまで考えられていたように, アラム語であるかは疑わしい. その残部をアラム語 YSP の apʿel perfect 'ōsep̄「かれはふやした, 付加した, 繰りかえしてした」とみることは, それ自体としてはまちがっていないが, シンタックス的には受け入れにくい. これを「ますます, もっと」のごとき副詞と解したり[20], 「ひきつづいて, continue to」と解したり[21]するのは首肯しがたい. 著者はむしろこの語をイラン語とみて ā vispā「いつまでも」と解し, MI ava kapaṃ/ avakapaṃ「劫末まで」の訳語であると考えたい. vispā には明らかにアヴェスター語的語音 sp(OP の visa- とは対照的に)がみられるのみならず, 語彙的にも ā vispā はアヴェスター語と比較されうるのである. というのは, アヴェスターには「いつの日までも」の意味で yavōi vīspāi ā(Yasna 53: 1, 4), yavōi vīspāi (Yasna 46: 11; 49: 8), vīspāi yavē (Yasna 28: 8; 40: 2; 41: 2) が用いられるほか, vīspəm「つねに」(Wīdēwdād 13: 1) や vīspāyu- (OI viśvā́yu-)

「永遠の，つねの」も見いだされるからである．

III. 第2ラグマーン碑文

第2ラグマーン碑文発見のいきさつは第1ラグマーン碑文のそれと関連があるので，ここでは両者を一括して取り上げていくことにしたい．

まず第1ラグマーン碑文のことであるが，この碑文は1969年の秋，ベルギー人民族学者ブルジョア Bourgeois 夫妻によって発見された．発見地の詳報がないが，ジェラーラーバード Jelālābād (アフガニスタン)の西25 kmあたりでカーブル川に北から流入するラグマーン川の合流地点から直線距離にして約11 kmを溯ったあたりの東岸で，カルガイ Qargha'i からシャラタク Šaratak に通じる新道に沿い，川をへだてて西にあるカラコト Kalakot の集落と対峙しているあたりらしい．この碑文はまずデュポン・ソメ André Dupont-Sommer によって解読された[22]が，つづいてフンバッハ[73]がこれに批判を加えた．しかし，細部をさらに確認するために，フンバッハの要請でダヴァリ G. Jelani (Djelani) Davary が建築技師ヘルベルク W. Herberg や地質学の専門家たちと現地を訪れた．1973年，秋のことである．氏は前記の地点にあるスルターン・バーバー・ガル Sulṭān Bābā Ghar(山)か，その前山のサーム・バーバー・ガル Sām Bābā Ghar(山)に見当をつけて捜したが見当たらず，喪失の可能性も考えられるというような状況だった．ところが，所期の目的は果たせなかったが，幸運にもサーム・バーバー・ガルの中腹に，別の碑文を発見することができた．これが第2ラグマーン碑文で，前掲道路(カルガイ〜シャラタク)から300 mほど東にはいったところで，ラグマーン川をへだてて西には前記の集落カラコトがある．その碑石(第2ラグマーン碑文)は遠くからでも目にとまり，雲母系の部分は暗く，長石系の部分は明るくみえる花崗岩で，岩塊の一部を縦78 cm，横92 cmのパネルに仕上げ，そこに10行から成るアラム語文が彫りこまれている．そのアラム字母のなかには彫りが浅くてすこしく風化しているものもある．1-9行は上から下に各行とも水平に並び，いずれも右から左に向かって書

10 阿育王のアラム語碑とそのイラン学的価値について　　　467

かれ，行間の間隔は 8 cm くらい，字母の上下は 4-5 cm で，字画の太さは 2-3 mm．しかし 10 行目は，スペースがないため，パネルの右端に上から下に向かってかつ同じく右(上)から左(下)の方向に彫られ，水平にならぶ 1 行目から 8 行目までにわたって，それら各行とはほぼ直角に配列されている．フンバッハはこの実地踏査の成果をふまえて，この第 2 ラグマーン碑文を解読するとともに，第 1 ラグマーン碑文にも，さらに検討を加えている(フンバッハ 74)．しかし著者からみると，その業績には大いに飽き足らぬものがあるので，まず第 2 ラグマーン碑文を取り上げ，ついで第 1 ラグマーン碑文に及ぼすこととしよう．

(1)　　B ʾLWL mʾh ŠNT/
(2)　　16 prydrš MLKʾ
(3)　　ZRQ DḤʾ MN ŠRYRYN Š⟨Ḥ⟩Q
(4)　　MH MṢR KWRY BRYW⟨T DWDY⟩
(5)　　MH ʾBD RYQ QŠTN 3⟨00⟩
(6)　　ZNH TWKʾ ʾhwty ŠMH
(7)　　ZNH ʾRḤʾ krpty s⟨h⟩yty
(8)　　GNTʾ ʾḤR 300 TRḤ ʾTRH ⟨　⟩ ʾLʾ ⟨　⟩
(9)　　ʾM wʾšw ŠMH dynʾ⟨br⟩
(10)　　Wḥšwprtbg ŠKN ZKʾ ptyty

(1)　bæ-ʾælūl　　māh　　šᵉnaṭ /
　　　　In Elul　　month　　year
(2)　16 Priyadarši　malkā
　　　　16 Priyadarši　the King
(3)　zᵉraq　　dᵉḥā　　min šārīrīn　　šᵉ⟨ha⟩q
　　　　expelled (and)　ousted　from the righteous　(the) sla⟨ugh⟩ter
(4)　mā　　mᵉṣar　　kᵉwārē　　bᵉriyū⟨t,*
　　　　which　discriminated against　fishes (and)　living bein⟨gs,

dūd̲ē⟩,

relatives⟩ (of human beings),

(5) mā ᵃb̲ad̲ rēqā qaštān 3⟨00⟩.
which (fact) made of no use bows 3⟨00⟩.

(6) zᵉnā tōk̲ā Āhvatī šᵉm-eh.
This centre (is) Āhvatī by name.

(7) zᵉnā 'ārᵉḥā-kārapati sa⟨h⟩yati
This traveller-guide-office is called

(8) ginnᵉṭā. 'ᵃhar 300 tāraḥ 'aṭr-eh,   ⟨ ⟩ 'ellā ⟨ ⟩
the Garden. Then 300 guard(s) in place of, ⟨ ⟩ + ⟨ ⟩

(9) 'im Vāšu šᵉm-eh dainā⟨bar⟩
with Vāšu by name religion⟨-bearer⟩

(10) wᵉ-Xšāvafrātabag šāk̲en zᵉk̲ā patīti.
and Xšāvafrātabag are resident almsgiving for.

碑文はつぎのように訳すことができる:

(1-2)(灌頂)16年，エルルの月にプリヤダルシ(喜見)王は(3-4)(人類の)同胞たる魚類・生物を差別したところの殺生を正しい人びと(のもと)から取り去り取り除いたが，(5)このことは3⟨00⟩もの弓を不用にした.

(6)この中心地はアーフワティーという.

(7-8)この旅人の案内所は公園とよばれる.

ここにおいて，300人の番兵の代わりに，⟨ ⟩+⟨ ⟩人が，(9-10)信者ワーシュというものおよびクシャーワフラータバグといっしょに，慈善のために駐留している.

文意を明らかにするための説明は無用であろう．著者は，読者も一読して文意を把握されることと確信する．これまでは武器を擁して警固するための施設だったものが，一転して旅行者に便益を供与するための施設となり，その目的に沿う人員——人数は数字が風化したために不明であるが——が代わって駐留

10 阿育王のアラム語碑とそのイラン学的価値について　　　469

し，名も「公園」と改められた，というのである．阿育の灌頂即位を BC 268 年におけば，この第 2 ラグマーン碑文は BC 253 年の造刻となる．ちなみに，以下にしるす各行ごとの註解を理解しやすくするためにも，ここで参考のためにフンバッハ 74, pp. 11-12 の独訳を邦訳して紹介しておこう．

　16 年エルルの月に，灌頂された (ZRQ) プリヤダルシ王は，堅信なる人びとの道から (MN ŠRYRYN Š⟨Q⟩Q)，魚・生類・親族の苦しみなるもの (MH MṢR KWRY BRYW⟨T DWDY⟩)──それは愚昧の行為なるものである (MH ʼBD RYQ)──を追放した (DḤʼ [l. 3])．3・・・弓 (ただし，この数字「3」も註で示すだけで，訳文では「・・・・」の中に含めて出していない．また「弓」とは長さ〔里程〕の単位とのこと) この牛 (TWRʼ)(または「岩」または「山」[⁺TWRʼ])──アーフワティーがその名 (ŠMH)．この道 (ʼRḤʼ) はカーラパティ (Kārapathi) という．公園 (GNTʼ) のちに 300……場所 (ʼTRH) 13+300……(独訳では Park nach 300 … Platz 13 oben 300… とある)　法官 (DYNʼ)──ワーシュがその名 (ŠMH)──に従って (ʼM)…(独訳では Gemäss dem Richter, Wāšu (ist) sein Name… とある)　住人ワクシュプルトバグ (wḥšwprtbg ŠKN) が滅罪 (ptyty)(として)，清浄 (ZKʼ)(独訳では Waxšupurtbag, der Einwohner, rein, (als) Sühneleistung とある)．

註　解

　(3 行目)──ZRQ をフンバッハ 74 は MI abhisita-(<abhiṣikta-) の訳とみて「灌頂されたるもの」とするが，ズンダーマン Werner Sundermann のいうように，ZRQ DḤʼ は Hendiadyoin とみて「取り去り取り除いた」と解すべきもの．フンバッハのように解するなら ZRYQ を期待したい．Š⟨Ḥ⟩Q は ŠḤQ「粉砕する」からの qaṭl か qaṭal 派生形 šeḥaq「殺戮, 殺生」と解したい．これを先行詞として承ける関係詞 MH=mā から考えて，ŠḤQ は šāḥaq「殺戮者」ではありえない．もし šāḥaq なら，関係詞としては MNW=mannū が用いられるはずである．このようにいうのは，MH=mā の用い方が多分に中世イラン語的だからである．すなわち，中世ペルシア語やパルティア語では mā を čē と訓じ

て無生物を承ける関係(代名)詞として用い，生物のほうを承ける関係詞には Aram MNW=mannū を用いて kē と訓じるからである．MH=mā は 'what?' であるから，それを関係詞として用いること自体が，すでにイラン語的な在り方である． フンバッハ 74 は Š⟨Q⟩Q=šᵉqāq「道」とみて，タキシラ碑文において「(法)実践」(直訳すれば「(法の)行進」)なる表現に HLKWT=halkūṭ が用いられているのを引用し，「道」なる表現にこの「(法)実践」が含意されているとも考えられる，という．しかし「道」ならば，Š⟨Q⟩Q は ŠRYRYN「正しい人びと，堅信なる人びと」の前にあるのが望ましい．

(4行目)——4行目から5行目がフンバッハの訳では，はなはだしく誤解されている．MṢR は「わけへだてする，差別する」という動詞で，氏のように「(魚・生類・親族の)苦しみ」(フンバッハ 73, p. 164; 同 74, pp. 12–13)でもなく，デュポン・ソメのように MṢD「捕える[23]」でもない．行末の DWDY は「友，親族」であるが，碑文に述べてあるのは，魚やけものも本来，われわれ人間と同類同胞なので，それを差別して殺生することを王は取り除いた，ということである．KWRY=kᵉwārē「魚類(fishes)」については，第1ラグマーン碑文2b行目の註解を参照のこと．

(5行目)——この行は4行目をうけて，そのような事実が 300 もの弓を不用にした，と謳っているのである．3⟨ ⟩のところは第1ラグマーン碑文の相応句2a–3行目に 300 とあるので，3⟨00⟩ としたもの——ダヴァリは 3×10+3(=33) を認めたい意向であるが——．QŠTN=qaštān「弓(bows)」を里程の表示とみたり[24]，地点か施設の表示とみたり(フンバッハ 74, p. 13)するのは大きな誤りである．RYQ は本来「からっぽの，空虚な」という謂いであるから，5行目はその意味をとって「300 もの弓を空にした」と訳するもよい．狩猟用の弓ではなく，武器としてのそれである．ところが，ʿBD RYQ をデュポン・ソメ，フンバッハはともに「愚昧な行為」とする(フンバッハ 73, p. 164; 同 74, p. 13)が，これでは文意を成さない．ʿBD RYQ は「空にした，不用にした」ということだ．4–5行目を「魚・生類・親族(DWDY)の苦しみなるもの(や)愚昧の行為なるものを(王は取り除いた)」とか，「魚(や)生類の苦しみなるものを(王

は取り除いたし，また）愚昧の行為なるものの友たち（DWDY）を（も取り除いた）」などと解して，ここに文章の終止点をおき，そのあとに「3・・・弓」から新しい文章を起こすことは碑文の文意をまったく見失ったもので，遺憾の至り．4行目に出る MH=mā は Š(Ḥ)Q「殺生」を承ける関係詞，5行目のそれは王が漁猟をなくした事実を承ける関係詞である．MH のこのような用法は，上述したように，アラム語としてでなく，中世ペルシア語やパルティア語でこの MH が čē と訓じられ，かつその čē が無生物を承ける関係（代名）詞として用いられることを想起することによって，理解することができる．なお，'BD の語意や用い方については，第1ラグマーン碑文2a行への註解を参照されたい．

 (6行目)——TWKʾ=tōkā「中心地(the centre)」と解した[25]．ダヴァリはサーム・バーバー・ガル(山)がラグマーン渓谷を睥睨する要所であることを指摘している(ダヴァリ[フンバッハ74], p. 7)．これに反し，フンバッハ74, p. 13 はこの語を TWRʾ=tōrā「牛」と解し，「この碑石のある一帯には動物の形をした石像が散在しているので，牛という語は，それと関連があるのかもしれない．それというのも，TWRʾ=tōrā は中世ペルシア語で gāw と訓じられ，その gāw は，牛のほかに，動物一般をも意味しうるからである．そして，もしこの考え方が当たっているなら，阿育王が人の近づきにくいこの地に山棲動物を集めて動物園を設けていたのではないか」という意味のことを述べている．それに，もう一つの考え方も氏によって提唱されている．それによると，純正なアラム人のアラム語なら T を Ṭ と書き誤ることは考えられないが，阿育王碑の場合ではこの誤記も考えられるし，もし然りとすればTWRʾ は ṬWRʾ=ṭūrā「山，岩」をあらわしたものとなろう．じじつ，碑文パルティア語では ṬWRʾ は kōf「山」と訓じられている，と氏は註している(フンバッハ74, p. 13)．著者によれば，いずれも当を得ていない解釈で，動物の形をした石像は，他の山頂や斜面にも見られるので，ここばかりのものではなく，また T を Ṭ と書き誤ることも考えられぬことであるから，けっきょくは，上記のようにTWKʾ=tōkā とよむべきものというにおちつく．K, R, D は字母間の区別が微妙で，しばし

ば誤読されることがある．ŠMH=šᵉm-eh「かれの名」の -eh「かれの」が衍辞に近いことをフンバッハ 74, p. 15 は，ŠMH がパルティア語 nām「名」の訓読語詞となっている事実，その他を引いて，指摘している．

（7行目）――7行目だけで文を成すのでなく，8行目の首語 GNTʾ=ginnᵉtā「公園(the Garden)」を含めて文を成すのであるが，この点もフンバッハは見失って7行目だけを独立の文とみて「この道(ʾRḤʾ)はカーラパティ(Kāra-pathi)という」と解しているが，誤りである．ʾRḤʾ は 'ārᵉhā「旅行者(the traveller)」であって「道」ではない．また krpty はイラン語 kāra-pati-[26]「カーラの主」で「キャラバンのリーダー，道案内」であるから，ʾRḤʾ-krpty と熟して「旅行者の案内所」の謂いとなる．s⟨h⟩yty は syty と欠記されているのを復したものであるが，shyty はポレ・ダルーンタ碑文 3, 7 行目や第 2 カンダハール碑文 1, 3, 5 行目にもみえるし，第1ラグマーン碑文（後出）3 行目では sh⟨y⟩ty とあって h はあるも語内の y は風化している．フンバッハ 74, p. 15 はラグマーン碑文の文脈からみてプラークリット語[27]ではありえないとし，イラン語のある動詞形なるべし，という．そのとおりで，著者は sahyati 'he/it is called' なる古形ではないかと考える．語根は Av saḥ-(OP θanh-, OI śaṃs-)で，アヴェスター語では受動形でも活用語尾には中・受動相（為己）のみならず能動相（為他）をも用いる[28]し，また sahyati にみえる根母音度については OI śasyáte 'it is called/recited' を参照したい．著者の解釈が正しければ，sahyati は頭音 s と活用語尾能動相とをもってアヴェスター語の語域がアフガニスタンであったことを示唆するもの．この件については，あとで一括して取り扱うことにしたい．

（8行目）――GNTʾ=ginnᵉtā「公園(the Garden)」が7行目の文につづいてその文末を成すものであることは，前記のとおり．フンバッハは8行目から10行目までを，はなはだしく誤解している．TRḤ は，第1ラグマーン碑文 4 行目では，限定相 TRḤʾ として出てくる．この語は TRḤ「待つ」の pᵉ'al 分詞能相男性単数 tāraḥ/tārᵉhā「待つ者」で「番兵」のことをさす．ʾTRH は 'aṭr-eh と読んで字義どおりには「かれの場所」であるが，-eh「かれの」はやはり

衍辞の類で，そのことは ʾTRH がパルティア語で wyāg「場所」と訓じられていることをみてもわかる．では，そのような ʾTRH がここではどんな意味で用いられているのか，問題はそこにある．ここでは一種の後置詞「……の代わりに (in place of)」として用いられており，これに対し第1ラグマーン碑文4行目では前置詞として同義に用いられている．この点が見抜けないと碑文は解しようがなく，その好例がデュポン・ソメやフンバッハの場合である．ʾᵃṭar に前置詞をつけた bāṭar/baʾᵃṭar は，アラム語としても「のちに」の意味で用いられており，baʾᵃṭar は中世ペルシア語で pas「ついで，のちに，うしろに」と訓じられていることも参照したい．ʾTRH のつぎには ʿL=ʿellā「上に，加えて，プラス」はよみとれるが，その前後はいずれも風化して不明．しかし，この不明箇所には，どちらにも数字があって中に ʿellā をさしはさみ，x+y(=z) のようになっていたことは，第1ラグマーン碑文4行目に 100 ʿellā 80「100+80」(=180) とあることから推定できるし，この数は要するに人数を示すもので，8行目の ʾḤR=ʾᵃḥar「ここにおいて，そこで，ついで，のちに」ではじまり 10 行目で完結する文の主語となるものである．

　(9行目)――DYNʾ のつぎに何か字母がみえるとして，ダヴァリはそれを BR ではないかとする[29]．そうすると，DYNʾ⟨BR⟩ となってイラン語となるから，dynʾ⟨br⟩ と写し dainābar/dēnābar「ダエーナー (Av daēnā-, MP dēn) を奉ずるもの」となる．ダエーナー/デーンはゾロアスター教をさすのがふつうであるが，宗教一般をもさすから，ここのダイナー/デーンは仏教系の教えをさすものとも考えられる．第1ラグマーン碑文5行目では DYNʾ とのみあるからとてフンバッハ 74, p. 15 は，ここでも DYNʾ をとっている．DYNʾ はアラム語 dayyānā「法官 (the judge)」である．しかし，ここの施設は，著者の理解するところでは，旅行者を助けるためのもので直接司直と関係するものではないから「法官」はとりたくないし，また第1ラグマーン碑文に「法官」として出てくるといっても，この第1碑文は末尾が欠損しているとみられるので，DYNʾ のあとに BR があって dynʾbr とあったのかもしれないから，速断はさけたい．それはともあれ，フンバッハは「法官」をみとめているので，氏によれば wʾšw

＝ワーシュ Vāšu なる人物の役職名となるはず．氏は「法官」をとった建前上(?)，9行目の首語 ;M='im を「(ワーシュなる名の法官)に従って」と解し，いかにも法官の判決・裁決が下されたかのように受けとり，この ;M から新しい文章がはじまるように解している．しかし，;M は「といっしょに(with)」を意味する前置詞であるから，この点からもフンバッハの解釈は首肯しがたい．

(10行目)——この行は碑文の性格を明らかにする重要な部分であるが，第1ラグマーン碑文はこれに相当する句を欠損しているとみなければならない．さて，10行目の首語 Wḥšwprtbg であるが，これは9行目と連結して w^e-Xšāvafrātabag「(信者ワーシュというもの)およびクシャーワフラータバグ(といっしょに)」と解すべきであるのに，フンバッハは接続詞 W=w^e 'and' を別出せずに人名の中に読み込み，その人名を wḥšwprtbg＝ワクシュプルトバグ Waxšupurtbag としている．そして氏はこの人名以下文末までを，「住人(ŠKN)ワクシュプルトバグが滅罪(ptyty)(として)，清浄」と訳している．氏は，土地の人ワクシュプルトバグなるものが漁猟などの禁を犯し，その罪滅ぼしとして，法官ワーシュの裁決に従ってこの碑文を建てたか，それへの費用を醵出したか，したものであろうという(フンバッハ 74, p. 16)．したがって，フンバッハによれば，この碑文は阿育王の碑文ではなくして同王時代の碑文ということになる．ところが，Vaxšupurtbag なる読み方では人名の語意もつかめない．ここらあたりにも，無理のあることがわかる．著者のように Xšāvafrātabag とよめば，東イラン語ないしアヴェスター語系のものとして「神を愛好する者(たち)を支配するもの[30)]」の謂いとなって，より合理的である．つぎの ŠKN は ŠKN「住む」の p^e'al 分詞能相男性単数 šāken であるから，フンバッハのように「住人(Einwohner)」でもありうるが，ここでは分詞が述語動詞の役を演じているもので，「住んでいる，駐留している」の謂いである．もっとも問題となるのは行末の二語 ZK; ptyty で，ptyty はダヴァリの実地踏査によって確認されている．現在，欧米の学者たちでこの碑文に関心を寄せるものなら，異口同音に ptyty を Av paititi- f.「懺悔，贖罪，滅罪」に結びつけるだろうし，じじつフンバッハもそのように解釈している．しかし，そうではなくて，この語は著者が第1カ

ンダハール碑文1行目に読み取ったpatīt-の完全な形であり，ここではそれが後置詞として用いられているにすぎない．この碑文の翻訳官が後置詞を好む傾向は，8行目の᾿TRH「……の代わりに」にもみえる．ZK᾿ ptytyとは，「滅罪（として）清浄」(フンバッハ)でなく，「ZK᾿のために」ということで，そのZK᾿はZK᾿「慈悲を加える，慈善を施す」からのqaṭal派生形 $z^e k\bar{a}$「慈善」である．また，このように解明してみると，9行目の註解で取り上げたDYN᾿がDYN᾿-〈BR〉すなわちdyn'〈br〉=dainābar/dēnābar 'religionist'である可能性が，ひじょうに大きくなる．それは「信者」ということ．そして，かかるものであってこそ，旅人を助けるにふさわしいともいえるであろう．

IV. 第1ラグマーン碑文

(1) B ŠNT 10 / ḤZY/ prydrš MLK᾿ ZRQ DḤ᾿
(2b) 〈ŠḤQ〉 MH MṢR BRYWT KWRY DWDY
(2a) MN ŠRYRYN   MH ᾿BD RYQ QŠTN
(3) 300 ZNH TWK᾿ tdmr ŠMH ZNH ᾿RḤ᾿ krpty sh〈y〉ty
(4) GNT᾿ ᾿TRH 120 TRḤ᾿ TNH 100 ᾿L᾿ 80
(5) ᾿M w'šw dyn'〈br Wḥšwprtbg ŠKN ptyty ZK᾿〉

(1) bi-šnaṯ 10   / $ḫ^a zī$ / Priyadarši
    In year   10,   behold,   Priyadarši
    malkā z^eraq d^eḥā
    the King expelled   (and) ousted
(2b) 〈$š^e$ḥaq〉   mā m^eṣar
    〈(the) slaughter〉 which discriminated against
    b^eriyūṯ k^ewārē,   dūḏē,
    living beings (and) fishes, relatives (of human beings),
(2a) min šārīrīn   mā ^{ta}baḏ rēqā   qaštān
    from the righteous which (fact) made of no use bows

(3) 300.　z^{e}nā　tōḵā　　　Tadmar　š^{e}m-eh.

　　　300.　This　centre (is)　Tadmar　by name.

　　　z^{e}nā　'ār^{e}ḥā-kārapati　　sah⟨ya⟩ti

　　　This　traveller-guide-office　is called

(4)　ginn^{e}ṭā.　　'aṭr-eh　　120　tār^{e}ḥā,

　　　the Garden.　In place of　120　guard(s),

　　　tannā　　100　'ellā　80

　　　here　　100　+　80

(5)　'im　Vāšu　dainā⟨bar　　w^e-Xšāvafrātabag　šāḵen

　　　with　Vāšu　religion⟨-bearer　and Xšāvafrātabag　are resident

　　　patīti　z^{e}ḵā.⟩

　　　for　almsgiving.⟩

碑文はつぎのように訳すことができる：

(灌頂) 10 年に，みよ，プリヤダルシ (喜見) 王は (人類の) 同胞たる生物・魚類を差別したところの ⟨殺生を⟩ 正しい人びと (のもと) から取り去り取り除いたが，このことは 300 もの弓を不用にした．

この中心地はタドマルという．

この旅人の案内所は公園とよばれる．

120 人の番兵の代わりに，ここに 100+80(=180) 人が，信 ⟨者⟩ ワーシュ ⟨およびクシャーワフラータバグ⟩ といっしょに，⟨慈善のために駐留している．⟩

文意は，第2ラグマーン碑文の訳文と同じく，一読してその意をつかむことができるであろう．治世 10 年とあるから，阿育王の灌頂即位を BC 268 年におけば，この第1ラグマーン碑文は BC 259 年の造刻にかかるものとなる．ところで，この第1ラグマーン碑文は見掛けのうえからは計6行から成っているが，見掛け上2行目にあたるものは，第2ラグマーン碑文と比較してみると，見掛け上3行目を成す行にみえる ŠRYRYN と MH との間にはいるべきもの

であることがわかる．よって，見掛け上の2行目は(2b)，これに対し，見掛け上の3行目は(2a)として，上記のように行(ぎょう)の番号をつけるようになった．子音スケルトンにて ŠRYRYN と MH の間をあけたのは，著者の配慮による．

註　解

(1行目)——bi-šnaṭ 10「(第)10年に」の表現からみて，第1カンダハール碑文1行目の šᵉnīn 10 は「(灌頂)10年に」でないことがわかる．ZRQ DḤˑ については，第2ラグマーン碑文3行目の註解参照．

(2b行目)——第2ラグマーン碑文4行目の註解参照．第1ラグマーン碑文では BRYWT KWRY「生物・魚類」とあるから，第2碑文4行目の KWRY BRYWT「魚類・生物」とは語順が逆になっている．関係詞 MH=mā にはその先行詞 ŠḤQ「殺生，殺戮」が遺漏しているとみて，著者はこれを補った．第2ラグマーン碑文の3行目の註解参照．また，同じく治世10年の碑文であっても，第1カンダハール碑文では「魚類」には nūnayyā 'the fishes'(4行目)を用いているから，kᵉwārē 'fishes' を用いるこの第1ラグマーン碑文とは別の翻訳官の手に成ることが考えられる．このような考え方は ˑBD の用い方にも適用される．2a行目の註解参照．

(2a行目)——MH ˑBD RYQ QŠTN から 300 までについては，第2ラグマーン碑文5行目の註解参照．なお，指摘したいのは ˑBD=ʿᵃbad を「かれ(王)は……にした(he made)」の意味で用いている点である．第1カンダハール碑文2行目にみえる HWBD=hōbad 'he made' では，すくなくともその pᵉˑal 形 ʿᵃbad<ʿᵃbad は 'he found himself' を意味するもの，つまり中動相として受けとられている．かかる ʿᵃbad の受けとり方の相違をみると，「魚」をあらわすのに，第1カンダハール碑文が nūnayyā 'the fishes' を用い，ラグマーン碑文が kᵉwārē 'fishes' を用いるごとく別語を使用している点とも，関連があるとみてよい．2b行目の註解参照．

(3行目)——ZNH TWKˑ tdmr ŠMH は第2ラグマーン碑文6行目に対応するが，地名は異なる．tdmr か trmd か，もっと別のよみ方をとるべきか，いず

れとも決定至難. デュポン・ソメは Tadmar＝Palmyra(シリアのオアシス都市. タドマル, タドモルはその原地名)をさすものとし, ムナス Jean de Menasce はテルメズ Termez(ソ連邦ウズベク共和国の南端, アフガニスタン国境に近い都市)に同定するが, いずれも[31]首肯しがたい. これらの都市に通じる交通路は第1ラグマーン碑文の発見されたとおぼしき地域から6 km は離れており, そのうえ, そこから長遠の距離にあるこのような都市が碑文にあらわれるなど, およそ考えがたいことである. 第2ラグマーン碑文のアーフワティーとあまり隔たらない地域で, 同じラグマーン渓谷に位置する地名と考えるほうが自然であろう. アラム字母 D, R, K の間には字形上区別しにくいところがあるから, この地名には, tdmr のほかにも多くの読みとりかたがありうるので, それらの中の一つをとって決定することは容易でない. 語音が一部において似ていると簡単に類似語形に引きあてるのは, 洋の東西を問わず, どこにも見うけられる. 「阿羅本(景教僧)」「阿羅憾」「羅舎」をいずれも Abraham に引きあてるなどもその好例だが, 言語道断な臆説で, それぞれ Anōš-ruwān(「不死の魂をもつもの」), Anōš-rōγn(「不死のバターを食せるもの」)および Rašn(＜Av Rašnu-「神格の名」)または Rōšan という中世ペルシア語形に由来するもの[32].

　ところで問題の地名 tdmr の前にある語であるが, デュポン・ソメは TMH ＝tammā「かしこに(there)」としたが, フンバッハ 74, p. 13 は同 73 を改め, 第2ラグマーン碑文6行目に従って TWRʾ＝tōrā「牛」とした. しかし著者は, 第2ラグマーン碑文6行目の註解で取り扱ったように, これを TWKʾ＝tōkā「中心地」と読んだ. ZNH ʾRḤʾ krpty sh(y)ty (4) GNTʾ については, 第2ラグマーン碑文7行目の註解を参照のこと.

　(4行目)——ʾTRH については第2ラグマーン碑文8行目の註解参照. この語はデュポン・ソメによって YTRY 'more than (plus de)' とよまれ, フンバッハ 74, p. 15, n. 18 もこれを追認している. しかし語頭の Y(ヘ)は ʾ(ヘ), 語末の Y は H(ヘ)の字画の一部風化したもので, この語のあとに数詞「120」があるから「120以上」となる, などといった安易な解釈は場当たり的で受けいれにくい. TRḤʾ は, デュポン・ソメは TRTʾ と読んで地名(意味は「牝牛」)

と考え，フンバッハ 73, p. 166 は TRṢ'「設置されたもの(Anlage)」，同 74, p. 15 では TRT' または TRṢ' としているが，T または Ṣ によまれている字母 Ḥ は Ḥ(Π) の字画が一部風化したものと考えうるから，TRḤ'=tārᵉḥā「番兵(the guard)」である．第 2 ラグマーン碑文 8 行目の註解を参照されたい．

（5 行目）——5 行目はわずか 3 語「信……ワーシュといっしょに」とあるのみだが，第 2 ラグマーン碑文 9-10 行目とくらべてみると，この 3 語で碑文が完結していたとは考えられまい．また，第 3 語 DYN' が DYN'BR すなわち dyn'br =dainābar / dēnābar「ダエーナーを奉ずるもの，信者」の欠損であろうことは，第 2 ラグマーン碑文 9, 10 行目の註解で述べた．このような事情を総合して著者は，5 行目を見られるごとく再構した．この再構のなかで気がかりなのは，第 2 ラグマーン碑文 10 行目に出る Xšāvafrātabag が第 1 碑文でも登場していたかどうかということで，もし別の人物がそれも一人，かれに代わって登場していたとすれば，その人物の名が Xšāvafrātabag の代わりにおさまり，またワーシュ以外にはだれも名のわかった人物が登場していなかったとすれば，wᵉ-Xšāvafrātabag「およびクシャーワフラータバグ」を削除すればよい．それと，もう一つ付言しておきたいのは，この再構文では「慈善のために」というところに ptyty ZK'=patīti zᵉkā を復原したことである．これは第 2 ラグマーン碑文 10 行目の末尾とは語順が逆，つまり第 2 碑文では patīti「……のために」が後置詞として用いられているのに，第 1 碑文でそれを前置詞として復原したということだが，そのわけは，'aṭr-eh「……の代わりに」を第 2 碑文 8 行目は後置詞としているのに，この第 1 碑文 4 行目では前置詞としているからである．

阿育王のアラム語碑のイラン学的価値について

阿育王に及ぼしたイランの影響としてこれまでに指摘されていることは，石柱法勅の柱頭装飾がハカーマニシュ王朝の王宮建築に用いられている柱頭装飾に似ていること，阿育王の磨崖法勅がモチーフとしてハカーマニシュ朝大王の磨崖刻文に類似していること，さらには，阿育王の法勅において「王はこのよ

うに告げる」ではじまり，その文が三人称として展開されていることが古代ペルシア語碑文の場合に類似していること，などである．これらの事実は，それだけでも，説得力のないものではないが，もし阿育王刻文の内奥にふみこんで類似の事実を新しく浮き彫りにすることができれば，その説得力はさらに倍加するであろう．そこで著者は，まずこの点から阿育王碑（アラム語）のイラン学的価値を掘り起こしてみることにしよう．

(A) ペルセポリス宝庫から発見された，ハオマ作成用具のアラム語銘については，本書 425-432 頁で詳細に取り扱った．それら諸銘文のうち，挙一全収的に Bowman No. 13 を再度ここに引用し，阿育王碑の場合に準じて大小ローマ字で書きわけ，子音スケルトンを示すと，つぎのようになる．

Bprkn BYRT; LYD mtrpt SGN; 'twn ;BDW hwn ZY GLL 'bšwn; pyrk ZNH LYD dtmtr gnzbr; ZY Bhrḥwty QDM mhdt 'pgnzbr; 'škr ŠNT 18

この銘文の「読解」は 425 頁以下にあるので，それを参照願いたい．文中のイラン語詞（固有名詞は除く）には [a] havana「臼」, pīruka「象牙の」, āškāra「現神」のごとく完全にイラン語形であるものと，[b] abišavanā「杵 (abišavana-)」, ganzabarā「財務官 (ganzabara-)」, upaganzabarā「副財務官 (upaganzabara-)」のように，イラン語形の語末にアラム語限定辞 -ā(ʾ) を付加したもの，との二種が指摘される．このようにイラン語詞を象嵌する行き方は阿育王碑にもみられるもので，そこにみえる [a][b] 両タイプを示すと，つぎのようになる．（全面的な欠損復原は除く．略表示は T=タキシラ，1 K=第 1 カンダハール，1 L, 2 L=それぞれ第 1, 第 2 ラグマーン碑文．行数表示のときは，T 3=タキシラ碑文 3 行目のごとく．）

[a] arzūš(a)「正見をもつもの，沙門」(T 4)
ā vispā「いつまでも」(1 K 8)
dainā⟨bar⟩「信者」(1 L 5; 2 L 9)
dāmi-dāti「庶類」(T 2)
frabistā「猟師」(1 K 5)
frabisti「狩猟」(1 K 6)

huništāvan「よき命令，法」(T 8, 10)

hupatyāsti「〔よき〕随順」(T 6; 1 K 6)

hvava⟨rd⟩(a)「長老」(T 5)

kārapati「道案内」(1 L 3; 2 L 7)

patīt-ō「かれに」(1 K 1)

patīti「のために」(2 L 10)

patizbātā「とりやめ宣言者」(1 K 5)

sahyati「呼ばれる」(1 L 3; 2 L 7)

šāti「歓喜」(1 K 3)

[b]　advēšayyā「加害しない=advēšah-」(1 K 2)

mazištayyā「最年長の=mazišta-」(1 K 6).

　もし論者があって，アラム語文中にイラン語詞を混書する風がハオマ作成器物の銘にみられ，また阿育王のアラム語碑にもみられることをもって偶然の一致というならば，著者はボウマン No. 13 の Bhrḫwty=b^eharxvatāya「一切に君臨する，一切を宰領する」という，財務官の権限を示す形容詞と，阿育王のタキシラ碑文7行目にみえる Bhwwrd=bihvavard「多種の」を挙げて反論の当たらないことを指摘したい．後者がアラム語前置詞 B=bi- を伴って bihva- として「じつに」を意味しうること，それと vard(a)が合して「じつに増加した」から「多種の」を意味し，プラークリット語 bahuvidhaṃ「多種の」の訳語であることは，すでに論じた[33]．しかも財務官の権限を示す修飾詞はこれのみでなく，ボウマン No. 14 にも No. 13 と同名の財務官が dtmtr gnzbrː ZY Bwḫštk=Dātamiθra ganzabarā zī b^evahuštāka「よきもの(vahu-,宝物)の中に(B=b^e-)いるもの(-štāka<-stāka-,根は stā-「ある，立っている」)=宝物を管理するものたる財務官ダータミスラ」としてみえており，ここでもアラム語前置詞 B=b^e- がイラン語と熔融してモザイック的合成詞を成している．これについてもすでに論じた[34]が，Bhrḫwty は b^e-Haraxvatī「アラコシア(カンダハール地方)にいる[35]，～に勤務している(財務官)」であるとか，Bwḫštk は b^e-Vahištaka「ワヒシュタカにいる[36]，～に勤務している(財務官)」とか，

bᵉ-Haraxvatī に改めるべきもの³⁷⁾とか称しているのは許容しがたい．片々たる器具を用いてするハオマ作成に，はるばるアフガニスタンの都市からペルセポリスくんだりまで参観するなど，およそ馬鹿げたはなしではないか．そのうえ，欧米学界ではペルセポリスが Frakāna とか, Sāraka/Sāruka, ないし Hasti などと称されていたことすら，推察できないでいる³⁸⁾．

以上によって，著者は，ハカーマニシュ・ペルシア帝国の阿育王への影響——具(つぶ)さにいえば翻訳官の伝統——を確認せざるをえない．これが阿育王碑のイラン学的価値の中の第 1 である．

(B)(α) つぎは阿育王碑文中に多数見いだされる，いわゆる衍辞（？）を伴うアラム語形の問題である．具体的にいえば，-nā「われらの」，-(ū)hī/-eh「かれの」のごときアラム語人称代名詞の前倚形を接尾しておりながら，それらの本来の意味を失っているとみられる，アラム語形の問題である．全面的な欠損復原は除いて例示してみると:

'ᵃbūhī「（かれの）父」(T5; 1 K 6)

'aṭr-eh「（かれの）所」＞「……の代わりに」(1 L 4; 2 L 8)

'immūhī「（かれの）母」(1 K 6)

mārēnā「（われらの）主」(T 9, 12; 1 K 1, 3)

šᵉm-eh「（かれの）名」「という」(1 L 3; 2 L 6, 9)

これらと，中世ペルシア語やパルティア語の訓読語詞となっている関連語形とを対照して示すと，つぎのようになる．語頭に ' を付したものは当該訓読語詞のイラン語訓音を示し，〔 〕でかこんだものは，この対照からは除外すべきものなるを示す．

⎧ 中世ペ語 ;BYtr='ábī「（わたしの）父」+tr='pidar「父」
⎨ パルティア語　同上
⎩ 阿育王碑 ;BWHY='ᵃbūhī「（かれの）父」

⎧ 〔中世ペ語 gyw'k'/gy'g³⁹⁾＝gyāg「所」〕
⎨ パルティア語 ;TRH='aṭr-eh「（かれの）所」='wyāg「所」
⎩ 阿育王碑 ;TRH='aṭr-eh「（かれの）所」＞「……の代わりに」

$$\begin{cases}\text{中世ペ語 }{}^{\flat}\text{MY}='\text{immī}\text{「(わたしの)母」} = {}^{\lvert}\text{mād「母」}\\ \text{パルティア語　同上}\\ \text{阿育王碑 }{}^{\flat}\text{MWHY}='\text{immūhī「(かれの)母」}\end{cases}$$

$$\begin{cases}\text{中世ペ語 MR}^{\flat}\text{Ḥ/MR}^{\flat}\text{ḤY}=\text{mārēhī「(かれの)主君」} = {}^{\lvert}\text{xwadāy「主君」}\\ \text{パルティア語 MR}^{\flat}\text{Y}=\text{mārī「(わたしの)主君」} = {}^{\lvert}\text{xwadāw「主君」}\\ \text{阿育王碑 MR}^{\flat}\text{N}=\text{mārēnā「(われらの)主君」}\end{cases}$$

$$\begin{cases}\text{〔中世ペ語 ŠM}=\text{šum「名」} = {}^{\lvert}\text{nām「名」〕}\\ \text{パルティア語 ŠMH}=\text{š}^{\text{e}}\text{m-eh「(かれの)名」} = {}^{\lvert}\text{nām「名」}\\ \text{阿育王碑 ŠMH}=\text{š}^{\text{e}}\text{m-eh「(かれの)名」「という」.}\end{cases}$$

この表をみると,例えば,中世ペルシア語やパルティア語ではアラム語 ${}^{\flat}$MY ='immī「わたしの母」を訓読語詞として用いるが,それを mād「母」と訓読する (${}^{\lvert}$mād) ので,-ī「わたしの」という代名詞前倚形は本来の意味を失っていることがわかるのみならず,阿育王碑では ${}^{\flat}$MWHY='immūhī「かれの (-ū-hī) 母」なる語を「母」の謂いに用いているから,ここでも「かれの」という代名詞前倚形の意味を失っていることがわかる.したがって,無意味な前倚形を従えた訓読語詞の前史をさぐるうえに,阿育王碑が重要な地歩を占めていることが知られよう.

(B) (β) 訓読語詞の前史を知るうえに阿育王碑が占める地位のもう一つとして,著者は,そこに出るある種の述語動詞を看過するわけにはいかない.「ある種の」と但し書きをするのは,定動詞形でなくて,分詞形を述語動詞として用いている場合をさすからで,該当するものを挙げると,つぎのものがある.

　　m^{e}haqšeṭ「(かれは正義を)正義たらしめた,正義を実践した」(1 K 1) —— QŠṬ「正しい」の hap̄‘el 分詞能相男性単数.

　　rā'em「(歓喜が)起こっている」(1 K 3) ——RWM「高い,起こる」の p^{e}'al 分詞能相男性単数.

　　šā̄ken「(かれらが)駐留している」(2 L 10) ——ŠKN「住む」の p^{e}'al 分詞能相男性単数.

これらの分詞形は所掲のごとき基本形のままで用いられ,主語の人称・性・

数にかかわらない．そのことは，複数の主語にたいして述語動詞である šāken が単数であること，またもし文法上の性別がなお保持されていたとすれば，šāti「歓喜」は女性名詞のはずであるから，これに男性形の rā'em が述語動詞となっていることになる，などによって知られよう．これらのなかで，m^{e}haqšeṭ は，MP sahistan 'seem; seem proper' の訓読語詞 MDMHstn にみえる MDMH の一先蹤とでもいいうるもの．MDMH は DMH「似る」の pa''el(dammī「比較した」)分詞能相男性単数 m^{e}dammē で，これに中世ペルシア語表音補辞 -stn を送り仮名したものが MDMHstn=¹sahistan である．ここに用いられている m^{e}dammē なる分詞形は，それがかつて述語動詞として——m^{e}haqšeṭ のように——用いられていた名残りであろう．そういえば，MP ěstādan 'stand; be' の訓読語詞 YKːYMWNtn も，そのなかの KːYM=QːYM は QWM 'stand, arise' の p$^{e'}$al 分詞能相男性単数 qā'em とみることができる[40]し，そうすれば，その qā'em は語形上，阿育王碑の rā'em に引き当てることができ，これにたいし，QWM や RWM のごとき中弱動詞と異なる強動詞の場合が阿育王碑の ŠKN=šāken であるから，この šāken も取り扱い上，特異なものはなにもない．

(B)(γ)阿育王碑の HWBD=hōḇaḏ 'he made' (1 K 2) をめぐる問題，すなわち，MP ːBYDWNtn=¹kardan 'make, do, act' 中の ːBYDWN との関係，さらには，ペルセポリス出土ハオマ作成器物銘文中の ːBD, ːBDW との関係についえは 426-427 および 462-463 頁を参照されたい．また ːBYDWN については註 14 も参照のこと．

(B)(δ)第 1，第 2 ラグマーン碑文 (1 L 2 b, 2 a; 2 L 4, 5) にみえる MH=mā についてであるが，すでに第 2 碑文 3 行目の註解でふれたように (469 頁)，その使用法は，これを če と訓じ，しかもその če を無生物を先行詞として承ける関係(代名)詞として用いる中世ペルシア語やパルティア語の風と同じものである．アラム語そのものとしては，mā 'what?' をこのように用いることはない．ここにも，中世ペルシア語やパルティア語における訓読語詞の一先蹤ともいうべきものを，阿育王碑に見いだすことができる．

以上が，阿育王碑のイラン学的価値の中の第 2 である．

(C)第3は，阿育王碑文中にみえるイラン語要素がイラン方言学上，どのような地歩を占めるものかということで，結論をさきにいえば，アヴェスター語を東イラン語として決定するうえに，これまでにない有力なカギを握っているということである．このような方向を決定するうえに，きわめて興味のあるのは中世ペルシアの一表現で，「かくかく，しかじかの事は，たといラーイとノーダルが双方ここで相会しようとも，絶対にしない」とあるもの．出典はDēnkard VII・2・51 および 3・19 で，2・51 には「このようなことをするのをやめはしない，たといラーイとノーダルが双方ここで相会しようとも，(やめは)しない」とあり，3・19 には「(わが)子よ，以後わたしはお前を手放しはしない，たといラーイとノーダルが双方ここで相会しようとも，(手放しは)しない」とある．また，さらに重視すべきは同書 VII・3・39 にみえる表現で，「お前さんは不祥なことになったぞ，小奸物よ，(というのは)わしは，ラーイとノーダルの間にわたるこの有象世界の中の長嫡としてだ，お前さんが分け前として取得すべき分——それをわしは取得するぞ，(他を)さしおいて，わしはその資格があるのだよ」とあるもの．これら三句についてはそれぞれ 27, 42, 46 頁を参照されたい．

はじめの二句をみるに，西と東の地名を挙げて両者の相会することなきを強調している点を，まず注目したい．ラーイ Rāy とはラガー (OP Ragā, Av Raγā) で，テヘランの南郊にその遺跡があるメディアの古代都市であり，またそれを中心とする地域の名称でもある．ノーダル Nōdar はカウィ・ウィーシュタースパ Kavi Vīštāspa 王の一祖親名ナオタラ Av Naotara の転化であるが，またかれの領地をもさす．王がザラスシュトラ(ゾロアスター)に帰依してこれを保護した人物であることは周知のとおり．ゾロアスターのメディア出生説は，これからみても成り立たない．ラガーはメディアの一中心であった．他の中心，例えばハグマターナ(現ハマダーン)やガンザカ[41]あたりをナオタラに引き当てようとしても，ナオタラという名称自体からみて，それは不可能である．だいたい，このような場合には，メディア以外にナオタラを求めるのが無理のない行き方である．しかし，メディアの外方，西や北をとればイラン世界の外に出

てしまう．南をとればパールサ（ペルシア）だが，そこの古代語（古代ペルシア語）はアヴェスターの言語とは方言系統を異にしている（例えば Av vispa-「すべての」は古代ペルシア語では方言的に visa- となる）から，ゾロアスターにゆかりのナオタラをパールサに求めることは不合理である．とすれば，東方に求めるほかはない．もちろん，東方といっても地域はひじょうに広いので，その中のどこに定めるかは問題としてのこるが，東方であることはたしかである．そうすると，ラーイとノーダルというのは，一つのイラン世界の西の涯と東の涯とを意味することになる．そうなると，上に引いた三句目の意味が生きてくる．いやしくもイランの領域内にあるものは，長子相続権を楯に，みなそれを獲得するというのだから，西と東との涯を挙げて領野の限りを表示しているわけである．アヴェスターの故土，ゾロアスターの故土が東イランであることは，これまでにも諸要素をあげて立証しようとされてきた．ここにそれらを繰りかえしたとて無意味なので，ここではもっと具体的に東イランを立証しうる要素を阿育王の碑文から掘り起こしてみることにしよう．

すでに知られているように，hupatyāsti「〔よき〕随順」(T 6; 1 K 6[42]) が Av patyāsti-「随順」に同定さるべきことはいうまでもない．また arzūš(a)＜Av *ərəzu-uša-「正見の持ち主，沙門」(T 4) のことは，すでに述べた (455 頁)．mzyštY = mazištayyā「もっとも年長なる（人びと）」(1 K 6) の mazišta- はそのままアヴェスターに在証されるし，sahyati「（それは）呼ばれる」(1 L 3; 2 L 7[42]; ほか) がアヴェスター語形に属することは上述のとおり (472 頁)．アヴェスター語との関連においてさらに興味のあるのは，ptyzbt＝patizbātā「取りやめ宣言者」(1 K 5) である．pati-zbā- はクシャヤルシャン（クセルクセス）のダイワ崇拝禁止碑文（ペルセポリス碑文 **h**, 38 行目) に patiyazbayam「余は禁令した[43]」として在証され，その -zb-[44] によってこの語がメディア語であることも知られている．そのうえ，阿育王碑の ptyzbt は，これまでは，もっぱら patizbāta「禁止された」なる過去受動分詞として受けとられてきた．このような状況から patizbāta は政治用語の類とみられ，メディア語がハカーマニシュ朝に受けつがれ，さらにそれが阿育王碑に取り入れられたものと見做さざるをえなかっ

た．ところが著者のように解すると，そのような迂路はすこしも必要でなく，アフガニスタンの日用語そのものとなる．「やめにすると言う(言った)」を前3世紀中頃には，アフガニスタンでは patizbātā(*patizbātar- の単数主格形)といっていた，ということになる．その -zbātā(-zbātar-) は Av zbātar-「呼ぶ者」にほかならない．ただ，行為者名詞を述語動詞に用いる点において，阿育王碑にみえるイラン語は純正な古代語であるとはいいにくいにしても[45]．著者が阿育王碑のイラン語にアヴェスター語との関連を認めるのは，さらに第1カンダハール碑文8行目に 'wsp とあるものによっても裏づけられる．これがアラム語 'ōsep̄「ますます」または「引きつづいて」でなく，ā vispā「いつまでも」なるイラン語として，おそらくプラークリット語 ava kapaṃ/avakapaṃ「劫末まで」のイラン語訳ならん，とはすでに論じたところ．その他，ā vispā が音論的にも語彙的にもアヴェスター語系に属することについては，465-466頁を参照されたい．

著者が語音・語彙の領野において阿育王碑のもつアヴェスター語的要素として指摘した如上のものは，そのまま，理論的にはメディア語とも共通する——共通しうる——ものであるから，これらの言語事実をもってアヴェスター語の東方イラン方言説を支持するには理論的に脆弱であるとの反論も成り立ちうるが，しかしメディア起源説は，ラーイとノーダル云々の慣用句によって，その成り立ちがたいことを著者はすでに明らかにしている．しかも著者がアフガニスタン説を主張するのは，阿育王碑の要素に合わせて，別の要素があるからである．

ガーサー的サオシュヤント saošyant-「授福者」が長遠な未来時に出現するとされる終末論的サオシュヤントに変貌したのは，ゾロアスターの教義がハカーマニシュ(アケメネス)朝という世界帝国との出会いからだというのが著者の持論であるが，この終末論的賦彩はプロト・ヤシュトとよばれる古体ヤシュト書の中に，すでに看取される．Yašt 13 で段落 XXV, XXVI, XXVII のそれぞれの末節(節を示すと，それぞれ §§ 110, 117, 128)を，第3サオシュヤントのアストワス・ルタ Astvaṯ.ərəta で結んでいること，§128 では節尾をウクシュヤ

ス・ルタ Uxšyaṱ.ərəta, ウクシュヤス・ヌマフ Uxšyaṱ.nəmah, アストワス・ルタの、いわゆる終末論的3サオシュヤントで結んでいること、そしてそれにつづく段落 XXVIII は§129一節のみで構成され、アストワス・ルタについてつぎのように言っていること、などが終末論的賦彩をもの語っている.

  yō aŋhaṱ Saošyąs vərəθraǰa nąma Astvaṱ.ərətasča nąma
  avaθa Saošyąs yaθa vīspəm ahūm astvantəm sāvayāṱ[46)]
  avaθa Astvaṱ.ərətō yaθa astvå hą⟨m⟩ uštanavå
  astvaṱ ⁺aiθyeǰaŋhim paitišāṱ
  paitištātəe bizəŋrō.čiθrayå Druǰō
  paitištātəe ašava.karštahe ṱbaēšaŋhō

  勝利者サオシュヤントと名づけられ、またアストワス・ルタと名づけられんもの(について):
  すべての有象世界を利益するだろう[46)]がゆえにサオシュヤント.
  有象具寿の(すべての)ものを
  有象の無棄捨に到らしめるであろうがゆえにアストワス・ルタ.
  両足族の諸ドルズに対抗するために、
  義者たちの引き起こした諸敵意に対抗するために.

この思想はかれら三者をゾロアスターの子とするものであり、またそれはカンス海(Av zrayah- Kąsaoya-, 現ハームーン湖)とも不可分に結びついたものである. これはゾロアスターの生命を未来に向かって延長したもので、いわばかれの終末論的よみがえりである. と同時に著者は、この湖水のある地域、現シースターン地方がゾロアスターに縁のある地域だったことをもの語るものとみたい. Yašt 19 の段落 IX (65-69) では「光る光輪 (axᵛarəta- xᵛarənah-)」がシースターン地方(ハエートゥマント/現ヘルマンド川の注ぐカンス海やウサザー山のある地方)から興起するアストワス・ルタに随伴することを述べ[47)]、XV (91-96) ではそのアストワス・ルタがカンス海から興起するとき、かれはドルズを攘い、その観見が全有象世界を不死にするだろうといっている. アストワス・ルタのみならず、かれに先行する上掲2サオシュヤントとこのカンス海と

の関係はデーンカルド第 VII 巻にも詳記されている[48]．最近ニョーリ Gherardo Gnoli は古代シースターン地誌を新しく取り上げ，Wīdēwdād 1 のアヴェスター州郡誌にみえる Raγā をアフガニスタン内に措定してラーイ (Rāy<Av Raγā) とノーダル云々のラーイとは別物視する[49]など，注目すべき見解を示した．問題の州郡誌は，周知のように，§§ 2-3: Airyana Vaējah Vaŋhuyå̄ Dāityayå̄[50] (MP Ērān-wēz), §4: Gava (ソグディアーナ), §5: Mouru (メルヴ地方), §6: Bāxδi (バルフ地方), §7: Nisāya (§5 と §6 との間に位置する), §8: Haraiva (ヘラート地方), §9: Vaēkərəta (カーブル地方), §10: Urvā (Vaēkərəta の南方), §11: Xnənta (ウルグーン Urgūn[51] 地方), §12: Harax^{v}aitī (カンダハール地方), §13: Haētumant (シースターン), §15: Raγā, §16: Čaxra sūra ašavan 「堅固正法のチャクラ」, §17: Varəna čaθru.gaoša 「四つ耳のワルナ」, §18: Hapta Həndu[52] 「七河」, §19: asāra たちの監視するランハー Raŋhā 川の水源地帯，と次第している．これらのうち，§13 までは，著者によれば，東イランに終始し，§15: Raγā からその域外に出ることになる．もっとも，このリスト成立の過程は二様に考えることができる．すなわち，本来は §4 (Gava) から左廻りにすすんで §8 (Haraiva) にいたり，ついで §9 (Vaēkərəta) から右廻りにすすんで §13 (Haētumant=Sīstān) で終結し，この §§ 4-13 に編述者が総序として §§ 2-3 (Airyana Vaējah) を付したものとするか，あるいは，§§ 2-3 (Airyana Vaējah) からはじまり，§§ 8 (Haraiva), 7, 6, 5, 4 (Gava), 9 (Vaēkərəta) - 13 (Haētumant) のように時計の針と同じ方向に次第していたものを，なんらかの事情で §§ 8-4 を §§ 4-8 としたものとするか，である．しかし，いずれにしても著者は Raγā 以降 (Raγā をも含めて) を後からの追加とみるもので，そのことをもっともよく示しているのは §15 と §19 であると考える．§15 で Raγā は θrizantu- と形容されているが，それは，従来のどの説によっても合理的に解明することができない．θrizantu- は「三族または三区から成る」などの謂いではなく，「三人を生むべき」という謂いで，3 人とはゾロアスターの終末論的 3 子のことである．Yasna 19: 18 によると，他の地では ratu-「首長」は家長・村長・郡長・州長・Zaraθuštra 職の計 5 者をかぞえるが，Raγā では州長がな

くて計4者となっている．これは，ゾロアスター教の中心地たる Raγā ではザラスシュトラ職が州長を兼ねるためだとされている．しかし，この解釈は非歴史的で，本来の建て前からすれば，ゾロアスターはかつてこの地に生まれ，その3子もまたここから生まれるはずであるから，ゾロアスターに加えて3子をこのように配分して首長たらしめたものである．Raγā にたいするこのような取り扱い方はいずれも，東イランのゾロアスター教的要素を西方メディアに移送して，メディアをゾロアスター教の発祥と結びつけた西遷運動の一所産にほかならず，したがって，州郡誌の東イラン的サイクルはまずここで破れることになるが同時に，ゾロアスターの3子とゾロアスターが出生地を同じくすることをアヴェスター自体が認めることになって，きわめて重視すべき文証が得られることになる．ゾロアスターの終末論的3子がカンス海（現ハームーン湖）を擁する東イランのシースターンから出現するとは，古来からの所伝であるから，ゾロアスターもまたシースターンの生まれであることになる．そして Raγā を12番目においたのは，原初から12000年後に起こる建て直しと関連があるように粧うためである．つぎは§19であるが，そこでランハー川の水源地帯にいるとされる asāra- とは「頭(sāra-)のないもの，無頭人」の謂いで，Herodotos IV, 191 の 'Ακέφαλοι「（胸に目をもつ）無頭族」や Aischylos fragment 188 の Στερνόφθαλμοι「胸に目をもつもの，胸目人」と同じ架空的人種の類である．そうすると，§17の「四つ耳のワルナ」というのは「胸耳族」あたりから出たものではなかろうか．じじつ，イランにも war-gōšān「胸に耳をもつもの，胸耳族」が知られており，war-čašmān「胸に目をもつもの，胸目人」も知られている[53]．両者は本質的には同じもので「無頭人」のたぐいであるから，胸に双目双耳を有して一見「四つ耳」とみえるものも存在しうるわけで，Plinius の『博物誌』V, 46 は，アフリカには耳と目を胸に有して頭をもたないものがいるとの情報を載せている．イランがわで「四つ耳」のほうをとって「四つ目」を避けたと考えられるのは，「四つ目の犬」を特別扱いにする風習があるからである．このような見方からすると，「胸(Av varah-, MP war)に耳(Av gaoša-, MP gōš)を四つ(Av čaθru-)もつもの」から「四つ耳のワルナ(Varəna čaθru.gaoša)」が架空的地名としてつくり上げられたと考えることができる。もともと同定困難な地名ワルナが，ここではさらに架空化されたことになるが，ワルナ (Varəna) にはゲーラーン (Gēlān) との同定説があるので，この説をもふまえると，ワルナ云々は世界の北西隅をさしうることになり，さきのランハー云々を世界の南西隅(アフリカ？)に見立てて相対峙させることができる。Gēlān「ゲール Gēl 族の地」とはマーザンダラーンの西に隣接する地域で，カスピ海の南西岸地帯であり，これについては Ar. Christensen: *Le premier chapitre du Vendidad et l'histoire primitive des tribus iraniennes*, København 1943, pp. 49-50 を参照したい。そして，このように詰めてくると，§16 の Čaxra 云々も同様の線で解決することができる。これも実在する特定地域の名称ではない。Čaxra は仏教の cakra「(法)輪」から着想したものに相違ない。Čaxra の形容詞 sūra-「堅固な」や同 ašavan-「正(法)の」というのも，もともと仏教的な境地をさしたもので，法輪の転じられる地は正法堅固の地なのである。これを取り入れてゾロアスター教的に賦彩し，さも地名らしく擬装したものが Čaxra「(法)輪」である。これは，はるか東方，仏教流伝の地域をさして，そこから作り上げられたものであろうから，北西隅の Varəna と対峙して北東隅を指称するものとみたい。そうすると，残る Hapta Həndu (§18) を南東端にすえれば，世界の四隅が成立する。すなわち，§16: Čaxra (北東)，§17: Varəna (北西)，§18: Hapta Həndu (南東)，§19: 無頭人監視下の Raŋhā 上流域(南西)である。著者のように理解すると，州郡誌は本来は §13 の Haētumant=Sīstān で完結していたわけで，このようにシースターンを殿位におくのには，中でもこの地域から出現する第3サオシュヤント(ゾロアスターの終末論的第3子)のことが背景となっていたはずであり，終末は原初に回帰するとの建前からみると，ワンフウィー川 (Vaŋuhī Dāityā) をヘルマンド Helmand 川に同定し，それの「アルヤ(イラン)流域 (Airyana Vaējah)」(§§2-3) をシースターンに比定する[54]のが，もっとも当を得ていることになる。アルヤナ・ワエージャフ／エーラーンウェーズのダーラージャ DĀRĀJA 河畔にゾロアスターの父は居を構えていたが，ゾロアスターもそこで生まれ，エーラーンウェーズで成人し，そこで最初の啓示

をうけた. そのとき, かれは30歳だったといわれている. 阿育王碑からアヴェスター語の本来の地域をアフガニスタン地方(東イラン)に求めようとする著者の立場は, このような地名リストの再検討からも, その裏づけを得ることができる.

以上が, 阿育王碑のイラン学的価値の中の第3である.

(D) 第4は, 阿育王碑がアヴェスターの記法にみえる, いわゆる挿入文字の問題に明確な解答を与えてくれる点である. すなわち, 碑文にみえる krpty (1L3; 2L7), ptyt-w(1K1), ptyty (2L10), ptyzbt(1K5), shyty (1L3; 2L7; ほか), šty(1K3)は, もし著者の解釈が正しいとすれば, そしてもしその挿入文字(ここでは i 字のみ)が音価をもつものであるなら, それぞれ, krpyty, pytyt-w, pytyty, pytyzbt, shyyty, šyty と書かれていたであろう, けだしアヴェスターではそれぞれ *kārapaiti, *paitīt-, *paitīti, *paitizbātā, *sahy^a/$_e$iti, *šāiti として出てくるだろうからである.

このように, 阿育王のアラム語碑文はイラン学的にも諸領野にわたって, そのもつ価値はけっして低くない. しかもアフガニスタンは, 将来にもなおアラム語碑の発見を期待せしめるから, 広い意味でのイラン学のさらなる発展は, ここからも促進されるであろう.

註

1) この論文は, つぎの三拙稿を体系的にまとめたもの. (1) "A new interpretation of Aśokan Inscriptions, Taxila and Kandahar I", *Studia Iranica*, Tome 6, fascicule 2(1977), pp. 151–161; (2)「阿育王のアラム語碑文新解読——タキシラ碑文と第一カンダハール碑文」(『仏教研究』第7号[1977], pp. (51)–(70)); (3)「阿育王のラグマーン碑文二題ならびに同王アラム語碑一般のイラン学的価値について」(『京都大学文学部内陸アジア研究所紀要(Memoirs of The Institute for Inner Asian Studies, Faculty of Letters, Kyoto University)』[創刊号——未刊]に 1977年12月寄稿).

2) L. D. Barnett: "An Aramaic Inscription from Taxila", *Journal of the Royal Asiatic Society (JRAS)*, 1915, pp. 340–342.

3) A. E. Cowley: "The First Aramaic Inscription from India", *JRAS*, 1915, pp. 342–347; E. Herzfeld: "A New Aśokan Inscription from Taxila", *Epigraphia Indica*, XIX(1928), pp. 251–253; F. C. Andreas: "Erklärung der aramäischen Inschrift von Taxila, aus dem Nachlass herausg. von Dr. H. A. Winkler", *Nachrichten von der*

Gesellschaft der Wissenschaften zu Göttingen, philologisch-historische Klasse, 1931, pp. 6-17; Fr. Altheim und R. Stiehl: "Inschrift Aśokas aus Taxila", *Supplementum Aramaicum. Aramäisches aus Iran*, Baden-Baden, 1957, pp. 9-20; 伊藤義教「阿育王のアラム語碑について」(『オリエント』第 8 巻第 2 号[1966], 1-24 頁).

4) 註 3 所掲ヘルツフェルト論文.

5) A. E. Cowley: *Aramaic Papyri of the Fifth Century B. C. Edited with translation and notes*,Oxford 1923(1967²), Nos. 5: 9; 6: 12, 13; 20: 10; 43: 5; Emil G. Kraeling: *The Brooklyn Museum Aramaic Papyri. New Documents of the Fifth Century B. C. from the Jewish Colony of Elephantine. Edited with a historical introduction*, New Haven 1953, No. 5: 5.

6) John C. L. Gibson: *Textbook of Syrian Semitic Inscriptions*, Vol. II, Oxford 1975, p. 54, n. 10 & p. 115, n. 8.

7) 註 3 所掲の拙稿.

8) この碑文にかんする諸説については Giovanni Garbini: "A Bilingual Graeco-Aramaic Edict by Aśoka. The Aramaic Section of the Kandahar Inscription", *Serie Orientale Roma*, Vol. XXIX(1964), pp. 41-62 を参照されたい. その後のものについては, フンバッハ 69, 同 73, 同 74 参照.

9) 氏は ŠNN 10 ptytw ꜤBYD を 'zehn Jahre lang war zu Sühnendes getan worden.' と訳している. これはフンバッハ 71, p. 58 の訳 '10 Jahre (waren vergangen)——Die Entsühnung unseres Herrn, des Königs Priyadarš, der die Wahrheit wahrgemacht hatte, wurde (vom Ratu) hergestellt.'(これは碑文 1 行目全文訳の)を, 一部手直ししたもの. 要するに, ラト祭官によって, 滅罪が執り行われたというのである.

10) Dēnkard VII・8・29; 10・6(=DkD 317: 2, 308: 6=DkM 663: 1, 673: 8). 110, 130 頁参照.

11) 中世ペルシア語の訓読語詞では'と'は厳格に保持されず,時として相互に交代した. '>' の例としては ꜤPLꜤ(<ꜤPRꜤ='apρā) 'the dust'=ˡxāk「土, 塵」; ꜤYNH(<ꜤYNH ='ayn-eh) 'his eye'=ˡčašmꜤ目」; LꜤLꜤ(<LꜤLꜤ=lē-'ellā) 'upwards'=ˡul「上に, 上方に」などがある. 逆に '>' の例はさらに多いが, ここでは必要がないから例示は略す.

12) →442 頁註 54.

13) 425 頁所掲ボウマン著書では, ボウマンは ꜤBD を「かれは使用した」, すなわち ᵗᵃbad とし, ꜤBDW を ꜤBD[W] として同じ意味に解しているが, 賛成しがたい.

14) ꜤBYDWN は ᵗᵃbīdūn 'they were made' も可能. -ūn については ꜤTHḤSYNN (第 1 カンダハール碑文, 4 行目, 5 行目) 'itḥaḥsenūn を参照したい.

15) 註 8 所掲ガルビーニ論文 pp. 51-52 参照. 氏自身は, この語を 6 行目の prbsty とともに, 訳出せずにそのまま残している(p. 58).

16) É. Benveniste: "Une bilingue gréco-araméenne d'Asoka, IV. Les données iraniennes", *Journal Asiatique(JA)*, t. 246(1958), pp. 41-42 は frabasta 'intempérant', frabasti(l. 6) 'intempérance' とする. この解釈は,バンヴェニストのものとことわって, W. Hinz: *Altiranisches Sprachgut der Nebenüberlieferungen*, Wiesbaden 1975,

p. 98 に採録されている.

17) D. N. MacKenzie: The 'Sūtra of the Causes and Effects of Actions' in Sogdian, London 1970, p. 62 の nγš'yr の項下を参照. naxčīr/naxšīr については G. Widengren: Iranisch-semitische Kulturbegegnung in parthischer Zeit, Köln und Opladen 1960, p. 95 の našīrā の項および H. S. Nyberg: A Manual of Pahlavi II, Wiesbaden 1974, p. 136 の **naxcīr** の項参照.

18) A. Dupont-Sommer: "Une bilingue gréco-araméenne d'Asoka, III. L'inscription araméenne", JA, t. 246 (1958), p. 31: *ḥāsayn 'les pieux'.

19) Giorgio Levi Della Vida: "Un editto bilingue greco-aramaico di Aśoka. L'iscrizione aramaica", Serie Orientale Roma, Vol. XXI (1958), pp. 25, 28, 32, 34: ḥassīn 'fortemente, strongly'.

20) 註18所掲デュポン・ソメ論文 p. 32: 'encore'.

21) 註8所掲ガルビーニ論文 p. 57 は 'ōsep yᵉhōṭar '(this) will continue to benefit' としている. しかし 'wsp (;WSP) が言われているように YSP の ap̄'el perfect とみてよいかは疑わしく, ガルビーニ (p. 57) もいっているように, 'ōsep̄ とよんでは「語形論的説明が困難」というのが正しいであろう.

22) フンバッハ 73, p. 162 によると, Comptes-rendus des séances de l'Académie des Inscriptions et Belles-Lettres, 1970, pp. 158-173 に発表されているが, デュポン・ソメの説はすべてフンバッハ 73, p. 162 以下の引用に依った.

23) フンバッハ 73, pp. 162, 164 参照.

24) デュポン・ソメによると,「弓」は 15-20 km に相当する (フンバッハ 73, p. 166 参照).

25) Gustaf H. Dalman: Aramäisch-Neuhebräisches Handwörterbuch zu Talgum, Talmud und Midrasch, Frankfurt am Main 1922, tåwæḳ 'Mitte'(ヒブル語)の項下参照. これを qaṭl 型とみ, 縮約して tōḳā 'the centre' とよんだ.

26) 註16所掲ヒンツ著書 p. 148 の *kāra-pati- の項参照. ただし, ヒンツは阿育王碑を引用していない.

27) Colette Caillat: "La séquence SHYTY dans les inscriptions indo-araméennes d'Asoka", JA, t. 254 (1966), pp. 467-470 はプラークリット語とみて sahiti に由来するという.

28) それゆえ, shyty は sahyati, sahyate (ともに直説法) のほか, sahyāti, sahyāte (ともに接続法) と, 計4種の読解が可能. しかし, ここでは sahyati をとった. 古代ペルシア語の相応活用語尾 (受動) は -ti のみ. H. Reichelt: Awestisches Elementalbuch, Heidelberg 1907 (1967²), §615, β および M. Mayrhofer: Handbuch des Altpersischen, Wiesbaden 1964, §105 (p. 72) 参照.

29) ダヴァリ (フンバッハ 74), p. 15.

30) Xšāvafrātabag<*xšāva-frāta-baga- の *frāta-baga-「神(baga-)を愛好するもの('one by whom God is beloved')」については 414-415 頁参照. また xšāva-<*xšā-vana(√xšā(y)-「支配する」) については MP xwadāy (<*xvatāya-) 対 Parth xwadāw

(＜*xvatāvana-)参照.
31) 註22所揭デュポン・ソメ論文 pp. 166-167 および Jean de Menasce: "A propos d'une inscription araméenne d'Aśoka", *Israel Oriental Studies*, Vol. 2(1972), pp. 290-292(フンバッハ 74, p. 14, nn. 15, 16 による).
32) →300-303 頁.
33) →442 頁註 54, 455 頁.
34) →427-428 頁.
35) →427 頁.
36) →428 頁.
37) →428 頁.
38) →435-437 頁.
39) これは表音書きされる. 左はゾロアスター教系, 右はマニ教系.
40) 註 17 所揭ニューベリー著書 p. 7, YK'YMWN- の項では qā'em を未完了 3 人称複数男性のように仕立てたものが YKᵒYMWN- だとしている. これに反して, YKᵒY-MWN-=YQᵒYMWN- は yᵉqⁱ/ₑmūn とよんで, QWM の haṗ'el 未完了 3 人称複数男性「かれらは立たせる」とみることもできる.「立たせる」が MP ēstādan「立つ」の訓読語詞とされている点については,「かれらは到着させる」という YHMTWN-＜YHM-ṬWN-=yᵉhamṭōn(MṬH「来る」の haṗ'el 未完了 3 人称複数男性)が MP rasīdan「到着する」の訓読語詞となっている事実を参照したい.
41) Klaus Schippmann: *Die iranischen Feuerheiligtümer*, Berlin・New York 1971, pp. 341-347 は Ganzaka をレザイエ湖南東の Lailān の廃址に求めている.
42) 碑文の略表示については 480 頁参照.
43) 「余は布告した」(W. Hinz: *Neue Wege im Altpersischen*, Wiesbaden 1973, p. 149, patiyazbayam 'Ich proclamierte, gebot, befahl'; 拙著『古代ペルシア』138 頁最終行)と一般に解してきたが, いまや「余は禁令した」とあるべきもの.
44) 註 43 所揭ヒンツ著書 p. 38 および p. 149(patiyazbayam の項).
45) 行為者名詞を述語動詞として用いるのは, アラム語分詞を述語動詞として用いるのと関連があるものか.
46) sāvayāt「利益するだろう」については, →255 頁.
47) →378, 390 頁.
48) Dēnkard VII・8・55-56(第 1 サオシュヤント・ウシェーダル), 9・18-19(第 2 サオシュヤント・ウシェーダルマーフ), 10・15-17(第 3 サオシュヤント・ソーシュヤンス). これらの箇所については, それぞれ, →114, 125-126, 131 頁.
49) Gherardo Gnoli: *Ricerche storiche sul Sīstān antico*, Roma 1967, pp. 65-80, とくに p. 66. これへの批判(註 17 所揭書においてニューベリーは, 重ねてニョーリ説を反駁している[p. 165 の **Rāg** の項下にて])には, さらに "Zur Sīstān-Hypothese", *Acta Iranica*, Vol. IV(1975), pp. 277-283 で応酬している. 著者(伊藤)は, Rayā については旧来のメディア Rayā 説をとるが, Rayā 以下の地名については, 以下に示すように, 著者独自の見解を展開する.

50) この解釈については，→292頁および後段註54.
51) Urgūn はガズニの南東約130km.
52) Hapta Həndu は OI Saptá Síndhūn「七河」(複数対格)を写したもの．純アヴェスター形なら *Həndūš が期待される．-du は *-dū̆(<-dhūn)とあるべきであるが，u は a や ə に比して母音基盤が狭いために鼻音化が困難であり，また音量の長短が必ずしも厳守されない傾向があるために，-du となってあらわれたもの．
53) Ayādgār ī Jāmāspīg, IX, 1-5 にみえる．これについては Giuseppe Messina: *Libro Apocalittico Persiano Ayātkār i Žāmāspīk*, Roma 1939, p. 102, n. 2 参照.
54) Airyana Vaējah Vaŋhuyå Dāityayå が「ワンフウィー川 (Vaŋuhī Dāityā)のイラン流域」であることはすでに論じた (292頁). vaējah- は É. Benveniste: "L'Ērānvēž et l'origine légendaire des Iraniens", *Bulletin of the School of Oriental Studies*, Vol. VII (1933-35), pp. 267-268 の 'l'étendue iranienne de la bonne Dātyā' でもなく，E. Herzfeld: *Zoroaster and his World*, Princeton 1947, pp. 697-698 の 'The Aryan overflow of the Dātiyā' でもない．vaējah- は自動詞的なものでなく，「(水を)投げかけること，(水を)送ること」という他動詞的な原意から，「灌漑」>「流域」を意味するようになったものである．バンヴェニストの説を認めて忠実に展開すると，註49所揭ニョーリ著書 pp. 86-88, 111 のように，「Vaŋuhī Dāityā(川)のアルヤ的伸展」とは Arianē の主要河川ヘルマンドの川筋である (l'«estensione arya della Vaŋuhī Dāityā» è il corso dell' Hilmand, il fiume principale dell'Arianē.), ということになる．ヘルマンド川はハームーン湖に流入するために右折北上するが，その右折直前の水路がすでにカナル化して河堤を有していたので，州郡誌§13 の Haētumant はこのあたりの流域をさしたものである．haētu- は「堤」であり，haētumant- は「堤を有するもの」の謂いで，Haētumant は河名(現ヘルマンド)でもあるが，§13 のそれは河そのものをさすのでなく，同河の前述した流域をさすもので，これを拡大解釈すれば，ザンドのいうように，シースターンをさすことになる．バンヴェニストの解釈をとれば，ニョーリのように「川」そのものをさすにとどまり，「流域」をさすことはできない．要するに，Airyana Vaējah Vaŋhuyå Dāityayå「ワンフウィー川のアルヤ流域」は Haētumant「(ヘルマンド川の)堤防地域」を別のことばで述べたもので，いずれも拡大すればシースターンをさすものである．Dēnkard VII·4·31 も明らかに，シースターンをゾロアスターに結びつけている．

まとめ

　ザラスシュトラ(ザルドゥシュト，ゾロアスター)をめぐる，あまりにも多い不明な要素を，すこしでも解明しようとして書いた論文のなかから，言語研究を通してかれの実像解明に役立つものを，自選増補して合集したが，これを綜合して一つの体系にまとめてみれば，つぎのようになるかと思われる．

　ゾロアスターの故郷は現アフガニスタンのシースターン地方．したがって，かれの母語も，せまくしぼれば同地域のもの．これらの論証は，阿育(アショーカ)王のアラム語碑文にみえるイラン語詞をアヴェスター語系と同定し，アヴェスター語句を新しく解読することによって展開された(485-492頁).

　そのかれゾロアスターがみずから撰述したものは16章が現存し，これにかれの没後まもなく作成されたものを加えて計17章が，ガーサー(「詩頌」)と総称され，ゾロアスター教徒の聖典アヴェスターのなかでも，もっとも重視されている．しかし，アヴェスターという聖典名の意味も不明，ガーサーも難解というのだから，これを究めることはなかなかの難事である．

　そんななかにあって，著者は聖典名が「(意味深遠なために人智を)はなれ，(または)遠ざけるもの」との謂いであることを創唱するとともに(276-280頁)，ガーサーの諸問題解明にも，できるだけのアプローチを試みた．ガーサーにおける敬語法・卑語法の存在を指摘し(186-194頁)，あるいは，ākå̄が「知らせるために」という不定詞であることを創唱して(200-201頁)，多くの語句にシンタックス的新生面を拓いた．また著者は，arədra-が「富者・福者」の謂いでdrigu-「貧者」と対置され，前者が救いを確約されているものであるのに対し，後者がまだその境地に到らぬがゆえに「貧しいもの」だとしたが，この創唱はリグヴェーダをふまえた，大きなホライゾンで展開された(208-238頁)．このよ

うに信徒を両席にわかち，福者を認証し，あるいは貧者を導いて福者たらしめるのはサオシュヤントの役割だったらしい．そのようなサオシュヤントを著者は，savah-(>saoš-)または*saviš-(>saoš-)「恩寵・利益」からの来由動詞の現在分詞とみなし，利益者・授福者・授記者の謂いだとして，これをsav-「救う」の未来分詞とする定説を打破した(249-255頁)．ゾロアスターは自身をサオシュヤントとよび，その同労者をもそうよんだ．「救うだろうもの」「救おうとするもの」では他を導く資格もなく，他者もついて来ないだろう．この語形の取り扱いを書き出しにして，著者は古代イラン語に-sya-をもつ未来時制のないことを丹念に論じたが，これは「文法」の範囲を超えて，ゾロアスターの宗教的自覚の内奥に迫るものとなった．(fra-)vaxšyā「わたしは語ろう」とゾロアスターが言っている場合も，vak-「語る」の-sya-未来でなく，³vaxša-「神の語」からの来由動詞(>vaxš-ya-)で「わたしは神の語を述べ伝えよう」との謂いであり，同様にゾロアスターの立場を表明したものだと論じた(255-258頁)．「サオシュヤント」なることばでも明らかなように，ゾロアスターの思想には恩寵とか利益とかの考え方がつよく流れている．この点からもspənta-なる語は重視されるが，著者は，ゾロアスター教徒の第六季節祭Hamaspaθmaēdayaの語義を解明して，spənta-が「利益する」の謂いであることを創唱した．すなわち，この祭典名は「すべてを(hama)利益する(ための)(spaθ)祭りの(maēdaya)」の謂いで(293-307頁)，spənta-は³spā-「利益する」の現在分詞spant-(>spaṭ>spaθ)が-a幹に転用されたものとなした(307-309頁)．そして，それとともに，この語を修飾詞とする女神Ārmaitiの語釈にも新生面を拓いた(309-318頁)．ガーサー詞句であっても，このように，ガーサーのみでは解決しにくいものが少なくない．そのような例の一つが¹xᵛarənah-で，ガーサーには1回在証されるのみ．著者はそれの修飾詞axᵛarəta-が「光る，かがやく」の意味であることを創唱し(377-380頁)，インド・イラン語根svar-「光る，かがやく」を措定してxᵛarənah-の本来の意味を「光り，かがやき」であると論断した(380-382頁)．しかもリグヴェーダの関連語詞にも終始留意しつつ，同語根からの一次派生詞súrya-「太陽」が本来，形容詞ともみられうることを論じ，ガーサーのxᵛarə-

まとめ

nah- も形容詞(^{2}x^{v}arənah-)として解されうることを示唆した(380-381頁)。このx^{v}arənah-「クワルナフ，フワルナフ，光輪」思想はイラン民族に特有のもので(384-400頁)，仏教における光明思想の淵源をなすものではあるが，無量光仏(阿弥陀仏)のイラン成立説には否定的見解を述べた(400-403頁)。仏教との関連としては西方浄土の問題にもふれ(361-374頁)，終末論的第3サオシュヤントを中心とする利他・救済思想と浄土教との間にも大悲分陀利経／悲華経をふまえて，新しい比較を試みた(249-251頁)。

ゾロアスターの，後世におよぼした影響は，終末論的3サオシュヤントもそうであるが，ここでとくに取り上げたのは，ハカーマニシュ(アケメネス)王朝のダーラヤワフ(ダーラヤワウ，ダレイオス，ダリウス)1世の立場である。大王はゾロアスターの教義をもって王権の基礎を固めたものとの見方から，両者の間には比較しうる基盤ありとし，その上に立って「罪とは法(天則)からの逸脱である」とする共通点のあることを浮き彫りにした(331-357頁)。大王の「帝王」観はその碑文にも盛られているが，かれは自身を，アフラマズダーの地上的代行者とする立場をとり，ゾロアスターを押しのけて自身を直接，神とむすびつけた。この考え方は以後もうけつがれて，サーサーン王朝にもおよんでいる。これを側面から傍証するものこそ，一つはペルセポリス発見のハオマ作成器具の銘であり，もう一つは著者のいう，いわゆるバガダート・フラタラク王朝のコイン銘である。これらの著者による解読は，ともに未踏の境を拓いたもので，前者にみえる銘末の識語 āškāra は「現神」の意味で今上陛下，今皇を示しており(429-432頁)，後者は支配者が自身を frataraka zī 'ælāhayyā = ¹fratarak ¹ī bagān「神がみの名代」と称しているもの(418-423頁)。āškāra は「酒」でもなければ「製作品」でもないし(429頁)，frataraka は「知事」(418頁)でもなければ「火の護持者」(frătadāra)でもなく(414頁)，また語源不明の語(440頁註34)でもない。frataraka が fra-「前方の，前方に」の比較級 fratara- から派生して「名代」をあらわすことは，エレパンティネー・パピルス文書に著者がはじめて指摘したところである(415-418頁)。

この「まとめ」の冒頭にも記したが，阿育王のアラム語碑文は，ゾロアスタ

ーの研究に重要な素材を提供している．その解読がただちにこの研究につながるというわけではないが，しかし，その解読によってゾロアスターの生地やアヴェスター語の故土の解明に手掛かりの得られることも，また事実である．この意味において，同王碑文のあらたな発見を待望するものは，あえて著者ひとりのみではあるまいとおもう．

　この「まとめ」に述べたことのほかにも，著者は，派生したり関連したりする事項にも，しばしば論及した．例えば，『ゾロアスター研究』と題する本書にカナートのことが細説されているとは，だれしも予想しないであろう．かかる点からも著者は索引の必要を痛感したが，身辺の事情からその作成を断念しなければならなくなった．読者の寛恕を乞うとともに，この「不備」が読者自身の手で充足されることを念じるばかりである．

■岩波オンデマンドブックス■

ゾロアスター研究

1979年 4月24日　第1刷発行
1996年10月 9日　第3刷発行
2015年 9月10日　オンデマンド版発行

著　者　伊藤義教（いとうぎきょう）
発行者　岡本　厚
発行所　株式会社　岩波書店
　　　　〒101-8002 東京都千代田区一ツ橋2-5-5
　　　　電話案内 03-5210-4000
　　　　http://www.iwanami.co.jp/

印刷／製本・法令印刷

© 伊藤惠美子 2015
ISBN 978-4-00-730282-4　Printed in Japan